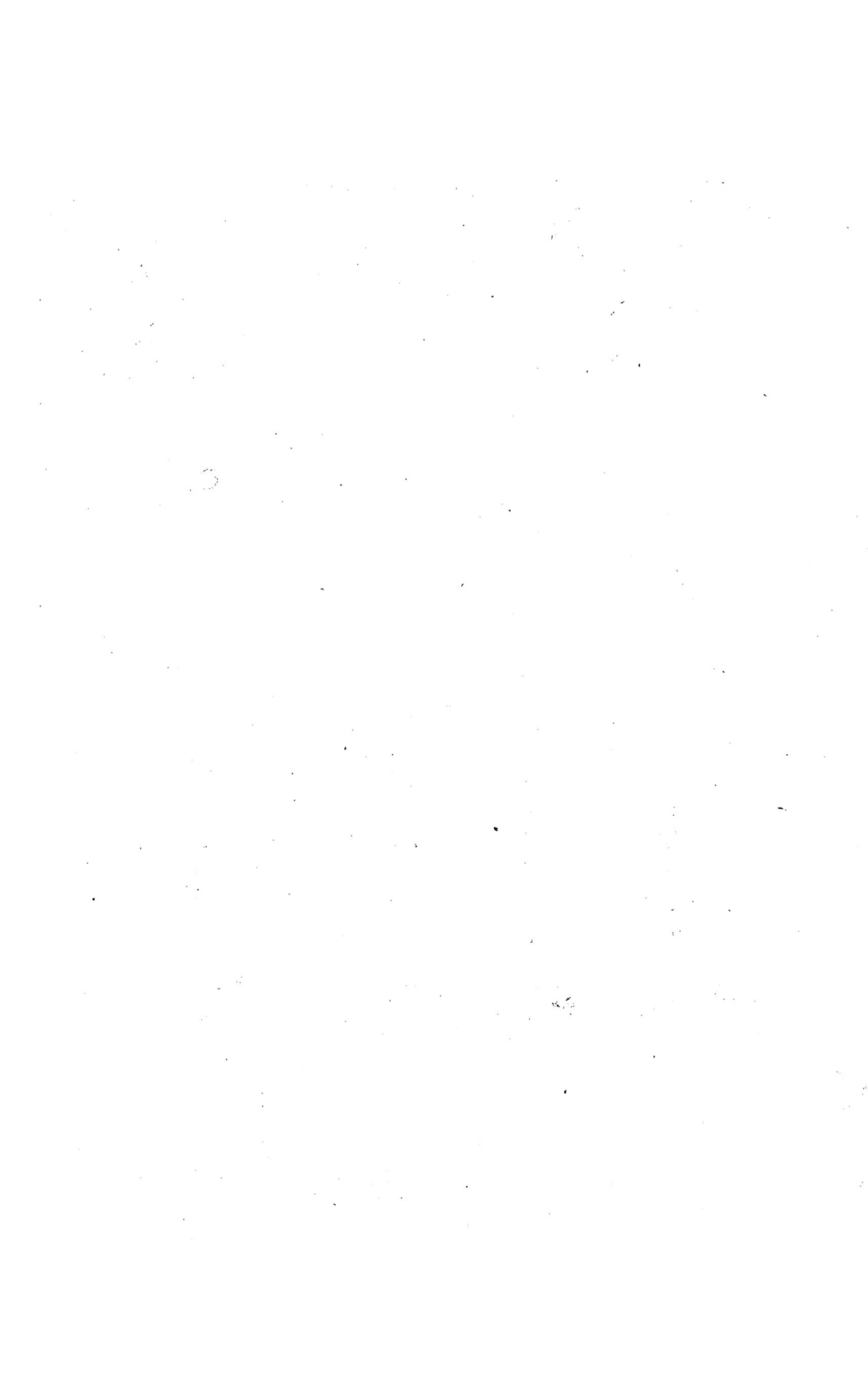

COLLECTION

DE

DOCUMENTS INÉDITS

SUR L'HISTOIRE DE FRANCE

PUBLIÉS PAR LES SOINS

DU MINISTRE DE L'INSTRUCTION PUBLIQUE.

———✦———

PREMIÈRE SÉRIE.

HISTOIRE POLITIQUE.

MÉMOIRES

DE

CLAUDE HATON

CONTENANT

LE RÉCIT DES ÉVÉNEMENTS ACCOMPLIS DE 1553 A 1582,

PRINCIPALEMENT DANS LA CHAMPAGNE ET LA BRIE,

PUBLIÉS

PAR M. FÉLIX BOURQUELOT,

PROFESSEUR ADJOINT À L'ÉCOLE DES CHARTES,

MEMBRE DE LA SOCIÉTÉ DES ANTIQUAIRES DE FRANCE.

TOME I.

PARIS.

IMPRIMERIE IMPÉRIALE.

M DCCC LVII.

1857

INTRODUCTION.

I.

APERÇU DE QUELQUES DOCUMENTS INÉDITS QUI CONCERNENT L'HISTOIRE DES GUERRES CIVILES DU XVIᵉ SIÈCLE.

De nombreuses publications entreprises dans ces dernières années ont beaucoup ajouté à la masse de documents imprimés que la France possédait déjà sur l'histoire de la seconde moitié du XVIᵉ siècle; d'autres sont annoncées et se préparent actuellement. La collection du ministère de l'instruction publique, qui a fourni à l'érudition des matériaux si précieux, renferme pour cette grande époque les Négociations et pièces diverses relatives au règne de François II, les Papiers d'État du cardinal de Granvelle, les Relations des ambassadeurs vénitiens, les Actes des états généraux de la Ligue, les Lettres de Henri IV; la Société de l'histoire de France a donné la Correspondance de Marguerite de Valois, avec les Mémoires déjà imprimés de cette princesse; MM. Petitot, Buchon, Michaud et Poujoulat ont formé de nouveaux recueils de mémoires et journaux publiés ou inédits; enfin il a paru un nombre infini de pièces concernant le XVIᵉ siècle, dans les Archives curieuses de l'histoire de France, dans les Mélanges de M. Champollion-Figeac[1], dans les Négociations dans le Levant de M. Charrière[2], dans la Revue rétrospective (entre autres, un journal anonyme de l'an 1562), dans le Bulletin des comités historiques, dans les Histoires locales, dans les Mémoires des sociétés savantes de Paris et des provinces, dans les Revues protestantes, et particulièrement dans le Bulletin de la société de l'histoire du protestantisme français, dirigé par M. Read, etc.

Des éditions spéciales de mémoires et de correspondances ont en outre été données sur plusieurs points de la France. Je citerai : l'Histoire de ce qui s'est passé en Bretagne durant les guerres de la Ligue, par le chanoine Moreau (1836); le Journal de Guill. Paradin, doyen de Beaujeu, pendant les années 1572 et 1573 (Lyon, 1837); les Mémoires de Jean de Vernyes, concernant la province d'Auvergne (1838); le Journal de Jean Migault, publié par M. de Bray (1840-1846); le Journal d'un bourgeois de Rouen, de 1545 à 1564, publié par M. And. Pothier (1842); le Récit de la Saint-Barthélemy à Troyes (1845); les Mémoires de Gérard Roussel, prédicateur de la reine de Navarre (éd. de M. Schmidt, 1845, in-8°); le Journal de Guillaume et de Michel Leriche, avocats à Saint-Maixent (1846); les Mémoires de Pontus Payen, et d'autres relations de ce qui s'est passé à Arras pendant les troubles (édition de M. Achmet d'Héricourt, 1850); le Journal de Pierre Fayet, sur les troubles de la Ligue (1852); le Diaire du ministre Merlin, pasteur de l'église de la Rochelle, publié par M. A. Crottet; la Réforme dans le Cambrésis, au XVIᵉ siècle, manuscrit publié et annoté par M. C. L. Frossard (1855), etc. A côté de ces divers ouvrages se placent : les Lettres et instructions de Marie Stuart, recueillies par M. le prince de Labanoff (1844); la

---

[1] Collection du ministère de l'instruction publique citée plus haut.
[2] *Ibid.*

Correspondance de Charles IX et de Mandelot, gouverneur de Lyon, au sujet de la Saint-Barthélemy (1830); les Lettres latines et françaises de Jean Calvin, mises au jour par M. Jules Bonnet, etc. Des renseignements intéressant la France au xvi⁵ siècle ont aussi paru à l'étranger : le Levain du calvinisme, de sœur Jeanne de Jussie, religieuse de Sainte-Claire-de-Genève (Genève, 1853, in-8°); la Correspondance diplomatique de Salignac-Fénelon, ambassadeur de France en Angleterre, de 1568 à 1575, faisant partie de la collection formée sous la direction de M. Ch. Purton-Cooper (1838); les Recueils de lettres et les mémoires historiques, donnés en Belgique par MM. Gachard, Polain, Kervyn de Lettenhove, etc.

Néanmoins des pièces de tout genre, correspondances politiques ou militaires, lettres intimes, actes judiciaires, poésies, voyages, mémoires et journaux, doléances des trois états, ordonnances, procès-verbaux, actes municipaux, gisent encore dans les dépôts publics et dans les bibliothèques particulières, et beaucoup d'entre elles pourraient avec fruit être imprimées. Pour ne parler que de la Bibliothèque impériale, cet établissement possède dans les volumineuses collections Dupuy, Béthune, Brienne, Fontanieu, Bréquigny, Lancelot, Saint-Germain-Harlay, Saint-Germain français, Gaignières, dans la collection de Lorraine, etc. un nombre prodigieux de lettres autographes et de copies de lettres de la plupart des personnages qui ont joué un rôle pendant la durée du xvi⁵ siècle. Les mémoires inédits sont moins nombreux; mais quelques-uns présentent un vif intérêt pour l'histoire des mœurs et fournissent des détails précieux sur nos troubles civils et religieux à Paris et dans les provinces. Voici une liste de ceux dont j'ai pu constater l'existence pour la deuxième moitié du xvi⁵ siècle. Cette liste serait sans doute augmentée d'une manière notable par des recherches plus minutieuses que celles que j'ai été à même de faire, et qu'il faudrait pousser jusque chez les particuliers. D'autre part, je puis m'être trompé dans la qualification d'inédits donnée à certains manuscrits; on sait combien les constatations à cet égard sont difficiles, et l'on voudra bien, j'espère, me pardonner quelques inexactitudes, si j'ai eu l'heureuse chance de faire connaître des documents nouveaux.

Registre contenant mémoyres de plusieurs choses mémorables et non vulgaires, advenues tant au Parlement de Paris qu'en divers lieux de France depuis le moys de novembre 1560. (Bibl. imp. collect. Dupuy, vol. 301.) L'ouvrage occupe dix-neuf pages. L'auteur est un avocat au parlement. Son récit commence à l'an 1560 et s'étend jusqu'au 1er novembre 1589.

Mémoires de François Grin, natif de St-Quentin, moine de l'abbaye de St-Victor de Paris. (Bibl. imp. fonds St-Victor, n° 1019, in-4°.) Ce manuscrit remplit quarante-trois feuillets. L'auteur y a relaté les principaux événements arrivés entre 1554 et 1570, et tout ce qui s'est passé de remarquable dans son couvent, pendant cette période de temps. Le titre de l'ouvrage est : *S'ensuyvent plusieurs actes rédigés par manière de cronique, advenus depuis le jour de Pasques l'an mil cinq cens cinquante-quatre.*

Histoire de la Rochelle, depuis l'an 1199 jusques en 1575, par Amos Barbot, escritte de sa main. (Bibl. imp. St-Germain français, n° 1060, 2 vol. in-4°.) L'ouvrage est dédié à l'échevinage de la Rochelle. Le deuxième volume commence en 1550.

Choses notables qui semblent dignes de l'histoire, advenues aux premiers troubles, et qui peuvent être adjoustées aux discours qui en ont esté escrits, 1562-1576. (Bibl. imp. collection Fontanieu, vol. 303-304.) On trouve dans ce recueil quelques notions sur la Saint-Barthélemy.

Discours sommaire de ce qui est succédé en la guerre que le roy,
soubz la conduite de mons. le duc d'Anjou, son frère et lieutenant gé-
néral, a eue contre ses subjectz eslevés, depuis la fin du mois d'aoust
1568 jusqu'en novembre 1569. Cet ouvrage, dont l'auteur, bon
catholique, paraît avoir pris une part personnelle à la guerre
qu'il raconte, commence ainsi : « Sur les certains advis venuz
« au roy estant à la Roquette, près Paris, sur la fin du mois
« d'aoust 1568, de la soubdaine eslévation de ses subjectz de
« la religion nouvelle, avec armes descouvertes, soubz la con-
« duite du prince de Condé, admiral, Andelot et aultres..... »
et se termine après l'édit de pacification du 8 août 1570.

La Bibliothèque impériale possède deux manuscrits du *Dis-*
cours sommaire : le premier, n° 1209 Sorbonne, petit in-4°
de cent dix-sept feuillets non paginés (il est incomplet et s'arrête à la bataille de Jarnac, 13 mars 1569); le second, in-4°,
fonds franç. n° 10336-2 (*olim* Baluze). La signature *Gassot,*
avec un paraphe, que l'on trouve plusieurs fois répétée dans
les deux manuscrits, paraît n'être celle ni de l'auteur, ni du
copiste, mais celle du propriétaire. On y voit aussi le nom de
Florimond Robertet, avec une devise.

Le récit de la guerre de 1568 et 1569, qui fait partie des
Mémoires de l'Estat de France, t. III, diffère de celui des manuscrits Sorbonne et Baluze. Je n'ai pu me procurer, pour en
faire la comparaison, un opuscule imprimé qui a pour titre :
Mémoire de la IIIe guerre civile et des derniers troubles de France
sous Charles IX.

Mémoires de Jacques de Germigny, ambassadeur de Henry III
près de la Porte, 1579-1584. Cet ouvrage manuscrit, conservé
dans la bibliothèque royale de Munich, a été signalé à la Société de l'histoire de France (séance du 7 mars 1836).

Discours particulier, où est amplement descrit et blasmé le mas-

sacre de la St-Barthélemy. (Bibl. imp. St-Germain fr. n° 986, et St-Germain-Harlay, n° 324, vol. 1160; bibl. du Louvre, collect. Bourdin.) C'est un mémoire adressé aux princes protestants, pour leur faire connaître les circonstances et les auteurs de la Saint-Barthélemy. Le récit du massacre est précédé de celui des événements politiques qui se sont accomplis en France depuis la conspiration d'Amboise, avec des détails biographiques sur Catherine de Médicis, des réflexions morales, des exemples tirés des écrivains de l'antiquité, et un exposé de la situation de la France après la Saint-Barthélemy. La partie qui concerne spécialement ce grand fait a été publiée sous le titre de : *le Tocsin contre les massacreurs.*

Mémoires du marquis de Beauvais-Nangis, sur les règnes de Charles IX, Henri III, Henri IV et Louis XIII. L'auteur, Nicolas de Brichanteau, marquis de Beauvais-Nangis, le même auquel on attribue l'Histoire des favoris français depuis Henri II, adresse ses mémoires à ses fils, et les fait remonter jusqu'à son père, Antoine de Brichanteau. Cet ouvrage historique a été signalé par le P. Anselme; un passage, relatif à l'assassinat des Guises, a été imprimé dans le Bulletin de la société de l'histoire de France, 1845, p. 285. Le manuscrit des Mémoires de Beauvais appartient à M. de Monmerqué; la publication en a été proposée à la Société de l'histoire de France (Bulletin de 1845, p. 174), qui l'a décidée (*id.* p. 180), et l'a confiée à M. de Monmerqué.

Histoire de France du président Montagne. (Bibl. imp. St-Germain franç. n° 46, in-fol.) L'histoire de l'Europe, de Jacques de Montagne, qui s'étendait de 1560 à 1587, formait plusieurs volumes, aujourd'hui disséminés ou perdus. Celui-ci comprend le troisième livre, qui commence au sacre de Charles IX.

XIVe livre de l'histoire de l'Europe, contenant un registre touchant *l'élection de Henri III, roy de Pologne* (Bibl. imp. St-Germain fr. n° 1391, petit in-folio de 170 feuillets.) Dans le catalogue de la bibliothèque, cet ouvrage est mis sous le nom du *président de Montagne*. On lit en tête : « Tout ce volume est bien curieux. « S'il manque quelque chose à l'entière déduction de cette « grande affaire, on le peut trouver communément dans les « autres autheurs du temps et divers mémoires qui ont esté « dressez à ce sujet. C'est dommage qu'il y manque deux « cahiers, qui contiennent partie des cérémonies et magnifi- « cences qui luy furent faites par le duc de Mantoue (fol. 131). « — Le détail de ce que ce roy fit en Pologne et des menées « qui se firent contre luy, quand il fut party, pour le dépos- « séder, est tout particulier, — comme aussy tout ce qui se « fit aux comices ou diétes pour eslire un autre roy, — et le « voyage de Despesses. »

Histoire des choses advenues en Flandre pendant les années 1565 et 1566, et Discours du siége de Malte par les Musulmans. (Bibl. imp. St-Germain franç. n° 47, in-folio.) C'est un volume de l'ouvrage du président Montagne.

Histoire de nostre temps de ce qui est advenu à Paris depuis le IX de may 1588. (Bibl. imp. fonds fr. n° 2840-2, *olim* Delamare.) Ce morceau commence ainsi : « Le seigneur duc de Guise, prin- « cipal chef et protecteur de l'église catholique et de la Ligue, « estant adverty que le roy vouloit faire exécuter, ainsi qu'es- « toit le bruit commun, des principaulx citoyens de ladite ville « qui estoient de ladite Ligue, arriva en la ville de Paris le « IX de may (jour de St-Nicolas) en poste, accompain seulement « de neuf chevaulx..... » Le récit s'étend jusqu'au mois d'oc- tobre 1590. Il se termine ainsi : « Ne fault oublier que, depuis « le IX de may que décéda Charles, card. de Bourbon, reco- « gneu pour roy par ceulx de l'Union, l'on feist tousjours

« parler ledict Charles aux arrestz de la court et lettres de
« chancellerie, et ce jusques au xviiie de novembre 1590, que
« l'on commencea à dire les gens, la court de parlement et les
« gens tenans la chancellerye..... et scelloit-on du sceau de
« France. » — Le même volume contient : *Faictz et gestes, depuis
la mort du roy Henry II jusques en l'an 1569, recueillis la pluspart
des registres du parlement de Paris.*

*Discours abbrégé et Mémoires d'aulcunes choses advenues tant en
Normandye que en France, depuis le commencement de l'an 1559 et
principallement en la ville de Rouen.* (Bibl. imp. f. fr. n° 10390-6.)

Journal de Jacques Cornet, bourgeois d'Amiens, sur les troubles
de la Ligue; conservé dans la famille Cornet, à Amiens.

*Journal de la ruine de St-Crespin-le-Grand, de Soissons, par les
huguenots. Ce journal a esté escript par D. Nic. l'Espaulart, prieur
dudit monastère et curé de Cœuvres, qui estoit présent et a vu ce
qu'il a écrit.* (Bibl. imp. collect. de D. Grenier, vol. XXXIV,
6e paquet, n° 1.) C'est sans doute le même ouvrage que celui
qu'on trouve indiqué dans la Bibliothèque historique de Le Long
et Fontette, sous le titre suivant : 18003. *Histoire de la surprise, de la ruine et incendie de la ville de Soissons, arrivée le jour
de St-Côme et St-Damien le 27 septembre 1567, par l'armée des religionnaires, et de tous les environs.* Cette histoire (in-fol.) est conservée dans la bibliothèque de M. Jardel, à Braine. MM. Henri
Martin et P. Lacroix ont analysé en quelques pages le journal
de Jean l'Espaulart dans leur histoire de Soissons, tome II.

*Recueil mémorable d'aulcuns cas advenus depuis l'an du salut
1572, tant à Beauvais qu'ailleurs.* Une notice sur cet ouvrage manuscrit a été donnée par M. Fabrignon, dans les Mémoires de
la société des antiquaires de Picardie, t. V, p. 315. D'après
cette notice, le manuscrit du *Recueil mémorable* a été trouvé
dans la bibliothèque de M. Lemaréchal, mais il appartient à la

famille Borel, et fait partie de la bibliothèque du château de Bachivilliers. C'est un in-4° de cent un feuillets, d'une écriture de la fin du xvie siècle. Le récit s'étend du commencement de l'année 1573 à l'année 1593.

Journal de l'avocat Wagnart, sur les faits du xvie siècle. (Bibl. communale d'Abbeville.)

Chroniques de Flandre et Artois, par Louis Bresin. L'auteur, né le 10 octobre 1519, dans la paroisse de Vandringhem, châtellenie de Saint-Omer, commença à l'âge de quarante-quatre ans la rédaction de ses chroniques, qui s'ouvrent à la naissance du monde et s'étendent jusqu'à l'année 1571.

Le manuscrit original occupait trois volumes in-folio; le premier s'arrêtant à l'an 1405, le second à l'an 1482, le troisième à l'an 1570. La Bibliothèque impériale possède (fonds Gaignières, n° 684-2) le troisième volume, qui avait été mentionné dans la Bibliothèque historique de Le Long et Fontette sous le n° 38974. Il est divisé en deux tomes, dont la pagination se suit et qui renferment ensemble huit cent quatre-vingt-douze feuillets. Le titre est : *Le tiers volume du recueil des croniques de Flandres et Artois, commençant l'an mil quatre cens quatre vingtz et deux, continuant jusques l'an mil cinq cens septante, par Loys Bresin;* avec la devise : *Tout pour bien.* L'écriture est fine et d'une lecture assez difficile. Les têtes de lettres sont coloriées et on trouve intercalés dans le texte des armoiries en couleur, des portraits, des costumes, des vues de villes, des cartes, des plans de batailles gravés au xvie siècle.

D'après une lettre de Chifflet, qui est jointe au premier tome et qui est datée de Bruxelles le 26 juillet 1628, le deuxième volume était alors en la possession de M. Wilters, avocat; on ne savait ce qu'était devenu le premier. Ces deux tomes ont été depuis dans les mains, le premier, de Ferry de

Locres; le deuxième, de D. Castellain, de Saint-Omer. Les chroniques de Bresin ont été souvent citées par les historiens de la Flandre. M. Piers les a décrites dans le Bulletin de la société de l'histoire de France, avril 1836, p. 19.

Récit de ce qui est advenu de plus digne de mémoire depuis l'an 1500 jusqu'en 1585, par Jean Ballin, religieux de Clairmarais-lez-St-Omer. (Bibl. de la ville de St-Omer, n° 799.) Cet ouvrage contient des détails intéressants sur les séjours de Charles-Quint à Saint-Omer, sur la destruction de Térouanne, etc. Jean Ballin en data de *son petit verger,* 23 novembre 1585, le prologue au lecteur. Le P. Le Long le mentionne comme se trouvant dans la bibliothèque du chancelier d'Aguesseau. Ch. de Vich, dans sa Bibliothèque de Cîteaux, et Sanderus, disent que Ballin avait écrit une histoire depuis le commencement du monde jusqu'en 1599. La bibliothèque de Mons possède un volume de Ballin s'étendant de 1500 à 1585. (Voy. une notice de M. Piers, dans le Bulletin de la société de l'histoire de France, 1836, p. 17.)

Histoire des troubles d'Arras, de 1577 à 1579, par Vallerand Obert (Bibl. imp. Suppl. fr. n° 1442.) Cette histoire occupe cent vingt-sept pages.

Mémoires d'Aubery du Maurier, secrétaire de Henri IV, mort en 1636 à soixante et dix ans. Des manuscrits de ces mémoires se trouvent à la bibliothèque de Poitiers et chez un membre de la famille de du Maurier. On peut consulter : *Aubery du Maurier, étude sur l'histoire de la France et de la Hollande,* 1566-1636, par M. Ouvré. (Paris, Durand, 1853, in-8°.)

Extrait du journal de M. Pierre de Tisseulh, chanoine de l'église de Limoges, que m'a presté M. Bertrand, chanoine de la même église. (Bibl. imp. collect. Gaignières, vol. 186, fol. 172 v°.) Les mémoires de P. de Tisseulh s'étendent de 1539 à 1568.

Annales manuscrites d'Issoire. (Voy. les renseignements donnés par M. Chasteau-Dubreuil dans les Annales scient. littér. et industr. de l'Auvergne, 1839, t. XII, p. 550.) Une copie de ce manuscrit faite par Dulaure, d'après deux autres textes assez imparfaits, a été achetée par la ville de Clermont, en 1835. Dulaure pense que les Annales d'Issoire ont pour auteur un nommé Julien Blauf; d'autres les attribuent à Pierre Charrier. C'est un récit sans prétention, où l'on trouve des détails sur les usages, les mœurs, les particularités de la ville d'Issoire au xvıe siècle. M. Chasteau-Dubreuil s'est servi des Annales manuscrites d'Issoire dans ses Guerres religieuses d'Auvergne. (*Annales scient. littér. et industr. de l'Auvergne,* 1839, t. XII, p. 305.)

Mémoires sur les troubles et massacres survenus dans la ville de Gaillac, en 1562, par le chanoine Blouin. Cet ouvrage, en vers burlesques, est possédé par M. Descombettes de la Bourélie, à Gaillac, qui en a proposé la publication à la Société de l'histoire de France. (*Bulletin,* t. I, 1834-35, p. 167.)

Mémorial perpétuel de plusieurs choses advenues à cause des guerres civiles de ce royaume de France et de ce qui particulièrement est advenu en Dauphiné, et notamment en notre pauvre ville de St-Antoine-en-Viennois (recueillies par moy Eustache Piedmont, notaire royal dalphinal de la ville de St-Antoine), etc. 1562-1608. (Bibl. imp. Suppl. franç. n° 4864, deux vol. in-fol.) C'est une copie exécutée par les ordres de M. de Fontanieu, qui fut intendant du Dauphiné, de 1724 à 1740. On ne sait ce qu'est devenu l'original, après la mort, arrivée en 1745, de M. Melchior Piedmont, avocat au parlement de Grenoble, petit-fils de l'auteur. Une copie que fit faire le P. Nicolas-Louis Hussenot, en 1742, d'après le manuscrit communiqué par M. Melchior Piedmont, et qui fut déposée aux archives de l'abbaye de Saint-

Antoine, est entre les mains des héritiers de M. Mermet, auteur d'une histoire de la ville de Vienne.

Le Mémorial d'Eustache Piedmont s'étend de 1562 à 1608, qui est probablement la date de la mort de l'auteur; mais de 1562 à 1572, tout se réduit à un abrégé très-sec en quelques pages. L'ouvrage offre, du reste, un récit curieux des guerres civiles et religieuses en Dauphiné, en Languedoc et en Provence; les faits généraux y sont à peine mentionnés. Chorier s'en est beaucoup servi pour la rédaction de son Histoire générale du Dauphiné. (Voyez la Bibliothèque historique de la France, n° 37959; la Bibliothèque du Dauphiné, de Guy-Allard (1798, in-8°); une notice de M. Ollivier Jules dans le Bulletin de la Société de l'histoire de France (1835, t. II, 1re partie, p. 116), et les Mélanges, publiés par M. Champollion-Figeac (t. I, p. 258).)

Commentéres du sr du Virailh des guerres de Provence, depuis l'année 1585 jusques à l'année 1596. (Bibl. imp. Suppl. fr. n° 1513.) Il existe un second exemplaire des Mémoires de du Virailh, à Aix, et un troisième entre les mains de M. de la Plane, à Sisteron. Dans le manuscrit de la Bibliothèque impériale, les mémoires sont précédés d'une vie de « Caïus du Virailh, gentilhomme provenssal, recueillie de plusieurs autheurs et des registres publiques et particulliers de Provence, par Artus Béraud, avocat de Sisteron, l'an 1600. » Caïus du Virailh est mort à Vallée, le 10 juin 1641. La notice qui concerne son ouvrage et sa personne, dans le P. Le Long, fourmille d'erreurs. Le premier livre des Commentaires commence en 1585, le deuxième en 1587, le troisième en 1592. Papon a fait des emprunts aux Commentaires de du Virailh pour son Histoire de Provence. (Voy. préface du tome IV, p. 5, ainsi que M. de la Plane, *Histoire de Sisteron*, p. 114 et suiv.)

Mémoires de Batailler sur les affaires du Languedoc, en
1585. (Bibl. imp. Suppl. fr. n° 274, de la page 409 à la
page 514.) L'auteur, qui s'est occupé particulièrement de la
ville de Castres, cite des vers composés par lui pour l'entrée
du roi de Navarre à Castres, en 1585.

Journal des guerres civiles du Languedoc, de 1560 à 1593.
(Bibl. imp. Suppl. fr. n° 274, p. 529 à 586.) Le journal de
Faurin, que contient le même volume, a paru dans le recueil
du baron d'Aubais.

Guerres du comtat Venaissin, deuxième partie, 1572-1580.
(Biblioth. imp. Supplém. franç. n° 274, de la page 597 à la
page 707.) L'auteur, sous l'année 1578, donne l'épitaphe de sa
femme, *Magdalena de Pane*, morte le 24 octobre. Là il s'arrête
et déclare son livre terminé; puis il reprend le récit en 1579.

*Mémoires du sieur Jaques Gaches, où sont raportées les choses les
plus mémorables qui se sont passées en Languedoc et particulièrement
à Castres et ez environs depuis l'année 1555.* (Bibl. imp. fonds fr.
n° 7879-6, *olim* Cangé, manuscrit sur papier, de 526 feuillets
plus une table, et Suppl. fr. n° 274, p. 193-389.) La bibliothèque de la ville de Castres possède le manuscrit autographe.
Il existe une copie dans les mains de M. Descombettes de la
Bourelie, à Gaillac, qui a offert, en 1835, la publication de
l'ouvrage à la Société de l'histoire de France. (*Bulletin*, t. I,
1834-35, p. 167.) On en signale aussi une copie comme appartenant à M. Choubard.

Jacques Gaches, né en 1553, mourut en 1612; il était
protestant. Ses mémoires commencent en 1555 et s'étendent
jusqu'en 1610. (Voyez *Gaches et ses Mémoires*, par M. Ca-
simir Raffy (1845, in-8° de 40 pages), la Biographie universelle, supplément, et la Bibliothèque historique de la
France, n° 37793.) La Faille (préface du tome II de l'Histoire

de Toulouse) dit qu'il s'en est servi. D. Vaissète (voy. *Hist. du Bas-Languedoc,* préface, t. V) les a connus et utilisés.

Mémoires de Thomas et de Gaspard Gay. Les deux frères Gay, protestants de Die, prirent part aux guerres religieuses du Midi, sous Montbrun, Lesdiguières, etc. Thomas mourut en 1586, à quarante-deux ans; Gaspard vécut quatre-vingt-six ans. Il avait été député à Lyon, auprès de Henri IV, pour représenter les intérêts de la ville de Die. Les Mémoires de Thomas Gay, entremêlés de complaintes et de chansons, sont aujourd'hui en partie perdus. Des fragments du manuscrit et les Mémoires de Gaspard Gay sont en la possession de M. Long, qui en a fait usage dans son livre : *La Réforme et les guerres de religion en Dauphiné* (1856, in-8°).

Journal de M. Desdiguières. (Bibl. imp. fonds fr. n° 9264-3, *olim* Colbert.) Sur la garde on lit : « Journal des guerres faites par M. Desdiguières, escrit par M. le président de Calignon. » S. de Calignon, diplomate, président de la chambre de l'édit au parlement de Grenoble, chancelier du roi de Navarre, un des rédacteurs de l'édit de Nantes, mourut en 1606, à l'âge de cinquante-six ans. Il avait sans doute fait partie de la suite de Lesdiguières, que dans plusieurs endroits il appelle simplement *monsieur* ou *monseigneur.* Le manuscrit commence à la prise de Chorges, le 28 juin 1585, et s'étend jusqu'en 1600. On y trouve plusieurs lettres écrites à Calignon par M. de Cèves.

Journal de Jean Glaumeau. (Bibl. imp. cabinet des titres, fonds de d'Hosier, n° 375, cahier oblong en papier, dont il manque plusieurs feuillets.) Ces mémoires concernent particulièrement la ville de Bourges. Ils commencent à l'an 1524 et s'étendent jusqu'à l'an 1562, inclusivement. L'auteur, né à Nohan-le-Ferron, en Touraine, le 27 septembre 1517, se fit prêtre, devint semi-prébendé à Moyen-Moutier de Bourges, et se convertit au protestantisme, en 1562. J'en ai donné une analyse avec des citations assez nombreuses dans les Mémoires de la Société des antiquaires de France, 3ᵉ série, t. II.

Mémoire de ce qúy est advenu de l'an 1557 à l'an 1590. (Bibl. imp. fonds français, n° 9913).

Minute de ce qui s'est passé à Sᵗ-Malo depuis 1590 jusqu'en 1592 (Bibl. imp. 9913-5, *olim* Lancelot, in-f° papier.) C'est un brouillon, raturé et interligné en beaucoup d'endroits. Le récit commence aux derniers mois de 1590 et s'arrête à la fin de mars 1592. Il est entremêlé de réflexions politiques et de pièces, dont plusieurs sont indiquées par les premiers mots seulement et laissées en blanc. Il est divisé en livres : le livre III commence avec l'année 1592. En tête du livre II on lit : *L'histoire de la ville de Sᵗ-Malo pendant les troubles.*

Extrait d'un livre manuscrit de M. de la Mahonnard, advocat à Sᵗ-Malo. (Bibl. imp. Blancs-Manteaux, n° 44.) C'est une copie moderne. Le récit commence au mois d'avril 1578, à l'époque de la mort de M. de Bouillé, gouverneur de Saint-Malo, et s'arrête au mois de mai 1591.

Journal d'un maître d'école de Château-Giron, près Rennes, sur les événemens de la Ligue, conservé dans la bibliothèque de Rennes. (Voy. le Catalogue de la bibl. de Rennes, par M. Maillé.)

Chronique sur le Langon (bourg près Fontenay-le-Comte), contenant des détails sur les guerres civiles du xviᵉ siècle. Cette chronique est possédée par M. Poey d'Avant. (Voy. le Bulletin de la Société de l'histoire de France, séance du 7 mars 1836.)

Journal du secrétaire de Philippe du Bec, évêque de Nantes et archevêque de Reims, de 1588 à 1605. (Bibl. imp. fonds franç. 10328-5, *olim* Colbert, 127 pages.)

Chroniques et journal de Metz, par Jean Bauchart. (Bibl. imp. Suppl. n° 1993.) Le récit est en vers jusqu'en 1535; et en prose, de 1535 à 1666. Le commencement manque. Les vers sont détestables à tous égards. On trouve un autre texte de la chronique en vers, mais moins complet, à la Bibliothèque impériale, n° 10392, ancien fonds franç.

Mémoires sur l'histoire de France, de 1585 à 1618. (Bibl. imp. Suppl. franç. n° 394.) C'est d'abord la chronique de Metz, en vers; puis des continuations en prose de plusieurs dates et de plusieurs auteurs. Il y a une partie concernant les événements du XVIe siècle, qui a de l'intérêt.

Mémoire du sieur Balthazar Guillerme, conseiller secrétaire de S. A., anobli en octobre 1589, pour servir à l'histoire de Lorraine, depuis 1580 jusques en 1623. (Bibl. imp. Suppl. fr. n° 651.)

Discours en abrégé des guerres civiles de la France, depuis l'année 1560 jusqu'en 1590, soubz et pendant les règnes de François II, Charles IX, Henry III et Henry IV, « où il se trouve des choses particulières et dignes de la connoissance des personnes qui ont curiosité de savoir la vérité de l'histoire de ce temps-là, l'origine et la suite de nos troubles, et les artifices avec lesquels estoient conduits et maniés les desseins des chefs de différens partis. » (Bibl. imp. anc. fonds fr. n° 8948, p. 20; Fontanieu, vol. 295.)

Mémoires de plusieurs choses remarquables arrivées en Bourgogne, depuis le 2 de janvier 1593 jusques au 30 décembre. (Bibl. imp. fonds franç. n° 10396-6, *olim* Delamare.) Ces mémoires, d'une écriture difficile, occupent environ deux cents pages. Le récit est très-détaillé.

Mémoires du sr de Villars-Houdan, capitaine ligueur. 1593-1595. (Bibl. imp. 500 de Colbert, n° 32, et Fontanieu, vol. 424.)

Mémoires de Joseph Panier, bourgeois d'Auxerre. — *Mémoires d'Edme Panier,* frère de Joseph et marchand à Auxerre. — *Mémoires de Joseph Félix,* marchand à Auxerre. L'abbé Le-

bœuf, dans son Histoire de la prise d'Auxerre par les huguenots (1723, in-8°), page 2, dit qu'il s'est servi de ces trois
ouvrages et qu'il a tiré parti d'une copie des Mémoires d'Edme
Panier, faite et augmentée, en 1643, par Philippes Bezan-
ger, et des manuscrits du sieur Louis Noël, notaire apostolique et chanoine d'Auxerre, qui avait eu un oncle, chanoine,
témoin des ravages des huguenots, etc.

Mémoires de J. Pussot (bibl. de la ville de Reims). Un fragment des Mémoires de J. Pussot, zélé ligueur rémois, a été
publié par M. Louis Paris, dans son *Remensiana*, pages 267 et
suiv. C'est le même que le P. Le Long appelle Jehan Piessot.

*Recueil de maistre ****, greffier à Bar-sur-Seine, des choses les
plus mémorables advenues en ce royaulme depuis l'an 1582 jusques
en l'année 1595*, manuscrit in-4°, sur papier. Ce manuscrit
était, en avril 1853, en la possession de la veuve de M. Fleury,
orfévre à Bar-sur-Seine.

Mémoires de Lenfant. Ce journal, écrit par Nicolas Lenfant,
procureur au bailliage et siége présidial de Meaux, commence
vers l'an 1560; il renferme des particularités intéressantes sur
l'histoire de la ville et du diocèse de Meaux dans la seconde
moitié du xvie siècle. L'auteur, qui mourut en 1607, a été témoin
oculaire de la plupart des faits qu'il raconte. Toussaint-Duplessis
a mis à profit les Mémoires de Lenfant pour son Histoire de l'é-
glise de Meaux. En les indiquant (t. I, p. 352), il dit que l'original èst perdu, que plusieurs copies ont couru à Meaux, et qu'il
s'est servi de celle qui était conservée au monastère de Saint-
Faron. Deux exemplaires de cet ouvrage existent aujourd'hui à
Meaux, l'un à l'évêché, l'autre dans les papiers de feu M. Dassy.

*Relation de plusieurs faits d'armes accomplis en [1589], par.....
Poictevin, président au présidial de Provins, avec une lettre à
Henri III, du 26 juillet 1589.* (Biblioth. imp. collect. Dupuy,

vol. 87, fol. 293 r° à 298 r°.) On y trouve des détails sur la journée de Senlis, l'invasion du marché de Meaux, la défaite de Bar-sur-Seine, etc. L'auteur faisait, dans ces circonstances, partie de l'armée royale.

Mémoires de ce qui estoit advenu, les guerres passées, ès provinces et armées dont monseigneur le prince de Conty a eu le commandement pour le feu roy. 1589-1590. (Biblioth. de l'Arsenal, n° 176, in-fol.) L'ouvrage occupe 34 feuillets dans le volume.

Mémoires de Claude Haton, curé du Mériot (1553-1582). Le texte de ce dernier ouvrage, le plus considérable parmi ceux que je viens de mentionner, va voir le jour pour la première fois. Je ne puis le présenter au public sans le faire précéder de notices qui lui servent en quelque sorte de passe-port. Ces notices seront de deux natures : une biographie de l'auteur; une analyse du livre, avec des détails sur l'esprit dans lequel il est conçu, sur la condition matérielle du manuscrit, etc.

La vie des hommes qui ont écrit l'histoire de leur temps, des *chroniqueurs,* comme on les appelle, excite dans les âges suivants une curiosité toute particulière. Cette vie, dont ils entremêlent presque toujours quelques circonstances au récit des faits extérieurs, explique et éclaire, pour ainsi dire, tout le reste; elle sert à reconnaître le point de vue auquel le narrateur s'est placé. Claude Haton n'est guère connu que par les mémoires qu'il a rédigés, et par son testament, conservé avec eux. Je n'ai trouvé que très-peu de renseignements sur sa personne dans les documents contemporains, et les écrivains peu nombreux qui l'ont cité dans ces derniers temps ne m'ont fourni aucune indication. C'est aux Mémoires mêmes qu'il faut demander des renseignements sur leur auteur, et c'est en rassemblant ces mentions éparses que j'ai pu composer de lui une sorte de biographie.

L'époque que Claude Haton a traversée est une des plus agi-
tées, des plus dramatiques et des plus fécondes de notre histoire. L'art élégant de la renaissance, secouant la poussière du
moyen âge, élève des temples et des palais, sculpte ou peint
des figures qu'inspire l'étude des chefs-d'œuvre de l'antiquité;
la Réforme étend de tous côtés ses conquêtes et menace de
soumettre la France entière; une lutte sanglante s'établit entre
la religion traditionnelle et les nouvelles doctrines; l'esprit
d'association s'éveille, des tendances démocratiques se montrent tour à tour chez les protestants et chez les ligueurs.....
Voilà en présence de quelles merveilles, de quels efforts, de
quelles misères Claude Haton a vécu; voilà ce qu'il a vu, ce
qu'il a raconté du fond d'un village ou d'une petite ville de
la Brie. Le besoin de faire parler de soi n'enflait point alors
les phrases des bourgeois, des ecclésiastiques collecteurs d'annales; ils consignaient pour eux-mêmes, pour leurs amis,
pour leurs familles, le récit des faits contemporains avec un
esprit dégagé de ces préoccupations que la vie littéraire fait
naître. Certes, quand il couvrait de son écriture nette et facile
les nombreux feuillets que le temps nous a conservés comme
par mégarde, le pauvre curé du Mériot n'imaginait pas que
son livre, modeste fruit des loisirs du presbytère, serait,
après des siècles, étudié, copié, commenté, et que son nom
vivrait répété par ces presses toutes-puissantes dont il avait
admiré les premiers produits.

II.

VIE DE CLAUDE HATON[1].

Claude Haton naquit dans le courant de l'année 1534[2], au village de Melz-sur-Seine, arrondissement de Provins, canton de Villiers-Saint-Georges[3]. Il paraît avoir appartenu à une famille de cultivateurs aisés. Ses Mémoires, dont nous ne possédons pas le commencement, n'offrent aucune indication qui se rapporte d'une manière positive aux dix-huit premières années

[1] L'édition des Mémoires de Cl. Haton ne reproduisant intégralement qu'une partie du texte, je me vois obligé de citer le manuscrit. La table permettra de retrouver, dans l'imprimé, le fond ou l'analyse des passages indiqués ici.

[2] Il dit dans son testament, daté du 28 janvier 1605, qu'il était alors âgé de soixante et dix ans, passés et accomplis. — Dans ses Mémoires, en parlant d'une éclipse de soleil survenue en 1541, et d'un enfant à sept têtes dont on promena l'effigie à la même époque, il s'exprime ainsi : « Et pour ce que lors j'estois si jeune que je ne prenois garde aux affaires pour les sçavoir retenir, joinct que pour lors je n'eusse sceu lire, je n'ai retenu où avoit esté né cest enfant » (fol. 756 v°). (Voyez aussi au fol. 135 v°, et au fol. 1011 v°, où l'on trouve ces mots : « Depuis l'an 1540, que j'ai commencé à avoir cognoissance sur la terre. »)

[3] *Mémoires*, fol. 293 r° et 312 v°. —

Une partie des membres de la famille de Cl. Haton, les parents, qui figurent dans son testament, habitaient, à ce qu'il semble, le Mériot (arrondissement et canton de Nogent-sur-Seine). Son neveu, Claude Gilquin, demeurait à Blunay, paroisse de Melz (*Mém.* fol. 134 v° et 135). — Pierre Haton est désigné dans les Mémoires (fol. 8 v°) comme étant natif de Melz. — Il est question, sous l'année 1567, d'un maître Jean Haton, avocat fameux à Sens (fol. 300 v°); sous l'année 1575, d'un nommé Claude Haton, de Blunay (fol. 643 v°); et, sous l'année 1582, des enfants de Jean Haton, des Maretz (fol. 1011 r°). — On trouve dans le nécrologe manuscrit de l'Hôtel-Dieu de Provins, aux archives de cette maison, la mention suivante : « Anno Domini M° VC° LII°, obiit frater Nicholaus Haton, quondam religiosus istius domus, qui suum diem clausit ultimum III° die mensis maii..... fuit natus de Mello super Sequanam » (fol. 35 r°).

de sa vie. C'est à la date de 1552 qu'il se désigne pour la première fois, comme ayant alors été mordu par un chien qu'on
croyait enragé, et comme ayant été soigné par la dame d'un
château voisin de Melz, madame de la Motte, qui se mêlait de
guérir, au moyen de remèdes particuliers, les personnes
atteintes de la rage [1]. Deux ans plus tard [2], il se met encore en
scène à propos des souffrances qu'endura la Picardie, pendant
l'invasion de la France par Charles-Quint. « Le roy, dit-il,
faisoit donner aux paysans picards argent pour vivre, quand
ilz se présentoient à luy, ainsi que je l'ai veu de mes yeux [3]. »

[1] « Elle, avant que d'estre huguenotte,
s'entremettoit de guarir les personnes
mordues de chiens et bestes enragées, et
affranchissoit les patiens d'aller à mons.
S' Hubert se faire tailler de la Ste Estolle,
moyennant qu'ilz n'eussent poinct prins
de répit ni faict le veu d'y aller. Après
avoir veu les patiens mordus desdittes
bestes enragées, elle leur faisoit manger
des œufz battus parmi de l'huille d'olive,
cuictz sans beurre ni sel, appliquant desditz œufz ainsi cuictz sur la morsure desdittes bestes, et, ce faict, envoyoit les patiens faire leur prière et offerande en
quelque église où y avoit ymage de mons.
S' Hubert ou S' Denis, et ordinairement
envoyoit les personnes en l'église de Marnay lez Pons-sur-Seine. Et afin de ne plus
travailler les personnes si loing, feit à ses
despens, depuis l'an 52, une chapelle
en l'honneur de MM. S' Denis et S' Hubert
au village de Froideparois, et en feis l'expérience environ ladite année 52, que
je fus mordu d'ung chien que l'on disoit
estre enragé, et oncques ne fuz à aultre
qu'à elle et au pélerinage de mons. S' De-
nys, à Marnay, où elle m'envoya. Depuis
qu'elle eut délaissé l'église catholicque et

fut devenue huguenotte, je n'ai point sceu
que plus elle se meslast de ce faire, et
croy que les catholicques ne s'y volurent
plus fier, joinct aussi que, depuis les
troubles de l'an 1559, 60 et 61, que les
huguenotz furent enragez pour destruire
l'église catholicque, s'ilz eussent peu, l'on
ne veit plus de chiens ni aultres bestes
enragées, et croy que les diables laissèrent
les corps des bestes pour se mettre en
ceux des hommes huguenotz, pour tout
gaster et foudroier ce qui estoit de sainct,
de piété et de religion. » (Mém. fol. 277 v°.)
[2] Voyez, pour l'année 1553, les Mémoires, fol. 1 r° et v°, et fol. 3 r°.
[3] Mémoires, fol. 4 r°. — A l'année 1554
(2 août), et à la suivante (15 décembre)
se rapportent deux certificats où figure
Me Claude Haton, prêtre, chapelain de
l'Hôtel-Dieu de Provins (archiv. de cette
maison). Mais je pense qu'il ne s'agit pas
de notre chroniqueur; car le personnage
mentionné dans la pièce est donné comme
ayant vingt-six ans en 1555, et l'auteur
des Mémoires n'en avait alors que vingt. —
En parlant de la visite faite dans le diocèse de Sens par l'évêque de Philadelphie,
suffragant de l'archevêque de Sens, et de

En 1556, pendant la grossesse de la reine Catherine de Médicis, Henri II toucha, le jour de la Saint-Jean-Baptiste, les malades des écrouelles au château de Fontainebleau; Cl. Haton fut témoin de cette opération : « Ainsi que nous-mesmes le vismes de noz yeux, dit-il, estans présens audit lieu de Fontainebleau [1]. » En 1558, il était à Paris, à la cour, on ne sait à quel titre. Il assista aux mariages de Claude de France, fille de Henri II, avec Charles II, duc de Lorraine (5 février 1558), et de Marie Stuart avec le dauphin, depuis François II (24 avril 1558). « Il me semble, dit-il en cherchant à rappeler à ce sujet ses souvenirs devenus confus, que pour le moings le banquet nuptial de l'ung ou de l'aultre des deux princes ou des deux ensemble fut faict à Paris, dedans la grande salle du Palais, les bancs de laquelle furent ostez et portez aux Augustins de Paris, et les gens de justice là envoyez pour plaider, en attendant que ledict bancquet feust faict, et estois pour lors à la cour du roy à les veoir porter [2]. » Plus loin, après avoir raconté la tentative de meurtre faite par un gentilhomme nommé Caboche sur la personne de Henri II, et le mécontentement de ce prince quand il apprit l'exécution précipitée de l'assassin, Haton ajoute : « A veoir tout ce discours estoit présent l'autheur de ces Mémoires qui a escript ce livre, lequel pour lors estoit à la court du roy, et estoit naguères de retour des Allemagnes, où il avoit entendu de grandes choses tendantes à rébellion contre le roy, le royaume et la vraye religion [3]. »

---

la venue de ce prélat dans la Brie, Claude Haton dit: « De ce qui fut faict à Provins, je n'en puis parler, pour ce que je n'y estois présent; mais bien sçai ce qui fut faict à Goix, où fut tenue une aultre assemblée, le jeudi d'après la feste du S'-Sa-crement; » et il donne sur cette assemblée des détails très-précis. (*Mémoires*, fol. 10 r°.)

[1] *Mémoires*, fol. 18 v°.

[2] *Ibid.* fol. 49 r°.

[3] *Ibid.* fol. 55 v°.

Haton, on le voit, à vingt-quatre ans, avait déjà couru le pays; il était sorti du territoire de Provins, il avait vu Paris et la cour du roi et s'était avancé jusqu'en Allemagne[1]. Pendant l'année 1558, il revient à Provins, et se trouve, le jour de la Sainte-Colombe (17 septembre), dans l'église de Saint-Ayoul, au moment où la foudre tombe sur cet édifice, sans l'endommager et sans blesser les assistants[2]. Il est témoin de l'accueil fait aux gouverneurs de Provins, par le dauphin, le duc de Lorraine et le duc de Longueville, lors de leur passage dans la ville[3]. L'année suivante, il reparaît à la cour. Henri II, s'il faut en croire le chroniqueur, marqua une joie très-vive de la conclusion de la paix du Cateau-Cambrésis, si funeste à la France, « et cela, dit-il, pour l'amour et soulagement du pauvre peuple de Picardie, l'oppression duquel luy estoit si odieuse, qu'il ne se passoit jour ne nuict qu'il ne priast Dieu, les mains et yeux eslevez au ciel, de luy envoyer laditte paix; ainsi comme nous l'avons veu par plusieurs fois et sommes tesmoings[4]. »

[1] Il est certain aussi, mais j'ignore à quelle date, qu'il visita la Normandie. En parlant du Mont Saint-Michel, il dit : « Les murailles de ladite ville sont de 40 piedz de hault pour le moings, ainsi qu'il me semble pour les avoir veues ». (1577; *Mém.* fol. 716 v°.) — En 1568, il était allé plusieurs fois à Chartres : « De parler davantage de laditte ville, dit-il, du siége et deffense d'icelle, je ne puis, pour ce que je n'en ai sceu que par ouy dire, combien que je sçai bien l'assiette de la ville, sa forteresse et l'importance de quoy elle est, pour y avoir esté plusieurs fois. » (1568; fol. 357 v°.)

[2] « Sans porter aulcun dommage à laditte église ni aux personnes qui estoient dedans, qui estoient bien jusques au nombre de cent, desquelz j'en faisois l'ung. » (*Mém.* fol. 59 v°.)

[3] Les gouverneurs de la ville ayant porté au dauphin des présents de pain, vin, roses et conserves, « furent bien receus par ledit seigneur, qui longtemps parla à eux, comme je le vis, leur monstrant bon visage et s'excusant sur sa maladie. » (*Mém.* fol. 25 r°.) — Haton dit qu'il n'était pas à Paris au moment du mariage de Marguerite, sœur de Henri II, avec le duc de Savoie, et de la princesse Élisabeth de Valois avec le roi d'Espagne Philippe II. (*Ibid.* fol. 60 v° et 61 r°.)

[4] *Mémoires*, fol. 60 r°.

Ce passage et ceux que j'ai cités plus haut semblent indi-
quer que Claude Haton appartenait à la maison de Henri II
et qu'il remplissait auprès de ce prince quelque fonction intime [1]; au sujet de la mort du roy, il témoigne les regrets les
plus vifs, l'affliction la plus profonde. Son livre contient de
longues lamentations en prose et en vers sur la perte que la
France a faite, des rapprochements pleins d'amertume entre
l'état du royaume sous le gouvernement de Henri II et sous
celui de ses successeurs :

« Pleurez donc, la France désolée,
. . . .
Maudissez le coup de lance,
Maudissez Lorge qui la branle,
Maudissez la lice et les jeux
Où fut frappé vostre roy piteux.
Pleurez. . . . . »[2]

Ces vers n'annoncent certes pas chez l'auteur un grand
talent poétique; si je les ai rapportés, c'est que le sentiment
qu'ils expriment est plus exalté que celui qui unit d'ordinaire
les sujets au monarque, et qu'il confirme mes conjectures sur
les liens personnels de Claude Haton et de Henri II.

Le récit du règne de François II manque dans le manuscrit
des Mémoires que nous possédons. Lorsque le chroniqueur se retrouve en scène, c'est encore à Paris, en 1561. Il s'agit d'une délibération qui eut lieu entre le jeune roi Charles IX, ses gouverneurs, les princes du sang et les gens du conseil au sujet de
la Réforme : « Il y avoit lors, suivant le narrateur, au palais
de Paris, tant ès salles que la court d'en bas d'iceluy, plus de
quinze mille personnes à attendre le roy et les princes sortir

[1] Au fol. 827 r° de ses Mémoires, Cl. Haton parle d'*ung cirurgien ou médecin* qu'il
avait *veu estre au gage du feu roy Henry second.* — [2] *Mémoires*, fol. 64 v° et 65 r°.

dudit palais, pour sçavoir ce qui auroit esté déterminé à laditte assemblée; mais tous furent trompez, et moi comme les
aultres, car à ce jour j'estois du nombre des attendans audit
palais [1]. »

En 1561, Claude Haton était prêtre et habitait Provins; il
le déclare en racontant un vol commis à Blunay, paroisse de
Melz-sur-Seine, au préjudice de son neveu Claude Gilquin [2].
Les objets dérobés ayant été transportés à Provins chez un
recéleur nommé de la Roche, Haton les reconnut et dénonça
à la justice les coupables. Ceux-ci, avertis par un sergent,
prirent la fuite, et on ne put les saisir. De la Roche fut condamné par défaut au fouet et au bannissement, ainsi que sa
femme, « à la dilligence et despens du prebstre (c'est l'auteur
lui-même), qui fut fort espié du soir et du matin par ledit
recéleur, qui se retiroit de jour en certaines maisons des parens de sa femme, ayant faict serment de ne point partir de
Provins qu'il n'eust tué et mis à mort ledit prebstre, comme
souvent luy fut rapporté par gens dignes de foy, et mesmement
fut veu plusieurs fois en quinze jours de nuict ès environs du
logis dudit prebstre pour l'espier; mais ledit prebstre estoit si
bien venu de toutes personnes que à toutes heures avoit adver-

---

[1] *Mémoires*, fol. 81 r° et v°. — L'auteur ajoute : « Car je sçai bien que je me
rencontrai ce mesme jour audit palais
de Paris avec certains huguenotz, qui
estoient là à attendre comme moy et les
aultres. »

[2] « Les gens qu'on soupçonna du vol
prétendirent qu'ilz n'avoient faict ledit larcin et qu'ilz avoient refusé de le faire, pour
l'honneur et amytié qu'ilz portoient à ung
certain prebstre, oncle dudit Gilquin, en
la maison du père duquel prebstre ilz

avoient longtemps esté serviteurs. Et
estoit le prebstre l'auteur de ce livre et
de ces présentes mémoires, qui pour lors
et longtemps depuis demouroit à Provins;
auquel prebstre alla dire sa maulvaise fortune ledit Gilquin, qui n'eut de luy aultre
chose que une exortation à patience de sa
perte, en attendant qu'il prebstre et ses
aultres parens eussent advisé ensemble
du moyen de le remonster de ses pertes,
si aultres choses ne s'en povoient recouvrer. » (*Mém.* fol. 134 v°.)

tissement pour se garder. Le prebstre, voyant que ledit de la
Roche ne s'absentoit dudit Provins durant l'emprisonnement
de sa femme et qu'il n'alloit que de nuict, présenta requeste au
bally, affin de luy estre permis de porter et faire porter armes,
comme espée, dague et pistolle, par les rues dudit Provins
allant à ses affaires, tant de nuict que de jour, pour la deffense
de son corps contre ledit de la Roche, qui cherchoit de le surprendre à quelque coing de rue; ce que ledit bally et gens du
roy luy permirent, car ledit prebstre estoit fort habille et
adextre de son corps, en l'aage de vingt six à sept ans, qui ne
craignoit guères ung homme seul qui ne l'eust prins en trahison. Il prebstre présenta laditte requeste et permission à luy
donnée par les gens du roy de porter et faire porter armes
après luy au doyen de la chrestienté dudit Provins, qui estoit
maistre Léon Garnier, qui, deuement informé et certioré des
menaces dudit recéleur, luy permist pareillement de porter et
faire porter lesdittes armes, excepté en l'église, à la messe et au
divin service, pour le regard de sa personne seullement, mais
trop bien, ausditz lieu et heure, de les faire porter par aultruy.
Ce que bien sçachant, ledit recéleur n'atenta plus de cercher
ledit prebstre, ains, si tost que sa femme fust sortie de prison,
s'en allèrent le chemin de la Franche-Comté de Bourgogne[1]. »

On a remarqué dans ce récit, peut-être avec quelque surprise, l'orgueilleuse satisfaction avec laquelle l'auteur des Mémoires parle de son habileté à manier les armes; quelques années plus tard, en 1571, il assiste à l'exécution d'un gentilhomme nommé Sérelle, et on le voit examiner en connaisseur
l'instrument du supplice : « Toutes personnes et moy qui ma-
nièrent l'espée du bourreau, dit-il, jugèrent que oncques le-

---

[1] *Mémoires*, fol. 135 v°.

dit bourreau n'en sçauroit faire l'exécution, d'aultant qu'elle estoit trop légère et n'avoit pesenteur pour faire ce coup [1]. » En effet, le bourreau frappa à trois reprises le condamné sans pouvoir le tuer, et fut obligé, après une horrible lutte, de lui trancher la tête avec un couteau. Si j'ajoute par avance que, dans plusieurs circonstances, qui seront relatées en leur lieu, Haton figure comme faisant partie de la milice bourgeoise de Provins, j'aurai mis en relief une des faces de son caractère. Peut-être avait-il rempli à la cour une fonction militaire, avant d'entrer dans les ordres, et on pourrait expliquer ainsi son séjour auprès de Henri II.

Ce n'est pas tout : Claude Haton faisait entrer dans sa vie de prêtre, au moins durant le temps de sa jeunesse, des goûts et des pratiques encore plus singuliers. Voici comment il s'exprime, à propos d'un avocat de Provins, nommé Pierre Leblanc, qui, trouvant insuffisant le fruit de ses plaidoiries, s'était fait nommer maître des grandes écoles : « Le pauvre advocat sans cause, devenu féce-cul pour vivre, devint amoureux et cercha à se marier en plusieurs maisons de Provins, mais n'en put trouver une qui oncques le voulust retirer ni prendre en mariage; ce que voyant, les bons compaignons dudit Provins luy mirent le nom et l'appellèrent *l'amoureux des unze mille vierges*. Ce ne fut faulte de beaucoup travailler pour avoir l'amour des dames et de bailler travail à plusieurs aultres jour et nuict, pour caresser et tascher à gangner lesdittes dames par petits présens honestes, par chansons musicalles, ballades et rondeaux, auxquelz travailla avec aultres l'auteur de ce livre [2], plus par mocquerie dudit pauvre féce-cul et de la bonne chère

---

[1] *Mémoires*, fol. 461 v°.

[2] J'ai déjà cité plus haut quelques vers de Claude Haton, relatifs à la mort de Henri II. Il a donné encore dans son livre d'autres vers, qui se rapportent aux rigueurs de l'hiver de 1574 (fol. 251 r°).

qu'il faisoit que aultrement. Mais ceux qu'il mettoit en besongne
à acquérir la faveur des dames prenoient l'amour d'icelles et
elles d'eux en nom de luy, de manière que les compaignons
trouvèrent des femmes à ses despens. Le pauvre amoureux des
unze mille vierges, se voyant trompé de toutes partz, par ceux
mesmes qu'il employoit, et qui espousoient les femmes qu'il
poursuivoit (j'entens ceux qui estoient à marier, car il en employoit plusieurs qui n'eussent sceu l'estre, comme l'auteur de
ce livre), se desbaucha et advisa de prendre ung aultre estat,
qui fut l'ordre de prestrise[1]. »

Claude Haton a-t-il tout dit, a-t-il fait sa confession tout entière, quand il a signalé ces peccadilles, ces habitudes quelque
peu mondaines, dont on retrouve la trace dans la complaisance
avec laquelle il a raconté dans ses mémoires certaines anecdotes grivoises? Je ne saurais l'affirmer. D'ailleurs, il paraît être
demeuré ce qu'on appelait de son temps un *bon catholique*, et
les traits qui semblent l'accuser devant notre sévérité ombra-
geuse ne prouvent que la facilité des mœurs au milieu desquelles il vivait. On devine qu'il partageait envers les protestants, luthériens ou calvinistes, l'aversion des catholiques ses
contemporains. Je donnerai des détails sur ses sentiments à
cet égard, en faisant l'analyse des Mémoires où il en a consi-
gné l'expression; je dois dire seulement ici qu'en dépit de
ses préventions et de ses haines, il a montré envers certains
personnages du parti religieux contraire au sien, un esprit de
modération et presque une bienveillance dont on ne saurait
lui faire trop d'honneur[2].

Rentrons dans l'ordre chronologique des faits. En 1562,
comme en 1561, sauf quelques voyages à Paris et quelques

---

[1] *Mémoires*, fol. 199 r°.   [2] *Ibid.* fol. 508 et 509.

séjours à la cour[1], Claude Haton resta, à ce qu'il semble, ha-
bituellement à Provins[2]. Il était alors incorporé dans la milice
bourgeoise, où il occupait le grade de capitaine d'une compagnie de cinquante hommes d'armes. On sait qu'au moyen âge
les municipalités de certaines villes astreignaient les ecclésiastiques à contribuer au guet et à la garde; mais cette contribution se résolvait d'ordinaire en une somme d'argent, qui servait
à payer des soldats ou à réparer les fortifications. Au XVIᵉ siècle,
les passions religieuses et politiques, les besoins de la défense
personnelle et commune mirent dans les mains du prêtre
la dague et l'arquebuse[3]. En 1567, un mandement du roi et
un bref du pape autorisèrent les ecclésiastiques à porter les
armes contre les protestants. Claude Haton, en citant ce fait,
dit que plusieurs moines quittèrent alors leur bréviaire pour
aller à la guerre : « Il n'y alla, ajoute-t-il, que les plus jeunes
et les plus éventez, moins dévostz et aymans leur religion,
comme aussi des prebstres séculiers[4]. » Ailleurs il dépeint les

----

[1] Voyez un passage relatif aux efforts
faits par un chanoine de Provins, Mᵉ Nicolas Roussel, pour échapper aux pour-
suites qu'il s'était attirées en tenant des
propos violents contre la reine mère et le
jeune Charles IX, en 1562. « Et sçai, dit
le chroniqueur, qu'en ma présence il
donna à ung personnage courtisan la
somme de 80 angelotz d'or pour luy faire
plaisir, en la maison de la royne et du
roy, ès mains desquelz estoient les informations. » (Mém. fol. 195 v°.)

[2] Les Mémoires offrent plusieurs témoignages de la présence de Claude Haton
à Provins en 1562. Un soldat protestant,
converti par la vue des restes intacts d'une
comtesse dont les réformés de Bourges
avaient violé le tombeau, se retire dans

sa maison et montre une poignée de cheveux de cette dame à Cl. Haton « qui les
mania et visita. » (Mém. fol. 163 v°.) —
Voyez aussi, fol. 175 r°, les détails donnés
par le chroniqueur sur une troupe de soldats, forcée par le prince de Condé de sortir de Louviers, et qui passa à Provins.

[3] L'abbé Lebeuf, dans son Histoire de
la prise d'Auxerre par les huguenots
(1723, in-8°, p. 168), raconte qu'un jeune
chanoine, qui avait concouru à la reprise
d'Auxerre par les catholiques, le 25 avril
1567, allait encore par les rues pendant
le mois de mai muni d'une arquebuse.—
« Les chanoines, dit Brantôme (Vie de
François Iᵉʳ), s'aydoient aussy bien de
l'espée que du bréviere. »

[4] Mémoires, fol. 311 v°.

chanoines de Notre-Dame du Val de Provins montant la garde
à la porte de la ville, et arrêtant un protestant qui passait[1]; un
prêtre plus habile à manier pistolets et harquebuses qu'à remplir ses fonctions cléricales[2]; un cordelier de Provins faisant,
pour défendre la ville de Bray assiégée, des prodiges de valeur[3]; un doyen rural de Trainel s'enrôlant, après le même
siége, dans une compagnie d'hommes d'armes[4]; un chapelain
de Notre-Dame-du-Val, soldat dans la compagnie du sieur de
Lourps, attachant comme trophée à son chapeau l'oreille d'un
huguenot qu'il se vantait d'avoir tué[5], etc.

C'est en qualité de cinquantenier que Cl. Haton eut l'occasion d'observer tout à son aise un ambassadeur turc, qui, durant l'année 1562, passa par Provins avec sa suite, en allant
à la cour du roi Charles IX : « Ilz furent, dit-il, arrestez à la
porte de Changy bien ung quart d'heure par l'auteur de ce
présent livre, qui estoit lors de la garde de la ville, avec sa
dizaine, de laquelle il avoit charge, comme aussi de quatre
aultres, car il estoit cinquantenier, soubz le capitaine Jehan
Leroy, capitaine de laditte porte et quartier de Changy, pour
les mieux contempler en leur parler, habitz, gestes et manières de faire. » Le prêtre-soldat a donné de minutieux détails
sur les circonstances de l'arrivée de ces étrangers, sur leurs
allures et leur costume, sur les ruses que sa curiosité lui sug-
géra pour acquérir à leur égard le plus de renseignements
possible. On le voit interroger leur truchement, s'informer du
lieu de leur départ et de la route qu'ils avaient suivie; il se
fit montrer le sauf-conduit qu'ils tenaient du Grand Seigneur
et que personne ne sut lire ni entendre; il demanda aussi le

---

[1] *Mémoires*, fol. 403 v°.
[2] *Ibid.* fol. 305 r° et v°.
[3] *Ibid.* fol. 320 v°.
[4] *Mémoires,* fol. 321 v°.
[5] *Ibid.* fol. 333 v°.

passe-port et la permission de traverser la France qu'ils avaient
du roi ou des gouverneurs de provinces. Le truchement ré-
pondit que jusqu'alors cette pièce ne leur avait pas été demandée; qu'elle était dans un de leurs coffres, mais qu'il leur
serait très-difficile de l'en tirer et de la produire. « Quoy ouy
par ledit cinquantenier, ajoute Haton, leur ouvrit la barrière
de la porte, et les fit entrer en la ville, et conduire en l'hostellerie de l'Escu de France, où ilz arrestèrent pour disner, les
ayant bien veu, ouy et contemplé à son ayse et contentement[1]. »

Pendant l'espace de plusieurs années, on ne sait rien de
Claude Haton, si ce n'est qu'il faisait à Provins sa résidence
ordinaire[2]; on ignore quel emploi ecclésiastique il remplissait. Le passage suivant, relatif à certaines idées et pratiques
superstitieuses qui se répandirent dans les campagnes, au sujet de la cessation du travail le samedi à midi, recommandée
par plusieurs prêtres, prouve qu'en 1566 il était vicaire de la
paroisse des Ormes, à 12 kilomètres de Provins : « Et depuis
Pont-sur-Seine jusques à Montereau Fault-Yonne, en ceste
vallée et dans les pays de Seine du costé de la Brie, ne se
trouva curez ni vicaires que deux qui preschassent à leurs
paroissiens contre ceste impiété et erreur en la religion et qui
les destournassent d'y croire ne de y obéir, qui furent maistre
Claude Haton, prebstre, vicaire en ce temps-là en la paroisse
des Ormes[3], natif de Meel-sur-Seine, et M....., vicaire de Don-

---

[1] *Mémoires,* fol. 208 et 209. — Il est
encore question, au fol. 230 r°, des ambassadeurs turcs et d'un projet de mariage
entre Charles IX et la fille du sultan.

[2] En parlant des meubles et ustensiles
enlevés par le capitaine La Grue de Villenauxe d'un château situé entre Corbeil et
Melun, Cl. Haton dit : « Il [les] envoya à

cheriée et à charetée en sa maison à Villenauxe, et en vis la meilleure partie passer en plusieurs charettes par la ville de
Provins, que faisoit conduire ung sien
filz non marié, aagé de vingt ans. » (*Mém.*
fol. 230 v°.)

[3] On trouve dans les Mémoires deux
autres mentions de Claude Haton à la date

nemarie en Montois, natif de Grand-Puys, auprès de Nangis.
Lesquelz, sachans par le commun bruict qui couroit leurs
paroissiens garder ceste superstition, et les voyans assister au
vespres du samedy en plus grand nombre que le dimanche
à la grande messe, ce qu'ilz n'avoient coustume de faire, preschèrent si diligemment contre ceste erreur (sans qu'ilz eussent
cognoissance l'ung de l'aultre), que leurs paroissiens, dès le
samedy d'après, ne furent si eschauffez de retourner à vespre
et laisser là leurs gerbes aux champs. Lesditz vicaires furent
blasmez par les simples prebstres et gens des aultres paroisses
voisines qui gardoient ceste erreur, et furent appelez huguenotz et de eulx tenuz pour telz pour ung temps, jusques ad
ce que les prédicateurs cordeliers et jacobins se respandissent
par les villages pour prescher contre ceste superstitieuse follie, et lors furent honorez lesditz vicaires des Ormes et de
Donnemarie, lesquelz, par leurs sermons à leurs prosnes,
avoient monstré à leurs paroissiens que garder l'oysiveté du
samedy depuis midy, en signe de faire service, honneur
ou hommage à Dieu et à la Vierge Marie, c'estoit judaïsme à
moitié [1]. »

Voilà certes une bonne guerre faite à la superstition. Par
une contradiction, malheureusement bien fréquente, celui
qui s'y engageait avec tant d'énergie n'en croyait pas moins
aux sorciers [2], aux revenants, aux loups-garous, aux bêtes par-
lantes et à tous les êtres enfantés par les imaginations peu-

de 1566. Au fol. 266 r°, l'auteur dit qu'il
a vu les distributions de blé faites aux
pauvres pendant la disette par Jacques de
la Voue, prieur de Saint-Sauveur-lez-Bray.
— Au fol. 268 v°, il se pose comme ayant
conversé avec un trésorier des finances,
qui fut accusé de malversations et empri-

sonné. « Et luy ai ouy dire, ajoute-t-il, que
si la royne mère luy eust volu donner
acquit des denrées qu'elle avoit levé et
faict lever en sa recepte..... »

[1] Mémoires, fol. 293 r°.
[2] Voyez, entre autres, Mém. fol. 864 r°.

reuses des gens du moyen âge. Quand le souffle de la Réforme, quand l'étude de l'antiquité, quand la philosophie et les révolutions ont détruit tant de préjugés, ces croyances, un des derniers restes de la barbarie, n'ont-elles pas encore une place dans les esprits sceptiques de notre époque?

Cl. Haton était aux Ormes, en 1567, au moment où d'Andelot arriva dans ce village avec trente cavaliers. La ville de Montereau venait d'être prise par les protestants. D'Andelot et sa troupe se firent donner du vin par un tavernier, et partirent sans avoir payé : « L'auteur de ce livre, dit notre chroniqueur, passa assez prez d'eux avec sa longue robbe, auquel toutesfois ne firent aucun excès, en parolles ni aultrement[1]. » Il cessa probablement vers cette époque d'être vicaire de la paroisse des Ormes. En 1567, on le retrouve à Provins, *bien connu et familier serviteur* de M. de Lourps, capitaine de cette ville, et de M. de la Barge, son lieutenant[2]. La même année, il était chapelain de Notre-Dame-du-Val de Provins[3], et il semble avoir occupé pendant plusieurs années cette fonction[4], en même temps qu'il remplissait celle de clerc de Saint-Ayoul, titre sous lequel il est le plus souvent désigné[5]. Je doute que ce soit lui qui figure, en 1569, comme vicaire de Melz-sur-Seine[6]. En tous cas, il conservait quelques relations avec la cour, et il visitait

---

[1] *Mémoires*, fol. 303 r°.

[2] *Ibid.* fol. 312 v°. — Il est question en cet endroit de trois jeunes gens de la Motte-Tilly qui, revenant, en 1567, de l'armée protestante, furent arrêtés comme espions par les gardes de la porte Saint-Jean de Provins, et ne durent leur liberté qu'à la recommandation de Cl. Haton. — Ce prêtre fut témoin, en 1568, du passage de la Seine à gué, à la Saussotte, par le prince de Condé (fol. 369 r°).

[3] *Mém.* fol. 325 v°.

[4] ..... «Après avoir vendu sa maison claustrale à Mᵉ Claude Haton, prèbstre, chappelain et vicaire de N.-du-Val » (1578; fol. 830 v°).

[5] L'identité du chapelain de N.-D.-du-Val et du clerc de Saint-Ayoul me paraît évidente, quoique Cl. Haton ne se désigne jamais sous ces deux qualités en même temps.

[6] *Mémoires*, fol. 402 v°.

Paris de temps à autre. Sous l'année 1569, il décrit avec détails l'effigie de l'amiral Coligny, qui, en vertu d'un arrêt du parlement, fut attachée par le bourreau au gibet de la place de Grève, et qui resta jusqu'à la conclusion de la paix en cet endroit, « où je la vis plusieurs fois, dit le chroniqueur, estant alors audit Paris[1]. » Il se vante aussi d'avoir assisté, en juillet 1569, à l'exécution de l'archer écossais Stuart, qui fut pendu en place de Grève[2]. Enfin, en parlant des personnes qui travaillèrent à l'institution du collége de Provins, il affirme qu'il les vit (en 1570) « fort empeschez à ceste affaire, estant pour lors à la court du roy, qui estoit à Paris[3]. »

Revenons à l'an 1567. L'armée protestante, vaincue à Saint-Denis (10 novembre), s'est jetée sur la Brie et sur la Champagne; elle a occupé le bourg de Courlons, pris et pillé la ville de Bray-sur-Seine, et elle menace celle de Provins. Les Provinois, informés des mauvais traitements que les protestants ont fait subir aux habitants de Pont et de plusieurs autres lieux, sont en proie à la terreur; ils songent, s'il faut en croire les assertions peut-être un peu malveillantes du chroniqueur, à livrer, comme rançon, au prince de Condé, chef de l'armée protestante, leurs prêtres, dont le nombre s'élève à plus de deux cents. Les ecclésiastiques, dans ce péril, veulent quitter la ville; on les en empêche. Cependant quelques-uns s'évadent clandestinement, et, entre autres, Claude Haton[4]. Par diverses circonstances, le siége ne fut point mis devant Provins, et les protestants abandonnèrent bientôt le pays pour se porter au-devant des reîtres qui devaient les joindre.

Claude Haton n'eut pas à se louer d'avoir écouté les conseils de la peur. Les protestants le surprirent dans la forêt de Sour-

[1] *Mémoires*, fol. 388 v°.
[2] *Ibid.* fol. 389 v°.
[3] *Ibid.* fol. 431 v°.
[4] *Ibid.* fol. 325 v°.

dun, où sans doute il s'était caché, et l'emmenèrent avec eux. Voici comment il raconte cette fâcheuse aventure : « Entre les prebstres qui furent prins prisonniers par lesditz huguenots, fut l'auteur de ce livre, qui fut prins dans la forest de Sordun et mené prisonnier à la Fontaine-au-Bois par le capitaine Fleury, chargé de la garde dudit prieuré[1] ; des mains duquel fut délivré sain et saulve, sans payer rançon, à la faveur du prieur dudit prieuré et de ses frères, le bally de la Fertésoubz-Jouarre, et Nicolas Pisseret, gendre du feu conseiller Truffé, présidial de Provins, à telle condition que ledit auteur leur prisonnier ne rentreroit audit Provins ni ne donneroit advertissement à aucun catholicque par parolle ni escript de l'estat desditz huguenotz qui estoient audit lieu de la Fontaine, mais que, estant tousjours leur prisonnier, seroit délivré sur sa foy, pour se rendre à Nesle lez Chasteau-Thierry, y porter nouvelles de eux et de leur camp, et y demeurer jusques après leur partement dudit Provins; duquel partement luy fut faict assavoir pour se retirer, en liberté et sans rien payer, la part que bon luy sembla[2]. »

Je laisse de côté quelques passages contenant des mentions de Claude Haton peu importantes[3], pour arriver de suite à l'année 1576, où il apparaît de nouveau l'épée à la main et l'arquebuse sur l'épaule. Une troupe de reîtres, appelée au secours de l'armée royale, s'avançait à travers la France, malgré la paix conclue et l'ordre de rebrousser chemin; pour l'empêcher de traverser la Seine, un camp, composé d'une réunion de milices bourgeoises, fut établi à Noyen-sur-Seine. Le 11 mai,

[1] *Mémoires*, fol. 329 v°.
[2] *Ibid.* fol. 331 r°.
[3] Voy. entre autres, le fol. 399 v°, où il est question de conseils utiles donnés par l'auteur et Jean Poitevin, avocat à Provins, aux héritiers d'un vieux prêtre, nommé Jean Angenost, qui avait été condamné comme usurier (1569).

e.

deux cents arquebusiers de Provins, pris par égale part dans chacun des quatre quartiers de Provins, cent autres de bonne volonté et cinquante cavaliers, tambours en tête et enseigne déployée, arrivèrent à Noyen et furent chargés de garder les rives de la Seine. Le lendemain, cent nouveaux arquebusiers furent conduits à Noyen, « pour rafreschir ceux qui estoient lassez d'y estre dès le jour de devant; avec lesquelz cent harquebusiers (dont l'auteur de ces Mémoyres qui a faict cette histoire en estoit ung) furent menez douze harquebuses à crocq, et ung fauconneau pour enforcer le camp [1]. » Il n'y eut point de lutte; les reîtres se retirèrent au bout de quelques jours.

C'est la dernière fois que les Mémoires présentent Cl. Haton remplissant l'office de soldat. Après la campagne de Noyen, il n'est plus mentionné que comme clerc de Saint-Ayoul ou chapelain de Notre-Dame-du-Val et agissant en vertu de ses attributions ecclésiastiques. Le registre des naissances de la paroisse de Saint-Ayoul-de-Provins de 1564 à 1584, conservé à la mairie de cette ville, contient des signatures de lui, depuis 1576 jusqu'à 1580. Lors du jubilé de 1576, le mandement d'exécution du vicaire général de Sens ayant imposé aux fidèles de Provins et des environs l'obligation de visiter quinze fois certaines paroisses de la ville, et cette prescription ayant paru inexécutable pour les pauvres, les malades et les prisonniers,

[1] *Mém.* fol. 656 v°. — A cette époque, Claude Haton se met plusieurs fois en scène, entre autres, à propos des villageois retirés à Provins avec leurs bestiaux, par crainte des reîtres (fol. 673 r°). — Un peu plus loin (fol. 675 v°), parlant d'un homme de Noseaux auquel des gens de guerre avaient coupé les jarrets, il dit : « Je n'ai retenu le nom d'iceluy, combien que je le veis et parlai à luy entre ledit Fontaine-Riant et la porte de Provins, où il alloit pour se faire panser par le barbier. — Enfin, fol. 676 r°, il raconte l'aventure d'un nommé Lambert, de Melz-sur-Seine, qui, parvenu à s'échapper des mains des soldats, « s'alla saulver dans le cloistre de N.-D.-du-Val, en la maison de l'autheur de ce livre, où il fut toute la journée. »

Haton travaille et parvient à obtenir en leur faveur une dis-
tribution de stations plus commode ou la commutation des
stations en certaines œuvres pies : « J'ai bien volu, ajoute-
t-il, mettre ce discours par escript, comme chose digne de mémoire perpétuelle, affin que, si Dieu permect que le peuple
d'après nous ayt des pasteurs et gouverneurs spirituelz qui
leur procurent ung tel bien, qu'il sache comment nous en
aurons usé en nostre temps[1]. » — Il assiste le 1er mars de
l'an 1577, dans une assemblée du clergé de Provins, à la discussion des articles de la Ligue présentés par M. de Rosne,
chambellan du duc d'Alençon, et quand il s'agit d'avoir au
sujet de ces articles l'avis du chapitre de Sens, c'est lui qui
en fait écrire la copie[2]. — On le voit, avec les marguilliers,
quêter de maison en maison dans la paroisse de Saint-Ayoul,
pour couvrir les dépenses que la réparation des orgues de
cette église avait occasionnées[3]. — Il s'efforce de déterminer
l'évêque de Césarée, suffragant de l'archevêque de Sens, pendant un voyage à Provins, à faire la dédicace de l'église de
Saint-Ayoul[4]. — Il découvre la fausseté d'une bulle d'indulgence qu'un prêtre avait présentée aux curés de Provins
comme émanée du pape Grégoire XIII, et au moyen de laquelle ce prêtre extorquait l'argent des fidèles[5]. — Enfin, il

[1] *Mémoires*, fol. 706 r°.
[2] *Ibid.* fol. 707 r°.
[3] *Ibid.* fol. 761 r°.
[4] ..... « Le curé et le clerc de l'église de M. St Ayoul de Provins, qui estoient Mᶜⁱ Jehan Leclerc, curé, et Claude Haton, clerc, allèrent parler audit évesque le dimanche après disner et conférer avec luy pour faire la dédicace de leur église St-Ayoul, qui n'estoit dédiée, et adviser avec luy du temps et impenses convenables et

nécessaires pour dédier ladite église. » (*Mém.* fol. 983 v°.)
[5] *Ibid.* fol. 749 r°. — Claude Haton, prêtre, chapelain et vicaire de N.-D.-du-Val, se met encore en scène à l'occasion d'un vol commis par Mᶜ Augustin de Forest, archidiacre de Provins, qui lui vendit sa maison claustrale à N.-du-Val (fol. 830 v°, 833 v° et 834 r°).—Il raconte, sous l'année 1581, qu'après la prise du Cateau-Cambrésis et le ravitaillement de Cambrai, l'ar-

prend une part active à des processions faites d'une ville à une autre, et qui avaient pour objet de détourner la colère céleste et de sauver les fruits de la terre des rigueurs des saisons.

Ces processions étaient fort en vogue dans la seconde moitié du XVIᵉ siècle[1]; si en vogue, qu'au bourg de Courlons, les paroissiens jetèrent dans l'Yonne leur curé, pour avoir refusé de les accompagner où ils voulaient dans une cérémonie de ce genre[2]. A Provins, en avril 1578, la sécheresse et la gelée persistaient d'une manière effrayante et menaçaient de détruire les semailles; pour obtenir de Dieu une pluie favorable, le clergé et le peuple partirent avec leurs reliques les plus précieuses, pour la ville de Nogent-sur-Seine, située à 18 kilomètres de distance. Claude Haton a raconté avec de grands détails les circonstances diverses de ce voyage religieux; c'est lui qui portait, avec l'organiste de Saint-Ayoul, le chef du patron; quatre marchands s'étaient engagés à faire restituer au trésorier cette relique vénérée dans tout le pays, et les marguilliers de Nogent demandèrent avec prières à la porter à travers leur ville[3]. Les Nogentais vinrent, quelque temps après, en procession à Provins; ils furent reçus et harangués par Mᵉ Claude

---

mée française ayant été dissoute, et plusieurs compagnies ayant passé par les environs de Provins, les paysans furent saisis de frayeur, et qu'il vit lui-même ceux de Sourdun prendre la fuite à la vue des soldats, avec leurs chevaux et leur bétail (fol. 973 v°). — Cl. Haton était à Provins en l'année 1582. Parlant d'un homme blessé par un loup, qui vint se faire soigner à Provins, il dit qu'il « le veit habiller et mettre à poinct » (fol. 995 v°). — Consultez aussi les feuillets 996 et 997 v°.

[1] Cl. Haton, parlant d'une procession qui eut lieu de Provins à Nogent, affirme qu'au dire des anciens c'était la première fois qu'une pareille chose avait lieu (fol. 20 v°). A cette date, les villages de sept à huit lieues de Paris, « pour obtenir de la pluye, allèrent en procession à Sᵗᵉ-Geneviève de Paris; ceux de Melun allèrent à Corbeil; ceux du Gastinois et de la Beauce, à Étampes, etc. » (fol. 20 r°). — Voy. sur les processions de 1582 et 1583 le Journal de l'Estoile, l'Histoire de l'église de Meaux, de Toussaint-Duplessis, le Mémorial manuscrit d'Eust. Piedmont, etc.

[2] Mémoires, fol. 851 r°.

[3] Ibid. fol. 783 et suiv.

Moissant, doyen de la chrétienté, que le clerc Haton accompagnait[1]. En 1579, les gelées survenues au mois d'avril ayant fait craindre encore la perte des grains et des vignes, Haton présenta aux religieux de Saint-Ayoul les vœux exprimés par les gens du peuple, et les pria de faire une procession pour appeler sur le pays la miséricorde divine. Je n'ai pas besoin de dire qu'il prit part à cette procession, qui eut lieu dans la nuit du 22 au 23 avril[2].

Le récit d'un événement qui date de la même année met en relief la raison, l'énergie et la modestie de Claude Haton. Il s'agit d'un officier de la maréchaussée, nommé Thibault-Trumeau, qui avait été tué à Arce-lez-Sens dans une expédition contre des voleurs qu'il avait poursuivis avec sa troupe. Trumeau, en mourant, avait demandé que le curé de la paroisse Saint-Ayoul, où il demeurait, et celui de la paroisse Saint-Pierre, où il voulait être enterré, vinssent le recevoir à l'une des portes de Provins, la porte Saint-Jean, en procession avec croix et bannière, et le conduisissent à sa maison. Les archers ramenèrent dans une charrette le cadavre de leur chef, et les gens d'église de Saint-Ayoul et de Saint-Pierre allèrent à sa rencontre hors de la porte Saint-Jean, située sur la paroisse Saint-Quiriace. Ce fut notre Claude Haton, qui, en l'absence du curé de Saint-Ayoul et comme clerc de cette église, reçut le corps et le cortége. La compagnie s'étant arrêtée près de la porte

---

[1] *Mém.* fol. 888 r°.

[2] *Ib.* fol. 849 r° et v°.—L'auteur se plaint quelque part) (fol. 519 et 520) de l'esprit peu religieux que l'on apportait à ces sortes de processions : « Auxdittes processions de Provins, dit-il, il ne s'en trouva pas ung des trois estatz qui entrast par humilité en pénitence de ses péchez (ny moy le premier, affin que on n'estime pas que je fusse meilleur que les aultres » (ann. 1573). Il fait à ce sujet des réflexions très-judicieuses sur les cérémonies où les ecclésiastiques doivent se couvrir de vêtements simples, et sur celles où ils doivent les avoir brillants et magnifiques.

Saint-Jean, Haton commença par interroger les archers sur
l'état du défunt et sur la manière dont il avait clos son dernier jour. De plus, comme le corps, couché dans la charrette
qui l'avait amené, était couvert de paille, il demanda que le
défunt lui fût montré : « Messieurs, dit-il, je ne doubte poinct
que ce que vous dittes et rapportez de la mort de M. le lieutenant Trumeau, vostre maistre, ne soit véritable, et qu'il ne
soit présent en cette charrette, au grand regret de moy et de
toute la ville de Provins. Touteffois, à cette fin que nostre
ministère ne soit vilipendé, avant que de commencer à faire les
prières et oraisons que l'église de J.-C. faict sur ses fidelles trespassez, faictes-moy veoir le corps dudit deffunct. » « Lesquelles
parolles finies, ajoute le narrateur, ung d'entre eux monta
en ladite charrette, qui descouvrit le corps et le monstra audit Haton et à toute la compagnie. Sur ce faict, arriva le curé
ou vicaire de Saint-Quiriace avec la croix et l'eau béniste,
accompagné de quelques gens d'église, qui prétendoit empescher ledit Haton de recepvoir ce corps mort; après avoir
ouy ledit vicaire en sa harangue, ledit Haton luy fist response
que le deffunct estoit paroissien de St-Ayoul, et que, comme
tel, il le recepvoit et s'en saisissoit, selon son droict, comme
estant une brebis de son bercail, et qu'à nul curé n'appartenoit la cognoissance des brebis qui n'estoient de son trouppeau, ainsi qu'il est amplement déclaré ès saincts canons et
constitutions ecclésiastiques. Toutesfois, il Haton déclara n'empescher ledit curé ou vicaire de St-Quiriace ni des aultres
paroisses d'accompagner ledit corps et de présider sur leurs
limites, si à ce faire estoient appelez par les parens dudit deffunct, et que, pour le regard des honneurs du monde, qui
n'est qu'une follie envers Dieu, ne s'en vouloit empescher,
ains les quittoit à tous qui les vouloient prendre, estant content

d'avoir recouvert une des brebis de son trouppeau et du curé
de St-Ayoul, l'office duquel faisoit la fonction. Ce que ayant
bien entendu, ledit vicaire de St-Quiriace se déporta du droit
prétendu, mais accompagna ledit corps jusques en son logis,
comme aussi feit le curé et aydes de l'église de St-Pierre dudit
Provins, où il est enterré. Et fust le tout faict sans dispute
ni controverse, ains paisiblement, chascun desditz gens d'é-
glise estant plus curieux de cheminer les premiers que les
derniers, après avoir ouy ledit Haton, lequel, pour monstrer
qu'il n'estoit curieux d'honneur mondain ni de présider, se
meist au ran des aultres gens d'église selon son degré et antic-
quité, et par ce moyen ne peut-on juger qui présidoit en ceste
compagnie de gens d'église [1]. »

Claude Haton a laissé dans son livre, ainsi qu'on le verra
plus loin, des témoignages nombreux de sollicitude pour
les intérêts des pauvres gens, et de compassion pour les souffrances populaires, si multipliées, si cuisantes à son époque.
Ces sentiments expliquent le zèle qu'il déployait dans des cérémonies considérées par ses contemporains comme propres
à prévenir les maux que ressentaient surtout les classes plé-
béiennes de la société. Il se peint lui-même de la façon la plus
honorable, en racontant les ravages d'une de ces maladies épi-
démiques ou contagieuses que l'on désignait indistinctement
sous le nom de *peste*. Au mois de juillet 1580, la peste, qui
régnait depuis quelque temps à Paris, ayant éclaté à Provins,
les gouverneurs de la ville défendirent que les enfants d'un
chapelier, morts les premiers de cette maladie, fussent en-
terrés pendant le jour. « Ce qui ne fut faict, dit le chroniqueur, car Me Claude Haton, prebstre et clerc de l'église monsieur St-Ayoul, à la prière et pleurs de la pauvre femme si

---

[1] *Mémoires*, fol. 864 r° et suiv.

f

désolée, les alla querre sùr les six à sept heures du soir, qui
estoit encores plein jour, le soleil non couché, et plus de trois
cents personnes par les rues à veoir que l'on en feroit, les
mena en terre au cymetière dudit St-Ayoul, cheminant non
trop loin desditz enfans mortz et de celuy qui les portoit, qui
estoit ung jeune filz, aagé de vingt ans ou environ, serviteur
de la maison. . . . .¹ »

Les extraits suivants compléteront le portrait de Claude
Haton. En l'année 1581, un marchand de Provins, nommé
Gaspard Billot, tomba mortellement malade, et, songeant qu'il
allait laisser une nombreuse famille chargée de dettes, «il
cuyda entrer en désespoir de la miséricorde de Dieu, disant
qu'il seroit dampné. » On appela pour rassurer sa conscience
un cordelier du couvent de Provins, et Me Claude Haton,
«lesquelz, ensemblement et parfois séparément, le redres-
sèrent, et signamment ledit Haton, encores qu'il ne fust si
estimé en science que ledit cordelier, à l'espérance qu'ung
chascun doibt avoir, de quelque péché qu'il soit attainct, en
la miséricorde de Dieu, par le mérite de Notre-Seigneur J.-C.,
de la Vierge Marie Notre-Dame, des saincts et sainctes qui
sont en paradis, et de la congrégation des fidelles de ce monde
présent. Le patient se trouvoit mieux satisfaict de l'exortation
dudit Haton que de celles des autres, quelque sçavans qu'ilz
fussent, qui fut cause que les assistans, qui y estoient en
grand nombre, estimèrent, comme aussi fit ledit cordelier,

¹ *Mém.* fol. 918 r°.—Cl. Haton signale
encore l'invasion d'une peste, en 1582, à
Provins; il raconte qu'un nommé Pierre
Farouet étant mort sans qu'on soupçonnât
qu'il était victime de la maladie régnante,
plusieurs personnes, et, entre autres, le
curé, le vicaire et les prêtres de Saint-
Ayoul, allèrent dans la maison du défunt
et y restèrent imprudemment à boire et
à manger; mais que lui et un aide de l'é-
glise de Saint-Ayoul refusèrent de dîner
dans la maison; pensant que Farouet avait
succombé à la contagion (fol. 1003 v°).

ledit Haton, qui, la larme à l'œil, bailloit une grande espérance de la miséricorde de Dieu à tous pescheurs qui sont
contrictz et repentans de leurs péchés, et au contraire décla-
roit la rigueur de la justice de Dieu aux pescheurs obstinez
qui moroient en leurs péchez sans contrition, repentance et
pénitence d'iceux[1] » — Voici enfin quelques réflexions prises
au hasard dans les Mémoires. Un nommé Lecourt, qui passait pour lépreux, ayant fait un legs à l'église Saint-Ayoul de
Provins, à condition qu'il serait enterré dans cette église, ou au
moins dans le cimetière, les paroissiens refusèrent de l'admettre, « chose qui me sembla estre barbare, dit Cl. Haton;
car, depuis que ung corps est mort attainct de telle maladie, il ne peult plus infecter..... On ne doibt jamais refuser
la sépulture à ung fidelle qui a catholiquement vescu et qui
n'est excommunié, de quelque maladie qu'il soit attainct,
moyennant que son corps ne puisse infecter les personnes[2]. »
— Il dit ailleurs : « Il n'est homme plus cruel et moins piteux
qu'un gueux refait[3]. » Je n'insiste pas; je reviendrai plus loin
sur ce point.

Une partie de la vie de Claude Haton a été occupée à la
rédaction des mémoires où il a raconté l'histoire de son temps,
et qui fournissent les éléments de sa biographie. Ces mémoires, dont je donnerai une notice spéciale, s'arrêtent à
l'année 1582, et depuis ce moment jusqu'à l'année 1605,
époque à laquelle Haton fit son testament, on ignore complé-

---

[1] *Mémoires*, fol. 986, 987. — Le chroniqueur, parlant ensuite de la maladie
d'un voisin de Billot, qui mourut six
jours après lui, s'exprime ainsi : « Ledit
Haton fut par luy et ses parens appellé
pour le confesser et luy administrer les
sacremens, comme aussy pour assister à

son trespassement. Et ne l'abandonna
ledit Haton qu'il ne fust mort. Il morut
joyeusement, en parlant jusques au dernier souspir de la mort » (fol. 988 r°).

[2] *Mémoires*, fol. 892 r°.

[3] *Ibid.* fol. 521 v°.

tement ce qu'il devint. En 1605, il était curé du Mériot, village voisin de celui de Melz, lieu de sa naissance[1], et que
sans doute il habitait depuis longtemps. Par cet acte olographe,
il déclare qu'il veut être enterré dans l'église du Mériot, s'il
meurt dans la paroisse, et fixe les cérémonies qui devront être
observées à son convoi; il laisse ses biens, qui paraissent avoir
composé une honnête aisance, partie à ses parents et à sa ser-
vante, partie aux églises du Mériot et de Melz-sur-Seine, et à
l'hôtel-Dieu de Provins.

On ne sait rien sur le temps où mourut Claude Haton, qui
était, en 1605, âgé de soixante et dix ans. J'ai vainement fait
chercher les registres mortuaires de la paroisse du Mériot,
qui auraient pu donner des lumières à cet égard.

---

[1] Il est question, dans le testament de Claude Haton, du transport des meubles de ce prêtre de Provins au Mériot; ce transport eut lieu sans doute à l'époque où il passa à la cure du Mériot.

III.

EXAMEN DES MÉMOIRES DE CLAUDE HATON.

Le manuscrit des Mémoires de Claude Haton, écrit tout entier de sa main, est conservé à la Bibliothèque impériale sous le n° 2036⁷⁴ du Supplément français. Il a été, en 1834, acquis d'un particulier par cet établissement. C'est un gros volume in-4° en papier, avec couverture de parchemin, portant au dos en écriture moderne :

Manuscrit contenant un grand nombre de détails relatifs à la ville de Provins et lieux circonvoisins, avec l'histoire des événements arrivés en France dans la dernière moitié du XVIe siècle, par Claude Haton, prêtre, an 1601.

Il se compose de mille dix-huit feuillets de texte numérotés[1], d'une table[2] et du testament olographe de l'auteur. L'ouvrage n'est point complet, et les cahiers dont il se compose ont été réunis avec une extrême négligence. Une pagination, d'une date peu ancienne, se continue, il est vrai, sans interruption de 1 à 1018 ; mais elle indique seulement la suite des feuillets et non l'enchaînement réel des matières. On sait, par certains restes encore visibles de la pagination primitive, que quatre-vingt-seize feuillets manquent au commencement; il y a,

[1] Plus quelques feuillets non chiffrés ou sur lesquels le même numéro se trouve répété.

[2] Cette table, qui occupe vingt-neuf pages, et dans laquelle on a repris quelques-uns des sommaires écrits en marge des pages du livre, ne contient qu'un résumé fort imparfait des Mémoires de Cl. Haton. Au moment où elle a été rédigée, le manuscrit n'avait pas, au commencement et à la fin, plus de feuillets qu'aujourd'hui.

en outre, des transpositions et plusieurs lacunes dans le corps du manuscrit [1], le règne de François II manque, et la fin du IIIe livre est perdue.

Il a existé un autre exemplaire des Mémoires de Claude Haton, sur lequel nous avons quelques renseignements. Louis Ruffier, apothicaire et maire de Provins [2], qui était possesseur de ce manuscrit dans la seconde moitié du XVIIe siècle, le donna, dit-on, à M. de Ménars, intendant de la généralité de Paris; il paraît être sorti de cette collection avant 1720, car il n'est pas mentionné dans le catalogue de la *Bibliotheca Menarsiana*, publié cette année-là à la Haye [3]. Dans le courant du XVIIIe siècle, il entra dans la bibliothèque de l'hôtel Soubise, où Fevret de Fontette en signala l'existence dans son édition de la Bibliothèque historique du P. Le Long, publiée en 1768 et années suivantes. Voici le titre sous lequel il est désigné:

N° 34373. *Manuscrit. Recueil de l'histoire particulière de plusieurs cas advenus en nostre temps au royaume de France et principalement en la ville de Provins et bailliage d'icelle, desquels l'auteur a eu connoissance selon les temps et les saisons qui seront déduits ci-après, depuis 1543 jusqu'en 1586; in-fol. 6 vol.* [4]

---

[1] Je signalerai des lacunes après les feuillets 5, 29, 34, 59, 66, 116, 164, 187, 209, 218, 242, 251, 439, 583, 696, 750, 893, 943, 976, 982. — Les transpositions sont après les feuillets 261 et 407.

[2] Louis Ruffier naquit à Provins le 16 février 1642; il fut maire de Provins de 1686 à 1689. Il a composé une généalogie des comtes de Champagne, une histoire des monnaies de Provins, et il a recueilli des documents relatifs à cette ville.

[3] *Bibliotheca Menarsiana*, ou *Catalogue de la bibliothèque de feu messire Jacques Charron, chevalier, marquis de Ménars, pré-*

sident à mortier à la cour de parlement. La Haye, Abraham de Hondt, 1720, in-8°.

[4] Il n'en est pas question dans la première édition de la Bibliothèque historique publiée en 1719, 1 vol. in-fol. — Cl. Rivot, médecin, conseiller au bailliage de Provins, qui a rassemblé plusieurs volumes de documents sur l'histoire de cette ville, dit : « Le manuscrit de Cl. Haton, qui est écrit avec une grande exactitude, a été donné par Louis Ruffier, apothicaire et maire de Provins, à M. de Ménars, intendant de la généralité de Paris, qui l'a mis dans la bibliothèque de M. de Thou, dont

Fontette ajoute que quatre seulement des six volumes possédés jadis par Louis Ruffier, et qui contenaient en entier l'ouvrage de Cl. Haton, avaient été donnés à M. de Ménars, et que deux volumes demeurèrent entre les mains de M. Nivert, conseiller à Provins[1].

Le manuscrit de la bibliothèque Soubise fut vendu sans doute avec les autres livres qui composaient cette collection, soit lors des affaires scandaleuses du cardinal de Rohan, soit au moment de la révolution[2], et depuis lors on cesse de pou-

il avait fait l'acquisition. Il a passé depuis dans la bibliothèque de l'hôtel de Soubise; j'ai demandé s'il y était encore, et on ne l'a point trouvé. » (*Histoire civile de Provins*, ms. à la bibliothèque de cette ville, t. II, p. 859.) — Voy. aussi Ythier, *Histoire des illustres de Provins*, manuscrit, à la même bibliothèque, p. 187. — La circonstance signalée par M. Rivot et aussi par Fontette, que M. de Ménars aurait *mis le manuscrit de Claude Haton dans la bibliothèque de M. de Thou*, est-elle bien exacte? La bibliothèque de de Thou a, comme on sait, été acquise par M. de Ménars pour le compte de Colbert, son beau-frère; or, la bibliothèque de Colbert a passé tout entière à la Bibliothèque du roi, où cependant il ne paraît pas qu'il y ait eu, avant 1834, de manuscrit de Cl. Haton.

[1] Voici la note mise par Fontette à la suite du titre du manuscrit 34373 : « Ce recueil est de Claude Haton, prêtre, curé du Mériot, à deux lieues de Provins, du côté de Nogent-sur-Seine; il a écrit avec une grande exactitude tout ce qui s'est passé de son temps. — L. Ruffier, apothicaire et depuis maire de Provins, a donné la plus grande partie de cet ouvrage (4 vol.) à M. de Ménars, intendant de la

généralité de Paris, qui l'avait réuni à la bibliothèque de M. de Thou, qu'il avait achetée (et qui est aujourd'hui à l'hôtel de Soubise). M. Nivert, conseiller à Provins, en [avait] deux volumes. »

[2] J'avais d'abord pensé que le manuscrit Ruffier et Ménars et celui que possède aujourd'hui la Bibliothèque impériale étaient une seule et même chose; mais j'ai reconnu bientôt que c'étaient deux manuscrits distincts. Le manuscrit de la Bibliothèque impériale est in-4°; celui dont parle Fontette était in-folio. Le premier ne présente aucune trace de division en volumes; ce qui en reste est formé d'une série de cahiers, qui paraissent avoir toujours été réunis et qui ne correspondent point aux divisions du texte; le commencement et la fin manquent, il est vrai, mais il est visible que ces lacunes irrégulières ne proviennent pas d'une séparation du genre de celle que Fontette indique. — Il peut sembler étrange néanmoins que la mention d'un double manuscrit ne figure nulle part, et que M. Rivot, qui a reproduit des fragments de Cl. Haton, et qui annonce avoir cherché vainement le manuscrit de la bibliothèque Soubise, soit resté muet à l'égard de l'autre.

voir le suivre [1]. On ignore également ce que sont devenus les deux volumes laissés à M. Nivert.

Il ne reste donc aujourd'hui que le manuscrit autographe de la Bibliothèque impériale; le titre du volume a disparu avec les quatre-vingt-seize feuillets dont j'ai signalé la perte; mais il est évident qu'on en retrouve les termes exacts dans l'indication donnée par Fontette à propos du manuscrit de la bibliothèque Soubise. On sait aussi par cette indication quelle est l'importance des lacunes que j'ai signalées au commencement et à la fin de l'ouvrage. Le récit de Claude Haton devait s'ouvrir à l'année 1543 [2] et s'arrêter à l'année 1586. Ce que l'on possède aujourd'hui commence pendant le cours de 1553, et finit dans le cours de 1582; il manque par conséquent quatorze années [3].

Le manuscrit est divisé en trois livres : le premier s'étend de 1543 à 1559; le deuxième de 1560 à 1574; le troisième de 1575 à 1586. Le premier livre, qui paraît avoir été plus soigné que les autres, parce que sans doute l'auteur l'a écrit d'un seul trait postérieurement aux événements, est partagé en chapitres, dont trente-huit et demi sont perdus. Il y a en outre, dans ce livre et dans tout le reste de l'ouvrage, des divisions de matières par années. L'auteur a indiqué au haut des pages

Quant à moi, mes recherches pour retrouver soit les fragments détachés du texte de la Bibliothèque impériale, soit le second manuscrit, sont restées tout à fait infructueuses.

[1] Voy. le passage cité de l'Histoire civile de Provins, de M. Rivot. — Voy. aussi M. Duval, *Séance publique de la Société d'agriculture, sciences et arts de Provins*, 1807, p. 81. — M. Pasques dit dans son Histoire de Provins manuscrite (tom. I, p. 16), en parlant du manuscrit de Haton : « Il est probablement perdu. » (Voyez aussi *id. ibid.* p. 262.)

[2] Voy. ce que dit à cette date l'auteur lui-même, fol. 66 v°.

[3] Le texte de ce manuscrit présente un certain nombre de ratures; on y rencontre de plus, en divers endroits, des phrases qui n'ont pas été terminées, comme par exemple, fol. 54 v°, 57 v°, etc. des mots passés, des mots répétés.

le chiffre de l'année ainsi que le numéro du livre, et de plus, pour le premier livre, le numéro du chapitre. Des notes marginales indiquent d'une manière sommaire les sujets contenus dans les alinéa; mais ces résumés sont quelquefois inexacts et manquent en beaucoup de points.

La disposition des matières dans chacune des années que comprend l'ouvrage est assez arbitraire. On remarque néanmoins que le chroniqueur commence en général par des détails sur l'état des saisons, sur le prix des denrées, etc. Les faits politiques appartenant à l'histoire générale, et ceux qui se rapportent à la ville et aux environs de Provins sont mêlés les uns aux autres, selon l'occurrence et sans règle adoptée d'avance. D'ordinaire, l'auteur a réuni ensemble tous les meurtres, vols, rapts, incendies, exécutions, accidents qui ont eu lieu pendant le courant de chaque année.

On peut diviser en quatre catégories principales les renseignements que contient l'ouvrage de Claude Haton : faits d'histoire générale; faits d'histoire locale; indications météorologiques; anecdotes.

Disons quelques mots de chacune de ces catégories.

La fin du règne de Henri II, le règne de Charles IX (car, comme je l'ai dit, le règne de François II a disparu), une partie du règne de Henri III, telles sont les périodes historiques sur lesquelles porte le récit du chroniqueur. Les guerres, les troubles civils, les massacres, les mariages et morts de princes, les assemblées politiques, etc. qui ont signalé ces diverses périodes, prennent, dans les Mémoires de Cl. Haton, la place qui leur appartient. Je signalerai, comme contenant des faits d'un intérêt spécial, comme offrant des détails nouveaux, les passages qui se rapportent à un assassinat tenté sur la personne de Henri III, en 1558, par un nommé Caboche; à cer-

taines circonstances de la jeunesse de Charles IX et de ses
frères; au massacre des protestants dans une assemblée de
la rue Saint-Jacques; aux scènes de la Saint-Barthélemy; au
prédicateur Jean de Hans, qui fut arrêté à cause de la violence
de ses sermons, et relâché sur l'ordre exprès de Charles IX;
à divers autres prédicateurs et à leurs discours politiques; à
Durand de Villegagnon, voyageur, guerrier et polémiste; à la
marche des troupes royales, de l'armée protestante et des
reîtres dans la Champagne et la Brie pendant les guerres civiles; au décri des monnaies et à l'effet produit par cette mesure sur les populations, etc. L'auteur, homme intelligent,
soigneux et sincère, tantôt résidant à Paris, tantôt habitant la
Brie, a vu par lui-même beaucoup de choses; il a lu les écrits
et les pamphlets du temps; il a eu sous les yeux le texte des
actes les plus importants de l'autorité, et il s'est fait raconter
par des témoins oculaires les événements dont il n'a pas été
personnellement témoin.

Passons à la partie qui concerne l'histoire de la ville et du
territoire de Provins. Là, chaque fait est raconté avec pleine
connaissance de cause; là, presque toutes les indications sont
neuves et fournissent des lumières qui ne se trouvent point
ailleurs. En lisant les Mémoires de Claude Haton, on voit, durant près de trente années, se mouvoir, vivre de la vie agitée
du xvıᵉ siècle, une ville du centre de la France, autrefois
éminemment commerçante et populeuse, alors importante encore et fermée de bonnes murailles. Les magistrats de cette
ville, siége d'un bailliage et d'un présidial, son nombreux
clergé, ses bourgeois, ses artisans, paraissent tour à tour. L'é-
tat de ses édifices, les phases de son administration, les mani-
festations politiques et religieuses, les passions bonnes ou
mauvaises, les mœurs intimes de sa population dans toutes

les classes, sont mis en relief. On assiste à la naissance, on
suit les développements du protestantisme à Provins et dans
les lieux environnants. En général, le peuple des campagnes
résiste à la séduction des nouvelles doctrines; beaucoup de
petits seigneurs s'y laissent entraîner. Claude Haton fait connaître, à différentes époques, les noms des gens du pays ré-
putés huguenots, leurs efforts pour obtenir l'autorisation d'é-
tablir un prêche, lorsque les édits royaux ont laissé un peu de
liberté à la religion réformée. Le ministre installé, on voit les
catholiques accabler d'injures les protestants qui se rendent au
prêche; ceux-ci, de leur côté, injurient les catholiques allant
à la procession. Des luttes s'engagent; la guerre civile renouvelle sans cesse ses terreurs et ses désastres. Les armées des deux
partis, les reîtres au service des uns et des autres, s'abattent
tour à tour sur le pays comme des nuées d'insectes malfaisants,
pillent les maisons, rançonnent ou tuent les habitants, violent
les femmes et laissent derrière eux la désolation. Les villes et
les bourgs fermés refusent de recevoir les troupes même de leur
parti, et servent d'asile aux paysans, qui s'y réfugient à l'ap-
proche de l'ennemi avec leurs meubles et leurs bestiaux. Les
citoyens aiment mieux se garder eux-mêmes que de confier leur
défense aux gens de guerre, qui ne veulent que leur argent.
Ceux de Provins forment avec les hommes des villages un camp
à Noyen pour empêcher les reîtres de passer la Seine. Puis la
Ligue s'organise, et, en 1577, M. de Rosne, que Mayenne
nomma plus tard maréchal de France, tente en vain de faire
entrer les Provinois dans cette association.....

Tout cela compose un tableau bien sombre, et pourtant
plein d'intérêt. Que de précieux enseignements, que de rapprochements curieux! Quelle place ces traits d'histoire locale
ne méritent-ils pas d'occuper parmi les éléments qui servent à

apprécier le caractère d'une grande époque! Ces terreurs, ces misères, ces déchirements d'un coin de la France, ce sont, en raccourci, les terreurs, les misères, les déchirements de la France.

Il y a dans l'ouvrage de Claude Haton des anecdotes assez piquantes, quelquefois même un peu grivoises. Nos ancêtres avaient dans le langage moins de réserve que nous, et n'en étaient pas pour cela plus pervers. Je citerai le récit des gestes et de la mort d'un gentilhomme nommé Sérelle, qui fut exécuté à Provins, en 1571, par un bourreau inhabile dans son métier[1]; *l'Histoire plaisante de soldats, de jacobins et de la dame de l'enseigne de l'Aventure, dite la dame des trois marchés*[2]; l'anecdote de l'arche fendue, qui porte sur une équivoque cynique, et où l'on voit des soldats citoyens prendre, la nuit, une allée de saules pour une troupe d'ennemis[3]; *l'Histoire plaisante de la dame et du routisseur*, où une femme et son mari, après avoir vécu aux dépens d'un rôtisseur amoureux, l'attirent dans leur maison, le battent et le volent[4]; le jugement prononcé et exécuté par des enfants de Provins contre le cadavre d'un condamné mort sans confession[5]; le récit des ruses bizarres inventées par de pauvres gens pour forcer les soldats qu'ils logeaient à sortir *de bon gré* de leur maison[6], etc. Chacune de ces petites histoires, racontées sans recherche et avec une certaine finesse, prend, au point de vue des mœurs du XVIᵉ siècle, une sorte de caractère historique.

Les faits météorologiques forment une partie intéressante des Mémoires de Claude Haton. L'auteur marque, pour chaque année, le cours des saisons, le prix des denrées, les tremblements de terre, les chaleurs et les froids excessifs ou

---

[1] *Mémoires*, fol. 459 et suiv.
[2] *Ibid.* fol. 699 v°, 701, 702.
[3] *Ibid.* fol. 697 v° et suiv.
[4] *Ibid.* fol. 314 r°.
[5] *Ibid.* fol. 506 et suiv.
[6] *Ibid.* fol. 224 r°.

arrivés hors de leur temps, les particularités de la culture, de
la pousse des grains et des fruits. Il s'étend sur le fameux
hiver de 1564[1], où *le pot mis devant le feu pour cuyre la chair
boult devant et si a de la glace derrière,* où *ung muid de vin, après
le tonneau rompu, est saulvé en ung sac de toile,* etc. Il donne le
détail des processions qui se faisaient d'une ville à une autre
pour empêcher la destruction des fruits de la terre menacés
par la rigueur des saisons. Il décrit les comètes survenues de
son temps, qu'il appelle *estoiles à la grande queue*[2], les éclipses[3],
les aurores boréales[4], les signes célestes de tout genre, les dragons de feu, les guerriers brillants se combattant dans les
nuées[5], et il a soin de noter les événements humains que ces
signes annoncent ou avec lesquels ils concordent. Imbu des
croyances de son époque, il signale avec un grand sérieux les
apparitions d'esprits, de loups-garous, de bêtes qui parlent,
les mouvements extraordinaires de certains poissons pris de
la rage, les possessions, etc.[6]

En résumé, et sous ces quatre points de vue, les Mémoires
de Cl. Haton me semblent dignes d'une attention particulière.
Il ne faut point y chercher les secrets des intrigues de cour,
les finesses de la politique intime; mais on y trouve un tableau
fidèle de l'influence que les actes du gouvernement et ceux
des grands seigneurs ont eue sur la marche générale des affaires
publiques, sur l'état de la France, sur le bien-être des populations; ils font connaître la manière dont les faits ont été
appréciés et jugés dans les provinces par les contemporains,
la nature des impressions que les événements ont laissées dans

---

[1] *Mémoires,* fol. 247 r°.

[2] *Ibid.* fol. 16 v°, 821 v°, 997 v°.

[3] *Ibid.* fol. 938 v°, etc.

[4] *Ibid.* fol. 640 v°.

[5] *Ibid.* fol. 640 r° et v°, 997 v°, 1018 v°.

[6] *Ibid.* fol. 677 v°, 745, 792 v°, 863 v°, 864 v°, etc.

les masses. Le récit de Claude Haton est une sorte de version
populaire de l'histoire des quarante années de luttes intes-
tines dont la France a été le théâtre au XVIe siècle, un écho des
bruits répétés par les mille voix de l'opinion sur les acteurs
du drame, pendant les règnes de Henri II, de Charles IX et
de Henri III. Sous la date de 1576, en parlant des guerres
civiles de cette époque, le chroniqueur dit : « Le peuple de
France eust sceu meilleur gré au roy, s'il fust allé à la guerre
en propre personne, qu'il ne faisoit de le veoir aller et d'ouyr
dire qu'il alloit à la procession. Car sa présence en laditte
guerre eust servy de mille hommes; mais n'en vouloit ouyr
parler, et avoit bien changé de condition depuis qu'il fust
roy [1]. » Des traits de ce genre, expression naïve des sentiments et des opinions de la foule, sont fréquents dans l'ouvrage du curé de Mériot.

Il serait dangereux d'ajouter une foi absolue à la partie de
la chronique de Cl. Haton où l'auteur relate les grands faits
politiques et dépeint les personnages importants de son époque.
Plusieurs de ses assertions, dont il n'a pu, dans l'état d'éloi-
gnement où il était la plupart du temps du théâtre des événements, vérifier toujours l'exactitude, ont besoin d'être con-
frontées avec des témoignages contemporains authentiques.
D'ailleurs, homme de parti, suivant l'impulsion de ses passions
religieuses et politiques, esclave de ses préventions, il croit ce
qui flatte ses idées, et il pèche tantôt par exagération, tantôt
par atténuation. On le voit quelquefois attribuer sans preuve
aux ennemis de sa cause des intentions ou des actes odieux,
tandis qu'il cherche à écarter des vrais coupables le blâme
qu'ils méritent; mais il n'altère point sciemment et volontai-
rement la vérité, il se trompe, voilà tout. Il sait, dans diverses

---

[1] *Mémoires*, fol. 645 v°.

occasions, être sévère pour les gens de son parti et bienveillant pour ceux du camp opposé; en parlant de l'édit de janvier 1572, il n'hésite pas à convenir que cette ordonnance « réprima quelquement l'audace des gentilshommes, tant catholicques que huguenotz, et signamment des catholicques, lesquelz se rendirent plus obéissans et moins nuisibles que devant[1]. » Il faut qu'il se croie bien sûr des faits pour les affirmer avec décision. On rencontre à chaque page de son livre des phrases comme celles-ci : *je ne l'ai sceu au vray*..... *si j'ai bien retenu*..... *je n'en sçai rien.* Lorsque sa mémoire est incertaine, il avoue franchement ses doutes; quand les renseignements qu'il a recueillis lui laissent de l'hésitation, il a soin d'en convenir : « De sçavoir parler davantage dudit voyage (l'expédition d'Italie en 1557) et des exploictz d'iceluy seigneur (le duc de Guise), dit-il quelque part, je ne sçaurois, pour n'y avoir esté ni proprement en avoir ouy parler, combien que plusieurs fois en aye ouy parler à l'aulmosnier dudit seigneur, qui feit le voyage avec luy; mais pour ce qu'il me sembloit que ledit aulmosnier en parloit par grande affection pour l'ampliation de l'honneur de son maistre, je n'ai ajousté foy à tout ce que je luy en ai ouy dire[2]; » et ailleurs : « Je ne puis rien dire davantage desdittes guerres turquesques (1567), de peur d'en mentir, d'aultant que je n'en ai ouy le discours par ceux qui y avoient esté[3]. » Il n'oublie point de constater sa présence, quand il croit ajouter ainsi à la force de ses assertions; il indique la source où il a puisé certains récits : pour quelque affaire de cour, les paroles d'un seigneur initié personnelle-

[1] *Mémoires*, fol. 474 r°.

[2] *Ibid.* fol. 33 v°.

[3] *Ibid.* fol. 345 r°. — Voy. aussi fol. 241 r°. — Au sujet des désordres commis par les troupes du duc d'Anjou en gagnant la frontière de Flandre, Claude Haton dit : « Nous laisserons cela à escrire à ceux du pays, qui ont receu le domage et qui en sçavent plus que nous » (1578, fol. 797 v°).

ment aux secrets de l'État; pour une bataille, pour un siége, celles d'un soldat revenu de la guerre, etc. [1] Il parle avec une grande réserve de la plupart des gens accusés ou condamnés par la justice, et souvent, après avoir rapporté sans partialité les circonstances favorables ou contraires au prévenu, il termine ainsi : *le jugement en demeure à Dieu.* Quant aux phénomènes extraordinaires, il ne mentionne plusieurs d'entre eux qu'en convenant qu'il ne les a point vus, et qu'il se sert de récits étrangers; il en discute d'autres et cherche même à les expliquer[2].

Les Mémoires de Cl. Haton témoignent chez leur auteur d'une instruction assez étendue pour le temps. On y trouve les marques d'une raison sûre, et qui s'élève quelquefois au-dessus des préjugés. Son style est clair, et, sans être très-original, très-coloré, il plaît par la facilité et par des traits assez piquants. Son grand défaut est la prolixité. Les récits s'allongent fastidieusement par des détails insignifiants, par des répétitions inutiles où l'auteur ne se donne pas même la peine de changer les formes du langage; chaque fois qu'il nomme un personnage, il redit sa généalogie, sa profession, etc. Les portraits sont peu nombreux; Haton est surtout un narrateur. Ses réflexions, pleines de bon sens, sont souvent remarquables par l'heureuse exactitude de l'expression. « C'est une grande imprudence, remarque-t-il quelque part, à tout homme qui redouble l'affliction de l'affligé. »—« Car en toutes choses, dit-il ailleurs, faveur fait aveugler le droit; » — et ailleurs encore : « Tant plus une denrée est chère, d'autant plus y commet-on de l'abus[3]. » Je pourrais multiplier beaucoup ces citations.

Haton a rapporté textuellement plusieurs actes du temps,

---

[1] Voy. par exemple, *Mémoires,* fol. 387 verso.

[2] *Mém.* fol. 640 v°, 641 r°, 752 v° et suiv.

[3] *Ibid.* fol. 517 r°, 520 v°.

édits, discours, requêtes, bulles pontificales, etc. Ces documents se retrouvent, pour la plupart, dans diverses publications relatives au XVIe siècle, ou dans les recueils généraux d'ordonnances.

Quant à l'esprit dans lequel sont rédigés les Mémoires, on a déjà pu l'apprécier en partie par ce que j'ai dit, dans la biographie de Claude Haton, des sentiments et des qualités personnelles de ce prêtre. Je crois devoir insister ici sur quelques points, et particulièrement sur la compassion touchante pour le peuple qu'on voit briller à chaque page de son livre. Si les saisons sont rudes, si la contagion ou la disette sévit, si la guerre s'allume entre le roi et les princes du sang, entre les catholiques et les protestants; si les gens de guerre occupent les villages, les rançonnent, les pillent et les brûlent, le chroniqueur a toujours quelques bonnes paroles pour plaindre les maux des victimes, et quelques traits énergiques pour flétrir les auteurs de la misère publique.

Suivant lui, ceux qui dans l'avenir liront ses récits refuseront de croire les tourments qu'ont fait souffrir aux villageois les gens de leur propre nation, pour satisfaire les caprices des princes et leurs mutuelles jalousies. « Que les anciens, ajoute-t-il, apprennent à leurs enfans de ne se resjouyr, quand ilz oyront dire que noises et discorts seront entre le roy et les princes de France, jusques à prendre les armes les ungs contre les aultres, ou que le pays se rebelle contre ses princes naturelz par guerres civiles; car ce sera le comble de leur malheur, comme toujours en est advenu au royaume..... Dieu a baillé à la France des princes et roy telz que le peuple le méritoit, et au roy et princes des subjectz telz qu'ilz roy et princes le méritoient, et a esté le tout permis de Dieu pour la pugnition des ungs et des aultres, combien qu'il

n'y ayt eu que les pauvres gens des villages qui ayent souffert
la pugnition des péchez du roy, des princes, des gens-tue-
hommes, des marchans et bourgeois[1]..... »

L'opinion de Cl. Haton sur le protestantisme n'est point celle
d'un philosophe, mais celle d'un catholique et d'un catholique
du xvie siècle. Voici la manière assez piquante dont il l'exprime :

« Or estoit-il fort facille d'estre huguenot en ce temps-là, et
n'estoient les fondemens de leur prétendue religion malaisez
à apprendre; il ne falloit qu'estre meurtrier, voleur, larron,
sacrilége, paillard, adultère, voleur d'églises et de temples,
briseur d'ymaiges, mesdire du pape, des cardinaux, évesques,
prebstres, moynes et ecclésiasticques, estre meurtrier de telles
gens, haïr et mesdire de la messe et du sainct sacrement de
l'autel et dire que c'estoit Jehan le Blanc, bailler l'hostie à
manger aux bestes et chiens, graisser ses bottes et soulliers du
cresme et des sainctes huilles, faire son ordure fécalle dans
l'eau béniste des eaubenoistiers et des fons, manger chair les
vendredis, samedis, karesme et jours de jeusnes, prétendre
qu'il n'est point de purgatoire en l'aultre vie, blasmer les péle-
rinages, dire qu'il ne fault prier la Vierge Marie ni les sainctz,
ni dire heures, ni matines, ni aultre office divin, sinon les
Psalmes de David traduictz en vulgaire et rime françoise par
Marot et Théodore de Bèze, et dire qu'il ne fault faire nulle
bonne œuvre pour avoir la vie éternelle en paradis, ains que
c'est assez de croire en Dieu et en Jésus-Christ, lequel, par sa
mort et passion, a tout faict pour nous en ce monde avant que
d'en partir. Voilà ce que faisoient les Françoys desbauchez de
la religion catholicque, pour se mettre de la prétendue huguenoticque, et estre bien venus des seigneurs, gentilshommes et
juges de justice qui estoient de ceste faction[2]. »

[1] *Mémoires*, fol. 622 v°. — [2] *Id.* fol. 82 r°.

C'est aux protestants que Cl. Haton attribue la plus grande part des misères, des iniquités et des excès de son époque. Il raconte avec complaisance les actes de cruauté commis par eux durant les guerres civiles sur les catholiques, qu'ils traitaient de *papaux*, *d'idolâtres*, de *pauvres abrutis*, de *tisons du purgatoire du pape*[1]; il les accuse de l'assassinat tenté en 1558 sur Henri II, qu'ils regardaient comme le *tyran persécuteur de l'église de Jésus-Christ*[2]. Tous les bruits malveillants qui couraient sur leur compte sont reproduits dans son livre. Chacun sait quelles calomnies furent débitées sur les réunions secrètes des premiers disciples de Luther et de Calvin; Haton ne manque pas de reproduire ces accusations : il peint les adeptes de la religion nouvelle se livrant dans leurs assemblées nocturnes à de mystérieuses débauches, dont le ministre, après avoir éteint la chandelle, donnait complaisamment le signal[3].

Aussi notre chroniqueur applaudit-il aux exécutions ordonnées par l'autorité contre les religionnaires, aux violences commises à leur égard par les soldats catholiques. Quand on les maltraite, qu'on les pille et qu'on les tue; quand on viole leurs femmes, comme cela eut lieu au Houssay, près de Provins, en 1567[4], il raconte ces faits en souriant, et il assaisonne son récit de cruelles plaisanteries. Le massacre de la Saint-Barthélemy, à l'entendre, n'a été qu'un moyen, adopté à la dernière extrémité, d'empêcher les protestants d'exterminer les catholiques, comme ils en avaient le projet. S'il avait regardé en arrière dans son livre, il y aurait vu que lui-même avait annoncé chez le roi Charles IX la résolution arrêtée dès l'année 1568, en con-

---

[1] *Mémoires*, fol. 152-154, etc.
[2] *Id.* fol. 55 r° et v°. -
[3] *Id.* fol. 36 v°, 37 r° et 71 r°. — Notons en passant que Cl. Haton parle d'une manière générale, et qu'il s'abstient de signaler, comme coupables de ces infamies, les protestants de la ville où il demeurait, qu'il avait pu observer par lui-même.
[4] *Mémoires*, fol. 333 v°.

cluant la paix, de ne se servir de cette paix que pour faciliter l'exécution qu'il voulait faire des protestants [1]. Mais la passion ne raisonne pas. Les victimes de la fureur des catholiques n'excitent chez Haton aucune pitié, et les projets sanguinaires qu'il attribue à Charles IX lui semblent les plus naturels du monde : « L'intention du roy estoit, dit-il, que toutes les villes de son royaume fissent sur leurs huguenotz comme ceux de Paris avoient faict aux leurs, nonobstant sa précédente déclaration. Car, par ce moyen, il entendoit repurger son royaume de cette faulse couvée de vipères qui, par chascun jour, renouveloient troubles et séditions au royaume, pour empescher la tranquillité de la républicque, et qui abusoient de la doulceur de sa majesté en cerchant tous moyens de le tuer et exterminer par tant de fois [2]. »

Qui méritait d'être compris dans cette *couvée de vipères*, dont Charles IX avait voulu purger son royaume? Le nombre des victimes se mesurait, dans l'esprit de chacun, à l'intensité de sa haine personnelle, et peu de signes suffisaient pour que les catholiques soupçonnassent d'hérésie les gens qu'ils n'aimaient pas. Si l'on n'assistait pas régulièrement à la messe, si l'on était surpris mangeant de la viande un vendredi ou en temps de carême, on passait pour huguenot et l'on était traité comme tel. Claude Haton voit des huguenots partout. A ses yeux, le chancelier de l'Hôpital est *l'ung des plus grands huguenotz et héréticques de France* [3]. L'emploi de la force brutale pour la destruction des nouveaux adversaires de l'église romaine est l'idée dominante du clergé au XVIe siècle. Pie V la déclare nécessaire *jusqu'à la mort*, et, dès 1556, François Lepicart donne, en pleine chaire, cet atroce conseil à Henri II :

[1] *Mémoires*, fol. 360 r° et 444 v°.   [3] *Mémoires*, fol. 485 v°.
[2] *Id.* fol. 486 r°.

« Le roy devroit pour un temps contrefaire le luthérien parmi eux (les protestants), afin que, prenant de là occasion de s'assembler hautement partout, on pût faire main-basse sur eux tous, et en purger une bonne fois le royaume [1]. » Claude Haton, en approuvant la Saint-Barthélemy, n'est qu'un reflet assez pâle de ces hommes-là. Il mêle d'ailleurs à ses haines religieuses une certaine nuance de bonhomie; s'il est permis d'employer ce mot en pareille compagnie. Il montre, en plusieurs endroits, pour les hérétiques, une indulgence qui semble l'expression de sa pensée intime, dégagée de ce que le temps, les circonstances, sa position, l'influence extérieure, y avaient mis de fiel. Il parle avec une douceur touchante de la mort de Jean Alleaume, bailli de Provins, longtemps attaché au protestantisme, et de celle de Nicolas Janvier, bailli de Bray-sur-Seine, qui avait aussi embrassé la réforme. Sa réserve sur la réalité des conversions est remarquable; il s'en remet à Dieu pour les juger.

Ce n'est pas au reste sur les protestants seuls que Claude Haton rejette la responsabilité des malheurs du pays. Les gens de guerre, une partie de la noblesse, les rois et les princes du sang encourent aussi ses reproches. Les soldats, à quelque parti qu'ils appartiennent, sont à ses yeux des fléaux envoyés par Dieu pour la punition de la France pécheresse [2]. Il répète à différentes reprises un jeu de mots usité sans doute de son temps, en désignant les seigneurs pillards et dévastateurs sous

---

[1] Bayle, art. *Rose.*

[2] « Les soldats catholiques, dit-il (1570, fol. 441 v°), estoient aussi larrons et voleurs des biens d'aultruy que les huguenotz, excepté qu'ilz ne pilloient et ne saccageoient les églises et ne tuoient les ecclésiasticques, mais, au demeurant, aussi meschans que les huguenotz. » — Plus loin (fol. 442 r°), parlant de la prise de la petite ville de Dimon par l'armée catholique, à laquelle on avait refusé d'ouvrir les portes, et des cruautés qui y avaient été commises, il blâme ces actes avec énergie.

les noms de *gens-tue-hommes* ou de *gens-pille-hommes*. En général, la noblesse, à son avis, est fort dégénérée. « Jadis, dit-il, les nobles de France ont acquis ce titre de noblesse et leurs priviléges des roys et princes, pour leurs vertus et les bons services qu'ilz faisoient ausdis roys et princes et à leur patrie, la France; lesquelles vertus estoient auxditz nobles et gentishommes si reluisantes devant tout le peuple que pour néant, mesmes sur leur vie, et sur leur honneur qu'ilz aymoient plus que les biens, n'eussent volu faire, dire ni entreprendre parolles ni actes qui eussent porté scandalle ni domage au plus petit et pauvre de la terre..... Mais maintenant le tout est bien renversé au contraire. Les nobles sont maintenant hérétiques, irrévérens, renieurs de Dieu, blasphêmateurs de son sainct nom, de ses sainctz et de son église, arrogans, cruelz, oppresseurs du peuple, ravisseurs du bien d'aultruy, paillards, incestueux, violleurs de filles et femmes, traîtres, desloyaux, proditeurs de leur patrie, non charitables ni aulmosniers, non hospitaliers aux passans, mais guetteurs et espieurs de chemins, volleurs, associez des larrons et des meurtriers; brief, il n'y a genre ni espèce de mal que ne facent. Voilà les vertus qui reluysent en noz nobles et gentilshommes de France; je ne parle que des meschans, le nombre desquelz excède de plus des trois partz le nombre des bons et vertueux. Dieu garde de mal les nobles vertueux et gens de bien qui ont en horreur les vices susditz et les vicieux; le nombre en est assez petit. Ils sont hays et desprisez des aultres qui font de tout vice vertu[1]. »

Les rois et les princes, à l'exception de Henri II, avec lequel l'auteur paraît avoir eu, comme je l'ai dit plus haut, des relations personnelles, sont traités aussi avec rigueur, surtout

[1] *Mémoires*, fol. 674 r°. — Voy. aussi, sur la corruption de la noblesse, au fol. 56 v°, des plaintes, dont le passage cité n'est que le développement.

lorsqu'ils s'avisent de favoriser les protestants ou de lever des impôts[1]. Catherine de Médicis, qui eut quelques velléités hérétiques, est accusée d'être de connivence avec le prince de Condé pendant les guerres civiles, et même d'être sa maîtresse.

Le clergé catholique lui-même n'est point épargné; les reproches auxquels il donnait lieu à Provins et aux environs sont constatés dans les plaintes et doléances des Provinois aux États généraux de 1560[2]. Cl. Haton signale sans ménagement les fautes et même les crimes des prêtres ses contemporains, et il montre à leur égard une juste sévérité. Il voit avec douleur la vente des bénéfices, la mise à ferme des cures par les curés qui ne voulaient pas s'astreindre à la résidence, l'ignorance des vicaires auxquels l'administration des paroisses se trouvait confiée[3]. C'est contre les chanoines surtout qu'il s'élève : « Il seroit meilleur, dit-il, avoir à faire aux diables d'enfer, et en auroit-on plus tost meilleur droict que de prebstres qui ont une bourse commune[4]. » Cependant, on le trouve en un endroit indulgent à l'excès pour les cordelières de Provins, qui, par crainte des reîtres, avaient quitté leur couvent et étaient venues passer quelques semaines dans la ville[5].

Voilà quel est l'esprit de l'ouvrage de Claude Haton; voilà les sentiments qui y respirent sur les hommes et sur les choses. L'auteur, en écrivant, avait-il l'idée d'une certaine publicité?

---

[1] Voy. fol. 598 r° et 615 r°. — En dépit de sa bienveillance ordinaire pour Henri II, Cl. Haton se montre en quelques endroits assez sévère pour ce prince. (Voy. *Mém.* fol. 56 v° et 57 r°.)

[2] Cette pièce a été publiée dans le Bulletin des comités historiques, 1849, p. 271.

[3] *Mémoires*, fol. 56 r° et v°.

[4] *Mém.* fol. 838 r°. — « Iceux chanoines, dit-il ailleurs, qui de tout temps reculent à toutes bonnes choses » (fol. 207 v°). — « On ne trouve guères de loyauté en gens qui ont une bourse commune, de quelque qualité qu'ilz soient, ni qui veullent faire droict et justice, s'ilz n'y sont contrainctz » (*Id.* fol. 208 r°).

[5] *Id.* fol. 673 v°.

quelques indices peuvent donner lieu de le supposer[1]. Quant
à la date à laquelle a eu lieu la rédaction des Mémoires, elle
est assez difficile à déterminer.

De nombreux passages prouvent qu'une partie notable de
l'ouvrage a été écrite plusieurs années après les événements
qu'on y trouve racontés, et que le reste a été composé successivement et à mesure que les faits s'accomplissaient. Précisons
davantage, et citons les textes eux-mêmes. J'ai dit que le récit
d'une dizaine d'années, de 1543 à 1553, manquait dans le manuscrit de la Bibliothèque impériale; au point même où commence la relation qui nous reste, on voit clairement que l'époque
où le chroniqueur rédige son livre est éloignée de celle où ont
eu lieu les faits dont il parle. Ainsi, à propos de la guerre sou-
tenue par Henri II contre Charles-Quint, en 1554, il dit :
« S'il (l'empereur) print Hesdin, il ne m'en souvient, etc.[2] » Il
sait que Thérouanne fut rasée *ou par le roy ou par ledit empereur,*
mais ses souvenirs à cet égard sont fort indécis. Plus loin, il
s'exprime ainsi : « Me souvient que le roy prenoit fort grand
peine de garder la ville de Marienbourg..... Il ne me souvient
si le roy en personne estoit à son camp de Renty[3]. » — Même
hésitation au sujet des mariages de Claude de France et de
Marie Stuart : « Je me trouve, dit-il, icy confus en mon esprit,
touchant les mariages du dauphin de France et de mons. le
duc de Lorraine, pour n'avoir mis par escript de longtemps
après ces présentes mémoires, et pour n'avoir esté curieux de
recercher les histoires et mémoires de ceux qui ont escript les
faictz de France[4]. » Cette explication reparaît à propos de la

---

[1] « Pour oster l'occasion de calomnier
ce mien escript aux simples gens qui le
pourront lire » (*Mém.* fol. 779 r°); — « de
peur d'offenser ceulx qui liront ce mien
labeur » (*id.* fol. 779 v°). — [2] *Mémoires,*
fol. 2 v°.

[3] *Id.* fol. 2 v° et 3 r°.

[4] *Id.* fol. 49 r°.

paix de 1559 : « Pour n'avoir escript ces mémoires promptement, je ne puis dire à la vérité qui fut l'ambassadeur du roy d'Espagne qui avoit la procuration d'espouser la fille du roy de France pour ledit roy d'Espagne, si ce ne fut le duc d'Albe, ni aussi celuy qui espousa dame Marguerite, sœur du roy, pour le duc de Savoye[1]. » Une mention semblable se retrouve sous l'année 1562 : « Ung jour et moys de l'esté de ceste année, environ sur l'heure de vespres, ung train de grande dame que je ne puis nommer, pour n'avoir promptement escript ces présentes mémoires.....[2] »

Nous manquons d'éléments pour fixer l'époque à laquelle le chroniqueur se mit au travail annuel et successif de la rédaction de ses Mémoires. Seulement, on vient de voir que cette époque est postérieure à 1562, et un autre passage du manuscrit montre qu'elle ne peut dépasser 1574[3]. C'est alors, suivant une assertion respectable, que l'assassinat d'un jacobin, frère Aubin Charles ou Caroli, donna à Cl. Haton l'occasion d'écrire son livre[4]. Le feuillet où ce meurtre était raconté a péri; il ne

---

[1] *Mémoires,* fol. 60 v°.

[2] *Id.* fol. 206 r°. — Plus haut, après avoir raconté la mort de Henri II, et en terminant son premier livre, Claude Haton dit : « Qui est l'endroict où nous ferons fin à ce présent livre..... Plusieurs aultres choses ont esté faictes et passées depuis le temps qu'avons commencé ces présentes mémoires, qui commencent dès l'an 1543 et 4, qui est le premier commencement de nostre première cognoissance. Lesquelles toutesfois ne sont escriptes en ce livre, pour n'en avoir eu la souvenance..... » (fol. 66 v°). — Après avoir décrit la comète de 1577 : « Voilà, dit-il, ce que nous avons veu et expérimenté des signes célestes non accoustumez d'estre

veuz, qui sont advenuz depuis nostre temps jusques à ceste présente année. Si Dieu nous faict la grâce de vivre, nous verrons ce qui adviendra de ceste dernière comette de l'an présent, que nous mettrons par escript le plus fidellement qu'il sera possible » (fol. 759 r°). — A la date de 1577, en décrivant la comète de 1556 : « Ce que nous ne pouvons pas icy cotter précisément, dit-il, pour le laps de temps que nous avons mis à mettre par escript ces présentes mémoires » (fol. 753 r°). — Voy. aussi fol. 45 r°, 49 r°, 101 v°, 129 v°, 140 r°, 142 r°.

[3] Voy. fol. 16 r°, 12 v° et 17 r°.

[4] Voici les paroles de M. Rivot (*Hist. civile de Provins,* t. II, p. 559), qui ont été

reste de mention du crime que sous l'année 1575, où l'auteur
parle de l'arrestation du meurtrier par quatre jacobins de Provins, dans une auberge de Sénetruye, paroisse de Chenoise,
où il s'était caché[1]. A partir de 1574, Haton indique au
futur et comme prévus par lui des événements qui ne s'ac-
complirent en effet que plus tard, ou raconte au présent des
faits qui ont eu lieu au moment de la rédaction. Je cite :
« Voilà où nous voulons faire la fin de ce présent nostre second
livre de l'histoire particulière de nostre temps, lequel, comme
aussi le premier, ne sont en si bon ordre que l'eussions bien
volu, comme nous espérons d'y mettre le troisiesme, qu'avons
volonté de faire ci-après, que nous commencerons au mois de
juin de ceste année présente, au gouvernement de la régente
du royaume de France, en attendant la venue du roy de Pol-
longne, qu'on attend en brief avec une joie indicible. Lequel
Dieu veuille ramener en bonne santé, sagesse et prudence, et
bien tost..... »[2] — Et ailleurs : « Et ferons icy la fin des troubles
de ceste année 1575, et laisserons le camp audit Joigny, jusques au commencement de l'an prochain, où nous le reprendrons pour déduire ce qui se fera en laditte année, que nous
estimons n'estre meilleure que ceste présente, si Dieu n'y
besongne par sa grande miséricorde..... »[3] — Et plus loin
encore, en 1578 : « Je ne puis passer soubz silence l'abbus qui
regne audit prieuré de la Fontaine aux Bois, pour le regard

reproduites par M. Ythier (*Histoire des illustres de Provins*, p. 187) : « Il dit luy-
mémé que ce qui lui a donné occasion d'é-
crire fut la mort de frère Aubin Charles,
dominicain, docteur en Sorbonne et théologal de St-Quiriace, qui, revenant de
Rosay en Brie, fut assassiné à l'entrée de
la forêt de Chenoise, le 4 juillet 1574. —

MM. Rivot et Ythier ont donné chacun le
récit de la mort de frère Aubin Charles
d'après Claude Haton; il y a lieu de croire
que la copie faite par M. Rivot l'a été d'a-
près le second manuscrit que j'ai signalé.
[1] *Mémoires*, fol. 631 r°.
[2] *Id.* fol. 583 r°.
[3] *Id.* fol. 622 v°.

du spirituel et du revenu temporel dudit prieuré..... lequel
revenu, pour le temps de ceste présente année et jusques à ce
qu'il plaira à Dieu, est applicqué à une pauvre dame ou damoiselle, nommée madame de Rissé.....[1] » Enfin, en parlant
d'un procès intenté devant l'official de Sens, en 1579, à un
homme qu'on accusait d'être malade de la lèpre : « Les chirur-
giens et barbiers, dit-il, ne voulurent faire rapport diffinitif,
ains le remirent aux premiers jours de may prochain ensuivant, parquoy cesserons ce propos pour ceste année, en attendant le jour et mois de may de l'an qui vient, pour en parler,
si nous y sommes tous[2]. » — Ces différents témoignages sont
obscurcis par le suivant, d'où il semblerait résulter qu'au moment où l'auteur rédigeait l'année 1572 on avait déjà passé
1581 : « Je ne diray aultre chose icy (sous l'année 1572) de
la généralité et général des cordeliers, d'aultant que j'espère
en parler en ung aultre temps, et en nostre 3e livre que nous
ferons cy-après, Dieu aydant, en l'année 1581, où nous parlerons de luy-mesme et comment il fut, en ceste ditte année-
là, faict le suffragant de M. l'archevesque de Sens[3]. » La seule

<hr/>

[1] *Mémoires*, fol. 823 v°. — En parlant
de la chute d'une partie des Changes de
St-Ayoul, Cl. Haton dit que les matériaux
furent laissés au prieur de St-Ayoul, à la
charge de les employer à la réparation de
ce qui restoit du bâtiment, *ce qui*, ajoute-
t-il, *n'a encores esté faict* (fol. 824 v°).

[2] *Id.* fol. 891 v°. — Voy. aussi ce qui
est dit aux fol. 679 v°, 757 v°, 886 r°, et
le récit de l'année 1580, *passim*.

[3] *Id.* fol. 499 v°. — L'auteur ajoute :
«..... Estant faict évesque de Césarée,
après avoir esté déposé de sa charge de
général, au chapitre universel qui fut depuis faict à Paris en l'an 1579, ainsi qu'il

apperra audit troisième livre que nous
espérons de faire. » — Il y a encore un
passage difficile à expliquer : En 1561,
Claude Haton parlant de certains miracles
accomplis en 1557 au village de la Ste-
Épine, dit : « Ce discours deust estre
escript en nostre premier livre de ceste
histoire, en l'année 57, pour ce que les
choses susdittes sont advenues en ce
temps ; mais n'ai eu pour lors souvenance
de l'y mettre. Qui est la cause qu'en ai
icy fait le récit, à cause du miracle de
la Croix de Troye, qui m'en a faict avoir
mémoire. » (*Id.* fol. 101 v°.)

manière d'expliquer cette anomalie, c'est de supposer que la rédaction primitive de l'auteur a été recopiée par lui, en tout ou en partie après 1581, et qu'en faisant ce travail il a introduit certains changements et des renvois aux événements postérieurs. En effet, les omissions et les répétitions de mots que l'on rencontre dans le manuscrit de la Bibliothèque impériale montrent que ce manuscrit est une copie ou mise au net[1]. Seulement, les ratures et les corrections qu'il présente doivent le faire considérer comme une copie retravaillée et comme une sorte de second original.

Des passages de Claude Haton, en fort petit nombre, ont été reproduits dans d'autres ouvrages, particulièrement dans les collections manuscrites de M. Rivot et de M. Ythier conservées à la bibliothèque de Provins, et dans celle de M. Billate, dont M. le docteur Michelin possède quelques parties. M. Rivot, *Anecdotes de Provins,* t. VI, a donné des extraits des Mémoires de Cl. Haton dont voici l'indication : Entrée de Charles-Quint en Champagne (1544), p. 283 ;— Surprise de Provins par les huguenots (1562), p. 303[2] ; — Prêche établi à Provins par les huguenots, en 1564, p. 313 ; — Passage de la reine mère à Provins (1574), p. 329 ; — Cherté du blé en 1573, p. 333 ; — Jubilé de 1574, p. 335 ;—Frère Aubin Charles, assassiné, p. 343 ; — Sermon du général des cordeliers, p. 345 ; — Beaulieu et ses brigands, p. 351 ; — Siége d'Anglure (1581), p. 358 ; — Coqueluche; fossés du moulin d'Ocle; le soleil éclipsé, p. 360. Les mêmes passages sont reproduits dans les

---

[1] Notons, en faveur de cette opinion, la date de 1601, inscrite sur le dos du manuscrit de la Bibliothèque impériale.

[2] Quoiqu'il n'y ait point d'indication, le morceau intitulé, dans M. Rivot, *Les huguenots de Provins* (1560, t. VI, p. 301), et où il est question des protestants de Provins et des environs, paraît être un abrégé de ce qui se trouve à ce sujet dans Cl. Haton. — Voy. aussi le même ouvrage, t IV, p. 119.

Anecdotes de Provins de M. Ythier, t. I, p. 461; t. II, p. 1,
39, 40, 45, 49, 52, 75, 83, 84 et 85. — Cl. Haton a été
cité en outre par M. Rivot, t. III, p. 345, au sujet des protestants de Provins et de l'abbé de la Chesnays; par M. Billate,
à l'occasion du prêche que les protestants tentèrent d'établir à
Provins, et à propos du passage en cette ville de Christophe de
Cheffontaines, général des cordeliers, en 1582; par M. Gril-
lon (manuscrit de la bibliothèque de Provins), à propos de la
fondation du collége. Enfin, s'il m'est permis de me nommer
ici, j'ai indiqué ou cité les Mémoires du curé du Mériot dans
mon Histoire de Provins, imprimée en 1839-40 [1].

Je ne crois pas qu'il existe ailleurs d'emprunts faits aux
Mémoires de Claude Haton. On peut donc considérer ces Mémoires comme un livre tout à fait nouveau. Reste à savoir si
j'ai sainement apprécié leur valeur; s'il est vrai, comme je le
pense, que, bien qu'écrits en partie au point de vue local, les
récits qu'ils contiennent donnent une idée exacte de l'état de
la France dans la seconde moitié du xvie siècle; si les renseignements qu'ils fournissent peuvent servir d'éléments pour
juger, comme ils doivent l'être, les hommes et les choses à l'é-
poque où l'auteur a vécu; si enfin le style de Claude Haton, sa
manière de présenter les faits, ses observations et ses opinions
personnelles lui méritent une place honorable parmi nos anciens historiens. C'est au public à prononcer.

---

[1] Tome II, p. 134, 135, 136, 137, 141, 142, 152, 153, 154, 161, 164.

IV.

A l'époque où je proposai au comité de l'histoire institué
près le ministère de l'instruction publique la publication des
Mémoires de Claude Haton, mon désir était de donner le manuscrit dans son entier; j'estimais qu'il occuperait deux forts
volumes in-4°. Le comité, sur le rapport de M. Jules Des-
noyers[1], à la bienveillance duquel je suis heureux de rendre
ici un témoignage reconnaissant, décida que je devais publier
seulement des extraits de l'ouvrage de Cl. Haton, et que la
réunion de ces extraits ne devait pas dépasser un volume. Il
fallait donc élaguer plus de la moitié du manuscrit; ce sacrifice me fut d'abord pénible. Aujourd'hui, après l'étude nouvelle et plus approfondie à laquelle la copie et l'analyse du
texte m'ont obligé de me livrer, je me fais un devoir de remercier le comité de ce que dans un autre temps j'aurais appelé ses rigueurs. Je sens qu'une publication intégrale des
Mémoires de Cl. Haton eût peut-être dépassé l'importance
réelle du livre; l'ivraie eût étouffé le bon grain. Dans les
limites actuelles, restreint aux parties saillantes, débarrassé des
détails excessifs ou d'un intérêt contestable, l'ouvrage me
semble plus propre à retenir l'attention des lecteurs, et à rendre
à l'histoire du xvie siècle les services auxquels il est appelé.

J'ai procédé d'une manière méthodique dans les suppres-

[1] Séance du 8 avril 1850 (*Bulletin des comités historiques*, hist. sc. et lett. ann. 1850,
p. 137).

sions nombreuses que j'ai dû opérer. J'ai écarté les actes offi-
ciels qui avaient déjà pris place dans d'autres recueils, les récits concernant des faits qui avaient été ailleurs racontés d'une
manière plus complète et par des gens mieux informés, les
particularités d'un intérêt purement local. Mais, pour que les
diverses parties de l'ouvrage conservassent leur suite et leur
enchaînement, pour que les curieux pussent toujours retrouver
une trace des faits historiques supprimés, j'ai résumé, dans
une analyse aussi exacte que possible, les passages qui ne me
paraissaient pas de nature à être reproduits textuellement. J'ai
de plus élagué des portions de phrases oiseuses, des mots répétés inutilement plusieurs fois, mais avec discrétion, et toujours quand la clarté du récit et l'originalité de l'auteur n'a-
vaient point à en souffrir. J'ai souvent modifié l'orthographe,
non pas en la modernisant, mais en lui donnant, selon les
formes du temps, une sorte de logique et d'uniformité.

Ces travaux d'épuration et d'analyse, qui m'ont demandé
beaucoup de temps, ont-ils été exécutés avec la sagacité convenable? Ce n'est pas à moi à en juger. Je rends compte de
bonne foi de ce que j'ai cru devoir faire et de la manière dont
je me suis efforcé de remplir les intentions du comité et de
rendre cette édition le moins imparfaite possible. Je ne me
dissimule pas le péril qu'il y a toujours à toucher à un texte
historique, et, s'il se fût agi d'un ouvrage très-ancien, où la
tournure de chaque phrase, où chaque mot, pour ainsi dire,
a son importance à part, d'un écrivain éminemment remarquable du côté du style et digne de prendre rang parmi les
maîtres de notre littérature, je me serais gardé de toute espèce
de changement. Mais ici la question était posée dans d'autres
termes; j'avais affaire à un livre de la seconde moitié du
XVIᵉ siècle, c'est-à-dire d'une époque où l'importance du lan-

gage au point de vue philologique a considérablement diminué, à un écrivain moins recommandable par son talent que par les renseignements historiques qu'il fournit.

Des sommaires ont été placés en tête des divisions des Mémoires de Cl. Haton; en outre, des notes indiquent, pour les faits les plus importants, les ouvrages imprimés ou manuscrits, les mémoires ou correspondances qui peuvent servir à compléter ou à rectifier les assertions de l'auteur, ou même seulement à présenter des termes de comparaison. Des dépouillements faits dans les manuscrits de la Bibliothèque impériale m'ont fourni des particularités que l'on verra, j'espère, avec plaisir. Dans un Appendice, j'ai donné quelques lettres, quelques morceaux inédits ou peu connus qui se rapportent aux événements racontés par Claude Haton. Enfin le volume est terminé par un index des noms de lieux et de personnes et par un tableau des phénomènes météorologiques et astronomiques relatés dans le corps du livre, et dont le rapprochement a semblé utile.

Le titre que l'on trouve marqué sur la couverture du manuscrit, et dont j'ai indiqué précédemment la forme, ne pouvait être conservé. J'ai cru devoir adopter celui de *Mémoires*. L'auteur l'emploie souvent lui-même; l'ouvrage a, il est vrai, quelques caractères des annales et de l'histoire proprement dite; mais comme il a été rédigé, au moins en partie, à mesure de l'accomplissement des événements, et comme l'auteur s'y met souvent en scène, j'ai pensé qu'il rentrait davantage dans la classe des mémoires.

MÉMOIRES

DE

CLAUDE HATON.

LIVRE PREMIER.

. . . .

(Les quatre-vingt-seize premiers feuillets du manuscrit manquent.)

CHAPITRE XXXIX.

ASSASSINAT D'UN GENTILHOMME DANS L'ÉGLISE DE BARBUISE.

. . . . . Le jour de la Pentecôte[1], *le Provençal*[2], assistant à la messe dans l'église 1553.
de Barbuise[3], est assassiné à coups d'arquebuse, ainsi que son serviteur. — Des
gentilshommes qui étaient venus dîner chez lui et les habitants du lieu, saisis
d'effroi, laissent fuir les meurtriers. — Le Provençal expire, après s'être confessé
et avoir reçu les sacrements — L'évêque de Troyes[4], averti sans délai, ordonne
qu'on enterre les deux victimes et que l'on continue à faire l'office dans l'é-
glise, jusqu'à nouvel ordre. — La demoiselle Claude de Foissy, femme du Provençal, recherche les meurtriers, contrairement aux dernières volontés de son
mari. — Jean de Railly, seigneur de la Court de Marailles et de Haultes-Rives,
et sa femme Jacqueline de Resande, sont poursuivis comme étant les auteurs

[1] Ce passage est une analyse du texte de Cl. Haton. On l'a distingué, ainsi que tous les autres du même genre, par un caractère moins fort que celui du texte même des Mémoires.

[2] Probablement Louis de Barlier, sei- gneur de la Roche-sous-Barbuise. Haton le représente comme un pillard et un despote détesté dans le pays.

[3] Département de l'Aube, arr. de No- gent-sur-Seine, canton de Villenauxe.

[4] Jean-Antoine d'Amalfi fut abbé de Saint-Victor, permuta son abbaye en 1550 avec Louis II de Lorraine, évêque de Troyes, embrassa publiquement le protes- tantisme, et mourut à Château-Neuf-sur- Loire, en 1569. (Voy. de Thou, *Histoire universelle*, etc. liv. XXXVIII.)

1

1553.   du crime. — M. de Haultes-Rives parvient à s'échapper; sa femme et une de
ses demoiselles de chambre ont la tête tranchée à Paris. — M. de Haultes-Rives
et Claude de Resande, seigneur de la Roche, son beau-frère, sont tenaillés,
rompus et roués en effigie. — Quelque temps après, M. de Haultes-Rives s'étant
présenté devant la justice, est reconnu innocent, ainsi que sa femme. M. de la
Roche n'ose reparaître, et la femme du Provençal s'empare de ses biens. —
Cette dame se remarie avec un capitaine anglais.

CHAPITRE XL.

PRISE DE THÉROUANNE ET D'HESDIN PAR CHARLES-QUINT. — BATAILLE DE RENTY. —
MISÈRE DU PEUPLE EN PICARDIE.

1554.   Suite des guerres entre Charles-Quint et Henri II. — L'empereur s'empare
de Thérouanne et d'Hesdin [1]. — Le roi de France rassemble son armée à la Fère-
en-Tardenois; cette armée, dirigée sur la Picardie, rencontre les troupes de
l'empereur près de Renty.

. . . . . Audict Renty y eut des coups donnés des deux camps l'ung
contre l'aultre, et fut ce combat appelé *la journée de Renty*, en laquelle plusieurs hommes furent tuez, aultres bien blessez, et les
aultres prins prisonniers [2]. Monseigneur le duc de Guyse, Françoys
de Lorraine, qui menoit l'avant-garde, fut jetté à bas par quatre
fois de dessus son cheval et à la fin fort blessé, ayant ung coup de
lance au travers de la cuisse qui lardoit sadite cuisse avec le cheval; toutesfois ne demeura arresté, ains se saulva et ne fut prisonnier. Avec ledit seigneur de Guyse estoit le bastard de Monmorancy,
filz illégitime de monseigneur le connestable, qui, après avoir ver-

[1] Sur la prise de Thérouanne et d'Hesdin, voy. les Commentaires de François de
Rabutin. (Collect. Michaud et Poujoulat,
t. VII, 1re série, p. 449 et suiv. et Brésin,
Chron. de Flandre et d'Artois, ms. Bibl. imp.
fonds Gaignières, n° 684, fol. 647-667.)
[2] La bataille de Renty fut livrée le 13
août 1554. (Voy. les Mémoires de Saulx-
Tavannes, 1554, collect. Michaud, t. VIII,
p. 189.) — M. Leroux de Lincy a publié,
dans son Recueil de Chants historiques
français, 2e série, p. 203, une chanson sur
la bataille de Renty. Je n'ai pas retrouvé le
texte de celle que Cl. Haton cite plus loin.

tueusement combattu, fut tué sur le champ; de la mort duquel ne   1554.
furent fort marrys les habitans de Provins, pour les grandes insollences
qu'il avoit faict en leur ville.

Monseigneur le connestable, qui conduisoit la bataille, fut taxé de
n'avoir faict son debvoir à ladite journée, et estoit le bruict par le
camp et depuis par la France que, s'il eust faict son debvoir d'employer les gens de sa conduitte, l'empereur eust esté prins prisonnier.
Car l'escadron dudit empereur estant rompu, commançoient à fuyr
en grand désordre, ce que bien véoit ledit connestable, pour estre en
ung lieu hault et fort avantageux; mais, au lieu de courre sur eux et
au devant pour les arrester et combatre, il se destourna pour leur
faire passage, qui fut cause de faire saulver l'empereur qu'il ne fût
prins. Lequel empereur, du grand dueil qu'il avoit d'avoir perdu la
journée, tomba en grosse maladie, dont il cuyda morir. Et fut faict
par les Françoys une chanson de ladite journée au vitupère dudit
empereur et son camp, de laquelle chascun couplet se terminoit ou
reprenoit par telz motz : *O Jehan Gippon* et *la royne de Hongrie.* Et
pour lors, en France, on appelloit ledit empereur *Jehan Gippon,* en
manière de vitupère et hayne qu'on luy pourtoit.

Depuis ceste journée de Ranty, plusieurs personnes chargèrent
l'honneur de monseigneur le connestable, disant qu'il avoit esté
traître au roy et au royaume. Et en parloient principallement ceux
qui veirent manier l'affaire, lesquelz tenoient pour tout certain que
ledit connestable avoit intelligence avec ledit empereur, et eust mieux
aymé estre son prisonnier que ledit empereur eust esté le sien; et
depuis ce temps-là jusques à sa mort a esté taxé de ce crime, non
du roy, car on n'en eust sceu mal dire à Sa Majesté, tant il la sçavoit bien entretenir et faire croyre à ses dieux.

Plusieurs furent prins prisonniers à ladite journée, et des grans
seigneurs de part et d'aultre. De la part du roy, fut prins monsieur
le mareschal de la Marche, appellé monsieur de Sedan[1], et avec luy

_____

[1] Robert de la Marck, IVe du nom, s^r de
Fleuranges, né en 1490. Le P. Anselme   dit qu'il fut pris à Hesdin, le 18 juillet
                                            1556.

1554. monsieur de Momberon, appellé Robert de Momberon[1], demourant
à Tourvoys, paroisse de Sordun-lez-Provins, et plusieurs aultres
Françoys. De la part de l'empereur et des Bourguignons, fut aussi
prins prisonnier le duc d'Ascot[2], allement, grand seigneur, dont la
prinse resjouit beaucoup le roy et le royaume, car c'estoit l'ung des
principaux gouverneurs du camp de l'empereur et des meilleurs
entrepreneurs qu'il eust; de cette prinse et de la journée gangnée
furent faictz à Paris feuz de joye, en signe de grande allégresse et
réjouissance. Peu de temps après, le duc d'Ascot fut amené prisonnier à Paris et mis à la Bastille, et depuis au chasteau de Vincenne
lez Paris, où il fut jusques à sa fuitte.....

Plusieurs des provinces de France ne se sentent des guerres que parce qu'elles
sont obligées de fournir des farines et des pionniers. — Le bon ordre est prescrit
et observé dans l'armée du roi. Il ne se trouve pas un homme de guerre qui ose
loger de force chez les laboureurs ou prendre quelque chose sans l'avoir payé.

Les pauvres gens de Piccardie, depuis Soissons jusques aux frontières de Flandre, avoient fort à faire, car ilz soustenoient le faiz de
la guerre, et principallement ceux des villages et villes de frontières,
qui furent contrainctz d'abandonner leurs maisons et pays et de se retirer en ce pays, hommes, femmes et petits enfans, desquelz on estoit
fort pitoiable[3], mesme le roy, qui leur faisoit donner argent pour

---

[1] Robert de Montberon, seigneur de
Tourvoye, lieutenant des cent-suisses de
la garde, mort le 5 septembre 1561.

[2] Philippe, sire de Croy, troisième du
nom, duc d'Arschot, prince de Chimay,
mort en 1595.

[3] On lit dans un mémoire de M. Taillandier (Extraits des registres du parlem.
de Paris, nouv. série, t. VI, p. 442 des
Mémoires de la Société des Antiquaires de
France) : « 1552. Il paraît qu'alors il exis-
tait à Paris un très-grand nombre de pauvres venus de Picardie et d'autres provinces. Des commissaires étaient chargés
de mettre de l'ordre dans cette population
turbulente. Les pauvres domiciliés à Paris
étaient inscrits sur un rôle dressé en
chaque paroisse. Il fut enjoint, le 18 janvier 1552, à tous les mendiants étrangers
de quitter la ville dans les trois jours, à
peine de prison et autres plus grandes
peines; » et ailleurs (p. 451), sous la date
de 1557 : « Les pays ravagés par la guerre
voyaient leurs habitants les abandonner et
arriver en foule à Paris. Il y eut, le 3 décembre 1557, une ordonnance rendue par
le parlement pour que le dimanche suivant il se tînt à l'hôtel de ville une assem-

vivre, quant ilz se présentoient à luy, ainsi que je l'ai veu de mes 1554.
yeux; et n'avoit le roy rien en plus grand ennuy que la misère de ces
pauvres gens, pour le repos desquelz il désiroit fort qu'il pleust à
Dieu luy donner la paix, pour laquelle avoir, souvent se recommandoit au peuple de France et l'exortoit de faire prière à Dieu de la luy
donner. Mais estoit contrainct par chascun an de relever les armes
pour se deffendre contre ledit empereur, qui ne failloit de l'assaillir
et le royaume par ledit pays de Picardie, combien qu'il empereur y
eust tousjours du pire.

Voyant l'empereur qu'il perdoit son temps contre le roy de France,
avec sa perte et courte honte, suyvant sa coustume quant il n'estoit
le plus fort, demanda trève au roy pour trois ans, laissant les affaires
en suspens touchant la guerre, durant laquelle trève chascun jouy-
roit de ce qu'il tenoit et avoit conquis sur son ennemy, en attendant
le moyen de faire la paix l'ung avec l'aultre; à quoy le roy voluntiers
s'accorda pour le repos des pauvres gens de Piccardie et pour l'honneur qui luy en demeuroit, avec le proffit, car sa majesté avoit beaucoup plus sur le pays dudit empereur et ses alliés qu'il empereur et
les siens n'avoient sur luy.

Les impériaux et les Français laissent dans les villes prises de fortes garnisons.
— La guerre cesse en Piémont, où Henri II avait aussi obtenu des succès.

CHAPITRE XLI.

ACCUSATIONS PORTÉES CONTRE LE PRIEUR BOTURNEO, AUMÔNIER DE LA DUCHESSE
DE GUISE.

Au xxxv⁰ chapitre de l'année 52 de ce présent livre, nous avons

blée composée d'ecclésiastiques, des échevins, de délégués du parlement et des
gouverneurs du bureau des pauvres, *pour
adviser et mettre ordre à ce qui se pourra*
*faire pour le soulagement du grand nombre
et affluence des pauvres de Picardie ruinez
par les guerres.* » — Voy. aussi Félibien,
Hist. de Paris, t. II, p. 1061.

1554. parlé du prieur de l'Hostel-Dieu de Provins, nommé Boturnus, aulmosnier de madame de Guise, qui succéda à frère André Lecourt,
auparavant maistre dudit Hostel-Dieu. Il Boturnus se faisoit nommer
et escrivoit en son nom et surnom *Boturnus de Boturnis*, et se disoit
estre docteur en théologie de l'université et faculté de Boullongne la
Grasse en Italie, et natif de la ville de Bresse audit pays, homme assez
docte, mais non de meilleure vie quant aux mœurs [1]. Car se voyant
maistre paisible dudit Hostel-Dieu, s'y retira pour prendre ses ayses
et repos, et y vivoit d'une vie fort scandaleuse. Il tint avec soy une et
la plus jeune religieuse qui fust audit hostel, nommée sœur Aymée,
qui estoit fort belle et qui avoit faict beaucoup de peine à garder aux
deux prieurs dudit Hostel-Dieu ses prédécesseurs; laquelle, par chas-

---

[1] Boturneo de' Boturnei fut nommé prieur de l'Hôtel-Dieu de Provins sur la présentation de la duchesse de Guise, et confirmé dans cette charge par lettres du 23 juillet 1552, malgré les réclamations des religieux et religieuses de la maison. On lui suscita toute sorte de difficultés; on l'accusa d'être protestant, et il finit par se retirer, en résignant son bénéfice en faveur de frère Denis Le Roy, par un acte du 21 août 1557. (Voy. sur ce personnage le recueil ms. de M. Rivot, t. V, p. 211, à la bibliothèque de Provins.) Il existe plusieurs pièces relatives à son administration dans les archives de l'Hôtel-Dieu de la même ville : 1° Requête aux gens du présidial par les procureur et échevins, pour être autorisés à visiter chaque semaine les vivres donnés aux pauvres, et à s'enquérir du traitement desdits pauvres (12 juillet 1554); 2° réponse à cette requête par les frères et sœurs (13 juillet); 3° certificat délivré par les religieux et religieuses, sur la demande de Boturne, constatant qu'il n'est mort aucuns malades sans avoir reçu la confession (2 août);

4° plaidoyer ou mémoire rédigé et signé par Boturne; 5° lettre de Henri II, d'après laquelle les manants et habitants de Provins, qui, *à l'instigation et poursuitte d'aucuns malvueillans et hainneux du prieur de l'Hôtel-Dieu Boturne,* avaient obtenu du parlement une commission pour s'enquérir des affaires et des comptes de l'Hôtel-Dieu, seront renvoyés devant le grand aumônier (4 nov. 1555); 6° certificat donné devant notaires par le trésorier de l'Hôtel-Dieu, par messire Claude Haton, prêtre, chapelain de cette maison, par sœur M. Garnier, etc. constatant que l'Hôtel-Dieu est par *le prieur Boturne honestement gouverné et entretenu paisiblement, tant au spirituel que au temporel* (15 déc. 1555); 7° lettre de Henri II, pour ajourner au conseil privé les habitants de Provins appelants de l'ordonnance qui les renvoyait devant le grand aumônier (6 févr. 1556). — Voyez aussi un acte du 3 nov. 1552, dans le recueil manuscrit de M. Ythier (*Hist. ecclésiastique de Provins, Hôpitaux,* p. 166) à la bibliothèque de la ville de Provins.

cun jour estoit au levé et couché d'iceluy, et si estoit dame d'hostel
de ladite maison, sous son commandement, ayant charge de tout
achepter, faire appareiller et gouverner, de manière que nul de ladite
maison, prebstre, religieux ni aultre n'eust osé contredire ladite
dame qui ne s'en feust repenty, qui causa ung grand scandalle audit
Provins.

Pour le despit que eurent aulcuns religieux dudit Hostel-Dieu de
veoir ceste nonain parmy eux, et aultres choses qui ne leur sembloient
des plus honestes, murmurèrent contre ledit Boturnus et elle, qui
fut cause de faire séparer lesdits moynes de la table dudit Boturnus
et d'elle. Et pour ce, composa ausdits religieux et religieuses, et fut
la composition telle, qu'il debvoit bailler à un chascun religieux
deux soulz t. en argent, ung pain blanc et trois chopines de vin
par chascun jour, et à chascune religieuse la moytié aultant, excepté
à la sienne qui vivoit comme luy. Il tinst ceste composition quelques
deux ans et plus, après quoy il les remist à sa table pour certaines
raisons.

Il estoit si avaricieux qu'il n'estoit possible de plus, et ne voyoit
manger les personnes qu'avec regret, principallement les religieuses
et les pauvres malades qui estoient ès lictz, lesquelz il enchassoit et
faisoit enchasser par son vicaire général, frère Pierre Girard, qui,
suyvant le commung bruict, faisoit tout ce qu'il vouloit bien et mal
pour demeurer en sa bonne grâce et de sa dame, ce qu'il ne peut
faire long temps. Ausquelz pauvres il retrancha les vivres le plus
estroitement qu'il peut, sans leur faire aultre gracieuseté que leur
donner bien peu de pain, moings de vin tel quel, et quasi poinct de
chair, encores de la moindre de la boucherie, sans leur vouloir
bailler bois ne charbon pour les chauffer l'hiver. Aux religieux et
religieuses leur en bailloit ung peu davantage, je dis de bois.

Il prenoit grand peine à semer et mettre l'erreur de Luther et
Calvin audit Hostel-Dieu, le plus cauteleusement qu'il povoit, et qui
plus l'empeschoit estoit qu'on ne le pouvoit entendre à son parler italien, et si bien souvent assembloit les religieux et religieuses en secret

1554. pour les prescher; mais ni les ungs ni les aultres n'y entendoient rien, et, pour mieux leur faire entendre ce qu'il leur preschoit, s'abstenoit de toutes les œuvres de la foy et cérémonies de la religion catholicque et romaine, comme de jeusner, de chanter la messe, d'y aller ni à aultre office de l'église, de dire ses heures, de garder continance, ni de faire aultre chose qui peust entretenir ni esmouvoir les chrestiens à dévotion; et fut près de deux ans à mener telle vie et sans se confesser aux prebstres.

Pour lequel gouvernement et clameur des pauvres malades, qui estoient par les rues dudit Provins et qui disoient morir de faim et de froid, messieurs les procureur et eschevins dudit Provins feirent assembler en ceste dite année les habitans de la ville à l'hostel commung d'icelle, qu'on appelle l'hostel de la ville, pour avoir l'advis d'un chascun qu'il seroit bon de faire pour corriger l'abbus dudit Boturnus et pour faire que les pauvres feussent mieux traitez nourris et chauffez qu'au précédent. A laquelle assemblée fut résolu que l'on informeroit des abbus qu'il commettoit, qu'on monstreroit à justice et au roy, si besoing estoit, le maulvais traitement qu'il faisoit aux pauvres et la maulvaise administration qu'il faisoit du bien et revenu dudit Hostel-Dieu, qu'il emploioit à soy et à ses parens d'Ytalie, qui le venoient souvent veoir, et non aux pauvres malades du pays et estrangers, et qu'on tascheroit de luy faire oster l'administration du revenu dudit Hostel-Dieu, et de faire gouverner ceste maison par bourgeois de la ville, qui seroient esleuz chaque année par les procureur, eschevins et corps de ladite ville, traiteroient mieux lesdits pauvres selon le revenu, et rendroient compte du relicqua par chascun an devant qui il appartiendroit, le tout suyvant ung édict du roy qui ordonnoit que tous hospitaux et maladreries de fondation royalle fussent gouvernez par les procureurs et eschevins des villes où estoient les dits hospitaux ou aultres bourgeois d'icelles esleuz par les gens et habitans desdites villes [1].

---

[1] Voyez, pour les édits et règlements relatifs aux hôpitaux, dans le xvie siècle, le recueil de Fontanon, tom. IV, p. 574 et suiv.

Lequel édict du roy se praticquoit jà en plusieurs villes de France
et nommément ès villes de Paris, Troye et Meaux, les hospitaux
desquelles, n'y avoit guères, estoient gouvernez par les commissaires
bourgeois desdites villes suyvant ledit édict.

Le conseil résolu, fut ordonné aux procureur et eschevins dudit
Provins, l'ung desquelz estoit Claude Faulchon, appoticquaire demourant juxte ledit hostel, de faire informer et de plaider contre ledit
Boturnus, affin de luy oster l'administration du revenu dudit Hostel-
Dieu, ce qu'ilz feirent aux despens de la ville. Et, pour mieux venir
à leur poinct, n'informèrent seullement de la maulvaise administration du bien dudict Hostel-Dieu et du maulvais traictement qu'il faisoit
aux pauvres, mais aussi informèrent de ses maulvaises mœurs et
meschante manière de vivre, et nommément du scandalle qu'il donnoit de tenir jour et nuict ladicte religieuse avec soy, de laquelle ilz
meirent en avant qu'il avoit eu deux enfens; davantage informèrent
contre luy qu'il estoit héréticque luthérien et prouvèrent sur tous ces
poinctz ce qu'ilz peurent. Et fut portée ladite information à la court,
pour la présenter au roy, s'il en eust esté besoing, qui estoit fort per-
nitieuse, s'il n'eust eu crédit.

Mais l'information ne fut plus tost à ladite court que luy, qui
advertit madame de Guise, sa maîtresse, de tout ce que messieurs
de ladite ville faisoient et avoient faict contre luy, à laquelle il sceut
si bien desguiser la matière, qu'elle espousa sa cause et manda aux
bailly, procureur et advocat du roy, procureur et eschevins de ladite
ville, qu'ilz cessassent leur entreprinse contre son aulmosnier, s'ilz luy
vouloient faire plaisir; ce qu'ilz ne volurent faire pour le premier
mandement, mais le feirent adjourner aux requestes du palais de
Paris ou à la court de Parlement, où il ne volut respondre ou bien n'y
plaida longtemps, car il trouva moyen, par la faveur de sa maistresse,
de se faire enroller à l'estat du roy pour estre ung des aulmosniers
de Sa Majesté; au moyen de quoy, feit évocquer son procès au privé
conseil, qui fut cause, avec ung aultre mandement de ladite dame,
que ce procès demeura là et n'en passa-on plus avant.

1554.   Icelle dame de Guyse luy pourtoit une grande faveur et l'aymoit fort
ou craignoit, car elle ne luy refusoit rien de tout ce qu'il luy demandoit, et parloit aultant hardiment à elle ledit Boturnus, que si elle
eust esté sa fille. Deux choses poulsoient ladite dame à le supporter
et luy bien faire, l'une pour ce qu'il estoit de son pays d'Ytalie,
l'aultre pour ce que sa mère, madame la duchesse de Ferrare, l'avoit
baillé à elle et bien recommandé.....

(La fin du chapitre XLI et le commencement du suivant manquent.)

CHAPITRE XLII.

LA FAMILLE D'ESTERNAY EMBRASSE LA RELIGION RÉFORMÉE.

. . . .

.....Mons. d'Esternay[1] a esté un homme fort esloigné des vertus
de ses père et mère en tout, car il estoit cruel, vindicatif, peu pitoiable, fort orgueilleux et sumptueux en habitz, chevaux et serviteurs. Et, pour le combler de tous maux, estoit hérétique luthérien
dès le temps de l'an présent, toutesfois, non tel déclaré, mais secret
en sa maison et en sa conscience, parce que en ce temps on faisoit
grande punition desdits héréticques en France, que l'on faisoit mourir de la peine du feu, quelques gentilshommes qu'ilz fussent; et de
peur d'estre prins, pugni et de perdre ses biens, se ventoit estre
dispencé du pape de Rome de manger chair en karesme, œufz et
formage trois jours de la sepmaine, ce qu'il faisoit.

[1] Antoine Raguier, seigneur d'Esternay (dép. de la Marne, arr. d'Épernay) et de la Motte de Tilly, était fils de Louis Raguier et de Charlotte de Dinteville. Il eut pour beau-frère François de Béthune, baron de Rosny, père du duc de Sully. Anne Raguier, sa fille et principale héritière par la mort de Jean Raguier, seigneur d'Esternay, son frère unique, épousa Michel de Lur, seigneur de Longa. (Voy. *Addit. aux Mém. de Castelnau*, par Le Laboureur, t. I, liv. III, p. 807.) D'Aubigné nomme plusieurs fois le seigneur d'Esternay dans son Histoire univerelle. Il mourut en 1569.

Après luy devint hérétieque luthérien mons. le vidasme son frère, 1554.
et dès le temps de ceste dite année; mais il estoit plus estimé que
ledit d'Esternay, car il estoit fort pitoyable, grand aulmosnier, fort
charitable et gracieux, point orgueilleux, et secourable à tous. Les
filles sont demeurées catholicques, excepté la cordelière, ainsi que
nous dirons en son lieu.

Pour le temps que madame de la Motte leur mère[1] a esté catholicque, les cordeliers, gens de religion, prebstres et aultres, tant de
ses villages et parroisses que d'allieurs, avoient bon temps avec elle;
car tant elle que ses enfans avoient plusieurs seigneuries soubz leurs
commandemens, comme Esternay, la Motte de Tilly, Corceroy,
Sainct-Maurice, Villeneufve aux Riches hommes, Bouy aux Poreaux
et aultres, ausquelz prebstres elle faisoit beaucoup de honestetez,
principalement à ceux qui estoient de bonne vie...............
Elle sçavoit beaucoup de receptes de médecines et pour plusieurs
maladies, qu'elle enseignoit et apprenoit aux simples et bonnes gens
pour les secourir en leurs maladies; elle-mesme leur faisoit et accommodoit les breuvages, oygnemens et emplastres; elle sçavoit le remède de guarir de la morsure des chiens et bestes enragées, sans
bailler respit, ni les envoyer à mons. saint Hubert.

CHAPITRE XLIII.

UN JACOBIN PRÊCHE À PROVINS CONTRE L'INVOCATION DES SAINTS.—— PHILIPPE MUSNIER,
SUFFRAGANT DE L'ARCHEVÊQUE DE SENS, DONNE LES ORDRES.

En la ville de Provins y a deux couvens de mendians, ung de cordeliers et ung de jacobins, qui, à tour l'ung après l'aultre, preschent
les advens et karesme en ladite ville, les cordeliers une année et les
jacobins l'aultre.

[1] Charlotte de Dinteville, fille de Gaucher de Dinteville, seigneur de Polisi, etc.
femme de L. Raguier, seign[r] de la Motte de
Tilly et d'Esternay, naquit le 28 févr. 1501.

Or estoit le tour des jacobins dé prescher audit Provins l'advent et karesme de ceste présente année 1554, et parce que communément en gens d'un estat y a quelque envie qui court les ungs sus les aultres, lesdits couvens, pour avoir la bénévolence et faveur des habitans de la ville à l'envie l'ung de l'aultre, pourvoyoient d'hommes sçavans incognus à ladite ville, pour prescher lesdits advens et karesmes; car c'est une chose toute véritable que l'on estime et tient-on plus grand conte d'un homme qu'on ne cognoist et n'a-on point veu en telle matière qu'on ne faict de ceux qu'on cognoist et qu'on veoit tous les jours. Ce que toutesfois ne feirent lesdits jacobins pour le karesme de ceste présente année, lesquelz n'allèrent cercher au loing ung prédicateur, ains en choisirent ung d'entre eux, qui n'estoit toutesfois des plus profons de leur couvent, qu'on appelloit frère Jehan Nynost, natif de Meel sur Seine, qui n'estoit bachellier formé ni docteur en théologie, aagé d'environ trente ans; à quoy ne s'atendoient les habitans dudit Provins, lesquelz, le voyant en chaire le jour des Cendres, en l'église de Saint-Ayoul, où se commance le premier sermon, sur les huict heures du matin, et de là à Saint-Quiriace, à dix heures, regardoient tous les ungs les aultres, disans : N'est-ce que cela? Est-ce là le prédicateur que les jacobins nous veullent donner? Ilz n'i gangneront guères; il n'aura pas grand presse. Voilà les parolles que tenoit le peuple, avec aultres qui n'estoient de contentement, avant que de l'avoir ouy parler; car il n'avoit en sa vie faict trois sermons audit Provins depuis qu'il avoit commancé à prescher. Mais, avant qu'il sortist de la chaire du premier sermon de Saint-Ayoul, ledit jour des Cendres, les auditeurs et mesme ceux qui, pour l'avoir veu sans l'ouyr, se malcontentoient, regardoient l'ung l'aultre et disoient : Ce n'est pas celuy que nous pensions. Les autres disoient : Si est, c'est luy. Les ungs, Il ne presche pas si bien que cestuy-cy; les aultres : C'est luy-mesme. Puis à la fin tous s'accordèrent, disant : Il presche bien, il fauldra retourner demain et ces premiers jours icy, et on entendra bien s'il preschera bien. Et telles estoient de luy l'oppinion et les parolles du commung peuple et des grands, c'est-à-dire des sçavans.

D'aultant que le peuple désiroit de l'ouyr pour veoir qu'il sçauroit 1554. faire, d'aultant plus luy mesme s'efforçoit d'estudier et de dire choses bonnes pour leur contentement, et feit ung tel debvoir que, après qu'on l'eût entendu et ouy le premier dimanche de karesme, chascun dist et confessa : Voilà ung grand personnage ; c'est beaucoup mieux que nous ne pensions. Et du 'depuis, tout le reste du karesme et toutes fois depuis qu'il a presché audit Provins et qu'on sçavoit que c'estoit luy, le peuple s'efforçoit de l'aller ouyr, tant il avoit une langue bien pendue et estoit éloquent à parler bon françoys.

Il avoit presché deux ou trois karesmes et advens à Moret et à Herissy lez Fontaine-bleau au temps que le roy y estoit, auxquelz lieux y avoit tousjours gens de court logez qui alloient à ses sermons, la plus part desquelz estoient imbus et cathéchisez en hérésie de Luther et Calvin. Lesquelz, pour ce qu'ilz n'estoient encores hériticques parfaictz ou qu'ilz ne sceussent s'oser telz déclarer, l'appelloient à boire et manger avec eux bien souvent, car il estoit bel homme, grand et adroict, et luy proposoient les argumens desdits hériticques; et si luy monstrèrent certains livres d'iceux qui estoient composez d'un nouveau stille, tant latins que françoys, desquelz il prescheur tira beaucoup de sentences et subtillitez, desquelles il faisoit son prouffit et principallement touchant les abbus qui estoient pour lors en l'église et ès ecclésiasticques, qu'il déclara plus hardiment que nul aultre prescheur qui eust esté audit Provins de longtemps. Il n'espargna les abbus qui estoient ès aultres estatz, non plus que ceux de l'église, et principallement l'estat de justice; de sorte qu'il feit tel debvoir audit karesme, que le reste de sa vie a esté honoré, respecté du peuple et dict homme digne de son estat.

Or ne se trouve-il homme tant sage et savant en tous estatz ne si parfaict auquel on ne trouve quelque chose à redire; ou aultrement, il n'y a homme tant parfaict au monde qui, faulte d'humilité, ne se trompe en l'oppinion qu'il prend de soy-mesme, et qui, par trop présumer de soy, ne tombe en inconvénient et imperfection. Ce qui advint audit Nynost avant que le karesme fust fini, et nommément

1554. le vendredy d'après la my-karesme, auquel jour est l'évangille de la résurrection de Lazare, en l'interprétation duquel, en l'église de Ste-Croix, au premier sermon qui ce jour-là se faict en ladite église, sur les neuf heures, tint une proposition et solution desdits héréticques, touchant la prière des sainctz (quelles elles estoient, je n'en scai rien, parce que je n'y estois pas), qui beaucoup le scandaliza envers les gens lettrez, qui gromelèrent contre lesdites proposition et solution. Dont en fut informé contre luy par Me Pierre Cobus, doyen de la chrestienté dudit Provins, à la sollicitation d'un jacobin dudit couvent, qui portoit envie à cestuy-cy, pour ce qu'on l'avoit préféré à luy pour prescher ledit karesme. Il Nynost s'apperceut bien de sa faulte incontinant au tumulte ou murmure qu'il entendit en ladite église de Ste-Croix, et la cuyda radober à l'instant en l'église St-Ayoul, en laquelle se faict ung aultre sermon entre les dix et unze heures, parce que ce jour, audit Provins, on célèbre la feste des cinq playes de N. S.; mais n'osant apertement déclarer ladite faulte, pour monstrer qu'il ne se vouloit desdire ni rétracter, de peur de diminuer le bruict qu'il avoit, meist les auditeurs en suspens, de telle sorte qu'on ne pouvoit plus juger s'il avoit bien ou mal dit, tant il sceut bien contourner et palier son dire, et acheva ledit karesme au contentement de tous.

Après la feste de Pasques, l'information fut portée à mons. l'official de Sens, qui décréta une cittation personnelle pour le citter, et le prieur du couvent, à comparoir à Sens devant luy, où ilz comparurent.

Après avoir esté interrogé, fut comdempné à tenir prison dans le couvent quelques jours, à jeusner au pain et à l'eau et à ne prescher en quelque église ni aultre lieu que ce feust de six moys, et en la ville de Provins d'ung an; à laquelle sentence il acquiesça, ayant faict protestation voluntaire de sa foy et croyance, qui fut fort louée et bien faicte devant messieurs l'official et gens doctes de l'église dudit Sens.

Philippe Musnier, évêque de Philadelphie, suffragant de l'archevêque de Sens, 1554.
donne les ordres à Provins[1].

Pour ce temps, y avoit par la France assez grand nombre de prebstres, et si l'accroissoit-on tous les ans; car le temps estant comme en
paix, les laboureurs des villages qui avoient trois ou quatre garçons
se réjouissoient d'en envoyer l'ung aux escolles pour le faire prebstre,
nonobstant que la plus grande part fussent vitieux et mal vivans....

CHAPITRE XLIV.

ÉTAT DE LA FRANCE. — DÉRÉGLEMENT DES MŒURS. — MEURTRE COMMIS PAR UN CHANOINE.

L'an 1555, la France avoit prins ung peu d'assoupissement par le 1555.
bénéfice de la trêve faicte l'an passé entre l'empereur et le roy, qui fut
ung peu de repos aux pauvres gens de Piccardie, la plus grande partie
desquelz ne volurent s'en retourner en leur pays, ayans en eux ceste
oppinion qu'elle ne dureroit pas le terme entier prins entre les princes.

Pour le regard de ce pays de Champagne et Brie et aultres de la
France, estoit au plus grand ayse qu'on sçauroit penser par les villes
et villages, à cause de l'opulance des biens qui estoient sur la terre,
pour le grand recueil qu'on avoit faict en l'an précédent de grains et
de vins; et estoit le pays si remply de tous biens et bestial qu'on ne
pourroit croyre, et estoient toutes denrées au meilleur marché.

	liv. 1.	s.	den.
Le bichet de froment, mesure de Provins, ne valloit, le plus beau, que...........................		5	
Le méteil		3	
Le seigle.............................		2	
L'orge.............................			20

[1] Je n'ai trouvé la mention de Philippe
Musnier ni dans le *Gallia christiana*, ni
dans la liste des archevêques de Sens, de
Hugues Mathoud, ni dans l'*Oriens chris-*
tianus. Il fit, en 1556, la visite du diocèse
d'Auxerre, au dire de l'abbé Lebeuf.
(*Hist. de la prise d'Auxerre par les Hugue-*
nots, p. 86.)

	liv. t.	s.	den.
1555. L'avène..........................			15 et 18
La botte de foing...................			4
La botte de paille ou feurre...........			aultant.
La queue de vin		40	
Le bon mouton, sur le pied...........		25	
Le veau le meilleur.................		20	
Le bœuf cru du pays, aagé de 3 et 4 ans..	10		
La poulle			2 et 6
Le cappon........................		3 et 4	
Sept et huict œufz.................			5
L'aulne de drap noir du meilleur........		60	
Le commung......................		35 et 40	
Le blanchet meilleur................		25	
Le commung......................		20	
Le gris le meilleur.................		20	
Le commung......................		15 et 18	
L'aulne de toille de deux chanvres femelles.		6	
La commune......................		4	
La grosse de chanvre et estouppes.......		2 et 6	
La paire de soulliers de vache sans semelle, les meilleurs...................		6	
Avec la semelle, au plus grand poinct qu'ilz eussent sceu estre.................		10	
Le cent des meilleurs fagotz rendu ès villes de Provins et Nogent..............		25 et 30	
Les moyens.......................		18 et 20	

Pour ceste présente année, et les deux précédentes, les boys et fagotz n'estoient si chers audit Nogent, parce que esdites années l'on couppa les chesnes du parc dudit Nogent, qui estoit tout en haulte futaye; auquel lieu a esté prins le boys et partie des pierres du chasteau de Noyen sur Seine[1], qu'on commença à bastir esdites années

[1] Département de Seine-et-Marne, arrond. de Provins, canton de Bray-sur-Seine.

1553, 1554 et ceste présente; lequel lieu de Noyen fut faict par ung 1555.
gentilhomme, seigneur dudit lieu, nommé mons. de Carnavalet,
escuier du roy Hanry[1], qui accommoda ledit chasteau, pour faire une
escurie des chevaux du roy, pour les picquer et dresser avec les pages
de S. M., qui, toute la vie dudit Carnavalet, ont esté entretenuz audit
lieu pour cest effect aux despens du roy.

Pour l'opulance des biens et la paix qui estoit ès pays de France
susdits, l'orgueil en tous estatz croissoit de plus en plus, avec le desreiglement des habitz d'hommes et femmes par nouvelles façons,
chose qui mout desplaisoit à aulcuns des vielles gens, tant des villes
que des villages; lesquelz prédisoient ung futur malheur à la France,
proche à advenir, et en brief temps qu'ilz ne povoient aultrement
exprimer ne dire, sinon qu'il adviendroit par la guerre. Et qui le
plus ferme estoit en ceste oppinion estoit ung viel homme aagé d'environ 65 ou 6 ans, du village de Meel sur Seine, nommé Pierre Haton, laboureur audit lieu, qui, voyant ce si soudain changement et
continuer le desréglement de plus en plus, en toutes compagnies où
il advenoit d'en parler, disoit et tenoit pour certain qu'en brief temps
(qu'il ne povoit aultrement cotter), la France et mesme le pays d'icelle
le plus paisible seroit en grande affliction par guerres, mesmement
que la ville de Paris seroit assiégée par quelqu'un que ce fust, en
chastiment du desréglement des hommes de ladite France, parceque
la foy commansoit fort à deffaillir en eux.....

Et parceque la guerre des princes tardoit trop à se mettre sus en
ce pays, les hommes la faisoient les ungs aux aultres, c'est-à-dire
que souvent ès assemblées publicques, comme aux festes de villes et
villages et festes de nopces, les plus orgueilleux s'entrebatoient les

---

[1] François de Kaernevenoy ou de Carnavalet, écuyer de Henri II, conseiller en
ses conseils, gouverneur du duc d'Anjou (Henri III), lieutenant en sa compagnie de cent hommes d'armes, chevalier
de l'ordre du roi en 1560, gouverneur
d'Anjou, de Bourbonnais et de Forez,
mourut en 1571, et fut enterré à Saint-
Germain-l'Auxerrois. Brantôme parle de
lui comme ayant, avec M. de Cypierre,
la principale charge de la grande écurie
sous Henri II. (*Vies des hommes illustres*,
Henri II.) — Voy. aussi *Addit. aux mém.
de Castelnau*, t. II, l. VII, p. 817.

3

1555. ungs'aux aultres, et s'entretuoient, parcequ'il n'estoit filz de bonne
mère pour ce temps celuy qui ne pourtoit point de espée et dague,
et ne se passoit feste que quelqu'un ne fust tué ou bien battu. Et si le
plus souvent à telles noyses y estoient des premiers les prebstres,
l'espée au poing, car ilz estoient des premiers aux danses, jeux de
quilles, d'escrime, et ès tavernes où ilz ribloient et par les rues toute
nuict aultant que les plus meschans du pays.

N. Delaistre, chanoine de Notre-Dame-du-Val et de Saint-Nicolas de Provins,
commet un meurtre au village de Bannost, le jour de la Saint-Jean-Baptiste. —
Il est arrêté, enfermé à Provins, puis à Sens et condamné; cependant il sort
de prison au bout de quelques années. — Odin Delaistre, de Jouy-le-Châtel,
père du chanoine, homme avare et usurier, le plus riche de la Brie, est accusé
par le bruit populaire d'avoir des rapports avec le diable. — Il meurt, laissant
quatre fils et une fille.

CHAPITRE XLV.

VISITE DU DIOCÈSE DE SENS PAR LE SUFFRAGANT DE L'ARCHEVÊQUE.

Une visite générale du diocèse de Sens est faite par Phil. Musnier, évêque de
Philadelphie, suivant les ordres du cardinal de Bourbon, archevêque de Sens.
— Elle a lieu au mois de juin 1555 dans la ville et le doyenné de Provins. —
Les chapitres et monastères de Provins se prétendent exempts, par leurs pri-
viléges, de la visite, et refusent d'obéir à la citation qui leur a été signifiée. —
Les paroisses de Sourdun, le Mériot, Méel, Hermez, etc. sont convoquées au
village de Gouaix, où l'on fait subir des examens aux curés, prêtres et vicaires,
et où l'on soumet leur conduite à une enquête.

Ladite visitation se faisoit pour deux raisons : la première, pour
informer s'il y avoit aulcuns des curez, vicaires et gens d'église,
mesmement des paroissiens des parroisses qui fussent héréticques,
parceque jà lesdits héréticques en France prenoient accroissement
par conventicules, assemblées secrettes, ou faisoient monopolles pour
contredire à la vraye église par brocquartz, placartz, libelles diffama-

toires, les ungs en public, les aultres en secret. L'aultre raison estoit pour chastier les prebstres dissolus et corrumpus par les maulvaises mœurs, leur faire reprendre leur estat et cognoistre leur vocation; chose à quoy tous, tant les ungs que les aultres, furent diligemment admonestez, les bons non dissolus à leur louange, pour les stimuler à tousjours suyvre la vertu, les dissolus à leur vitupère, pour leur faire délaisser leur meschante vie et rembrasser les vertus.

Contenance orgueilleuse et insolente du suffragant pendant la visite.

CHAPITRE XLVI.

L'HÉRÉSIE EST PRÊCHÉE À PROVINS PAR UN JACOBIN.

Au moys de julliet prochain ensuyvant d'après la visitation susdite, y eut ung grand trouble à Provins, faict le jour de la feste de la Magdalène, en l'église des jacobins, par le prescheur qui feit le sermon à l'assemblée de la procession généralle qui se faict par chascun an audit jour en ladite église. Le prescheur estoit frère Charles Privé, filz d'ung honeste homme, bourgeois dudit Provins, nommé Jacques Privé, recepveur des deniers commungs de laditte ville.

Ledit prescheur, ou par orgueil ou pour se monstrer estre quelque chose, laissa la forme et voye ordinaire de prescher et interpréter l'évangille du jour de ladite feste, et la volut interpréter selon l'interprétation de Jehan Calvin de Genefve, duquel il se volut monstrer le disciple; et parlant de la foy de ladite Magdalène, prescha qu'elle fut justifiée par sa seulle foy, sans le mérite de ses bonnes œuvres, et que tout chrestien estoit justicié et agréable devant Dieu, sans l'oppération des bonnes œuvres, proposition et solution faulce et hérétique.

A l'assemblée de ladite procession, y avoit nos maistres Garnier[1],

---

[1] Dans le nécrologe des cordeliers de Provins, cité par M. Ythier (*Supplément à* *Saint-Thibault*, ms. à la bibliothèque publique de Provins), on trouve une men-

1555. docteur de Paris, le plus fameux qui fust de son temps, Cyneris et Prevost, docteurs de Poitiers ou aultre faculté, hommes bien versez en leur estat, et plusieurs aultres vénérables prebstres; lesquelz se trouvèrent fort scandalisez dudit prescheur, qui toutesfois différoient de le reprendre. Lesdits prebstres s'atendoient ausdits docteurs, et ilz docteurs aux prebstres, regardant les ungs les aultres, gromelant contre ledit prescheur, et disant tout bas qu'il ne disoit pas vray; et sus le champ sourdit ung petit bruict des ungs aux aultres, mesme entre les gens laiz, au murmure des ecclésiastiques et docteurs, qui fut occasion d'enhardir lesdits docteurs de dire tout hault : Il n'est pas vray ainsi qu'il presche, qui fut occasion de faire croistre le murmure. Toutesfois ledit prescheur poursuivit son sermon, jusques à ce qu'il veit le murmure si grand qu'il n'y avoit plus d'audience. A la fin duquel fut chantée la messe à la manière accoustumée, laquelle finie, chascun se retira mal content, les ungs dudit prescheur, disant qu'il avoit mal parlé, les aultres des cordeliers et ecclésiastiques, disant qu'ilz pourtoient envie audit prescheur, qui avoit bien parlé, preschant mieux que ceux qui l'avoient reprins et rédargué.

La procession rassise à unze heures, après le disner, sus l'heure de midy, les cordeliers feirent sonner le sermon en leur couvent, chose non accoustumée. Auquel se trouvèrent grand nombre de peuple, pour escouter nostre maistre Garnier, qui feit sermon de la matière qu'avoit faict le prédicateur du matin, exposant le passage de l'Évangille qui dict : Ta foy te saulve ; va en paix ! qu'il exposa d'une aultre manière, et déclara les œuvres de la foy de la Magdalène, joinctes avec sadite foy, estre cause de son salut, soustenant avec l'apostre sainct Jacques que la seulle foy sans les bonnes œuvres ne peut justifier personne, qui estoit tout le contraire de ce qu'avoit presché ledit jacobin au matin.

Le murmure du peuple s'accrut bien davantage qu'il n'avoit faict au

tion de la mort de Pierre Garnier, docteur en théologie, gardien du couvent, qui trépassa le 12 mai 1558.

matin après le sermon dudit Garnier, et eut-on en réputation le jacobin pour héréticque, ce qu'il ne ses parens ne vouloient accorder.
Lesquelz prindrent lesdits cordeliers à partye en matière d'injures, et
espousa le procès contre eux Jacques Privé, père dudit jacobin, qui
pensa y envelopper le couvent des jacobins, pour deffendre avec luy
l'honneur de son filz. Mais ilz jacobins n'i volurent entrer, jugeans bien
eux-mesmes qu'il avoit mal parlé et témérairement presché, contre la
foy de la saincte église catholicque, et fut le procès mené à la court
de parlement de Paris, mais non poursuivi jusques à sentence, car à
la fin il Jacques Privé le laissa là.

Environ 15 jours après, le prieur des jacobins commanda audit
frère Charles Privé de prescher le dimanche de devant la feste de
mons. St Dominicque, qui est le patron et père desdits jacobins,
l'ayant prié et exorté de réparer la faulte qu'il avoit faicte au jour de
Magdalène, affin de faire cesser la maulvaise oppinion et le maulvais
bruict qui couroient par la ville de luy et d'eux tous aultres de l'ordre
et couvent desdits jacobins, luy remonstrant que jà frère Jehan Nynost,
au karesme précédent, avoit esté reprins en son sermon, ainsi que
nous avons dict ci-dessus, qui estoit argument quasi credible que les
jacobins du couvent dudit Provins estoient tous héréticques. Quelle
responce feit ledit jacobin audit prieur, n'en ai rien sceu. Toutesfois,
audit jour de dimanche prescha comme il luy estoit ordonné, mais
non catholicquement, comme on luy avoit dict, ains confirma ses
erreurs qu'il avoit presché audit jour de Magdalène, et si en advança
d'aultres novelles.

Les cordeliers à l'adventure et au son de la cloche se trouvèrent
audit sermon, qui publicquement le desmantirent, disant qu'il n'estoit vray ce qu'il avoit dict et disoit, et fut le murmure encores plus
grand qu'il n'avoit poinct esté audit Provins. Qui fut cause d'engendrer
une haine entre les jacobins et cordeliers de ladite ville, qui a duré
quelques six ou sept ans, jusques à ce qu'ilz cordeliers tombèrent en
pareil mal, ainsi qu'il sera dict en son lieu.

Ilz cordeliers déférèrent à mons. le doyen de la chrestienté dudit

1555. Provins, Me Pierre Cobbus, l'hérésie qu'il jacobin avoit preschée, pour
en advertir mons. le card. de Bourbon, archevesque de Sens; lequel
Cobus feit informer contre ledit jacobin. Mais fut en peine de
trouver aultres tesmoings que les dénontiateurs cordeliers, et pour ce
s'advisa-on de prendre gens notables et de lettres aultres que de
l'église, pour estre interrogez en l'information; entre lesquelz furent
prins et examinez Mes Nicolle, Claude et Anthoine les Barenjons, qui
estoient estimez du peuple de Provins les meilleures gens et catholicques qui fussent audit Provins. Me Nicolle Barengeon, esleu pour
le roy audit Provins, qui de l'église desdits jacobins ne hoboit par
chascun jour, estant interrogé, confessa avoir esté aux deux sermons
dudit Privé, et, ainsi qu'il luy sembloit, avoit fort bien presché,
comme aussi il sembloit à sa femme, avec laquelle il avoit conféré
desdits sermons et elle avec luy, lesquelz pensoient qu'il avoit presché
la vérité sans la desguiser, comme faisoient plusieurs aultres prescheurs. Interrogé s'il croyoit ainsi que ledit Privé avoit presché, dist
qu'il croyoit tout ce qu'il oyoit dire aux prescheurs, parce qu'ilz
estoient commis pour prescher la vérité selon leur office et que le
sien et du peuple estoit de les escouter; et aultres choses n'en voulut
dire, où on apperceut qu'il esleu avoit jà en soy ung maulvais sentiment de la foy catholicque. Ses deux frères s'excusèrent et dirent
qu'ilz n'avoient esté ausdits sermons.

Fault noter qu'il esleu Barengeon et ses frères estoient héréticques
lutériens, mais secretz, de peur d'estre bruslez et de perdre leurs
biens; lesquelz faisoient toutesfois de grandes aulmosnes aux pauvres,
principallement ledit esleu, qui, trois fois en la sepmaine, donnoit
aulmosne aux pauvres à tous venans, du pain à chascun en suffisance
pour nourrir une personne ung jour entier, et oultre ce donnoit par
chascune sepmaine au couvent desdits jacobins ung septier de bled,
à la charge qu'ilz prescheroient ung sermon tous les dimanches de
l'an, et avoit commancé à leur faire ceste aulmosne en ceste présente
année. Mais vouloit et instamment requist au prieur du couvent que
frère Jehan Nynost, duquel nous avons parlé, et ung aultre qui estoit

liseur audit couvent, duquel je n'ai sceu ou retenu le non, parcequ'il 1555.
n'estoit dudit couvent, feissent ledit sermon l'ung après l'aultre, si
ledit Nynost ne vouloit entreprendre de le faire tousjours; ce que ledit
Ninost ne voulut accorder, ains s'offrit de le faire à son tour.

Mons. le doyen de la chrestienté ayant informé contre ledit jacobin,
l'envoya à Sens à mons. l'official, qui décréta une cittation pour le
citter pardevant luy, ainsi que ses accusateurs. L'accusé ne voulut
comparoir en personne devant l'official; mais y comparurent le prieur
desdits jacobins, qui y avoit assignation comme luy, et son père, lesquelz feirent remonstrance audit official que la court de parlement
estoit saisie du procès, et pour ce tendirent aux fins de non procéder.
Toutesfois, fut deffendu audit prieur de ne plus laisser prescher ledit
frère Charles Privé, en quelque lieu que ce fust, que le procès ne
fust terminé et qu'il ne fust pugni.

Il jacobin, se voyant suspens de l'office de prescheur audit Provins,
se retiroit souvent au chasteau de Blandy lez Melun, avec madame la
marquise de Roytelin, dame dudit lieu, qu'il appelloit sa maistresse,
parce qu'elle avoit aydé à l'entretenir aux escolles; laquelle estoit jà
héréticque luthérienne secrette, devant laquelle et ceux de la maison il preschoit en son chasteau, au contentement d'icelle[1].

Fault noter que, si ledit Privé eust aultant aymé l'estude qu'il faisoit le jeu, ce eust esté ung grand esprit d'homme; mais, au lieu
d'estudier, emploioit le temps et argent de son père et de ladite dame
à jouer à la paulme, aux cartes, dez et escrime, dedans Paris, auquel
estat il estoit aultant expert qu'il estoit à prescher et plus.

M⁰ Jérôme Possot, jacobin, fils de la femme de Jacques Privé, étudiant à
Paris pour être docteur, refuse de venir prêcher à Provins pour défendre Charles
Privé, ainsi qu'il y était invité. — Frère Jehan Nynost cherche à excuser Charles
Privé, soit dans ses conversations, soit dans ses sermons, quand il lui est permis
de prêcher.

[1] Sur les opinions de la réforme pro-
fessées à Blandy par la marquise de Roytelin, voy. *Hist. du château et du bourg de*
Blandy, par M. Taillandier (1854, in-8°),
p. 82 et suiv.

CHAPITRE XLVII.

FAITS DIVERS. — APPARITION D'UNE COMÈTE. — NOSTRADAMUS.

La veuve de M° Nicolle Janvier, avocat du roi à Provins, mort en 1553, épouse M. de Patras, officier de la compagnie du connétable, en garnison à Provins[1]. — Double meurtre et vol commis dans la maison d'un riche chanoine de Saint-Quiriace, nommé Denis Massy. — Mort de Jean Chappelle, chanoine de Notre-Dame-du-Val.—Des femmes, logées au petit hôtel-Dieu de la rue de Troyes, sont maltraitées et violées par Nicolas Yver, maître du guet, et ses gens. —Yver, condamné à mort, est obligé de sacrifier tout son bien pour contenter sa partie adverse.

L'estat de ceste présente année se pourta assez mal, touchant les saisons; il commança au printemps à se desbaucher par longues pluies, qui se continuèrent quasi tout ung an entier, au moyen de quoy les moyssons et vendanges se portèrent mal. La terre en ceste dite année avoit donné des biens en assez grande largesse; mais ne veindrent à bonne maturité, car les grains germèrent aux champs sus le pied, principallement les seigles, et eut-on beaucoup de peine à serrer les grains de la moisson. Les vignes avoient bonne abondance de raisins, qui ne sceurent aller à bonne maturité, et si on attendit à les vendanger jusques à la my-octobre, et acheva-on en plusieurs lieux à la Toussainctz de vendanger, et de pressourer à la St-Martin d'hiver, et si n'estoient les raisins demy-noirs ni meurs quant on vandangea et pourrissoient tout verds aux vignes; et ne pouvoit-on trouver le moyen de les faire eschauffer ne bouillir dedans les cuves, encores que plusieurs meissent des couvertures dessus lesdites cuves et raisins, les aultres feissent du feu dedans les caves et celliers où

---

[1] M. de Patras, écuyer, seigneur de Marcilly, devint, par son mariage avec la veuve de N. Janvier, seigneur de Gimbrois, et acheta en 1574 la seigneurie de Léchelles. (Voy. à la bibl. de Provins le Nobiliaire ms. de M. Ythier, art. *Gimbrois* et *Léchelles*.)

ilz estoient; et en fut abondamment, et furent par toute la France 1555.
appellez les *ginguets*.

En l'année de devant, on avoit faict ung grand recueil de bleds,
grains et vins tous bons, desquelz on usa et à bon marché tant qu'ilz
durèrent, qui fut cause de faire garder plus longtemps lesdits gin-
guetz, desquelz on ne voulut boire jusques à ce que les aultres fussent faillis; partant durèrent deux ans et vindrent au besoing, ainsi
que nous dirons en la prochaine année qui vient. Ilz ginguets n'a-
voient nulle coulleur, excepté les purs blancs; mais le vin des raisins
noirs n'estoit noir, rouge ni blanc, ains d'une couleur palle tirant plus
sur le jaulne que nulle aultre couleur. La queue desdits vins, après
la vendange et toute ceste dite année, ne se vendoit que 40 et 45 s.
tourn.; les vins d'Auxerre emportèrent le bruict, parce qu'ilz n'estoient si vers et aspres que ceux de ce pays et de Villenauxe.

Procès entre les cordonniers et les savetiers de Provins, que les cordonniers
prétendaient empêcher de fabriquer et de vendre des souliers de cuir neuf. —
Outre les pluies qui avaient corrompu les biens de la terre, Dieu envoya à la
France un signe céleste surnaturel, pour l'exciter à la pénitence.

Le signe qui fut veu au ciel estoit une comette non usitée de veoir,
qui estoit pareille en sa forme à une aultre estoille, excepté qu'elle
avoit devant soy une grande corne ou queue de la longueur de plus
de deux lances ou picques, ce sembloit, ardente et flamboyante d'une
ardeur indicible. Et fut ceste comette appellée du commung peuple
l'estoille à la grande queue; et se levoit et apparoissoit en ce pays sur
les six heures du soir et quelque peu avant, au moys de décembre,
comme il me semble, et dura quasi par tout le moys en sa fureur et
horrible regard[1]. Elle se levoit à l'endroict où se lève le soleil aux
plus grands jours d'esté, jettant son regard par dessus les travers du
pays de France, tirant à l'occident des plus petis jours, où il sembloit qu'elle s'allast absconser. Et estoient de ce signe fort émerveillés

---

[1] Cette comète, qui effraya, dit-on, Charles-Quint, commença à paraître à la fin de février 1556, se montra jusqu'à la fin d'avril et fut observée de nouveau aux mois d'août et de septembre. (Voy. Pingré, *Cométographie;* t. I, p. 501 et suiv.)

1555. les simples vielles gens aussi bien que les jeunes, disans que de leur vie n'avoit en ce pays esté veu ung pareil signe. Les gens sçavans et qui avoient veu les livres n'estoient si esbays, parceque aultres fois en estoient apparus d'aultres au ciel, du temps de ceux qui en ont laissé la mémoire par escript. Et disoient bien cela présager quelques cas à advenir; mais ne sçavoient où. On ne se doubtoit du futur mal prochain à advenir à la France, pour ce qu'elle estoit lors en la plus grande prospérité qu'elle avoit jamais esté, il y avoit cent ans passez. Ladite commette ne présageoit seullement le mal de la France, ains aussi la perturbation des estatz de toute la chrestienté.

Pour ce temps, entroit en grand bruict ung astrologue mathématicien de Provence, nommé Mᵉ Michel Nostradamus[1], docteur en médecinne, faiseur de prophéties et almanactz, lequel par ses dits almanactz prédisoit mout de cas à advenir en la chrestienté, mesmement la désolation d'icelle et nommément ès pays de France et Allemagne.

CHAPITRE XLVIII.

L'HÉRÉSIE SE RÉPAND EN FRANCE. — LA REINE ACCOUCHE DE DEUX ENFANTS. — EXPÉDITION DES FRANÇAIS EN ITALIE.

1556. L'an 1556, le royaume de France estoit paisible de guerres et avoit lieu la trêve d'entre l'empereur et le roy[2], combien que la pluspart des bonnes gens de Piccardie ne s'en estoient retournez en leurs pays, parceque il n'i avoit rien de rensemancé pour eux vivre, principallement les habitans de la ville de Thérouanne, qui estoient

[1] Michel de Nostredame, connu sous le nom de Nostradamus, médecin et astrologue, auteur des fameuses *Centuries*, naquit à Saint-Remi en 1503, et mourut à Salon en 1566. — Brantôme (*Henri II*) et de Thou (liv. XXII) parlent des prédictions d'un devin (de Thou l'appelle Luc Gauric), dans lesquelles la mort de Henri II en duel aurait été annoncée formellement. La prédiction de Gauric sur Henri II, rapportée par Gassendi (sect. II, *Physicæ* l. VI) et par Sixte de Hemminga, n'est pas conforme à ces assertions.

[2] Trêve de Vaucelles, 5 février 1556.

espars par le pays, car ilz n'eussent sceu où se mettre, pàrceque ladite ville fut entièrement rasée, fossez, murailles et maisons. Il n'estoit question en France que de faire bonne chère, danser, jouer, gaudir et prendre du bon temps, tant à la court du roy, des princes, que ès villes et villages. La corruption des bonnes mœurs s'augmentoit de plus en plus en tous les estatz; l'hérésie prenoit secrètement pied en France, combien que le roy y feist tenir la main par les gens de justice, pour pugnir rigoreusement ceux qui en seroient convaincuz. Mais ah! le malheur advint tel que la plus part des grands juges de la court de parlement, comme présidens et conseillers, furent et estoient intoxiquez et empoisonnez de ladite hérésie luthérienne et calvinienne, et qui pis est de la moytié, se trouva finablement des évesques qui estoient tous plains et couvers de ceste mauldite farinne. Et pour ce que le roy tenoit la main forte pour faire pugnir de la peine du feu les coulpables, y en avoit mille à sa suitte et en la ville de Paris, lesquelz faisoient bonne mine et meschant jeu, feignoient d'estre vrays catholicques, et en leur secret et consciences estoient parfaictz héréticques.

Le pape Paul IV[1], menacé par le parti espagnol, envoie son neveu le cardinal Caraffa[2] à Henri II, pour lui demander du secours, et lui offrir en présent de sa part une épée d'or et une table de porphyre[3]. — Réponse favorable du roi. — Le connétable est accusé d'avoir conseillé à l'empereur de chercher querelle au pape, et d'avoir ainsi provoqué une guerre funeste à la France. — Le cardinal, suivant ses facultés, homologuées au parlement de Paris[4], expédie gratis les affaires spirituelles au nom du pape. — Il est rappelé à Rome, au bout d'un mois, comme étant habile homme de guerre.

Quasi par tout l'esté de ceste présente année, le roy ne hoba de

---

[1] Jean-Pierre Caraffa, né en 1476, succéda à Marcel II en 1555, sous le nom de Paul IV, et mourut le 18 août 1559.

[2] Charles Caraffa, né à Naples le 29 mars 1517, chevalier de Malte, fait cardinal par Paul IV, fut étranglé en prison en mars 1561.

[3] Voy. la lettre d'envoi de Paul IV, 22 avril 1556 (*Archiv. curieuses de l'hist. de France*, 1re série, t. III, p. 425), et d'Aubigné, *Histoire universelle*, liv. I, c. IX.

[4] Elles ont été publiées. Paris, Rosset, 1556, in-12.

4.

1556. Fontainebleau, où il se délectoit fort, pour estre le lieu fort beau et plaisant, tant pour les logis que pour l'assiette du lieu, qui est fort convenable pour la chasse des bestes saulvages, à laquelle il estoit fort courageux. Auquel lieu de Fontainebleau, ung peu avant ou environ la St-Jehan, la royne sa femme escoucha de deux enfans d'une ventrée, desquelz n'i en eut que ung vivant, qui fut une fille [1], et fut baptisée audit lieu, en l'église des moynes, où furent faicts de grands triumphes. Mons. de Guyse fut le parrain, qui la rapporta des fons sur ses bras, pour la rendre à la royne sa mère. Le roy fut présent audit baptesme, avec la compagnie des princes ses enfans et aultres du royaume. . . . . .

Durant le temps de la gésine de la royne dame Katherine de Médicis, le roy fut adverty qu'audit lieu de Fontainebleau y avoit grande multitude de malades des escrouelles qu'on appelle de monsieur St Marcoul, qui, par une requeste qu'ilz présentèrent à S. M. le prièrent que, pour l'honneur de Dieu, de la vierge Marie et monsieur St Marcoul, il luy pleust de les toucher, affin d'estre guaris. A laquelle requeste voluntiers s'inclina, leur faisant assavoir qu'ilz se disposassent tous pour la feste de mons. St Jehan-Baptiste, et que pour ce faire de sa part se disposeroit, ce qu'il feit. Ledit jour, au sortir de la messe de la chapelle du chasteau, les malades en assez grand nombre furent mis en ordre sur la chaussée de l'estang dudit Fontainebleau, qui est ung beau, grand et large chemin qui conduit du chasteau du roy au chasteau de chenis ou chiennerie, couvert de l'ombre de plusieurs gros arbres, qui sont plantez par rottes dedans ledit chemin, et soubz cette umbre estoient à genoux lesdits malades, en attendant S. M. sortir de la messe pour les toucher. Ce qu'il feit mout humblement, ne desdignant poinct les pauvres malades, quelque gastez qu'ilz fussent, touchant de sa main dextre

[1] Catherine de Médicis accoucha, le 24 juin 1556, de deux filles, Jeanne et Victoire, qui moururent peu de temps après leur naissance. (Voy. Cantique sur la nativité de madame Victoire, fille du roy Henry II, par J. de la Maison-Neuve. Paris, 1556, in-8°.)

le visage d'iceux, en leur disant : « Je te touche, Dieu te guarisse! »
Mons. le grand aulmosnier, Loys de Brézé, estoit derrière lesdits
malades. Par le commandement du roy, il donna à chascun d'eux
une pièce d'argent pour aulmosne, leur disant : « Priez Dieu pour le
roy. » Sa majesté les admonesta, quand ce fut faict, d'estre tousjours
bons chrestiens, fidelles et catholicques, servans dévostement à Dieu,
à la vierge Marie et à mons. St Marcoul, ainsi que nous-mesmes le
vismes de noz yeux, estans présens audit lieu de Fontainebleau.

Sur le refus du connétable, la conduite de l'expédition d'Italie, destinée à
secourir le pape, est confiée au duc de Guise[1].

Divers propos furent tenus par la France sur la résolution dudit
voyage. Ceux qui tenoient le party de mons. de Guyse, parlant en
mal de mons. le connestable, disoient qu'il connestable avoit brigué
envers le roy que mons. de Guyse y feust envoyé, ayant en soy ceste
intention qu'il de Guise n'en reviendroit jamais, à l'exemple d'aultres gouverneurs qui jadis avoient esté envoyez audit pays, qui n'en
sont jamais revenuz, et que par ce moyen il connestable n'auroit
plus personne en France qui osast dire n'attenter contre luy en la
maison et personne du roy; joinct aussi, comme il est tout certain,
qu'il y avoit une jalousie couverte du connestable envers ledit de
Guise depuis la bataille de Renty, et encores quelque ancienne ver-
gonne pour la conté de Dammartin en Gouelle, qu'il connestable avoit
perdue par arrest contre luy[2].

Ceux qui tenoient le party dudit connestable disoient au contraire
que ledit seigneur de Guise avoit cerché et demandé ceste charge au

[1] Pouvoir donné à M. François de Lorraine, duc de Guise, pour s'acheminer en
Italie en qualité de lieutenant général pour
le roy avec son armée, vers nostre S. Père
le pape, pour obtenir de S. S. l'investiture
des royaumes de Naples et de Cicile, au
nom de mons. le duc d'Orléans, 2ᵉ fils de
S. M., comme relevant en foy et hommage
du sᵗ siége apostolique. 1555, décembre.
(*Mém. journ. du duc de Guise*, collect. Michaud, t. VI, 1ʳ série, p. 255.)

[2] Il est certain cependant que le comté
de Dammartin fut adjugé et resta entre
les mains du connétable. (Voy. Du Chesne,
Histoire de la maison de Montmorency,
p. 405.)

1556. roy, affin qu'aux despens du royaume il allast se faire coroner roy de
Sicile ou de Naples, où il prétendoit droict. Aultres disoient qu'il
n'avoit garde de fallir à ladite entreprinse, parcequ'il prétendoit par
son voyage de faire son frère le cardinal de Lorraine pape de Rome,
aux despens et au prix du sang des Françoys. Ce qui n'advint ne
fut pensé de la part des deux grands seigneurs, lesdits connestable
et de Guise, lesquelz portoient une si bonne caresse l'ung à l'aultre
qu'ilz n'eussent voulu en rien entreprendre l'ung sur l'aultre, au désavantage de leur bien, honneur et vie; mais estoient gens hayneux
des ungs et des aultres, qui mettoient telz propos en avant au desceu
desdits seigneurs. . . . .

CHAPITRE XLIX.

MEURTRES ET VIOLENCES. — EXTRÊME SÉCHERESSE. — PROCESSIONS POUR OBTENIR
DE LA PLUIE.

Un nommé Bardeau, de Provins, sergent royal à cheval, ayant tué un sellier,
obtient sa grâce. — Son frère puîné, Jehan Bardeau, maître sergent de la forêt
de Sourdun, se rend coupable de blasphèmes, de violences et de mutilations
envers plusieurs personnes. — Il est condamné à faire amende honorable et à
avoir la langue percée d'un fer chaud; il est de plus banni du bailliage de Provins. — Son office passe à Aubert de Jonchery.

Ceste présente année 1556, dès son commancement, qui fut à la
feste de Pasques, entra à la seicheresse et y continua quasi aultant
que l'année de devant avoit esté à la pluye; car il feut sans pleuvoir depuis le jour du grand vendredy ou samedy veille de Pasques
jusques à la feste de Tous Sainctz, que une fois, qui fut le jour de la
Feste-Dieu, 4 ou 5e jour du moys de júing, auquel il plut environ
trois ou quatre heures. Ceste pluye fit grand plaisir aux biens de
la terre, car les mars n'avoient sceu lever à moytié et si avec les
bleds demeuroient. Et fut l'année fort hastive à cause de ladite

seicheresse, qui accélera les moissons près d'ung moys plus tost 1556. que de coustume. Il y avoit ès environs de la ville de Paris plus de 500 arpens de seigle soyé ès premiers jours de juing; ès pays sur la rivière de Seine, depuis Méry jusques à Montereau, la moisson des gros grains estoit serrée au jour de la St-Thibault; premier jour de juillet, et celle de la Brie à moytié faicte. Et recueillit-on de tous grains assez petitement, principallement de mars et de fromens, lesquelz, par faulte de pluye, n'avoient sceu guères croistre, tant le feurre que les espis, la plus grand part desquelz n'estoient à demy sortis du fourreau, mais furent fort bons.

Ne fault laisser à dire le debvoir que le dévost peuple chrestien et catholicque feit en ce pays de France de prier Dieu par dévostes prières et grandes processions, tant en une province qu'en l'aultre, pour demander à Dieu sa miséricorde et de l'eau sus la terre; et commança-on dès la my-may, en continuant jusques au jour de la Feste-Dieu, que le bon Seigneur envoya de la pluye assez compétamment, dont en plusieurs lieux fut chanté le *Te Deum laudamus*. Les villages de 7 et 8 lieues de Paris alloient en procession audit Paris en l'église de madame Ste Geneviefve. Ceux de ladite ville souvent faisoient procession généralle d'une église à l'aultre. Ceux de la ville et villages de Melun alloient en procession en la ville de Corbeil, au corps sainct de mons. St Spire. Ceux du Gastinois et pays de Beauce alloient à Estampes de 5 et 6 lieues alentour, en l'honneur des corps sainctz messieurs Sts Cancien et Cancianille; ceux de Champagne, les ungs alloient à Troyes, aux vierges Ste Mathie et Ste Hélène; aultres alloient à madame Ste Syre; aultres à Nogent sur Seine, à la Belle Dame.

Pour le regard de la ville de Provins et villages d'alentour, après y avoir faict plusieurs processions généralles et particulières, allèrent ung jour de leundy, jour ouvrable, qui estoit le 19e jour du moys de may, en procession aux églises de Nogent et principallement en l'honneur de la vierge Marie et de mons. St Laurent. . . . .

C'était la première fois, au dire des anciens, que de pareilles processions avaient lieu dans le pays. — Ceux de Nogent, le mardi des fêtes de la Pentecôte,

1556. vont en procession à l'église de Saint-Loup de Naud (à une distance de plus de cinq lieues), passent, en s'en retournant, par Provins, où ils sont harangués par Me Cobus, doyen de la chrétienté, visitent plusieurs églises et font station à celle de Saint-Ayoul. — Ceux de Donnemarie-en-Montois et des villages d'alentour vont en procession à Nogent.

CHAPITRE L.

DÉSORDRES ET CRIMES D'UN CONTRÔLEUR DES GUERRES. — M. DE GIRESMES.

Abel Delaistre, de Jouy-le-Chastel, contrôleur des guerres, uni à plusieurs mauvais sujets, se livre à toute sorte de désordres. — Il fait tuer son propre frère, sans être pour cela recherché par la justice. — Après un nouveau meurtre commis par lui et ses compagnons sur la personne de N. Faulchon, de Jouy-le-Chastel, la mère de celui-ci obtient qu'il soit mis en prison. — Castaboyart, un des complices d'Abel Delaistre, est arrêté et exécuté à Paris, à la diligence de la veuve Faulchon. — Un autre de ses amis, le baron des Noyers, est également exécuté à Paris. — Abel Delaistre s'enfuit la nuit avec le sergent chargé de le garder; il est condamné à mort, pendu en effigie et ses biens sont confisqués. Il se constitue prisonnier, et la question lui ayant été rendue, pour son argent, aussi douce que possible, il s'abstient de tout aveu, satisfait sa partie adverse et est renvoyé absous. — M. de Giresme, chevalier de Malte[1], passant par Provins et voulant défendre un de ses serviteurs attaqué par les archers, en tue un et en blesse grièvement un autre. — Procès est fait contre lui; il obtient sa grâce.

---

[1] On peut citer parmi les membres de la famille de Giresme : Pierre, lieutenant du sire de Pons (1374-1382); Regnaud, chevalier de Rhodes, grand-prieur de France en 1389; Cordelier de Giresme, maître de l'écurie du roi (1403-1411); Robert, évêque de Meaux en 1418; Nicolas, conseiller du roi, chevalier de Saint-Jean de Jérusalem, grand-prieur de France en 1450, gouverneur de Provins, capitaine général de l'île de Rhodes en 1454 et gouverneur du château Saint-Pierre en 1462; il se distingua à la défense d'Orléans en 1459, et y fut blessé; Regnaud de Giresme était bailli de Meaux en 1467. Le personnage dont il s'agit ici paraît être Oudart de Giresme, chevalier de Malte en 1546, qui fut commis, en 1556, avec le commandeur de la Croix-en-Brie, pour vérifier les preuves de noblesse du chevalier de Brunfay.

CHAPITRE LI.

Au commencement du moys d'aoust, en ceste présente année, arri-vèrent à Provins messieurs le daulphin de France[1], le duc de Lorraine[2] et le duc de Longueville[3], qui tousjours alloient ensemble par le royaume, ayans toutesfois chascun leur court de tous officiers et ser-viteurs à part. Ilz venoient de la ville de Troye en Champagne, et avoient, le jour qu'ilz arrivèrent audit Provins, deslogé de la ville de Nogent sur Seine et disné au prieuré de la Fontaine aux Bois, qui est la moytié du chemin desdits Nogent et Provins, où les gouver-neurs de Provins les pensoient aller saluer ou pour le moings assez près dudit lieu sur les chemins; mais ne se hastèrent assez, car lesdits seigneurs furent aussitost à la porte de la ville qu'ilz de Provins furent bottez et montez à cheval, et ceux-ci, se trouvans surprins, attendirent qu'ilz seigneurs fussent dedans l'abbaye de Sainct-Jacques, où estoit leur logis, principallement ausdits daulphin et duc de Lorraine, et là se présentèrent à eux pour leur faire la révérence et s'excuser de leur paresse. Et pourta la parolle pour lesdits de Provins mons. le bally de ladite ville Me Philippe Durant, homme d'aussi belle appa-rence qui feust au royaume. Desquelz ne feit grand cas mons. le daulphin, qui ne les feit que ung peu regarder, et leur feit une petite révérence de la teste en entrant dedans sa chambre, où il luy tardoit qu'il feust pour se reposer, car il avoit la fiebvre.

[1] François, fils aîné de Henri II, né le 19 janvier 1544, roi de France après la mort de son père, sous le nom de Fran-çois II.

[2] Charles II ou III, duc de Lorraine et de Bar, né le 15 février 1543, mort le 14 mai 1608.

[3] Léonor d'Orléans, duc de Longue-ville et d'Estouteville, né en 1540, mort en août 1573.

Mons. le duc de Lorraine, qui n'avoit nul mal, les escouta ung peu plus patiemment, et, en la présence de mons. nostre maistre Davesnes, précepteur dudit seigneur daulphin, et de son maistre d'hostel, duquel je n'ai sceu le nom, leur promist de les excuser envers ledit seigneur daulphin, quant la fiebvre l'auroit laissé ou bien més qu'il se feust reposé. Ce qu'il feit sur le soir, quand lesdits de la ville les retournèrent veoir, pour leur faire les présens de pain, vin, roses et conserves, lesquelz furent bien receuz par ledit seigneur, qui longtemps parla à eux, comme je le vis, leur monstrant bon visage et s'excusant sur sa maladie. Il feut deux jours entiers audit Provins sans sortir de son logis; mais lesdits deux aultres seigneurs ducz se pourmenèrent par la ville, qu'ilz visitèrent dehors et dedans, et si allèrent prendre leur esbatement jusques au monastère des cordelières, hors les murailles dudit Provins, et au bout des deux jours partirent de Provins pour s'en aller à Paris, et furent au giste à Nangis dedans le chasteau de mons. de Beauvais, où furent conduictz par ceux dudit Provins en grand nombre[1]

Un viol ayant été commis sur une femme de Chalautre-la-Grande, qui passait pour avoir des relations intimes avec un prêtre du pays, deux des coupables sont arrêtés. — Le dauphin et les princes qui l'accompagnaient refusent de leur accorder leur grâce. — Ils sont condamnés à recevoir le fouet, pendant trois jours, dans les rues et carrefours de Provins. — L'un des condamnés, ayant appelé au parlement, parvient, à force d'argent et par la faveur du rapporteur de l'affaire, à se faire absoudre. — Les cordonniers et les savetiers de Provins, réunis en une seule corporation, plaident les uns contre les autres pour obtenir la séparation de leurs métiers. — Des procès semblables s'élèvent entre les chaussetiers et les couturiers, et entre les drapiers et les foulons. — La séparation des chaussetiers et des couturiers est prononcée par le parlement. — Les boulangers et les meuniers soutiennent contre les fermiers des fours banaux et les meuniers

[1] Nicolas de Brichanteau, seigneur de Beauvais-Nangis, de Gurcy, etc. connu sous le nom de mons. de Beauvais, naquit le 10 janvier 1510. Il fut gentilhomme de la chambre du roi en 1553, capitaine de cinquante hommes d'armes en 1557, commandant en chef dans la ville de Guise, puis à Tours. Blessé et fait prisonnier à la bataille de Dreux, où il commandait la cavalerie, il mourut quelque temps après des suites de ses blessures. (Voy. *Addit. aux mém. de Castelnau,* t. II, p. 99.)

du moulin du roi un procès, à la suite duquel il est défendu aux habitants de 1556.
Provins, excepté aux gens d'église, de faire moudre leur grain ailleurs qu'aux
moulins du roi et cuire leur pain ailleurs qu'aux fours banaux. — M. de Chau-
mont, ayant voulu enlever aux habitants du Moulin-d'Ocle (paroisse des Ormes)
leur pâture de la Noë-Hoslin, et ayant tué plusieurs de leurs bestiaux, est condamné par le parlement.

CHAPITRE LII.

DÉCÈS DE DIVERS PERSONNAGES. — NOMINATIONS DE FONCTIONNAIRES.

Mort de Nicolas de Choisy, greffier du bailliage de Provins. — Le duc de
Guise, auquel le roi avait cédé la seigneurie et le revenu de cette ville, réunit à
son domaine l'office de greffier, et le donne à ferme annuelle. — Le greffe de la
prévôté, étant aussi devenu vacant, est également affermé. — L'office de maître
des eaux et forêts de Chenoise et Sourdun est conféré à mons. de Crenay[1], premier maître d'hôtel de mons. de Guise. — Mort de M. de Vendières, lieutenant
de robe courte. D'après un arrêt du conseil, le roi pourvoit à son office et à
ceux des archers. Gabriel Faussart remplace M. de Vendières. — Mort de M. de
Bazoches, seigneur de ce lieu et de Bouy-lez-Provins. — Mort de frère Jean Nynost, jacobin[2]. Dans ses derniers sermons, il explique et justifie les paroles de
frère Charles Privé[3], touchant la foi et les œuvres.....

(La fin du chapitre LII et le commencement du chapitre LIII manquent.)

[1] Gaucher de Foissy, seigneur de Crenay, de Villemareuil, de Nogent-en-Othe
et de Bierre, né vers 1513.

[2] Voyez plus haut, pages 12 et suivantes.

[3] Voy. pag. 19 et suiv.

CHAPITRE LIII.

HISTOIRE DE LA SŒUR AYMÉE, RELIGIEUSE DE L'HÔTEL-DIEU DE PROVINS. — VOYAGES DE M. DE VILLEGAGNON AU BRÉSIL.

. . . .

Aventure arrivée à la sœur Aimée, maîtresse de Boturneo[1], pendant que celui-ci était en Italie, et qu'elle-même était malade. Frère Girard lui enlève le coffre-fort de Boturneo, pour faire croire aux gens du dehors qu'il avait toute la confiance de ce prêtre.

Il a esté mention en ce présent livre de Me Nicolle Durant, chevallier de Malthe, nommé vulgairement mons. de Villegangnon, lequel, estant envoyé en Escosse pour aller contre les Anglois, avant la paix faicte avec eux, ainsi que nous avons dict au xxiie chapitre de ce présent livre et l'an 1548, alla descouvrir ung pays barbare que plusieurs appellent le pays des Saulvages, aultres le pays de Brésyl, d'où vient le brésil de quoy on faict les tainctures[2]. Il trouva ce pays fort

---

[1] Voy. plus haut, p. 5 et suiv.

[2] Il est à regretter que nous ayons perdu une partie des renseignements donnés par Claude Haton sur le chevalier de Villegagnon. Ce personnage, qui s'est fait connaître comme guerrier, comme navigateur, comme controversiste, mérite à un haut degré l'attention de l'historien. C'est à tort que La Popelinière dit qu'il était Provençal. Villegagnon naquit à Provins, Théod. de Bèze l'atteste, et il est certain que son père et toute sa famille habitaient Provins au xve et au xvie siècle. Il a été jugé fort diversement; son passage du protestantisme au catholicisme, dans le temps même où il cherchait à établir au Brésil, sous la protection de Coligny, une colonie de protestants, lui a attiré de nombreux détracteurs. Je n'ai point à donner ici un récit de sa vie aventureuse, ni à discuter les témoignages allégués pour ou contre lui; je me bornerai à renvoyer à l'Appendice, où l'on trouvera un morceau inédit d'André Thevet, qui le concerne, quelques lettres de lui, et divers renseignements sur sa famille. Voici, en outre, l'indication des principales sources où pourront puiser ceux qui voudront écrire l'histoire de Villegagnon et de la colonie française qu'il a fondée et perdue : Jean de Léri, *Histoire d'un voyage fait en la terre du Brézil* (1578, in-8°); — P. Richer, *Réfutation des folles resveries et mensonges de Nic. Durand, dit le chevalier de Villegaignon* (1562, in-8°); —

beau et bien peuplé d'hommes et de femmes, vivans sans Dieu, sans 1556.
foy, sans loy, sans commandemens du moings divins, duquel il avoit
faict récit au roy après son retour, demandant congé à S. M. et quelque moyen et ayde pour y retourner, en intention d'y planter la foy
catholicque et de les attirer à la vraye cognoissance du Dieu vivant et
éternel, qui est la benoiste Trinité de Paradis, la personne du Père,
du Filz et du sainct Esprit. Ce qu'il n'avoit peu obtenir, à cause des
guerres d'entre le roy et l'empereur, qui ont eu cours par les années
passées en ce royaume et ailleurs, tant par mer que par terre, jusques à l'an dernier passé que lesdits seigneurs feirent une trêve l'ung
avec l'aultre, par le moyen de laquelle fut permis à ung chascun de
négotier sûrement par mer et par terre.

Qui fut occasion de faire reprendre le courage audit seigneur de
solliciter le roy de luy donner des navires garnis de toutes choses
nécessaires pour faire un tel voyage, de vivres et de gens, d'artillerie
et de gens d'armes; ce que luy accorda le roy, qui luy bailla charge
d'aller sur les ports de mer les plus commodes pour se getter au vent
après son équipage dressé. Le port qui fut choisy fut celuy du Havre
de Grâce, non fort loing de Dieppe.

Ledit seigneur feit savoir à tous ceux ausquelz il avoit accointance,
principallement aux jeunes hommes, s'ilz vouloient aller et faire ce
voyage avec luy; mais peu en trouva, parce qu'on se doubtoit de son
intention, qui estoit de laisser là audit pays ceux qu'il y auroit menez.
Ledit voyage fut publié en la ville de Paris à la trompette par les car-

Théod. de Bèze, *Hist. ecclésiastique*, t. II, p. 159 et suiv. — Jean de Serres, *Recueil des choses mémorables advenues en France* (1598); — D'Aubigné, *Hist. universelle*, liv. I, ch. xvi; et liv. II, ch. viii; — Re- nier de la Planche, *Hist. de François II*, p. 229-230; — La Popelinière, *Histoire des histoires*, t. VIII, p. 450 et 451; — A. Thevet, *Cosmographie universelle*, t. XXI; — Maimbourg, *Hist. du calvinisme*, t. II, p. 103 et suiv. — Jurieu, *Apologie pour la réformation*, t. I, p. 552; — Bayle, *Diction. historique*, aux art. Villegaignon et Richer; — Ruffier, *Hist. généalogique des comtes de Champagne* (Bibl. imp. collect. Dupuy, vol. 910, fol. 8 v°, 2e partie); — enfin, les écrits de Villegagnon lui-même et les réfutations publiées par ses adver- saires, dont on trouve la liste dans Dreux du Radier et dans Bayle.

1556. refours, affin que, s'il y avoit gens desbauchez ou esclaves fugitifz de leurs pays, ou aultres qui eussent volunté d'aller veoir la mer et le pays, qu'ilz s'allassent enroller au logis dudit seigneur dedans Paris. Aulcuns curieux de veoir y allèrent; mais non en si grand nombre que ledit seigneur eust bien voulu. Parquoy eut recours au roy, auquel il feit entendre que, pour parfaire l'entreprinse, en faulte que les hommes ne se présentoient en nombre suffisant pour demeurer là, il seroit bon, s'il plaisoit à S. M., de prendre les criminelz des prisons de Paris, de Rouen et aultres villes, de quelque qualité qu'ilz fussent, pour les mener avec luy audit pays, les laisser là avec ce peuple barbare et tascher à le gangner à la vraye cognoissance de Dieu et à l'exercice de la vraye religion qu'ilz feroient audit pays. Ce que le roy luy accorda.

Par le congé du roy, ledit seigneur alla visiter les prisons de Paris, pour veoir les prisonniers qui y estoient qui seroient de service pour l'affaire à quoy il les vouloit employer; et tous ceux qu'il trouva esdites prisons qui n'estoient trop vielz ni caducques, après avoir enquis pour quelz cas ilz estoient là prisonniers, retira par escript leurs noms, leur qualité et mestier et de quoy ilz estoient punis, requist aux juges de luy délivrer ceux qui estoient criminelz et qui debvoient estre condempnez à morir, pour les mener audit voyage, et tant feit de debvoir d'un costé et d'aultre, qu'il recouvra des hommes en assez bon nombre de toutes qualitez, comme de prebstres, moynes de toutes religions, de massons, de charpentiers, de menuysiers, de barbiers, de laboureurs, de vignerons, de taneurs, de cordonniers, de cardeurs, de drappiers, de bonnetiers, de chapeliers, d'éguilletiers et mégissiers, et de toutes manières d'estatz. Il chargea avec lesdits manouvriers et gens d'estat toutes manières d'outilz propres à chascun estat, jusques à des ornemens d'église pour dire la messe, avec des livres de toutes sciences. Il chargea pareillement tous outilz pour labourer et cultiver la terre, avec toute manière de graine, comme froment, seigle, orge, avène, navette, choux, porée, poreaux, oignons et aultres pour là semer.

Ledit pays, par le rapport dudit seigneur, est ung beau, grand et 1556.
large pays, qui contient plus que la France et toutes les terres subjectes au roy, en bon air, bien tempéré, où il ne faict jamais froict,
du moings bien peu fort, peuplé d'hommes et de femmes, le tout
comme l'avons déduict audit xxiie chapitre de ce livre, en l'an 48.

Ledit seigneur ayant prins terre audit pays avec ses gens, furent
lesdits saulvages quelquement esbays d'en tant veoir, et pour ce pensoient ledit seigneur estre quelque grand roy ou prince de la terre,
et en leur jargon se meirent à l'entour de luy à genoux, criant à
haulte voix pour luy faire honneur, et à luy et aux siens leur monstrèrent grands signes d'amitié; ausquelz il feit des présens de chappeaux,
de bonnetz de diverses couleurs et façons, de chemises, d'habits lé-
gers et de petite valeur pour les hommes et femmes, d'épingles, de
cousteaux et de toute aultre sorte de nécessitez, comme de souliers et
aultres. Desquelles choses mout se contentèrent lesdits saulvages, qui
sont maistres gens et d'assez bonne corpulance. On les appelle saulvages pour ce qu'ilz n'ont poinct de vraye religion ne cognoissance
du Dieu éternel; mais ilz ne sont velus ne pelus de grand poil comme
sont une aultre manière de saulvages, qui sont couvers de grand
poil comme les bestes, mais sont barbares, mangeant l'ung l'aultre,
principalement leurs ennemys.

Après que ledit seigneur fut par eux receu, il avisa ung lieu, le plus
commode pour bastir, et feit commancer une maison pour se mettre
et une chapelle pour dire la messe, où il feit employer les ouvriers
qu'il avoit menez; mais il n'atendit qu'elles fussent parachevées pour
s'en revenir le plus couvertement qu'il peut, laissant là ses gens sous
la conduitte de mons. du Bois le Comte, son nepveu, auquel je ne
sçai s'il dist adieu. Car, comme je croy, eust esté contens qu'il ne
feust jamais revenu, pour ce qu'il estoit assez maulvais garçon, je
croy fils de mons. Legendre, qui estoit procureur du roy; auquel du
Bois le Comte ledit sieur de Villegangnon avoit faict donner l'office
de son dit père, de procureur du roy à Provins, qu'il vendit à
Me Jehan Deville dudit Provins, duquel nous avons parlé en ceste ditte

1556. année. Lequel du Boys le Conte, je ne sçai par quel moyen, fut de retour en France quelques années après. Car son oncle, ledit de Villegagnon, ne se retourna guères ni les aultres, et oncques depuis ne fut veoir les subjectz de son royaume, et n'a-on sceu depuis commant on s'y gouverne. Le voyage fut de grande despense et coustange au roy et au royaume. Et a ledit seigneur de Villegangnon esté blasmé de n'avoir aultrement poursuyvi ladite entreprinse pour la tirer à une fin plus perfaicte.

Par ce que nous avons dict qu'il mena de toutes sortes d'ouvriers, d'oustilz et de graines, fault entendre que ceux dudit pays ne labourent et ne sèment la terre et n'ont de pareilz grains que nous avons en ce pays; ains vivent de certaines racines et fruictz que leur produist leur terre, et en sont gros et gras, avec les chairs humaines qu'ilz mangent; et font guerre les ungs aux aultres avec des arcz et flèches qu'ilz font avec des pierres qui coupent comme cailloux; car ilz n'ont nul usage de fer ni arcier, et quant ilz peuvent tuer de leurs ennemys, les font roustir et cuyre, puis les mangent.

Ledit seigneur au partir print par force ou amytié quelque demy-cent de personnes de ce pays-là, hommes, femmes et enfans, tant filz que fille, qu'il amena en France avec soy; d'une partie desquelz feit présent au roy et aultres seigneurs, et en retint pour soy et son frère quelque demye douzaine. Desquelz en donna à son frère le bally de Provins deux jeunes garçons de seize et dix-huict ans, lesquelz s'apelloient l'ung Donat et l'aultre Doncart, que ledit bally habilla et s'en servit jusques à leur mort. Lesquelz, quant ilz sceurent ung peu parler françoys et entendre que c'est que de Dieu, après avoir esté cathéchisez en la vraye religion, furent baptisez à l'hostel-Dieu de Provins, et ont vescu depuis, chascun quelque sept ou huict ans, audit Provins et sont morts au service dudit bally, qui les traictoit fort humainement[1].

---

[1] *Une fête brésilienne, célébrée à Rouen en 1550,* suivie d'un fragment du XVIe siècle roulant sur la théogonie des anciens peuples du Brésil, et des poésies en langue tupique de Christoval Valente, par M. Ferdinand Denis. Paris, Techener, 1851; in-8° de 104 pàges.

Mons. Denise, de Meaux, conseiller au présidial de Provins, est déposé de sa charge, comme manquant à ses devoirs de juge. Il était hérétique. Il acheta depuis l'office de receveur du domaine du roi.

1556.

CHAPITRE LIV.

EXPÉDITION DU DUC DE GUISE EN ITALIE. — RETRAITE DE BOTURNEO À BÂLE. — TOLÉRANCE DU PAPE.

Le duc de Guise ayant pénétré en Italie à la tête d'une armée [1], le pape s'arrange avec ses ennemis, sans comprendre les Français dans le traité. — Influence du cardinal Caraffa, neveu de Paul IV. — Le duc de Guise, se voyant trahi, met le siége devant Civita-Vecchia. — Maladies dans l'armée. — Retour en France.

1557.

Le pape certiffia au duc de Guise que Boturnus, aulmosnier de sa femme, estoit l'ung des plus meschans et grands héréticques de la chrestienté, et luy en déduisit par le menu tout ce qui en estoit à la vérité; de quoy beaucoup ne s'émerveilla ledit seigneur, qui, dès auparavant plus de deux ans y avoit, se doubtoit bien et le roy aussi qu'il Boturnus estoit tel, et toutesfois fut bien ayse d'en avoir entendu la vérité par la bouche du pape. Et estoit ce la cause que ledit Boturnus n'avoit voulu faire ledit voyage avec ledit seigneur, dont bien luy en prinst, car, s'il eust esté présent, pour tout certain eust esté bruslé tout vif, tant ledit seigneur hayssoit les héréticques. Lequel, tout à l'instant, escrivit à sa femme qu'elle enchassast de sa maison et de son service ledit Boturnus, son aulmosnier, sous peine de s'en repentir elle-mesme, mès qu'il feust de retour en France, et luy avec, si encores y estoit trouvé.

Ausquelles lettres obéit voluntiers ladite dame, laquelle escrivit audit Boturnus, qui estoit à Provins, qu'en diligence il l'allast trouver la part qu'elle seroit, ce qu'il feit. Auquel elle communicqua lesdites lettres, en luy baillant congé doulcement, l'exhortant de se

---

[1] *Mémoire du voyage de mons. de Guise en Italie.* (Mém. journ. du duc de Guise, collect. Michaud, t. VI, 1ⁱᵉ série, p. 323, et t. VIII, p. 589.)

1557. retirer hors du royaume de France pour saulver sa vie, le plus
tost qu'il pourroit; ce qu'il feit en moings d'un moys depuis ledit
congé, et se retira à Genefve, où il ne se peut asseoir ni avoir place
à sa commodité, et pour ce s'en alla demourer à Basle en Suisse,
où il achepta une maison, et s'est tenu là jusques à la mort, vivant
héréticquement tel qu'il estoit, car la ville de Basle est quasi toute
héréticque, dedans les murailles de laquelle ne se chante plus
messe. Et sçai tout ce discours estre vray, pour en avoir faict les dili-
gences tant en la maison de ladite dame de Guise en sa personne,
que aultres lieux du royaume et dehors, mesmement audit Basle et
plus loing. Avant que ledit aulmosnier partist de Provins, il résigna
l'Hostel-Dieu à frère Denis Leroy, religieux d'iceluy, en recordation
du tort qu'il luy en avoit faict, quand il en feust pourveu par la mort
de frère André Lecourt, son prédécesseur.

Revenant à parler encores du voyage d'Italie, nous dirons ce que
vulgairement on dict par la France en commung proverbe, qui est
tel que « Bon cheval et meschant homme n'amanda jamais d'aller à
Rome; » ce que nous avons veu avoir esté praticqué aux hommes qui
ont faict ce voyage avec ledict seigneur, et principallement en ceux
qui n'avoient le cerveau des plus fermes et mieux rassis. Lesquelz,
estans de retour, estoient beaucoup pires en leurs consciences et
mœurs qu'ilz n'estoient avant que partir; la plus grande partie d'entre
eux partirent de France bons catholicques, et en revindrent plus de
demy-héréticques, pour avoir veu, ce disoient-ilz, les abuz qui se
commettoient dedans Rome, où ilz pensoient que feust demeurée
la plus grande saincteté de vie. Ilz raportèrent qu'audit Rome on y
mangeoit chair en karesme et y avoient veu les boucheries ouvertes,
fournies de chair comme aux temps de charnage; ilz avoient pareillement veu le bourdeau public de femmes et filles que tolléroit le
pape, duquel ilz disoient tirer argent à son proffit par chascun moys.
Davantage veirent les juifz dedans ladite ville qui commettent usures,
fraudes et tromperies au veu et sceu du pape, desquelz il tire tribut.
Desquelles choses se sont tellement scandalisez qu'ilz ont eu pour

ce en mespris la saincte Église et les commandemens d'icelle, montant d'erreur en hérésie parfaicte et obstinée, de laquelle plusieurs
n'ont sceu resortir, au grand mespris de leur âme, bien et honneur.
Toutesfois les choses susdites ne les ont tant provocquez à tomber en
hérésie, comme a faict la praticque qu'ilz praticquèrent en revenant
tout à loysir par les Allemagnes et par Genefve, où ilz veirent la messe
et les sacremens de la Ste Église cessez en plusieurs lieux, manger de
la chair en tout temps mieux qu'à Rome, et vivre les gens en toute
liberté de conscience, sans aulcune répréhantion, et ouyr parler les
prédicans et gens de leur sequelle, qui scavent si proprement mesdire du pape et des ecclésiasticques, qu'en les blasmant, ilz blasment
quant et quant le ministère de la Ste Église, qui de soy est tousjours
sainct; la saincteté duquel ne despent de la bonté ni malice des
hommes, ains de la seulle bonté et puissance de Dieu.

Une permission que donna le pape audit seigneur de Guise et à ses
gens d'armes, pour ung soulagement de leurs corps, les esbranla à
moins croire à l'Église et auctorité d'icelle, qui fut telle que, en considération que audit Rome et plusieurs pays d'Italie le pays y est
assez stérille pour le regard des viandes de karesme, qui ne se trouvent pas aysément, comme en ce pays, il leur bailla congé de manger de la chair, des œufs et du formage trois fois la sepmaine, qui fut
cause de les effriander de telle sorte que oncques depuis estans en
France, sans dispence, ne cessèrent d'en manger.

Quant au premier poinct que noz Françoys disent qu'à Rome on y
mange chair en karesme et que les boucheries y sont ouvertes et
fournies de chair comme en aultre temps, ne leur desplaise, bien est
vray qu'en certaines maisons de bouchers qui fournissent les hospitaux dudit Rome on y peut veoir quelquesfois ung peu de chair
pendue pour les pauvres malades desdits hospitaux qui ne peuvent
manger aultre chose, ausquelz on en faict cuire et manger, par permission du pape, mais non aultrement, et où ilz en auroient veu en
plus grande habondance ès boucheries dudit Rome auroit esté en
celle des juifz, qui mangent chair aulcuns jours de la sepmaine de

1557. karesme comme ès aultres temps. Mais, pour le regard des chrestiens catholicques, n'y a chair appareillée pour eux audit Rome, et n'en mangent non plus que les catholicques de France[1].

En second lieu, les Français se sont scandalisés de ce que le pape tolérait à Rome les femmes de mauvaise vie et de ce qu'il en tirait tribut. Mais cette tolérance n'avait lieu que pour éviter de plus grands maux, le ravissement et subornement des femmes honnêtes, et le péché de sodomie, auquel les Italiens sont enclins.

Quant à la liberté laissée aux juifs de vivre à Rome, elle s'explique par cette considération que la nation juive ne peut être exterminée avant la fin du monde, et qu'elle est une manifestation permise par Dieu de la loi mosaïque.

(Il y a ici une lacune. Dans les feuillets qui manquent était sans doute le récit de la bataille de Saint-Quentin[2], qui se donna le 10 août 1557, et de la prise de Calais par le duc de Guise, qui eut lieu au commencement de janvier 1557 (1558 nouveau style)[3].)

---

[1] Dans un sommaire d'aucunes choses notables faictes à Romme au moys de juillet 1555 (*Mém. journ. du duc de Guise,* coll. Michaud, 1re série, t. VI, p. 142), on lit : «Nostre St Père le pappe..... a faict une bulle de jubilé et plénière rémission pour jeusner troys jours, et communier le dimanche ensuyvant, pour la paix et mitigation de l'ire de Dieu. — A faict une autre bulle contre les juifs de ceste ville, ordonnant qu'ilz se retireront tous en ung lieu qui sera seur, comme en Avignon, porteront bonnetz jaulnes comme à Venise, et ne pourront prendre plus grande usure que 12 pour cent..... On n'attend de luy que réformation, et au premier jour publiera le décret de la résidence des évesques en leurs diocèses. »

[2] Sur le siége et la bataille de Saint-Quentin, voy. Discours de Gaspard de Coligny, amiral de France, où sont sommairement contenues les choses qui se sont passées durant le siége de Saint-Quentin

en 1557, ouvrage plusieurs fois imprimé; — le récit de Mergey, qui avait assisté à la bataille. (*Mém. de Mergey,* collect. Michaud, t. IX, 1re série, p. 561 et suiv.); — Brésin, *Chron. de Flandre et d'Artois,* Bibl. imp. collect. Gaignières, n° 684, fol. 724 v°, etc.

[3] Voy. le *Discours de la prinse de Calais, faicte par mons. le duc de Guise.* Tours, J. Rousset, 1558. (*Arch. curieuses de l'hist. de France,* t. III, 1re série, p. 237); — *De motibus Galliæ et expugnato receptoque Itio Caletorum,* per G. Paradinum. Lugduni, ap. J. Tornesium, 1558; — Chanson sur la prise de Calais, à la suite de l'épitaphe de cette ville, par A. Fauquel. Paris, Caveiller, 1558, in-8°; — *Hymne au roy sur la prinse de Calais, avec quelques autres œuvres sur le mesme subject, composez par J. du Bellay.* Paris, F. Morel, 1558; — Brésin, *Chroniq. de Flandre et d'Artois,* fol. 733 v°.

CHAPITRE LV.

LE CARDINAL DE BOURBON. — PROGRÈS DU PROTESTANTISME. — DÉCOUVERTE D'UNE
ASSEMBLÉE DE PROTESTANTS DANS UNE MAISON DE PARIS. — M. DE LA CHESNAYE, ABBÉ
DE SAINT-JACQUES DE PROVINS, EST TAXÉ D'HÉRÉSIE.

Mort du cardinal de Bourbon, archevêque de Sens[1].

..... Et pour ce fut surnommé par le feu roy Françoys, premier de ce nom, *Sicio,* pour ce que tousjours ledit seigneur avoit
volonté de boire de ses bons vins, 'eust-il esté le mieux repeu du
monde. Il y avoit plus de vingt ans qu'il estoit archevesque de Sens,
où il résidoit la plus grande partie de l'année, vacquant au divin
service comme les chanoines, et quelquesfois mieux..... Ledit
seigneur a bien sceu jouer des haulx bois, et si n'estoit ménétrier;
car il vendit tous les grans haux bois ou peu s'en fallut appartenant
à son archevesché, qui estoient ès environs des villes de Brinon et
Villeneufve l'Archevesque, de quoy fut fort blasmé. Ce blasme luy
fut faict et donné à entendre une fois par les habitans de la ville de
Sens, ung jour de feste, à la procession du sacrement qu'on faisoit
parmy les rues, en laquelle ledit seigneur faisoit l'office et portoit
le corps de Dieu; esquelles rues, en certain endroict, lesdits habitans préparèrent des eschaufaux, sur lesquelz feirent monter des
hommes masquez et desguisez, tenans plusieurs oustilz en leurs
mains, comme cyes, seppes et cognées, desquelz ilz faisoient debvoir
de besongner, ce sembloit. Quant la procession et ledit seigneur
passoient, les ungs tiroient la cye, les aultres charpentoient et les
aultres fagotoient, comme il sembloit à les veoir faire, sans parler
ne dire mot. Duquel mistère voulut s'enquérir ledit seigneur, auquel

[1] Louis, cardinal, archevêque de Sens, né à Ham le 2 janvier 1493, mort le 12 mars
1557.

1557. fut dict ce avoir esté faict pour luy donner à entendre le mal qu'il faisoit et avoit faict de vendre tous ses haulx bois et de les faire coupper; de quoy se courrouça fort et eut volunté de faire resentir ceux qui avoient faict ce mistère et la ville de Sens, mais sa bénignité et courtoisie l'empeschèrent, quant sa collère fut passée. Une aultre fois, en la présence du roy, fut ledit seigneur gabbé et mocqué par Brusquet, fol sage de S. M.[1], lequel feit une question au roy où seroit que Dieu tiendroit son jugement dernier, après la consummation de ce monde. Lequel feit responce que de ce en falloit faire la question à mons. ledit cardinal, qui estoit là présent, parce qu'il le sçavoit mieux que luy. Le cardinal avec le roy feit responce que, suyvant les Escriptures, seroit en la vallée de Josaphat; auquel réplicqua ledit Brusquet que non, mais que ce seroit à l'entour de Brinon et Villeneufve-l'Archevesque que se feroit ledit jugement, et dedans les forestz, parcequ'en icelles y avoit plusieurs siéges pour asseoir ceux qui s'y trouveroient. Iceux bois furent venduz pour mettre en avant et pour hault eslever les princes de Bourbon, ses nepveux, qui estoient le roy de Navarre, qu'on appelloit mons. de Vandosme, mons. d'Anguien, Loys monsieur, qui depuis fut appellé mons. le prince de Condé, et mons. de Bourbon, qui a depuis esté archevesque de Rouen; tous lesquelz princes ne furent enrichis que du bien temporel desdis archevesché de Sens, évesché de Laon, et abbayes de St-Denis, Ste-Columbe et aultres bénéfices que tenoit ledit seigneur.

Il feit corriger l'office, tant pour la chanterie que pour les légendes des antiphoniers et brévières de l'église métropolitaine de Sens . . . . .

Il estoit fort bon prélat, et luy seoit fort bien à faire son office et estat, qu'il faisoit aussi voluntiers et souvent que prélat qui fust en France. Par chascun an une fois pour le moings, en sa grande vieillesse, il ordonnoit des prebstres et conféroit les sainctes ordres en la ville de Sens ou aultre du diocèse; aultant en faisoit-il en son évesché de Laon, laquelle il estimoit beaucoup, pour estre l'évesque dudit lieu l'ung des

---

[1] Brusquet, fou des rois François Ier, Henri II, François II et Charles IX, mou- rut en 1563. (Voy. Brantôme, *Vies des capitaines illustres*, Le maréchal Strozzi.)

douze pairs de France. Il deffendoit et supportoit bien l'Église, et ay- 1557.
moit fort les ecclésiasticques, tant les grans que les petis. Il résistoit
à son pouvoir aux levées de deniers que le roy prenoit et vouloit
prendre sur l'Église et bénéfices d'icelle par décimes et aultres voyes
illicites; la majesté duquel, une fois entre aultres, voulant faire une
nouvelle levée de deniers sur sadite église, dist que ladite majesté
feroit tant qu'elle contraindroit les prebstres de luy faire la barbe avec
le canivet. Ce que ne pouvant entendre le roy, pria ledit seigneur de
luy interpréter ceste énigme et que signifioit ce propos. Auquel respondit ledit seigneur que luy faire la barbe avec le canivet seroit l'ef-
facer et rayer du sainct canon de la messe et de ne plus prier Dieu
pour luy. Car à la saincte messe et canon d'icelle, le prebstre, entre
aultres personnes et qualitez exprimées, prie nommément pour trois
personnes, pour le pape de Rome, pour le roy de France, et pour l'é-
vesque chacun de son diocèse. Laquelle interprétation retint ung peu
le roy, qui ne feit ce qu'il pensoit faire pour lors.

M. Bertrandi, garde des sceaux de France, est nommé archevêque de Sens[1].
— L'abbaye de Saint-Denis est donnée à Charles[2], archevêque de Reims, cardinal de Lorraine. — Le pape, pour apaiser la colère de Dieu, qui se manifes-
tait par des épidémies, des guerres et d'autres fléaux, ordonne et célèbre un
grand jubilé.

L'une des principalles causes dudit jubilé, oultre celles dessusdittes, fut la cause de l'hérésie, qui prenoit pied et fondement par la
chrestienté, en aulcunes provinces publicquement, comme ès pays
d'Allemagne, de Saxe, de lansquenetz et Suisses, ès aultres provinces secrètement, comme en Italie, Hispagne, France et Navarre. Les
royaumes d'Escoce et Angleterre estoient jà mi-partis, partie estoient
hérétiques, l'autre partye catholicques. Les hérétiques de France,
qu'on appelloit luthériens, faisoient grand debvoir d'acroistre leur

[1] Bertrand (Jean), premier président
au parlement de Paris, garde des sceaux
en 1551, cardinal et archevêque de Sens,
mourut à Venise le 4 décembre 1560.

[2] Charles, cardinal de Lorraine, archevêque et duc de Reims, naquit le 17 février 1525, et mourut le 26 décembre
1574 à Avignon.

1557. nombre et de gangner quelques princes ou grands seigneurs, pour les
soustenir et deffendre en tout et partout, envers tous et contre tous;
toutesfois, ledit accroissement et aultres menées par eux faictes se démenoient le plus secrettement qu'ilz pouvoient, de pœur d'y estre surprins; car à l'instant qu'on en descouvroit quelqu'un, estoit mis en
prison et contre luy procédé par sentence criminelle de la peine du
feu, et n'estoit quasi moys en l'an qu'on n'en bruslast à Paris, à Meaux
et à Troie en Champagne deux ou trois, en aulcun moys plus de
douze[1]. Et si pour cela les aultres ne cessoient de poursuivre leur entreprinse de mettre en avant leur faulce religion; et tant travaillèrent
qu'ilz séduisirent beaucoup de personnes de toutes qualitez, comme
évesques, abbez, prieurs, moynes cordeliers, jacobins et prebstres,
hommes et femmes, gentilshommes, damoiselles et roturiers, petis et
grans. Et le moyen qu'ilz trouvèrent le plus propre pour s'accroistre
en grand nombre et pour attirer à eux tant de gens d'église de toutes
religions et aultres, fut la libéralité qu'ils feirent de leurs biens et de
leur corps à ceux qui les voulurent suyvre, et principallement aux
moynes et gens d'église, prebstres et aultres, auxquelz les hommes
de laditte faulce religion luthérienne donnoient et habandonnoient
leurs femmes pour prendre leurs plaisirs charnelz, et leurs biens pour
les entretenir, quelques riches et grans seigneurs qu'ilz fussent. Et de
ce faire estoient enseignez, par leurs ministres et prédicans, qui pour
lors estoient tous prebstres et moynes reniez, et qui par telz moyens
avoient esté desbauchez de la vraye religion. Ceste liberté charnelle,
qu'ilz héréticques luthériens appelloient *charité fraternelle*, desbaucha
plusieurs ecclésiasticques de tous ordres et leur bailla occasion de
suivre lesdis héréticques; la plus grande part desquelz ne les ont suivi
que pour ceste charité charnelle et voluptueuse. Lesquelz, après en

---

[1] Au mois de juin 1557, Henri II rendit un édit portant peine de mort contre
ceux qui, publiquement ou secrètement,
professeraient une religion différente de la
catholique. Il est question, dans le préambule, de l'hérésie qui *tourne en sédition*.

On reproche aux juges de *se laisser émou-
voir de pitié bien souvent*, et on leur défend
de *modérer les peines* portées par les ordonnances. (Isambert, *Recueil des anciennes lois françaises*, t. XIII, p. 494.)

estre saoulz , se sont retirez d'avec eux; les aultres y sont demeurez et 1557.
se sont mariez avec des femmes, pour les prester à d'aultres, comme
on avoit faict à eux, et ne tenoient iceux héréticques luthériens à
honte le blasme d'estre couppaux sçachans, moyennant que leurs
femmes se prestassent et habandonnassent pour gangner des hommes
qui voulussent suivre leur faulse religion.

Pour l'exercice de laquelle, faisoient souvent iceux luthériens des
assemblées secrettes de jour et de nuict, auxquelles ils se sermon-
noient les ungs les aultres, tant dedans les villes que dehors, ès maisons d'ung d'entre eux, pour, ce disoient-ilz, faire le service du Seigneur et annoncer ses louanges. L'ung d'entre eux faisoit lecture de
quelque chapitre de l'Ancien ou Nouveau Testament, prins en une Bible
escripte ou imprimée en françoys, qui luy sembloit estre convenable
pour le contentement de l'assemblée. Avec ce, faisoient lecture d'ung
aultre chapitre prins en laditte Bible, extraict des livres de l'Exode
et du Deutéronome, où il est faict mention des commandemens que
Dieu donna à Moïse en la montagne, quant il luy donna les deux
tables de pierre esquelles estoient escrips lesdits commandemens; desquelz commandemens ilz luthériens se disoient estre les vrais obser-
vateurs. Pareillement, pour esmouvoir les cœurs d'entre eùx et des
nouveaux frères, chantoient par deux ou trois fois quelques psaulmes
de David, traduictz en rime françoyse par Clément Marot, lesquelz
psaulmes ont depuis esté mis en chant de musique lourde et pesante
et par bons accords par ung chantre qui les a suyvi, nommé Didier
Lupi[1]. Lesquelz psaulmes ou psalmes, ainsi qu'ilz luthériens les ap-

---

[1] Bayle parle longuement de la musique des psaumes de Marot. Du temps du
poëte, on appliqua à ces psaumes des airs
de chansons vulgaires; il y eut aussi des
musiciens qui composèrent des airs exprès,
tels que Louis Bourgeois, Goudimel et
Guillaume Franc. D'après un certificat délivré en 1552 par Théod. de Bèze, Guill.
Franc aurait fait la première musique
que l'on ait chantée dans les églises réformées. Il n'est pas question de Didier Lupi.
— Laborde, dans son Essai sur la musique ancienne et moderne, t. III, p. 448,
dit : «Lupi (Didier), bon musicien, a mis
en musique les chansons de Guillaume
Guerret; imprimées chez Duchemin. Il est
nommé dans le prologue du IVe livre de
Rabelais. »

1557. pelloient, estoient fort harmonieux et d'un chant bien délectable, et
estoit cest acte anoncer les louanges du Seigneur. Lesquelles louanges
estoient par eux chantées au commancement, au millieu et à la fin
de leurs cérémonies, qu'ils appelloient le presche et les prières.
Lesquelles faictes, estoit permis aux hommes de s'approcher des
femmes et les femmes des hommes, chascun d'eux où son plaisir le
conduisoit; et après s'estre entresaluez et chéris les ungs les aultres,
le ministre ou prédicant qui tenoit le lieu de commander annon-
çoit la charité qu'ilz debvoient les ungs aux aultres de leurs biens
et de leurs corps pour s'entretenir en ceste religion, et, en soufflant et
extingnant les chandelles qui estoient devant luy, disoit telz mots :
« Au nom de Dieu, accomplissez la charité fraternelle, chascun d'entre
vous jouissant de ce qu'il ayme. » Ce faict et dict, chascun d'entre eux
s'accommodoit à sa chascune, et prenoient là le contentement de leurs
désirs[1].

Or est à notter que pour ce temps plusieurs femmes des villes de
France et des princes et gentilshommes du pays, mesme de la court
et suitte du roy, estoient ensorcelées en ceste religion luthérienne.
Lesquelles dames, pour assister ausdites assemblées, se desroboient
de leurs maris qui ne s'en donnoient de garde, car ils estoient encores catholicques. Les unes s'accompagnoient de leurs chambrières,
aultres de leurs propres filles, pour oster le soubçon de leurs maris,
quand elles alloient auxdites assemblées secrettes, principallement de
nuict ou au soir. La pluspart desquelles, la première fois y allant,

---

[1] Sur les accusations de ce genre portées contre les huguenots, voy. la Popelinière (*Histoire de France*, t. I, l. V, fol.
148 v°); les Mémoires de Castelnau (collect. Michaud, t. IX, 1re série, p. 410),
où il est dit que le parlement ne put
rendre un jugement à cet égard, par suite
de la diversité des dépositions, et de
Thou (*Histoire universelle*, l. XXIII). On
sait du reste que des accusations semblables ont été mises en avant contre les premiers chrétiens et contre tous les parti-
sans de religions et de sectes nouvelles. Le
prieur Rorenco, dans son Histoire de l'in-
troduction de l'hérésie dans les vallées, ne
manque pas de dire que les Vaudois « face-
vano delle congregazioni notturne, nelle
quali, dopo il sermone, seguivano abomi-
nevoli commerci, proferendo, il ministro
Barba, osia predicante, quel motto : Aquel
qu'estegniré lou lume de la lanterno, ga-
gneré la vio eterno. »

estoient femmes et filles de bien de leur corps, qui au retour s'en retournoient putains et paillardes pour la charité. Au commancement,
en la ville de Paris et aultres lieux, ilz luthériens ne s'assembloient
qu'une fois ou deux le moys, de peur d'être surprins et descouvers,
principallement de nuict; mais plus souvent faisoient des sallies de
jour hors desdittes villes, soubz le nom de s'aller pourmener aux
champs par bandes pour se bailler du plaisir et contentement à leur
gré. Toutesfoys, après que, par succession de temps, ilz se veirent en
nombre suffisant et soustenus de grands seigneurs et dames, entreprindrent de s'assembler de nuict plus souvent, dedans la ville de Paris
principallement, tenans leurs assemblées ung jour en ung quartier de
ladite ville, ung aultre jour en ung aultre, affin de n'estre sitost descouvers. Et furent assez de temps qu'on ne prenoit garde à eux, pour
ce qu'ilz s'enfermoient en la maison où ladite assemblée estoit convocquée. Et parce que rien ne se peult si secrettement faire qu'il ne soit
sceu à la fin, ilz luthériens furent descouvers, sur lesquelz on se jetta
par plusieurs fois; mais, pour estre quelquesfois en grand nombre, ne
pouvoient estre arrestez tous, et quelquesfois n'y demeuroit que quelques femmes, lesquelles estans desvalisées avoient congé de s'en aller,
après avoir contenté par charité deux ou trois bons compagnons.

Une fois entre aultres, en ceste présente année, le roy estant à
Paris fut adverty desdittes assemblées nocturnalles et luthériennes,
lequel commanda qu'on mist gens au guet par tous les cartiers de la
ville et principallement près des maisons où ilz luthériens avoient
coustume de s'assembler, sans sonner mot, ni faire semblant ni se
donner garde d'eux, affin qu'estans là assemblez, on seust mettre
la main sur eux et en faire une pugnition exemplaire. Suivant le commandement duquel, tel debvoir fut faict que une nuict furent trouvez lesdits luthériens charitables assemblez en une maison de l'université, je croys en la rue St-Jacques ou auprès[1]; dont fut advertie
S. M. qui estoit logée au Louvre, laquelle y envoya son prévost de

---

[1] Cette maison, située dans la rue Saint-
Jacques, s'appelait l'hôtel Bertomier. —
L'affaire eut lieu le 4 septembre 1557
(Félibien, tom. II, p. 1060-1061.)

1557. l'hostel avec plusieurs archers de sa garde et les gens du guet de Paris, tant de pied que de cheval, pour prendre et enmener prisonniers lesdits charitables, sans en excepter ung. Iceux prévost de l'hostel, archers et gens du guet, faisant le commandement du roy, allèrent envahir et assaillir le logis où estoient assemblez les charitables; lesquelz, se voyant surprins, n'eurent la volunté d'achever la charité fraternelle, mais advisa chascun frère de se saulver, laissant là sa sœur au danger; les ungs montèrent sur les maisons par les goutières, les aultres se cachèrent ès greniers, ès caves, ès retraictz, d'aultres se jettèrent par les fenestres hors du logis, aulcuns desquelz se tuèrent tous mors, aultres se rompirent les jambes, aultres les bras; brief, celuy s'estima fort heureux qui peut eschaper sans estre prins ni cognu[1]. Le logis forcé pour entrer dedans, furent trouvées mesdames de la charité, dépourveues de leurs charitables, bien estonnées de la honte qu'elles avoient d'estre cognues; les plus nobles desquelles se pensoient saulver, le visage voilé et caché, ce qui ne leur fut permis par ledit prévost de l'hostel et aultres. Ceux-ci furent fort espouventez quant ilz cognurent aulcunes desdittes dames, qu'on croyoit estre des premières du royaume et quasi du sang royal, et ils leur permirent de s'en retourner en telle compagnie qu'il leur pleut, sans aultre suitte. Lesquelles eussent bien voulu et de faict requirent ledit prévost qu'il se déportast de son entreprinse sans emprisonner personne, ce qu'il n'osa faire, de peur d'estre reprins du roy; toutesfois bailla congé aux aultres dames, comme à elles, pour leur faveur et grandeur, et n'enmena prisonniers que des hommes en assez grand nombre, la pluspart desquelz estoient prebstres, moines, cordeliers, jacobins et d'aultres religieux, lesquelz furent menez en diverses prisons, aulcuns en la Conciergerie, aultres au Chastelet, aultres au Four-l'Évesque et aultres prisons, lesquelles furent si remplies qu'il n'y avoit rien à vuyde en icelles. Toutesfois en fut faicte

---

[1] Voyez, sur cet événement, de Thou, *Hist. univ.* l. XIX ; de la Place, *Commentaire de l'estat de la religion et république, sous* *Henri II, François II et Charles IX* (1565, in-8°), p. 4 v° et 5 r° et v°; et Théod. de Bèze, *Hist. ecclésiast.* t. II, p. 115-133.

petite pugnition; aulcuns furent foitez par la ville, aultres envoyez 1557.
en gallaire et les aultres furent bannis hors du royaume, parce que
le faict fut célé au roy, de peur de scandaliser les personnes de la
qualité susditte, lesquelles furent intercesseurs pour les prisonniers
détenus pour ce faict[1]. A ceste caption, fut le secret descouvert de
messieurs les luthériens et luthériennes par plusieurs des deux sexes,
lesquelz déclarèrent en justice que la raison qui leur faisoit suivre
ceste assemblée estoit le seul plaisir charnel qu'ilz prenoient les ungs
avec les aultres, lesquelz depuis n'ont voulu suyvre ladite religion
luthérienne et s'en sont déportez comme d'une chose meschante.

Pour le regard de la ville de Provins, ilz luthériens estoient en petit
nombre, et si ne s'osoient telz déclarer, de peur qu'il ne leur fust
mésavenu, et ne s'assembloient que soubz le prétexte d'aller soupper
ès maisons les ungs des aultres. Ceux qui estoient suspectz d'estre
telz estoient : l'abbé de St-Jacques dudit Provins et conseiller à la
court de parlement de Paris, nommé La Chasnez[2] (il estoit pareillement abbé de l'abbaye d'Armières, non loing de Paris)[3]; maistres

---

[1] Quoi qu'en dise Cl. Haton, il est certain qu'il y eut plusieurs exécutions à
mort. Cependant quelques-uns des accusés
échappèrent au supplice, grâce à l'inter-
vention des Suisses et des princes protestants d'Allemagne. (Voy. de la Place et de
Thou, aux endroits cités. — Voy. aussi les
noms des victimes dans d'Aubigné, *Hist.
univ.* liv. II, ch. VIII, p. 80.)

[2] Il est souvent question de Guill. de la
Chesnaye dans les Mémoires de Cl. Haton.
Son père, Nicolas de la Chesnaye, était conseiller du roi et trésorier de France. Il eut
un procès criminel, qui fut cause qu'on
le mit en garde dans la maison de son fils.
Ce procès est plusieurs fois mentionné dans
un arrêt du parlement du 2 août 1559, au
sujet du mode d'emprisonnement d'Anne
Dubourg (*Mém. de Condé*, t. I, p. 267).

Dubourg en parle aussi dans sa requête du
2 août (p. 270). Il paraît que, dans l'affaire
de la Chesnaye, *où il s'agissait de prononcer
sur la vie et honneur,* la cour n'avait rien
fait que toutes chambres assemblées. Le
général de la Chesnaye est cité avec éloge
dans la légende du cardinal de Lorraine,
qu'on attribue à R. de la Planche.(*Mém.
de Condé*, t. VI, p. 7 et 15). On voit dans
les Mémoires de Condé (t. III, p. 37),
Guill. de la Chesnaye, conseiller au parlement, mandé le 30 janvier 1561 par le
maréchal de Montmorency, qui lui com-
munique des lettres du roi relatives aux
permissions d'imprimer. Voy. aussi Ythier,
Hist. ecclés. de Prov. t. III, à la bibliothèque
de Provins.

[3] Hermières (Seine-et-Marne), arr. de
Melun.

1557. Nicolle, Claude et Anthoine les Barengeons, frères, desquelz ledit
Me Nicolle estoit esleu de l'élection dudit Provins, ledit Me Claude,
enquesteur du siége présidial, et ledit Me Anthoiné, médecin; Françoys Vérine, lieutenant du bally dudit Provins; Nicolle Denise, naguères conseiller dudit siége présidial, lequel, à cause de laditte luthérerie en partie et pour aultre cas, avoit perdu ou fut contrainct
de vendre ledit estat, à la diligence et poursuitte de Me Philippe
Durand, bally dudit Provins[1]; Mathé Chipault, praticien, et environ
deux ou trois aultres de petite condition, qui suyvoient les aultres
pour vivre.

De tous les dessus nommez, n'y avoit que ledit abbé de St-Jacques
qui se manifestast par signe extérieur; les aultres hantoient encores
quelque peu les églises et assistoient aulcuns jours au service divin.
Ledit abbé, quand il estoit audit Provins, n'alloit souvent à la messe
ni à aultre office, et encores, si peu qu'il y alloit, tenoit en soy une
contenance toute estrange, montrant par signe extérieur de quel
cœur et dévotion il alloit audit office. Toutesfois, pour ce qu'il n'estoit que simplement clerc tonsuré et non prebstre, peu de gens s'en
donnoient garde. Il feit venir en l'abbaye dudit St-Jacques ung précepteur ou maistre d'escolle pour les moines, qui estoit héréticque luthérien, pour tascher à planter la faulce religion de Luther et Calvin
ès entendemens des novices et moynes d'icelle abbaye. Lequel, le plus
cauteleusement qu'il luy estoit possible, taschoit à semer faulce doctrine et créance des sacremens de la Ste Église catholicque et romaine;
et demeura plus d'un an et demy en laditte abbaye parmy les moynes
grans et petis, avant qu'on le peust reprendre de son hérésie, tant il
en parloit sobrement et en disputoit cauteleusement. Toutesfois, ne
se peut si proprement desguiser qu'à la fin les religieux prebstres, avec
Me Pierre Leblanc, licentié ès loix et advocat audit Provins, ne le
reprinssent et rédarguassent de sadite hérésie, l'ayant tiré tout à propos et de faict advisé à la dispute, en souppant tous ensemble en laditte

[1] Voy. plus haut, p. 41.

abbaye. En laquelle dispute fut reprins aygrement par iceux prebstres
et advocat, le voyant résolu en sa faulce oppinion, de laquelle ne se
voulut désister ni céder à la vérité, ains pertinacement soustint sa faulce
créance devant eux; qui fut cause de le faire accuser à justice et principallement au doyen de la chrestienté, qui, ayant informé contre luy,
envoya les informations à Sens. Sur lesquelles fut décrétée une citation personnelle pour citter ledit précepteur par devant mons. l'official
dudit lieu; devant lequel il comparut, et, après avoir esté interrogé,
fut emprisonné ès prisons de l'archevesque, où il fut quelque six
sepmaines à attendre lettres de faveur de son maistre ledit abbé et
d'aultres plus grands seigneurs que luy, adressantes audit official, qui
avoit la renommée d'estre enfariné de la mesme farine, et qui, les
ayant receues, sans en plus faire de procès, le délivra et mit hors
des prisons, l'ayant condempné en une petite amende, avec deffence
de ne plus user ne tenir telz propos et oppinions, ni de plus demeurer
en laditte abbaye de St-Jacques de Provins, ni en la ville; ce qu'il feit,
car, au partir des prisons de Sens, se retira où bon luy sembla, et
oncques depuis n'a esté veu audit lieu.

Où ledit abbé fut cognu héréticque fut en ce qu'il s'efforça de
prendre le plomb qui est au clocher de l'église dudit St-Jacques,
pour l'employer à faire les goustières ès logis neufs qu'il avoit faict
faire en laditte abbaye, sur les murailles de la ville. Pour lequel
plomb avoir, feit monter les couvreurs dedans ledit clocher, pour le
deffaire et jetter à bas; ce que ne voulurent souffrir ni permettre les
moynes, lesquelz vertueusement empeschèrent lesdits couvreurs en
la présence dudit abbé, auquel donnèrent bien à entendre qu'ilz
cognoissoient de luy qu'il estoit héréticque et luthérien par cest œuvre
et aultres qu'ilz avoient descouvers estre en luy, desquelz ilz estoient
tous prestz de l'accuser à justice, s'il ne se dépourtoit. Aux menaces
desquelz n'osa passer oultre, et laissa ledit clocher en son entier, mais
n'en pensa pour ce moins; car par aultre moyen cercha l'occasion de
se venger desdis moynes; ce qu'il ne peut faire à leur dommage, parce
qu'ilz demeurèrent tous bandez et unis contre luy pour se deffendre

1557. de ses entreprinses. Pour réparer la faulte qu'il avoit pensé faire en ruynant le clocher susdit, et pour les reproches que lesdits moynes luy avoient faict de ce qu'il n'avoit faict aulcune chose à la réparation et décoration de leur église, depuis quelque dix ans qu'il estoit abbé d'icelle, marchanda de la faire recouvrir et blanchir par dedans, et avec ce achepta ou feit faire des tapis de serge de diverses couleurs, ès murailles de laquelle église, et esdis tappis feit peindre et mettre plusieurs grands semez de papillons, en irision et mocquerie du pape de Rome et des catholicques, qu'il et ses compagnons luthériens appelloient *papistes* et *papillons*. Pour le temps de ceste présente année et celle devant, y avoit audit Provins des prélatz, ès religions de St-Jacques ledit abbé, à l'Hostel-Dieu Boturnus, duquel nous avons parlé en l'an dernier, et à St-Ayoul Me André de Gramond, prieur dudit lieu[1], desquelz trois on eust eu aultant de proffit de les jetter au lot que de les choisir pour le regard de la religion; car l'ung ne valloit et n'estoit meilleur chrestien que l'aultre, et ne fut leur faulte que la faulce oppinion de Luther et Calvin ne print fondement ès maisons et religieux desdittes religions et monastères.

CHAPITRE LVI.

ÉMEUTES DES ÉCOLIERS DE L'UNIVERSITÉ DE PARIS. — INSTITUTION D'UN PRÉSIDENT AU PRÉSIDIAL DE PROVINS. — JEAN ALLEAUME, NOMMÉ BAILLI DE CETTE VILLE. — LE CARDINAL TRIVULCE VIENT EN FRANCE À TITRE DE LÉGAT.

Nous avons jà dict en ce présent livre, au chapitre xxxie de l'année 1548, comment le roy avoit voulu alliéner le Pré aux Clercz de la ville de Paris, en baillant à ferme ou moyson ledit pré à tousjours ou à années, à la charge d'y faire des bastimens et maisons manables par

[1] Me André de Gramont, prieur de Saint-Ayoul, était aumônier ordinaire de la reine mère et chanoine de Sens. (Voy. sur ce personnage l'Histoire ecclésiastique de M. Ythier, t. V, à la bibliothèque de Provins.)

ceux qui en avoient faict la prinse de sa majesté. De quoy advint, 1557.
dès laditte année 1548, débat grand entre les clercs et escolliers dudit
Paris et ceux qui l'avoient prins du roy et qui y faisoient bastir.
Et tant feirent iceux clercs et escolliers qu'ilz demeurèrent paisibles
possesseurs dudit lieu depuis ledit temps de l'an 1548, comme ilz
avoient faict de temps immémorial, sans contredit, sinon en ceste
présente année que plusieurs particuliers dudit Paris les empeschèrent, soit qu'ilz particuliers l'eussent reprins de nouveau du roy, ou
qu'ilz eussent sommé S. M. de les faire jouir dudit lieu, en vertu de
l'ancien bail qu'il leur en avoit faict ou à leurs pères, dès ledit an 1548.
Ce que voulut faire le roy, en leur commandant qu'ilz en prinssent
possession et y feissent bastir des maisons, chascun d'eux, ainsi qu'il
estoit tenu, promettant de les en faire jouir paisiblement malgré toutes
personnes à ce contredisans. Sur laquelle promesse royalle, s'entre-
meirent lesdits preneurs d'y faire bastir maisons et aultres logis en
la plus grande diligence qu'ilz peurent, espérans par cela demeurer
maistres de la place. Les nouveaux bastimens furent par plusieurs
jours gardez par les archers de la garde dudit sieur roy, pour empescher les démolitions desdits bastimens et noises des escolliers contre
les maçons, charpentiers et contre ceux qui les mettoient en besongne,
auxquelz on vouloit faire perdre la jouissance dudit héritage. Lesdits
archers de la garde ne pouvoient si bien garder ledit lieu de jour
que la nuict n'y donnast du dommage, aultant ou à peu près que le
jour y avoit faict de proffit. Car lesdits clercs et escolliers sortoient
de nuict par grandes trouppes et en armes pour rompre tout ce qu'on
avoit faict le jour. Toutesfois les ouvriers ne cessoient de continuer
leurs ouvrages de nuict et de jour, estant deffendus par lesdits archers
de la garde et aultres que ceux qui faisoient faire les bastimens
avoient prins avec eux pour estre les plus forts.

Les clercs et escolliers dudit Paris, tant de l'université que de la
cité, se voyant empeschez et privez de la jouissance dudit lieu par la
voye ordinaire du droict, et déboutez de leur requeste qu'ilz avoient
présentée au roy pour les maintenir en leur jouissance, eurent recours

8

1557. aux armes pour la deffendre, lorsqu'on pensoit qu'ilz se deussent
déporter, pour ce que la moytié des bastimens estoient jà dressez,
couvers et maçonnez, et que les ouvriers poursuivoient la façon du
reste sans aulcune garde[1]. A certain jour de l'ung des moys de julliet ou aoust de ceste présente année, ilz escolliers, à l'heure assignée, se transportèrent sur ledit lieu le plus secrettement qu'ilz
purent, avec port d'armes pour se deffendre contre qui ce fust qui
les eust voulu empescher, où là amassez en nombre suffisant, en attendant leurs compagnons, commançèrent à rompre et ruyner lesdits
bastimens pour les abatre rez pied rez terre, et entièrement les dé-
mollir. Contre lesquelz se meirent en deffences ceux qui faisoient
faire iceux bastimens; mais ne furent les plus fortz. Au cry desquelz
furent esmeuz le roy et les princes qui estoient logez au Louvre de
Paris, tout vis-à-vis dudit pré, seullement la rivière de Seine entre
deux. Le roy en diligence y envoya le prévost de son hostel, avec
grand nombre des archers de sa garde, pour faire cesser lesdits escolliers et pour les prendre prisonniers; lesquelz prévost de l'hostel et
archers ne furent sitost prestz et passez laditte rivière, que le feu fut
mis par aulcuns desdits escolliers dedans plusieurs desdittes maisons
neufves et aultres qui y estoient restées debout depuis le premier combat dudit an 1548. Iceux escolliers, voyant les archers du roy aller
contre eux, se meirent en deffence sur le bort de la rivière, où y
eut plusieurs coups donnez, et y en eut une douzaine pour le moings
de tuez de part et d'aultre sur le champ, et y en eust eu davantage
si lesdits escolliers n'eussent prins la fuitte, pour le renfort d'archers
et aultres gens que le roy y envoya. Par le moyen duquel renfort,
plusieurs desdits escolliers furent prins prisonniers et menez ès prisons
du grand et petit Chastelet, et entre les aultres y fut prins et empri-

[1] Sur les émeutes des écoliers de l'université de Paris, au sujet du Pré aux Clercs,
voy. Du Boulay, *Historia universitatis Pa-
risiensis,* t. VI, p. 490 et suiv. Félibien,
Hist. de Paris, t. II, p. 1657; et preuv.
part. II, p. 782; Crevier, *Hist. de l'Université,* t. VI; un mémoire de M. Taillandier
sur les registres du parlement de Paris, dans
les Mémoires de la société des antiquaires
de France, nouv. série, t. VI, p. 423 et suiv

sonné celuy qui avoit allumé le feu esdits logis, contre lequel fut par le 1557. commandement du roy poursuivy jusque à sentence de mort, qui fut d'estre pendu et estranglé à une potence dedans la ville dudit Paris, mais n'ai retenu en quel lieu, ce qu'il fut trois jours après laditte émeute.

Le pauvre escollier fut fort plainct d'un chascun; il fut dict qu'il estoit enfant unicque d'une riche maison du pays d'Auvergne ou Lymosin, pour lequel conduire au gibet fallut que le roy commandast aux lieutenans criminel, civil, prévost des mareschaux de Paris, d'y assister avec leurs archers et sergens du Chastelet et aultres sergens royaux de laditte ville, avec lesquelz envoya le grand prévost de son hostel ses archers et aultres de sa garde, pour empescher la sédition qu'ilz escolliers avoient volunté de faire pour tascher à saulver le pauvre compagnon. Ce qu'ilz ne purent faire, pour la grande force des dessus nommez envoyez par le roy, plusieurs desquelz furent fort maltraitez avec leurs chevaux par lesdits escolliers, qui leur donnè- rent maints coups de baston sur les espaulles et aux jambes, estans tous meslez en la foulle les ungs parmy les aultres. Plusieurs chevaux y laissèrent leur queue, aultres leur corps, ayans les jarretz couppez, sans qu'on peust sçavoir qui ç'avoit esté. Incontinant que l'exécution fut faicte et que chascun se fut retiré, ilz escolliers despendirent leur compagnon et l'emportèrent avant eux, pour l'ensevelir et le mettre en terre saincte, et de ce faire ne furent empeschez de personne.

Par la mort dudit escollier ne fut la cause gangnée; car dès le jour qu'il fut mort et enterré, les aultres clercs et escolliers retournèrent achever de ruyner et gaster ce qui estoit de reste, en plus grand nombre que paravant, ayant tous délibéré de mourir plustost que de souffrir perdre leur liberté et héritage, et feirent tel debvoir qu'il n'y demeura bois entier ni pierre sur pierre, tant des nouveaux que an- ciens logis; et furent fort mal traictez par lesdits escolliers ceux qui à ceste seconde fois leur voulurent résister; et croy que si le roy s'y feust trouvé en personne, qu'ilz ne luy eussent pardonné. Envers la majesté duquel furent les recteur et bedeaux de l'université avec quelques docteurs pour pacifier sa collère contre lesdits escolliers et pour leur

8.

1557. faire demeurer la jouissance dudit héritage; ce que finablement leur accorda le roy, et oncques depuis n'y a-on faict aultre chose, et est ledit héritage demeuré paisible pour l'esbatement desdits clercs et escolliers et aultres personnes dudit Paris. Qui a récompencé les bastisseurs, je n'en ai rien sceu. La vie de l'escollier qui fut pendu et ceux qui furent tuez sur le champ, a payé pour tout. Le feu qu'il alluma auxdits logis fut cause de le faire pendre, car liberté fut baillée à tous les aultres qui furent emprisonnez comme luy, sans qu'ilz en souffrissent aulcune peine ni dommage.

Meurtre d'un laboureur riche, nommé Nicolas Toussaint, sur la route de Provins à Maison-Rouge. — Le roi, qui avait érigé à Provins, en 1551, un siége présidial, composé de sept conseillers, sous la présidence du bailly, y institue un office particulier de président au présidial[1]. — Cet office est acheté, moyennant quatre ou cinq mille livres, par Philippe Durand, alors bailli, auquel on assigne de quatre à cinq cents livres de gages annuels.

. . . . . Et par ce moyen fut décorée la ville de Provins de plusieurs juges, grands et petits, à la confusion du pauvre peuple, et à la fin au dommage du roy et du royaume; pour lesquelz juges payer a fallu haulser les tailles et mettre plusieurs gabelles sur le peuple. Ledit président préside en la chambre présidialle, comme il faict aux plaiz, et distribue les procès aux conseillers présidiaux pour en estre les rapporteurs, retenant par devers soy ceux que bon luy semble, pour luy-mesme en estre le rapporteur. Ilz président et présidiaux ne se trouvent aux plaiz du prévost et n'y ont aulcune place ne séance,

---

[1] L'édit d'érection des siéges présidiaux est du mois de janvier 1551, 1552 nouv. style. (Isambert, *Rec. des anc. lois françaises,* t. XIII, p. 248.) Henri II donna, au mois de mars 1551 (1552, n. st.), un autre édit dans lequel sont indiqués les nouveaux siéges et l'étendue de leur ressort. On y lit : « En la ville de Provins, siége présidial, sept conseillers et un greffier d'appeaux, auquel siége présidial ressortiront le siége dudit Provins, les siéges de Sézanne, Monterault-Fault-Yonne, Bray-sur-Seine, Joy-le-Chastel et la conservation des foires de Brye et Champagne, pour autant qu'elle s'étend audit siége de Provins. » (Fontanon, *Édits des rois de France,* t. I, p. 236.) La charge de président au présidial de Provins fut créée par édit du roi de l'an 1557.

parce que les appeaux qu'on interjecte des sentences rendues par ledit prévost resortissent par devant le bailly, président ou présidiaux
susditz.

Les fonctions de bailli et de président du présidial étant incompatibles, Philippe Durand renonce au bailliage.

Mons. de Chenoise, nommé mons. Alleaume, avoit ung grand
jeune filz, nommé Jehan Alleaume, licencié ès loix, fort bel homme
et de belle apparence, qui, ayant ouy le vent du mariage de la fille
dudit président, s'approcha pour la demander pour son fils avec le
balliage, et tant feit par ses debvoirs que le mariage en fut faict
moyennant ledit balliage, de quoy plusieurs personnes s'émerveil-
lèrent. Car ces deux maisons des Durans et des Alleaumes avoient de
longtemps esté contraires l'une à l'aultre, et avoient eu de grands
procès ledit Durant et ledit sieur de Chenoise Alleaume l'ung contre
l'aultre, par envye qu'ils portoient ou aultresfois avoient porté l'ung
à l'aultre, à qui d'eux deux seroit le plus grand et hault eslevé en
estatz de judicature audit Provins, et par amys et force argent
ostoient les estatz l'ung à l'aultre. Car, avant qu'il y eust ung balliage
érigé à Provins, ledit Alleaume, seigneur de Chenoise, estoit lieutenant audit lieu pour le bally de Meaux, qui estoit le premier honneur
de la ville pour le regard de la justice. Duquel estat fallut qu'il se
déportast, après qu'il Durant eust achepté l'estat de bally, et, pour ces
causes et aultres, avoient tousjours porté rancune l'ung à l'aultre et
avoient eu de grands procès; et pour ce, le peuple s'émerveilla de l'alliance qu'ilz feirent ensemble par le mariage de leursditz enfans, veu
que l'ung et l'aultre eussent bien trouvé leur party aultre part, pour
estre tous deux riches et opulans, joinct aussi qu'ilz estoient parens
au tiers degré de consanguinité, c'est-à-dire les enfans qui prindrent
l'ung l'aultre en mariage et leurs pères au second[1].

Les pères des deux parties sçavoient bien qu'ilz estoient parens

[1] Pour la généalogie de la famille des   liage de Provins, art. Chenoise; p. 43, à la
Alleaumes, voy. Ythier, Nobiliaire du bail-   bibliothèque de la ville de Provins.

1557.   bien proches l'ung à l'aultre, et que leursdits enfans n'eussent sceu
         estre mariez ensemble sans la permission du pape de Rome; aussi,
         par le conseil de Me Pierre Cobus, doyen de la chrestienté de Provins,
         présentèrent une requeste pour estre dispensez d'espouser l'ung et
         l'aultre; mais ils en furent déboutez par sa saincteté, ains deffences à
         eux de ne passer oultre audit mariage, attendu qu'il ne s'en estoit en-
         suyvi copulance charnelle, les exortant, comme bon pasteur, de quitter
         l'ung l'aultre, attendu l'empeschement canonicque qui estoit si proche
         entre eux deux. A laquelle exortation ne voulurent obéir les pères ni
         les enfans, et, par le conseil dudit Cobus, passèrent oultre audit ma-
         riage, et furent par luy mesme espousez et mariez dedans l'église de
         St-Pierre de Provins, qui estoit la parroisse dudit président Durant.
         Et après ledit mariage bénist puis consummé par les parties, ren-
         voyèrent au pape de Rome, pour demander qu'il pleust à sa saincteté
         de les dispencer de demeurer ensemble et d'approuver ledit mariage.
         Ce qu'il feit malgré luy, à certaines charges que nous dirons en l'an
         prochainement venant, le cas revenant à propos. Laquelle dispence
         estant de retour de Rome, demeura sans exécution, pour ce qu'il
         sembloit aux parties que jamais n'en auroient que faire, et qu'il ne
         seroit besoing de la montrer, à cause de leur grandeur.

         Après la retraite du duc de Guise, le cardinal Trivulce vient en France
         comme légat de la cour de Rome[1]. — Le pape lui donne pour mission de tra-
         vailler à rétablir la paix entre le roi de France et l'empereur. — Un autre légat
         est chargé d'une mission semblable auprès de Charles-Quint.

         Le cardinal Trivulce fut tenu et réputé homme de bien en France;
         toutesfois à sa suitte se trouvèrent d'assez meschans gens et trompeurs,
         comme copistes, dataires, protonotaires, notaires apostolicques et
         aultres officiers de sa légation, la faulte desquelz luy fut imputée et en
         receut reproche du roy et de la court de parlement de Paris, où il fut

---

[1] Antoine Trivulce, successivement
évêque de Toulon, vice-légat de Pérouse,
puis d'Avignon, nonce à Venise, fut fait
cardinal en 1557, et mourut le 26 juin
1559. — On a publié les facultés données
au cardinal Trivulce par le pape Paul IV.
Paris, Rosset, 1558, in-12.

interpellé pour en respondre. Mais du tout se purgea et justifia à son 1557.
honneur et au dommage de ceux qui avoient commis les faultes. Il fut
quelquemént envyé par aulcuns cardinaux de France et archevesques;
mais toutesfois demeura en honneur jusques à sa mort, qui fut environ
l'an 1560 ou 1561, et mourut dedans la ville ou bourg de St-Mathurin
de l'Archant, au pays de Gastinois, au diocèse de Sens, estant en délibération de se retirer à Rome. Il est enterré audit lieu, en l'église de
St-Mathurin. Dieu luy face mercy et à tous les fidelles trespassez.

CHAPITRE LVII.

MORT DE CHARLES-QUINT. — ÉLECTION DE FERDINAND D'AUTRICHE À L'EMPIRE.

Mort de l'empereur Charles-Quint[1]. — Mode d'élection des empereurs. —
Circonstances notables de la vie de Charles-Quint. — Division entre les électeurs
assemblés à Francfort pour donner un successeur à ce prince. — Ferdinand d'Autriche, frère de Charles-Quint, est élu empereur[2].

CHAPITRE LVIII.

PRISE DE THIONVILLE PAR LE DUC DE GUISE. — TRÊVE ENTRE LA FRANCE ET L'EMPIRE.
— MARIAGES DU DAUPHIN ET DE CLAUDE DE FRANCE. — TRAITÉ DU CATEAU-CAMBRÉSIS.

L'an 1558, après Pasques, le roy et son conseil délibérèrent des 1558.
affaires de France, lesquelles avoient esté suspendues, principallement
touchant le faict des guerres, depuis le mois de mars, après la prinse de

[1] Charles-Quint mourut au monastère de Yuste, dans l'Estramadure, où il s'était retiré, le 21 septembre 1558, à l'âge de cinquante-huit ans sept mois moins trois jours.

[2] Ferdinand, frère puîné de Charles-Quint, né en 1503, fut élu roi des Ro-
mains le 5 janvier 1531. Le jour de saint Mathias (24 février 1558), les électeurs assemblés à Francfort reçurent la démission de Charles-Quint et élurent empereur Ferdinand, auquel ils jurèrent fidélité le 14 mars suivant.

1558. ·Calaix, Gravelines[1], et la conté d'Oye auprès de Boullongne, et par la
mort de l'empereur, en attendant l'élection d'ung aultre. Durant lequel
temps, se rafreschirent le camp et la gendarmerie françoise dedans les
villes des frontières de Piccardie, et principallement dedans celles qui
estoient les plus proches de la ville de Saint-Quentin, pour coupper
et empescher les vivres à la garnison de l'empereur et des Bourguignons qui estoient dedans. Le roy, pour lors, avoit ung conseil fort
sage et de peu de gens, mais de bon esprit, lesquelz estoient fort
bien affectez à la républicque françoise, gens fort sages et secretz, qui
estoient messieurs les cardinaux de Bourbon, archevesque de Rouen,
prince du sang royal; celuy de Lorraine, Charles, archevesque de
Rheims en Champagne, frère du seigneur de Guise; le roy de Navarre, Anthoine de Bourbon, prince du sang royal et frère dudit cardinal de Bourbon; mons. de Guise, lieutenant général de S. M. ès
pays de France; mons. Bertrandi, garde des sceaux de France, et
mons. le mareschal de Saint-André, tous gens de mises et de grandes
entreprinses. Mons. le connestable Anne de Monmorancy estoit encores prisonnier, comme aussi estoit mons. le mareschal de la Marche,
appellé mons. de Scedan et de Bouillon, entre les mains des ennemys
bourguignons et gens du feu empereur.

Mons. de Guise déclara au conseil susdit une nouvelle entreprinse
qu'il brassoit et démenoit secrettement pour le prouffit du royaume,
comme luy sembloit, et pour le grand dommage de l'ennemy empereur et ses Bourguignons, qui estoit de assiéger la ville de Thionville
lez Mez en Lorraine, pour la prendre d'assault ou aultrement et la
mettre en la main et obéissance du roy de France, comme il avoit
faict celle de Calaix et aultres, au moys de janvier dernier. Et feit
l'effect de prendre laditte ville de Thionville assez facile, pour les
intelligences qu'il dist avoir à quelque capitaine des ennemys de
France, qui estoit des gens de l'empereur, qui autrefois avoit esté en

[1] C'est Guines et non pas Gravelines qui fut prise alors par les Français. (Voy. la *Prinse de la ville et du chasteau de Guines par les François*, Rouen, Fl. Valentin et R. Petit, 1557; et Bresin, *Chron. de Flandre et d'Artois*, fol. 734 r°.)

garnison en laditte ville de Thionville, par le moyen duquel il sçauroit tousjours quelque secret de laditte ville et des endroictz les plus
foibles pour la battre et l'assaillir, avec plusieurs aultres raisons qu'il
donna audit conseil. Sur lesquelles fut résolu d'entreprendre le voyage,
et pour le conduire fut donnée toute charge et commission audit seigneur de Guise. Ce seigneur, dès le moys de may, commença à se
préparer, en faisant faire montre aux gens de guerre, tant de pied
que de cheval, auxquelz fut donné argent tout promptement, pour
mieux les encourager au travail de la guerre ; joinct aussi que lesdits
gens de guerre avoient encores le cœur et courage haulsé de la prinse
de Calais et des aultres villes voisines et du butin et pillages qu'ils
avoient faict en icelles.

L'attente des gens de guerre estoit, quand ils eurent nouvelles de
faire montre et de se préparer à la guerre, que ce feust pour assiéger
et reprendre la ville de Saint-Quentin, comme aussi s'y attendoient les
habitans d'icelle et les Bourguignons, qui estoient en garnison dedans.
Lesquelz, ayans entendu par leurs espions que la gendarmerie françoise se vouloit rager, en advertirent le nouvel empereur Ferdinand
d'Autriche, qui estoit assez empesché à se faire couroner empereur et
mettre ordre à ses affaires avec le pape. Semblablement par eux en
fut adverty le roy d'Angleterre, Philippe d'Autriche, qui, par la mort
de son père, l'empereur dernier décédé, estoit pareillement empesché
à prendre possession des royaumes d'Espagne, de Naples, des comtez
de Flandre, d'Artois, de Hollande, de Frize, de Hainault, de Bourgongne et aultres lieux à luy escheuz par le trespas de sondit père.

Combien que lesdits seigneurs, l'empereur nouveau et le roy d'Espagne et d'Angleterre, fussent empeschez à leurs plus particulières
affaires à eux naguères advenues, si est-ce qu'ilz ne feirent la sourde
oreille et ne faillirent à respondre en diligence, toutes aultres affaires
délaissées, aux postes ou courriers qui leur donnoient advertissement
des armes françoises ; et soudain les renvoyèrent aux capitaines et
gouverneurs des places à eux appartenans, qui sont sur les frontières
de Piccardie et de Flandres, pour avec grande vigilance les garder et

1558. empescher les Françoys de ne les prendre; pour lesquelz Françoys
amuser eurent charge les Bourguignons qui estoient sur lesdittes frontières de dresser ung camp vollant, en attendant qu'ilz empereur et
roy d'Espagne eussent faict une levée d'ung gros camp pour leur aller
en secours et faire teste aux Françoys.

Durant que les menées de guerre se préparoient de part et d'aultre,
c'est-à-dire par les Françoys et Bourguignons, mons. de Guise ordonna certaines compagnies de cheval pour courir le pays de Piccardie
apartenant à l'ennemy, et l'amuser à la piaffe, ce pendant qu'il de
Guise faisoit cheminer les aultres compagnies françoyses, tant de pied
que de cheval, droict à Chaslons en Champagne, sans leur dire le mot
du guet. Et s'émerveilloit-on grandement de l'assemblée du camp des
Françoys, que ledit sieur de Guise faisoit audit Chaslons, chose de
quoy les ennemys ne purent estre advertis, pour estre ledit Chaslons
assez loing des frontières de Piccardie, et principallement de Sainct-
Quentin, où lesdis ennemys s'attendoient d'estre assaillis, joinct aussy
le camp vollant que ledit seigneur de Guise avoit là laissé pour amuser
lesdis ennemis bourguignons. Après que le camp françoys fut dressé
au delà de Chaslons, ledit seigneur de Guise le feit cheminer à grandes
journées droict en Lorraine, affin de surprendre à l'improviste la cité
de Thionville, sans toutesfois déclarer à personne son entreprinse,
qu'il vouloit faire contre laditte ville; mais trop bien, quand il approcha
de la ville de Metz en Lorraine, pour contenter les capitaines
et grands seigneurs qui le suyvoient et avoient commandement au
camp par son authorité, leur dist qu'ilz alloient pour ravitailler la ville
de Metz et pour faire teste à l'empereur, qui avoit faict une grandis-
sime levée d'Allemans qu'il amenoit en France contre le roy et le
royaume.

Fault noter que ledit seigneur faisoit faire à son camp six lieues
par chascun jour, sans arrester dans un logis plus d'une nuict; pour
lequel camp nourrir de toutes nécessitez, faisoit faire estappes de munitions, de pain, de vin, de chairs, de foing et d'aveine largement, de
trois lieues en trois lieues, affin que nul n'eust disette par les che-

mins. Auxquelles munitions fut par luy mis taxé, affin qu'on ne les 1558.
vendist à plus hault prix que ladite taxe, sous peine d'estre pendu et
estranglé, avec commandement auxditz gens de guerre de payer tout
ce qu'ilz prendroient desdittes munitions au prix de ladite taxe, sous
mesmes peines, estant fort estroittement deffendu auxditz gens de
guerre de ne prendre aux maisons où ilz logeoient aulcun bien sans
le payer aux hostes et laboureurs desdittes maisons de gré à gré, et
pour ce ne greva aulcunement ledit camp le pays par où il passa.

Estant le camp arrivé à l'entour de Metz en Lorraine au commencement du moys de juing de ceste présente année, incontinent ledit
seigneur le feit cheminer devant ladite ville de Thionville, déclarant
à tout le camp que c'estoit là où il prétendoit de les emploier pour le
service du roy et l'utillité de la France, priant ung chascun de s'y
emploier aussi vertueusement qu'ils avoient faict à la prinse de Calais,
leur promettant pareille récompense qu'ilz avoient eu audit Calais,
qui seroit le pillage de la ville.

Or estoit la saison fort propre et le temps bien opportun pour l'assiégement de ladite ville de Thionville[1], pour la seicheresse qu'il
faisoit, sans laquelle on eust eu plus de peine ou aultant que devant
Calais, parce que ladite ville de Thionville est assise en ung pays
marécageux, scituée sur la rivière de Moselle, qui passe à Metz. Qui
fut cause que le roy ne la peut avoir quand il print la ville de Metz,
pour ce que lors la seicheresse et la saison n'estoient si commodes

---

[1] « Siége et prinse de Thionville, mise
en l'obéissance du roy par Mᵉ le duc de
Guise, contenant au long le discours de
batteries, trenchées, saillies, escarmouches
et assaultz faitz par chacun jour, tant d'une
part que d'aultre, durant ledit siége.....
ensemble les capitulations faictes par ledit
seigneur à ceulx de la ville. » (Paris, R. Bal-
lard, 1558, *Archiv. curieuses de l'hist. de
France*, 1ʳᵉ série, t. III, p. 261.) — « Bref
discours de la prinse de la ville de Thionville, mise en l'obéissance du roy par le
sᵉ de Guise. » (Paris, Rob. Estienne, 1558.)
— « Articles de la capitulation convenue
entre M. le duc de Guise et le sieur de Ca-
derebe, gouverneur de Thionville, et les
capitaines présens d'autre part, pour la
reddition de cette ville. » 1558, juin 22.
(*Mém. journ.* du duc de Guise, 1558, coll.
Michaud, 1ʳᵉ série, t. VI, p. 426.) — Voy.
aussi, dans la même collection, le récit du
siége de Thionville par le maréchal de
Vieilleville (t. IX, 1ʳᵉ série, p. 257), et
par Montluc (t. VII, 1ʳᵉ série, p. 188 à 198).

9.

1558. que maintenant. Tout à l'instant furent faictes les approches par les
castadours et pionniers qu'on avoit levé ès élections de Sens, d'Auxerre,
de Nemours, d'Orléans, de Troye et Chaslons en Champagne, assez
loing des frontières, affin que l'ennemy n'en fust adverty. Les approches faictes, le camp se planta devant laditte ville, et n'eurent
ceux de dedans plus grand loisir que de fermer leurs portes, lesquelz
se trouvèrent bien estonnez d'une venue si soudaine, sans en avoir
esté advertis. Quand ils eurent fermé leursdittes portes, leur sembloit
qu'ilz estoient à saulveté et que le camp seroit contrainct de desloger
de devant, disans leur ville estre imprenable, se confortans sur ce
que le roy les avoit jà assiégez une fois sans les avoir sceu prendre,
estimans qu'ainsi adviendroit-il à ceste fois. Mais, quand ils veirent
l'artillerie placée et donner contre les murailles de laditte ville aux
lieux les plus foibles d'icelle, commencèrent à s'espouvanter; toutesfois, en montrant la meilleure contenance qu'il leur estoit possible,
faisoient mines de ne rien craindre et de n'avoir peur de l'assiégement d'icelle, ni des Françoys qui estoient devant, lesquelz à haulte
voix ilz injurioient et le seigneur de Guise mesme qui les avoit faict
sommer de rendre laditte ville au roy, ainsi comme font gens de
guerre qui sont de party contraire.

L'artillerie donna fort vivement contre les murailles de laditte ville,
et en telle façon qu'elle, au bout de trois jours, abattit grande longueur
et largeur des murailles d'icelle, sans le dommage qu'elle faisoit aux
haultes maisons et édifices de dedans. La grande batterie de laditte
artillerie fut les 22, 23 et 24es jours du moys de juing, surveille, veille
et jour de mons. St Jehan-Baptiste; le son et bruict de laquelle artillerie estoit ouy de la ville de Provins et des environs comme le
bruict d'un tonerre par lesditz trois jours et principallement sur le
soir et le matin, mieux que de plain jour. Et estoit le peuple de ce
pays esbay d'ouyr ce bruit si continuel. La bresche faicte en suffisance,
fut donné l'assault par plusieurs fois et par divers endroictz de laditte ville, qui tailla beaucoup de besongne à ceux de dedans, lesquelz soustindrent lesditz assaulz et se deffendirent fort vertueuse-

ment, avec grande perte d'hommes de part et d'aultre. Toutesfois,
à la fin lesditz de dedans furent contraincz de quitter la place audit seigneur de Guise et de se rendre à sa miséricorde, sans aultre
capitulation ni conditions; lequel seigneur les gouverna fort humainement quant à leurs personnes, veu les injures atroces qu'ilz avoient
dict à son excellence. La plus grande injure qu'ilz pensoient faire et
dire audit seigneur estoit de l'appeler *le grand boucher de France*. Or
luy avoit esté donné ce nom par les Bourguignons, et principallement
par l'empereur dernier décédé, depuis les guerres de la prinse de
Metz en Lorraine, qui fut en l'an 1557, auxquelles guerres commença à entrer en renommée d'ung grand guerrier ledit seigneur de
Guise. Lequel, en icelles guerres fut si heureux que jamais ne put
estre arresté en bataille ni rencontre quelle qu'elle fust, encores que
les ennemys taschassent à luy faire plus de desplaisir qu'à tous les
aultres guerriers qui fussent au camp du roy, depuis qu'on eut veu
les premiers exploictz de guerre dudit seigneur, et ne se trouvoit
jamais si grand carnage d'ennemys aux batailles et rencontres que les
Françoys et Bourguignons faisoient les ungs contre les aultres que ès
quartiers et escadrons dudit seigneur de Guise; et combien que quelques fois luy-mesme feust si bien frotté en sa personne, comme il fut
à la journée de Renty, si est-ce que tousjours demeuroit le vainqueur
sur le champ, perdant peu de ses gens et beaucoup abattant d'ennemys mors en la place; et pour ceste raison fut nommé en mocquerie,
de l'empereur et ses Bourguignons, *le grand boucher de France*.

Combien que les gens de guerre et habitans de laditte ville se
fussent par force et malgré eux rendus à la miséricorde dudit seigneur, si est-ce que ledit seigneur voulut tenir promesse aux gens de
guerre françoys de son camp, pour tousjours les mieux encourager à
faire service au roy; il leur abandonna le pillage de la ville pour
vingt-quatre heures seullement, pour les réquipper de toutes leurs
nécessitez. La viollence des filles et femmes leur fut par luy estroictement deffendue sous peine de la vie; de quoy fut grandement loué
ledit seigneur et beaucoup aymé des habitans de laditte ville, lesquelz

1558. plus voluntiers bailloient aux gens d'armes françoys or et argent en suffisance, qu'ilz n'eussent faict si le viollement eust esté permis.

Les gens de guerre et habitans de laditte ville qui ne voulurent jurer la foy au roy furent mis hors d'icelle, ung baston blanc en la main, sans leur faire aultre mal, et les feit ledit seigneur conduire la part qu'ils voulurent aller pour se mettre en saulveté de leur vie et hors du danger des gens d'armes françoys.

Après que laditte ville fut prinse, incontinent en fut adverty le roy, qui estoit à Paris, lequel en fut bien aultant resjouy que l'empereur et le roy d'Angleterre et d'Espagne en furent marris. Lesquelz en receurent aussi tost les nouvelles que le roy de France, et si n'avoient pour lors aulcun moyen de l'aller reprendre, ni d'endomager le roy ni le royaume en aultre part, pour estre leurs forces disjoinctes par la mort du feu empereur et pour les nouvelles affaires qui leur estoient survenues. Parquoy tout incontinent envoyèrent ung ambassadeur au roy pour le prier d'accorder trêves pour quelque temps, pour veoir s'il y auroit poinct de moyen de trouver et faire une bonne paix les ungs avec les aultres. Mons. le connestable, qui estoit encores prisonnier entre les mains des ennemys, se travailloit à son pouvoir de les induire par lettres à demander laditte trêve, et pareillement le roy de la donner[1], et avoit jà faict une ouverture de paix de part et d'aultre; mais les affaires pour lors estoient si mal disposées, qu'on n'y povoit encores advenir, et les articles qu'il envoya au roy, pour sçavoir de S. M. s'il les présenteroit aux ennemys, sembloient estre au désavantage du royaume, et n'en feit-on pas grand compte, veu le grand avantage que le roy et le royaume avoient sur lesdis ennemys. Et estoit ledit seigneur connestable en fort maulvaise réputation par la France à cause de sa prinse, et l'estimoit-on avoir esté et encores estre traître au roy et au royaume. Toutesfois, on n'en

[1] Voy. sur les efforts du connétable et du maréchal de Saint-André en faveur de la paix, une lettre de M. de l'Aubespine à Madame, sœur du roi, duchesse de Berry, du camp d'Amiens, 1er septembre 1558. (Bibl. imp. collect. Fontette, carton XXIII, n° 141.)

pouvoit mal dire au roy, pour ce qu'il l'aymoit grandement. La trefve 1558.
fut par le roy accordée pour ung temps[1], durant lequel fut baillé
congé à partie de son camp, et l'aultre mise ès garnisons sur les fron-
tiéres de toutes pars. Mons. de Guise se retira à la court, après qu'il
eust mis bon ordre aux villes de Lorraine, où il fut receu à grand
honneur.

Durant la trefve et par tout le reste de l'esté, à la court du roy et
par la France, ne se parloit que de festes, jeux et mariages, estant
les vivres à vil pris, qui estoit cause de faire continuer le peuple de
France de tous estatz dans son desreiglement et d'augmenter la corruption des bonnes mœurs, dominant l'orgueil aux plus humbles plus
que de raison. La majesté royalle de France célébra les nopces de sa
fille aisnée, dame Claude de Valoys, avec mons. le duc de Lorraine[2],
comme aussi les nopces de mons. le daulphin de France avec madame Marie, royne d'Escosse[3]. Le bancquet nuptial fut faict à Paris[4],
dedans la grande salle du Palais, les bancs de laquelle furent ostez
et portez aux Augustins de Paris, et les gens de justice là envoyez
pour plaider, en attendant que ledit bancquet feust faict; et estois
pour lors à la court du roy à les veoir porter. Eschaufaux furent mout

[1] Voy. sur cette trève, qui fut signée le
17 oct., de Thou, *Hist. universelle*, liv. XX.

[2] Claude de France, septième fille de
Henri-II, née à Fontainebleau au mois de
novembre 1547, épousa, le 5 février 1558,
Charles II, duc de Lorraine; elle mourut
le 20 février 1575.

[3] Le mariage du dauphin François avec
Marie Stuart eut lieu le 24 avril 1558.
Voyez : Discours du grand et magnifique
triumphe faict au mariage de très noble
et magnifique prince François de Vallois,
roy dauphin, filz aisné du très chrestien
roy de France Henry II° du nom, et de
très haulte et vertueuse princesse madame
Marie d'Estreuart, roine d'Écosse. » (Paris,
Annet-Brière, 1558, *Archives curieuses de*

l'hist. de France, 1re série, t. III, p. 249;
Félibien, *Hist. de Paris*, t. II, p. 1063, et
preuv. part. II, p. 783; les registres du
parlement de Paris, dans le mémoire de
M. Taillandier cité plus haut, p. 452; et
une lettre de Henri II aux gens des trois
états du royaume d'Écosse, du 30 octobre
1557 Biblioth. imp. 298, missions étrangères, 173.)

[4] L'auteur avoue ici que ses souvenirs
sont fort confus; il ne sait si le mariage du
duc de Lorraine fut célébré avant ou après
celui du dauphin, ou si tous deux eurent
lieu à la même époque. Cependant les détails qu'il donne se rapportent, à n'en point
douter, au mariage de Claude de France
et de Charles de Lorraine.

1558. sumptueusement et richement dressez dedans laditte grande salle du
Palais, peinctz et diapprez au possible de diverses coulleurs, avec
plusieurs statues et médalles de toutes sortes et de tout sexe, tant
des corps célestes que terrestres. Entre lesquelz estoit faict fort richement ung soleil fiché dedans ung firmament représentant le ciel composé d'escarboucles, émeraudes, saphirs, rubis et aultres pierres
précieuses, rendant clarté par toute la salle, qui estoit une chose
magnificque à veoir et de grande admiration, et y fut par toute la
journée dudit bancquet veu à descouvert.

Le mariage susdit fut célébré dedans l'église de N.-D. de Paris par
mons. le cardinal de Trivoulce, légat en France. Les rues, depuis
l'église N.-D. jusques au Palais, estoient toutes pavées de drap,
c'est-à-dire celles par où il falloit que le roy, les princes, roynes et
princesses passassent avec leur suitte, ensemble les ambassadeurs
de tous pays estrangers, comme de l'Empire, d'Espagne, de Rome,
d'Escosse, d'Angleterre, de Savoye, d'Allemagne, de Suisse, de Dan-
nemarc et de Portugal. Tous lesquelz ambassadeurs estoient venuz
de la part des majestez et excellences des princes, roys et potentatz
des pays susditz, pour cercher le moyen de faire une paix entre eux
et le roy de France. Le roy de France estoit pour lors plus redoubté
et craint que nul aultre prince des chrestiens, mesmes du Grand
Turc, ennemy d'iceux chrestiens, car pour lors il estoit tenu invul-
nérable.

Je ne pourrois pas bien dire toutes les magnificences et pompes
mondaines qui furent faictes auxdittes nopces et triomphante assemblée, tant en la diversité des habillemens, ordre de cheminer, que
aultres cérémonies qui y furent faictes; mais bien dirai une chose
digne d'estre louée, qui fut faicte par le roy, veu sa grandeur et
dignité, qui fut telle que luy-mesme en sa personne, pour l'honneur
des ambassadeurs, princes, roys et potentatz qui les avoient envoyez
vers S. M., au disner voulut servir de maistre d'hostel qu'on appelle
grand-maistre, et de ses propres mains asseoir les platz et viandes
sur les tables, et luy-mesme feit l'essay des viandes qu'il apposa de-

vant lesditz ambassadeurs, qui estoient tous à une table aultant richement apprestée que faire se peut. Duquel service et humilité royalle
lesditz ambassadeurs s'esbaïrent tellement qu'ilz jugèrent qu'au reste
du monde n'y avoit ung prince chrestien plus doulx, gracieux et
amiable que cestuy roy de France; et leur cœur fut tellement joinct
avec celuy du roy, qu'ilz résolurent tous après le disné, estant assemblez ensemble, de ne jamais cesser chascun d'eux envers leurs seigneurs et maistres, qu'ilz ne les eussent inclinez à faire la paix avec
luy. Mons. de Guise servoit d'eschanson, le roy de Navarre d'escuyer
tranchant, et plusieurs aultres princes de France estoient emploiez
au service du bancquet.

Madame de Lorraine[1], mère de mons. le duc de Lorraine, n'estoit
présente au bancquet des nopces de son filz; mais y estoient ses ambassadeurs, qui furent traittez royallement et à leur contentement,
de quoy, après leur rapport, se contenta plus que si elle y eust esté.
Pour remercier le roy de ce traitement et de l'honneur que Sa Majesté leur avoit faict en donnant sa fille en mariage audit duc son
fils, ensemble de luy avoir rendu toute liberté et la jouissance de son
pays de Lorraine, elle, en propre personne, alla en France trouver le
roy; et pour le récompenser, tant de la nourriture de sondit filz que de
la despense que ses officiers avoient faict depuis qu'il estoit entre les
mains de laditte majesté et en France, jusques à présent, qui estoient
six ans et plus, laditte dame luy présenta toutes ses finances, lesquelles elle déclara n'estre suffisantes pour le payement de la moytié
de son entretainement. Ladite dame fut bien reçue et royallement
festoyée par S. M., au contentement d'elle et de sondit filz mons. le
duc. Elle cognut bien que le roy ne s'estoit saisy de la personne de
sondit filz pour luy faire domage, ni à elle aussy, comme avoient
dict le feu empereur et aultres princes estrangers; mais que ç'avoit esté
pour les honorer et conserver leurs personnes, biens et pays. Dès

---

[1] Chrétienne de Danemarck, veuve de François, duc de Lorraine et de Bar, veuve en premières noces de François Sforce, duc de Milan, fille de Christian II, roi de Danemarck, et d'Élisabeth d'Autriche.

1558.   longtemps et auparavant ledit mariage, sa majesté avoit donné audit duc une compagnie de cinquante lances entretenuès aux despens du royaume, portans la livrée de France et de Lorraine; davantage, laditte majesté luy avoit donné des archers pour la garde de son corps, portant pareille livrée, avec les hocquetons argentés.

Les princes estrangers furent bien trompez en leur jugement et oppinion touchant ledit duc et le roy de France; car ilz avoient tous ceste oppinion que le roy feroit ung maulvais tour audit duc, qui seroit de le tenir prisonnier toute sa vie, et après sa mort de s'emparer du duché de Lorraine pour l'annexer à la couronne de France, comme jadis on a annexé le duché de Bourgongne; chose à quoy jamais ne pensa le roy, mais l'a librement rendu entre les mains de sa mère, avec une belle et honeste dame princesse pour sa femme, et une grande finance de deniers pour entretenir sa grandeur et faire largesse aux princes et seigneurs de son pays de Lorraine à son heureux retour, qui fut avec sa mère, quant elle eut demeuré en France et à la court du roy aultant qu'il luy pleut d'y séjourner.

Diverses difficultés retardent la conclusion de la paix. — Prétentions exagérées des princes étrangers; elles sont repoussées par Henri II. — Mort de la reine d'Angleterre pendant les négociations [1]. — Un traité est signé au Cateau-Cambrésis [2].

CHAPITRE LIX.

CLAUSES ET EFFETS DU TRAITÉ DU CATEAU-CAMBRÉSIS.

Par la paix du Cateau, oultre les mariages du roy d'Espagne avec

[1] Marie Tudor, reine d'Angleterre, mourut le 17 novembre 1558.

[2] Voy. *Négociation de paix faite entre les rois de France et d'Espagne par le maréchal de Saint-André en 1558.* (Bibl. imp. collect. Béthune, vol. 9738.) Le traité du Cateau-Cambrésis fut signé, le 3 avril 1559, entre Henri II et Philippe II. On en trouve le texte dans Dumont, *Corps diplomatique,* t. V, p. 34, et dans Isambert, *Rec. des anc. lois françaises,* t. XIII, p. 515. — Voy. aussi *Papiers d'état du cardinal de Granvelle,* t. V, p. 584.

la fille du roy Henry et du duc de Savoye avec dame Margueritte de 1558. France, sœur dudit roy, fut dict et accordé que les villes de Bapaume, de Stenay, de Térouane, qui avoit esté rasée, de Marie-en-Bourg, de Mons en Haynault, de Dunquerque, de Hédin, de Péronne, de Ham, du Chastelet, de Thionville et toutes aultres que le roy avoit prins sur l'empereur et ses confédérez et amys qui l'avoient secouru esdittes guerres, seroient rendues à ceux à quy elles apartenoient avant lesdittes guerres, excepté les villes de Metz en Lorraine, Verdun, Toul et aultres dudit pays, qui n'estoient subjectes à aultres seigneurs qu'à elles-mesmes quand le roi les a mises en sa subjection, et la ville de Calais, qui debvoit demourer au roy. L'empereur et ses confédérez debvoient rendre au roy la ville de Sainct-Quentin, et toutes aultres places, villes et chasteaux apartenans au roy et à la couronne de France qu'ils avoient prins durant lesdittes guerres. Pour le regard du du-ché de Millan, le roy quitta le droict qu'il y prétendoit, comme aussi feit le roy d'Espagne, au prouffit du premier enfant masle qui nais-troit dudit roy d'Espagne et de la fille du roy Henry. Le roy quitta aussy le droict qu'il prétendoit au royaume de Napple, au prouffit dudit roy d'Espagne et de ses enfans qui naistroient du mariage susdit. Pour le regard de mons. le duc de Savoye, en faveur du mariage de luy et de madame Margueritte de France, S. M. quitta audit duc tout le pays de Piedmont et les villes de Savoye où il prétendoit droict, excepté quatre villes qu'il retint à soy. Touchant les Anglois, fut dict que le roy leur payeroit une somme de cinq ou six millions de livres pour leur intérest de la ville de Calais et du pays et villes du comté d'Oye, que S. M. retenoit. Je n'ai entendu qu'il y eust aulcun interrest pour l'empereur nouveau par ladite paix, et que aulcune chose luy ait esté donnée, car il n'avoit esté auxdittes guerres que pour faire ser-vice au feu empereur son frère; et partant fut comprins en ladite paix et faict amy du roy et du royaume de France. Le roy voulut que le duc de Saxe[1] fust comprins en la paix, et que ses biens, terres

[1] Jean-Frédéric II, duc de Saxe-Gotha, électeur de l'empire, né le 8 janvier 1529, mort après vingt-huit ans de prison, le 9 mai 1595.

1558. et possessions luy fussent rendus, ensemble son pays de Saxe et aultres qu'il avoit par les Allemagnes, et qu'il fust remis en la possession et pleine jouissance d'eux et de son droit d'élection du sainct Empire.

Iceluy duc de Saxe fut en partie cause des guerres susdittes entre le roy et l'empereur; car en faveur de luy le roy commença à faire la guerre audit empereur, pour le délivrer des mains dudit empereur, quant il taschoit à réduire ledit de Saxe et les Allemans luthériens à la vraye religion catholicque, qui fut une assez lourde faulte au roy. Et pour ce, il de Saxe estant délivré des armes dudit empereur, se vint rendre au roy, avec plusieurs capitaines allemans, pour luy faire service contre ledit empereur, de sorte que le roy ne voulut traicter paix qu'à ceste condition, qu'il s'en retourneroit en la jouissance de ses biens, pays et honneurs; et, oultre ce, le roy lui donna, entre autres choses, la ville de Chastillon sur Seine, avec tout le domaine d'icelle, pour luy sa vie durant.

Le roy a depuis esté mary d'avoir secouru ledit duc de Saxe et les Allemans luthériens contre l'empereur, et ne pensoit, quant il se déclara protecteur d'iceux, que la secte et hérésie luthérienne fust si meschante qu'il apperceut estre audit duc et ses Allemans, quand il les veit en France manger chair en tout temps et contempner la messe et les sacremens de l'église romaine, catholicque et apostolicque, et fut en ceste délibération de les remercier et les renvoyer avant la paix faicte et durant les guerres; mais de ce faire en fust empesché par le connestable, qui lui dist qu'il se servist des corps desdis Allemans, et qu'il ne se souciast pas de leurs âmes. Ledit de Saxe et ceux de sa suitte ont esté les premiers en France qui ont mangé chair publicquement au temps de karesme et les vendredis, et principallement en la ville de Provins, où ses pourvoyeurs et cuysiniers en feirent roustir et cuyre en karesme, quand il s'en retourna en Allemagne depuis ladicte paix faicte, en allant prendre possession de laditte ville de Chastillon sur Seine, que le roy lui avoit donnée.

Par le traicté de laditte paix, il fut dict que tous prisonniers prins

en guerre de part et d'aultre seroient délivrez sans payer aulcune 1558.
rançon et renvoyez chascun d'eux en leur pays; et par ainsi revindrent
ledit seigneur connestable et ceux qui avoient esté prins avec luy sans
rien payer, qui fust grand bien pour luy ou pour la France, car il devoit demy rançon de roy, pour avoir esté prins lieutenant général de
S. M., et prétendoit que, si la paix ne se fust ainsi faicte, que le roi et
le royaume le deubsent retirer et payer sa rançon. Ledit seigneur
connestable fut bien receu du roy à son retour de laditte prison, et ne
l'appelloit le roy que son compère. Toutesfois, S. M. n'empescha
que le roy de Navarre ne luy donnast ung soufflet en la chambre et
présence royalle, en l'appellant traître et malheureux au royaume et
proditeur du sang royal de France, estant cause par sa traïson d'avoir
faict méchamment meurtrir mons. d'Anguien[1], son frère, à la bataille de Saint-Laurent[2], pour ne l'avoir voulu secourir d'hommes pour
le saulver. De quoy fust mal content le roy, lequel pacifia le tout
entre eux, et, n'eust été l'honneur royal, ledit roy de Navarre eust
tué ledit connestable. Mons. le mareschal de la Marche, qui estoit
prisonnier entre les mains des ennemis, n'en eschappa pas à si bon
marché que mons. le connestable; car, durant qu'on traictoit la paix,
il feit composition de sa rançon, estant fâché d'estre si longtemps captif
en pays estrange, où il fut plus de trois ans, car il fut prins prisonnier et bien blessé dès la journée de Renty. Et parce qu'il ne sçavoit
rien du traicté de paix que l'on poursuivoit, délivra ses deniers quelque peu de jours avant qu'elle feust conclue. Toutesfois, ne partit du
lieu où il estoit qu'elle ne fust arrestée; ce néantmoings, ses deniers
ne luy furent rendus, mais au contraire luy fut tollue la vie par
ung poison qui luy feut donné au partir, qui le feit mourir trois ou
quatre jours après qu'il fut en chemin pour s'en retourner, et mourut
avant qu'estre ès pays de France, où il fut ramené tout mort enterrer
en la ville de Sedan, qui estoit à luy, sur les frontières. Quelques-ungs

[1] Jean de Bourbon, duc d'Enghien, fils de Charles de Bourbon, duc de Vendôme, était né le 6 juillet 1528.

[2] C'est la bataille de Saint-Quentin, qui fut livrée le jour de la Saint-Laurent, 10 août 1557.

1558.   voulurent charger l'honneur de mons. le connestable touchant sa mort,
ce que je ne puis croire; toutesfois ceux qui en tenoient propos
disoient je ne scai quelles raisons qui me sembloient estre loing du
soubçon. Je croys que ceux qui en parloient ainsi estoient ennemys ou
serviteurs des ennemys dudit seigneur connestable. Iceluy seigneur
de la Marche fut fort plainct par toute la France, et disoit-on que
le roy et le royaulme avoient perdu l'ung des plus sages chevalliers
et généreux guerriers qui y fussent, tant il estoit vertueux et bellic-
queux, homme de grande entreprinse et de meilleure exécution. Il
avoit esté toute sa vie capitaine des gardes des Suisses de la garde du
roy. Mons. Robert de Monberon, demourant à Tourvoye, paroisse de
Sordun lez Provins, fut prins prisonnier avec ledit seigneur mareschal;
mais il ne fut empoisonné comme luy, et si revint de sa prison plus
d'un an devant que ledit seigneur en partist, ayant payé sa rançon.

Il n'estoit poinct de nouvelles qu'il y eust au temps de la conclusion
de la paix hommes de grande renommée du party des ennemys prisonniers en France; et n'y en avoit eu par toutes les guerres susdites
aulcun de nom que le duc d'Ascot, Allemand, qui estoit eschappé de
la prison du boys de Vincenne-lez-Paris, ainsi que l'avons dict en
son lieu en ce présent livre, après y avoir esté et à Paris l'espace de
dix-huit mois pour le moings ou deux ans[1].

Voilà ce que j'ai peu sçavoir de ladite paix[2], laquelle estoit et avoit
esté fort désirée au royaulme de France et principallement par les

[1] Sur le maréchal Robert de la Marck,
sur Robert de Montberon et sur Philippe
duc d'Arschot, voy. plus haut, p. 3 et 4.
— Le P. Anselme fixe à l'an 1556 la date
de la mort de Robert de la Marck.

[2] Voici quelques jugements d'écrivains
contemporains sur la paix du Cateau-Cambrésis: François de Rabutin, dans ses Commentaires (Collect. Michaud et Poujoulat, t. VIII, 1re série, p. 609), en parle
comme d'un bonheur impatiemment attendu et désiré par les populations souf-

frantes. Il l'appelle *ceste tant heureuse et
tant désirée paix*. — Saulx-Tavannes, dans
ses Mémoires (*Ibid.* p. 225), dit : « Ceste
paix fut dommageable à la France et advantageuse à l'Espagne..... La paix honteuse fut dommageable, les associez y
furent trahis, les capitaines abandonnez à
leurs ennemys, le sang, la vie de tant de
François négligée, 150 forteresses rendues pour tirer de prison un vieillard connestable et se descharger de deux filles de
France, qui fut une pauvre couverture de

pauvres gens de Piccardie, lesquelz avoient soustenu tous seulz le fléau   1558.
de la guerre par l'espace de cinq ou six ans continuels, estans fugitifz

lascheté... paix blasmable; dont les flambeaux de joye furent les torches funèbres du roy Henry II. » — Bl. de Montluc, dans ses Commentaires (Collection Michaud et Poujoulat, t. VII, 1ʳᵉ série, p. 205 et 206), tout en s'abstenant de blâmer ceux qui ont fait la paix du Cateau-Cambrésis, dont il respecte les intentions, qualifie cette paix de *malheureuse et infortunée*. — De Thou (*Hist. univ. l.* XXII) se contente de dire que, « quoique peu avantageuse au roy, elle fit jouir les Français, ennuyés d'une longue guerre, d'une tranquillité vivement souhaitée. » — Boyvin du Villars raconte qu'il fit au roi Henri II des remontrances de la part du maréchal de Brissac, au sujet de la paix que l'on était au moment de faire au Cateau-Cambrésis. Le roy, dit-il, lequel, durant ceste mienne remonstrance, avoit quatre ou cinq fois changé de couleur, avec des soupirs qui ne présageoient rien de bon, me respondit : « Je recognois que toutes les remontrances que vous faictes de la part de M. le mareschal partent de ceste affectionnée fontaine qui ne fut jamais tarie où il s'est traicté et de ma gloire et de mon service, comme tesmoignent tant d'honorables faits qu'il a glorieusement mis à fin. Je n'ay point, grâces à Dieu, le cœur ni le courage si ravallez que je ne retienne encores en main de quoy me faire craindre à mes ennemis. » — M. de Guyse, interrompant S. M., lui dict lors : « Je vous jure, sire, que c'est mal en prendre le chemin ; car, quand vous ne feriez que perdre durant trente ans, si ne sçauriez-vous perdre ce que vous voulez donner en un seul coup; mettez-moi dans

la pire ville de celles que vous voulez rendre; je la conserveray plus glorieusement sur la brèche que je ne ferois jamais parmy une paix si désavantageuse qu'est celle que vous voulez faire; vous avez, sire, assez d'autres serviteurs qui en feront autant que moy, en deçà et au delà des monts. » (*Mém. de Boyvin du Villars*, coll. Michaud, t. X, 1ʳᵉ série, p. 316.) Le même écrivain raconte qu'en apprenant la conclusion du traité, le maréchal de Brissac s'écria : « O misérable France! à quelle perte et à quelle ruyne t'es-tu laissé ainsy réduire, toy qui triomphois sur toutes les nations de l'Europe! » Et, à la vérité, ceste paix luy estoit si à contre-cœur, que, durant deux mois, tous ses propos n'estoient autres que plaintes et regrets, lesquels il porta jusques à désirer de s'aller confiner en quelque maison rière les terres des Vénitiens. » (*Id. ibid.* p. 318.) — D'Aubigné la caractérise ainsi : « glorieuse aux Espagnols, désavantageuse aux François, redoutable aux réformez. » (*Hist. univ. l.* I, ch. XVIII, p. 46.) Cet écrivain et plusieurs autres historiens affirment que le principal motif qui détermina Henri II à conclure le traité du Cateau fut d'avoir plus de facilité pour extirper l'hérésie. (*Hist. univ.* l. I, c. XVIII, p. 46, et l. II, c. X, p. 83.) — (Voy. sur la paix du Cateau-Cambrésis : Marguerite de Navarre, dans les *Femmes illustres* de Brantôme; les *Lettres* de Pasquier, l. XV, t. II, p. 221; une pièce de vers intitulée : *le Testament de la guerre*, dans Brésin, *Chronique de Flandre et d'Artois*, Biblioth. imp. fonds Gaignières, n° 624, fol. 743 r°, etc.)

1558. et vagabons par le royaulme, après avoir perdu tous leurs biens
meubles par le maudit tourment de la guerre, sans sçavoir nouvelle,
les pères et mères de leurs enfans, les enfans des pères; la pluspart
d'entre eux mors de regret d'avoir tout perdu, les aultres languissant
de la fascherie et pauvreté de mendier leur pauvre vie par la France,
où plusieurs sont mors ès hospitaux des villes, les aultres ès granges
par les villages et enterrez sur les chemins pour leur cymetière perpétuel. Desquelz le peuple de ce pays estoit fort pitoiable et leur
faisoit-on ce que l'on povoit; mais le nombre estoit si grand qu'il
falloit que les pauvres gens passassent oultre pour vivre et faire place
les ungs aux aultres. Le pays de France, depuis la rivière de Marne,
droict au soleil de midi, ne se sentoit desdittes guerres, non plus
que s'il n'en eust poinct esté, qui estoit cause que le peuple des villes
et villages montèrent en un grand orgueil.

La sœur de la reine d'Angleterre devient reine à sa place [1]. — Destruction
du catholicisme en Angleterre.

CHAPITRE LX.

PROGRÈS DE L'HÉRÉSIE. — RIGUEURS DE HENRI II CONTRE LES PROTESTANTS. — DU
BOURG, FUMÉE, SPIFAME. — GRAND NOMBRE DE RÉFORMÉS À MEAUX. — TENTATIVE
D'ASSASSINAT SUR LA PERSONNE DE HENRI II.

Non-seulement l'hérésie calvinienne estoit en vigueur au royaulme
d'Angleterre, mais aussi par toute la chrestienté, mais non publicquement, comme elle estoit en Allemagne et comme elle a depuis esté
audit lieu d'Angleterre. La France n'en estoit exempte, non plus que
les aultres royaumes, et si ce n'eust esté la prudence du roy, qui, par
édictz rigoureux et peines de tourmens faisoit chastier les hérétiques par
la justice, dès lors se fussent descouvers et déclarez en public, et en

____

[1] Élisabeth, fille de Henri VIII et d'Anne de Boleyn, née le 8 septembre 1533, succéda à sa sœur Marie le 19 novembre 1558.

estoit jà le nombre si grand que, s'ilz eussent esté séparez des aultres 1558. catholicques, eussent bien monté au nombre de la quatriesme partie du royaume et plus.

Nonobstant que le roy et la justice les chastiassent en France rigoureusement et par la mort du feu, si est-ce qu'ilz estoient en telle délibération de vouloir prendre les armes contre Sa Majesté et les catholicques, pour demander liberté et pour faire librement l'exercice de ladicte hérésie et faulce religion qu'on appelloit luthérienne. Mais ilz ne pouvoient parvenir à ce but, faulte d'ung prince ou grand seigneur qui fust de ladicte faulse religion, pour les deffendre et pourter le nom de leur cause. Car nul, si grand seigneur qu'il feust en France, pour lors n'eust encores osé entreprendre d'espouser ceste cause, ni tel se déclarer contre Dieu, la vraye religion ny le roy; ilz sçavoient bien que mal leur en eust prins, et pour ce, n'y avoit encores que les folz de petite condition qui se hazardassent de dire, faire et parler en public de ladicte hérésie et religion prétendue, comme savetiers, cordonniers, menuisiers, cardeurs et drappiers et aultres gens mécaniques qui se faisoient brusler, et bien peu d'aultres de plus grande condition. Ce néantmoins, quand quelqu'un d'entre eux tomboit entre les mains de justice, il ne demouroit, estant sollicité et secouru par les frères de ladicte religion prétendue, et en eschappoit plus des mains de justice qu'on n'en pugnissoit, parce que les gens de la justice, et principallement de la court de parlement de Paris, pour la pluspart se sentoient de ladicte hérésie; et quant à ceux qui ne s'en sentoient, combien qu'ilz aborrassent ladicte hérésie et ceux qui la suivoient, n'en pouvoient faire justice rigoureuse, suyvant les édictz du roy, à cause des requestes que aulcuns princes, princesses, grands seigneurs et dames de France leur faisoient pour les pauvres abusez. Et pour ce que lesdits de justice ne les pouvoient absouldre à pur et plain, de peur d'encourir l'indignation de Dieu et du roy, en condempnoient aulcuns à estre fustigez, les aultres à faire amende honorable, les aultres au bannissement du royaume de France.

Les princes qui plus soustenoient lesdits hérétícques et luthériens

11

1558. estoient la maison de Bourbon, comme monsieur le prince de Condé,
la royne de Navarre, La Rochefoucault[1] et la maison des Collignys,
qu'on appelloit les seigneurs de Chastillon-sur-Loing; et toutesfois nul
d'entre eux n'osoit se déclarer estre de ladite prétendue religion, et
tous faisoient bonne mine, contrefaisant les catholicques au possible. Et
combien que les dessus nommez fussent aulcuns princes du sang royal
de France, si est-ce que, du vivant du roy Henry, n'osèrent entreprendre
de publiquement soustenir et deffendre ceste nouvelle prétendue religion; mais explorèrent ung aultre moyen et taschèrent à en gangner
ung plus grand qu'eux, qui estoit la personne de monsieur le daulphin,
fils aisné du roy, pour le tourner à ladite prétendue religion, affin que,
par luy et son auctorité, ilz héréticques grands et petis fussent en saulveté de leur vie et liberté de prescher ladite religion. Et furent trouvés
entre les mains dudit seigneur daulphin des livres de ladite hérésie et
faulse religion, que ung des seigneurs de ladite maison de Chastillon,
nommé le seigneur d'Andelot[2], luy avoit baillé; lesquelz livres furent,
en la présence dudit sieur daulphin, bruslez par le roy son père, et
ledit d'Andelot fut emprisonné dedans la Bastille de Paris[3], qui eust
luy-mesme esté bruslé, s'il ne se feust excusé, disant qu'il ne sçavoit
si telz livres qu'il avoit donnez audit daulphin estoient de maulvaise
doctrine, et, pour eschapper desdittes prisons, feit une déclaration
de sa foy, qui fut toute semblable à la foy catholicque, apostolicque et
romaine. Monsieur le connestable, encores prisonnier entre les mains
des ennemys, ne pouvoit solliciter ledit d'Andelot, qui estoit son nepveu
et que luy-mesme avoit advancé. Messieurs le cardinal de Chastillon,
évesque de Beauvais, et l'admiral de France, frères dudit d'Andelot, le

[1] François III, comte de Larochefou-
cault, prince de Marsillac, qui fut tué à la
Saint-Barthélemy.

[2] François de Coligny, seigneur d'Andelot, colonel général de l'infanterie
française, fils puîné de Gaspard de Coligny Ier du nom, maréchal de France,
et de Louise de Montmorency, naquit

à Châtillon-sur-Loing le 18 avril 1521.

[3] D'après d'autres récits contemporains,
et entre autres celui de de Thou (*Histoire
univ.* liv. XX), la disgrâce de d'Andelot fut
occasionnée par la dénonciation de ses
sentiments religieux qui avait été faite à
Henri II, et par l'aveu plein de fermeté
qu'il en fit lui-même au roi.

sollicitoient de ne se déclarer, ains de contrefaire le bon catholicque, 1558.
comme eux-mesmes faisoient, luy disant qu'il n'estoit encores temps de
se déclarer, et eux-mesmes dressèrent ou feirent dresser la confession
de foy qu'il feit en la manière que dessus et luy feirent signer de sa
propre main, pour appaiser envers luy le roy, qui ne demandoit aultre
chose que de le faire brusler. Iceluy d'Andelot estoit colonel de toutes
les bandes françoises de gens de pied, qui est ung des beaux estatz de
France. De la Bastille de Paris, il fut mené prisonnier dedans le chasteau de la ville de Melun, où il fut délivré avec grandes prières de
plusieurs princes, à la charge de n'y plus retourner. Les héréticques
de France pensoient avoir tout gangné et cuydoient estre au-dessus
de leur but, quand on cognut qu'ils avoient accès audit seigneur daulphin, et n'avoient honte de dire que mons. le daulphin estoit de leur
party et de leur religion, et advint ce peu avant le mariage dudit
sieur daulphin. Tout le royaume de France doubtoit fort de sa personne et de sa religion, depuis qu'on eut trouvé et prins lesdis livres
entre ses mains, et craignoit-on fort qu'il ne fust héréticque; mais il
fut si bien chastié et corrigé par son père, que jamais depuis ne
voulut veoir volontiers ledit d'Andelot ni aultre luthérien devant luy.

Iceux héréticques se voyant descouvers et recullez plus que jamais
par l'emprisonnement dudit seigneur d'Andelot, et leurs affaires
remises au temporiser, et qu'ils ne pouvoient plus si librement parler
audit seigneur daulphin de laditte religion prétendue, excogitèrent
ung aultre meschant et proditeur moyen pour parvenir à leur but,
qui fut de tuer le roy et de ne jamais cesser ni dormir à leur aise
qu'il ne feust mort tost ou tard; pour ce meurtre eurent charge plusieurs d'entre eux, et s'en trouva en assez bon nombre de si folz qui
s'engagèrent à tuer le roy, quant l'opportunité se présenteroit, et de
ce y eut promesses et sermens faicts en certaines assemblées secrètes
qu'ilz tinrent. Ceste délibération et résolution fut mandée aux frères
qui estoient espars par le royaume et dehors, mesmement aux bannis
qui s'en estoient allez à Genefve, ès Allemagnes et aultres lieux. La
raison qui la fit prendre fut que S. M. avoit renouvelé ses édictz

1558. rigoureux contre iceux héréticques[1], faisant recercher les présidens
et conseillers de la court de parlement de Paris et aultres, qui suyvoient et tenoient laditte luthérerie[2].

Anne du Bourg, conseiller au parlement de Paris, est emprisonné comme
hérétique. — Le président Fumée, pour éviter un sort semblable, s'enfuit à
Genève. — Jacques Spifame, évêque de Nevers, prend également la fuite[3].

  Spifame partit clandestinement de Paris, ayant enlevé une damoiselle, femme mariée, et s'en alla avec elle à Genefve; sa fuitte donna
ung grand trouble à l'église de Dieu, à la religion catholicque romaine,
au roy, aux Parisiens et au royaume de France. C'est homme avoit si
bien sceu couvrir et dissimuler son ypocrisie, qu'il estoit tenu et réputé pour ung des meilleurs et sages prélatz de la France, qui faisoit
le plus grand debvoir de prescher, et preschoit si profundément et
proprement, que oncques ne fut reprins en ses sermons ni en sa doctrine, et que le peuple de Paris se feust faict crucifier pour la deffendre, tant elle estoit profundément jettée de la bouche; et pour
lors n'y avoit prédicateur dedans Paris qui eust plus grand bruict à
prescher que luy. Et mesmement, le dimanche dont il partit le lendemain, il feit ung sermon qui fut le mieux dict du monde, auquel,
comme il avoit faict en plusieurs aultres, avoit confuté et confundu
l'hérésie de Luther et de Calvin, touchant les poinctz de la religion
catholicque qui estoient en controverse. Ce néantmoings, ne laissa de
prendre la fuitte. Quant le roy en fut adverty, il feit courir après luy
par les chemins pour le prendre et ramener prisonnier, mais ne fut

[1] Lettre écrite au roi Henri II, au sujet
de la persécution exercée contre les protestants. On y rappelle le sort malheureux
advenu de tout temps aux persécuteurs.
(*Commentaire de l'estat de la religion et républicque soubz les roys Henry II, Françoys II
et Charles IX*, par le s^r de la Place; 1565,
fol. 5 v° et suiv.)

[2] Sur la séance de mercuriale tenue par
le parlement de Paris, le 14 juin 1559,
en présence de Henri II, les discours des
conseillers et les ordres du roy, voy. Théod.
de Bèze, *Hist. ecclés.* liv. II; de Thou,
liv. XXII; de la Place, etc.

[3] Spifame (Jacques-Paul), qui s'était
marié secrètement et s'était retiré à Genève, fut décrété de prise de corps par le
parlement le lendemain de la séance à laquelle le roi assista. On trouve plusieurs
lettres et discours de Spifame dans la collection Béthune à la Bibliothèque impériale, vol. 8645 et vol. 8749.

trouvé. Sa fuitte desbaucha de la religion catholicque mille personnes 1558.
de Paris. Avant que de partir, il avoit résigné à son nepveu l'évesché
de Nevers et l'abbaïe de Sainct-Paul de Sens, et les avoit faict admettre
par le pape au dessus du roy. De quoy S. M. ne fut contente, et en
voulut priver ledit nepveu, disant qu'ilz avoient une promesse ensemble
de luy donner et envoyer à Genefve l'argent desditz bénéfices; ce que
nia ledit nepveu, auquel sa majesté laissa l'évesché de Nevers, pour
le bon rapport qu'il eut de sa prudomie, mais luy osta l'abbaïe dudit
St-Paul de Sens, qu'il bailla à ung autre. Le nepveu susdit s'est tousjours bien porté en sa charge et a esté catholicque. S'il a aydé d'argent
à son oncle estant à Genefve, cela est demeuré secret entre eux. Lequel oncle, n'ayant à Genefve aultre moyen de s'occuper, print à ferme
les molins de la ville, et d'évesque et abbé devint larron et musnier.

Mort de Me Picard, docteur de Paris, prédicateur célèbre [1].

Le roy, au temps de ceste présente année, eut plaintes de la ville de
Meaux en Brie, et qu'en icelle y avoit ung grand nombre de luthériens [2], si grand que quasi toute la ville en estoit infectée et remplie.
Pour laquelle purger, se délibéra d'en faire raser entièrement les
murailles et maisons, rez pied rez terre et mettre le feu dedans,
excepté les églises, affin de brusler les habitans dedans lesdittes maisons et de nétoyer la terre; et bailla charge à ung certain seigneur de
sa court de ce faire, tant il estoit courroucé contre lesdis luthériens.
Son commandement eust sorty effect, sans la royne sa femme, qui
pria pour les habitans de laditte ville, et qui, avec toute difficulté,

[1] Il s'agit probablement ici de François Lepicart, doyen de Saint-Germain-
l'Auxerrois, qui naquit à Paris le 16 avril
1504, se signala par sa violence contre les
protestants et mourut le 17 septembre
1556. Sa vie, par le P. Hilarion de Coste,
a paru en 1685 sous le titre de : Le Parfait ecclésiastique. Th. de Bèze l'a vivement
attaqué dans son Passavant. Lepicart, en

1554, disait en chaire : « Le roy devroit pour
un temps contrefaire le luthérien parmi eux
(les protestants), afin que, prenant de là
occasion de s'assembler hautement partout, on pût faire main basse sur eux tous
et en purger une bonne fois le royaume. »
Ses sermons ont été publiés. 1574, in-16.
[2] Voy. Hist. de l'église de Meaux, par
Toussaint-Duplessis, t. I, p. 350 et suiv.

1558. obtint pardon pour eux, à la charge qu'ilz se retireroient de laditte
hérésie et luthérerie; ce que plusieurs feirent et principallement ceux
de la ville, lesquelz contreignirent mesmement ceux du marché d'icelle
de vivre catholicquement; car audit marché on avoit jà intermis ou
bien négligé le service de Dieu ès églises qui y sont.

Tous les héréticques et luthériens du royaume, tant les grans que
les petits, nobles et roturiers, poursuivirent leur conspiration contre
le roy, et persuadèrent à ceux à qui ilz avoient marchandé de le tuer
de faire leur debvoir d'exécuter ce bon œuvre, qui estoit de oster
de la terre ce tiran qui persécutoit l'église de Jésus-Christ, faisant
meurtrir et martiriser les pauvres fidelles de toutes pars. Et en ceste
sorte parloient-ils d'eux et du roy : le roy estoit le tiran qui comman-
doit la persécution, et eux, les pauvres fidelles de Christ qu'on persécutoit en tous lieux par son commandement. Et à ceste persuasion,
se meirent en debvoir les marchans, et entre les aultres se hazarda
ung quiden pauvre gentilhomme nommé Caboche, pour se penser
enrichir et avoir l'argent qu'on avoit promis à celuy qui pourroit
faire le faict. Lequel, après avoir longtemps espié le moyen de ce
faire, ne trouvant l'opportunité à sa commodité, et ne pouvant plus
dissimuler ni cacher sa trahison, ung jour de l'esté de ceste présente
année, espia le roy aller à la messe dedans la saincte Chapelle de
Paris; et n'ayant pu faire son coup en allant à ladite messe, attendit
pour veoir s'il le sçauroit mieux faire au retour, ce qu'il eust faict, si
Dieu et les gardes de sa majesté ne l'eussent empesché. Car le roy
estant dévallé de la saincte Chapelle dedans la court du Palais, après
que la messe fut ditte, estant bien accompagné de ses gardes et
aultres princes, le marchant, qui estoit serré avec le commung peuple
qui estoit d'ung costé et d'aultre pour regarder passer ladite majesté
royalle, forcené et désespéré qu'il estoit, tira l'espée en sa main, et
sortant hors du rang où il estoit, se présenta devant la face du roy
et lui dit telz motz : Ha, ha, polletion, il fault que je te tue! Et en
disant ce, il dirigea son espée vers l'estomac du roy, qui n'eut loysir
que de se reculer ung pas pour fuir le coup, joinct aussi que les ar-

chers de la garde, qui estoient derrière le roy, de leur halebarde des- 1558.
tournèrent le coup, et ne fut le roy blessé. Les archers de la garde qui
cheminoient devant le roy n'en veirent rien, car il attendit qu'ilz
fussent tous passez pour se présenter devant S. M. et faire son coup,
et n'en apperceurent rien, jusques à ce qu'ilz ouyrent le cry du peuple,
qui crioit après le marault, qui se pensoit saulver en la foulle des gens.
Mais fut bien repoulsé. Les gardes le pensèrent tuer en la place; mais
le roy les empescha et commanda qu'il feust mené prisonnier, pour
luy faire son procès et l'intéroger de son audace. Il fut mis en prison
en la Conciergerie, et le roy s'en alla au Louvre bien espoventé [1].

Monsieur l'admiral de France, frère du cardinal de Chastillon et

[1] Cette tentative d'assassinat sur la personne de Henri II a été omise par la plupart des historiens contemporains. Jean de
Serres, dans son *Recueil des choses mémorables advenues en France* (2ᵉ édit. 1598,
in-8°, p. 53), s'exprime ainsi : « Le roy
estant à Paris durant ces tempestes (le
siége et la prise de Saint-Quentin), comme
il alloit à la messe, un jeune homme surnommé Caboche, natif de Meaux, lequel
suivoit d'ordinaire et dès longtemps la
court, servant à cause de sa belle escripture aux secrétaires d'estat, soit qu'il fust
hors du sens ou poussé d'autre cause, se
vint mettre au devant avec une espée nue
en la main, et cria tout haut : « Arreste,
« roy! Dieu m'a commandé que je te tue. »
Tout soudain les Suisses de la garde se
ruèrent sur ce personnage, lequel le roy
fit livrer à justice pour y aviser. La cour
de parlement fit pendre Caboche pour tel
attentat. » — On lit dans le Journal de Jean
Glaumeau : « Vers le mois d'aust ou 7ᵇʳᵉ, le
roy Henry, ung matin, sortant du Louvre
pour aller ouyr la messe, se présenta devant luy un jeune homme, lequel avoit
servy de clerc à la chancellerie aultrefoys,

l'espée en la main toute nue, et luy dist :
« Roy, je suis envoyé de Dieu pour te tuer! »
et en ce démarchant luy porte un coup
d'estoc, tellement que, sans ung gentilhomme qui luy empare son coup, il eust
percé le roy d'oultre en oultre. Souldain,
le monde se gietta sur luy et fut mené
prisonnier, puis, quelque temps après,
dans la prison mesme, fut faict morir,
parcequ'il disoit des propos grans et merveilleux, et, pour ceste cause, ne fut exécuté publiquement. » (Voy. ma Notice sur
le Journal de J. Glaumeau, Mém. de la
société des antiq. de France, t. XXII.) —
Enfin, l'Histoire de la mort de Henri IV,
par P. Mathieu (*Arch. curieuses de l'hist.
de France*, 1ʳᵉ série, t. XV, p. 61), porte :
« Je luy dis (à Henri IV) que la folie n'excusoit poinct les attentats de cette qualité;
que Caboche, pour avoir tiré l'espée contre
le roy Henri II, comme furieux et sans ef-
fort, avoit esté condamné à mort; que par
la mesme peine avoit passé un autre fol
qui attaqua Ferdinand, roy d'Aragon, l'an
1492. » — Je n'ai trouvé, dans les registres
du parlement, aucune trace de procès fait
à Caboche.

1558. du seigneur d'Andelot, sollicita de faire exécuter le pauvre diable et
ne voulut permettre que les présidens et conseillers de la court se
meslassent de faire son procès, sinon ceux desquels il se tenoit fort
et assuré qu'ilz estoient de son party; et fut le procès si diligemment faict que le jour mesme, à une heure après midi, il fut des-
gradé de noblesse et pendu en la place des hasles de Paris, où ne
luy fut baillé grand loysir de parler et dire ce qu'il eust bien voulu,
parce que ledit admiral en personne l'exortoit à prendre la mort
en patience, et en parlant à luy, feit signe que le bourreau le jettast
hors de dessus l'eschelle, et ne hasta-on jamais homme de mourir si
légèrement qu'on feit cestuy-là.

Le roy, en disnant, ne se pouvoit tenir de penser et de parler de
ceste adventure; mais ceux qui estoient présens à son disner, qui
sçavoient possible bien l'entreprinse, exortoient le roy de n'y penser,
et luy disoient que celuy qui avoit entreprins ce mesfaict n'estoit pas
sage, et qu'il estoit troublé de son entendement, mais qu'il falloit le
faire mourir, de peur que luy ou ung aultre de mesme follie n'entreprint plus chose semblable; et par telles ou aultres raisons taschoient à faire oublier le faict au roy, lequel commanda que sur le
vespre, au sortir du conseil, il fust amené devant luy pour l'interroger
et pour le considérer. Mais nul n'y voulut entendre, et quand ce vint
au sortir du conseil, sur les quatre heures après midi, que le roy demanda de le veoir, on luy feit responce qu'il estoit jà mort et exécuté
par justice; de laquelle responce et exécution si soudaine fut mout
courroucée sa majesté, mais n'en fut aultre chose, et se tenoient les
conspirateurs bien assurez après sa mort. Monsieur le prince de Condé
et les enfans de la maison de Chastillon furent par les sages taxez
en secret de ce faict, mais nul n'en osoit publicquement parler, de
peur de s'en repentir, car dès lors ilz praticquoient avec ceux de
Genefve et les protestans d'Allemagne, pour trouver le moyen, par
force ou aultrement, de mettre sus en France publicquement l'hérésie
et luthérerie, qu'ilz tenoient secrettement. A veoir tout ce discours
estoit présent l'autheur de ces Mémoires qui a escript ce livre, lequel

pour lors estoit à la court du roy et estoit naguères de retour des 1558.
Allemagnes, où il avoit entendu de grandes choses tendantes à rébellion contre le roy, le royaume et la vraye religion.

Messieurs les cardinaux de Lorraine, de Guise et de Sens estoient
à la court du roy et auprès de luy quant Caboche feit peur à S. M.
Ilz ne pensoient pas ce qui en estoit et ne se doubtoient pas qu'on
en vouloit à eux comme au roy, et que, si le roy eust peu estre accommodé, on les eust accommodé par après, et principallement celuy de
Lorraine, qui avoit la renommée d'estre du party des hérétieques, et
eux-mesmes le pensoient et s'en vantoient, comme ilz faisoient de
monsieur le daulphin, et parce qu'il ne voulut passer oultre et tel se
déclarer, luy vouloient aultant de mal qu'au roy.

CHAPITRE LXI.

ÉTAT DES MŒURS DU CLERGÉ CATHOLIQUE, DE LA NOBLESSE ET DU TIERS ÉTAT. —
MORT DE LA FEMME DE JEAN ALLEAUME. — DÉTAILS MÉTÉOROLOGIQUES.

Combien qu'en France et par le reste de la chrétienté le nombre
des hérétieques s'augmentast de plus en plus, d'aultant plus estoient
nonchallans les prélatz et pasteurs de l'église, à commencer depuis les
cardinaux et archevesques, jusqu'aux plus petis et simples curez, de
faire leur debvoir en leurs charges, et ne se soucioient comment le tout
se portast, moyennant qu'ilz pussent tirer à eux le revenu de leurs
bénéfices, au lieu où ils demeuroient et faisoient leurs résidences,
pour prendre leurs plaisirs; et bailloient à ferme leursdits bénéfices
au plus hault prix qu'ilz povoient, et si ne leur challoit à qui, moyennant qu'ilz fussent bien payez, aux termes portez par les contractz
qu'ilz en faisoient. Les archevesques, évesques et cardinaux de France
estoient quasi tous à la court du roy et des princes; les abbez, prieurs
et curez demeuroient, les ungs ès grosses villes de France et aultres
lieux où ilz prenoient plus de plaisir qu'à résider sus leur charge et

1558. prescher et annoncer la vraye parolle de Dieu à leurs subjectz et parroissiens. De la nonchallance desquelz prenoient les hérétiques luthériens occasion de mesdire de l'église de Jésus-Christ et de desbaucher les chrestiens d'icelle.

Le nombre des prebstres estoit fort grand par les villes et villages, lesquelz, à l'envie les ungs des aultres haulsoient les cures et prieurez, et estoit à. qui en bailleroit le plus de ferme à mons. le curé et prieur, et le plus souvent se trouvoit que le plus asne et mécanicque de la parroisse estoit mons. le vicaire, pour ce qu'il en bailloit le plus; et si estoient la pluspart desditz prebstres fort vicieux et scandaleux et assez peu chastiez par justice[1].

Cest abus fut débattu et proposé au sainct concille de Trente en ceste année présente par le peu de prélatz qui y estoient assemblez par la diligence du pape et de l'empereur nouveau, qui ne désiroient aultre chose que de faire terminer ce sainct concille universel, jà par tant de fois intermis. Nulz ou bien peu de prélatz de France pour lors estoient audit concille; en leur absence fut faicte une session, en laquelle fut arresté que commandement seroit faict à tous prélatz et pasteurs d'église, à commencer aux archevesques et jusques aux curez, de résider d'ores en avant sus leurs bénéfices, et chascun d'eux de vacquer à sa charge, en administrant à leurs subjectz, par chascun jour de dimanche et festes, la saincte parolle de Dieu, et les sacremens à toutes heures du jour, quant la nécessité le requerroit. Et fut ce décret envoyé au roy de la part du pape et du concille, pour le faire observer aux prélatz de son royaume; suyvant lequel S. M. feict un édict, par lequel il commanda à tous archevesques, évesques, abbez, prieurs et curez ayans charge d'âmes, de se retirer en leurs bénéfices pour vacquer à leur charge, ainsi qu'avons dict dessus, sous peine de la saisie du revenu temporel desdits bénéfices[2].

---

[1] Voy. sur ces abus les plaintes et doléances du tiers état de la ville de Provins aux états généraux d'Orléans, en 1560, dans le Bulletin des comités historiques, 1849, p. 271. (Hist. sciences et lettres.)

[2] Isambert, *Rec. des anc. lois françaises*, t. XIII, p. 484. Les lettres patentes du roi sont du 1er mai 1557.

Ces ordonnance et édict feirent peu d'effect en France, et n'y eut 1558.
que les petis et pauvres curez qui y obéissent, mais non longtemps.
Les grands bénéficiers n'en tindrent compte, pour ce qu'ils n'eussent
sceu auquel bénéfice aller ni résider, d'aultant qu'ung seul homme en
avoit plusieurs; ung homme seul tenoit un archevesché, un évesché
et trois abbayes tout ensemble; ung aultre deux et trois cures, avec
aultant de prieurez, le tout par permission et dispense du pape;
aultres avoient prébendes dans les églises cathédrales et collégiales
et en plusieurs desdittes églises et en diverses villes, avec lesquelles
avoient encores deux et trois cures par les villages. Et pour ce ne
sçavoient auquel desditz bénéfices ilz debvoient résider.

Depuis la publication dudit édict, la symonie commença à avoir
cours en France plus que auparavant, combien que desjà ce vice et
cruel péché avoit grand vigueur plus qu'il ne falloit, mais il s'augmenta
bien davantage; car plusieurs voyant le revenu de leurs meschantes
cures saisi, les vendoient à beaux deniers conptans à leurs vicaires ou
aultres, qui estoient contens d'achepter lesdittes cures. Les curez des
grosses et riches cures ne se hastoient pas tant de les vendre que feirent les aultres; car il leur faisoit mal de perdre le revenu par lequel
ilz entretenoient leurs menuz et grands plaisirs, et eurent main levée
des saisies qu'on avoit faict sur eux à bon marché.

Ung aultre abus estoit fort grand, qui estoit tel que la plus grande
part des évesques, abbez, prieurs et curez n'estoient prebstres ni
initiez pour l'estre, sinon que d'estre clercz et avoir la tonsure simplement, et si n'avoient la volunté de l'estre; plusieurs desquelz
estoient héréticques luthériens comme chiens enragez et ne se soucioient de la robbe de Jésus-Christ ni de ses âmes, qui luy ont cousté
la vie jusque à la dernière goutte de son sang.

Les curez prebstres qui, en vertu de l'édict susdit, s'estoient retirez
en leurs cures pour y résider, voyans les aultres curez et les prélatz
ne poinct résider en leurs cures et prélatures, et avoir main levée
de leur revenu, rebaillèrent leurs cures à ferme à leurs vicaires et
s'en retournèrent en leurs maisons et lieux ordinaires d'où ils estoient

12.

1558. venuz. Voilà comment le tout se pourtoit au plus mal en l'église de
Dieu, partie pour la meschanceté des prélatz et l'autre partie par la
meschanceté des justiciers et la connivence du roy.

Tout ainsi que l'estat de l'Eglise se pourtoit mal en tout et partout, ainsi se pourtoient mal les aultres estats. Car, quand le chef
est malade, le reste du corps n'est pas mieux à son ayse. L'estat de
noblesse et le tiers estat estoient aussi corrumpuz que l'Eglise, touchant les bonnes mœurs. Les gentilshommes commancèrent à estre
avaricieux, infidelles, envieux et ravisseurs du bien d'aultruy, ennemis de la prospérité de leurs subjectz et oppresseurs de peuple,
peu charitables, moings dévotz et révérens à Dieu, à l'Eglise catholicque et romaine, contempteurs d'icelle, de ses sacremens et sainctes
ordonnances, cruelz en vengeance, orguieilleux et otrecuydans, blasphémateurs de Dieu et renieurs de sa saincte majesté, paillards, for-
nicateurs, adultères et violleurs de filles et femmes; et de toutes les
choses susdittes faisoient honneur et vertu, sans laisser derrière les
murtres et la luthérerie, en quoy ilz se sont plongez au grand mespris de leur honneur et salut de leurs ames. Car, au temps passé, les
nobles et gentilshommes estoient louez à cause de leurs vertus et
des bonnes mœurs qui estoient en eux; ilz estoient religieux et dévostz,
pitoiables des pauvres, charitables envers les indigens, hospitaliers envers les passans et pérégrins, consolateurs des vefves et de tous affligez, les premiers à l'église, humbles devant Dieu, deffenseurs de son
honneur, amateurs des gens de bien, pères des orphelins et protecteurs des gens d'église, en payant bien leurs dixmes et offrandes; pour
lesquelles œuvres ilz estoient sur tous les aultres estatz préférés et
par iceux crainctz, redoubtez et encores mieux aymez, chascun d'i-
ceux selon son mérite. Leur honneur et vertu estoit ung esperon pour
estallonner le reste du peuple et les simples gens à estre prudens et
vertueux.

Le tiers estat n'a moings décliné des bonnes mœurs qué les deux
estatz susditz de l'Eglise et de la noblesse. Les gens des villes et villages sont devenuz orgueilleux, querelleux et noisifs, superbes en

parolles, gestes et maintien, avaritieux et trompeurs, la pluspart usuriers et faiseurs de pauvres gens, parasites et frians, blasphémateurs du nom de Dieu, à l'exemple des gentilshommes, pompeux en habillemens et curieux de novelles façons. Les bourgeois des villes se sont volu habiller, hommes et femmes, à la façon des gentilshommes, les gentilshommes aussi sumptueusement que les princes, les gens des villages à la manière des bourgeois des villes.

La justice s'est rendue plus subjecte à corruption qu'auparavant. Les juges, procureurs et advocatz sont devenus avaritieux, superbes et orgueilleux, n'ont plus volu juger droictement; le pauvre, la vefve et l'orphelin n'ont plus trouvé de support en justice. Le jugement s'est rendu du costé que la besace penchoit le plus; les dons des présens d'argent et des faveurs ont faict gangner la cause à celuy qui avoit tort et condempner le juste. Les juges sont devenuz criminateurs, n'ont eu honte de blasphémer le nom de Dieu, d'usurper le bien d'aultruy, de le prendré sans payer, luxurieux et paillars, irrévérens et indévotz, héréticques et luthériens, renards et loups ravissans.

Et à cette fin de mieux piller et dévorer le pauvre peuple, oultre le nombre jà excessif des gens de justice, le roy, qui ne s'est guères moings desvoyé des bonnes mœurs anciennes que les aultres estatz, érigea, en chascun balliage où il avoit érigé ung siége présidial, ung lieutenant criminel pour juger toutes causes criminelles de tous domicilliers des villes et villages[1], et laissa seullement aux lieutenans des prévostz des mareschaux l'authorité de juger et faire les captions des vagabons; auquel lieutenant criminel fut assignée la somme de 200 livres de gages par an, à prendre sus le pauvre peuple, et, pour achepter cet estat, falloit payer au roy la somme de 2,500 livres pour une fois. Voilà qui estoit cause de rendre les juges larrons, car ils n'eussent sceu faire bon marché en détail de ce qu'ilz avoient achepté bien cher à payer conptant.

[1] Au sujet des lieutenants criminels, voyez un édit du mois de mai 1552 (Isambert, *Rec. des anc. lois françaises*, t. XIII, p. 271), une déclaration du 11 décembre 1553, un édit de novembre 1554 et une déclaration du 4 février 1557 (1558).

Celuy qui achepta ce nouvel estat à Provins fut ung advocat de Melun, nommé Estienne Bourdier. Si jamais juge de son temps en print ab hoc et ab hac, ç'a esté cestuy-ci. Il chastioit fort les larrons qui desroboient en secret, mais il desroboit à veue faicte; il condempnoit les paillards et blasphémateurs du nom de Dieu, et luy estoit le plus grand adultère, incestueux et renieur de Dieu qui feust au pays. Au commencement, il vouloit faire seul les procès des criminelz et les juger seul; mais le siége présidial l'empescha. Je laisse à penser à tout homme de bon esprit en quelle peine et coustange est celuy qui tombe entre leurs mains, s'il luy est possible d'en eschapper à bon marché, et combien il fault d'argent et de liévres pour contenter ung lieutenant de courte robbe et six saccars qu'il appelle ses archers, ung lieutenant criminel et son greffier, ung président et sept ou huict conseillers qui sont en ceste chambre présidialle, par devant tous lesquelz il fault passer avant qu'estre hors de leurs mains, et puis après contenter le garde des prisons . . . . .

La fille du président Philippe Durand, femme du bailli Jean Alleaume, meurt sept mois après son mariage, en accouchant d'un enfant mort. — La dispense demandée au pape n'étant pas alors encore arrivée, Philippe Durand prétend que le mariage est nul, et redemande à son gendre le bailliage de Provins et tout ce qu'il avait reçu en dot. — La dispense arrive enfin; mais comme la bulle papale, en même temps qu'elle approuvait le mariage, excommuniait les époux, leurs parents, Pierre Cobus, doyen de la chrétienté, et le curé de Saint-Pierre, qui avaient arrangé et célébré ce mariage, le doyen et le curé, pour empêcher qu'une pareille pièce fût produite, obtinrent un arrangement entre les parties. Jean Alleaume conserva le bailliage, paya à Philippe Durand une somme d'argent et rendit les effets.

Le printemps de ceste année, en son commencement, fut assez pluvieux; mais au millieu et jusques à la fin tendit à une seicheresse médiocre qui donna augmentation aux biens de la terre, qui prospérèrent de bien en mieux et allèrent à grande maturité et abondance, de sorte qu'on recueillit des grains de toute espéce en si grande quantité, que les granges et les maisons ne furent suffisantes pour serrer les gerbes des grains que Dieu envoya sus la terre. Pareillement fut des vins en aussi grande habondance ou quelque peu moings que l'an dernier passé, et par toute l'année le muid de blé froment ne valloit que 18 et 20 liv. t. le plus beau, et l'aultre grain, au dessoubz; la queue de vin 45 et 50 s. t. le creu de Provins et des environs; celuy de Villenauxe, 70 s. et 4 liv. le meilleur.

L'esté fut fort chauld et adonné à seicheresse, à tonnerres et esclairs en son commancement; mais incontinent se rendit pluvieux à cause des nuages que les tonnerres causèrent, et sy lesditz tonnerres et nuages de pluies ne refroidirent point le temps, qui fut cause de faire germer les grains aux champs. Il n'y eut quasi jour au moys de juillet qu'il ne feist nuages d'eau provocqués par grands tonnerres et esclairs, et ce néantmoings faisoit si chauld avant lesdittes nuées et depuis que les soyeurs moroient de soif et de mort subite emmy les champs, et en morut au balliage de Provins sept ou huict en plusieurs endroictz, et si fut le bruict qu'ainsi faisoient-ilz par les pays de Brie, France et Picardie......

Le matin du jour de sainte Colombe (22 juillet), un orage éclate sur la ville de Provins et les environs; une obscurité complète règne pendant près d'une heure; le tonnerre tombe sur l'église de Saint-Ayoul, entre dans le chœur par une verrière, gagne le pignon et sort par une fenêtre, sans avoir causé de dommage ni à l'édifice, ni aux personnes qui s'y trouvaient, parmi lesquelles était l'auteur. — Quelques jours auparavant, la foudre était tombée sur la maison du Chapeau-Rouge, avait tué un des chevaux qui occupaient l'écurie, et mis le feu au foin. — Le tonnerre tomba dans le même été en plusieurs autres endroits.

L'automne fut tempéré et bon pour les vendanges, qui furent bien copieuses, ainsi que dessus est dict. La semaille fut bonne; mais ne levèrent les grains fort bien, à cause qu'ilz avoient germé aux champs et s'estoient eschaufez ès tas dedans les granges, pour avoir esté serrez trop molz.

L'hiver ne fut trop froid ni inconstant, ni en pluyes ni en neiges. Il

1558. feit pour la pluspart de belles gelées seiches, qui ne furent doma-
geables aux biens de la terre. Toute l'année, le vivre fut en France à
si petit et bas prix que ung homme en ung jour n'eust sceu despenser
en pain et vin que 18 den. t. pour le plus; la chair, le drap, le cuyr
et les ouvriers estoient à bon marché.....

CHAPITRE LXII.[1]

1559.   L'an 1559, le peuple de France, par toutes les villes et villages, se
réjouissoit grandement pour la paix que le Dieu éternel leur avoit
baillée, laquelle par tant d'années avoit été fort désirée. Les pauvres
gens de Picardie commencèrent à s'en retourner en leur pays, pour
veoir les ruynes que la guerre, mère de tous maux, y avoit laissées. On
ne parloit plus par toute la France que d'icelle paix et des triumphes
qui se préparoient dans la ville de Paris, pour plus honorablement recepvoir les ambassadeurs du roy d'Espagne, de l'empereur, du duc
de Savoye et prince de Piedmont, et des aultres pays estranges qu'on
attendoit d'une sepmaine à l'aultre, pour célébrer les mariages du roy
d'Espagne avec la fille du roy de France Henry, et de madame Margueritte de France, fille du feu roy Françoys premier, avec Philibert-
Emmanuel, duc de Savoye.

    Le roy, de sa part, estoit plus resjouy de laditte paix que nulle
aultre personne de son royaume, non tant pour luy et les siens enfans,
qu'il estoit pour l'amour et soulagement du pauvre peuple de Picardie, l'oppression duquel luy estoit si odieuse, qu'il ne se passoit ni
jour ni nuict qu'il ne priast dévotement Dieu, les mains et yeux eslevez
au ciel, de luy envoyer laditte paix, ainsi comme l'avons veu par plu-

---

[1] L'indication *chapitre soixante-deu-*
xiesme manque ici dans le manuscrit;
mais le changement de chapitre résulte
des chiffres placés en haut des pages.

sieurs foys et sommes tesmoings. Nostre roy, dis-je, resjouy extrême- 1559.
ment de laditte paix, souvent par ses chantres faisoit à Dieu chanter
et luy-mesme chantoit, *Te Deum laudamus*, et en la fin d'iceluy faisoit
chanter le verset, *a Domino factum est istud*, et luy-mesme respondoit
le respons dudit verset : *et est mirabile in oculis nostris*.

S. M. bailla charge à monsieur le connestable, qui estoit de retour de sa prison, et à mons. de Guise, de tenir la main à mettre gens
nobles et vertueux sur les passages de l'entrée des pays estranges en
France, pour recepvoir là les ambassadeurs avec toute courtoisie et
allégresse et les amener à Paris deffraiez à ses despens, aussi de
pourveoir à toutes aultres choses nécessaires pour les pompes, bra-
vades et gentillesses requises à la grandeur de S. M. et des roys et
potentatz estrangers qui, par leurs ambassadeurs, debvoient comparoir au bancquet royal desditz mariages de sa fille et de sa sœur.
Les bancs du palais de Paris furent transportez dedans le couvent
des Augustins[1], et messieurs de la court là translatez pour plaider
les causes jusques après ledict bancquet royal. Dieu scait si ledit palais
fut moins aorné de toutes choses d'honneur et de plaisance qu'il avoit
esté au bancquet des nopces de mons. le daulphin et roy d'Escosse.

Tous les princes, grands seigneurs et capitaines de France se meirent en chemin et partirent de leurs maisons pour aller à Paris présenter leurs services à sa majesté et pour estre présens auxditz mariages. Les ambassadeurs arrivèrent en grand train audit Paris, environ
la fin du moys de may ou commencement de juin, et furent aussi
honorablement receuz que bragardement estoient venus. Chascun,
tant des estrangers que des François, furent logez par fourrier et par
quartiers, dans la ville de Paris, affin que tout allast en bon ordre.
Iceux ambassadeurs furent receuz par trois roys et trois roynes, qui
estoient le roy de France Henry et sa femme, le daulphin de France,
filz du roy et roy d'Escosse, et sa femme, et mons. de Vendosme,
roy de Navarre, et sa femme, tous accompagnez et assistez des princes

---

[1] Dans le registre du conseil (Archiv. imp. n° 18,942), à la date du mardi 11° jour
de may 1559, on lit : *Aux Augustins*.

1559. de leurs royaumes, et principallement des princes du sang royal de
France et des princesses enfans du roy, de mons. le duc de Lorraine,
du connestable, de messieurs de Guise, de Bourbon et aultres.
Mons. le connestable estoit mieulx cognu des ambassadeurs que tous
les aultres, pour avoir esté prisonnier entre leurs mains quasi l'espace
de deux ans et pour avoir moyenné et négotié avec eux les traictez de
paix et des mariages. Et pour ce furent par luy présentez au roy,
quant ilz feirent leur harangue et récitèrent le pouvoir et charge qu'ilz
avoient de leurs princes qui les avoient envoyez.

Quelques jours avant que de célébrer lesditz mariages, au palais
de Paris, en la présence du roy, d'iceux ambassadeurs, des princes
et de messieurs les présidens et conseillers de la court de parlement, feurent leus les articles de la paix tous l'un après l'aultre,
ensemble tous les accordz faictz de part et d'aultre, et les mandemens, pouvoirs, charges et procurations qu'iceux ambassadeurs avoient
de leurs princes. Lesquelz articles de paix, mandemens, pouvoirs,
charges et procurations furent encores une fois jurés et ratiffiés par
le roy, les princes du sang et aultres de France, et par lesditz ambassadeurs, et iceux enregistrés au greffe de laditte court de parlement, pour foy de plus grande approbation. Et le jour mesme,
au soir, dedans la court du logis du Louvre, où estoit logé le roy,
dedans la court du palais, et par les places et carrefours de Paris
furent faictz feux de joye, lesditz ambassadeurs et leurs gens présens, pour moustrer la grande joye que le roy et les Françoys
avoient de laditte paix et de l'alliance qu'on avoit faict avec les roys
et princes estrangers.

Mariage par procuration d'Élisabeth de France avec Philippe II, roi d'Espagne[1].
La cérémonie a lieu dans l'église de Notre-Dame de Paris.

[1] Contrat de mariage de Philippe II, roi d'Espagne, avec Élisabeth, fille aînée de Henri II. 1559, 20 juin. (Isambert, *Rec. des anc. lois françaises*, t. XIII, p. 546.) Le mariage par procuration fut célébré le 26 juin devant le cardinal de Bourbon, le duc d'Albe représentant le roi d'Espagne. — Marguerite de France et Philibert-Emmanuel furent mariés sans pompe dans la chapelle du palais, le 9 juillet, tandis que Henri II était entre la vie et la mort. Le contrat avait été signé le 27 juin.

Après la messe et au sortir de laditte église Nostre-Dame, l'assemblée fut conduitte dedans le palais pour disner, auquel le roy feit
aultant de debvoir qu'il avoit faict à celuy de ses deux premiers enfans, le roy-daulphin et sa fille, la femme du duc de Lorraine. C'estoit une chose bragarde à veoir, dedans Paris, que la magnificence
de quatre roynes toutes ensemble au jour des espousailles.

Tout ce jour-là, le lendemain et les deux aultres jours d'après se
passèrent (comme m'ont dict ceux qui y estoient) au bal et danse
des princes, roys et roynes, ambassadeurs et aultres, où chascun
prenoit du contentement assez. Les aultres jours se passèrent à jouer
à la paulme, au palmail, à tirer de l'arc, car à telz jeux se resjouissoit
fort le roy. S. M. n'alloit nulle part que les ambassadeurs d'Espagne
et de Savoye ne cheminassent quant et luy, l'ung d'ung costé et l'aultre
de l'aultre, estans eux trois suyvis du roy-daulphin, qui accompagnoit
l'ambassadeur du pape, une aultre fois l'ambassadeur de l'empereur,
le roy de Navarre, l'ambassadeur d'Angleterre. Les aultres princes de
France cheminoient avec les seigneurs de la suitte desditz ambassadeurs; le roy se rendoit frère et compagnon de tous et nommément
de ceux qui l'acostoient, auxquelz il monstroit une parfaicte amitié et
bienveillance aussi grande qu'il eust sceu faire à leurs maistres, s'ilz
y eussent esté présens.

Pour le festoyement desquelz et contentement des dames, saditte
majesté commanda qu'on despavast partie de la rue de St-Anthoine
de Paris, lez la Bastille et du costé de sa maison des Tournelles, pour
y faire les joustes et courir la lance. Il feit dresser des lices et des
eschaufaux pour mettre les seigneurs et dames qui n'estoient puissans
pour jouster et courir en lice, affin de regarder les chevalliers qui
courroient esdittes lices la lance et la bague, avec aultres jeux d'armes,
auxquelz il vouloit prendre et bailler plaisir aux spectateurs et dames
du royaume de France. A ces jeux[1] S. M. invita tous chevalliers

[1] Des armes furent apportées, pour le   dans les portefeuilles de Fontanieu, à la
tournoi, du château de Fontainebleau à   Bibl. imp. vol. 297-298.)
Paris. (Voy. un acte du 10 mars 1560

1559. d'armes, vielz et jeunes, affin de faire paroistre leurs vertu, force et dextérité, pour l'honneur des ambassadeurs et des dames. Les bons et vrays chevalliers, qui avoient ès guerres passées éprouvé leurs forces contre les Bourguignons et ennemys du royaume, furent bien resjouis du plaisir et commandement du roy. Les chevalliers couars et mal adroictz n'en estoient trop joyeux, non tant pour la peine et travail qu'ilz y peussent avoir, mais à cause des dames de France, et principallement de celles avec lesquelles ilz faisoient l'amour et auxquelles ilz s'estoient vantez d'avoir faict merveille contre les enne- mys ès guerres, batailles et rencontres qu'on avoit eues contre lesditz Bourguignons et ennemys. Il se trouve plusieurs de telz mignons qui, pour s'insinuer en l'amour des dames, prétendent devant elles avoir accompli de grands exploictz, et avoir mis par terre des ennemys par centaines contre vérité; car ils n'ont approché d'eux que d'une demye journée le plus près, ou bien, s'ilz en ont approché davantage, quant ils ont veu reluyre les harnois et gromeler ung peu l'artillerie desditz ennemys, ilz leur ont tourné le dos et les tallons, sans leur dire bonjour ni adieu, sinon tout bas et d'assez loing. Mais, pour monstrer qu'ilz ont faict ung grand debvoir, ilz rompent, en s'en- fuyant, leurs lances contre une muraille ou ung arbre, et, se voyant quelque peu loing, eux-mêmes avec leurs masses donnent de grands coups sur leurs corceletz et morions, qu'ilz taschent de forcer. Ils espè- rent ainsi faire croire à leurs dames et à aultres gens aysez à tromper en telle marchandise, que cela leur a esté faict en la bataille par l'en- nemy; leur plus grand regret est qu'ilz ne sauroient monstrer sur leur corps la plus petite blessure que tant d'ennemys qu'ilz disent avoir tué et rué par terre leur ayent faicte; et, n'estoit la crainte qu'ilz ont de se blesser eux-mesmes, ilz se donneroient voluntiers quelques coups sur la teste ou aultre lieu de leurs corps, pour per- suader ausdittes dames qu'ilz ont receu cela de l'ennemy pour le salut d'elles. Aussi, telz gens fuyoient la lice du tornoy que le roy avoit commandé et furent quasi tous malades, affin d'avoir moyen de n'y pas assister, et de se vanter en l'entretien de leurs dames que, sans l'indisposition de leurs corps, ilz y eussent bravé et faict merveilles, ayans grand regret de n'avoir esté en santé pour s'y trouver.

Au contraire, les chevalliers preux et hardis, qui en leurs corps, testes et visages avoient les marques des ennemys receues ès rencontres et batailles, lesquelles marques portoient seur et bon tesmoignage de leurs vertus, s'égayoient du tornoy et jeux commandez par le roy, et leur tardoit qu'ilz fussent en lice, affin de monstrer là à ung chascun qui les regarderoit, qu'ilz n'avoient receu telles marques en leurs corpz qu'ilz n'en eussent faict d'aultres aux ennemys.

Environ le 8 ou 10e jour du moys de juillet[1] de ceste présente année, le roy, les princes, les ambassadeurs et aultres chevalliers, qui avoient volunté de s'employer au contentement des dames et d'iceux ambassadeurs, se trouvèrent en la rue St-Anthoine de Paris, où se feirent les jeux susdictz. Et quant tous furent assemblez et mis en ordre pour courir, chascun d'eux, selon leur degré et qualité, fut avisé de ceux qui ouvriroient la lice et le jeu. Il fut dict et arresté que les ambassadeurs ne courroient dedans la lice contre les Françoys, de peur qu'ilz ne fussent blessez et que leurs princes ne tirassent cela à injure s'ilz y recepvoient aulcun mal; mais trop bien leur fut accordé que, s'ilz ambassadeurs vouloient prendre plaisir en ladiste lice et jeux royaux et y courir, ce seroit les ungs contre les aultres et non contre les Françoys, ni les Françoys contre eux; car le roy et les princes de France eussent esté moult dolens s'il feust mal advenu auxditz ambassadeurs.

Les deux premiers qui feirent l'ouverture du jeu et qui entrèrent en lice, pour courir l'ung contre l'aultre, furent le roy de France et mons. de Guise François de Lorraine[2], lesquelz tinrent le ban de deux

---

[1] Il y a ici une confusion de date. C'est le 10 juillet que Henri II mourut; mais la lice où il fut blessé par Montgommery eut lieu le 29 juin.

[2] D'après les mémoires de Vieilleville (l. VII, c. xxvii), la première joute eut lieu entre Henri II et le duc de Savoye, et la seconde entre le roi et le duc de Guise.

1559. chevalliers de marque et de mise [1]. Leur force faisoit voller les esclatz des lances en l'air, chascun d'eux désarçonnant son homme de la selle des chevaux, sans savoir le ruer par terre. Les lances rompues, estans comme à la désespérade l'ung de l'aultre, ilz eurent recours à la masse d'armes, puis à l'espée et au coustelas, se chamaillant sur leurs harnois d'une manière furieuse, comme s'ilz eussent esté grans ennemys l'ung de l'aultre; et feirent ces deux hommes debvoir de preux et vaillans chevalliers d'armes. Enfin, ayant jousté l'ung contre l'aultre au contentement d'eux et des regardans, ilz se quittèrent pour reprendre leur allaine et pour faire place aux aultres. Le roy, ayant reprins son vent, voulut encores jouster et soustenir le choc de plusieurs chevalliers, comme du roy de Navarre et d'aultres princes et chevalliers de son ordre, où il n'eut tant de peine que luy en avoit donné mons. de Guise, joinct qu'ilz se povoient feindre, à cause de sa majesté; et après en avoir mis par terre quelques ungs, se déporta pour l'heure sain et saulf, permettant aux aultres de tenir le rang en laditte lice, pour eux monstrer et faire paroistre la force de leurs corps, comme il avoit faict de la sienne. Mons. le connestable tint le rang à son tour, comme feirent après le roy de Navarre et mons. de Guise, après avoir reprins leur allaine. Le nombre des chevalliers qui coururent fut grand, car tous chevalliers y furent receuz aussi bien que les princes, et y furent respectez fort ceux qui s'y montrèrent vertueux, et furent bien chéris du roy, encores que une partie d'iceux ne fussent que petis gentilshommes à comparaison de sa grandeur et de celle des princes.

Les héréticques eussent bien voulu et désiroient advenir ce qui advint audit tournoy; car jà y avoit certain temps qu'ilz cerchoient le moyen de faire mourir S. M., et que, pour ce faire, avoient marchandé à plusieurs meurtriers et assassins, ainsi que nous avons dict en l'an dernier passé, en parlant de Caboche.

Entre les chevalliers de petit lieu, qui furent fort recommandez et

[1] Pasquier blâme comme peu convenable à sa dignité la part active prise par Henri II dans ce tournoi. (*Lettres*, l. IV, t. I, p. 172, 173.)

qui feirent merveilles auxditz tournoy et jeux royaux, fut le seigneur 1559.
de Mongomery, aultrement appellé le capitaine Lorge, lequel par sa
force et dextérité jetta par terre plusieurs aultres chevalliers tenant
le rang dedans la lice, aussi courageusement que personne qui y fust;
et y estoit moult voluntiers veu du roy, de aulcuns princes et seigneurs et de toutes les dames, luy seul emportant l'honneur dudit
combat, après le roy et mons. de Guise.

Le roy le voyant si preux et courageux et seul en la lice, se présenta devant luy pour courir la lance contre luy, ce qu'il refusa de
faire par plusieurs fois, s'excusant sur l'altesse de S. M., se réputant
indigne de tel honneur, disant qu'il n'appartenoit à ung si petit gentilhomme tel qu'il estoit de recepvoir telle faveur d'ung si grand roy,
et par tous moyens honestes s'excusoit de ne courir contre laditte
majesté; mais d'aultant plus qu'il s'excusoit, laditte majesté le pressoit et importunoit de ce faire, luy disant qu'il ne craignist et ne re-
fusast poinct contre luy non plus que contre ung aultre, et tant feit
laditte majesté qu'il convertit ledit capitaine au combat[1], et feirent
quelque course l'ung contre l'aultre moult dextrement dedans laditte
lice, où prenoit le roy grand plaisir, comme aussi faisoit toute l'assistance des seigneurs et dames. Et estant si resjouy le roy de la vertu

---

[1] L'Estoille dit que le capitaine Lorges
fut *comme forcé de courir et tirer contre le
roy*. (*Mémoires*, t. I, p. 53, édit. de Petitot.)
— On lit dans les mémoires de Saulx-Tavannes (Collect. Michaud, 1ʳᵉ série, t. VIII,
p. 225) : « Montgomery, Escossois, après
quelque refus de courre contre le roy,
brise sa lance en la cuirasse. » — M. de
Vieilleville, dans ses mémoires (Collect.
Michaud, 1ʳᵉ série, t. IX, p. 283), affirme
que Lorges voulut s'excuser de faire une
seconde course contre le roy. — Brantôme
est encore plus explicite : « La malle fortune, dit-il, fut que sur le soir, le tournoy
quasi fini, il voulut encor rompre une
lance, et pour ce manda au comte de
Montgomery qu'il comparût et se mît en
lice. Il refusa tout à plat et y trouva toutes
les excuses qu'il y peut; mais le roy, fasché
de ses responses, luy manda résolument
qu'il le vouloit..... » (*Vies des hommes illustres*, Henry II.) — Piguerre, en son
Hist. de France, p. 337, dit que Montgommery fut forcé de jouter contre Henri II.
Ces divers témoignages et l'assertion de
Cl. Haton lui-même suffisent pour démen-
tir l'accusation que cet auteur porte plus
loin contre Montgommery d'avoir avec
intention donné un coup mortel au roi
Henri II.

1559. de ce chevallier, comme aussi il estoit de tous les aultres qui jà avoient montré leur force et dextérité audit tornoy, pour l'honneur des ambassadeurs et des dames de France, se délibéra de courre encore une course ou deux contre ledit Lorge, ce qu'il feit à son malheur et à la ruyne de toute la France.

Car fortune, ennemye de la réjouissance de ce prince chrestien et Hector gaulois, envieuse de ses vertus et générositez héroïcques, Dieu le permettant, l'accabla au moment où il avoit atteint le but de ses plus grands désirs, qui estoit de la paix recouvrée avec les princes estrangers pour le prouffit des subjectz de son royaume, pour laquelle paix les mariages susditz avoient esté faictz et l'assemblée amassée. Le roy, courant en la lice avec le chevallier susdit nommé Lorge, le choc d'eux deux fut si rude, qu'estans aussi forts, adroictz, et vertueux l'ung que l'aultre, l'ung ne pouvant renverser l'aultre, rompirent leurs lances en plusieurs pièces et esclas. Dont advint que l'esclat de celle dudit Lorge entra dedans la teste du roy par dessoubz la visière de son armet ou morion qu'il avoit abaissée et destournée de devant ses yeux pour veoir plus clairement et à son ayse; lequel esclat luy demoura en la teste lardé de part en part, qui fut cause de tourner la joye supresme de ce prince et de toute l'assemblée en grande tristesse et douleur. Le malheureux coup donné, furent les deux chevalliers aussitost abattus à terre l'ung que l'aultre, l'ung pour le mal qu'il avoit receu du coup, l'aultre pour se mettre à genoux devant S. M., pour luy demander pardon, lequel luy fut donné surle-champ, sans aulcune difficulté, par ladite majesté, qui deffendit de luy rien faire, dire, ni reprocher présentement ni à l'advenir, le deschargeant du tout du coup qu'il luy avoit donné, mesmement de sa mort, si elle advenoit dudit coup, le déclarant innocent de ce mal, parce qu'il avoit par saditte majesté esté importuné de courir contre luy[1].

[1] Brantôme dit aussi que Henri II, avant de mourir, pardonna à Montgommery. (*Vies des hommes illustres*, Henry II.) Cependant quelques historiens affirment que, depuis sa blessure, le roi ne recouvra pas la parole. (Voy. Mézeray, *Abrégé chron.* t. IV, p. 72.)

Or fut la feste moult troublée, qui jusques là, depuis son com- 1559.
mencement, s'estoit démenée si joyeusement et magnificquement que
rien plus; furent les jeux et les danses bien rués jus; la lice où le
coup avoit esté donné, le jour et l'heure du combat furent mauldiz,
non de tous les assistans, ni des hératicques luthériens du royaume,
ains seullement des roynes de France et d'Espagne, femme et fille
du roy blessé, et de tous les bons princes et seigneurs catholicques
qui estoient là présens.

Le coup et pardon donné, fut S. M. portée et conduitte dedans
son hostel et maison des Tournelles, qui estoit toute joignante de la
place où il fut frappé, et là fut pansé jusques à sa mort, qui fut environ de quatre ou cinq jours après, et mourut environ le 15e jour du
moys de juillet de ceste présente année[1]; par la mort duquel furent
les cartes bien meslées en France, ainsi qu'il sera veu au second livre
que nous avons espérance de faire, Dieu aydant.

Sitost que la mort dudit seigneur roy fut sceue, les douleurs et tristesses des deux roynes susdittes furent bien augmentées; combien
qu'on a tout incontinant apperceu que la vefve de France n'en a faict
dueil en son cœur fort longtemps; mais la royne d'Espagne et ses
deux sœurs, la duchesse de Lorraine et madame Margueritte, filles
du deffunct, en portèrent grand dueil en leur cœur et longtemps.
Madame Margueritte de France, sœur unicque du roy, en mena ung
grand courroux, car ilz s'aymoient fort l'ung l'aultre. Les petis enfans de France, messieurs d'Orléans, d'Anjou et d'Alançon avoient

---

[1] Henri II mourut le 10 juillet. Voy.
Discours de la mort du roi Henri II (écrit
par un huguenot) (*Mém. de Condé*, 1743,
t. I, p. 213): — «Le trespas et ordre des
obsèques, funérailles et enterrement de
feu de très heureuse mémoire le roy
Henry, IIᵉ de ce nom, très chrestien, prince
belliqueux, accompli de bonté, l'amour
de tous estatz, prompt et libéral, secours
des affligez,» par le sᵣ de la Borde, François de Signac, roy d'armes de Dauphiné.

Paris, imp. de Rob. Estienne, 1559. (*Archives curieuses de l'hist. de France*, 1ʳᵉ série,
t. III, p. 307.) — Voy. aussi des lettres de
l'évêque de Limoges et de Philippe II,
dans les Négociations, lettres et pièces diverses relatives au règne de François II, publiées par M. Louis Paris, dans la Collect.
des Docum. inédits sur l'hist. de France,
1841, in-4°; — Brantôme, *Henry II;* —
Pasquier, *Lettres;* — de Thou, La Place
et les autres historiens contemporains.

1559. cause d'estre maryz de la mort de leur père. Le roy-daulphin, son filz aisné, ne se resjouit en sa mort, combien que la couronne et royaume de France luy escheussent et apartinssent, car ilz ne luy pouvoient fuir. Mons. de Guise, combien que la mort dudit sieur roy l'eust advancé en plus grand crédit qu'il n'estoit, en fut plus mary que nul aultre de la France, tant ilz aymoient perfectement l'ung l'aultre. Mons. le connestable avoit occasion d'estre fort dolent de laditte mort, ce que véritablement il fut, parce que son crédit se diminua de la moytié. Madame la duchesse de Valentinois avoit argument de se contrister de ceste mort plus que personne du royaume, car elle estoit mieux aymée en fol et villain amour dudit roy que toutes les dames de France. Non seullement les vefve, orphelins, princes, seigneurs et dames de France furent maryz et troublez de la mort de ce roy, mais aussi tous les catholicques des villes et villages de son royaume, et principalement les laboureurs des champs en feirent dueil, pour le grand repos qu'ilz avoient eu soubz son règne, excepté le pays de Picardie, qui avoit soustenu le fléau de la guerre par l'espace de six années entières et plus. Et combien que les habitans des villages et de plusieurs villes eussent perdu leurs biens par lesdittes guerres, si est-ce que grandement ilz ont pleuré la mort dudit roy, bien entendu par eux les courtoisies desquelles il avoit usé avec eux[1]. Les princes de Bourbon, c'est assavoir le roy de Navarre et mons. le prince de Condé, ne feurent fort dolens de la mort susditte, comme aussi ne furent les dames royne de Navarre et de Montpencier. Les seigneurs de Colligny, qui sont MM. le cardinal de Chastillon, l'admiral de France et le seigneur d'Andelot, furent bien ayses du coup mortel, et plus ayses de la mort intervenue dudit seigneur, comme aussi furent tous leurs adhérens héréticques, desquelz ilz s'estoient tous tacitement rendus protecteurs contre le feu roy[2], et ont eu plu-

---

[1] On trouve dans la Bibl. historique de Lelong et Fontette (t. II, p. 232) une liste des oraisons funèbres, éloges, lamentations qui se rapportent à la mort de Henri II.

[2] On a accusé les protestants d'avoir témoigné ouvertement leur joie de la mort de Henri II, par des paroles, des chansons et des actions de grâces à Dieu; il faut

sieurs personnes ceste oppinion que le coup fut prémédité et délibérément pensé avant qu'estre donné par le capitaine Lorge, quelque bonne mine de refus qu'il eust faict de jouster contre laditte majesté. Car, comme il fut cognu tout à l'instant et depuis bien expérimenté, les dessus nommez Bourbons et aultres ont esté les vrais protecteurs d'iceluy Lorge, et par sa confession mesme, comme depuis s'en est vanté, advisa de ne laisser perdre ceste bonne occasion qui se présenta de faire le coup, pour le soulagement de tant de gens de bien qui estoient en peine, les ungs ès prisons, les aultres en bannissement de leurs biens et pays, pour le faict de la religion, entendant parler desditz héréticques luthériens, qu'il appelloit les gens de bien; et ne put trouver meilleure occasion de faire son coup que lorsqu'il veit ledit feu roy abaisser la visière de son armet ou morion, qui luy descouvroit partie du visage et principallement à l'endroict des yeux et de la veue. Lequel, si tost qu'il eut obtenu pardon dudit deffunct roy, s'absenta de la court et se retira en sa maison, non pour faire pénitence de son meffaict, mais en demeura plus orgueilleux, se resjouissant d'avoir esté la cause et le moyen d'oster de la terre de France le prince duquel il et son père avoient receus grands honneur et biens.

Les ambassadeurs d'Espagne, d'Italie, d'Allemagne, de Savoye, d'Angleterre et aultres lieux furent grandement troublez de ceste mort, venue en leurs présences aux jeux et esbatemens qui avoient esté dressez et semons pour l'honneur d'eux et leur festoyement; et purent dire que le feu roy devoit estre comparé au pellican, lequel, estant en sa vieillesse, se tue pour bailler la vie à ses petis, ce qui estoit advenu de la personne du roy, lequel s'estoit ou avoit esté tué pour leur bailler la vie, à eux qui par si longtemps luy avoient esté estrangers et ennemys. Sa mort fut pour eux une vie et paix perpétuelle, et pour les siens une mort et ruyne cruelle. Iceux ambassadeurs se trouvèrent assez empeschez et ne sçavoient

cependant convenir que le passage où Théodore de Bèze (liv. II) raconte cette mort est écrit avec une remarquable modération.

1559. ce qu'ilz debvoient faire pour se retirer de France ; ilz envoyèrent en
poste advertir leurs princes et seigneurs, affin d'avoir d'eux mandement pour gouverner les affaires selon leur volunté, estans toutesfois
bien dolens en leur cœur, courage et contenance, de la mort de
ce prince qui les avoit si royallement festoyez, et par le moyen duquel ilz espéroient, avec le temps, accroistre leur crédit envers leurs
maistres.

Plusieurs personnes de France doutèrent que la paix naguères
faicte avec l'empereur, le roy d'Espagne et aultres ne dureroit guères
à cause de la mort du roy; mais en ce furent trompez. Car le roy-
daulphin son filz, par le conseil de messieurs les cardinaux et princes
de Guise et de Lorraine, satisfeit à tout ce dont estoient tenus le feu
roy et le royaume envers les princes estrangers, et par ainsi icelle
paix fut entre eux continuée, et fut au royaume de France une nouvelle guerre allumée.

O heureuse paix aux Anglois, aux Flamans, Allemans, Italiens,
Piémontois, Millannois et Espagnolz, qui vous a mis en repos et faict
dormir les huys ouvers, en rien ne redoutant plus les Françoys, qui
tant de fois depuis trente ans vous avoient faict abandonner voz biens
et voz maisons, pour s'y rafraischir à leur plaisir, et maintenant à eux
malheureuse, estant par icelle paix en une plus grande guerre que
jamais! Et à bon droict peuvent bien dire iceux Françoys que les
guerres qu'ilz ont faictes et menées contre vous leur estoient une paix
du vivant de leur roy, et que maintenant, après sa mort, laditte
paix leur est et sera une cruelle guerre.

O heureuses nopces pour l'Espagne, pour la Savoye, la Bourgogne
et aultres pays estranges dessus nommez, et malheureuses à la France,
que pleust-il à Dieu que jamais vous n'eussiez pensé aux filles de
France pour les demander en mariage à son roy!

O heureuse assemblée de Paris, pour lesditz Espagnolz et aultres
estrangers, en laquelle la paix a esté pour eux confirmée et par
icelle la France troublée!

O nations estrangères, tant chrestiennes que barbares, qui occupez

partie de la terre et des mers, combien estes-vous resjouies d'avoir 1559.
retrouvé liberté et assurance en vos pays, par eau et par terre,
contre l'impétuosité et la hardiesse des Françoys, qui, par laditte
paix et la mort de leur roy, sont comme captifz et reserrez chez eux
par le fléau de la guerre! Chantez *Te Deum laudamus* en voz temples
et par les rues de voz pays; c'est à vous à faire et non à la France,
laquelle, au lieu de chanter avec vous les chansons et cantiques de
joye, fault qu'elle chante les vigilles des trespassez et qu'elle lar-
moye par chants lugubres.

Pleurez donc, France la désolée, pleurez[1]!

Pour parler à la vérité, il n'y a eu estat en France qui n'aye eu
grande occasion de pleurer la mort de ce roy, tant en général qu'en
particulier, tant il s'est en sa vie montré débonnaire à tous et à ses
ennemis mesme, voire quand il les a tenu en sa puissance, usant
avec eux de miséricorde, haïssant iniquité et aymant la vertu[2]. Il a

[1] Il y a ici dans le manuscrit cinquante-deux vers de lamentations qu'il m'a paru inutile de reproduire. — Le recueil manuscrit de chansons conservé à la Bibliothèque impériale, sous le titre de *Recueil de Maurepas*, contient une chanson italienne sur la mort de Henri II. — M. Leroux de Lincy, dans son *Recueil de chants historiques* (t. II, p. 214), donne une chanson dans laquelle le comte de Montgommery est censé raconter les aventures de sa vie, et entre autres le coup mortel qu'il porta à Henri II.

[2] Voyez une appréciation étendue du caractère de Henri II dans Brantôme. (*Vies des hommes illustres*, Henry II.) — Voici ce qu'on lit dans l'*Histoire particulière de la court de Henry II* (Arch. curieuses de l'histoire de France, 1re série, t. III, p. 279): «Ce prince (Henri II) estoit à la vérité très bien nay, tant du corps que de l'esprit; sa taille et proportion des mieux ac-complies, robuste, forte et gaillarde pour le travail, à quoy il s'adonnoit beaucoup, et de disposition ce qui se pouvoit désirer.» — «Il avoit un air si affable et humain que, dès le premier aspect, il emportoit le cœur et la dévotion d'ung chascun; aussy a-t-il esté constamment chéry et aymé de tous ses subjetz durant sa vie, désiré et regretté après sa mort. Le distique latin qui fut faict après ceste malheureuse bataille de St-Laurent en faict foy, qui dict:

«Henrico parcit populus, maledicit et Annæ,
Dianam odit, sed mage Guisiadas.

«Qui se rapporte à nostre langue:

«Le peuple excuse Henry, maudit Montmorency,
Hait Diane surtout ceux de Guise aussi.»

— Citons encore les passages suivants de la légende du cardinal de Guise (*Mémoires de Condé*, t. VI, p. 19 et 39): «Le roy

1559. esté amateur de paix et à icelle s'est voluntiers incliné, encores qu'il eust du meilleur sur l'ennemy du royaume et grand avantage sur luy; il a esté plus heureux en guerre que prince qui aye esté roy de France, depuis Charlemagne; il estoit fort sage en conseil et avoit ung bon jugement naturel de toutes choses. Il a esté grand protecteur et deffenseur de l'église catholicque et romaine apostolicque, grand hayneur de l'hérésie et des héréticques tout son temps. Il a esté vray pillier et appuy de justice, commandant aux justiciers de juger équitablement, et leur recommandant les causes des vefves, orphelins et pauvres gens. Il a prins grande peine de réformer les abus qui estoient en l'église et en la justice, pour lesquelz faire cesser il a faict plusieurs ordonnances sur l'abréviation des procès, voulant oster toute chicanerie que l'avarice des praticiens et justiciers ont

(Henri II) estoit de doux esprit, mais de peu de jugement, et du tout propre à se laisser mener par le nez..... Il estoit d'un naturel paisible et benin, comme chascun sait, mais en peu, ils (les Guises) changèrent merveilleusement son naturel..... Avant qu'il fust roy, le cardinal (de Lorraine) luy avoit esté donné pour gouverneur, mais il ne servit qu'à le corrompre et gaster, luy servant de..... et serviteur d'amour. Les pierres, cabinets et tapisseries de l'hostel de Reims (où infinies paillardises se sont commises) en parlent encor... Les Guises, après avoir mis en main leur séneschale, taschoient à faire que Henry renvoyast sa femme en Italie. Et une fois à Rossillon sur le Rosne, ilz en tindrent un grand parlement, délibérez de faire renvoyer ceste royne, qui fut bien aydée par le cardinal de Chastillon depuis en ce mesme faict. Alors faisoit-elle la chrestienne, ayant la Bible souventes fois sur sa table, y lisant et faisant lire. D'autre part estoit avenu que, par le commandement du grand roy François, 3o pseaumes de David furent traduits par Marot et mis en musique par divers musiciens; car le roy et l'empereur Charles le Quint prisèrent cette translation par paroles et présens. Mais si personne les aima et embrassa estroîtement et ordinairement pour les chanter et faire chanter, c'estoit ce jeune prince Henry, lors dauphin, de manière que les bons en bénissoyent Dieu, et ses mignons et la séneschale mesme faignoyent et lui disoient : Monsieur, cestuy-cy ne sera-il mien? Vous me donnerez cestuy-là, s'il vous plaist. Lors il estoit bien empesché à leur en donner à sa fantaisie et à la leur. Toutesfois il retint pour luy le 128ᵉ, *Bienheureux est quiconque sert à Dieu volontiers*, lequel chant estoit fort bon et plaisant et bien propre aux paroles. Le chantoit et faisoit chanter si souvent, qu'il monstroit avoir un grand désir d'estre béni en lignée, ainsi que la description est faicte en ce pseaume. »

mis sus. Il avoit bien pollicé la gendarmerie, et en telle façon y avoit 1559.
mis ordre que les gens de guerre n'eussent osé rien prendre des
biens du laboureur, sans le payer de gré à gré; et a ceste ordonnance
esté observée toute sa vie, c'est-à-dire le temps de son règne, qui a
esté de treize ans non entiers, car il est mort sur le commancement
du treiziesme an de son gouvernement. Non seullement lesditz gens
de guerre n'eussent osé prendre aulcune chose sur les laboureurs
sans payer, mais aussi ne les eussent osé desteler de leur harnois
et charrue, ni les destourber de leur labourage pour se faire guider,
eux ni leur bagage, sous peine de la hart, ni prendre leurs chevaux,
harnois ni charrettes, sinon en cas de nécessité et en payant. Cest
ordre fut tout son règne si bien observé que les laboureurs n'eussent daigné fermer les huis de leurs caves, celiers, garniers, coffres
et aultres serrures de leurs maisons pour les gens de guerre, tant ilz
se gouvernoient honestement, selon laditte ordonnance. Les poulles,
poulletz, chapons et aultres volailles estoient parmi les jambes desditz gens de guerre ès maisons des laboureurs quand ilz y estoient
logez, et si n'en eussent pas tué une seulle sans demander congé à
l'hoste et pour l'argent. Ilz ne faisoient bruict ni insolence ès maisons desditz laboureurs, non plus qu'en leurs maisons propres; et
pour ces causes, les laboureurs et gens des villages ont bien occasion de pleurer et regretter sa mort, car avec grande difficulté y
aura-il roy au royaume de France de longtemps qui les gouverne si
doulcement et en telle façon, et pour ce a-il esté appellé le père des
laboureurs.

A cause de la pollice qu'il avoit mise sur la gendarmerie en la
forme que dessus, il doubla les tailles, affin d'avoir argent pour
payer les gens de guerre et de leur faire observer son édict de pollice, et estoient lesditz gens de guerre bien payez. Mais une chose
est à craindre et qui n'a guères mis à advenir après sa mort. Les
tailles sont demeurées sur le pauvre peuple, et si la gendarmerie a
mangé et ruyné les villageois; toutesfois, si la mort ne l'eust prévenu, il avoit ceste volunté de descharger entièrement ses subjectz

1559. desdittes tailles, gabelles et impositions, ensemble de casser tous nouveaux offices à gages qu'il avoit mis sus par les villes du royaume,
et qui estoient à la foulle du peuple, affin de luy faire resentir de
mieux en mieux le bénéfice de la paix que Dieu luy avoit donnée,
espérant de faire florir son royaume, et de le rendre le plus riche de
toute la terre. Mais Dieu ne luy en a pas faict la grâce, car l'homme
propose et Dieu dispose.

Le peuple de France s'est trouvé indigne de ce bien, à cause de
ses péchez et de son orgueil; la corruption des bonnes mœurs a
continué en tous estatz, tant ecclésiastique que aultres, depuis les
cardinaux jusques aux simples prebstres, et depuis le roy jusques aux
simples villageois. Chascun a voulu suyvre son plaisir; on a délaissé
mesme l'ancienne coustume de s'habiller. De temps immémorial, nul
homme de France n'avoit esté tondu ni porté longue barbe avant le
règne dudit feu roy; ains tous les hommes, garçons et compagnons,
portoient longs cheveux et la barbe rasée au menton. Le feu roy
a esté le premier roy tondu qui aye jamais esté en France et qui
ait porté longue barbe. Les prebstres et évesques se sont faict tondre
des derniers, et ont porté longue barbe, ce qui a esté trouvé fort
estrange. Depuis le commencement du règne dudit feu roy, ont commencé les nouvelles façons aux habillemens toutes contraires à l'antiquité, et a semblé la France estre ung nouveau peuple ou ung monde
renouvelé. . . . .

En ce temps et par tout le règne dudit feu roy, faisoit bon vivre en
France, et estoient toutes denrées et marchandises à bon marché,
excepté le grain et le vin, qui enchérissoient certaines années plus
que d'aultres, selon la stérilité, et toutesfois, esdittes treize années
de son règne n'ont esté que trois ans de cherté de grain et de vin,
et n'a valu le blé froment, en la plus chère desdittes trois années, que
14 et 15 s. t. le bichet, à la mesure de Provins, et les aultres grains
au prix le prix, et ne duroit telle cherté que trois moys pour le
plus; — la queue de vin, 24 et 25 l. t. pour la plus chère desdittes
années; — les années communes, le blé froment ne valloit que 5 s. t.

le bichet, mesure dudit Provins, et les aultres grains au dessoubz; — la queue de vin, 40, 50, 60 s. t. ou 4, 5, 6, 7, 8 l. t. le vin, crû de Provins et d'alentour, et l'estimoit-on estre cher quant il passoit la somme de 8 liv. t. ès années médiocres; — le telleron de bois de charme rendu à Provins, au trespas dudit feu roy, ne valloit que 4 l. t. pour le meilleur; — le cent des meilleurs fagotz de houppier, de trois piedz et demy de long et aultant de grosseur, 30 et 35 s. et les moindres au dessoubz; — la pièce de laine de la meilleure estoit à 100 s. t. et l'aultre au dessoubz; — l'aulne de drap blanchet du meilleur, la somme de 20 et 22 s. et 6 d. — l'aulne de drap gris 12 s. et 6 d. et 15 s. — l'aulne du meilleur drap noir 45 s. tainture de Paris; de la tainture de Provins 30 et 35 s. t. — l'aulne de tiretaine, 3 s. et 4 la meilleure; — l'aulne de grosse toille de chanvre, couverte d'estouppes, 3 s. la meilleure; celle de deux chanvres, 4 et 5 s. t. la mesure de Provins; — la paire de soulliers de vache, à simple semelle, de dix, unze et douze poinctz, 6 s. t. et à double semelle 10 et 11 s. — la vieille vache sur le pied rengressée valloit 100 s. et au dessoubz; — le bœuf du creu de ce pays, 8 et 10 l. t. — le veau gras, 20 et 25 s. t. — le mouton gras, 25 et 30 s. t. et les moindres au dessoubz du prix; — le chappon 4 et 5 s. les meilleurs; — la poulle 2 s. et 6 d. — 6 et 7 œufz, pour ung blanc; — le millier d'eschallatz de chesne et de quartier à fuscher les vignes, 50 s. t. — la planche de chesne d'une toise de long et ung pied de large, 5 s. t. — le boisseau de noys, 20 d. et 2 s. t. — la paire de roues d'orme, 25 s. t. et de faytre, 20 s. — la tourneure de roue en bandes de fer, 50 et 60 s. — la forgure de fers à charrue, 8 s. et depuis à 10 et 12 s. t. — l'arpent de terre à labourer, aultant que la forgure de fers; — l'arpent de terre d'achapt à tousjours, sans aultre charge que le cens, de 15 à 20 l. t. et l'arpent de pré aultant; — l'arpent de bonne vigne à tousjours et bien planté, 100 l. t. — les maisons faictes ou à faire n'estoient chères. — La journée d'ung manouvrier, fust à besongner aux champs ou aux vignes, estoit au temps d'esté de 2 s. et 6 d. le jour,

1559. avèc ses despens, et aultant ung maçon, ung charpentier et ung cou-
vreur à la journée.

. . . .

(La fin du chapitre LXII et tout le récit du règne de François II manquent
dans le manuscrit.)

LIVRE DEUXIÈME.

1560.

Par le décès du feu roy Françoys de Valoys, second de ce nom[1],
succéda au royaume de France Charles de Valoys, son frère. La
venue de ce jeune prince à la couronne fut une grande joye aux ungs
et une grande tristesse aux aultres. Joye fut à messieurs les princes
de Bourbon, huguenotz et protecteurs des huguenotz de France,
lesquelz furent exaltez à la dignité et charge qu'ilz désiroient et pour
laquelle obtenir ilz avoient les années passées tant travaillé et mis gens
en peine par tous moyens et de toutes qualitez, qui estoit d'estre
tuteurs et gouverneurs du roy et du royaume, à quoy ilz n'avoient
sceu parvenir du vivant du feu roy Françoys second, ainsi que l'avons
monstré; mais maintenant, par la permission de Dieu, et par les

---

[1] François II mourut le 5 décembre
1560, âgé de dix-sept ans, dix mois et un
jour, après avoir régné dix-sept mois et
vingt-cinq jours. — Voy. dans les portefeuilles de Fontanieu, n°ˢ 297-298, à la
B. I. un compte de fournitures de drap
noir faites, pour leur deuil, au chancelier
et au général des finances (1ᵉʳ juin 1561).

1560. moyens par eux mis en avant telz que Dieu sçait, y sont parvenus, le
royaume estant tombé en minorité, S. M. n'estant âgée que de neuf
à dix ans[1]. Tristesse fut aux seigneurs de Guise et à tous les catholicques de France, pour les misères et ruynes esquelles tomba le
royaume par ceste mutation d'estat et de personnes. Madame la royne
d'Escosse devoit estre encores la plus dolente de toutes les personnes
de France, laquelle, par la mort de son mary le roy Françoys second,
perdoit avec son amy le tiltre de royne de France, pour estre bannie
et renvoyée quasi comme esclave en son isle et royaume d'Escosse.

Les cartes, qui en France estoient par les années passées fort en-
meslées, ainsi que l'avons monstré, furent à ceste foys si bien brouil-
liées, et les meilleurs joueurs se trouvèrent si empeschez à les penser
desmesler, qu'ilz furent contrainctz de les laisser et de s'entremettre
à jouer à ung aultre jeu, ainsi que sera veu par le discours qui en sera
faict ci-après.

Tout à l'instant que le feu roy Françoys second fut mort, messieurs
de Bourbon furent mis en toute seureté et liberté, et les prisons furent
ouvertes à mons. le prince de Condé, qui, d'ung orgueil incroiable,
chemina par la ville d'Orléans, accompaigné des seigneurs et aultres
gens de sa faction. En ung moment, fut faict un conseil de conseillers nouveaux, excepté le connestable, par lesquelz fut arresté que
le roy de Navarre avec la royne mère seroient gouverneurs du jeune
roy et du royaume[2], et ceux-ci, au sortir de leur conseil, feirent
signifier à mons. de Guise qu'il n'eust à se immiscer aulcunement de

---

[1] Charles IX, né le 27 juin 1550, avait,
lors de la mort de son frère, dix ans et
demi.

[2] Catherine de Médicis, régente recon-
nue, mais sans titre formel, gouverna avec
un conseil composé du roi de Navarre, des
cardinaux de Bourbon, de Lorraine, de
Guise et de Châtillon, du prince de la
Roche-sur-Yon, du connétable Anne de
Montmorency, des ducs de Guise, d'Aumale et d'Étampes, du chancelier de l'Hôpital, des maréchaux de Saint-André et
de Brissac, de l'amiral Coligny, du sieur
Dumortier, des évêques d'Orléans, de Valence, d'Amiens, du sieur d'Avanson, le
sieur de l'Aubespine étant secrétaire d'état.
(Voy. sur l'organisation de la régence de
Catherine, de Thou, liv. XXVI; et Extraits
des registres du parlement de Paris, 25
et 30 mars 1560, dans la collection Fontanieu, Bibl. imp. vol. 297-298.)

quelque charge que ce fust de celles qui touchoient les affaires du 1560.
roy ni du royaume, ains qu'il allast garder le feu roy son maistre. Ce
que bien ayant entendu ledit sieur de Guise, après avoir mis ordre
à ses affaires, pour la seureté de sa personne, se retira hors la ville
d'Orléans avec son train, qu'il feit armer en bon équipage pour se deffendre, si d'aventure messieurs les Bourbons et leurs alliez l'eussent
voulu envahir, comme en estoient les signes assez apparens. Avec le
seigneur de Guise sortirent aussi d'Orléans plus de cinq cens chevaux
et gentishommes pour le suivre et mettre la main aux armes en sa
faveur, si besoing en eust esté; et se trouva ledit sieur de Guise suyvi
de plus grand nombre de peuple et gentishommes que le jeune roy
ni ses gouverneurs. De quoy moult se trouvèrent esbays les sieurs de
Bourbon, le roy de Navarre et la royne mère, lesquelz, par le conseil
du connestable, le renvoyèrent querre pour rentrer à la court et ne
point abandonner le roy. Qui plus étonna les princes de Bourbon,
touchant la retraite dudit sieur de Guise hors de la court, fut que,
oultre les gentishommes qui le suyvoient, il fut quant et quant suyvi
de quasi toutes les compaignies d'ordonnances tant de cheval que de
pied que le feu roy avoit faict arriver à Orléans et aux environs pour
tenir sa personne et les estatz en meilleure seureté; lesquelles compaignies offrirent leur service audit sieur de Guise de corps et biens,
jusques à la dernière goutte de leur sang, et de mourir à ses pieds,
toutes fois que mestier en seroit. Le seigneur d'Aumalle, le marquis
d'Elbœuf, le grand prieur de France et les cardinaux de Lorraine et
de Guise, tous frères, sortirent pareillement de la court et abandonnèrent le roy pour suyvre ledit sieur de Guise leur frère avec tout
leur train et ce qu'ilz purent amasser de gens; parquoy ne demeura
avec le roy que la royne mère, le roy de Navarre, le prince de Condé
et le connestable, qui estoient en moindre nombre que lesdits de
Guise, dont le chef, par le moyen des princes et seigneurs qui le
suyvoient, et des gens de guerre qui tenoient son party, eust, s'il
eust voulu, esté faict roy de France. Car il estoit en mesure de s'emparer de la personne du jeune roy et des enfans de France malgré

1560. les sieurs de Bourbon et la royne mère, et à ce faire luy eussent aydé l'assemblée des députez des trois estatz de France, qui estoient jà arrivez audit Orléans.

Mons. le prince de Condé se voulut entourer de gens d'armes au plus grand nombre qu'il put; mais pour lors ne trouva des hommes à son commandement à la dixiesme partie dudit de Guise. Le roy de Navarre faisoit semblant qu'il ne pensoit à rien aultre chose qu'à entendre aux affaires du roy, du royaume et des trois estatz, se contentant de ses gardes et de ceux du roy son maistre et pupille. Mons. le connestable monstroit le semblant de ne vouloir espouser la cause des ungs ni des aultres, parquoy n'entroit en meffiance de personne, mais employoit ses moyens pour la pacification des troubles qu'il voyoit se préparer entre les princes de Bourbon et de Guise, et pour les faire dissimuler les ungs devant les aultres, en attendant que les différens prétendus entre eux se peussent par bon conseil oublier et mettre au néant.

La royne mère, en dissimulant devant le connestable, se vouloit venger contre ledit de Guise, et secrettement stimuloit le roy de Navarre et le prince de Condé de se rendre ennemys mortels et capitaux d'iceluy, leur faisant entendre que les entreprinses faictes contre eux par le feu roy son filz n'avoient esté que par le conseil d'iceluy de Guise, auquel elle vouloit qu'ilz princes de Bourbon feissent rendre compte de toutes les affaires de France qu'il avoit maniées depuis dix ans auparavant, tant du vivant du feu roy Henry, son mary, que dessoubz son filz, dernier décédé, jusques à ce jour; d'autre part, pour mieux jouer sa tragédie, elle faisoit, par lettres et messages et quelquesfois en personne, entendre audit de Guise la malveillance que luy portoient messieurs les princes de Bourbon, et comment, contre le gré et vouloir d'elle, ilz vouloient luy faire rendre compte des affaires qu'il avoit maniées, et que de ce faire ne les pouvoit empescher, et plusieurs aultres propos qu'elle tenoit audit de Guise desditz sieurs de Bourbon au désavantage de son excellence. Par telz moyens et menées, icelle dame sema ung tel discord entre ces deux maisons de

Bourbon et de Guise, que jamais ne se sont osé fier l'une à l'aultre, 1560.
ains toute leur vie demeurèrent en meffiance les ungs des aultres
jusques à la mort.

Laditte dame royne faisoit ce pour régner et gouverner en France,
ayant ceste oppinion en elle que, si messieurs les princes de France
eussent esté unis et tous d'ung bon accord entre eux, elle eust esté
renvoyée en son pays d'Italie avec son douaire, chose qu'elle ne vouloit estre faicte. Parquoy, elle continua ses entreprinses cauteleuses,
pour entretenir division entre lesditz princes et grands seigneurs de
France, avec les ungs contrefaisant la catholicque, et avec les aultres
la huguenotte[1].

[1] Sur Catherine de Médicis, voy. entre autres : Lettres et exemples de la feu royne mère, comme elle faisoit travailler aux manufactures et fournissoit aux ouvriers de ses propres deniers, etc. Paris, Pierre Paulonnier (*Arch. curieuses de l'hist. de France*, t. IX, p. 123); — Discours merveilleux de la vie, actions et déportemens de la reyne Catherine de Médicis, déclarant tous les moyens qu'elle a tenus pour usurper le royaume de France et ruyner l'estat d'iceluy (*Arch. curieuses de l'hist. de France*, t. IX, p. 1). Cette pièce est attribuée à Henri Estienne; elle a été composée en 1574, et traduite depuis en latin sous le titre de : *Legenda beatœ Catharinœ*, etc. — Vita di Caterina de Medici, saggio storico di Eug. Alberi (Firenze, 1838, in-8°); — Brantôme, *Vies des dames illustres*; — Montaigne, *Essais*, l. III, c. vi, et Le Laboureur, *Addit. aux mém. de Castelnau*, t. I, l. I, p. 287. — Il existe à la Bibl. imp. de nombreuses lettres de Catherine de Médicis, en originaux ou en copies, dans les collections Béthune, Dupuy, Fontanieu, etc. et surtout dans les vol. du *Suppl. français* 194 et 2722, 1 à 4, et dans le vol. 486 de Dupuy.

— On a imprimé une grande quantité d'écrits, complaintes, remontrances, requêtes, exhortations, avertissements, avis, épîtres adressés à la reine mère sur les misères du royaume et les persécutions exercées contre les protestants. — La bibliothèque de Brera, à Milan, possède des instructions très-curieuses données par Catherine de Médicis au cardinal de Ferrare (*Scrittura data al cardin. di Ferrara sul modo da tenersi da nostro sign. per ordinare le cose della religione in Francia, mandata da SS. illᵃ, l'ultimo di decembre 1561.* Copie du xviiᵉ siècle, anc. catalogue, carton Cᵃ A. 33), pour représenter au pape les maux que cause à la France la diversité de religion, pour lui exposer les justes plaintes que font naître les désordres du clergé catholique, et pour l'engager à des concessions et à des réformes sur l'administration des sacrements, la communion sous les deux espèces, le chant des psaumes et les prières en langue vulgaire, les processions, la vente des messes, etc. Cette pièce a été analysée dans l'Histoire universelle de de Thou, l. VIII). — On trouve aussi, sur les velléités protestantes de Catherine de Mé-

1560. Mons. de Guise, au mandement du roy de Navarre et de la royne mère, rentra à Orléans et alla saluer le jeune roy de France et luy offrir ses humbles services, telz qu'il avoit faict aux feuz roys ses ayeul, père et frère, assurant qu'il désiroit de vivre et mourir pour la deffence de sa couronne et de son royaume. De laquelle offre moult se resjouit ledit jeune enfant roy, en disant audit sieur de Guise qu'il le retenoit pour ung des plus loyaux serviteurs de la couronne, et qu'il luy souvenoit du service qu'il avoit faict à ses feuz père et frère, et qu'il espéroit qu'il ne luy en feroit moings.

De cette response royale faicte audit de Guise furent indignez ledit roy de Navarre, la royne mère et le prince de Condé; toutesfois, ilz dissimulèrent, sçachant bien que le jeune roy pour lors ni de long-temps ne seroit en estat de rien faire ni entreprendre contre leur vouloir, et pour la nécessité qui estoit d'escouter les députez des trois estatz convoquez à Orléans, le tout demeura en silence [1].

Avant que d'entrer au conseil et à l'assemblée des trois estatz, deux choses furent faictes par les gouverneurs du roy et du royaume : la première fut ung édict de liberté de religion; l'aultre fut la purgation de mons. le prince de Condé sur son emprisonnement et les cas à luy imposés [2]. L'édict de liberté [3] pourtoit commandement

dicis, une longue lettre adressée à cette reine en 1559, dans le *Recueil de choses mémorables faictes et passées pour le faict de la religion et état de ce royaume depuis la mort du roy Henry II* (1565, t. I, p. 501); cette lettre a été reproduite dans le dictionnaire de Bayle, à l'article *Marot*.

[1] L'assemblée des états avait été d'abord convoquée à Meaux pour le 10 décembre; elle fut ouverte le 13 à Orléans.

[2] Le prince de Condé, arrêté à Orléans le 31 octobre, fut rendu à la liberté aussitôt après la mort de François II; il se retira dans les domaines que son frère possédait en Picardie, en attendant qu'une décision sur son procès eût été prise. Voy. sur ce

procès : *Interrogatoire d'un des agens du prince de Condé.* (Archives curieuses de l'histoire de France, 1re série, t. IV, p. 35.)

[3] Lettre de Charles IX, par laquelle est ordonné que tous ceux qui sont détenus pour le fait de la religion soient mis hors des prisons. 1560 (1561), janvier 28 (*Mém. de Condé*, t. II, p. 268); — Lettre du roi et de la reine mère au parlement de Paris, au sujet des prisonniers détenus à la Conciergerie pour cause de religion. 1560 (1561), févr. (*ibid.* p. 269); — Édit du roi qui défend de s'entre-injurier pour le fait de la religion, et de rien faire qui puisse troubler la tranquillité publique. 1561, avril 19 (*ibid.* p. 334).

aux juges des villes et villages de visiter les prisons chascun de leurs 1560.
jurisdictions, pour veoir si en icelles y avoit aulcuns prisonniers là
détenus pour le faict de la religion, et, si aulcuns y trouvoient, de
les mettre hors sans aulcune forme de procès et de les renvoyer en
toute seureté en leurs maisons, pour y vivre en liberté de leur
conscience, sans estre aulcunement recherchez pour le faict d'icelle
ni de ladicte prétendue religion. Pareillement furent par iceluy édict
révocquez et remandés tous les bannis, de quelque qualité qu'ilz
fussent, qui avoient esté envoyez ès gallères ou en aultres lieux hors
du royaume pour le faict de ladicte religion, fust par sentence de
justice ou aultrement, en vertu des édictz faictz par les feuz roys
Françoys Ier, Henry II, et par le feu roy François II dernier décédé;
voulant et entendant que lesditz expulsez et bannis rentrassent en
leurs biens, terres, possessions et maisons, eussent pleine jouissance
d'iceux, comme ilz faisoient avant que d'en partir, et en iceux vé-
cussent en paix et en seureté, sans qu'il leur feust meffaict ni mesdit
aulcunement ni rien reproché à cause de ladicte religion prétendue.
Deffense fut faicte aux catholicques de ne les mocquer, injurier ni
provocquer à courroux, sous peine de punition corporelle, et ordre
donné aux ungs et aux aultres de vivre paisiblement ensemble,
comme frères et amys, sans s'entre-injurier en s'appelant *huguenotz* ni
papaultz..

Cet édict fut envoyé à messieurs de la court de parlement de
Paris, pour estre par eux enregistré, homologué et publié par leur
ville; ce que lesditz sieurs ne voulurent faire sans double et triple
jussion et après de grandes menaces de la part des gouverneurs du
roy. Enfin, en l'homologuant, ilz adjoustèrent les mots qui s'ensuivent, c'est assavoir : *Par importunité de ceux de la religion prétendue,
et par provision, en attendant la majorité du roy.* Les huguenotz ne
vouloient que les motz susditz fussent adjoustez, et pour les faire
oster ilz retournèrent à messieurs de Bourbon, gouverneurs du
royaume, lesquels, sur leurs instances, mandèrent à ladicte court
qu'elle eust à publier et enregistrer cestuy édict en sa forme et teneur,

1560. sans y rien adjouster ni diminuer du style tel qu'on le leur avoit envoyé. Mais les sieurs de laditte court n'en voulurent aultre chose faire, pour menaces ni commandement qui leur en fust faict.

Par les aultres villes de France où il y avoit huguenotz, tant déclarés que secretz, fut iceluy édict bien venu et receu, et principallement en celles esquelles y avoit des juges et justiciers huguenotz, qui, avec diligence et orgueil indicible, ne feirent faulte de le publier et enregistrer, affin de le faire observer au prouffit et vouloir des huguenotz. Les catholicques, tout à l'instant, furent en tel mespris, que plusieurs d'entre eux, mal fondés en la foy et de petite dévotion, laissèrent l'église romaine et des apostres pour suyvre l'église huguenoticque. En toutes compagnies, assemblées et lieux publicz, ilz huguenotz avoient le hault parler, et n'usoient en leurs propos que de menaces, en détractant de l'église catholicque et des sacremens d'icelle, et principallement du sacrement de l'autel et de la messe. Et combien que, par l'édict ci-dessus dict, faict à leur advantage, fust deffendu tant à eux qu'aux catholicques de ne s'entre-injurier les ungs les aultres, si est-ce que eux jamais ne cessèrent d'injurier lesdictz catholicques, en les appellant *papaux, idolâtres, pauvres abusez* et *tisons du purgatoire du pape,* et ne demandoient qu'à faire sédition et à provocquer les catholicques contre eux, pour les faire mettre en prison et tomber en dommages. Et fut cestuy édict cause de plusieurs noises, débatz et meurtres en divers endroictz du royaume, pour le grand orgueil et l'audace desditz huguenotz, lesquelz demeuroient impunis de quelque mal qu'ils feissent aux catholicques, voire des meurtres par eux commis envers lesditz catholicques; tandis que ceux-ci estoient bien et rigoureusement punis de la moindre injure ou aultre faict par eux commis contre lesditz huguenotz.

En la ville de Provins y avoit, comme on l'a vu[1], trois frères appellés les Barengeons, gens riches, affables et huguenotz des premiers de laditte ville. Ces trois frères, Claude, Nicolle et Anthoine,

---

[1] Pages 22 et 54.

se monstrèrent protecteurs des aultres huguenotz de Provins, qui estoient en assez petit nombre pour lors, et furent solliciteurs de faire
publier cestuy édict aux plaitz du bailly et par les carrefours de la
ville. Le bailly estoit alors maistre Jehan Alleaume, huguenot secret
et non déclaré, qui, en tout ce qu'il peut, supporta lesditz huguenotz et oppressa les catholicques. Ilz Barengeons ne se contentèrent
de la publication faicte dudit édict aux plaitz et carrefours de Provins, ains en feirent six coppies qu'ilz eux-mesmes portèrent aux
quatre curez et aux deux prédicateurs qui preschoient l'Advent audit
Provins, pour le publier à leurs prosnes et sermons de mot à mot,
affin que personne n'en prétendist cause d'ignorance, et feirent entendre auxditz curez et prescheurs que de ce faire leur estoit mandé
de par le roy, de peur qu'ilz n'y feissent faulte. Aulcun des curez
ou vicaires dudit Provins publia ledit édict à son prosne et le déclara selon qu'il avoit esté instruict par lesditz Barengeons, comme
aussi feit le prédicateur qui preschoit en l'église des Jacobins, en
laquelle pour cest an estoit le sermon ordinaire; mais les aultres curez
ni le prédicateur des Cordeliers, qui estoit nostre maistre Barrier,
cordelier et curé de Ste-Croix[1], n'en voulurent rien faire, excepté
que ledit Barrier, au commencement de son sermon, le publia en
telle sorte et par telz motz, c'est assavoir : « On m'a cejourd'huy apporté ung mémoire et papier escript, qu'on m'a dict estre la coppie
d'un édict du roy, pour vous le publier; et veult-on que je vous dye

---

[1] Le père Jean Barrier, natif de Courlons, docteur en théologie, gardien du
couvent des cordeliers de Provins, confesseur du duc de Guise, curé de Sainte-Croix
de Provins, théologal de Saint-Quiriace et
de Notre-Dame-du-Val de la même ville,
mourut le 20 avril 1570 et fut enterré
dans l'église des Cordeliers. Sur le premier
feuillet du registre des baptêmes de la paroisse de Sainte-Croix (1558-1565), où sa
signature figure pour la première fois à la
date du 8 mai 1560, il avait écrit les vers
suivants, qui s'y lisent encore :

> Quisquis ades qui morte cades, sta, respice, plora ;
> Sum quod eris modicum cineris, pro me, precor, ora.
> Est commune mori, mors nulli parcit honori ;
> Debilis et fortis veniunt ad limina mortis ;
>   Sæpe velox juvenem mors rapit ante senem.
> Respice quam brevis mors imminet omnibus horis.

1560. que les chatz et les ratz doibvent vivre en paix les ungs avec les aultres, sans se rien faire de mal l'ung à l'aultre, et que nous aultres Françoys, c'est assavoir les héréticques et les catholicques, fassions ainsi, et que le roy le veult. Je ne suis crieur ni trompette de la ville pour faire telles publications. Dieu vueille par sa miséricorde avoir pitié de son église et du royaume de France, les deux ensemble sont prestz de tomber en grande ruyne; Dieu vueille bailler bon conseil à nostre jeune roy et inspirer ses gouverneurs à bien faire; ils entrent à leur gouvernement par ung pauvre commencement, mais ce est en punition de noz pechez. » Il ne fut faict aulcun mal audit Barrier d'avoir dict cela, ni aux aultres curez qui ne voulurent publier iceluy édict, non plus qu'à cestuy qui trop légèrement le publia et en tant qu'il peut l'approuva estre bon pour le prouffit et paix des habitans du royaume.

Cestuy édict publié par le royaume de France, plusieurs personnes de tous âges et de toutes qualitez se débauchèrent de la religion catholicque, et devindrent héréticques, à cause de la grande liberté à mal faire et dire qui leur estoit permise sans aulcune punition de justice; et fault croyre que, si le plus grand larron et voleur du pays eust esté prins prisonnier, il eust eschappé à tout danger, voire à la mort, moyennant qu'il se feust déclaré huguenot et de la nouvelle prétendue religion.

En la ville de Provins y avoit assez peu de huguenotz, et aulcun ne s'estoit publicquement déclaré tel avant la publication d'iceluy édict, combien que les Barengeons ne fréquentoient les églises ni le divin service que le moings qu'ils pouvoient, comme aussi ne faisoit maistre Jehan Saulsoy, médecin; lequel Saulsoy fut en ceste présente année esleu par les parroissiens de l'église de St-Pierre de Provins marguillier de laditte église, affin qu'il fust contrainct d'assister au divin service par chascun jour, et fallut, contre sa volunté, qu'il acceptast et feist la charge de marguillier. Mais il se déclara avant l'an révolu de sa charge estre huguenot et de la nouvelle oppinion, comme aussi feirent les Barengeons; — Me Nicolle de Ville, advocat à Pro-

vins; — Me Jehan de Ville, père de Nicolle, procureur du roy audit 1560.
lieu, lequel n'osa donner la signature de sa main comme son filz, et
demeura libertin sans foy ni religion, n'allant ni à la messe et aux
divins offices de l'église catholicque, ni au presche des héréticques;
et fut cest homme fort pernicieux à l'église catholicque du bailliage
de Provins, à cause de l'estat qu'il avoit; — Marc Boyer, procureur
et notaire à Provins; — Léon Godard, aussi procureur audit Provins;
— Me Richard Privé, advocat; — Me Eustache d'Aulnay, soy disant
noble et seigneur de Prime-Fosse, conseiller au siége présidial dudit Provins; — Mathé Chipault, duquel nous avons parlé quand nous
avons déduict l'enterrement du lieutenant Verjus; — Me Jehan Alleaume, bailly dudit Provins, n'osa par sa signature tel se déclarer,
de peur de perdre son estat, mais au demeurant avoit tel jugement et
sentiment que les nouveaux frères de ladite religion prétendue, qui
pareillement feit beaucoup de mal à l'église catholicque, et se travailla beaucoup pour l'érection de la nouvelle religion héréticque;
— Nicolas Doury, barbier et chirurgien, lequel dissimula jusques à
ce qu'il feust marié à se déclarer, de peur que telle déclaration ne
l'empeschast d'avoir en mariage la fille qu'il poursuivoit; — Quiriace
Prieur, teinturier, nommé le capitaine Boytout; — Nicolas Maistrat,
apothicaire; — Denis Saulsoy[1], aussi apothicaire; — Jehan Couvent,
le jeune, aussi apothicaire, lequel estoit malade de la maladie de podagre et chiragre tant ès piedz qu'ès mains; — Jacques et Nicolas les
Gangnotz, drapiers et foulons; — et....... Privé, controlleur du
sel, avec quelques autres, lesquelz controlleur et aultres, par le conseil de leurs amys, ne voulurent donner la signature de leurs mains
ni par icelle telz se déclarer, comme feirent les dessus nommez.

Nonobstant l'édit de permission de liberté en matière de religion, les presches publics n'estoient permis auxditz huguenotz par
le royaume de France; et pour ce ceux dudit Provins ne s'assembloient de jour en public pour tenir leur sabbat, ains s'assembloient

[1] On trouve dans le Nobiliaire du bailliage de Provins, par M. Ythier, p. 381, la généalogie de la famille Saulsoy.

1560. de nuict, au soir, ès maisons desditz Barengeons, qui estoient les piliers et sousteneurs de la nouvelle oppinion audit Provins, pour estre les plus riches et les plus pitoyables. Ilz Barengeons, pour gagner des hommes de toutes qualitez, pauvres et riches, n'espargnoient leurs maisons, services ni biens. Avant que d'estre et de se déclarer héréticques, ilz estoient fort charitables et aulmosniers de leurs biens, et par trois jours de la sepmaine ilz donnoient aulmosne aux pauvres à tous venans en pain assez suffisamment pour nourrir une personne ung jour à chascune fois. Mais, depuis s'estre déclarez huguenotz, ilz cessèrent de faire telles aulmosnes publicques et à tous venans, ains n'en voulurent plus faire que de secrètes à ceux qui estoient ou promettoient estre de leurditte nouvelle religion.

Les huguenots livrent leurs femmes et leurs filles à ceux qui veulent embrasser le protestantisme. — Le libertinage occasionne beaucoup de conversions. — Dans les assemblées nocturnes des religionnaires, le ministre lui-même donne le signal de la débauche [1].

. . . . . Et pour ceste cause, plusieurs hommes ne voulurent plus souffrir leurs femmes se trouver à telles assemblées nocturnalles, ayant ce vice en mespris d'estre coupaüdez en leur présence, aulcunes fois par ceux qui n'avoient point de femmes. Telz qui ne voulurent plus mener leurs femmes auxdittes assemblées furent aygrement reprins et tancez par leurs ministres, ceux-ci leur disant qu'ilz n'estoient vraiz frères et qu'ilz deffailloient lourdement en la vertu de charité, laquelle debvoit estre telle en eux que nul ne pouvoit et ne debvoit avoir rien de particulier, ains que toutes choses debvoient estre communes entre les frères de la nouvelle religion, suyvant la façon de faire des premiers chrestiens.

Depuis vingt ans au précédent la publication de l'édit ci-dessus mentionné de liberté, n'y avoit par la France que simples gens mécaniques et artisans qui fussent de cette nouvelle oppinion luthérienne, comme savetiers, cordonniers, menuisiers, cardeurs, peigneurs de

---

[1] Le passage qui se trouve à la page 49, sur ce qui se faisait dans les assemblées nocturnes des protestants, est reproduit ici dans le ms. en termes à peu près semblables.

laines, merciers et portepaniers, gens qui alloient rôdant de ville en   1560.
ville et de province à aultre, et dont aulcuns avoient demeuré à
Genefve, les aultres en Allemagne; et y avoit trois fois plus de telz
gens mécanicques imbuz et instruictz en ceste nouvelle oppinion
qu'il n'y avoit de bourgeois et marchans ès villes et de gentishommes
par les villages, lesquelz bourgeois et gentishommes, jusques à ce
jour, avoient faict la guerre auxditz artisans huguenotz, les deschas-
sant de leurs compaignies et les accusant à justice pour les faire
exécuter de la peine de feu. Mais depuis ceste publicque permission,
les gentishommes et bourgeois des villes se sont, pour la plupart
en France, tournez à ceste qu'ilz avoient autreffois estimé folle oppinion et faulce religion, et se sont grandement repentis d'avoir persécuté ceux qui en avoient esté devant eux, de quelque qualité qu'ils
fussent ou eussent esté.

   Les gentishommes des environs de Provins qui se déclarèrent
estre huguenotz depuis la publication de l'édit de liberté furent :

   Le seigneur d'Esternay[1], seigneur de la Motte de Tilly, qui dès
longtemps estoit héréticque sans se déclarer;

   Le vidame de Chaslons, son frère, qui ne fut jamais prebstre ne marié;

   La dame de la Motte, leur mère, demeurant audit lieu de la Motte
de Tilly-lez-Nogent-sur-Seine;

   Une de ses filles, qui avoit esté cordelière au monastère des Dames
du couvent hors les murailles de Provins, et qui depuis fut prieure
du monastère de St-Cyr au vau de Galie, à quelques lieues de Paris;
lesquelles dame de la Motte et cordelière avoient toute leur vie
jusques à présent esté fort dévotes et religieuses en l'église catholicque, de laquelle elles furent desbauchées par lesditz d'Esternay et
vidame leurs filz et frère;

   Les seigneur et dame de St-Symon, seigneurs de Chantaloë, parroisse de Bauchery[2];

_____

[1] Sur la famille d'Esternay, voy. plus   Chanteloup et de Beauchery, voy. Ythier,
haut, p. 10.   *Nobiliaire du bailliage de Provins*, p. 6.
[2] Pour la généalogie des seigneurs de

1560. Le seigneur de Besancourt, filz de la femme dudit St-Symon, demeurant au village de la Sausotte-lez-Nogent ;

Ung petit gentilastre de la maison dudit St-Symon, demeurant audit Bauchery, nommé Primsault ;

Ung autre gentilastre de Villers-St-Georges, nommé le seigneur de Lansoë, qui depuis espousa à la nouvelle prétendue religion une religieuse ou nonain d'ung monastère de femmes qui est en Normandie ;

Maistre Loys le Roy, seigneur de Daoust et de Houssoy, qui aultres-foys avoit esté procureur du roy à Provins ;

La damoiselle d'Yverny, dame d'Aulnoy-lez-Provins et de Cousture, parroisse des Ormes-lez-Bray-sur-Seine ;

Le seigneur d'Acou, en partie seigneur d'Éverly ;

Ung petit gentilastre nommé le seigneur de Boissy-lez-Provins, ès environs de Chenoise ;

Le seigneur de Umbrée ;

Le seigneur du Buat, en la parroisse de Bannostz, avec quelques peu d'aultres desquelz je n'ai la mémoire pour le présent.

Les dessus nommez prindrent grande peine de séduire et tourner à ladite nouvelle prétendue religion le reste des gentishommes de ce pays, et entre les aultres furent séduictz le seigneur de Mouy et sa femme, fille de la maison du Plaissie-aux-Tournelles, aultrement appelé le Plaissie-aux-Brébans. Pour prendre occasion de tirer à ladite religion lesditz gentilshommes, dames et damoiselles, estoient mises en avant l'espérance de usurper le patrimoine de l'église catholicque, qu'ilz huguenotz pensoient se partager chascun d'eux à sa commodité, et l'espérance de parvenir aux honneurs et charges du royaume ès maisons des roy et gouverneurs de France, du roy de Navarre, de la royne mère, du prince de Condé, de l'admiral de France, seigneur de Chastillon, du seigneur de la Roche-Foucault et du seigneur d'Andelot, colonel de l'infanterie françoise, esquelles maisons les huguenotz estoient sans comparaison mieux venus et honorez que les catholicques. Et parce que les huguenotz s'attendoient à ce que le

roy de Navarre ou le prince de Condé parviendroit à la couronne 1560.
et seroit roi de France, lesditz gentishommes estoient pour ce plus
enclins à délaisser la religion catholicque et à prendre l'héréticque,
affin d'estre favorisés des princes et grands seigneurs susditz, qui
estoient de laditte nouvelle prétendue religion. Les gentishommes
qui estoient ou devindrent héréticques après la publication de l'édit
de liberté montèrent en ung grand orgueil, comme aussi feirent les
aultres héréticques de France, lesquelz, en toutes assemblées publicques et particulières, usoient de menaces et de mocqueries contre
les catholicques; il estoit fort dangereux aux catholicques, et nommément aux ecclésiasticques, de se trouver par les chemins et aultres
lieux destournez devant lesditz huguenotz, pour la grande hayne que
ceux-ci leur portoient, et peu eschappoient de leurs mains sans estre
battus, s'ilz estoient seulz, et bien injuriez, s'ils estoient en compagnie qui les eust peu défendre. Et pour ces causes y eut de grands
discords et inimitiez entre les hommes de France, et en divers lieux
advindrent de grands meurtres par séditions populaires; dès lors, les
ecclésiasticques, tant séculiers que réguliers, furent contrainctz, pour
la seureté de leurs vies, de se desguiser en leurs habillemens et
maintien, et de ne plus porter par les champs l'habit clérical, ni les
longs cheveux, ni la couronne, ni la barbe rasée, ni aultre marque
qui enseignast qu'ilz fussent prebstres ni moynes.

Les gentishommes se comportoient les ungs envers les aultres, de
quelque opinion qu'ilz fussent, ung peu plus modestement que ne
feit le tiers-estat, et ne se vouloient formaliser les ungs contre les
aultres pour le faict de la religion. Les huguenotz du tiers-estat en
vouloient tousjours aux catholicques, et ceux-ci aux huguenotz. Les
ecclésiasticques, pour la pluspart, se comportoient avec toute patience envers lesditz huguenotz, et ne se trouvoient en leurs compaignies que le moings qu'ilz pouvoient, pour éviter aux séditions. Aulcuns desditz ecclésiasticques estoient fort vicieux encores pour lors,
et les plus vicieux estoient ceux qui plus résistoient auxditz huguenotz, jusques à mettre la main aux cousteaux et aux armes. Pour évi-

1560.   ter aux séditions et troubles qui se faisoient en tous lieux, l'édit de
liberté ci-dessus dict estoit par chascune sepmaine réitéré et publié
par les villes et villages au son de la trompette, avec menaces de plus
en plus rigoureuses; mais il n'y avoit de punis que les catholicques,
encores que les huguenotz les eussent provocqués et tirés à sédition
par leurs injures[1].

Sitost que le feu roy fut mort, et que messieurs de Bourbon furent, avec la royne mère, faictz les gouverneurs du royaume de France
et du roy pupille, mons. le prince de Condé voulut se justifier des
cas qui luy avoient esté imposez et qui avoient motivé l'emprisonnement de sa personne par le commandement du feu roy; et, pour ce
faire, fut renouvellé le conseil du roy enfant, et deschassa-on par ré-
cusations tous les sieurs du conseil qui avoient entendu et veu les
accusations, les dépositions des tesmoings, les interrogations, confessions et récollemens dudit prince de Condé, et qui avoient vacqué
à la confection de son procès, jusques à sentence de mort. Cette
sentence fut retardée à prononcer, à cause de la maladie et du trespas dudit feu roy, lequel, en mourant, vouloit qu'elle feust exécutée sur ledit prince de Condé, comme criminel de lèze-majesté,
ennemi de la couronne de France, et perturbateur du repos public,
tel qu'il disoit avoir esté trouvé coulpable par la confection de son
procès; et est une chose toute certaine, que, si mons. de Guise eust
voulu obéir au roy, ledit sieur prince de Condé eust esté exécuté par
justice, le jour de devant que ledit feu roy mourust. Mais ledit
sieur de Guise, comme aussi mons. le connestable, ne voulurent exécuter ce commandement du roy, le voyant ainsi malade et proche
de la mort qu'il estoit; joinct aussi que la royne mère et le roy de
Navarre les requirent de en ce n'obéir au roy, pour les inconvéniens
qu'il leur en eust peu advenir par après. Pour procedder à la justification dudit sieur prince, le roy de Navarre commanda au greffier

---

[1] L'auteur revient ici sur ce qui a été
dit à la page 92. Il ajoute aux injures que,
suivant lui, les huguenots proféraient
contre les catholiques, celle de *macque-
reaux du pape.*

et secrétaire du conseil de mettre entré ses mains tout ce qui avoit 1560.
esté faict et escript pour le procès dudit sieur prince et pour la confection dudit procès; ce que feit ledit greffier et secrétaire, sans
en rien retenir qu'il osast monstrer à personne au dommage dudit
sieur prince. Lequel procès, tant les informations et interrogatoires
que récollemens de tesmoings, confessions et négations, estant entre
les mains dudit roy de Navarre, tant les grosses que les minutes,
fut par luy mys dedans le feu pour brusler, sans en réserver une
seule pièce. Parquoy, pour procéder à la justification dudit sieur
prince de Condé, fallut recommencer le procès, lequel fut faict et
instruict par des conseillers nouveaux atiltrés pour ce; ces conseillers, qui en rien n'eussent osé dire, escrire, juger, ni condempner
aultrement que selon le vouloir du roy de Navarre et dudit seigneur
prince de Condé, son frère, feirent eux-mesmes le dicton de la sentence de sa justification, tout ainsi qu'ilz voulurent et à leur proffit.
Lesditz seigneurs roy de Navarre et prince de Condé furent fort maris contre les princes et conseillers du conseil du feu roy qui avoient
vacqué au faict dudit procès, la pluspart desquelz avoient signé la
mort, l'en ayant trouvé coulpable. Et engendra ce une hayne plus
grande et mortelle entre lesditz sieurs de Bourbon et lesditz du conseil, qui a duré jusques à la mort. Or, fut-il par les nouveaux conseillers et par le conseil practicqué en la présence du jeune roy, jugé
aultrement que n'avoient faict les conseillers du feu roy. Car, par leur
sentence (rendue le 13 juin 1561), fut ledit sieur prince de Condé
déclaré innocent des cas contre luy proposez et mis en avant; fut dict
qu'à tort et sans cause il avoit esté accusé, emprisonné et contre luy
procédé en matière de crime; fut dict ledict sieur prince de Condé
estre, comme tousjours a esté, prince généreux, loyal serviteur du roy
et de la couronne, et par luy n'avoir esté faicte ni entreprinse chose que
pour le service du roy, pour l'utilité du royaume et pour le repos public; deffense à toutes personnes de quelque qualité qu'elles feussent,
sous peine de la vie, de ne rien dire ni reprocher audit sieur prince,
pour son emprisonnement ni pour les causes d'iceluy, ni en tenir pro-

1560. pos en secret ni en public au désavantage de l'honneur d'iceluy, ains de l'estimer et avoir en honneur, comme vray prince yssu du sang royal, serviteur du roy et protecteur du royaume. Ceste justification fut imprimée et exposée en vente à toutes personnes qui la voulurent achepter[1]. Mais peu de gens y emploièrent leur argent s'ilz n'estoient huguenotz, pour ce que chascun sçavoit bien de quel zèle ledit sieur prince avoit entreprins les faictz de la cause pour laquelle il avoit esté par le feu roy emprisonné. Ilz prince de Condé et roy de Navarre ne se contentèrent d'avoir faict prononcer ladite justification au jeune roy, ains voulurent qu'elle feust publiée aux carrefours de la ville d'Orléans, au conclave de la salle des trois estatz tenus en ladite ville d'Orléans, et au Palais et par les carrefours de la ville de Paris.

Les huguenots de France, que la mort de François II, la publication de l'édit de liberté, la délivrance et la justification du prince de Condé rendaient de plus en plus présomptueux, prennent les catholiques en dédain et songent à se mesurer avec eux. — Ils avaient été pendant quelque temps retenus par la crainte qu'inspiraient les princes lorrains, par les remontrances et les promesses de la reine mère et du roi de Navarre, par la présence des états généraux et par l'attente de la décision des députés en matière religieuse. — Les états généraux, ouverts à Orléans le 13 decembre 1560, se terminent le 31 janvier suivant[2]. — Des ordonnances de réformation sont rédigées d'après les cahiers[3].

A l'assemblée desditz estatz se trouvèrent les princes de France,

---

[1] Pièces concernant le procès du prince de Condé et la déclaration de son innocence. (*Mémoires de Condé*, t. II, p. 376 et suiv.) — Déclaration portant que Louis de Bourbon, prince de Condé, est innocent du crime dont on voulait le charger. Fontainebleau, 13 mars 1561. (*Additions de Le Laboureur aux mémoires de Castelnau*, t. I, p. 732.)

[2] *Des états généraux et autres assemblées nationales*, par C. J. de Mayer (La Haye et Paris, 1788-1789, in-8°), t. X, XI et XII. — *Forme générale et particulière de la*

convocation et de la tenue des assemblées nationales ou états généraux de France, justifiée par pièces authentiques, et recueil des cahiers généraux des trois ordres, par Lalourçé et Duval, 1789, Barrois l'aîné, 16 vol. in-8°.

[3] Ordonnance générale rendue sur les plaintes, doléances et remontrances des États assemblés à Orléans au mois de janvier 1561; registrée au parlement le 13 septembre de la même année. (Isambert, *Rec. des anc. lois françaises*, t. XIV, p. 63.)

tant ecclésiasticques que séculiers, comme les cardinaux, archevesques 1560.
et grande partie des évesques[1]. Les officiers de la couronne et de la
maison du roy y assistèrent. Le roy, qui n'estoit âgé que de neuf à
dix ans, feut assis au plus hault lieu et éminent, affin d'estre veu de
tous les assistans. Aux deux costez de luy estoient assis, à dextre, la
royne sa mère, et ses aultres enfans pupilles et mineurs; à senestre
le roy de Navarre, son gouverneur et du royaume, et auprès de luy
mons. le prince de Condé son frère, et aultres princes du sang. Aux
pieds du roy estoit assis mons. de Guise en une chaise, faisant
son estat de grand maistre d'hostel; à costé de luy, assez loing à la
dextre, estoit assis mons. le connestable, et d'aultre costé, à senestre, mons. de l'Hospitail, garde des sceaux de France. Au milieu
desquelz et devant les pieds de mons. de Guise, estoient assis à l'entour d'ung contoir ou table les quatre secrétaires des commandemens du roy, pour escrire et enregistrer les requestes faictes par
les députez desditz estatz. A la dextre, ung peu arrière, estoient
assis messieurs les cardinaux, archevesques, évesques et prélatz de
France, avec le légat du pape, mons. le cardinal de Trivulce. D'aultre
costé, à senestre, estoient messieurs les princes de France et aultres
officiers de la couronne, et ès environs des sieurs cardinaux estoient,
assez loing, les députez de l'estat ecclésiasticque, et derrière et attenant des princes, aussi assez loing, estoient les députez de la noblesse,
et devant la face du roy et des princes du sang et des gouverneurs,
estoient, bien loing et au plus bas, les députés du tiers-estat. Je n'ai
eu cognoissance ni communication des harangues faictes à l'entrée
desditz estatz, fust par le roy ou ses gouverneurs, comme aussi de
celles des députez, et n'ont icelles harangues esté mises par escript,
ni recueillies par personnes qui ayent eu ceste volunté de les mettre
en évidence[2]. Bien ay ouy dire à ung des députez qui estoit présent

---

[1] *L'ordre et séance gardez aux estats d'Orléans.* (Bibl. imp. ancien fonds franç. n° 8676, p. 6.) — *Le vray pourtraict et discours de l'assemblée des trois estatz tenus en* la ville d'Orléans, etc. Paris, J. de Gourmont, gravure sur bois du XVIᵉ siècle.

[2] La publication des harangues et des cahiers fut défendue. — On trouve le dis-

1560. que mons. le prince de Condé proposa et meist en avant une requeste pour les huguenotz de France, affin qu'en ceste assemblée leur religion prétendue feust approuvée et receue pour bonne, et que permission leur feust donnée d'exercer dans tous les endroictz du royaume, tant ès villes que villages, laditte prétendue religion. Mais de sa requeste fut débouté, et luy fut respondu que l'assemblée desditz trois estatz n'avoit esté là convocquée pour traiter de religion, et qu'en France ne falloit doubter que la religion catholicque, apostolicque et romaine ne feust bonne et saincte, et celle pour laquelle il haranguoit et qu'il prétendoit auctoriser condempnée et de tous temps réprouvée par les pères et anciens. A laquelle responce se tint ledit sieur prince de Condé, voyant ne pouvoir là avoir audience, et différa jusques à ung aultre temps pour en faire la poursuitte, ainsy qu'il sera dit cy-après.

> Clôture des états d'Orléans. — Retour dans leurs maisons des députés du bailliage de Provins : messire André de Gramont, prieur de Saint-Ayoul, pour le clergé; mons. de Baby, pour la noblesse; et m^e Jean de Ville, procureur du roi [1], pour le tiers état.

Lesdits Gramont et de Ville revindrent dudit Orléans pires en matière de religion qu'ilz n'estoient avant que d'y aller. Car ilz n'estoient que catholicques esbranlez, ne sachant encores à quelle religion ils se debvoient tenir; mais à leur retour se déclarèrent de bouche et d'œuvre estre du rang des héréticques et huguenotz. Touteffois ne furent si folz que plusieurs aultres, qui baillèrent la signature de leurs mains, quand ilz demandèrent ung prédicant en la ville de Provins, et ne voulurent signer qu'ilz estoient de ladite prétendue religion; mais n'eurent honte de rapporter et semer par la

cours du chancelier de l'Hôpital dans le Recueil de ses œuvres publié par Dufey de l'Yonne, t. I, p. 375 et suiv. — Voy. aussi : *La harangue de par la noblesse de toute la France au roy très chrestien Charles IX tenant ses grands estatz en la ville d'Orléans,* le 1er jour de janv. *1560, par très hault et très puissant seigneur messire Jacques de Silly.* Rouen, impr. de Jasp. Remortier.

[1] Sur la famille de Ville, voy. Ythier, *Nobiliaire du bailliage de Provins,* p. 74 et 191, à la bibliothèque de la ville.

ville qu'auxditz estatz la prétendue religion réformée avoit esté approuvée, receue et autorisée, et la religion catholicque, romaine et
apostolicque réprouvée et condempnée, et que la messe ne se chanteroit plus en France que trois ans pour le plus, parce que audit Orléans elle avoit par l'assemblée esté exterminée et, comme chose meschante, réprouvée, ce que receurent plusieurs simples gens estre vray
au rapport d'iceux. Les hommes de bon esprit n'en voulurent rien
croire et taschèrent à redresser ceux qui y croyoient. Ce néantmoings,
iceux députez continuoient en leurs rapports telz que dessus touchant le faict de la religion; et quand l'ung en devisoit en l'absence
de l'aultre, il s'en rapportoit à son compaignon, et en ceste sorte
tous deux confirmoient le dire l'ung de l'aultre, jusques à ce qu'on
eust ouy parler mons. de Baby; lequel fut fort étonné quand il ouyt
affirmer à gens dignes de foy comme lesditz Gramont et de Ville
avoient faict en la ville de Provins ung tel rapport, et, après avoir
esté rendu certain que tel faux rapport avoit fort troublé les habitans
de laditte ville de Provins, se transporta en icelle, affin de certiffier
aux habitans qu'il n'estoit rien de ce que leurs députez leur avoient
dict, et que oncques auxditz estatz d'Orléans n'avoit esté tenu aultre
propos de la religion que ce qu'en avoit proposé mons. le prince de
Condé, par sa requeste, de laquelle il avoit esté débouté. Les dessus
nommés Gramont et de Ville, ayant entendu ledit sieur de Baby avoir
esté audit Provins, pour dissuader à ceux qui avoient creu à leur
rapport, furent tout honteux et n'en osèrent plus parler en public.
Et d'aultant que le peuple catholicque dudit Provins vouloit courir sur
les faux rapporteurs, ilz jettèrent, en se voulant excuser, la faulte
l'ung sur l'aultre, et, par tel moyen, ilz entrèrent en grande et mortelle hayne l'ung contre l'aultre, jusques à se cercher pour s'entre-
tuer. Ledit prieur Gramont, qui avoit de 30 à 35 ans, pour oster la
maulvaise oppinion que le peuple avoit de luy touchant la religion
catholicque, se feit par après au karesme prochain promovoir aux
ordres saincts et sacrés, et fust en ceste année faict et ordonné soubz-
diacre et diacre; mais pour cela le peuple ne cessa d'avoir opinion

1560. de luy assez doubteuse, et bien ai sceu qu'on ne fust trompé en disant qu'il ne valoit mieux diacre que clerc. Ledit de Ville continua en sa folle oppinion de pis en pis touchant la religion, et petit à petit se sépara de la religion catholicque et romaine, ne voulant plus fréquenter les églises des catholicques ni le divin service de Dieu faict par les chrestiens en icelles; et toutesfois, de peur de perdre son estat, devint quasi comme athéiste, sans foy, loy ni religion. Car ayant quitté l'église catholicque et romaine, ne fréquentoit non plus la luthérienne, tandis que sa femme demeura toujours en la foy catholicque, suyvant l'église romaine en tout et partout, et leurs enfans suivirent la foy luthérienne, par quoy appert que en une seulle maison par l'homme, la femme et les enfans y avoit contrariété de religion et manière de servir Dieu.

Par le faux rapport desditz Gramont et de Ville, le nombre des huguenotz s'augmenta audit Provins et se trouvèrent incontinent plusieurs jeunes gens desbauchez de la religion romaine; et n'eust esté la diligence des prédicateurs qui preschèrent à Provins, plus grand nombre, tant des jeunes que des vielz, se fussent desbauchez. Entre lesquelz fort travailla nostre maistre frère Jehan Barrier, cordelier, docteur en théologie et curé de St^e-Croix dudit Provins, lequel en ses sermons confutoit moult proprement la doctrine luthérienne et huguenotte, parquoy fut moult mal voulu des huguenots de laditte ville, et par eux souvent appellé *cagot* et *faux renard.*

En ceste présente année, le sermon ordinaire par chascun jour du karesme se tenoit et faisoit en l'église du couvent des jacobins de Provins, et pour ce que l'hérésie et doctrine huguenoticque taschoit à prendre pied et fondement audit Provins, le prieur desditz jacobins, homme religieux, fort catholicque, fut soigneux de pourvoir en leur couvent d'ung prescheur qui fust digne de sa charge et prouffitable au peuple de la ville, pour maintenir en la foy les bons et fidelles, pour y ramener les desvoyez, et pour y retenir les esbranlez, suyvant qu'il en estoit besoing pour le temps. Et pour ce faire, appella de la ville d'Auxerre audit Provins ung grand et sçavant

prescheur, nommé nostre maistre d'Ivollé, jacobin du couvent dudit
Auxerre[1], homme de saincte vie, droict de corps, de grande corpu-
lence, bigle d'un œil, noir de visage, rude de parolle, et âgé de 40
à 50 ans, docteur de Paris des plus sçavans et mieux versez qui fussent en son ordre, voire de toutes qualitez par toute la France, grand
exterminateur de toute faulse doctrine, grand adversaire des huguenotz et de leur hérésie. Lequel, par les sermons qu'il feist au karesme, sceut si bien confuter tous les pointz de l'Escriture que les
huguenotz mettoient en controverse, que ceux de la ville de Provins,
je dis mesmes les huguenotz d'icelle pour la pluspart, voulurent l'aller
escouter, aulcuns pour entendre la vérité et pour en faire leur prouffit, affin de se retirer de l'erreur huguenoticque où ilz estoient, aultres
pour le calumpnier en sa doctrine, les aultres pour l'observer en ses
parolles, affin de l'accuser et faire punir, s'il disoit chose contraire à
la volonté des gouverneurs du royaume et aux édictz par eux faictz
touchant la permission donnée ausditz huguenotz.

Fault notter que cest homme en tout et partout descouvrit le desseing et vouloir qu'avoient les huguenotz de France, et déclara en
plusieurs sermons à quel but ilz tendoient, ce qu'ilz cerchoient et
demandoient, aussi véritablement que s'il eust esté présent à la détermination de leurs affaires et secretz. Et davantage prédist le mal

[1] Voici ce qu'on lit dans l'Histoire de la prise d'Auxerre par les huguenots, de l'abbé Lebeuf (Auxerre, 1723), au sujet de Pierre d'Ivolé : « Ce saint religieux étoit natif de Chavannes, proche Auxerre. Le clergé et la ville d'Auxerre avoient contribué, dès l'an 1537, à ce qui étoit nécessaire pour le faire recevoir docteur de Paris. En 1542, il prêcha le carême dans l'église des jacobins d'Auxerre, selon la coutume qui étoit alors de faire prêcher l'Avent et le carême alternativement par des jacobins et par des cordeliers. Il s'y distingua encore par plusieurs sermons qu'il prêcha dans les cérémonies extraordinaires. Il prêchoit le carême à Saint-Étienne-du-Mont, à Paris, lorsqu'il mourut. Ses sermons ont été imprimés à Paris, en 1576, tels qu'il les avoit prêchés à Chartres. On a aussi de lui une Explication de la messe, imprimée en françois (p. 32, note a). » Le même écrivain, dans ses Mémoires sur l'histoire d'Auxerre (t. II, p. 392), parle d'une Vie de d'Ivolé imprimée en tête de la 3e édition des sermons de ce prédicateur, faite en 1579. Il sera plus loin question de d'Ivolé, à propos de la prise d'Auxerre par les huguenots, en 1566.

1560. prochain qui, en brief temps, seroit faict par eux en la France; comment ilz s'eslèveroient par armes et séditions contre le roy, son estat
et le repos public, désolant les villes, saccageant les églises et les
temples, maltraitant les prebstres, taschant à abolir toute vraye religion, toutes lois ecclésiasticques, politicques et civilles, tous sacremens et service divin; comment par leur orgueil ilz prendroient les
armes au poing pour exterminer le roy et son estat, ensemble tout
le peuple catholicque; enseignant aux catholicques qu'ilz seroient
contrainctz de prendre les armes deffensives contre eux et leurs
armes offensives, et que de ce faire il leur estoit permis de Dieu,
non pour assaillir iceux huguenotz, mais pour se deffendre seullement,
recommandant tousjours auxditz catholicques qu'ilz ne commenças-
sent poinct les premiers à assaillir, mais qu'estans assaillis, ne feissent
difficulté de se deffendre pour maintenir la religion catholicque et
romaine, leurs biens, leur vie et leur famille, et qu'en ce faisant ne
pescheroient aulcunement, selon le tesmoignage de l'Escriture. non
plus qu'avoient faict Abraham, Moïse, David et le peuple d'Israël,
lesquelz, pour la deffense de l'honneur de Dieu et de la religion,
avoient prins les armes contre les Philistins et les incirconcis, armés
pour l'extermination de tous sacrifices, sacrificateurs et peuple fidelle
de la circoncision. Il monstra et descouvrit toute la ruse des huguenotz et quel estoit leur desseing, par les discours des anciens et mo-
dernes hérétiques de la chrestienté. Il prédist le temps auquel ilz
devoient prendre les armes et de quel orgueil ilz chemineroient et
se comporteroient en tous lieux, et premièrement à la court du roy,
soubz la minorité duquel ilz ne feroient faulte d'assaillir son estat et
de tascher à se saisir de sa personne. Et pour conclure, il prophé-
tisa à la France sa ruyne et désolation prochaine, et il l'appella par
plusieurs fois et en plusieurs sermons, misérable, désolée et de Dieu
maulditte, fondant sa raison sur le dire de l'Escriture saincte, qui,
en divers passages et endroictz, crie à haulte voix : « Maulditte soyt la
terre qui a ung jeune enfant pour son roy! Mauldit soit le royaulme
qui a des princes desloyaux et compagnons des larrons, et qui ne

font aulcun jugement des larrons, » et plusieurs aultres propos extraicts
de ladite Escriture saincte.

Les huguenotz de Provins, aulcuns d'eux présens à ses sermons, et les aultres auxquelz furent rapportez les propos susditz que ledit prédicateur avoit tenus, ne feirent faulte d'informer contre luy comme contre ung séditieux, ainsi que tel l'appelloient, et escrivirent en leurs informations qu'il avoit mauldit le roy et appellé les princes ses gouverneurs desloyaux et compaignons des larrons. Et furent les informations faictes par Mᵉ Jehan Alleaume, bailly dudit Provins, à la requeste de Mᵉ Jehan de Ville, procureur du roy en icelle, à la poursuitte des Barengeons et aultres huguenotz dudit Provins; tous lesquelz y procédoient de grand courage et le plus secrettement qu'ilz pouvoient, pensant le faire taire et rigoureusement punir par peine de mort, ainsi qu'ilz disoient. De laquelle information et poursuitte fut adverty ledit prédicateur par les catholicques de laditte ville, qui avoient par les dessus nommez esté requis de porter tesmoignage contre luy des parolles susdittes. Lequel prédicateur, au lendemain dudit advertissement, ayant mis fin à son sermon, auquel estoient les juges, les parties et avec eux les autres huguenotz dudit Provins, qui attentivement avoient presté l'oreille, en intention de augmenter leur information de ce qu'ilz auroient entendu, dont ilz le pussent accuser, dist telz motz qui s'ensuivent, c'est assavoir : « Peuple, ne hobe; je te veux dire des nouvelles que chascun de vous ne sçait pas, qui sont telles, que les gens de la justice de ceste ville sont en grande peine de trouver des tesmoings qui veuillent déposer contre moy qu'ès sermons que je vous ai faict et fais par chascun jour, je vous incite à sédition contre le roy et ses gouverneurs, contre l'honneur desquelz je ne fais que m'exclamer par invectives et détractions; et pour rendre ma cause plus odieuse au roy, disent que tel jour j'ai mauldit sa majesté en disant : « Que mauldit soit le jeune roy qui gouverne la terre de France ! » Pareillement adjoustent en leurs accusations que j'ai dict que ses gouverneurs et ses princes sont meschans, gens desloyaux et princes des larrons. Je te laisse à penser si tu m'as ouy dire telz pro-

1560. pos en nul de mes sermons; et parcequ'ilz sont en peine de trouver
des tesmoings qui veuillent déposer contre moy de ces choses, je les
advertis, s'ilz sont icy présens, qu'ilz se retirent par devers moy, et
je leur signerai de ma main et de mon sang que j'ai dict : que malheureuses sont la terre et le pays qui ont ung jeune enfant pour leur
roy, et qui ont des princes qui soient desloyaux et compaignons des
larrons. Est-ce maudire le roy? Est-ce dire que les gouverneurs de
S. M. soyent larrons, ni compaignons des larrons? Je voy bien que
les huguenotz de ceste ville ne sont que des bestes; car s'ilz estoient
sçavans, ilz trouveroient en l'Escriture saincte les parolles que j'ai
dittes et ne penseroient comme ilz font que je les eusse inventées de
moy-mesme. Je me recommande à vous tous, et vous prie que vous
priez Dieu pour moy, car j'ai bon besoing de son ayde. Je vous prie,
comme toujours je vous priai en mes sermons, que vous ne fassiez
poinct de sédition et que vous ne commenciez poinct les premiers.
Car pour certain ce sera assez mes que bien vous deffendiez. Priez
Dieu pour le roy, qu'il luy plaise de le garder; priez Dieu pour ses
gouverneurs et du royaume, qu'il les veuille bien inspirer à bien gouverner le royaume. » Ce dict, bailla congé au peuple. Qui plus furent
étonnez de ces nouvelles furent les bailly, procureur du roy et les
aultres huguenotz dudit Provins qui estoient là présens. Contre lesquelz le commung peuple commença fort à murmurer, et à peu tint
qu'on ne se ruast sur eux, ce que véritablement on eust faict s'ilz
eussent respondu ung mot de travers aux injures qu'on leur disoit;
mais leur patience, avec la prière dudit prescheur qui fut telle qu'on
ne leur feict rien, fut cause de leur saulver la vie et qu'il n'y eust sédition. Les dessus nommés bailly, procureur du roy et aultres huguenotz feignoient qu'ilz ne sçavoient rien de ceste entreprinse, et
demandoient les ungs aux aultres devant le peuple qui estoient ceux
qui prétendoient informer contre ung homme si sçavant et si bien
preschant, et en disant ce, glissoient et s'escoulloient de la turbe le
plus diligemment qu'il leur en fut possible, et par ce moyen n'y eut
aulcune sédition.

Les sieurs huguenotz de Provins se voyant ainsi picqués par ledit 1560.
prescheur et leur entreprinse descouverte, au lieu de se désister de
leur maulvais vouloir, continuèrent à leur information, et tant feirent
qu'ilz l'envoyèrent au roy et à ses gouverneurs, qui estoient pour lors
à Fontainebleau; elle fut portée par le bailly de Provins, qui se chargea de la présenter, et de savoir comment on procéderoit contre
ledit prédicateur, selon la volunté du roy et des gouverneurs, et qui
fut quelques jours à Fontainebleau en attendant la response.

Or, advint-il que le jour mesme que ledit prédicateur eust dict au
peuple de Provins l'entreprinse susditte faicte contre luy, M⁰ Nicolle
Chanterène, aulmosnier de mons. de Guise, estoit audit Provins,
qui s'en retournoit à la court du roy au service de son maistre, ledit
sieur de Guise. Dont fut adverty ledit prédicateur, qui l'alla saluer,
pour lui bailler lettres adressantes à ung certain jacobin, confesseur
du roy, nommé nostre maistre Brochot, homme fort sçavant, par
lesquelles il l'advertissoit du préparatif que les huguenotz de Provins
faisoient contre luy, et le prioit d'obtenir du roy et de ses gouverneurs que rien ne seroit décrété ni faict contre luy que premièrement on ne l'eust ouy en ses deffences et qu'il n'eust respondu aux
accusations faictes contre luy. Et par mesme moyen pria ledit aulmosnier Chanterène de le recommander à mons. de Guise, son maistre,
pour luy faire plaisir envers le roy en ceste affaire.

Ledit aulmosnier Chanterène, estant de retour à la court, ne faillit
d'advertir ledit sieur de Guise, son maistre, de l'entreprinse faicte
par les huguenotz de Provins contre ledit prescheur; il luy feit le discours du contenu des sermons dudit prescheur, pour lesquelz on in-
formoit contre luy, et luy monstra les lettres missives qu'il prescheur
d'Ivollé envoyoit au confesseur et prédicateur du roy ledit Brochot.
Lequel discours, entendu par ledit sieur de Guise, donna charge audit
Chanterène de luy en rafraischir la mémoire au lendemain, quand il
yroit au sermon du roy, pour en parler au roy luy-mesme et interroger ledit Brochot du contenu des lettres dudit d'Ivollé, ce qui fut
faict.

1560.   Au lendemain, ledit sieur de Guise estant avec le roy, apperceut
ledit bailly de Provins qui attendoit sa response, auquel s'adressa ledit
sieur de Guise, après avoir parlé au roy avec ledit Brochot, en la présence du roy de Navarre et du connestable, et luy dist telz motz :
« Bailly de Provins, où sont les informations que tu as faictes contre
vostre prescheur? N'as-tu affaire icy que cela? Baille-les-moy, et t'en
retourne quand tu vouldras. Le roy et la court cognoissent mieux ledit
prescheur que toy; on verra tout à loisir que c'est. Tu es donc de ceux
qui veulent troubler le roy et le royaume! Tu es donc huguenot!
Va-t'en quand tu vouldras; je te marque. » Ledit bailly fut si honteux,
qu'il eust voulu estre entre les jambes de sa femme. Devant lequel
dist le roy à mons. de Guise et à son prescheur Brochot : « Faictes response au prescheur de Provins qu'il fasse son debvoir de prescher,
et que, s'il a bien dict, qu'il dise mieux, et qu'il prie pour moy et
pour le royaume [1]. » Mons. de Guise, s'adressant encores audit bailly,
luy dist telles paroles, en la présence du roy : « Au sermon, cocquin,
au sermon de vostre prescheur! Je vous ferai pendre, vous estes des
séditieux. » Et à telles responses se retira ledit bailly avec sa courte
honte, et, estant de retour à Provins, dist aux frères huguenotz que
leur prescheur avoit ung diable famillier ou ung ange du ciel qui
luy révéloit toutes leurs entreprinses. Après avoir connu le crédit qu'il
prescheur d'Ivollé avoit auprès du roy et des princes, mesmement
auprès du roy de Navarre, gouverneur du roy et du royaume, les
juges et gens du roy furent maris d'avoir entreprins contre luy, et
pour radober leur faulte envers ledit prescheur, luy feirent entendre
qu'ilz n'avoient informé contre luy que par l'importunité de quelques
ungs qui se disoient de la prétendue religion, lesquelz menaçoient
de les accuser au roy s'ilz n'eussent informé contre luy, ce que véri-

---

[1] Le 23 janvier 1560 (1561, nouveau
style), Charles IX écrivit aux magistrats
de Genève pour se plaindre que les ministres venus de leur ville excitaient et
entretenaient en France l'esprit de division et de désobéissance, et pour les prier
de rappeler ces ministres à leur devoir
et empêcher qu'il en vînt de nouveaux.
(Bibl. imp. Collect. Fontanieu, vol. 297-
298

tablement ilz avoient faict malgré eux, et qu'en laditte information 1560. n'y avoit chose qui luy peust préjudicier. Touteffois, ilz le prioient de ne plus parler d'eux, ni les plus calumnier, de peur de faire une sédition audit Provins, les ungs envers les aultres, et qu'audit Provins n'y avoit guères de huguenotz, et encores qu'il y en eust quelques ungs, tous l'escoutoient volontiers en ce qui concernoit la doctrine de la parolle de Dieu et de l'Escriture.

Le prescheur d'Ivollé n'eut plus tost receu les nouvelles susdittes par les personnes que lesditz gens du roy avoient interposées pour luy dire ce que dessus, qu'il en receut d'aultres de la part de mons. de Guise et du prédicateur et confesseur du roy susdict, par lesquelles le roy lui mandoit qu'il feist son debvoir en sa charge comme il avoit commencé, qu'il priast Dieu pour luy et pour le royaume, et que sur toutes choses, en ce qu'il pourroit, il empeschast les séditions populaires, comme tousjours il avoit faict, ainsi qu'on luy avoit faict entendre.

Au lendemain du jour desdittes lettres du roy receues, il d'Ivollé ne faillit à la fin de son sermon d'en advertir le peuple, et du bon vouloir qu'avoit le roy envers la parolle de Dieu, et comment ses accusateurs avoient perdu leur temps en informant contre la vérité de l'Évangille. Et avec toute affection recommanda le roy et requist toute l'assistance de prier Dieu pour sa majesté, ses gouverneurs et le royaume, priant le peuple de Provins de se contenir sans s'eslever ni faire sédition, non plus qu'il avoit faict, et que ce seroit assez qu'il se gardast de surprinse, et que ce n'estoit pas peu de chose de se sçavoir bien garder de tomber en ung mal préparé, sans s'efforcer d'en préparer aux aultres. Et à ces nouvelles fut le peuple fort resjouy, qui volontiers eust saccagé ceux qui avoient attenté contre luy. Il prédicateur poursuivit ses sermons le reste du karesme avec toute assurance, et prescha si haultement et doctement, que le peuple, voire les plus sçavans, admiroient ce qu'il disoit de Dieu et de sa divine providence ; il preschoit tout d'un aultre style qu'on avoit jamais ouy, déclarant jusques aux scrupules et pensées des consciences,

1560. ce qu'il en falloit croire et juger pour estre péché ou non péché, avec les tesmoignages de l'Escriture saincte et des anciens pères et docteurs de l'Église, sa propre oppinion et le sentiment qu'il avoit de la foy et de la religion.

1561.

L'an mil cinq cens soixante et ung, le roy, après avoir faict ses pasques à Fontainebleau, se retira à Paris avec ses gouverneurs et avec sa
court, qui estoit fort grosse et pleine de gens, tant princes que aultres
personnes. Mons. le card. de Trivoulce, légat du St-Siége apostolicque
en France, et envoyé du pape au feu roy Henry, estoit tousjours à la
court et ès environs, ayant grosse suitte, à cause des expéditions
apostolicques qu'il faisoit en vertu de ses facultez, qui estoit cause
de faire croistre le nombre des courtisans de la suitte du roy.

Le roy séjourna à Paris, jusques après la feste mons. St Jehan-
Baptiste, vacant à l'expédition du réglement des trois estatz tenus à
Orléans en l'an dernier passé, sans sçavoir déterminer avec ses gouverneurs et le conseil les ordonnances à faire pour ce réglement, à
cause de l'empeschement et des requestes importunes que luy faisoient les huguenotz par mons. le prince de Condé, frère du roy de
Navarre, affin d'autoriser en France la prétendue religion réformée,
de laquelle s'estoit rendu protecteur ledit sieur prince de Condé.

La teneur des requestes desditz huguenotz estoit telle qu'il pleust

1561. à la majesté du roy de permettre que par toutes les villes et endroictz de son royaume la prétendue religion feust exercée et les sacremens d'icelle administrés par les prédicans et ministres sans aulcun contredit, et qu'il luy pleust d'approuver les églises d'icelle prétendue religion, jà dressées en plusieurs endroictz et mesmement en la ville de Paris par la ferveur de ceux qui faisoient profession de laditte religion, promettant à S. M. qu'en ce faisant, la vérité par tant de temps célée seroit veue et esclaircie au contentement de saditte majesté et de tout le peuple de France, et que les ténèbres qui, par plusieurs années, ont tenu les yeux des Françoys en ung si grand aveuglement, seroient déchassées, en vertu de la parole de Dieu preschée par les ministres, et que la vérité estant d'un chascun cognue, toute idolâtrie ruynée et abattue, toutes séditions et monopoles cessés, toute amytié entre les Françoys relevée, et toute fidélité et obéissance à saditte majesté gardée, viendroit tout le peuple de France en meilleure union, faisant cognoistre à veue d'œil ceux de laditte prétendue religion n'estre en faictz ni en dictz et conversation telz qu'on avoit faict entendre à saditte majesté [1].

Or fault-il sçavoir que, combien que le roy feust mineur et en

---

[1] Voici l'indication de quelques pièces adressées par les protestants à Charles IX et au roi de Navarre, pour se plaindre des persécutions et réclamer la liberté du culte : La requeste présentée au roy le 11 juing 1561, par les députez des églises esparses parmi le royaume de France. (*Mémoires de Condé*, t. II, p. 370.) Ils demandent un examen de leur vie et de leur doctrine, et ils comptent prouver qu'il n'y a aucun point de leur doctrine qui contrevienne à la parole de Dieu, ni au symbole des apôtres, ni même aux principaux points déterminés aux quatre premiers conciles. Ils demandent aussi à pouvoir assister en assemblées au prêche et à avoir des temples et lieux publics d'exercices religieux, « afin, disent-ils, que le tout se fasse avec plus grande édification et puisse fermer la bouche à ceux qui calomnient nos assemblées secrettes. » — Complainte apologétique des églises de France; 1561. Au roy, roine mère, roy de Navarre et autres du conseil. (*Ibid.* p. 288.) « Les persécutions, y est-il dit, sont l'eschelle par laquelle il nous faut monter aux cieux. » — Remonstrance en forme de lettre missive à très-illustre et débonnaire prince Antoine de Bourbon, roy de Navarre, par les fidèles de l'église de Paris; 1561. (*Ibid.* p. 320.) — Épistre envoyée au roy de Navarre par les ministres et église assemblée au nom de J. C. en la ville de Rouen; 1561. (*Ibid.* p. 325.)

bas âge, lesditz huguenotz adressoient tousjours leurs requestes de 1561.
bouche ou par escript à sa majesté et non à ses gouverneurs, ou
bien, s'ilz les adressoient à ses gouverneurs, si est-ce qu'elles estoient
tousjours faictes au nom de sa majesté, affin que la response qu'ilz
tiroient de luy ou desditz gouverneurs feust mieux autorisée à leur
prouffit; et combien que saditte majesté n'eust sceu, à cause de son
bas âge, en matière de religion, discerner le vray du faux ni le faux
du vray, si est-ce qu'ilz tenoient les responses qu'ilz pouvoient tirer
de luy à leur vouloir estre bonnes et efficacieuses, comme s'il eust eu
cinquante ans sur sa teste, et les faisoient approuver par ses gouverneurs, qui, du tout, soubz le nom de faire vivre les habitans du
royaume en paix, accordoient auxditz huguenotz tout ce qu'ilz demandoient par leur protecteur ledit sieur prince de Condé.

Fault pareillement noter que, incontinent que le roy fut venu à la
couronne, les huguenotz de France, en vertu de l'édict de vivre en
liberté de conscience, dressèrent en plusieurs villes du royaume, sans
permission de S. M. et de leur auctorité privée, des presches, qu'ilz
appellèrent des églises, où ilz s'assembloient au plus grand nombre
qu'ilz pouvoient, pour ouyr, ce disoient-ilz, la parole du Seigneur par
les ministres et prédicans qu'ilz avoient faict venir de Genève; et, pour
despiter et esmouvoir à sédition le peuple catholicque, ilz alloient à
leurdit presche avec ung orgueil incroiable, proférant des injures
atroces contre iceux catholicques et la religion apostolicque, durant
les messes, vespres et aultres divins offices. Aulcuns huguenotz, en
plusieurs lieux, furent si audacieux d'entrer ès églises des catholicques
avec port d'armes, et par force y feirent cesser la messe et le divin
office pour y faire leur presche; telz furent ceux de Meaux dedans le
grand marché, lesquelz entrèrent ès églises de messieurs St Saintin
et St Martin, et avec violence, en despit des chanoines et parroissiens
catholicques, feirent leurs presches à la place du service de Dieu,
dont advint audit lieu une grande sédition[1]. Aultres huguenotz, s'ilz

---

[1] Toussaint Duplessis, *Hist. de l'église de Meaux*, t. I, p. 35. — Voy. aussi : Arrêt du parlement de Paris, qui ordonne au bailli de Meaux de mettre le curé de Ma-

1561. n'entroient dans les églises des catholicques, s'assembloient aux cymetières ou aultres places proches de la porte d'icelles églises, et
faisoient là leur presche et chantoient leurs psalmes maroticques à
haulte voix pour troubler et empescher lesditz catholicques de leur
divin service, comme fut faict dans la ville de Paris aux fauxbourgs
St-Marceau, au lieu dict le Patriarche, tout joignant l'église de mons.
St Médart, dont advint grande sédition, ainsi qu'il sera dict ci-après
en son lieu, et ainsi en plusieurs endroictz du royaume. Parquoy à la
court ne se voyoit que plaintes de toutes partz envers le roy, ses
gouverneurs et les princes. Les huguenotz se retiroient à mons. le
prince de Condé, à l'admiral de France, à d'Andelot, son frère, et
aux aultres seigneurs huguenotz. Les catholicques se retiroient aux
gouverneurs, à la royne mère et au roy de Navarre, pour en avoir
meilleure raison; mais peu y proufitoient, car ilz penchoient plus
du costé des huguenotz que de leur part, et pour ce furent contrainctz iceux catholicques de se retirer à messieurs de Guyse, au
conestable, à mons. le prince de Montpensier[1] et à mons. de Nemours[2]. Mons. de Guyse print gros travail et voluntiers s'employa à
recepvoir les plaintes et doléances des catholicques, et se rendit leur
protecteur envers le roy et ses gouverneurs.

　Le roy, les gouverneurs et les princes, se voyant avoir la teste
rompue par chascun jour de tant de plaintes qui leur venoient de
toutes partz du royaume, tant d'un costé que de l'aultre, à cause des
séditions populaires pour le faict de la religion, prindrent jour de s'assembler au palais de Paris, avec messieurs de la court de parlement[3],

reuil à l'abri des insultes des huguenots;
1561 (1562), 18 mars (*Mém. de Condé,*
t. III, p. 157); — Lettres du roi, de la
reine mère et du roi de Navarre au parlement des 1er, 2 et 4 juillet 1562 (*ibid.*
p. 519 et 522); — Arrêt du parlement
pour la continuation du procès des gens
de Meaux; 1562, août 3 (*ibid.* p. 577);
— Lettre du roi pour l'exécution de l'abo-
lition accordée par lui aux séditieux de
Meaux; 1562, août 25 (*ibid.* p. 612).

[1] François de Bourbon, duc de Montpensier, fils de Louis II de Bourbon, naquit en 1539 et mourut en 1592.

[2] Jacques de Savoie, duc de Nemours,
naquit en 1531 et mourut en 1585.

[3] Les assemblées tenues au Palais, et où
le chancelier réunit le conseil d'état et le

pour meurement délibérer d'ung moyen commode pour retenir le
peuple de France et faire cesser telles séditions, ce qu'ilz feirent certain jour avant la feste de mons. St Jehan-Baptiste du mois de juing, dès les sept heures du matin, et ilz furent jusques à unze heures passées dans la grande chambre dorée à disputer des moyens de restablir l'union en France entre les citoyens d'icelle. Mais la contention et dispute fut si forte des deux costez que rien ne se peut admectre en ceste matinée. Il y avoit lors au palais de Paris, tant ès salles que dans la court d'en bas, plus de quinze mille personnes à attendre le roy et les princes sortir dudit palais, pour sçavoir ce qui auroit esté déterminé à laditte assemblée. Mais tous furent trompez, et moy comme les aultres, car à ce jour j'estois du nombre des attendans audit palais. La cause fut fort agitée et débattue de part et d'aultre, et furent les princes en grand altercat les ungs contre les aultres en la présence du roy. Les gouverneurs du roy penchoient fort du costé des huguenotz, et ne demandoient aultre chose que leur advancement et celui de leur religion prétendue. Le roy, en son bas âge, tint le party des catholicques avec les sieurs de Montpensier, de Nemours et de Guise, contre le vouloir de ses gouverneurs et de mons. le prince de Condé, qui moult reculla le courage des huguenotz et de ceux qui tenoient leur party. Messieurs les présidens et conseillers de la court qui estoient catholicques tindrent ferme avec le roy et les princes catholicques susditz, qui fut cause de tenir l'espérance des huguenotz en suspens. Car je sçai bien que je me rencontrai ce mesme jour audit palais de Paris avec certains huguenotz qui estoient là à attendre comme moy et les aultres, pour veoir quelle en seroit la détermination, lesquelz se tenoient comme assurez qu'en laditte assemblée leur cause seroit admise, et leurs requestes entérinées, suyvant les promesses que la royne mère et le roy de Navarre avoient faictes audit sieur le prince de Condé; et, passant plus oultre, l'ung

---

parlement, commencèrent le 23 juin et durèrent plusieurs semaines. (Voy. l'Histoire universelle de de Thou, liv. XXVIII,   et les Mémoires de Condé, t. II, p. 396 et suiv.)

1561. d'eux disoit que la résolution seroit de ne plus avoir ni admettre
en France aultre religion que leur prétendue, de laquelle les gouverneurs debvoient faire profession en icelle assemblée devant le roy
et l'assistance; ce qui toutesfois ne se trouva vray, combien qu'il en
bailloit de grandes conjectures, suyvant ce qu'il en avoit entendu par
la bouche des princes et grands seigneurs de leur party.

Il fault croire que pour ce temps et quelque aultre après n'y avoit
de bien venu à la court du roy et des gouverneurs que ceux qui faisoient et vouloient faire profession de ceste ditte prétendue religion;
moult de catholicques de toutes qualitez, de tous sexes et âges, se
desbauchèrent de la religion apostolicque et romaine, à cause des
faveurs et crédit qu'avoient les huguenotz, lesquelz, quelque mal,
meurtre, sédition, larcin, vollerie, assassinat qu'ilz eussent faict à
aultres personnes que de leur prétendue religion huguenoticque,
avoient grâces, pardons et rémissions de leurs forfaictz, sans satisfaction à partie aultre que selon leur volunté. Il n'y avoit en France
juge ni justice contre eux; il n'y avoit aulcune prison enfermée pour
eux; et pour ces raisons iceux huguenotz montèrent en une si grande
audace, présumption et orgueil, que le reste du peuple ne les eust
osé regarder ni rien dire contrairement à leur volunté.

Or estoit-il fort facille d'estre huguenot en ce temps-là, et n'estoient les fondemens de leur prétendue religion malaisez à apprendre:
il ne falloit qu'estre meurtrier, voleur, larron, sacrilége, paillard,
adultère, voleur d'églises et de temples, briseur d'ymaiges, mesdire
du pape, des cardinaux, évesques, prebstres, moynes et ecclésiasticques, estre meurtrier de telles gens, haïr et mesdire de la messe
et du sainct sacrement de l'autel et dire que c'estoit *Jehan le blanc*,
bailler l'hostie à manger aux bestes et chiens, graisser ses bottes et
soulliers du cresme et des sainctes huilles, faire son ordure fécalle
dans l'eau béniste des eaubenoistiers et des fons, manger chair les
vendredis, samedis, karesme et jours de jeusnes, prétendre qu'il n'est
point de purgatoire en l'aultre vie, blasmer les pèlerinages, dire qu'il
ne fault prier la vierge Marie ni les sainctz, ni dire heures ni ma-

tines, ni aultre office divin, sinon les psalmes de David traduicts en
vulgaire et rime françoise par Marot et Théodore de Beze, et dire
qu'il ne fault faire nulle bonne œuvre pour avoir la vie éternelle
et paradis, ains que c'est assez de croire en Dieu et en Jésus-Christ,
lequel, par sa mort et passion, a tout faict pour nous en ce monde
avant que d'en partir : voilà ce que faisoient les Françoys desbauchez
de la religion catholicque pour se mettre de la prétendue huguenoticque et estre bien venus des princes, seigneurs, gentilshommes et
juges de justice qui estoient de ceste faction.

Au contraire, aux catholicques de l'église apostolicque et romaine
estoit voulu tout mal, dicte toute injure, faicte toute oppression par
meurtres, batures, saccagemens, larcins, emprisonnemens, fers et
liens rigoureux, mespris de leur personne et de leur religion, sans
estre ouys en justice en la deffence de leur cause; on les appelloit
séditieux et idolâtres, papistes et âmes du purgatoire du pape, et
fault croire que, dès ceste présente année et dans les suyvantes, les
catholicques souffrirent beaucoup par les huguenotz; je dis mesme
les princes et aultres grands seigneurs, comme le commung populaire
de France. Et furent finablement les princes et seigneurs catholicques en tel mespris à la court du roy par les huguenotz, qu'ilz furent
contrainctz se retirer en leurs maisons pour vivre sûrement, excepté
le connestable, qui n'abandonna la court, vivant tousjours comme le
roy catholicquement, non sans estre mocqué et par plusieurs fois
vieil renard appellé.

A la sortie du roy et des princes du Palais, chascun des deux costez,
tant des catholicques que des huguenotz, tendoient les aureilles pour
ouyr et sçavoir ce qui avoit esté déterminé touchant le faict de la religion, et ne se trouva de bien faschés que les huguenotz à ceste sortie,
ayant entendu par les gens de leur party que leur cause n'avoit sceu
estre par le roy et le conseil autorisée, combien qu'elle eust esté fort
débattue; que la messe avoit là trouvé tant de support qu'il n'avoit
esté possible de l'abolir, comme entre eux avoit esté proposé, et
qu'elle estoit pour tousjours demeurer, veu ce qu'en avoit dict le roy,

1561. en la présence des princes, de ses gouverneurs et de toute l'assemblée; mais toutesfois que pour cela ne falloit qu'ilz perdissent courage et que tout n'estoit encores perdu, d'aultant que les princes et seigneurs de leur party avoient bon courage et estoient résolus que de bon gré ou de force laditte prétendue religion seroit par le roy et ses gouverneurs auctorisée, et la papauté déboutée (ainsi appelloient-ilz l'église catholicque), et qu'à laditte assemblée avoit esté ordonné de se rassembler après disner pour poursuivre l'affaire jusques à diffinitive. Les catholicques ayant entendu que les huguenotz n'avoient eu en laditte assemblée gain de cause, moult se esjouyrent, mais ceste joye par après fut tournée en une grande tristesse, comme il sera veu cy-après.

Au partir de la chambre dorée et à la levée du conseil, fut dict par le roy et les gouverneurs que la cause se continueroit ce mesme jour après midi, et fut dict à messieurs les princes et gens du conseil qu'ilz eussent à se rassembler audit lieu sur les deux heures après midi, pour poursuivre l'entreprinse; ce que les ungs feirent, et les aultres non. Les huguenotz sçachant que les princes et conseillers catholicques se rassembloient audit lieu à l'heure assignée, ne s'y voulurent trouver, de peur que la cause ne se diffinist à leur désavantage, ains y envoyèrent quelques-ungs de ceux qui nageoient entre deux eaux, qui n'estoient encores entièrement héréticques, ni parfaictement catholicques, pour ouyr ce qui se diroit et feroit pour deffendre et réquérir pour eux et s'opposer à ce qui se feust peu faire contraire à leur volunté. Davantage sollicitèrent les gouverneurs d'empescher le roy de retourner après midi à laditte assemblée, ce qu'ilz feirent, affin que, si les princes et conseillers qui debvoient retourner au palais eussent attenté de diffinir la cause en l'absence du roy et d'eux, ilz huguenotz n'en eussent rien tenu; et partant rien ne fut faict ni arresté à ce jour, ains demeura la cause en suspens jusques à une aultre fois; et par ainsi les presches que les héréticques appelloient églises, par eux plantés sans auctorité aultre que d'eux, demeurèrent comme ilz estoient par le royaume, et les séditions comme devant.

Les princes et conseillers catholicques, voyant que le roy ni ses gouverneurs ne se trouvoient à l'assemblée d'après midi, comme ilz avoient promis, feirent demander à S. M., à la royne mère et au roy de Navarre s'ilz ne vouloient poinct aller au palais suyvant l'ordonnance du matin. Mais leur fut faict response que S. M. se trouvoit mal et qu'elle ne s'y pouvoit rendre, et pour ce leur fut mandé de continuer la cause et l'assignation à quatre mois de là, au chasteau de St-Germain en Laye[1], et que lors on adviseroit d'ung lieu propre pour faire une convocation des évesques et prélatz de France et des prédicans et ministres de la prétendue religion, pour, en la présence du roy, des gouverneurs et princes de France, disputer les ungs contre les aultres des matières de la foy et de la religion qui entre eux estoient en controverse; pendant lequel temps le roy feroit assavoir aux ungs et aux aultres de s'y trouver, sous peine aux deffaillans d'estre convaincus pour leur absence, et par ce moyen se leva l'assemblée d'après midi sans rien faire, non plus qu'à celle du matin. Ceste délibération fut faicte et inventée par les huguenotz du conseil des gouverneurs et par mons. le prince de Condé en disnant, affin de lasser et desbaucher les princes et seigneurs les mieux affectionnez à la religion catholicque, et pour bailler temps aux huguenotz de se fortiffier.

Incontinent après la St-Jehan, les gouverneurs, soubz le nom du roy, escrivirent à maistre Jehan Calvin, pape des huguenotz de France, demeurant dans la ville de Genefve, et aux gouverneurs d'icelle, qu'ilz choisissent des ministres de leur ville ou aultres lieux des plus expertz et sçavans en leur religion, et qu'ilz les envoyassent en France à la court du roy pendant quatre moys, et plus tost s'il estoit possible, affin de faire une dispute contre les évesques et prélatz de l'église

[1] Voy. sur l'assemblée des présidents et conseillers des parlements de France, tenue à Saint-Germain-en-Laye en janvier 1561 (1562), de Thou, *Hist. univ.* liv. XXIX, et, pour les discours prononcés dans cette assemblée, les Mémoires de Condé, t. II, p. 606. — Voy. aussi: *Advis touchant les images, présenté au roy par les ministres de la parole de Dieu, le 14 de février 1561* (1562). (*Ibid.* t. III, p. 101.)

1561. catholicque de France, et de prouver par laditte dispute laquelle des deux religions seroit la meilleure pour estre gardée et observée à l'advenir. Calvin et les gouverneurs de la ville de Genefve, ayant receu les lettres patentes des gouverneurs de France soubz le nom du roy, moult s'esjouyrent, pensant l'église catholicque et romaine devoir estre en brief esteincte en France, comme elle est audict Genefve. Touteffois Calvin ne s'en resjouissoit tant que faisoient les cytoiens, lesquelz prétendoient, comme depuiz ilz feirent, se descharger du grand nombre des Françoys qui habitoient leur ville, dont ilz se sentoient fort grevez. Calvin sçavoit bien que ceux qui seroient envoyez de leur party auroient fort à faire en la dispute, et qu'en France y avoit des prélatz, cardinaux, archevesques, évesques, prebstres et docteurs en toute science mieux fondez que luy ni les siens. Les gouverneurs de France luy escrivoient de se transporter en France, pour se trouver à la convocation, avec sauf-conduit et toute seureté de sa personne, comme aussi de tous ceux qui seroient avec luy. Mons. le prince de Condé, par ses lettres, le requéroit fort instamment. Mais aux ungs ni aux aultres ne voulut obéir, ni sortir hors de sa tasnière Genévienne. En s'excusant de venir, requist mons. de Spifame, naguères évesque de Nevers, qui s'en estoit fuy de France audit Genefve, lequel pareillement s'excusa de telle charge. Parquoy eurent recours lesditz Calvin et gouverneurs de Genefve à ung aultre par eux estimé fort suffisant après ledit Calvin, qui estoit Théodore de Beze, natif de France, qui, avant que de se desbaucher de la religion apostolicque, estoit prebstre, prieur du prieuré de Longjumeau-lès-Paris, et qui, plein d'orgueil et d'audace, fut bien ayse d'accepter ceste charge. Avec Beze furent envoyez dudit Genefve, Lauzanne et pays savoisien : Pierre le Martir, cordelier renié de la nation françoyse, Malo, pareillement cordelier renié, des Rosiers, de Spina, Malorat[1] et quelque douzaine d'aultres[2] ; lesquelz, aux despens du roy de France, furent

[1] Marlorat (Augustin), né en 1506, moine de la règle de saint Augustin, puis prêtre, se maria en Suisse, devint ministre de la réforme et fut exécuté à Rouen le 30 octobre 1562.

[2] D'après un sommaire manuscrit de ce

desfraiez par les chemins de leur despense, oultre laquelle leur furent 1561.
baillés gros gaiges, jusques à ce qu'ilz fussent pourveuz et receuz en la
maison des princes et seigneurs de France faisant profession de laditte
prétendue religion. Estant arrivez à la court, ilz y furent mieux ac-
cueillis que n'eust esté le pape de Rome, s'il y fust venu. Le roy de
Navarre les ayant veuz et humainement receuz, comme aussi feit la
royne mère, leur fut baillé logis pour se retirer, en attendant qu'on
les eust instruit de ce qu'on vouloit faire d'eux et qu'on leur eust
donné charge.

qui s'est faict à Poissy durant l'assemblée (Bibl. imp. Collect. Dupuy, vol. 641), les noms des protestants qui se trouvaient au colloque sont : Jehan de la Tour; Nicolas de Galles; Jehan Rémond, *alias* Merlin; Françoys de S¹-Paul; Françoys de Marel; Auguste Marlourat; Théodore de Bèze; Johannes de Spina; Nicolaus Lollion; Jehan Mallot; Claude Bussyère; Jehan Bocquin; La Roche, pour l'Isle de France; Jehan Battyer, pour Troye et Champagne; Barbanson, pour Picardie; Symon de Precréan, pour Normandie; Gervays le Barbier, pour Toureine; Dumas, pour Provence; Jehan Galbet, pour le Dauphiné; George de Falme, pour Languedoc; Du Bois, pour Bretaigne; Bléreau, pour Guienne; Gernault, pour Lionnois; Rémond, pour Bloys et Orléans. — Avec eux était un vieux Florentin, nommé Pierre Martir, et quelques personnes qui les conduisoient, entre autres un gentilhomme de Normandie, nommé Monneville, qui parla le premier, et pria le roi de leur donner congé de parler, ce qu'il octroya.

Voici une autre version de cette liste tirée du vol. 10331 de la Bibl. impériale :

MINISTRES.

Pierre Martir.

Théodore de Bèze.
Jean de la Cour.
Nicolas de Gallard.
Jean Reymond Merlin.
Françoys de S¹-Pol.
Françoys de Morcil.
Augustin Marlorat.
Jean de l'Espine.
Nicolas Follion.
Jean Mallot.
Claude Boissière.
Jean Bouquin.

DEPPUTEZ.

Le s^r de Chamon pour l'esglise de France.
Jean Raguier, s^r d'Esternay, pour Brye et Champangne.
Barbençon, s^r de Cany, pour Picardye.
Simon de Pienne, pour Normandie.
Gervais le Barbier, pour Toureine.
Dalmaye, pour Provence.
Jean Gaber, pour Daulphiné.
G. de Hauzet, pour Languedoc.
Du Vaaye, pour Bretaigne.
Claireau, pour la Guienne.
Bainard, pour Lyonnois
Remont, pour Orléans et Berry.

Une troisième liste, qui se trouve dans le volume 309 de Dupuy, contient les variantes suivantes : Jean de la Tour; Franc. de Morel; Nic. Folion; J. Bouquin; le s^r de Chaumon; Simon de Pienne; Dalmays; Jean Gabet; G. de Hauzet; Barnand.

20.

1561.   Ilz prédicans et ministres, voyant la faveur que leur accordoient les
gouverneurs du roy et du royaulme, ensemble les princes, princesses
et grands seigneurs de la prétendue nouvelle religion, ne voulurent
estre oysifz ; ains, dès les premiers jours, demandèrent licence auxditz gouverneurs de faire publicquement l'exercice de leur prétendue
religion et de faire le presche ; ce qui leur fut accordé plus voluntiers
qu'ilz ne le requirent. Et monta en chaire le premier ledit Théodore
de Bèze, qui, d'une langue diserte et bien affillée, par ung beau et
propre vulgaire francoys, triompha de cacqueter, ayant la mine et
les gestes attrayans les cœurs et vouloirs de ses auditeurs. Le roy de
Navarre et la royne mère le voulurent ouyr prescher et furent à son
presche, où ilz prindrent grand goust, encores qu'à cause de leur
charge ne se voulussent déclarer huguenotz héréticques.

Messieurs les prédicans et ministres nouveaux furent incontinent
recueillis et admis ès maisons des princes et grands seigneurs de la
court du roy, et enrollez en leur estat comme serviteurs domestiques.
La royne de Navarre retint à son service et pour ministre ledit Théodore de Bèze ; mons. le prince de Condé print en sa maison Pierre
le Martir ; l'admiral print Malo ; le sieur de d'Andelot en print ung
aultre ; le sieur de la Rochefoucault ung aultre ; le cardinal de Chastillon ung aultre, et chassèrent tous les prebstres et aulmosniers de
leurs maisons, s'ilz ne voulurent estre et faire profession de laditte
nouvelle prétendue religion. Aulcuns se tournèrent à laditte religion
pour demeurer au service de leurs seigneurs ; aultres aymèrent mieux
se retirer, auxquelz toutesfois furent encore quelques années conti-
nuez leurs gaiges, jusques à ce qu'on les eust pourveu de quelque
bénéfice pour s'en destrapper. Il fut nouvelle par la France que la
royne mère par plusieurs fois avoit mené le roy son filz au presche
dudit Bèze, et qu'elle taschoit à le faire cathéchiser en ceste nouvelle opinion, à laquelle ne se voulut ranger, encores qu'il feust
jeune enfant, et croy que mons. le connestable avec les sieurs de
Guyse, tant cardinaux que les aultres, l'en retirèrent ; et advint qu'à
sa court dès ceste année n'y avoit plus que luy et les susditz connes-

table et Guysiens qui entretinssent en leurs maisons des prebstres et aulmosniers, pour chanter la messe devant eux. Messieurs les princes du sang, frères du roy, qui estoient plus jeunes que luy, furent donnez à de bons précepteurs catholicques, qui les menoient par chascun jour à la messe[1]. La royne mère ni le roy de Navarre, combien qu'ilz hantassent les presches des prédicans, ne rompirent l'estat de leurs maisons, et entretindrent tousjours leurs prebstres, aulmosniers et chantres, et alloient à la messe comme au presche; de quoy furent à la fin fort blasmez des ungs et des aultres, tant huguenotz que catholicques, et furent appellez de tous dissimulateurs, et feit à la parfin leur dissimulation grand dommage au royaume et couva grande division entre les princes.

Après qu'on eut faict venir les prédicans dessusdictz de Genefve, il fut signifié et mandé aux évesques et prélatz de France de se trouver à St-Germain-en-Laye, pour convenir et s'accorder d'une ville ou d'un lieu aultre que Paris, pour faire le concille et assemblée d'eux et des ministres prédicans, et pour disputer les ungs contre les aultres des poinctz de la religion qui estoient en controverse, et fut ce mandement faict avec rigueur et menaces. Lesquelz prélatz et évesques pour ce ne se hastèrent d'y aller et feirent response que telle dispute et assemblée n'estoit licite. Messieurs les docteurs de la Sorbonne et faculté de théologie de Paris furent pareillement semonz à ceste assemblée, et pareillement refusèrent d'y aller; par quoy, tant à eux qu'aux prélatz, fut faict injunction par l'aucthorité du roy qu'ilz eussent à s'y trouver, sous peine d'estre déclarez rebelles à S. M. et punis corporellement, et la doctrine et religion catholicque tenue suspecte. Desquelles injunction et menaces cuydèrent perdre patience lesditz

[1] Marguerite de Valois, dans ses Mémoires (édit. Guessard, pour la Société de l'histoire de France, 1842, p. 6), dit que son frère d'Anjou (depuis Henri III), au moment du colloque de Poissy, jetait ses heures au feu, la forçait de prendre en place des psaumes et prières huguenotes, et s'efforçait de *la retirer de l'abus de cette bigoterie;* que Catherine de Médicis, apprenant que le duc d'Anjou donnait dans les erreurs des protestants, *tansa fort luy et ses gouverneurs, et, le faisant instruire, le contraignist de reprendre la vraye, saincte et ancienne religion.*

1561. prélatz et docteurs de la faculté de Paris, lesquelz, sans l'advis du cardinal de Lorraine, n'eussent obéy en ce aux gouverneurs, encores que la mort leur en feust advenue. Mais ledit cardinal, partie tenté et importuné par la royne mère, partie pour le zèle qu'il avoit à la religion catholicque, contre l'opinion de tous, s'accorda à laditte dispute, disant pour ses raisons que, combien qu'icelle dispute ne feust nécessaire ni proufitable à la républicque de France, toutesfois estoit besoing de s'y préparer pour rembarrer l'audace de ces cocquins (car telz appelloit-il les prédicans et ministres), qui se vantent jà d'avoir tout gagné contre nous, prétendans que nous fuyons la lice, parce que nous sçavons bien qu'ilz nous doibvent monstrer nostre religion catholicque, apostolicque et romaine, estre faulse et pure idolâtrie, et la prétendue leur estre saincte et de Dieu révélée. En ce, ledit cardinal fut mal advisé, encores que ce qu'il en feit et accorda feust d'ung bon zèle.

Or est-il vray qu'ilz prédicans, apprenans que les prélatz et docteurs de la faculté de Paris refusoient d'entrer en dispute avec eux, estans assurez et de telle condition qu'ont toujours esté tous héréticques dogmatisans, se vantoient qu'ilz prélatz ni docteurs n'eussent osé se présenter devant eux, de peur que leurs abus, ce disoient-ilz, n'eussent par eux esté descouvers, et chantoient la victoire où encores n'y avoit nulle bataille. Par l'importunité des gouverneurs et par le consentement de mons. le cardinal de Lorraine, fut la ville de Poissy sur Seine lez St-Germain-en-Laye nommée et ordonnée pour tenir le conseil et avoir lieu la dispute des évesques et prélatz contre les ministres et prédicans qui estoient venus de Genefve en France. Ledit collocque commença incontinent après la feste de mons. St Remy, chef d'octobre, auquel comparurent plusieurs prélatz, cardinaux, archevesques, évesques et docteurs, par le commandement du roy, ainsi qu'avons dict ci-dessus, et à leur grand regret. Messieurs les ministres et prédicans, devenus certains de l'arrivée des prélatz et docteurs à la court et audit Poissy, furent tout remis et refroidis de leur ardeur, et voluntiers se fussent retirez sans disputer; mais estans

honteux d'avoir, devant les gouverneurs, tant en personne que par 1561.
leurs requestes, demandé d'estre ouys en leur confession de foy et
d'avoir fait assembler lesditz prélatz pour disputer contre eux des
poinctz de leur prétendue religion, et d'ailleurs estans poulsés et
enhardis desditz gouverneurs, du prince de Condé, des sieurs de La
Rochefoucault, de Coligny, d'Andelot et aultres leurs Mécénas et protecteurs, furent contrainctz de tenir bon et d'entrer au collocque[1]. Ilz

[1] Sur le colloque de Poissy, voy. *Commentaire de l'estat de la religion et république*,
par le s[r] de la Place, fol. 202 r°; — *Journal de Bruslart*, dans les Mémoires de
Condé, t. II, p. 54; — Le Laboureur, *Additions aux mém. de Castelnau*, t. I, l. III,
p. 738 et suiv. — Théod. de Bèze, *Hist.
eccl.* liv. IV, p. 490; — de Thou, *Hist. univ.*
l. XXVIII; — Maimbourg, *Hist. du calvinisme*, p. 222, etc. On trouve dans les Mémoires de Condé, t. II, p. 490 et suiv. des
détails sur l'ordre qui fut observé au colloque de Poissy, sur les discours qu'on y
prononça, les propositions qui y furent lues
par le cardinal de Lorraine, les instructions que reçurent de Charles IX le duc de
Guise et le connétable de Montmorency,
la requête présentée au roi par les réformés pour obtenir l'examen de leur confession de foi, une instruction de Pierre Mar-
tyr sur la Cène, etc. — Voy. aussi en ms.
à la Biblioth. imp.: *Actes de l'assemblée de
Poissy* (anc. fonds fr. 8685, p. 7); — *Brief
recueil et sommaire de tout ce qui s'est faict
en la ville de Poissy durant l'assemblée des
prélatz de l'église gallicane françoyse, depuis
le XXVIe jour de juilliet jusques au XIIIIe
d'octobre 1561* (Collect. Dupuy, vol. 641,
cahier de 22 feuillets, écriture du temps);
— *Récit de ce qui s'est passé au colloque de
Poissy, contenant la confession des protestans,
la censure de cette confession par Mc Jehan*

Lefèvre, *la confession catholique*, etc. (Coll.
Dupuy, vol. 309, cahier de 17 feuillets,
écriture du temps); — *Note sur les points
de controverse entre les protestans et les catholiques, envoyée le 27 janvier 1561 par la
royne aux théologiens de Paris arrivez à
St-Germain* (id. ibid. écriture du temps);
— *Relation véritable des actes du colloque de
Poissy* (Bibl. imp. n°. 10331, et n° 8474,
anc. fonds franç.); — *Discours du colloque
de Poissy par M. Despence, du 27 janvier
1561, envoyé par la royne, mère du roy, aux
théologiens de Paris à l'assemblée de Saint-
Germain* (n° 3382, anc. 3897, collect. Baluze); — *Articoli dati per il principio del
colloquio* (Suppl. franç. n° 215, fol. 54 v°).
— Les discours du cardinal de Lorraine,
de Théod. de Bèze et des autres ministres
ont été imprimés à part ou conservés dans
des collections manuscrites. — Voici l'indication de quelques autres pièces concernant
l'assemblée de Poissy: *Lettres du roy, par
lesquelles il est permis à tous ses sujets de venir
en l'assemblée de Poissy et d'y faire telles remontrances que bon leur sembleroit;* 1561,
juillet 25 (*Journal de Bruslart*, dans les
Mémoires de Condé, t. I, p. 41.) — *Lettre
du cardinal de Lorraine au pape, au sujet du
colloque de Poissy;* 22 mars 1560 (1561).
(Bibl. imp. Coll. Dupuy, vol. 309.) — *Lettre
du cardinal d'Armagnac à M. d'Espence,
qui approuve son apologie touchant le colloque*

1561. avoient faict venir de Genefve une grande quantité de livres, pensant qu'en leurs livres fust toute la science du monde. Fault noter qu'avec les livres de leur théologie de Genefve, ilz avoient faict venir, par permission desdictz gouverneurs, soubz le nom du roy, grand aultre nombre de petitz livretz, comme les psalmes maroticques et beziens, qu'ilz appelloient les psalmes de David, traduictz en langue françoise par Clément Marot et ledit Théodore de Bèze, mis en chant de musicque pour une partie seullement. Lesquelz psalmes ilz chantoient en leurs presches tous ensemble, tant hommes, femmes que petits enfans. Oultre lesditz psalmes, feirent venir aultres livretz intitulez *le Cathécisme de la vraye religion, le Bouclier de la foy, le*

---

de Poissy. Avignon, 1ᵉʳ octob. 1570. (Bibl. imp. Coll. Dupuy, vol. 309.) — *Lettre de J. Calvin à M. du Poet, gouverneur de Montélimart, au sujet du colloque de Poissy.* Genève, 14 septembre 1561. (Bibl. imp. Coll. Fontanieu, vol. 298.) — *Lettre de la reyne mère à M. l'évesque de Rennes, ambassadeur près l'Empereur;* 14 septembre 1561. (Bibl. imp. Coll. Dupuy, vol. 309.) Elle y parle de l'assemblée qui avait lieu alors à Poissy, et annonce qu'elle s'est décidée, sur les conseils du roi de Navarre, des autres princes du sang et gens du conseil, à faire discuter les ministres protestants avec les ministres catholiques. Elle fait le récit des premières séances et dit, en parlant de certain passage du discours de Th. de Bèze : « Estant enfin tombé sur le faict de la Cène, il s'oublia en une comparaison si absurde et tant offensifve des oreilles de l'assistance, que peu s'en faillut que je ne luy imposasse silence et que je ne les renvoyasse tous sans les laisser passer plus avant. Maintenant on discute la confession de foi des protestants. » — *Lettre de la reine mère du roy à M. l'évesque de Rennes, ambassadeur du roy près l'Empereur;*

18 octobre 1561. (Bibl. imp. Coll. Dupuy, vol. 309.) Elle raconte la fin du colloque de Poissy, et parle de l'opposition des catholiques sur la question des bénéfices, et de la difficulté de s'entendre. — *Lettre de la reyne mère à M. l'évesque de Rennes, ambassadeur pour le roy près l'Empereur, du* 16 février 1561 (1562). (Bibl. imp. Coll. Dupuy, vol. 309.) Elle annonce la résolution prise en conseil privé, le 22 janvier, *de faire une conférence d'évesques et docteurs en théologie, pour adviser aux causes pour lesquelles ceux de la nouvelle religion se tiennent séparez de nous, et regarder s'il y auroit moien de les réunir et ramener en nostre église et en l'obéissance du Sᵗ-Siége.* Elle fait passer à l'ambassadeur une déclaration relative aux intentions qui l'ont guidée dans la convocation de cette assemblée. Elle se plaint que les gens appelés à la conférence de Poissy ont passé leur temps à des disputes inutiles, et ont mis dans la lutte une obstination déplorable. — *Requête des huguenots au roi, pour le prier de faire examiner leur confession de foi au colloque de Poissy;* 1561, août. (Bibl. imp. Collect. Fontanieu, vol. 297-298.)

Baston de la foy, et aultres infinis livres pleins de la doctrine de 1561.
leur prétendue religion, imprimés à Genefve et à Lyon en Daulphiné, tous bien reliez en peau de veau rouge et noire, les aulcuns
bien dorez, desquelz ils feirent présens aux princes et princesses de
la court, jusques à la personne du roy, et le reste desditz livres furent
exposez en vente à la court et en la ville de Paris, par permission du
roy. Il passa par la ville de Provins quatre charrettées pleines desditz
livres, que l'on menoit à la court, enfoncés dans de grandes tonnes
de bois de sapin; lesquelz furent, à la plainte de Me Jehan Poytevin,
advocat à Provins, saisis de par le roy et mis ès mains de justice.
Mais incontinent, ceux qui les menoient, à la diligence et poursuitte
de l'esleu Barengeon et de son frère l'enquesteur, qui se feirent pleiges
et caution desditz livres, eurent tout sur l'heure main levée par le
bailly de Provins, du consentement du procureur du roy, qui estoient
tous des frères de ladite prétendue religion, et furent iceux livres
menez à la court et à Paris, excepté quelque centaine qui demeurèrent audit Provins pour distribuer aux frères de ladite religion.

Avant que d'entrer au collocque et dispute audit Poissy, les prélatz et docteurs feirent encores une remonstrance au roy et à ses
gouverneurs, pour ne poinct entreprendre ceste dispute, laquelle
ilz sçavoient bien ne debvoir apporter à la France et à l'église catholicque que confusion, combien que, grâces à Dieu, ilz ne craignoient
les argumens et sofisticqueries des prédicans. Ilz disoient que lesditz prédicans, encores qu'ilz parussent convertis et signassent mesme
l'abjuration de leurs erreurs, demeureroient hérétiques; que tous
les poinctz de la foy et religion chrestienne qu'ilz révocquoient en
doubte, et sur lesquelz il falloit fonder la présente dispute, estoient,
il y a plus de cinq cent et mille ans, condempnez et réprouvez de l'é-
glise universelle et des prélatz d'icelle par les conciles généraux légi-
timement congrégez; qu'il falloit les renvoyer au concille général
assemblé de présent en la ville de Trente, pour là impugner et dé-
battre ce qu'ilz avoient à disputer, parce qu'il n'estoit loisible au roy
de France de diffinir de la religion, ni de son auctorité privée faire

21

1561. assembler ung concille national sans l'auctorité du pape; enfin, que pour ces causes lesditz prédicans debvoient estre renvoyés. Ce que ne voulurent accorder lesditz gouverneurs, la royne mère et le roy de Navarre, ains, persistans en leur opinion, voulurent laditte dispute estre faicte, quelque péril qu'il en advînt, et furent téméraires jusques à cela qu'ilz, comme les prédicans, reprochèrent aux prélatz qu'ilz craignoient la lice, de peur que leur marmite ne feust respandue; ainsi appelloient-ilz l'église catholicque et espouse de J. C.

Ceste response ouye, les prélatz demandèrent jour et heure de s'assembler audit Poissy, affin que les révérens ministres fussent ouys en leurs requestes et confession de foy, et que la response se peust faire selon laditte confession, ce qui leur fut accordé. En conséquence, ceux qui estoient jà arrivez à la court entrèrent en la salle préparée pour attendre messieurs les prédicans, et ceux-cy, honteux de paroître devant les hommes sçavans qu'on leur vouloit bailler en teste, n'osèrent ce premier jour s'y présenter; oncques ne s'y fussent présentez, s'ilz n'eussent esté poulsés des gouverneurs et du prince de Condé, qui les enhardirent et leur dirent qu'ilz ne craignissent rien, que, encores qu'ilz fussent vaincus, l'affaire de la cause ne s'en porteroit pirement pour eux, et que ceste dispute n'estoit le but principal du mesnage qu'on vouloit remuer en France. Par ce moyen, furent rencouragez de se trouver au lendemain à l'assemblée.

Mons. le card. de Tournon fut faict président les premiers jours de l'ouverture du conciliabule de Poissy, auquel comparurent le roy de France, le roy de Navarre, la royne mère, le prince de Condé, messieurs de La Rochefoucault, de Guise, d'Aumalle, le connestable, les grands seigneurs de la court et les officiers de la couronne, avec les docteurs, prélatz et prédicans. Il cardinal de Tournon feit la harangue fort proprement, élégamment et bien à propos, sur l'importunité à eux faicte par les gouverneurs, soubz l'authorité du jeune roy, et sur la licence baillée aux prédicans. Ceux-cy furent de luy appellez les renards et bestes saulvages qui avoient rompu la haye qui bouschoit la vigne du père de famille, qui est l'église de Dieu; et adressant sa

parolle aux gouverneurs et aux princes fauteurs desditz prédicans, il 1561.
les appella meschans messiers, ou pour mieux dire meschante haye et
closture, ayant faict place et ouverture auxditz renards et loups pour
entrer en icelle vigne et dévorer les fruicts d'icelle, qui sont les
sainctes prières des sainctz et les sept sacremens[1]; il déclara que les
renards ayant poulsé contre la haye, du premier coup l'ont rompue
par tous endroictz, et ont faict de grands trous en ladittc haye, qui
est quasi en France toute morte, excepté çà et là quelques vieilles
espines encore vives, et quelques peu de rejectons qui sont encore
en ladite haye, qui donnent quelque espérance aux ouvriers d'icelle
vigne, que, quand ilz seront venus grands, gros, forts et espaiz, ilz
rebouscheront ladite haye, pour empescher lesditz renards d'y rentrer, si une fois on les en peult faire sortir. Par ces vieilles espines
qui n'estoient encores mortes, il donna à entendre les princes et seigneurs catholicques, comme les princes de Monpensier, de Nemours,
de la Roche-sur-Yon, de Guise et d'Aumalle, et par les petits rejectons qui pululoient parmy les espines dans ladite haye et qui la
debvoient refaire et rebouscher, il donna à entendre que c'estoient le
roy et messieurs ses frères, lesquelz, à l'ayde des grosses espines vives
entrelacées l'une dedans l'autre par dessus iceux petits rejectons, en
attendant qu'ilz petits rejectons eussent prins leur accroissement, con-
serveroient ladite vigne, de sorte que le fruict d'icelle ne seroit entièrement perdu, ni du tout dévoré par lesditz renards. Plusieurs
aultres poinctz pleins de remonstrances, plaintes et doléances furent
par luy traictés en ladite harangue en l'honneur du jeune roy; puis,
à la fin, ayant rappelé la cause de ladite assemblée, il exhorta les
prélatz et docteurs catholicques, et les prédicans que naguères il
avoit appellé les renards qui avoient rompu la haye de la vigne de

---

[1] On verra, en comparant le récit du colloque de Poissy donné par Cl. Haton avec les autres relations qui nous sont restées de cette assemblée, que notre auteur a été souvent entraîné hors de la vé- rité historique par ses passions religieuses. Le discours qu'il met ici dans la bouche du cardinal de Tournon diffère totale- ment de celui dont de Thou nous a laissé l'analyse.

1561. Jésus-Christ, que toute passion, envie et oppiniastreté mises bas de
part et d'aultre, entrassent en dispute des matières de la foy avec bien-
vueillance, sans injures, invectives, convices ni reproches, sans se
provoquer les ungs les autres à courroux, combien toutesfois qu'il
sçavoit bien que l'yssue de laditte dispute et assemblée ne proufite-
roit de rien à la république françoyse, ains plus tost y apporteroit
grand trouble et scandalle. Laditte harangue fut recueillie par aulcuns bons esprits qui furent présens à laditte assemblée quand elle
fut prononcée, et depuis imprimée et exposée en vente en la ville de
Paris. Mais, si tost qu'elle fut venue à la cognoissance desditz prédicans et des gouverneurs du royaume, tout à l'instant on prit des me-
sures pour en faire perdre la mémoire; des inquisitions et recherches
furent faictes pour sçavoir qui estoit l'imprimeur qui l'avoit imprimée et pour le punir en justice, et fut par cry public deffendu dans
Paris à tous libraires de n'en plus imprimer ni exposer en vente,
sous peine de punition corporelle et d'amende arbitraire.

Après que mons. le card. de Tournon eut finy laditte harangue,
mons. le prédicant et ministre Théodore de Bèze commença la sienne,
et y entra par ung beau commencement à la louange du roy, de ses
gouverneurs et des princes de France, auxquelz, disoit-il, Dieu avoit
faict ceste grâce de cognoistre la pure vérité de Jésus-Christ et de
son sainct Évangille, mais non à tous, ains à ceux seullement que le
Seigneur avoit choisis et esleuz par sa prédestination pour la deffense
d'icelle vérité, pour laquelle vérité planter, semer et enter en France,
avoient esté par eux mandés par l'instinct du St-Esprit, non pour dissiper, ruyner ni gaster aulcune chose qui feust à la gloire du Seigneur
ni de sa religion, ains seullement pour abattre toutes idolâtrie, su-
persticions et traditions humaines, qui de si long temps tenoient le
peuple françoys en un aveuglement intollérable à tout homme qui
cognoist perfectement Jésus-Christ, comme luy et ses compaignons le
cognoissoient; et, voulant poursuyvre plus oultre, demeura hors de
mémoire du rollet qu'il avoit estudié et préveu, et, tout étonné qu'il
se trouva, ayant perdu contenance, ne sceut plus que dire et com-

mença à regarder à l'entour de soy, s'il verroit le St-Esprit en personne ou en aultre qui le peust redresser en sa mémoire, pour poursuivre saditte harangue; mais ledit St-Esprit ne se trouva en personne
qu'en la royne mère, mais non perfectement, comme luy et elle
eussent bien voulu, parcequ'elle ne le peut remettre en ses espritz,
n'ayant le rollet de saditte oraison en main pour luy dire les motz
qui suyvoient ceux sur lesquelz il perdit la mémoire[1]. Toutesfois, ne
le laissant à despourveu, tascha à luy bailler courage en luy disant
telz motz : « Monsieur Bèze, prenez courage, parlez hardiment. Que
craignez-vous? Ne vous estonnez poinct. » Mais pour tout cela, son
esprit ne peut rentrer où il eust bien voulu, et se trouvant confus en
soy-mesme, ne passa oultre en saditte oraison, ains seullement s'excusa sur la crainte qu'il avoit d'offenser la majesté du roy et la compaignie, promettant au lendemain de donner par escript ce qui luy
restoit à dire. La royne, le voulant en tout favoriser, et l'excusant au
mieux qu'elle peut, dist qu'il ne falloit trouver maulvais le transport
de son esprit et que ce n'estoit faulte de science, ains seullement qu'il
estoit honteux.

A quoy respondit mons. le card. de Tournon, que telle entreprinse par luy faicte debvoit estre imputée à une présumptueuse té-
mérité; et adressant sa parolle audit Bèze, luy dist que ce peu qu'il
avoit déduit par son oraison estoit plein de hérésie et d'orgueilleuse
présumption, et que, s'il eust poursuyvi, comme possible il avoit pour-
pensé, il en eust bien desgourgé d'aultre, mais que Dieu y avoit
pourveu, et que de donner le reste de son oraison par escript au
lendemain n'en estoit besoing, mais seullement qu'il dressast la confession de sa foy sur la religion prétendue qu'il tenoit, pour l'exa-

---

[1] Il n'est pas dit, dans les relations du colloque de Poissy, que Théodore de Bèze soit resté court, mais seulement qu'il fut interrompu par les murmures de l'audi-toire catholique, quand il prononça ces mots : « Nous disons que le corps de J. C. est esloigné du pain et du vin autant que le plus haut du ciel est esloigné de la terre. » (Voy. Th. de Bèze, *Hist. ecclés.* l. IV; Maimbourg, *Histoire du calvinisme*, p. 223 et 224, et Le Laboureur, *Addit. aux Mém. de Castelnau*, t. I, p. 763.)

1561. miner et fonder la dispute sur ce qui seroit trouvé différent de la
religion apostolicque.

Au lendemain, ledit Bèze, poulsé des gouverneurs, du prince de
Condé et de ses suppostz, bailla à l'assemblée la confession de sa foy
pleine d'erreurs et de croyances contraires à la doctrine de l'église des
apostres, sur laquelle fut fondée la dispute. Mais, avant que de l'examiner ni de disputer sur icelle, ledit card. de Tournon demanda
audit Bèze et à ses compaignons s'ilz se advouoyent héréticques, et si
telz se vouloient déclarer; déclarèrent que non : — s'ilz vouloient
admettre l'erreur des ariens, pélagiens, nonatiens, marcionistes, do-
natistes, nestoriens, hussistes; dirent que non, ains qu'ilz rejectoient
la doctrine de tous les dessus nommez, ès poinctz qui estoient contraires à la religion qu'ilz tenoient et pour laquelle l'assemblée estoit
là faicte. — Interrogez s'ilz croyoient une église catholicque, apostolicque et romaine, respondirent qu'ilz croyoient une église catholicque,
apostolicque et non romaine. — Interrogez s'ilz cognoissoient une
autre église pour catholicque et apostolicque que la romaine, respondirent que, quant à l'église romaine, ne sçavoient si elle estoit église,
et que pour telle ne l'admettoient, mais au contraire qu'elle leur estoit
suspecte et leur sembloit pleine d'abus. — Interrogez sur quelles
escriture et sciences ilz vouloient fonder leur dispute, pour impugner l'église romaine et deffendre celle qu'ilz disoient estre catholicque aultre que la romaine, respondirent qu'ilz entendoient se servir de l'Escriture saincte, c'est-à-dire du nouveau Testament et du
vieil, excepté certains livres contenus en la Bible, comme celuy des
Machabées et aultres que St Hyérosme et les Hébreux n'ont receuz
ni approuvez, comme aussi celuy de Job et les livres de Salomon, en
ce qui est contraire à leur religion seulement. — Interrogez s'ilz vouloient pas admettre tous les docteurs de l'église receuz en icelle,
depuis les apostres jusques à maintenant, respondirent que non, en
ce qui se trouveroit contraire à leurditte religion. — Interrogez qu'ilz
vouloient dire principalement des quatre docteurs, messieurs Sts Hyérosme, Grégoire, Ambroise et Augustin, la doctrine desquelz est si

souvent cittée par eux, et dont l'authorité est mise ès livres qu'ilz
composent, respondirent comme des aultres qu'ilz les admettoient en
ce qui faisoit pour eux et non aultrement. — Interrogez qu'ilz vouloient croire et dire des concilles généraux tenus en la chrestienté
depuis les apostres jusques à présent, respondirent qu'ilz ne croyoient
et ne s'arrestoient à tous.—Interrogez qu'ilz vouloient dire des quatre
concilles généraux et universelz, respondirent qu'ilz les admettoient
en ce qui estoit conforme à l'Évangille et expresse parolle de Dieu, et
non aultrement. — Interrogez si, en leur prétendue religion nouvelle,
qu'ilz appelloient église, ilz recognoissoient une supériorité et magistrat ecclésiasticque; à ceste question, après avoir longtemps songé,
ne voulurent respondre catégoriquement s'ilz cognoissoient aulcun
supérieur par dessus eux qui eust puissance et auctorité. — Interrogez
quelz ilz estoient et quelz tiltres de qualité ilz se bailloient, respondirent qu'ilz estoient ministres de Jésus-Christ et de sa saincte parolle
et Évangille. — Interrogez de qui ilz estoient envoyez, puisqu'ilz se
vantoient d'estres ministres de Jésus-Christ et de son Évangille; après
avoir longtemps songé, feirent response qu'ilz estoient envoyez de
Dieu.—Interrogez qu'ilz donnassent preuve de leur envoy, ne purent,
mais respondirent qu'ilz estoient envoyez par une voye extraordinaire.
— Interrogez s'ilz avoient le don des miracles, parce qu'il fault, par
toute nécessité, que toute personne qui est envoyée extraordinairement pour prescher, annoncer ou réformer une religion fasse des
miracles, ou aultrement on ne peult et ne doibt-on croire en elle; à
ceste question se trouvèrent prins et ne voulurent respondre. — Ledit
cardinal, passant plus oultre, leur demanda que, puisqu'ilz se vantoient estre envoyez de Dieu par une voye extraordinaire, si c'estoit
médiatement ou immédiatement; à quoy ne voulurent faire aultre
response que celle de devant, qu'ilz estoient envoyez de Dieu et
poulsés du St-Esprit. — Furent requis qu'ilz en donnassent le tesmoignage; respondirent que le tesmoignage estoit leur conscience, et
oncques ne peult-on à laditte journée tirer aultre response d'eulx.

Alors ledit cardinal de Tournon, adressant sa parolle au roy, aux

1561. gouverneurs et à toute l'assemblée, dist : « Messieurs, ceste assemblée et dispute proufitera de bien peu, voire de rien; car ces hommes
icy ne sont que bestes obstinées en leurs opinions, comme ont tousjours esté tous héréticques, et ne se submettront au jugement de
personne ni à escriture, tant soit-elle de Jésus-Christ que d'aultre,
puisqu'ilz disent n'avoir et ne vouloir aultre tesmoignage que leur conscience. Ils sont cauteleux, et se veulent garder de se mesprendre. Car
s'ilz confessoient qu'ilz fussent médiatement envoyez de Dieu, la conséquence seroit telle qu'ils seroient médiateurs entre Dieu et les
hommes, comme a esté Jésus-Christ. S'ilz estoient médiateurs ou médiatement envoyez de Dieu, il fauldroit et seroit nécessité qu'ilz mou-
russent pour la rédemption des péchez des hommes et du peuple,
comme a faict Jésus-Christ, qui, seul, par nature, a esté le médiateur
envoyé par voye extraordinaire, et pour ce a donné tesmoignage de
sa mission et envoy par ses miracles et œuvres supernaturelles. Or ne
se peuvent vanter les prédicans et ministres, tant ceux-cy que leurs
compaignons, qu'ilz soyent médiatement envoyez de Dieu par voye
extraordinaire, parce qu'ilz n'ont poinct confirmé leur doctrine par
miracles, et qu'ilz ne peuvent tous mourir pour faire la réconciliation
des péchés des hommes avec Dieu, comme a fait Jésus-Christ. Car il
n'en a poinct fallu et ne s'en est poinct trouvé d'aultre qui aye pu réconcilier nature humaine avec Dieu le père, parquoy se trompent
ces hommes au tesmoignage de leur conscience. S'ilz confessoient qu'ilz
fussent immédiatement envoyez de Dieu, il fauldroit par conséquent
qu'ilz confessassent estre envoyez des hommes, des hommes, *inquam*,
qui fussent autorisez de Dieu, qui eussent receu l'imposition des mains,
et qui eussent imposé leurs mains sur eux, en les envoyant et en leur
disant : *Ite,* allez, preschez et évangélisez, ainsi que Jésus-Christ a faict
à ses apostres, les apostres à leurs disciples, les disciples des apostres
aux évesques et prebstres de leur temps, et depuis ce temps-là jusques à maintenant, par succession de temps jusques à nous. Et parce
que ces hommes, opiniastrez au tesmoignage de leur conscience qu'ilz
ne peuvent prouver par miracles, ne peuvent dire qu'ilz soient en-

voyez par envoy et mission légitime, sont par eux-mesmes condempnez
héréticques, encores que naguères ilz ayent dict qu'ilz rejectent tous
les héréticques et la doctrine de ceux que nous leur avons nommez. »
Iceux prédicans, tout honteux d'avoir si bien esté sondez par ledit
cardinal en la présence du roy et de toute l'assemblée, par congé
dudit cardinal de Tournon, se retirèrent et furent renvoyez jusques
au lendemain au matin, pour disputer sur la confession de leur foy;
et pour ce jour ne fut faict aultre acte, car toute l'assemblée se leva
pour aller disner, et ne se rassembla-on poinct jusques au lendemain.

Au lendemain, qui estoit pour le troisième jour que la dispute
estoit ouverte et qu'on s'assembloit au conseil, les prédicans, poulsés
et soustenus en toute faveur par les gouverneurs et princes, haul-
sèrent ung peu leur courage, et faisant meilleure contenance que le
jour de devant, ilz se trouvèrent au conseil en assez grand nombre,
comme aussi feirent les prélatz et docteurs catholicques, parce que
ce jour-là falloit disputer sur les poinctz de leur confession qui estoient en controverse. Et fut président ce jour-là à la dispute mons. le
card. de Lorraine, frère de mons. de Guise. Le roy et les gouverneurs
avoient ordonné des secrétaires et notaires, une partie de huguenotz
et l'aultre partie de catholicques, pour rédiger fidellement par escript
la dispute, la confession ou négation d'un chascun, tant d'ung costé
que d'aultre, afin qu'on pût y recourir, si davantage quelqu'un des
deux partis se vouloit desdire de ce qu'il auroit nié ou confessé; et
avant qu'entrer à disputer, fut par lesditz notaires la confession des
prédicans enregistrée, mise par escript et signée de leurs mains et
desditz prédicans, affin qu'ilz ne pussent dire par après qu'on eust
falsifié, adjousté ou diminué aulcune chose de laditte confession, de
laquelle la lecture fut faicte par lesditz notaires en la présence de
toute l'assemblée. Puis après commença la dispute, qui fut menée
vivement, arguée et respondue doctement, une fois en latin, aultres
fois en françoys, afin que le roy, les princes et princesses qui estoient
présens pussent entendre ce qui se disputeroit de part et d'aultre, et

22

1561. qu'ilz pussent donner jugement de la confession ou négation les ungs des aultres.

Ceste dispute fut faicte assez longue et par plusieurs jours, les membres de l'assemblée ne prenant détermination par chascun jour que sur ung poinct de la confession d'iceux prédicans contraire à la religion catholicque; elle dura en tout environ quinze jours, s'assemblant environ trois ou quatre heures par chascun jour.

Or n'y eut-il aucun poinct de laditte confession qui plus tint la dispute, ne qui feust plus difficile à arracher desditz prédicans que celuy du sacrement de l'autel, que les catholicques confessent et croyent estre le corps de Jésus-Christ, en chair, os et sang, corps et âme, divinité et humanité tout ensemble, tel qu'il estoit au ventre de la vierge Marie et en la croix au jour de la passion, quand il est deuement consacré par le prebstre à la messe, soubz les espèces du pain, et son précieux sang soubz les espèces du vin. De mettre icy les argumens les ungs après les aultres par lesquelz la preuve fut faicte de l'assistance dudit corps de Jésus-Christ audit sacrement n'est de nécessité, parce que de ceste matière en ont composé plusieurs gros livres les catholicques, tant les docteurs que aultres non docteurs ni prebstres, entre lesquelz en a faict un assez gros maistre Nicolas Durant, commandeur de l'ordre du Temple de Paris, chevalier de S⁺-Jehan de Jérusalem, seigneur de Villegangnon [1], et plusieurs aultres. Pareillement, réciter icy les responses et argumens que les prédicans et ministres feirent pour nier l'assistance réelle du corps de Jésus-Christ audit sacrement de l'autel, qu'ilz prédicans et huguenotz appellent saincte cène du Seigneur, seroit sortir hors de propos, parce que ilz, comme les catholicques, en ont faict plusieurs livres par lesquelz ilz confessent, tantost que ledit corps de Jésus-Christ est en laditte cène, tantost qu'il n'y est pas. Parquoy nous

---

[1] Villegagnon a composé plusieurs ouvrages sur l'Eucharistie : *Ad articulos calvinianos de sacramento Eucharistiæ responsiones* (Paris, 1560, in-4°); — *Propositions contentieuses, contenant la vérité de la sainte Eucharistie* (1562, in-4°); — *De consecratione mystici sacramenti et duplici Christi oblatione* (Paris, 1569, in-4°).

laisserons le tout à le veoir esditz livres, tant d'une part que de 1561.
l'aultre.

Ce poinct fut fort débattu, impugné et deffendu de part et d'aultre,
pour ce qu'il est, tant par les catholicques que par les héréticques, appellé et tenu pour sacrement, chascun en sa religion. Mais, toutesfois,
après longues disputes et plusieurs argumens et solutions de part et
d'aultre, faictz entre mons. le card. de Lorraine, en ung jour qu'il
ne présidoit plus, et mons. le prédicant de Bèze, fut ledit Théodore
de Bèze contrainct de confesser qu'audit sacrement de l'autel est réellement et de vray contenu le vray, précieux et naturel corps de Jésus-
Christ, et dist telz motz qui s'ensuivent, c'est assavoir : « Nous et ceux
de nostre religion confessons que la saincte cène que nous faisons
est ung sacrement de l'Église de Jésus-Christ, institué de Dieu, et
qu'en ladite cène nous mangeons et recepvons réellement et de faict
le vray et précieux corps de Jésus-Christ, celuy qui est né de la vierge
Marie et qui est mort pour nous, et que par ce moyen nous sommes
faictz chair de sa chair, os de ses os, et sommes participans de sa
grâce, et ce par la foy qui nous faict et rend les choses absentes présentes soubz les signes visibles, le tout par la vertu de sa saincte parolle. » Voilà la confession de mons. le prédicant Th. de Bèze, touchant la réelle assistance du corps de J. C. à la saincte hostie, qu'on
appelle le sacrement de l'autel, laquelle confession fut enregistrée par
les notaires, affin qu'il Bèze ne s'en peust desdire, et si la subscrivit et
signa de sa main, au malcontentement de ses compaignons, du prince
de Condé et des aultres faisans profession de la prétendue religion.

Or, à ceste confession bézienne respondit celuy qui présidoit à ce
jour audit sieur Bèze : « Je te juge par la confession de ta parolle.
Puisque vous confessez que la cène est ung sacrement et qu'en celuy
sacrement; soubz les signes visibles du pain après qu'il est consacré,
le corps de Jésus-Christ réellement et de faict y est contenu, pourquoy doncques ne l'adorez-vous comme Dieu, et nous appellez-vous
idolâtres, quand nous aultres catholicques l'adorons? Pourquoy blas-
phémez-vous contre sa saincte majesté, en l'appellant *Jehan le blanc*

1561. et en prononçant d'aultres injures, tant de vos bouches que par vos escriptz?» Auxquelles remonstrances se tut ledit Bèze, voyant sa confession publicque estre contraire à sa doctrine et à ses escripts, et oncques depuis ne voulut parler en laditte assemblée. De laquelle quand il fut sorty, oncques depuis n'y voulut rentrer, pour requestes et instances que les princes de son party luy feissent.

Ses frères prédicans et aultres huguenotz furent oultrageusement maris de ceste confession et fort l'incrépèrent. Lequel, en s'excusant au mieux qu'il peut, leur dist qu'il n'avoit sceu et ne luy fut possible de se garder d'ainsi dire, parce que telle estoit sa croyance touchant cest article et ce sacrement; et pour contenter ses gens, leur dist que telle sa confession n'estoit pour eux cause perdue, ni pour les papistes, car ainsi appelloient-ilz les catholicques, cause gangnée. Et leur bailla conseil de le désavouer en la poursuitte de la cause, et de fonder leur excuse sur une crainte que ledit Bèze avoit prinse d'avoir eu en ce jour-là la dispute avec le card. de Lorraine, et qui, plus que la raison, de ce faire l'avoit forcé, comme aussi l'y avoit obligé la présence du seigneur de Guise, qui estoit là, doutant en soy que, s'il ne faisoit telle confession, mal luy en pourroit advenir. Ce que les-ditz huguenotz feirent; lesquelz mirent en avant qu'à ceste convocation et concille de Poissy les ministres et prédicans avoient bien envoyé la messe aval l'eaue de la rivière de Seine, pour s'aller noyer en la mer, n'eust esté le card. de Guise, et le duc de Guise, son frère, qui l'avoient repeschée.

Ceste confession du sacrement de l'autel ou de la cène ainsi faicte en une si célèbre assemblée, devant le roy, les gouverneurs et aultres princes qui furent tesmoings si ledit Bèze fut contrainct par aultre voye que la raison et argumens de faire telle confession, nonobstant l'excuse des aultres huguenotz, retira beaucoup de personnes à l'hérésie et faulse crédence dudit Bèze et aultres ministres, lesquelles se réduisirent à l'église catholicque et creurent en icelle plus fermement que paravant. Entre lesquelles fut le roy de Navarre, qui, depuis ceste confession bézienne, ne voulut la dispute estre poursuyvie plus oultre sur les aultres poinctz de la confession des huguenots, et bailla congé aux prélatz, évesques et docteurs de se retirer quand bon leur sembleroit, en disant qu'il avoit bien cognu que la religion prétendue par les huguenotz et mise en avant par les prédicans n'estoit qu'abus ; et tout sur l'heure, de son propre mouvement, et sans en demander conseil à personne, envoya deux héraultz de la court à messieurs du parlement de Paris, pour leur certiffier de la confession dudit Bèze, touchant le sacrement de l'autel, leur enjoignant qu'incontinent ses lettres veues ilz feissent publier au Palais et par les carrefours de la ville de Paris, que la messe estoit une chose ordonnée de Dieu, et qu'en icelle, soubz les espèces du pain et du vin, consacrés par les prebstres, le corps de Jésus-Christ estoit réellement et de faict contenu, et qu'ainsi avoit il esté prouvé par la dispute faicte au concille de Poissy, ainsi que mesmes l'avoient confessé les prédicans.

Messieurs de Paris, ayans receu par le roy de Navarre les nouvelles de la victoire des prélatz contre les prédicans, ne faillirent de faire publier au Palais et par les carrefours des rues dudit Paris comment ilz prédicans avoient esté contrainctz par argumens et textes d'Escriture saincte de confesser la réelle assistance du corps de Jésus-Christ au sacrement de l'autel, que les catholicques appellent la messe. De laquelle publication moult furent esjouys les catholicques et dolens les huguenotz héréticques. Moult de personnes se retirèrent alors de l'hérésie et doctrine desditz prédicans et ministres.

Le roy de Navarre ayant veu que le faict et dict des prédicans n'estoit qu'imposture et présumption, les délaissa là pour telz qu'ilz estoient[1] et voluntiers les eust faict chasser hors de France, n'eust esté le support qu'ilz avoient de la royne sa femme, de la royne mère du roy et de mons. le prince de Condé, son frère, en faveur desquelz les laissa là en France. Mons. le prince de Condé sollicitoit fort ledit sieur roy de Navarre et la royne mère qu'ilz aprouvassent et authori-

---

[1] La défection du roi de Navarre est antérieure au colloque de Poissy. Voy. une lettre de Théod. de Bèze à la reine de Navarre, où il est question de cette défection. 1561, 13 mai. (Bibl. imp. Collect. Dupuy, vol. 333.)

1561. sassent la doctrine d'iceux prédicans en France; mais n'en voulut
jamais rien faire ledit sieur roy de Navarre, lequel remit le tout
au jugement des pères et évesques de toute la chrestienté, qui estoient assemblés au concille général et universel en la ville de Trente,
en Allemagne, auxquelz envoya laditte confession des prédicans, et
tous les actes de la dispute de Poissy, pour en déterminer par eux
ainsi qu'ilz jugeroient estre expédient selon la vérité. Il pareillement
pria mons. le card. de Trivoulce, légat en France, d'escrire au pape
tout ce qui avoit esté faict, géré et négotié, débattu et disputé, oppu-
gné et confessé audit Poissy, entre les prélatz et docteurs de l'église
gallicane, par l'exprès commandement du roy, en sa présence et en
celle des princes. Et pour ce les majestez françoyse et navarroise
prioient sa saincte paternité de faire tenir la main à la détermination
dudit concille général de Trente, de si longtemps encommencé, pour
mettre fin à tant d'hérésies et perverses doctrines, qui, par gens desbauchez de la vraye religion, sont esparses et semées par la chrestienté et principallement au royaume de France, et qu'en brief le roy
et luy despescheroient les cardinaux, archevesques et prélatz de
France pour s'en aller audit concille, sitost qu'ilz sçauroient que les
prélatz des aultres nations seroient mandés pour s'y trouver. Ce que
feit ledit légat, qui en peu de jours eut response du pape et du debvoir qu'il feroit de poursuivre la décision dudit concille en faveur
desditz roys de France et de Navarre [1].

[1] On trouve, à cet égard, dans le volume 309 de la collection Dupuy, à la Bibliothèque impériale, une lettre adressée,
le 26 janvier 1561 (1562), par Charles IX
à M. de l'Isle, ambassadeur auprès du
pape. Le roi repousse les bruits qui ont
couru contre lui; il affirme que la reine
mère, le roi de Navarre, les princes et seigneurs du sang n'ont pas voulu favoriser
les hérétiques; que son seul but est de les
convertir; et il cite en preuve l'édit de
juillet et le colloque de Poissy. Il demande
la convocation d'un concile et recommande « d'assurer le St-Père du soin qu'il
« met à rechercher le bien et repos de
« ses sujets, sans qu'il y ait riens qui sente
« la division et séparation du St-Siége, dont
« on le veult soupçonner. » — Voy. aussi
*Lettre de la reyne mère à M. l'évesque de
Rennes,* du 22 avril 1562, au sujet du
concile général et de l'assemblée destinée
à mettre l'accord entre les religions et à
pacifier les troubles du royaume (Bibl.
imp. Coll. Dupuy, vol. 309), et *Lettre du*

Mons. le prince de Condé, voyant que le roy de Navarre avoit en mespris les prédicans et leur prétendue religion, le feit regangner par la royne mère du roy et la royne de Navarre, sa femme, grande huguenotte et de longtemps, et luy-mesme prince de Condé s'employa pour destourner ledit roy de Navarre de ne faire édict contraire à laditte prétendue religion et pour le banissement des prédicans, comme il en avoit l'intention, et à ces fins avoit faict assembler le conseil du roy, contre la volunté de la royne mère et dudit prince de Condé. Quoy voyant, ladite dame et le prince de Condé eurent recours à messieurs du conseil qui se sentoient de l'hérésie et doctrine bézienne et aultres qui ne s'en sentoient, et les prièrent de ne rien déterminer touchant le faict de la religion, pour certaines raisons qu'ilz leur feirent entendre, mais de laisser le tout en suspens jusques à ung aultre temps plus commode que cestuy de présent. Les gens du conseil estoient meslez et choisis de plusieurs maisons et estoient partiaux, chascun d'eux soustenant et gratiffiant les princes desquelz ilz s'estoient rendus amys et serviteurs; aussi ilz furent fort divisez les ungs contre les aultres et s'y engendra une grande division entre le roy de Navarre et la royne mère, qui dura avec toute dissimulation jusques au jour du trespas dudit roy de Navarre, la mort duquel fut fort agréable à la royne mère. Et pour ceste fois ne fut rien ordonné. Combien que ledit sieur prince de Condé demandast et requist que les presches qu'il appelloit églises, jà plantés par tous endroictz de la France et aultres qui se dresseroient ès lieux où n'y en avoit poinct, fussent auctorisés, et que la prétendue nouvelle religion feust receue et approuvée en France, pour en tous lieux l'exercice d'icelle estre faict en toute seureté et pleine liberté, ceste requeste ne peult estre accordée par les conseillers catholicques qui tenoient pour les roys et la religion catholicque. Le roy de Navarre, estant persuadé par sa femme, la royne mère et mons. le prince de Condé, de tolérer les prédicans et l'exercice de la prétendue nouvelle religion, conniva

cardinal de Lorraine aux cardinaux, où il rend raison pourquoi il serait nécessaire de convoquer un concile national. (Sans date. *Id. ibid.*)

1561. auxditz dames et prince et laissa le tout en tel estat qu'il estoit, tolérant lesditz prédicans et presches mis sus de l'authorité des huguenotz et tenant la contenance d'ung homme à qui il ne challoit comment le tout s'en allast.

Ledit sieur prince de Condé et la royne mère, auxquelz il laissa tout faire à leur volunté, remirent en peu de jours les prédicans et les huguenotz en plus grande audace qu'ilz n'estoient auparavant, tant à la court du roy que par tout le royaume. Les princes et seigneurs catholicques se trouvèrent à la court en tel mespris qu'ilz furent contrainctz de s'en retirer, excepté le connestable ; les sieurs princes de Montpencier, de Nemours, de Guise [1], d'Aumalle [2], le mareschal de Sᵗ-André, s'en absentèrent, quand ilz apperceurent qu'on n'y vouloit plus d'eux. Par quoy ne demeura avec le roy et ses gouverneurs que les sieurs et dames de la prétendue religion, qui fut occasion de remonster en orgueil incroiable les huguenotz de la France. Toutes les charges et grandes affaires furent données à eux et à leurs fauteurs. Le gouvernement de la ville, prévosté et vicomté de Paris, avec l'Isle de France, fut confié à mons. le mareschal de Monmorency, filz aisné du connestable [3]; duquel on n'eust sceu faire jugement s'il estoit catholicque ou héréticque, combien qu'on voyoit bien qu'il favorisoit plus lesditz huguenotz héréticques que les catholicques. Les catholicques, qui s'estoient tant resjouys de la victoire des prélatz contre les prédicans, furent incontinent remis en leurs tristesses par la publication des premiers édictz de liberté que l'on réitéroit par les villes avec cry public au son de la trompette de par le roy, par lesquelz toute permission estoit laissée auxditz huguenotz et toute crainte donnée aux catholicques [4]. Ilz huguenotz,

---

[1] « Histoire comprenant en brief ce qui est advenu depuis le partement des sieurs de Guise, connestable et autres de la court estant à Sᵗ-Germain, jusques à ce temps présent. » 1562. (*Mém. de Condé*, t. III, p. 187.) — Voy. de Thou, *Histoire univ.* l. XXVIII.

[2] Claude de Lorraine, duc d'Aumale. naquit en 1523 et mourut en 1573.

[3] François, duc de Montmorency, né en 1530, mort en 1579.

[4] Perrenot de Chantonnay, ambassadeur d'Espagne, écrivait à Philippe II, le 6 septembre 1561 : « Faictes compte qu'au-

en tout et partout s'efforçoient de provocquer à sédition contre eux   1561.
lesditz catholicques, par quoy recommencèrent par le royaume les séditions en plusieurs villes, des huguenotz contre les catholicques et
des catholicques contre les huguenotz.

Pour auxquelles séditions éviter, fut faict ung édict ou bien fut envoyé ung mandement aux juges des villes au nom du roy, par lequel
il leur estoit ordonné de désarmer de toutes armes les catholicques
desdittes villes, fust de harquebuses, pistolles, hallebardes, espieux,
pertuisanes et de tous aultres bastons, et de faire mettre icelles armes
ès maisons ou hostels commungs desdittes villes soubz la garde des
procureur et eschevins d'icelles, et ce sous peine d'estre rebelles au
roy et punis corporellement[1]. Et fallut que les pauvres catholicques
obéissent à ce commandement, mesmement ceux de la ville de Paris.
Les armes des huguenotz demeurèrent en leurs mains et possession,
et ilz alloient à leurs presches les pistolles ès mains toutes bandées et
chargées, sans que les catholiques en eussent osé dire mot qu'ilz ne se
fussent mis au hazard d'estre par eux battus; et estoient lesditz huguenotz si audacieux qu'en allant et venant de leurs presches ilz ne se
feussent daigné destourner de la voye d'homme qui fust pour le

jourd'hui ce qui est loisible à Genève,
tant quant aux presches, administration
des sacremens que choses semblables, se
peut faire autant impunément par tout ce
royaume (de France), commençant dès
l'hostel mesme du roy; et est tenu pour
beste qui n'y fait du pis qu'il peut. » (*Mém.
de Condé*, t. II, p. 17.) Catherine de Médicis envoya auprès de Philippe II Jacques
de Montberon, pour justifier sa conduite.
(Voy. de Thou, *Hist. univ.* liv. XXVIII.)

[1] Plusieurs ordonnances furent rendues
dans le courant de l'année 1561 pour le
maintien de la paix publique : « Lettre de
cachet du roy aux magistrats des villes de
son royaume, pour prendre garde qu'il ne
soit faict séditions aux processions du S^t-

Sacrement. » 1561, mai 24. (*Mémoires de
Condé*, t. II, p. 366.) — « Édit sur la religion, sur le moyen de tenir le peuple en
paix et sur la répression des séditieux. »
1561, juillet. (Isambert, *Rec. des anc. lois
franç.* t. XIV, p. 109.) — « Édit du roy sur
le faict de la police et règlement qu'il veut
estre mis entre ses subjects. » 1561, oct. 18.
(*Mém. de Condé*, t. II, p. 520.) — « Édit
pour remédier aux troubles et sur la répression des séditieux. » 1561, octobre 20.
(Fontanon, t. IV, p. 265.) — « Édit sur
le port d'armes à feu, la vente de ces
armes et les formalités à suivre par les
fabricants. » 1561, oct. 21. (Fontanon, t. I,
p. 651.)

1561. laisser passer, ains qu'il falloit, sous peine d'estre par eux battu et
oultragé, se destourner de devant eux plus habillement que devant
un chien fol et enragé. Au retour de leurs presches, ilz alloient par
les rues chantant les psalmes maroticques et béziens, avec aultres
chansons scandaleuses contre l'église catholicque et les sacremens
d'icelle, pour provocquer les catholicques et pour prendre occasion
de frapper sus, si aulcun en vouloit dire quelque chose. Davantage,
les jours de vendredy, de jeûne et karesme, cheminoient par les rues
et se présentoient ès places publicques mangeans chair devant les
catholicques, les provocquant avec injures à sédition ou à leur dire
quelque chose qui leur dépleust, affin de les battre ou les accuser à
justice et les faire emprisonner et punir par les juges de leur party.

Ainsi fut faict à Jehan de Léans et à Morice Gadineau de Provins, lesquelz à diverses fois se trouvant l'ung après l'aultre avec des
huguenotz dudit Provins, qui faisoient et disoient telles insolences
que dessus, mesdisans de la messe et des aultres sacremens et mangeant chair publicquement avec injures pour provocquer les dessus-
nommez, ceux-ci estans maris de telle audace huguenoticque, ne se
purent garder de les appeller huguenotz, héréticques et vivans comme
chiens, sans leur faire aultre mal. Fut par le bally dudit Provins, à
la requeste du procureur du roy, informé contre eux; ilz furent prins
prisonniers, on fit contre eux poursuite jusques à sentence diffama-
toire, et ils furent condempnez à faire amende honorable à Dieu et
justice, et aux despens, et déclarez séditieux contre les édictz du roy.
Desquelles sentences appellèrent les condempnez pardevant messieurs
de la court de parlement, qui les absolurent desdittes sentences et
dirent mal jugé et bien appellé; mais toutesfois les pauvres hommes
ne furent récompensez de leurs despens, dommages et intérestz et leur
en cousta plus de chascun cent liv. t. Les catholicques des villes de
France, se voyant désarmez des armes de leurs maisons, entrèrent en
ung plus grand doubte et soubçon qu'auparavant, et voyant les huguenotz armez avoir toujours la pistolle au poing, ilz jugèrent lors qu'il
estoit besoing de se donner garde, et que telles menées ne tendoient

qu'à une rébellion contre le roy et le royaume et au saccagement des 1561.
villes. Et pour ce, les plus fins et rusez catholicques trouvèrent moyen
de retirer leurs armes, pour les mettre en leurs maisons. Ceux qui ne
les purent ravoir en acheptèrent secrètement d'aultres pour fortifier
leurs maisons et pour s'en deffendre quand il seroit besoing; ce qui
n'arresta longtemps à advenir, ainsi qu'il sera veu en l'année prochainement venant.

Or en ceste année icy et tout à l'instant que les catholicques furent
désarmez, advint une grande sédition par les huguenotz en la ville de
Paris, le jour de St-Jehan de Noël, dans l'église mons. S^t- Médart,
en ung des fauxbourgs, tout joignant la ville, assez près du lieu que
l'on appelle au Patriarche. Et fut icelle sédition faicte en la manière
qui s'ensuit : les catholicques de la paroisse St-Médart[1], après midy,
se retirèrent en leur église, pour ouyr le sermon de la parolle de Dieu
qui leur fut presché par ung docteur dudit Paris; fault entendre que,
dans un jardin du lieu dit le Patriarche, avoient les huguenotz de
Paris, de leur autorité, soubz l'assurance et protection de mons. le
prince de Condé, érigé ung presche pour faire l'exercice de leur prétendue religion peu de temps après l'advénement du roy à la couronne, suyvant l'édit de liberté donné par ses gouverneurs, et dans
ce presche ilz s'assembloient par chascun jour et quand bon leur

[1] Voy. le Journal de Bruslart dans les Mémoires de Condé, t. I, p. 68; — Le Discours du saccagement des églises catholiques, par Cl. de Sainctes, fol. 48 r°; —De Thou, *Hist. universelle*, l. XXVIII; — « Histoire véritable de la mutinerie, tumulte et sédition faicte par les prebstres de St-Médart contre les fidèles, le samedy xxviie jour de décembre 1561 » (*Mém. de Condé*, t. II, p. 541; et *Archives curieuses de l'hist. de France*, 1re série, t. IV, p. 49); — « Lettres du roy et de la reyne mère au parlement de Paris, au sujet du tumulte arrivé à la porte St-Anthoine de cette ville, et arrestz donnez par ceste cour par rapport à ce tumulte et à celui arrivé à St-Médard » (*Archives curieuses de l'histoire de France*, 1re série, t. IV, p. 67); — « Arrest du parlement de Paris, portant qu'il sera fait une procession générale pour l'expiation des sacriléges commis par les huguenotz dans l'église de St-Médard » (*Ibid.* p. 99). — Voy. aussi *Mémoires de Condé*, t. II, p. 549; t. III, p. 149, 255 et 495; — *Mémoires de François Grin*, manuscrits (Bibl. imp. fonds Saint-Victor, n° 1019), fol. 10 r°.

1561. sembloit. Or advint-il que, ce jour de St-Jehan de Noël, ilz huguenots pleins d'orgueil et de présumption, bien sçachant que les catholicques de laditte paroisse St-Médart s'assembleroient en leur église pour estre au sermon, se voulurent quant et quant assembler et à la mesme heure ou tost après, affin de provocquer lesditz catholicques à leur faire ou dire quelque chose qui leur despleust, pour faire sédition, comme ilz feirent, sans y estre provocquez, sinon justement, par lesditz catholicques. Lesquelz, après la fin du sermon faict par leur docteur, avant que de se retirer de laditte église, joinct aussi que l'heure ordinaire de chanter vespres estoit venue, qui estoit sur les deux heures après midy, feirent sonner lesdittes vespres avec les cloches, telle qu'est la manière des catholicques. Du son desquelles cloches se scandalisèrent lesditz huguenotz qui estoient à leurdit presche, et, pour le faire cesser, ilz envoyèrent quelques ungs de leur compagnie dire avec grandes menaces qu'on cessast de sonner lesdittes cloches jusques après qu'ilz seroient partis de leurdit presche, qui ne seroit que sur les quatre heures du soir.

Les catholicques, ayans receu telles nouvelles, respondirent qu'ilz ne pouvoient tant attendre à chanter leurs vespres et qu'à quatre heures du soir seroit la nuict venue, qu'on ne verroit clair en leur église à les chanter, joinct aussi que l'heure ordinaire et accoustumée en ce temps de les chanter par toutes les églises de Paris estoit l'heure de deux heures, et pour ces causes ne voulurent cesser de sonner lesdittes vespres une fois, deux fois et trois fois, selon leur manière accoustumée. Après que les huguenotz eurent ouy par leurs messagers la response qu'avoient faicte les catholicques, ilz huguenotz, ouyant les cloches recommencer à sonner pour la seconde fois[1], du conseil et licence de leur prédicant et ministre, s'eslevèrent en fureur, et ayans les armes au poing, comme gens folz et insensez, coururent d'une fureur et rage incroiable à laditte église, qu'ilz saccagèrent

---

[1] D'après le récit de de Thou, les catholiques commencèrent par massacrer un des députés que les protestants avaient envoyés pour prier le curé de faire cesser le bruit des cloches.

entièrement, et feirent ung meurtre en icelle des pauvres catholicques
qu'ils y trouvèrent, fort cruel, inhumain et plus que barbare, sans
pardonner aux qualitez des personnes, âge et sexe quel qu'il fust,
mais se ruèrent sur les hommes, les femmes et les enfans, sans s'enquérir qui en estoit ou n'en estoit pas. Ils trouvèrent le docteur qui
avoit faict le sermon, qui estoit à deux genoux devant le grand autel
de ladite église faisant sa prière, et ilz le tuèrent et le desmem-
brèrent en plusieurs pièces. Ilz ne pardonnèrent à prebstre ni clerc.
Les hommes et jeunes gens des plus habilles se saulvèrent ainsi qu'ilz
purent, mais peu eschappèrent sans estre blessez. Il y en eut de morts
et de blessez bien ung cent, la moytié desquelz furent tout morts.
Après avoir meurtry en ceste façon les pauvres brebis de la pasture de
Jésus-Christ, prindrent prisonniers blessez et non blessez tant qu'ilz
en purent lier et prendre, et les menèrent ès prisons du Chastelet grand
et petit, de la Conciergerie, du Four-l'évesque, et aultres prisons de
Paris, les traisnant par les rues comme bestes qu'on mène à la voyrie,
criant et hurlant ainsi qu'hommes hors du sens, esquelles prisons
furent les pauvres catholicques fort tourmentez et estroictement res-
serrez pour quelques jours, jusques ad ce que la court de parlement
y eust mis la main. Plusieurs blessez y moururent faulte d'estre pansez et habillez. Le chevalier du guet dudit Paris, nommé Gabaston,
garde desditz huguenotz, feit le pis auxditz catholicques, en les em-
prisonnant, massacrant, et appellant, comme aussi faisoient lesditz
huguenotz, séditieux, crimineux de lèze-majesté et infracteurs des
édictz du roy. Ilz huguenotz, non contens du saccagement et meurtre
faict aux personnes, saccagèrent quant et quant ladite église, rompant les ymages, les verrières, les bans et siéges, le sainct cyboire,
jettant le corps de Jésus-Christ et saint sacrement de l'autel aux chiens,
montant des piedz dessus et disant milles injures contre l'honneur
de Dieu, Jésus-Christ et son Église; rompirent pareillement tous les
livres qui estoient en icelle et les déchirèrent en plusieurs pièces, et si
menu qu'il ne fut jamais possible de les refaire ni de s'en servir. Ilz
pillèrent le linge, les ornemens, les joyaux d'icelle, croix, callices,

1561. chappés et aultres meubles, et pour bailler meilleur courage aux saccageurs, il Gabaston, avec son cheval tout armé à blanc, cryoit à haulte
voix en vulgaire de gascon corrompu par telz motz : « Pilla tout, pilla
tout ! » et sans porter honneur à Dieu, à ses saintz, ni au lieu sacré,
entra en icelle église avec son cheval jusques au grand autel. Ilz rompirent les fons en plusieurs pièces et l'ung d'entre eux feit son aysement de nature et ordure dedans le bassin où estoit l'eau béniste. Du
cresme et des sainctes huilles en gressèrent leurs soulliers, et, pour
conclure briesvement, ne demoura rien d'entier en laditte église que
les murailles et la couverture.

Non contens d'avoir meurtry les paroissiens et saccagé l'église
dudit St-Médart, eschauffez comme lions couroucez, les armes au
poing, coururent par les rues dudit Paris, frappant et massacrant ceux
qui ne se destournoyent de leur voye et criant à haulte voix : « l'Évangile ! vive l'Évangile ! » et ruèrent plusieurs personnes par terre depuis
laditte église St-Médart jusques à la porte de St-Anthoine, où ilz feirent
leur course pour anoncer aux frères de leur évangile qui estoient au
lieu de Popincourt le sacrifice qu'ilz venoient de faire. Et n'y eut personne pour ce jour par la ville de Paris qui leur résistast en sorte du
monde, mais au contraire chascun s'enfuyoit devant eux comme on
feroit devant des chiens folz, et tant fallut qu'on leur résistast, mais
encores n'eust-on osé rien dire devant eux qui les courroussast, à peine
d'estre tué et mis par eux sur le carreau. Il advint à une honeste
dame, femme d'ung appoticaire dudit Paris, estant en sa boticque et
ouvroir, de dire par grande compassion qu'elle avoit des pauvres catholiques blessez et à demy morts qu'elle voyoit traisner par les rues en
prison par lesditz huguenotz qui les battoient et mutilloient, telz
motz : « Mon Dieu, voycy une grande pitié ! Ne a-il poinct d'ordre
en la ville de Paris? Voylà une grande cruauté! » Lesquelles parolles
entendues par les lions huguenotz eschauffez, entrèrent en laditte boticque, où ils tuèrent laditte dame et pillèrent ce qu'ilz voulurent
d'icelle boticque, en renversant les boistes et drogues par terre et emmy la rue, et n'eust esté la nuict qui survint incontinent, ilz hugue-

notz s'estans tous alliez ensemble eussent saccagé laditte ville de Paris,
sans aultre difficulté. De laquelle sédition, meurtre et saccagement
furent advouez lesditz huguenotz par la royne mère et les gouverneurs
du royaume, et le tort fut donné aux catholiques, qui furent appellez
séditieux et rebelles aux éditz du roy, et fut par eux dict qu'on leur
faisoit trop de grâce de ce qu'on ne les pendoit au gibbet, ce que je
croy qu'ilz eussent esté, n'eust esté la pitié qu'en eurent les messieurs
présidens et conseillers catholicques de la court de Parlement, qui y
meirent la main, pour en informer; auxquelz toutesfois fut deffendu
de par le roy de n'en faire aulcune instance ni poursuitte contre iceux
huguenotz; quoy veu par eux, feirent ouvrir les prisons aux catholicques pour en sortir et s'en aller en leurs maisons.

Ce saccagement demeuré impugni feit haulser le courage des huguenotz, tant en la ville de Paris que par le royaume et en devindrent plus orgueilleux et audacieux de la moytié, de sorte que nul
catholicque, par les villes et par les champs, n'eust osé bonnement
lever l'œil devant eux, tant feust-il noble, voire prince, qu'il ne feust
en danger de la vie et d'estre saccagé, comme il sera veu par ci-après
en la personne de mons. de Guise par les huguenotz de Vassy. Et fut
besoing auxditz catholicques de France d'estre plus ou aultant patiens
que pauvres brebis qu'on tue à la boucherie, parcequ'ilz n'avoient
aulcun support du roy à cause de son bas âge, et encores moings
des gouverneurs le roy de Navarre et la royne mère, lequel roy de
Navarre, pour l'amour du prince de Condé, son frère, connivoit à
toute impiété huguenoticque et oppression des catholicques.

Messieurs de la ville de Paris, après avoir veu l'émotion huguenoticque de leur ville, advisèrent à se donner garde d'estre saccagez, et
au moyen de se fortifier contre lesditz huguenotz; ilz remunirent
leurs maisons d'armes, pour se rendre fortz et pour se deffendre si
besoing leur en estoit, et conclurent qu'il leur estoit nécessaire de
s'allier de quelques princes et grands seigneurs catholicques, pour
les supporter, tant envers le roy que les gouverneurs du royaume, et
aussi pour les deffendre contre lesditz huguenotz, qui monopoloient

1561. et conspiroient le saccagement de laditte ville et du royaume de France. Pour auxquelz maux pourvoir et éviter, ilz escrivirent à mons. de Guise et au mareschal de St-André le plus secrettement que faire le purent, qui estoient hors de la court, et s'estoient retirez en leurs maisons pour estre en meilleure seureté de leurs personnes, et ilz les prièrent de se rendre en la ville de Paris pour les secourir, quand besoing en seroit, et pour les relever de l'oppression que leur faisoit leur gouverneur, qui estoit mons. le mareschal de Monmorancy, lequel, encores qu'il ne se feust déclaré huguenot, en tout et partout les supportoit et les catholicques foulloit. Desquelz de Guise et mareschal de St-André eurent response fort consolative et pleine de bonne espérance et de conseil du moyen qu'ilz devoient tenir pour se rendre en meilleure seureté contre lesditz huguenotz.

Par ce que nous avons parlé de Gabaston, chevalier du guet de Paris, qui s'estoit trouvé au saccagement de l'église St-Médart, fault entendre que, par le moyen de mons. le prince de Condé, les huguenotz ayans faict advouer leurs presches par les gouverneurs, obtindrent quant et quant ung mandement desditz gouverneurs soubz le nom et auctorité du roy, adressant aux lieutenans du guet, aux prévostz des mareschaux, lieutenans criminelz de courte robe et à leurs archers, sergens et juges des lieux, pour aller garder les prédicans et huguenotz, avec port d'armes, quand ilz estoient à leur presche et faisoient l'exercice de leur prétendue religion, de peur que les catholicques ne se jettassent sur eux et les envahissent, et pour empescher les séditions que les catholicques eussent peu faire sur eux[1]. Toutesfois, combien qu'ilz huguenotz eussent obtenu ce mandement, nul juge ni officier de la qualité que dessus n'y voulut assister, s'il n'estoit de la mesme prétendue religion, comme estoit ledit Gabaston, et pour ce advenoit que les séditions que les catholicques eussent

---

[1] S'agit-il ici de la déclaration du 17 janvier 1561 (1562) sur la répression des troubles nés à l'occasion de la religion réformée ? (Isambert, *Recueil des anciennes lois françaises*, t. XIV, p. 124.) Cette ordonnance oblige, non pas les magistrats à garder les prêches, mais les protestants assemblés à recevoir les officiers du roi.

peu faire contre lesditz huguenotz estoient empeschées par les susditz 1561.
gardes, qui estoient ès environs de la trouppe huguenoticque, montez
à cheval et armez de toutes pièces jusques aux dens, durant l'exercice
de laditte prétendue religion; mais telz n'empeschoient les séditions
qu'ilz huguenotz vouloient et avoient machiné contre les catholicques
qu'ilz appelloient papistes, ains leur aydoient à tuer, saccager, massacrer et voller lesditz papistes catholicques.

A cause de laditte sédition de Paris et du saccagement de l'église
St-Médart et aultres lieux par les villes de France, fut rassemblé le
conseil du roy encores une fois à St-Germain-en-Laye, pour pourvoir à empescher lesdittes séditions. Auquel conseil furent mandés
et appellez plusieurs princes et seigneurs officiers de la couronne,
comme on avoit faict pour le collocque de Poissy, et fut ledit conseil
assemblé au moys de janvier de ceste présente année[1], où la cause des
ungs et des aultres, c'est-à-dire des catholicques papistes et des huguenotz héréticques fut bien débattue et deffendue de part et d'aultre par
les princes et seigneurs de l'une et de l'aultre religion. Enfin, il fut dict
et arresté par les gouverneurs, qui tenoient du tout bon et estoient du
costé desditz héréticques à cause du prince de Condé, que les deux
religions seroient tolérées en France, et qu'il seroit permis à toutes
personnes, de quelque qualité et condition qu'elles fussent, de vivre en
celle qu'elles vouldroient, sans s'injurier ni provocquer les unes les
aultres à courroux ni sédition, en s'entre-appellant papistes, papaux,
héréticques ni huguenotz; ains que tous eussent à vivre en paix et
amitié les ungs avec les aultres comme frères et bons citoyens, sous
peine aux contrevenans de pugnition corporelle. Permission à ceux
de laditte religion prétendue de faire en tous lieux de ce royaume,
tant ès villes que villages, l'exercice de religion en public ou en secret,
feust en preschant et annonçant la parolle de Dieu par leurs ministres,
qu'en administrant les sacremens d'icelle, aussi d'imprimer ou faire

---

[1] Voyez une lettre de : « Il card. di Ferrara, legato apostolico in Francia, al card.
Borromeo, nipote di papa. Di San Germa-
no, alli 12 di febbraio 1562. » (Bibl. imp.
Suppl. franç. n° 215, fol. 44 v°.) Voy. aussi
au fol. 50 v° du même volume.

1561. imprimer, vendre et exposer en vente en lieux publicqz tous livres enseignans la doctrine d'icelle nouvelle religion; deffense à toutes personnes, tánt justiciers que aultres du royaume, de quelque qualité qu'ilz fussent, de ne les empescher ni retarder en quelque manière que ce fust, directement ni indirectement, ains de leur bailler confort et ayde s'ilz en estoient requis. Voylà en sommaire ce que contenoit l'édit que les huguenotz ont tousjours appellé l'édit de janvier, et duquel ilz ont tousjours voulu jouyr[1].

Cet édict ainsi faict par le roy et ses gouverneurs fut envoyé à messieurs de la justice du parlement de Paris, pour l'homologuer, publier et enregistrer en leur court; lesquelz, après l'avoir veu, refusèrent de le recepvoir et homologuer, d'aultant qu'il estoit au dommage du roy et du repos public du royaume, contraire à la foy catholicque, et au mespris de l'honneur de Dieu et de son Église; parquoy le solliciteur pour les huguenotz retourna à mons. le prince de Condé et aux gouverneurs, qui luy baillèrent lettres de jussion comminatoires adressantes auxditz sieurs de ladite court, pour les contraindre à le recepvoir, homologuer et faire publier. Lesquelz pour ce n'en voulurent rien faire, et ainsi s'en rentourna le messager auxditz gouverneurs, leur annoncer le refus faict par lesditz sieurs; duquel refus moult furent indignez et courroucez les gouverneurs et nommément la royne mère du roy, laquelle, en sa colère et fureur, monta à cheval audit Sᵗ-Germain-en-Laye, et courut la poste jusques à Paris, et à peu tint qu'elle ne montast avec son cheval jusques dans le Palais

---

[1] « Déclaration sur la répression des troubles nés à l'occasion de la religion réformée. » 1561 (1562), 17 janvier. (Isambert, *Rec. des anciennes lois franç.* t. XIV, p. 124.) — « Remonstrances faictes au roy de France par MM. de la court de parlement de Paris, sur la publication de l'édit de janvier. 1561 (1562) », 12 février. (*Mémoires de Condé*, t. III, p. 45.) — « Déclaration interprétative de l'ordonnance de jan-vier. 1561 (1562), » 14 février. — « Lettres de jussion au parlement de Paris, pour enregistrer les actes du 17 janvier et du 14 février. 1561 (1562), 14 février. » — « Déclaration faicte par les ministres et députez des églises de France..... sur l'exécution et observance des principales clauses de l'édict faict par le roy le 17 de janvier 1561. » (*Mém. de Condé*, t. III, p. 93 et suiv.)

et chambre dorée, pour mieux monstrer de quel désir elle, par puis- 1561.
sance absolue, vouloit cestuy édict estre enregistré, gardé et en tout
et partout observé. Laquelle, n'estant refroidie de sa colère, estant
entrée en la chambre avec messieurs les conseillers et présidens,
commença à plaider et crier après eux comme femmes font quand elles
sont courroucées, injuriant et menaçant lesditz sieurs de parlement
au possible ; lesquelz, après l'avoir patiemment et sagement ouye,
cuydèrent luy faire les remonstrances du mal et dommage que pour-
teroit cestuy édict au roy son filz et au royaume, comment aussi il estoit faict au déshonneur de Dieu et de la saincte église son espouse
et contre le repos public du royaume, et que pour ces causes ilz ne
pouvoient et ne debvoient le recepvoir, homologuer ni enregistrer. Lesquelles remonstrances et aultres sur ce ne voulut ouyr ladicte dame,
ains, persévérant en ses menaces, elle voulut et ordonna formellement
qu'il feust receu, homologué et enregistré. Ce que voyant, le premier
président de ladicte court se leva, et en s'en allant luy dist telz motz :
« Madame, vous et voz enfans vous en repentirez les premiers ; c'est le
« moyen de vous et eux faire perdre la couronne et royaume de France,
« si aultre que vous ne s'en mesle. » Ce dit, sortit hors de la chambre,
et s'en alla fort fasché en sa maison. Aultres desditz présidens et conseillers feirent le semblable, et ne demeura avec ladicte dame que les
conseillers par elle intimidez pour ses menaces, et ceux qui estoient
bien ayses dudit édict et qui sentoient la farine huguenoticque ; auxquelz, tant aux ungs qu'aux aultres, elle commanda, sous peine d'estre
pugnis comme séditieux et rebelles au roy, de l'homologuer, enregistrer et publier, ce qu'ilz promirent de faire. Partant ladicte dame s'en
retourna à la court, dire à son amy mons. le prince de Condé le debvoir qu'elle avoit faict pour l'amour de luy.

Messieurs de la court de parlement estans rassemblés au lendemain en la chambre, à cause des menaces et commandemens à eux
faictz, vacquèrent à l'homologation dudit édict, auquel ilz adjoustèrent telz mots qui s'ensuyvent : « Publié, leu et enregistré en nostre
court de parlement de Paris, par l'importunité de ceux de la nouvelle

1561. prétendue religion réformée, et ce par provision, en attendant la majorité du roy, pour aultrement en ordonner, ainsi qu'il sera advisé par son conseil. » Lesquelz motz d'addition moult desplurent auxditz gouverneurs et huguenotz de France; toutesfois l'édit demeura en ceste forme.

Si tost que lesditz sieurs de parlement eurent homologué et enregistré iceluy édict, fut sur l'heure publié en leur court, dans le Palais et par les carrefours de la ville dudit Paris, et par le solliciteur des huguenotz envoyé aux aultres parlemens et à toutes les villes de France, pour estre enregistré, leu et publié en icelles, ce qui fut faict fort diligemment, excepté en la ville et parlement de Thoulouse. Là, ledit édict ne feut admis ni enregistré, mais fut par les sieurs président et conseillers renversé, et dirent que : sur les plainctes, remonstrances et doléances faictes de ce que plusieurs séditieux et perturbateurs du royaume de France et du repos public, soubz le nom et couleur de nouvelle prétendue religion, tenoient des assemblées publicques et secrettes pour faire exercice d'icelle, et par ce moyen empeschoient le repos public, troubloient la religion catholicque, apostolicque et romaine, renversoient toutes loix civiles et divines, corrumpoient les bonnes mœurs et anciennes disciplines, desbauchant toutes personnes de toutes qualitez, âges et sexes, pour ces causes et aultres à ce mouvans, deffenses estoient faictes de par le roy auxditz de la nouvelle religion prétendue de ne s'assembler pour faire exercice d'icelle religion, directement ni indirectement, sous peine de la vie, de ne troubler ni empescher, ni aussi injurier les catholicques ni le service divin, et ce par provision, en attendant la majorité du roy, qui en ordonneroit ce qu'il adviseroit avec son conseil. Et feut cestuy édict publié audit Thoulouse et par toutes les villes du ressort de son parlement, et fallut que les huguenotz du pays le gardassent, encores que ce feust malgré eux, jusques en l'an 1563 que le roy se transporta en personne au pays, en faisant la visitation de son royaume, et permist des presches en certains lieux dudit pays et non par tout, comme il y avoit en ce pays icy.

Après la publication dudit édict de janvier faicte par toutes les villes et bailliages de France, excepté audit parlement et ressort de Thoulouse, presches furent dressez par tout où il y avoit des huguenotz en nombre pour entretenir des ministres et prédicans. Il y avoit presse à les aller escouter, et pour ung huguenot qui estoit en France s'en feit six, tant pour la liberté de conscience qu'enseignoient lesditz prédicans, que pour la faveur qu'on leur portoit et le bon recueil qu'on leur faisoit, mesmement les gentilshommes et justiciers, lesquelz, encores qu'ilz fussent habillez richement, faisoient place auprès d'eux aux artisans de tous mestiers et les importunoient, feussent-ilz porchers et vachers, de s'asseoir auprès d'eux, avec leurs guesdres et habitz de tiretaine et treslis, et, pour leur donner courage de retourner, leur bailloient à boire du vin en tasses d'argent et à manger des meilleures viandes qu'ilz eussent et qu'ilz pourtoient aux presches,' lesquelz ordinairement ne se faisoient que environ l'heure de midy et après desjeusner. Et furent ceste friandie et bon accueil causes d'en faire arrester beaucoup; aultres, quand ilz eurent veu qui et quoy, s'en retirèrent et n'y voulurent plus aller.

Ceux de la ville de Provins pour ceste année n'eurent moyen de dresser ung presche public ni d'entretenir ung prédicant en leur ville, pour le petit nombre qu'ils estoient et pour la craincte qu'ilz avoient de mons. de Guise; mais alloient au presche ès maisons des gentilshommes. les sieurs de St-Symon, seigneur de Chantalous, et d'Esternay, seigneur de la Motte-Tilly-lez-Nogent, comme faisoient ceux des villes de Bray, Nogent et Pons-sur-Seine. Ilz de Provins s'assembloient quelques fois au soir ou de jour ès maisons des Barengeons, mais non publicquement, de peur d'estre saccagez.

Les huguenotz de la ville de Sens et des environs érigèrent ung presche hors de leur ville et fauxbourgs, pour faire l'exercice de leur ditte religion, et obtindrent lettres de sauvegarde pour leur assistance audit presche, et, pour y estre en plus grande seureté, feirent venir audit Sens ung capitaine gascon avec quelques gens pour les veiller et garder durant qu'ilz seroient audit presche. Il se trouva audit Sens

1561. assez grand nombre de huguenotz, tant de la ville que des petites
villaces des environs, et taschoient à se prévaloir de laditte ville de
Sens, pour s'en saisir quand il seroit temps, et pour la saccagér et
piller, à cause des grans trésors qui sont tant en la grande église qu'ès
monastères d'icelle, et n'attendoient que le mot du guet des protecteurs de leur prétendue religion et chefz de la convocation. Or advint-il en ung certain jour et moys de ceste présente année que je ne
puis cotter, pour ne m'en estre voulu informer, que les catholicques
de la ville firent une procession générale à ung dimanche, et allèrent
en l'église de mons. St Savinien, pour là prier Dieu, ouyr sa saincte
parolle, qui y fust catholicquement preschée par ung prescheur cordelier ou jacobin, et aussi y ouyr la messe qui y fut chantée, le tout
en bonne dévotion. De laquelle dévotion et procession furent indignez et marris les huguenotz de la ville, lesquelz, pour disputer et
esmouvoir à sédition lesditz catholicques, voulurent à telle heure faire
et aller à leur presche, et advisèrent de passer par le milieu des
catholicques estans à laditte procession, qu'ilz, suyvant leur coustume, injurièrent en les appelant papistes, tisons du purgatoire du
pape, idolâtres et pauvres gens aveuglez et lourdement abusez par les
caffars de prebstres, et plusieurs aultres injures; desquelles injures
pour la première fois ne se soulcièrent pas beaucoup lesditz catholicques. Ce que voyans iceux huguenotz et poursuyvans leurs injures,
s'approchèrent, en passant par la rue, d'aucuns catholicques, qu'ilz
poulsèrent avec les bras et espaules fort rudement, jusques à faire
tomber quelques ungs par terre; et fut ce cause de esmouvoir les catholiques qui estoient présens à veoir ceste audacieuse entreprinse,
lesquelz, avec parolles rudes, s'attacquèrent auxditz huguenotz et leur
rendirent injure pour injure, et fut dès lors commencée la sédition.

Toutesfois, pour ceste première entrée, n'y eut aulcuns coups donnez
de la part des catholicques, qui n'avoient que leurs livres ou heures
en leurs mains, tandis que les huguenotz avoient des pistolles, tous
prestz à tirer, si lesditz catholicques se fussent revanchez. La procession ne cessa pour ce d'aller son train par les rues et de suyvre

les prebstres qui marchoient tousjours chantans. Ce jour-là estoient arrivéz audit Sens plusieurs hommes et femmes des villages d'alentour en pèlerinage, pour faire leurs prières et dévotion ès églises dudit lieu, qui veirent une partie de l'audace desditz huguenotz, et indignez de ce ne demandèrent, comme aussi ne faisoient plusieurs personnes de la ville, qu'à se ruer sur eux pour les exterminer. La procession catholicque arrivée en ladite église mons. St Savinien, et celle des huguenotz héréticques à leur presche, qui n'estoient trop loing les ungs des aultres, fut le sermon faict aux catholicques par leur docteur, et le presche faict aux héréticques par leur prédicant et ministre. Lequel prédicant, comme fut rapporté par quelques curieux qui se disoient encores catholicques, et qui avoient esté au commencement de son presche, incitoit fort ses huguenotz auditeurs à sédition contre les catholicques, jusques à dire que d'exterminer ceste vermine papalle seroit ung grand sacrifice faict à Dieu, en mesdisant de toutes les cérémonies de l'église desdits catholicques, qu'il appelloit papistes, et de leur ditte procession.

Le prédicateur desditz catholicques n'en disoit guères moins à ses auditeurs que le ministre des huguenotz, non toutesfois qu'il les enseignast ni incitast à se jetter sur lesditz héréticques, ains, en leur deffendant les séditions, les exhortoit à estre patiens en la deffence de l'église catholicque de Jésus-Christ, comme avoient été mons. St Savinian et ses compaignons à la planter audit Sens; lequel St Savinian avec ses compaignons avoient esté envoyez de Rome audit Sens par le prince et chef des apostres, mons. St Pierre, pour y prescher et annoncer le sainct Évangille de Jésus-Christ, non avec la pistolle, la haulte harquebuse, ni aultres armes invasives, non avec injures, menaces ni mocqueries comme faisoient les huguenotz, mais avec toute modestie, humilité et patience, confirmant leur doctrine par miracles, exercice de toute piété et exemple de toutes bonnes mœurs, sans faire sédition, ni provocquer aulcun à courroux, comme faisoient iceux huguenotz, tant de leur ville que les aultres qui estoient par la France. Toutesfois, advisoit ses auditeurs d'une chose, qui estoit

1561. d'estre vigilans et provides pour se donner garde d'estre surprins et saccagez par iceux huguenotz; remettant devant leurs yeux et en leur mémoire les séditions jà advenues en certains lieux et villes du royaume et nommément en la ville de Paris, capitale de toute la France, et du saccagement de l'église mons. St Médart d'icelle; les exhortant qu'en ceste procession et assemblée ilz priassent Dieu pour la manutention de l'Église universelle, espouse de Jésus-Christ, du petit roy et du royaume; lesquelz Église de Jésus-Christ, roy et royaume estoient en grand hasard d'estre en brief saccagez, perdus et ruynez, si Dieu n'en prenoit pitié meilleure et plus grande que les gouverneurs d'iceux.

> Les prédicateurs des catholiques, comme prophètes de Dieu, ont en leurs sermons toujours prédit et prêché à haute voix les séditions et subversions de toutes choses en brief devoir advenir en la France contre l'Église, le roi et le royaume par les huguenots.

Cependant que le prédicateur catholicque de Sens admonestoit ses auditeurs à se donner garde d'estre surprins et saccagez en toute patience et modestie, sans faire sédition ni émotion, si ce n'estoit pour se deffendre; et aussi que le ministre prédicant enhardissoit et encourageoit les siens à toute hostillité et saccagement, soubz le nom de piété et de sacrifice parfait; tout en ung moment, sans y penser, furent assaillis en leurs presches par gens incognus des villages et faulxbourgs, qui, si vivement se ruèrent sur eux à coups de pierres et de bastons, comme pieux de hayes et leviers, qu'ilz huguenotz n'eurent le loysir de mettre à heure la main à leurs pistolles et harquebuses les premiers. Lesquelz, estans surprins, n'ayans ce jour-là leur capitaine gascon et ses gens à leur garde, fut la meslée fort grande au désavantage du prédicant et de ses audacieux huguenotz, qui en assez bon nombre furent sur le champ tuez et leur halle abattue et du tout ruynée en moings de demy-heure, sans y demeurer bois entier couché ni debout; et fut ce faict pendant que les catholicques estoient au sermon et messe de leur procession; lesquelz,

en s'en retournant de laditte procession, veirent la sédition qui estoit
en leur ville, les rues pleines de gens tout en fureur, courans les ungs
sur les aultres. Et advint que les huguenotz qui s'estoient saulvez de
leur presche à la fuitte, ayans moyen de bander leurs pistolles et
harquebuses, les deslâchèrent par les rues sur lesditz catholicques,
aulcuns desquelz furent blessez : qui fut cause d'empirer la sédition;
car les catholicques, se voyans attaquez, s'employèrent pour leur deffense, et fut le reste du temps la journée si furieuse qu'audit Sens ne
demeura nul huguenot, que ceux qui eurent le moyen de se bien
céler et cacher; et estoit mons. le huguenot bien heureux qui pouvoit
gagner la maison de quelque prebstre son amy pour s'y saulver. Le
meurtre fut grand desditz huguenotz, et ne fut pardonné qu'à ceux
qu'on ne peut avoir, sans distinction d'homme, de femme, de prebstre,
moyne ni clerc. Mais il ne fut point faict de mal à leurs petits enfans,
excepté à ung, qui fut tué entre les bras d'ung advocat nommé maistre
Jehan Haton, et qui receut le coup qu'on pensoit donner à son père. La
mort du petit enfant saulva la vie au père, qui eschappa de laditte sédition et ne fut tué, par le moyen de ses parens et amys catholicques,
qui le saulvèrent en le recélant en leurs maisons, jusques après la
sédition cessée et appaisée. Il se trouva plusieurs prebstres et moynes,
nommément de l'abbaye de St-Jehan, morts et traisnez en la rivière
d'Yonne, qui furent trouvez et tenus huguenotz. Maistre Mathieu de
Charlemaison, doyen de l'église dudit Sens, et grand vicaire de l'archevesque, eschappa de laditte sédition, à cause de son absence, car
audit Sens estoit estimé comme huguenot, et si à la chaulde eust esté
trouvé, il feust allé évitailler les poissons de la rivière d'Yonne comme
les aultres. Le massacre fut grand, et si n'a-on peu sçavoir par qui.

Sur le soir arriva en la ville mons. le gascon, capitaine et garde
des huguenotz sénonois, revenant de Troye en Champaigne, où il estoit
allé veoir les frères huguenotz dudit lieu et monopoler avec eux. Sur
les chemins il avoit esté adverty du massacre faict à ses subjectz; lui
et ses gens voulurent faire vengeance de leurs ministre et frères, ruant
à grands coups de pistolles et autres bastons sur ceux qu'ilz trouvèrent

1561. encores par les rues, sans s'enquérir qui ne quoy. Mais ilz n'allèrent loing sans estre chargez et mis par terre de dessus leurs chevaux, et il ne leur fut faict pardon, non plus qu'au prédicant. Il gascon, à demy mort, fut prins par les enfans dudit Sens après qu'il fut abattu de dessus son cheval, auquel meirent une corde en ung de ses pieds et jambes et le traisnèrent par les rues de carrefour en carrefour, faisant le ban et cry, en disant : « Gardez bien voz pourceaux, nous tenons le porcher. » Et à chascun carrefour faisoient du feu de feurre sur son corps pour le brusler. Ilz appelloient ledit capitaine le porcher, et les huguenotz de Sens les pourceaux, d'aultant que leur presche estoit dans le marché aux pourceaux. Ilz enfans, après avoir bien traisné et pourmené ledit capitaine par les rues, l'allèrent jetter avec ses aultres pourceaux en la rivière d'Yonne. Ce pendant la nuict vint, qui imposa silence à la fureur, et au lendemain, en la ville de Sens ne se trouva homme, tant fust-il audacieux ni hardy, qui s'osast présenter par les rues et dire qu'il fust huguenot[1].

[1] Le massacre de Sens est raconté ici avant celui de Vassy, mais en réalité il n'eut lieu qu'après, au milieu d'avril 1562. D'après un pamphlet du temps (*Mém. de Condé*, t. III, p. 187), il dura deux jours ; selon d'autres écrits contemporains, il se prolongea pendant quatre et même pendant neuf jours (*Ibid.* p. 433 et 360). De Thou en a dit quelques mots dans son Histoire universelle, liv. XXIX. On crut que le cardinal de Guise, alors archevêque de Sens, en avait été informé ; quelques personnes l'imputèrent au maréchal de Saint-André, qui résidait alors à son château de Vallery. Voici ce qu'on lit dans une lettre des ministres protestants du 4 mai 1562 (*Mém. de Condé*, t. III, p. 433) : « La cruauté commise à Sens a esté telle, que quatre jours entiers ont esté consumez à meurtrir et massacrer tant hommes, femmes, que petits enfans ; le massacre ayant esté si grand et horrible, que encores maintenant à Paris, distant de Sens environ vingt lieues, on voit en grand nombre les corps mortz jetez au rivage de Seine par les flotz d'icelle, comme s'ilz requéroient sépulture, ou reprochoient aux Guisars leur cruaulté, ou reprochoient plus tost vengeance de Dieu et des hommes, ou sentoient plus tost une punition de Dieu et des hommes. » — « Où sont, est-il dit dans une remonstrance au roy sur le faict des idoles abattues et dejetées hors des temples (*Mém. de Condé*, t. III, p. 360), où sont les maisons forcées, rompues, brisées, saccagées et bruslées ? Que deviendront les entreprinses de couper la gorge en une nuict à tous les chrestiens ? Où sont les meurtres, les boucheries des hommes passez au fil de l'espée par l'espace de neuf jours en la ville de Sens ; voire jusques à fendre et ouvrir les femmes grosses pleines de vie ? Quels noms

Les huguenotz qui eschappèrent de laditte sédition furent fort di-
ligens de s'aller plaindre aux gouverneurs, lesquelz ne furent paresseux de discerner une commission et ung commissaire huguenot, qui,
pour lors estoit le prévost de l'hostel, pour informer contre les habitans dudit Sens, en intention de les bien chastier. Mais lesditz
habitans furent si bien instruictz de leur faict, que oncques ne fut
possible de sçavoir à qui s'en prendre, ne qui avoient esté ceux qui
avoient commencé la sédition sur lesditz huguenotz estans à leur
presche. Bien fut prouvé qu'ilz huguenotz avoient les premiers provoqué les catholiques, en les troublant et injurieusement poulsant,
pendant qu'ilz estoient en leur procession; et aultre chose n'en fut,
combien que du costé des catholicques fut par lesditz huguenotz
accusé un jeune advocat nommé Brasart, contre lequel fut informé
et faict quelque petite poursuitte qui ne fut suffisante pour le con-
vaincre du faict. Toutesfois, pour éviter la fureur de justice, il se
destourna pour quelque temps, jusques à ce qu'il fust rendu certain
que aulcun domage ne luy en adviendroit, joinct aussy que les huguenotz restant audit Sens demeurèrent si foibles de biens et de nombre
qu'ilz n'osèrent en faire poursuitte davantage, de crainte qu'on ne
recommançast de jour ou de nuict à se jetter sur eux pour les envoyer
nager en la rivière d'Yonne après les aultres, et oncques depuis n'y eust
presche public de prédicans audit Sens.

En la ville de Troye en Champaigne y eut sédition grande pareillement entre les catholicques et huguenotz héréticques, où lesditz huguenotz eurent du pire, et print bien à l'évesque dudit lieu, nommé

---

donnerons-nous à tels lions, à tels barbares, à ces tigres altérés du sang des
chrestiens? Vous en avez beu, bestes
brutes, à plein hanap, et toutesfois vostre
soif n'a point esté estanchée, tant une
ardeur perpétuelle vous cuit, vous brusle
et vous consomme. Que vous restoit-il
davantage, bourreaux, sinon que vous
repaistre de leurs corps, et manger leur
chair ainsy que vous en avez beu le sang?»
— Lettre du prince de Condé à la reine
mère sur le massacre des huguenots fait
à Sens. 1562, avril 19. (*Mém. de Condé*,
1743, t. III, p. 300.) — Arrêt du parlement de Paris, qui nomme trois commissaires pour informer de la sédition arrivée
en la ville de Sens. 1562, avril 21. (*Mém.
de Condé*, t. III, p. 315.)

le seigneur de Melphe, de se saulver, combien qu'il fust parent de la royne mère, gouvernante du royaume avec le roy de Navarre. Depuis il n'osa se tenir en ladite ville de Troye de peur d'estre saccagé, et il fut contrainct de se desfaire dudit évesché de Troye, et de le résigner à ung aultre, qui ne fut loué du monde, ayant accepté ledit évesché par la résignation dudit de Melphe, et eurent plusieurs personnes ceste opinion qu'il l'avoit achepté à beaux deniers comtans. Touteffois, il se comporta si bien en sa charge, qu'à la fin fut accepté. Iceluy de Melphe, d'évesque devint prédicant et ministre des huguenotz de Paris, quelques deux ou trois ans après, ayant dressé sa sinagogue, qu'ilz appelloient église, à Brie-Comte-Robert, à six lieues dudit Paris.

Il ne fault icy laisser en silence ce qui advint audit Troye en Champaigne en ceste année sur la fin du mois d'aoust, et les miracles et merveilles supernaturelles que Dieu le créateur voulut monstrer en laditte ville pour la confirmation de sa saincte église catholicque son espouse et pour la réduction des huguenotz et desvoyez d'icelle, qui oculairement furent veuz et cognuz de tous les habitans d'icelle ville et de plus de quatre milles personnes, estrangers et forains non résidans en icelle, tant catholicques que huguenotz. Ces miracles furent faictz par la vertu de Dieu au signe de la croix qui est dressée en icelle ville au mitan de la grand' rue que vulgairement on appelle la belle croix, et qui aultres fois fut là érigée en l'honneur de Dieu, pour mémoire perpétuelle du feu qui, bruslant la ville de Troye au temps des boutefeux, cessa au lieu où est laditte croix, assez près de l'église mons. St Jehan. Cette croix est faicte à pilliers de cuyvre, comme columnes d'église, et au-dessus d'elle il y a ung chapiteau faict en forme de pavillon, qui jette l'eau de costé et d'aultre, lequel pavillon est soustenu de huict ou dix pilliers de cuyvre, chose fort bien faicte et de riches estouffes. En la croix fut veu ung changement de couleur par plusieurs et diverses fois; tantost elle laissa sa couleur naturelle pour prendre une couleur de feu ardent, une aultre fois ceste couleur fut changée en couleur blanche comme neige, tantost

après en couleur perse et inde, ung aultre jour d'après en une aultre 1561.
couleur. Ces changements eurent lieu aussi sur les pilliers d'alentour,
lesquelz souvent on oyoit clacquer, comme s'ilz eussent esté dans le
feu; oultre ce, rendoient l'eau de toutes parts à grosses gouttes qu'on
eust bien recueilly et amassé en ung aysement avec une plume, et fut
certains jours et nuictz en cest estat. Le peuple de la ville, voyant
ceste merveille, crièrent à Dieu miséricorde, et furent faictes processions génералles audit lieu; et pour monstrer ceste merveille estre de
Dieu, plusieurs malades et impotens de leurs membres, après avoir là
faict leur dévotion et prières en ferme foy, s'en retournèrent sains et
guéris de leurs maladies. Telz y furent à potences avec toute difficulté, qui s'en retournèrent sans baston et à leur ayse; aultres,
fébricitans de toutes sortes de fiebvres, s'en retournèrent en santé.
Et davantage me fut fidellement certiffié que des muetz et aveugles
recouvrèrent là l'usage de parler et de veoir clair, et dura ceste
merveille de Dieu en laditte croix quelques trois sepmaines ou ung
moys pour le plus. Plusieurs huguenotz, tant de laditte ville de
Troye que d'aultres lieux, furent fort esbranlez pour délaisser leur hu-
guenauderie et se réduire à l'église catholicque, et de faict plusieurs
entièrement la quittèrent, après avoir certainement veu ce n'estre
faict par artifice ni incantation d'hommes ni par vaudoisie, comme
ilz pensoient. Les obstinez huguenotz héréticques demeurèrent en
leur perfidie, et ne voulurent pour ce se convertir.

Par l'influence d'une épine de la couronne du Christ, des malades sont guéris, des enfants morts ressuscitent, en 1557 et pendant les années suivantes, au
village de la Sainte-Épine, entre Tonnerre et Saint-Florentin. Les miracles
cessent par la mauvaise conduite des habitants et des ecclésiastiques du lieu.

Dedans les villes d'Orléans, d'Auxerre, de Rouen et aultres villes
par la France y eut grandes séditions et saccagemens de huguenotz
et de catholicques les ungs sur les aultres; mais tousjours advenoit
que les huguenotz avoient du pire, pour n'estre les plus fortz ni en
assez grand nombre, et tousjours s'eslevoient lesdittes séditions par

1561. l'orgueil, l'audace et les mocqueries d'iceux huguenotz envers lesditz
catholicques. Entre les plus grandes fut celle qui advint en la ville
de Montargis entre les huguenotz et les catholicques d'icelle, qui se
frottèrent les aureilles au contentement de ceux qui y receurent le
plus de mal. Ceste sédition fut esmeue par l'entreprinse de Mme Renée, fille du feu roy Louys douziesme, princesse du sang royal de
France, vefve de mons. le duc de Ferrare [1], et mère de Mme Anne
d'Est, femme de mons. de Guise. Icelle dame Renée estoit huguenotte il y avoit plus de trente ans et de longtemps avant le trespas dudit duc de Ferrare son mary. Elle estoit maistresse par droict héré-
ditaire en manière d'apanage ou aultrement de laditte ville et duché
de Montargis, à cause de son père le feu roy Louys douziesme.

Laditte dame de Ferrare estant revenue d'Ytalie demeurer en
France après le trespas de son mary, avoit quant et elle amené ses
prédicans et ministres, qui taschèrent, soubz son auctorité, de renverser en laditte ville de Montargis l'église catholicque et de tirer
chascun comme par contraincte à la huguenoticque. Pour cela ilz
attentèrent plusieurs fois d'aller faire leur presche dans l'église qui
est assez près du chasteau de laditte dame, lorsqu'il falloit chanter
la grande messe aux festes et aux dimanches; elle-mesme aucto-
risoit cette entreprise, en allant audit presche. Les catholicques de
laditte ville portèrent plaincte auprès d'elle, et fort doulcement la

---

[1] Renée de France, deuxième fille de
Louis XII, née à Blois le 25 octobre 1510,
fut mariée à Hercule d'Est, duc de Ferrare. Elle était instruite dans les langues,
dans l'histoire, les mathématiques, l'as-
trologie et la théologie. Calvin trouva chez
elle un refuge, et elle eut Marot pour secrétaire. Convertie aux doctrines protestantes, elle se retira en France après la
mort de son mari, et de son château de
Montargis protégea les réformés; elle s'employa pour le prince de Condé, lorsqu'il
fut mis en prison. Elle mourut à Montargis
le 12 juin 1575. On trouve dans la collection Béthune, à la Bibliothèque impériale,
de nombreuses lettres de la duchesse de
Ferrare et des pièces qui se rapportent à
cette dame. (Voy. les vol. 8633, p. 50;
8643, p. 81; 8691, p. 14 et 30; 8708;
8721, p. 106 et 121; 8722, p. 44; 8726,
p. 82; 8731-8733, p. 49; 8734, p. 38 et
84; 8737, p. 7, 61 et suiv.; 8738, p 551;
8739; 8744, p. 5 et 120; 8745, p. 91;
8746, p. 1; 8769, p. 87; 8850, p. 40;
8856, p. 10; 8925. — Voy. aussi dans la
même biblioth. Supplém. franç. 2722, 1.

prièrent que son plaisir feust de ne les troubler ni faire troubler en telz jours en la célébration du service de Dieu, auquel ilz, à l'imitation de leurs pères, vouloient assister selon ce qu'ilz estoient tenus de faire et avoient dès leur jeunesse esté enseignez. Laditte dame, après les avoir assez patiemment ouys, leur feit bonne response, jusques à leur promettre qu'elle ne les empescheroit plus ni feroit empescher; elle deffendit qu'on allast désormais faire le presche ès temples et églises dudit Montargis, et elle ordonna qu'on le feist en son chasteau. Les catholicques de la ville s'en retournèrent bien contens de laditte dame et de la response qu'elle leur avoit faicte; mais, si tost qu'ilz furent partis d'avec elle, ses prédicans et maistre d'ostel luy persuadèrent du contraire, en luy disant qu'elle ne debvoit obéir à ses subjetz, mais que c'estoit à faire à eux subjectz d'obéir à elle, et partant luy démonstrèrent qu'ilz ne debvoient cesser d'aller faire leurdit presche esdittes églises. De sorte qu'au dimanche d'après ilz huguenotz et prédicans retournèrent en laditte église à l'heure du divin service, pour y faire le presche seulz sans laditte dame, qui, ce jour-là, feignit d'estre mal disposée et dict qu'elle ne vouloit sortir de son chasteau. Les catholicques, voyant le prédicant vouloir entrer en chaise pour faire son presche, le requirent de se déporter, suyvant la promesse que leur dame leur avoit faict, lequel n'en voulut rien faire. Quoy voyant, ilz catholicques feirent chanter leurs prebstres, affin d'empescher ledit prédicant, et à ce moment les huguenotz du chasteau et de la ville commencèrent à menacer et à oultrager les catholicques et à les provocquer au combat. Dieu sçait quelle messe et quel presche il y eut pour ce jour audit Montargis. Le sacrifice de ce jour-là fut de se tuer, meurtrir et saccager les ungs les aultres, combien que le nombre des mortz des deux parts ne fût si grand que le combat et la noise avoient esté violens. Les huguenotz gagnèrent leur vie saulve pour s'estre retirez de bonne heure dans le chasteau, sans laquelle retraicte n'en eust échappé ung seul. Ilz furent poursuyvis jusques aux portes dudit chasteau, et là tenus assiégez qu'ilz n'eussent osé sortir toute la journée.

1561.   Laditte dame, indignée de ce, par le conseil de ses gens, suscita peu
de jours après une plus grande sédition en laditte ville, en voulant
usurper et prendre par force le cymetière de la ville, pour l'enclore
dans les pourpris de son chasteau, le profaner à usage commung,
y faire des jardins ou bastimens et en fourbanir les habitans. Elle
meist un grand nombre d'hommes en besongne, tant massons que
aultres manouvriers, pour avoir plus tost faict son entreprinse qu'on
ne les auroit empeschez. Ce que ne voulurent endurer les habitans
de laditte ville, lesquelz allèrent amiablement parler à elle pour la
prier de se déporter; mais elle ne le voulut faire, estant encores furi-
bônde de la sédition devant faicte, de laquelle elle taschoit à en faire
justice sur les catholicques, sans pouvoir y parvenir faulte de bonne
preuve, joinct aussi que l'édit de janvier, faict en faveur des huguenotz, ne permettoit ains deffendoit de prendre les églises et temples
des catholicques, et de troubler ceux-ci en la célébration du divin
service. Les habitans dudit Montargis, voyant que laditte dame ne
se vouloit déporter de son entreprinse, résolurent de l'empescher,
en rompant et gastant tout ce que ses ouvriers feroient, ce qu'ilz
feirent. Les ouvriers, se voyant empeschez en leur ouvrage, le dénon-
cèrent à leur dame, qui les renvoya à leur besongne et feit armer ses
gens pour les aller garder et faire besongner. Ceux de la ville, voyant
les huguenotz armez pour garder et faire besongner les ouvriers, s'armèrent quant et quant pour les empescher, et ils se ruèrent à grands
coups les ungs sur les aultres. Et fut la meslée plus grande qu'en la
première sédition, et y eut des morts de part et d'aultre, et tant feirent
les catholicques qu'ilz furent les maistres et rechassèrent les huguenotz et ouvriers, et rompirent tout ce qui estoit faict; à peu tint qu'ilz
ne rompissent le chasteau et tout, ce qu'ilz eussent faict s'ilz y eussent
sceu mettre le feu. Desquelles première et seconde séditions furent
advertis les gouverneurs de France et du roy, qui envoyèrent des commissaires huguenotz audit Montargis pour en informer et pour chastier les catholicques qu'on appelloit séditieux, fust qu'ilz eussent tort
ou qu'ilz eussent droict. Lesquels commissaires, estant audit Mon-

targis, sans aultre information que l'accusation que leur firent les 1561.
huguenotz restez desdittes séditions, emprisonnèrent une vingtaine
de catholicques pour le moings, tant de ceux qui avoient esté aux-
dictes séditions que de ceux qui n'y avoient esté, contre lesquelz fut
poursuyvi tout chaudement. La pluspart furent pendus et estranglez à
la colère, et en eust-on pendu davantage, n'eust esté le recours que
eurent les habitans à mons. de Guise et à messieurs de la court de
parlement, qui en voulurent prendre cognoissance, affin que tort ne
fust faict à l'innocent. Les huguenotz, voyant que la court de parlement s'estoit saisie de la cause, et qu'ilz ne pouvoient plus rien faire
de leurs commissaires, laissèrent le tout là et se contentèrent de la
justice qu'ilz en avoient faict, et oncques depuis n'en fut parlé; qui
fut mort demeura mort, tant ceux qui furent tuez aux séditions que
ceux qui furent exécutez par justice. Plusieurs habitans dudit Montargis, qui s'estoient absentez depuis les séditions pour éviter la
fureur des huguenotz et de leurs commissaires, s'en retournèrent en
leurs maisons, où ilz ont depuis vescu paisiblement. Procès fut faict
de l'entreprinse et usurpation dudit cymetière entre les habitans et
madame Renée, où fut dict que laditte dame récompenseroit lesditz
habitans et achepteroit de ses deniers une terre et place propre pour
leur faire ung cymetière qu'elle feroit bénistre à ses despens, et la
cause hors, sans fraiz ensemble de tout ce qui s'en estoit ensuyvi.
Je ne me suis depuis informé si laditte dame avoit prins ledit cyme-
ière et en avoit achepté ung aultre ou non. Je veis trois hommes
dudit Montargis, qui, à la suitte desdittes séditions, s'estoient reti-
ez à Provins ès maisons de leurs parens, duquel Provins ilz estoient
natifz, mais mariez et habitans audit Montargis.

A cause de tant de séditions et émotions populaires que avoient
esmeu l'édit de janvier et aultres de liberté de conscience pour le
faict de la religion par toute la France, plaintes infinies se rappor-
oient de toutes partz aux princes et gouverneurs, qui moult se trouvèrent empeschez pour y mettre ordre.

Les protestants qui prennent part aux troubles sont favorisés à la cour et

1561. obtiennent des juges l'impunité; les catholiques sont traités au contraire avec une rigueur excessive. Ils adressent leurs plaintes aux princes de la maison de Lorraine et se confient spécialement en l'appui du duc de Guise.

Mons. de Guise, voyant tant de plaintes par chascun jour aller à soy de la part des catholicques, escrivit au roy et aux gouverneurs qu'ilz entendissent aux affaires du royaume, pour trouver le moyen d'apaiser le peuple de France et de faire cesser les séditions et émotions populaires, qui en brief temps tireroient le royaume en grande misère, si n'y estoit remédié; que le remède qui luy sembloit le plus convenable pour ce faire estoit de tollir les presches des huguenotz et de renvoyer les prédicans à Genesve, et du tout interdire l'exercice de la prétendue religion réformée, et qu'en ce faisant les citoiens des villes n'auroient plus d'argument de s'attaquer les ungs les aultres, n'y ayant plus que la religion ancienne receue et approuvée depuis mil cinq cens ans et plus. Davantage escrivit une lettre au roy jeune enfant, et trouva le moyen de la luy faire tenir, comme aussi il feit à la royne sa mère et au seigneur connestable; par lesquelles il leur donna advertissement de la rébellion qu'on monopoloit contre leur estat ès assemblées et presches des huguenotz, tant dedans le royaume que dehors, affin qu'ilz s'en donnassent garde, et qu'ilz vueillassent de peur d'estre surprins, les assurant que, dès le commencement de l'année prochaine et sitost que la feste de Pasques seroit passée, la résolution estoit prinse par les huguenotz, chefz et protecteurs d'iceux de se mettre aux champs les armes au poing, après qu'ilz se seroient saisis de plusieurs villes avec lesquelles ilz faisoient practicques et avec les principaux habitans desquelles ils avoient intelligence.

Le roy, la royne mère et mons. le connestable, ayant receu les lettres dudit sieur de Guise, pour la première fois n'en tinrent aultre compte et ne luy firent aulcune response. Ce que ledit seigneur ne voulut prendre à injure. Fault noter que pour lors il s'estoit retiré en sa maison de Joinville en Lorraine avec sa mère, et avoit abandonné le roy et la court depuis le collocque de Poissy, quand il veit la liberté donnée aux prédicans et aux huguenotz, et durant le temps qu'il estoit en Lorraine, avoit, comme aussi son frère mons. le cardinal de Lorraine, gens atiltrez pensionnaires et à gages ès Allemaignes, où praticquoient fort les huguenotz de France, pour estre soustenuz et deffenduz, secouruz et aydez en la rébellion qu'ilz méditoient contre le roy et le royaume. Ilz avoient semblablement, ès maisons des plus grands huguenotz de France, hommes qui se trouvoient ès assemblées publicques et secrettes, mesmement ès délibérations et résolutions qui s'entreprennoient contre le roy et le royaume dans les assemblées huguenoticques, lesquelz du tout fidellement les advertissoient. Et ne plaignoient lesditz sieurs de Guise or ni argent pour entretenir telz hommes, et si leur estoient si fidelles que jamais ne les voulurent accuser ni nommer, par ce qu'ilz en avoient à faire plus d'une fois. Par le moyen desquelz hommes ledit sieur de Guise fut rendu certain de la conspiration faicte par les séditieux huguenotz de France et de la rébellion qu'ilz mettoient sus contre la personne du roy pour le prendre prisonnier. Qui fut cause que ledit seigneur renvoya encores lettres et messages au roy et aux gouverneurs, qui estoient lors à Fontenay-lez-Meaux, qu'ilz eussent à se donner garde. Il escrivit pareillement une lettre à messieurs de Paris, qu'ilz eussent à se donner garde d'estre surprins par les huguenotz, dont la délibération estoit de surprendre leur ville, pour la saccager et piller, et d'y tenir le roy prisonnier, après s'estre saisis de sa personne pour mieux jouer leur rollet par toute la France. Cette nouvelle espouvanta fort les Parisiens, lesquelz, par leur prudence et par l'advertissement dudit seigneur, s'appercevant bien du danger où ilz estoient, se donnèrent garde subtillement, et de tout ce qu'ilz purent descouvrir du faict des huguenotz et aultres choses en advertirent par chascun jour ledit seigneur, qu'ilz prièrent estre leur protecteur et du royaume.

La royne mère, le roy de Navarre et mons. le connestable, ayans receu lettres dudit sieur de Guise pour la seconde fois, tindrent conseil ensemble de ce qui estoit bon à faire. Depuis les premières lettres dudit sieur de Guise, la royne mère avoit baillé charge à ses gens de

26.

1561. descouvrir de toutes parts, pour sçavoir s'il estoit quelque nouvelle de ce que luy avoit escript et au roy ledit sieur de Guise, et fut descouvert quelque chose, mais non si perfectement que ledit sieur de Guise avoit mandé ; alors ladite dame entra en soubçon contre le prince de Condé, qu'on voyoit avoir esté, comme encores estoit, protecteur des huguenotz de France, et elle ne se peut garder d'en descouvrir sa pensée au roy de Navarre, qui feit semblant qu'il ne sçavoit que c'estoit. Il tascha à persuader à ladite dame et au connestable qu'il n'en estoit rien et qu'il en parleroit à son frère ledit sieur de Condé, ce que n'eust pas voulu la royne mère, car elle craignoit que les deux frères joinctz ensemble ne s'emparassent de la couronne de France et que par eux elle et ses enfans ne fussent expulsez hors du royaume. Pour auquel danger éviter, elle manda audit sieur de Guise qu'il allast vers elle et le roy son filz, pour de bouche leur faire entendre ce qu'il leur avoit mandé par escript, et de ce faire luy en escrivit le roy.

Mons. de Guise, estant party de sa maison de Joinville et allant au mandement du roy et de la royne sa mère, avec son train, sa femme et aulcun de ses enfans, passa au bourg de Vassy en Lorraine, où il veit hors ladite ville de Vassy une grande multitude et turbe de peuple assemblez ensemble, hommes et femmes, tous chantans à haulte voix et menant grand bruict. Ignorant que c'estoient les huguenotz qui estoient là réunis, il envoya ung de ses hommes sçavoir que signiffioit ceste tumultueuse assemblée, et, après avoir parlé à quelques uns d'entre eux qui luy dirent que c'estoient les huguenotz qui estoient à leur presche, le messager s'en retourna pourter la novelle audit sieur de Guise, qui n'en tint pour lors aultre compte que de faire tousjours cheminer son train. Les huguenotz, sçachans que c'estoit mons. de Guise qui avoit envoyé vers eux pour les descouvrir et connoître qui ilz estoient, prindrent grand soubçon sur luy, et estimans qu'il leur volust courre sus, impacientez qu'ilz furent, après avoir cessé leurs chansons et leur presche, ilz s'armèrent de pierres pour assaillir ledit seigneur et son train, et luy faire prendre la fuitte, ou

le tuer, s'ilz le pouvoient joindre. Or falloit-il que ledit seigneur et 1561.
tout son train passassent par auprès et tout joignant lesditz huguenotz, pour ce que leur assemblée estoit tout sur le chemin, et ne se
pouvoit ledit seigneur destourner par aultre lieu, parquoy luy estoit
force de passer par là. Ilz huguenotz furent si orgeuilleux qu'ilz ne
daignèrent desplacer de là pour la venue dudit seigneur, mais,
l'attendant de pied quoy, chargèrent à grands coups de pierre sur les
hommes qui cheminoient les premiers, ayans jà frappé et battu plusieurs de ses lacquetz qui estoient passez devant. Ces premiers
hommes qui par iceux huguenotz furent assaillis rebroussèrent chemin droict à leur maistre ledit sieur de Guise, pour l'advertir de se
tenir en garde desditz huguenotz, et luy récitèrent ce qu'ilz leur
avoient faict et l'équipage auquel ilz estoient. Ce que bien ayant entendu, ledit sieur de Guise résolut qu'il falloit passer, deffendant à ses
gens de ne rien faire ne dire auxditz huguenotz, moyennant qu'ilz
huguenotz ne leur fissent ne dissent rien, et pour estre en meilleure
seureté, ledit seigneur feit alte pour attendre tous ses gens et cheminer en trouppe, affin que nul d'eux n'eust mal et qu'ilz n'en
fissent poinct auxditz huguenotz.

Ceux-ci, voyant M. de Guise attendre ses gens pour les ranger en
troupe, pensèrent que ce feust pour les assaillir, et sans avoir aulcune
patience, fichèrent le pied, en intention de ne desplacer, de contraindre
ledit sieur à retourner d'où il venoit, ou de luy faire prendre le galop
à travers champs et suivre ung aultre chemin. Il sieur de Guise, voyant
ceste turbe mutinée, pour éviter toute sédition, marcha le premier
droict à eux sans armes, pour les desmouvoir de leur entreprinse ;
lesquelz, pour parolle ne signe d'assurance qu'il leur donnast et dist,
ne se voulurent désister de leur dessein, et, sans le vouloir escouter,
chargèrent sur luy à grands coups de pierre, trois desquelles tombèrent sur sa teste et sur son corps, jusques à faire tomber par terre
son chappeau, et eut ledit seigneur assez de peine à se garder d'estre
par eux accablé. Il seigneur entra en grande collère de ceste injure,
et ne la put pour sa grandeur porter paciemment. Parquoy se minst

1561. et ses gens en deffense contre lesditz huguenotz, qu'il chargea si rudement qu'ilz ne sçavoient où se saulver, et en fut tué ung grand nombre ; et en eust-on tué davantage, si ledit seigneur n'eust faict arrester ses gens, parcequ'il craignoit que les huguenotz ne se jettassent à sa femme, qui estoit fort grosse d'enfant et quasi sur son terme d'acoucher. Toutesfois la sédition fut si grande que de part et d'aultre en fut tué bien le nombre de deux cens, desquelz peu y en eut de la part dudit sieur de Guise[1].

Les huguenotz qui eschappèrent de laditte sédition furent bien tost à la court du roy, pour se plaindre de l'outrage que ledict seigneur

[1] « Descripcion du saccagement exercé cruellement par le duc de Guise et sa cohorte en la ville de Vassy, le 1er jour de mars 1561. Caens, 1562. » (*Arch. curieuses de l'hist. de France*, t. IV, 1re série, p. 103.) — « Relation de l'occision du duc de Guyse, exécutée à Vassy en Champagne, composée par un huguenot. » (*Mém. de Condé*, t. III, p. 111.) — « Discours au vray et en abrégé de ce qui est dernièrement advenu à Vassy, y passant Mr le duc de Guyse. » (*Ibid.* p. 115, et *Arch. curieuses*, t. IV, p. 111.) — « Mémoire dressé par un huguenot au sujet du tumulte de Vassy. » (*Mém. de Condé*, t. III, p. 122.) — « Discours entier de la persécution et cruauté exercée en la ville de Vassy par le duc de Guise, le 1er de mars. » (*Ibid.* p. 124, et *Arch. curieuses*, t. IV, p. 123.) — « Lettre d'un huguenot de Paris. » (*Mém. de Condé*, t. III, p. 220.) — « Court récit en latin du massacre de Vassy. » (Bibl. imp. Coll. Dupuy, vol. 333.) — Lettres patentes qui commettent la grande chambre du parlement de Paris pour connaître des désordres et excès faits à Vassy. 1562, 22 avril. (*Mém. de Condé*, t. III, p. 316.) — Arrêt du parlement de Paris, portant enregistrement des lettres patentes du 22 de ce mois, par lesquelles la grande chambre est commise pour connaître des désordres et excès faits à Vassy le premier de mars 1561. (*Mém. de Condé*, t. III, p. 354.) — Discours faits dans le parlement de Paris par le duc de Guise et le connétable de Montmorency, sur l'enregistrement de la déclaration du 11 d'avril 1562 sur le tumulte de Vassy et sur ce qui est arrivé depuis. (*Mém. de Condé*, t. III, p. 273, et *Arch. curieuses de l'hist. de France*, 1re série, t. IV, p. 159.) — Arrêt du parlement de Paris qui ordonne que les informations faites sur le tumulte arrivé à Vassy seront continuées, et qui déclare que dans celles qui ont été faites le duc de Guise n'est point chargé des excès qui y ont été commis; et qu'en cas qu'il n'y ait point charge contre lui dans les nouvelles informations qui seront faites, elles le déclarent dès maintenant absous et innocent de tout ce qui est arrivé à Vassy. 1563, 12 et 13 février. (*Mém. de Condé*, t. IV, p. 230.) — Voy. aussi de Thou, l. XXIX; Théod. de Bèze, l. IV, p. 721-726; Castelnau, l. III, ch. VII, p. 81 ; et Le Laboureur, t. I, p. 760; Brantôme, t. III, p. 221 ; d'Aubigné, l. III, ch. I, p. 130; Davila, l. III, p. 86.

avoit faict sur leur église,.car ils apelloient leur assemblée église, laquelle il avoit aultant que ruynée; et tant sceurent bien discourir et
faire leur faict bon que ledit sieur de Guise se trouva fort empesché, quand il fut arrivé à la court, tant les gouverneurs, la royne
mère, le roy de Navarre et le prince de Condé estoient animez
contre luy; et à peu tint qu'ilz ne l'emprisonnassent, partye à cause
de laditte sédition, l'aultre partye pour les nouvelles qu'il avoit mandé
au roy et à eux gouverneurs, qu'ilz jugeoient et pensoient estre
mocqueries, combien que le roy de Navarre et le prince de Condé
sçavoient bien qu'elles contenoient vérité, mais furent marris de leur
secret découvert. Ledit sieur de Guise fut contrainct de prendre
quelques compagnies pour le guider avec son train jusques à la court,
de peur de trouver embusche par les chemins. Estant arrivé à la
court, il fut fort mal carressé par les gouverneurs et par mons. le
prince de Condé, lesquelz luy firent assez entendre le malcontentement qu'ilz avoient de luy et ne se purent garder de l'appeller séditieux, comme ilz appelloient tous les catholicques de France, et de
luy dire qu'il s'en repentiroit. Ilz gouverneurs, par leur faux baillé à
entendre, l'avoient mesmement mis en la malegrace du roy, qui luy
feit d'entrée assez petit accueil.

Il de Guise, estant bien adverty de son faict, feit entièrement le
discours de la sédition au roy et auxditz gouverneurs, et montra par
escript le procès-verbal qu'il avoit faict faire par les gens de la justice
dudit Vassy, et par lequel apparroissoit lesditz huguenotz l'avoir assailly sans qu'il leur en eût donné l'occasion; avec ce il leur montra
les marques en son corps de coups qu'ilz luy avoient donné. Le roy,
après avoir ouy ledit seigneur en son excuse, n'en fit que rire et luy
pourta bonne amytié; les gouverneurs non. Mais, comme ilz persis-
toient de plus en plus dans leur accusation de sédition et leurs menaces, il leur fit response qu'il n'estoit besoin de tant de parolles pour
des cocquins séditieux qui troubloient le royaume et le repos public,
et que justice régnoit pour en avoir sa raison et s'en purger publicque-
mènt avec honneur. Ce qui luy fut commandé de faire, sous peine

1561. d'estre rebelle et contredisant aux édictz du roy, et plus ne le voulut-
on escouter; et pour ce se partit de la court ledit seigneur, qui s'alla
rendre à Paris, pour conférer avec les Parisiens du moyen de conserver leurs ville, corps et biens, suyvant les advertissemens qu'ilz avoient
donné les ungs aux aultres.

Ledit seigneur fut fort bien receu audit Paris, et estant logé en
son hostel en la rue du Temple, fut à l'instant carressé et salué de
messieurs les procureurs, échevins, prévost des marchans et sieurs
du parlement de Paris; et, après les salutz donnez, advisèrent lesditz
sieurs du moyen de saulver la ville de Paris d'estre pillée, saisie et
saccagée par les huguenotz, qui pour ce faire arrivoient et se logeoient
d'ung jour à l'aultre en icelle, et y avoit jà grand nombre qui n'attendoient que l'heure et le jour qu'on leur donnast le mot du guet. La
résolution de leur conseil fut que chascun d'eux se debvoit donner de
garde d'estre surprins, qu'ilz ne debvoient plaindre or ni argent pour
gangner des hommes à eux loyaux et fidelles, qui leur donneroient
advertissement de toutes entreprinses qu'ilz huguenotz prétendoient
de faire, et que par ce moyen estant advertis d'ung jour à l'aultre des
huguenoticques entreprinses, en moings de vingt-quatre heures on
pourroit remédier au danger futur jà préparé. Le duc promist aux sieurs
de Paris qu'il s'emploieroit vie, corps et biens pour les secourir et le
royaume contre lesditz huguenotz, et, après avoir prins congé les ungs
des aultres, il partit de la ville de Paris, et s'en retourna en sa maison à Joinville en Lorraine. Ce pendant les huguenotz poursuivoient
contre luy au privé conseil du roy pour avoir raison du massacre dudit Vassy, et empeschèrent fort ledit sieur de Guise; et fut telle heure
qu'ilz huguenotz s'attendoient à le faire déclarer séditieux et crimineux de lèze majesté, mesmement à le faire mourir et exécuter par
justice. Ce que bien sçachant, ledit sieur de Guise eut recours à Dieu
et aux hommes, et pour ce fit préparer à son commandement quinze
cens hommes bien armez et équipez pour le secourir et deffendre
quand il en seroit besoing, lesquelz luy firent tous le serment de
fidélité et promirent de mourir pour la deffense de l'église catho-

licque et de luy, quant il en seroit besoing. Cependant ledit seigneur 1561.
descouvroit tousjours tout ce qui se faisoit par les huguenotz contre
luy, contre le roy et le repos public, comme aussi faisoient messieurs
de Paris, qui estoient en ung grand espoventement, pour la multitude des huguenotz qui se retiroient en leur ville, et les tenoient
en une si grande subjection qu'ilz Parisiens n'eussent osé lever l'œil
ni rien dire contre eux; et ne demandoient lesditz huguenotz que
d'oppresser lesditz Parisiens, et d'avoir occasion de faire sédition pour
saccager laditte ville. Mais en tout lesditz Parisiens furent patiens,
suyvant le conseil dudit sieur de Guise, excepté leurs prédicateurs,
lesquelz et aultres des catholicques de tout le royaulme ne cessoient
à tous leurs sermons de crier contre lesditz huguenotz et de prescher
à haulte voix qu'ilz huguenotz ne feroient faulte de s'eslever et en
brief contre le roy, le magistrat et contre toute la France, et prédisoient les maux qu'ilz huguenotz practicquoient de faire aussi sûrement que s'ilz eussent esté à la détermination de leurs conseils, admonestant tousjours les catholicques des villes de France de se donner
sur leurs gardes d'estre surprins desditz huguenotz. Tous lesquelz
advertissemens estoient reportés auxditz huguenotz, lesquelz prindrent lesditz prédicateurs et ecclésiasticques en si grande hayne qu'ilz
depuis ne cessèrent de procurer leur mort, fust par saccagement,
prisons, exécutions de justice et aultrement.

Ilz huguenotz, voyans que les prédicateurs les peignoient si bien
de toutes leurs couleurs, obtindrent derechef lettres du roy et des
gouverneurs, portans que, sous peine de la vie, ilz prédicateurs,
curez et aultres ecclésiasticques qui enseignoient tant en public qu'en
particulier, se gardassent d'esmouvoir leurs auditeurs et paroissiens
à sédition aulcune pour le faict de la religion ni aultrement, et que,
sous les mesmes peines, ilz n'eussent plus aulcunement à parler des
huguenotz, ni d'user de ce mot de huguenot, ni de plus nommer ni
parler de Calvin, de Bèze, de Pierre le Martir, de Malo, ni aultres
prédicans, ministres de la prétendue religion réformée, ains qu'ilz
eussent à prescher l'Évangile à leurs paroissiens et auditeurs, si bon leur

1561. sembloit, sans invectiver contre ladite prétendue religion, ceux qui la tenoient, ni contre les ministres d'icelle. Et furent lesdittes lettres, en forme de mandement royal, adressées aux juges des villes[1], avec commandement à eux de les faire lire, publier et enregistrer en leurs juridictions et crier au son de la trompette par les carrefours de leurs villes, et davantage de les faire signifier particulièrement auxditz prédicateurs, curez et vicaires qui enseignoient en public. Ce qui fut diligemment exécuté en sa forme et teneur par lesditz juges huguenotz de toutes les villes, à la poursuite des surveillans de ladite prétendue religion, tant en la ville de Paris qu'aultres; et par des sergens fut signiffiée aux docteurs et curez de la ville et faculté de Paris, de quelque ordre qu'ilz fussent, et aultres estans par toutes les villes du royaume, la teneur desdittes lettres, avec commandement à eux d'y obéir et de n'y contrevenir aulcunement, sous les peines portées en icelles.

Les prédicateurs catholicques, ayans receu ce commandement, furent fort esbays, veu les menaces y contenues, et ne purent aultre mieux faire que de se prosterner avec larmes et gémissemens en dévotes prières et oraisons à Dieu, pour le prier de conserver son église françoise et gallicane et les pasteurs d'icelle et eux aussi, affin que, par le moyen de son ayde et du Sainct-Esprit, ilz fussent inspirés de ce qu'ilz debvoient dire en leurs sermons qui fust utile à sadite église et salutaire aux catholicques d'icelle. Aulcuns desditz prédicateurs semblèrent caler la voille et cesser de plus si hardiment descouvrir les ruses huguenoticques des héréticques prédicans et de confuter leurs doctrines; mais peu s'en trouva de telz, lesquelz toutesfois ne furent intimidez fort longtemps. Les aultres prédicateurs se confirmèrent en eux-mesmes, par le moyen du Sainct-Esprit qu'ilz avoient invocqué, et se rendirent plus hardis que devant à prescher contre la prétendue religion, les prédicans et huguenotz, et, passant

[1] L'article 11 de la Déclaration du 17 janvier 1561 (1562) défend à tous prêcheurs d'user en leurs sermons et prédications d'injures et invectives contre les ministres et leurs sectateurs. (Isambert, *Rec. des anc. lois franç.* t. XIV, p. 128.)

plus oultre, blasphémèrent à haulte voix en leurs sermons les gouverneurs du royaume qui avoient donné ledit mandement. Et furent par lesditz prédicateurs, tant dans la ville de Paris que par tout le royaume, taxez et mesprisez soubz les noms du roy Acab et de sa femme, la royne Hyésabel, meurtriers et ennemys des prebstres et des prophètes de Dieu en l'Ancien Testament, et protecteurs comme aussi fauteurs des faux prophètes de Baal, disant jusques à ces motz qu'au royaume de France lesditz Acab et Hyésabel sembloient estre ressuscitez. Et longtemps depuis ne faisoient sermon qu'ilz Acab et Hiésabel et leurs persécutions ne fussent mis par eux en avant, à l'encontre de la vraye église et des prophètes, appropriant le temps d'iceux Acab et Hiésabel au temps présent soubz le gouvernement des gouverneurs, le roy de Navarre et la royne-mère, lesquelz, comme aussi tous les huguenotz, cuydèrent perdre patience; mais ilz prédicateurs sceurent si proprement dire, qu'ilz n'eussent osé bonnement mettre la main à eux pour leur mal faire, combien qu'ilz feirent enlever de nuict ung prédicant de la ville de Paris et mener à Saint-Germain-en-Laye pour le chastier, ainsi qu'il sera dict incontinent ci-après.

Les huguenotz de Provins ne firent faulte de publier les lettres et mandement du roy susdicts, et de les faire signifier aux prédicateurs de la ville, et nommément à nostre maistre frère Jehan Barrier, cordelier, docteur en théologie et curé de Ste-Croix dudit Provins, qui pour ceste présente année preschoit le karesme au couvent des cordeliers, homme de grande érudition et sçavoir[1]; lequel, aux commandement et deffenses qui luy furent faictes, ne feit aulcune response qu'il ne feust en chaire pour prescher, et après avoir faict son préambule et avant qu'entrer en matière de son sermon, leut au peuple le commandement qu'on luy venoit de faire à l'entrée de la chaire par le mandement du roy et l'ordonnance des gens du roy, procureur et bailly de la ville, et, après avoir faict ceste lecture, dist telz motz : « Orès çà, messieurs de Provins, que dois-je, et les aultres prédica-

[1] Voy. plus haut, p. 123.

teurs de France, faire? Debvons-nous obéyr à ce mandement? Que vous dirons, que prescherons-nous? L'Évangile, dira monsieur le huguenot. — Et déa, dire que l'erreur de Calvin, de Martin Luther, de Bèze, Malo, Pierre le Martir et aultres prédicans, avec leur doctrine erronée, maulditte et condempnée de l'Église il y a mille ans, et depuis par les sainctz conciles généraux, ne vault rien et qu'elle est dampnable, est-ce point prescher l'Évangile? Dire que les héréticques huguenotz de France sont meschans, apostatz d'avoir renoncé la vraye église catholicque pour suyvre l'héréticque, est-ce poinct prescher l'Évangile? Dire qu'on se donne garde de leur doctrine, de les escouter, de lire leurs livres; dire qu'ils ne tendent et ne cerchent qu'à faire séditions, meurtres et saccagemens, comme ilz ont commencé à faire en la ville de Paris et aultres infinis lieux du royaume, est-ce poinct prescher l'Évangile? Ores, quelqu'un me pourra dire : — Et déa, frère, que dites-vous? vous n'obéissez pas à l'édict du roy, vous parlez encores de Calvin et de ses compaignons, vous les appellez et ceux qui tiennent leur opinion héréticques et huguenotz; on vous accusera à justice, vous serez mis en prison, et si serez pendu comme séditieux. — Je vous respondrai qu'il est bien possible qu'il sera vray, car Acab et Yésabel ont bien faict mourir les prophètes de Dieu en leur temps, et baillé toute liberté aux faux prophètes de Baal. — Or, frère, vous en dites trop, vous serez pendu. — Et bien, de par Dieu, ce sera ung moyne cordelier pendu! Il en fauldra donc pendre beaucoup d'aultres, car Dieu, par son Sainct-Esprit, inspirera les pilliers de son Église à soustenir jusques à la fin le bastiment, qui ne ruynera jamais jusques à la consommation du monde, quelques coups qu'on leur baille. »

Ce dict, recommanda aux prières du peuple l'église catholicque, la personne du roy et les gouverneurs, que Dieu les conservast et inspirast à faire chose qui fust à l'honneur de Dieu et au prouffit de la républicque, puis poursuyvit son sermon, qui ne fut d'aultre chose que de confuter par le tesmoignage de la Saincte Escripture les erreurs de Luther, Calvin et aultres et les passages de l'Évangile qu'ilz

1561.

avoient falsifiez, en descouvrant de plus en plus les ruses auxquelles
tendoient les huguenotz; et oncques ne cessa toute sa vie de ce
faire.

Les docteurs de Paris qui preschoient ès églises de laditte ville
qui estoient de renommée, estoient noz maistres Benedicti[1], séculier, Vigor[2], aussi séculier, curé de l'église mons. Sainct-Paul audit
Paris, Claude de Sainctes[3], chanoine régulier, et aultres que je ne
cognus, auxquelz furent signiffiées lesdittes lettres et commandement à eux faict d'y obéir. Lesquelz n'en voulurent rien faire, ains,
comme nous avons dict cy-devant, moult taxèrent les gouverneurs
soubz les noms d'Acab et Hyésabel. Et ledit Vigor, passant plus
oultre que les aultres, dist à haulte voix à son sermon par exclama-
tion qu'il ne tenoit pas aux gouverneurs du roy et du royaume que
l'Église de Jésus-Christ ne feust du tout ruynée et abattue en France,
veu la grande diligence ou connivence qu'ilz y prenoient; et que

[1] Benedicti (Jean), docteur de Paris, né à Verneuil dans le Perche, en 1484, éditeur d'une Bible annotée, mourut le 19 février 1573.

[2] Vigor (Simon), docteur de Paris, recteur de l'Université, curé de Saint-Germain-le-Vieux, puis de Saint-Paul, prédicateur du roi, archevêque de Narbonne, mourut le 1er novembre 1575. Ses sermons ont été plusieurs fois publiés; la première édition est de 1577. Vigor s'écrie dans une de ses exhortations : « Nostre noblesse ne veut frapper..... N'est-ce pas grande cruauté, disent-ils, de tirer le cousteau contre son oncle, contre son frère? — Viens çà! Davantage, lequel t'est plus propre, le frère catholicque et chrestien, ou bien ton frère charnel huguenot? La conjonction ou affinité spirituelle est bien plus grande que la charnelle, et partant, je dis que, puisque tu ne veux pas frapper contre les huguenots, tu n'as pas de reli-gion. Aussi, quelque matin Dieu en fera justice et permettra que ceste bastarde noblesse sera accablée par la commune. Je ne dis pas qu'on le fasse, mais que Dieu le permettra. » (Sermon catholique sur les dimanches et fêtes, édit. de 1587, in-8°; t. II, p. 25.) — Les déclamations violentes de Vigor, qui demandait un massacre général des huguenots, portèrent, comme on sait, des fruits sanglants. On trouve dans le manuscrit Saint-Victor, à la bibliothèque impériale, n° 359, fol. 9 v°, une pièce de vers énergique sur les prédicateurs catholiques de cette malheureuse époque; voici les premiers :

Nostre prescheur, au lieu de prescher l'Évangile,
Ne fait rien que rotter l'aspre guerre civile.
Feu ardent, sang humain son estomac vomit.....

[3] Sainctes (Claude de), théologien, controversiste, évêque d'Évreux, né dans le Perche en 1525, mort en prison l'an 1591. (Voyez son article dans Bayle.)

1561. par les édictz qu'ilz faisoient soubz le nom du roy au prouffit des héréticques huguenotz, monstroient assez qu'ilz se rendoient fauteurs et protecteurs d'iceux héréticques huguenotz, et destructeurs et dissipateurs de l'Église catholicque, espouse de Jésus-Christ, estans les aucteurs de toute sédition et de la ruyne de France, qui en brief temps debvoit advenir par lesditz huguenotz héréticques. Lesquelles paroles furent rapportées auxdits gouverneurs, qui fort en furent scandalisez et ordonnèrent qu'on appréhendast au corps ledit Vigor, et qu'il fust pugni de mort, comme séditieux et crimineux de lèze-majesté. Ce qui ne fut faict, d'aultant que ledit Vigor, par le conseil de ses amys, se destourna et céla pour quelque temps, jusques à ce qu'ilz gouverneurs eussent passé leur colère; laquelle se passa par endurcissement des rapportz qu'on leur faisoit de tous les aultres prédicateurs de Paris et de France, qui les taxoient en chascun de leurs sermons de pareille façon qu'avoit faict ledit Vigor. Les prédicateurs du roy et de la royne-mère, oyans que les prédicateurs catholicques par tout le royaume soustenoient l'église de Dieu et ne craignoient de parler hardiment contre l'hérésie, les gouverneurs et édictz royaux, s'enhardirent comme eux à prescher à la court contre les abus desditz huguenotz et de telz éditz, qui fut cause que les ungs furent saulvez pour les aultres. Bien est vray que les prédicateurs courtisans ne despeignoient si vivement les abus desditz gouverneurs et princes héréticques que faisoient les aultres, mais toutesfois feirent leur debvoir de mieux en mieux.

Qui paya pour tous fut ung prédicateur de l'ordre des minimes, qui preschoit en l'église de mons. St-Bartholomy lez le Palais de Paris, au karesme de ceste présente année, lequel en tous ses sermons parla aussi hardiment desditz gouverneurs et huguenotz de France et contre les édictz royaux qu'avoit faict ledit Vigor et davantage[1]. Il ne faisoit sermon qu'il ne déplorast le mal futur en brief

---

[1] Ce prédicateur se nommait Jean de Hans; il était natif de Saint-Quentin et prêchait « avec une grande facilité de langue et d'esprit. » (Voy. les Lettres de Pasquier, l. IV, p. 12, 13; Œuv. 1728, t. II, p. 89.) — Voy. aussi Lettre du parlement au roy, au

debvoir advenir par les huguenotz à la France ; laquelle tant de foys 1561.
il nomma malheureuse d'estre tombée au gouvernement d'un jeune
enfant son roy, les gouverneurs duquel estoient et seroient cause de
grandes guerres, noises, débatz et moult de séditions, monstrant le
tout debvoir advenir en brief, et du tout donnant des raisons si
grandes et péremptoires, que les plus imbéciles eussent jugé cest
homme parler ou par esprit de prophétie ou par révélation divine.
Et fut estimé et tenu le plus hardy prescheur, le mieux discourant
toutes hystoires, tant sainctes évangélicques que prophanes, qui fust
en France pour lors, et si estoit tout jeune homme estimé de l'âge
de trente ans. Il eut tout le bruict pour ceste année dans Paris, et
y avoit grande presse à l'escouter par chascun jour en ses sermons,
tant des catholicques que des héréticques. Car, depuis que la renommée de luy fut respandue par la ville de Paris et par la France, nul
n'estimoit avoir bien faict, estant audit Paris, si n'eust esté à son sermon. Plusieurs huguenotz, après l'avoir ouy, quittèrent la huguenau-
derie et l'hérésie et retournèrent à l'église catholicque, disans ce que
disoient les satellites des Juifz de Nostre Seigneur, quand les Juifz
les envoièrent pour le prendre au temple, que jamais homme ne parla
mieux que faisoit cestuy-cy. Aultres huguenotz s'endurcirent de pis
en pis pour l'avoir ouy et ne l'alloient ouyr pour dévotion qu'ilz eussent, mais pour entendre ce que si hardiment il disoit de la France,
des huguenotz, du roy et des gouverneurs. Auxquelz gouverneurs
furent, par lesditz huguenotz, reportées les nouvelles jusques au
chasteau de Saint-Germain-en-Laye, lesquelz, pour ne croire de
léger et estre mieux rendus certains, déléguèrent des hommes curieux et de bon esprit, qu'ilz envoyèrent audit Paris pour estre aux
sermons dudit minime, bien retenir ce qu'il diroit par chascun jour,
et en faire rapport, ce qu'ilz firent. Auquel rapport, furent par iceux
gouverneurs despeschez pour le moings cinq cens hommes, tant de
pied que de cheval, pour aller charger et enlever ledit minime reli-

sujet de l'enlèvement fait par l'ordre de   dans l'église de S*t*-Barthélemy. 1561, dé-
S. M. d'un minime qui preschoit l'Avent   cembre 10. (*Mém. de Condé*, t. II, p. 533.)

1561. gieux dans laditte ville de Paris, le mener audit Saint-Germain, et le présenter au roy. Ceste trouppe d'hommes n'osa atenter de prendre ledit prescheur en plain jour, de peur d'estre accablez et d'esmouvoir sédition à Paris, bien sçachant que le peuple de Paris l'aymoit fort pour son éloquence. Parquoy l'enlevèrent de nuict, après que toutes personnes se furent retirées en leurs maisons, et estans armés se rangèrent par la rue où il estoit logé, en telle façon qu'il n'eust esté possible à homme de sortir hors du logis qu'il n'eust esté tué. Tous les satellites cy-dessus dictz, bien placez et rangez par la rue les armes au poing, une partie d'entre eux força le logis où le religieux estoit couché, et tant firent qu'ilz entrèrent en sa chambre, après avoir rompu les huys d'icelle. Au bruict desquelz s'espouventa le pauvre jeune homme d'ung si rude réveil; il s'escria à haulte voix par les fenestres de son logis, pour penser estre secouru, mais, quand il aperçut tant d'hommes ès environs de son logis et par la rue, veit bien qu'il n'y avoit moyen d'estre secouru. Au bruict d'iceux satellites et cry dudit minime, les voysins mirent la teste aux fenestres, mais furent bien reserrés à coups de pistolles. Ce pauvre religieux, estant en ceste manière prins et enlevé, fut conduict en ung petit bateau sur la rivière pour le descendre audit Saint-Germain aval l'eaue, et avec luy entrèrent audit bateau la pluspart des satellites tant de pied que de cheval, lesquelz l'allèrent présenter au roy et aux gouverneurs.

Le jour d'après, les gens de la ville de Paris furent en grand esmoy, sçachans par les voisins ce qu'ils avoient veu et entendu de l'enlèvement de leur prédicateur; et après avoir entendu qu'on l'avoit mené à Saint-Germain-en-Laye pour parler au roy et aux gouverneurs, furent déléguez une douzaine des plus notables hommes et seigneurs de la ville, pour aller après luy audit Saint-Germain, pour remonstrer au roy et aux gouverneurs la bonne vie et doctrine qui estoit en cest homme et pour prier leurs majestez de ne luy faire aulcun mal, honte ni dommage, tant pour sa saincteté que pour éviter une cruelle sédition qui s'esléveroit audit Paris des catholicques contre les huguenotz, et

que pour ces causes et aultres à ce les mouvans prioient leursdittes 1561.
majestez de le délivrer et leur rendre sain et saulf pour le remener
audit Paris. Et pour en avoir meilleure expédition, parlèrent à la personne du roy, qui en voulut prendre la cognoissance ; et après avoir
faict retirer lesditz sieurs de Paris, sa majesté voulut veoir et entretenir ledit prescheur, duquel toutesfois ses gouverneurs luy avoient
faict fort maulvais rapport, après qu'ilz eurent ouys lesditz sieurs de
Paris. Et tant avoient faict par leurs discours, qu'ilz avoient mis ledit
prescheur en la male grâce de S. M., luy ayant faict entendre qu'il
estoit séditieux et détracteur en ses sermons de sadite majesté, d'eux-
mesmes gouverneurs et des princes de France. Estant ledit prescheur
tiré de prison et mis devant le roy et ses gouverneurs, fut interrogé
de ses sermons, et s'il estoit vray qu'à tel jour et tel il eust dict
et presché tel cas et tel ; lequel confessa ce qu'il avoit dict et nia ce
qu'il n'avoit dict, se rapportant au jugement de tous les auditeurs
qui avoient esté présens à ses sermons, pour sçavoir s'il avoit dict du
roy ni de ses gouverneurs aultre chose que ce qu'il confessa en leur
présence. Et après avoir demandé au roy congé de parler librement devant S. M., déclara ce qu'il luy sembloit de la permission
donnée aux huguenotz héréticques de France et le mal qui en advenoit et adviendroit en brief, si sagement et en peu de temps n'y estoit
remédié, assurant sadite majesté qu'ilz huguenotz ne feroient faulte
d'atenter et de lever les armes contre luy et le royaume pour saccager sa personne, s'il y eschéoit, les villes et les personnes qui
contre eux s'opposeroient, et faisant plusieurs aultres grandes et har-
dies remonstrances. Le roy et ses gouverneurs, voyans la constance et
manière de parler de cest homme, firent approcher d'eux le révérend
père Théodore de Bèze pour l'escouter ; lequel Bèze, après l'avoir
entendu parler, cuyda le tirer à la dispute, pour rendre ses propos
en confusion par argumens. Ce que voyant ledit prescheur, luy feit
response en disant : « Il n'est icy besoing de disputer des matières
de la foy, ni des poinctz qui sont en controverse entre vous héréticques et nous catholicques ; la dispute en a esté plus que suffisante-

28

1561. ment résolue à Poissy à vostre honte, en la présence de la majesté
royale devant laquelle nous sommes, et des princes, tesmoing les
actes qui en ont esté faicts et rédigés par escript. Et m'esbaïs bien
comment vous avez esté si audatieux, après avoir esté convaincus
par saincte doctrine de vos erreurs, d'oser comparoir devant les majestez royales et principautez ; lesquelles, ainsi que Dieu l'a permis,
vous endormez par vostre fard de parler, pour faire quelque pugnition à la France par la division que vous mettez entre les princes,
sous les noms de piété et de religion. » Et tousjours parlant ledit
prescheur hardiment de plus en plus, descouvrit devant le roy le desseing, les ruses et les futurs maux qui en brief seroient descouvers,
veus, et adviendroient à la France par lesditz prédicans, leurs héréticques huguenotz et leur doctrine. Le roy jeune enfant fort sagement escouta parler ledit religieux et ne trouva en luy cause de luy
mal faire, combien que ses gouverneurs le sollicitassent de luy faire
donner quelque pugnition corporelle et exemplaire, pour donner
terreur à ces aultres cagotz séditieux (car telz appelloient-ilz les prédicateurs catholicques), qui en leurs sermons ne font aultre chose
que d'esmouvoir le peuple à sédition les ungs contre les aultres et à
se rébeller contre S. M. Ce que toutesfois ne voulut commander le
roy, lequel le feit oster de devant luy et luy bailla congé.

Les gouverneurs ne se tindrent pour contens de ce que le roy ne
luy avoit faict ni dict aultre chose, et le tenans encores entre leurs
mains, commandèrent à M. le connestable qu'avant de le délivrer et
renvoyer il luy feist donner les estrivières en la cuysine par les la-
quetz. Mons. le connestable fut marry d'avoir ceste commission, pource qu'il avoit ouy les sages responses qu'il avoit dict devant le roy ;
toutesfois, pour complaire auxditz gouverneurs, le feit conduyre en
la cuysine, où fut despouillé le pauvre religieux et trouvé contre sa
chair ung habillement de poil fort piquant, qu'on appelle une haire,
au lieu de chemise, qui du tout esmut à compation ceux qui le regardoient ; et ledit sieur connestable, ayant ce considéré, avec la modestie qui estoit audit religieux, le feit revestir, deffendant à toutes

personnes de ne luy faire ne dire aulcune injure qu'il n'eust parlé   1561.
au roy; et, ce dict, retourna ledit sieur connestable au roy, luy conter
ce qu'il avoit veu audit religieux. Ce qu'ayant entendu, le roy le feit
rappeller en sa chambre pour le considérer et parler à luy, et, après
l'avoir veu, luy bailla congé avec sauf-conduict de cent hommes pour
le remener en la ville de Paris sain et saulf, en luy disant qu'il feit
son debvoir de bien prescher l'Évangile de Nostre Seigneur, de bien
reprendre les vices d'ung chascun et de sa majesté mesme, qu'il se
travaillast au mieux qu'il pourroit d'entretenir le peuple en la religion catholicque, mais que sur toutes choses il se gardast d'esmouvoir le peuple à sédition, se recommandant fort à ses prières; et,
passant plus oultre, luy dist que, si Dieu luy faisoit la grâce de venir
en sa majorité, il auroit souvenance de luy. Ce dict, adressa sa
parole à ses gouverneurs, et leur dist qu'il n'estoit besoing d'avoir
faict ce scandale à ce sainct homme, qui parloit si proprement de son
estat selon le deub de sa charge, leur disant que, par les plainctes et
doléances qu'ilz escoutoient de toutes partz, ilz gouverneurs faisoient
choses indignes d'honneur royal, touchant le faict de la religion, et
que, s'ilz vouloient considérer et faire despouiller le plus sainct
homme de leurs prédicans et ministres, à grande difficulté le trou-
veroit-on vestu d'une si rude chemise contre la peau, qu'avoit esté
trouvé ce pauvre homme, et qu'il estoit bon à veoir à leurs minois
qu'ilz ne jeusnoient pas tous les jours de karesme.

Le religieux, ayant congé du roy, remercia S. M. avec toute révérence, et pensant seul s'en retourner à Paris, le roy commanda
à mons. le connestable de faire monter à cheval cent hommes bien
armez pour le reconduire en sa chambre audit Paris, ce qui fut faict.
Il se trouva bien aultres cent hommes à cheval de Paris, qui estoient allé audit Saint-Germain-en-Laye pour sçavoir ce qu'on feroit
de luy et pour empescher le roy et les princes, avec humbles prières,
de ne luy faire tort. Et partant ledit religieux fut aussi solemnelle-
ment accompaigné à le remener qu'il avoit esté à l'aller querre. Il
fut enlevé et emmené de nuict furtivement; mais il fut remené de

1561. plain jour publicquement. Quand les gens de Paris, hommes et
femmes, sçurent que ledit religieux revenoit avec si notable compaignie, couroient par les rues pour le veoir, et avec toute révérence le saluoient. Au lendemain de son retour à Paris, y eust si
grande presse à son sermon, que plusieurs furent contrainctz de se
tenir hors la porte de l'église, pour ne sçavoir entrer dedans, et
y alloit ung chascun pour ouyr s'il parleroit de son voyage et de
ce qui luy auroit esté faict et dict ; ce qu'il feit. Et après avoir
fort loué et recommandé la foy et piété du roy, exhorta fort ses
auditeurs de prier Dieu pour S. M., les assurant que laditte majesté
estoit fort catholicque, et bien affectionnée à la vraye religion apostolicque et romaine ; déclara aussi la commission que saditte majesté luy avoit donné de prescher contre tous abus, sans y espargner personne, ni S. M. mesme. Ce qu'ayant bien entendu, le peuple
de Paris qui estoient au sermon ne se purent tenir de crier à haulte
voix : Vive le roy ! vive le roy ! vive le roy ! Et, ce faict, louèrent
Dieu et prièrent pour S. M. et pour la conservation de la ville de
Paris, qui estoit en grand esmoy, à cause des entreprinses secrètes
qui se briguoient contre elle par les huguenotz, ainsi que l'avons
dict cy-dessus.

Messieurs les docteurs et prédicateurs de Paris, qui, par la levée
furtive et nocturnale dudit minime, avoient esté fort espouvantez,
furent honorablement esjouys de son retour et encores plus des
bonnes nouvelles qu'il apportoit du roy, par lesquelles ilz se rendirent
plus fermes et hardis à prescher qu'auparavant, combien que, durant
le temps de trois ou quatre jours, pour le plus, que ledit religieux
minime fut absent et prisonnier, les mieux affectionnez à la religion
chrétienne n'eurent la bouche fermée pour se taire de ceste furtive
et nocturnale levée, et n'eurent crainte de dire que le temps estoit
venu auquel ilz prédicateurs debvoient se résouldre de mourir pour
soustenir la vérité devant les roys et les princes, comme avoient faict
les apostres de Jésus-Christ, ou bien de céler la vérité et conniver aux
vices d'iceux roys et princes, mais qu'il estoit trop meilleur à eux de

mourir en disant la vérité que de demourer bien aises en ce monde avec eux pour à leurs impiétez conniver. Et s'estans résolus de mourir pour la deffense de l'Évangile et de la religion catholicque et romaine, durant les quatre jours de l'absence et emprisonnement dudit minime, parlèrent plus hardiment avec grandes exclamations contre les abus desditz gouverneurs, des princes et des prédicans, et les entreprinses des huguenotz, qu'ilz n'avoient faict, contre lesquelz ilz se stomacquoient de tel zèle qu'ilz désiroient qu'on les print prisonniers pour estre compaignons des levée et tribulations dudit minime, et pour souffrir avec luy pour l'honneur de Dieu et de l'Église catholicque son espouse.

Jusques à icy nous avons traicté tout d'ung fil ce que nous avons sceu des troubles que la prétendue religion réformée a suscité en ceste présente année à la court du roy, ville de Paris et aultres endroictz du royaume, et avons ce faict de peur qu'entremeslant les aultres affaires qui sont survenues nous n'eussions faict confusion. Maintenant nous retournerons à traicter et escrire ung aultre grand faict, qui est la décision et édictz faictz par le roy et son conseil sur la réformation requise et monstrée par les doléances et plaintes des trois estatz généraux du royaume, assemblez en la ville d'Orléans, ainsi qu'en avons faict le discours en l'an 1560 dernier passé; et pour faire cognoistre à ung chascun ce qui en a esté, je réciterai et transcrirai ici tous les articles contenus audit édict de réformation.

Ordonnances du roi Charles neuvième, à présent régnant, faites en son conseil, sur les plaintes, doléances et remontrances des députés des trois états tenus en la ville d'Orléans, données au mois de janvier 1560 (anc. style), publiées au parlement de Paris, le 13 septembre 1561 [1].

La proclamation des estatz et ordonnances faictes sur iceux pourta grande vexation aux ecclésiasticques, et nommément aux curez qui ne

---

[1] Claude Haton donne ici le texte de la célèbre ordonnance d'Orléans. On le trouve imprimé dans Isambert, *Recueil des anciennes lois françaises*, t. XIV, p. 63.

1561. résidoient sur leurs cures [1]; car, par chascun bailliage de France, saisies furent faictes de tout le revenu desdittes cures, et on le mist soubz commissaires, qui le recevoient jusques ad ce que lesditz curez eussent eu main-levée. Lesdittes saisies causèrent une grande symonie en l'église de Jésus-Christ, parce que les curez qui ne vouloient résider furent si impudens et avaritieux qu'ils vendirent leurs cures aux prebstres qui les voulurent achepter, dont en advint grand scandale en la religion catholicque. Ceux qui avoient plusieurs bénéfices et en divers lieux trouvèrent moyen de s'excuser de la résidence de leursdites cures, en vertu d'ung article desditz estatz, qui dict que les ecclésiasticques qui avoient plusieurs cures qu'ilz tenoient par dispense, ou d'aultres bénéfices ou charges requérant résidence actuelle en quelque aultre église, et qui ne pouvoient, par ce moyen, résider en leurs dictes cures, seroient, en résidant en l'une desdittes cures ou aultres églises dans lesquelles avoient bénéfice ou charge requérant résidence, exemptz de résider sur leurs autres cures, pourvu qu'ilz y commissent pour vicaires des personnes idoines et capables pour les desservir; et, en vertu dudit article, furent mains-levées données auxditz curez du revenu de leurs cures, après avoir contenté messieurs les gens du roy de chascun bailliage qui avoient faict faire lesdittes saisies, et par ainsi le tout demeura en son entier, et n'y eut que ceux qui se hastèrent de vendre leurs cures qui y fussent trompez. Maistre Jehan Alleaume, bailly de Provins, Jehan de Ville, procureur du roy, et Denis Legrand, advocat du roy, avec le greffier du bailliage, gangnèrent chacun plus de cent escus esdites saisies, comme aussi n'y eurent poinct de perte les sergens qui les firent. Depuis lesditz estatz proclamez, les bénéfices simples sans charge d'âme furent en requeste; car toutes personnes qui vouloient vivre en liberté n'en vouloient poinct d'aultre, comme prébendes, chanoineries, chapelles et prieurez à simple tonsure, et ne vouloient telz achepter ni se charger de cures, si se n'estoit pour les vendre.

---

[1] Charles IX rendit, le 1ᵉʳ avril 1561, un édit ordonnant aux évêques de résider en leurs diocèses, sous peine de la saisie de leur temporel. (Fontanon, t. IV, p. 220.)

Toutesfois à la fin et avant qu'il fust deux ans après, le tout s'en 1561. retourna comme devant en toute confusion, par la nonchalance des évesques et archevesques, qui eux-mesmes ne voulurent résider actuellement en leurs éveschez et archeveschez.

Pareillement furent ceste présente année, en vertu des édict et ordonnances desditz estatz, mis en commission les revenus des hospitaux qu'on appelle hostelz-Dieu, et comme aussi toutes maladreries gouvernez par bourgois des villes, qui y furent establis commissaires, et la charge du revenu temporel ostée aux prieurs et administrateurs d'iceux[1]; et nommément l'hostel-Dieu de Provins, qui jamais jusques à ceste ditte présente année n'avoit été mis soubz commissaires.

Noms des premiers commissaires laïques qui furent préposés à l'administration de l'Hôtel-Dieu de Provins. — Les gens de justice règlent ce qui sera alloué en argent, bois, vin, vivres, au prieur, aux religieux et aux religieuses, et aussi aux pauvres reçus dans la maison. — Les hôpitaux de plusieurs villes de France, et en particulier l'Hôtel-Dieu de Paris et celui de Troyes, étaient déjà, avant l'ordonnance d'Orléans, gouvernés par des commissaires laïques. — Mauvaise administration de l'Hôtel-Dieu de Provins par les laïques, qui s'enrichissent aux dépens des pauvres et laissent dépérir la maison. — Les prieur et religieux présentent requête au roi pour être remis en possession de l'administration de l'Hôtel-Dieu, et finissent par obtenir satisfaction. — L'église et le dortoir des dames cordelières de Provins, brûlés l'année précédente, sont refaits.—L'église des cordeliers est réparée.—Mort de M. de Bertrandi, archevêque de Sens et garde des sceaux de France. — Le cardinal de Guise, nommé pour lui succéder, résigne, au bout d'un an et demi, l'archevêché de Sens à mons. de Pellevé[2]. — Mort (le 21 mai 1561) de Me Pierre Cobus, doyen de la chrétienté de Provins, chantre et chanoine de Notre-Dame-du-Val, doyen de Saint-Nicolas de la même ville et curé de Villiers-Saint-Georges. — Quels furent ses successeurs dans ces différentes fonctions.

Au moys de may, environ le 15e jour, commença à régner la ma-

[1] Édit sur l'administration des hôpitaux et sur l'entretien des pauvres; 1561, avril. (Isambert, Rec. des anciennes lois franç. t. XIV, p. 105.)
[2] Nicolas de Pellevé, né au château de Jouy le 18 octobre 1518, évêque d'Amiens, archevêque de Sens en 1563, cardinal en 1570, archevêque de Reims en 1592, président du clergé aux états de la Ligue, mourut à Paris le 28 mars 1594.

1561. ladie de la peste en la ville de Provins, et print son commencement
en la maison d'ung boulanger dudit Provins, nommé Jehan Logre,
qui demeuroit en la rue aux Porceaux, en la parroisse de St-Pierre,
par le moyen de quelques porceaux qu'il Logre nourrissoit en des
voultes, assez près de l'enseigne des Lyons, au dessoubz l'église de
St-Pierre. Il Logre et sa femme moururent en huict jours; aulcuns
de leurs voisins et parens qui les visitèrent en leur maladie moururent jusques au nombre de cinq à six, avant qu'on eust descouvert
que ce fust de maladie contagieuse et de peste. Laditte peste fut descouverte en la femme d'un notaire royal nommé Raphaël Deforge,
demourant en la rue des Barbeaux, qui avoit esté en la maison dudit
Jehan Logre, et du depuis s'apparut descouvertement en ceux qui
en furent frappez, ce qu'elle n'avoit faict jusques à elle. Sitost que
laditte maladie fut descouverte patentement, les gouverneurs de la
ville de Provins mirent ung ordre et police en leur ville; ils esleurent des barbiers, des gardes et ung fossoieur, pour médiciner,
garder, panser et enterrer ceux qui seroient attainctz, frappez et
mortz de ceste maladie, et envoya-on lesdictz barbiers, cirurgiens,
gardes, fossoieur et malades sur les murailles de la ville, tout vis-à-
vis Provins, en une maison destinée à cest effet, lieu le plus commode de la ville, parce qu'il est loing de gens, le cymetière en la
place, l'église vis-à-vis de leur maison, la fontaine qui est dans les
fossez de la ville joygnant laditte maison, pour à laquelle aller y
avoit une porte moyenne, sans passer parmy les gens sains. Les barbiers, gardes et fossoieur estoient et furent nourris, payez et stipen-
diez aux gaiges commungs de la ville, comme aussi furent les malades pauvres qui furent sur lesdittes murailles et maison pestiférée.

La maladie fut assez fâcheuse à guarir, et peu de ceux qui en
furent frappez reschappèrent; en tout et par tout ne s'en trouva qui
furent attainctz de laditte maladie quatre-vingtz personnes, et il en
mourut plus de soixante; du nombre desquelz furent les quatre barbiers et cirurgiens qui, les ungs après les aultres, furent esleuz et envoyez audit lieu pour panser iceux malades.

Les premiers barbiers et cirurgiens qui furent de la ville esleuz et
adjournez pour aller panser lesdictz malades furent maistres Nicolas
Doury, jeune garçon non marié, receu maistre cirurgien toutesfois,
et Ayoul Fossoieur, homme marié, d'environ trente-cinq ans d'âge;
lesquelz, pour adjournement qu'on leur fist, ne voulurent comparoir
devant les juges pour se veoir condemner et faire le serment pour
aller sur les murailles panser iceux malades, ains s'absentèrent de
leurs maisons. En conséquence, il fut contre eux procédé par def-
faux à ban, en vertu desquelz ilz furent condempnez par le bailly et
siége présidial de Provins à estre penduz et étranglez, et pour leur absence, fut dict que potences seroient mises et dressées devant leurs
maisons et eux pendus en fantosme ou effigie, ce qui fut faict. L'exécution desdictz barbiers faicte en fantosme pour leur absence,
aultres deux furent esleuz et condempnez à aller panser lesdictz malades, qui furent Mes Martin Lange et..... gendre de Jehan ou
Pierre Garenjon, appellé *le sergent dangereux des eaues et foretz*, lesquelz obéirent à justice, et furent avec lesdictz malades jusques à la
mort, qui leur intervint en moings d'ung moys après. Au lieu desquelz
furent envoyez par contraincte, pour panser lesdictz malades, maistre
Jehan.......... demourant ès logis de la Couppe près la boucherie dudit Provins, et Anthoine Dantin, compaignon de l'estat, demourant audit Provins, auquel fut promis et juré par les maistres
et les gens du roy de laditte ville que, si Dieu luy faisoit ceste grace
de réchapper, incontinent la maladie cessée, il eust esté receu maistre barbier et cirurgien pour néant, ayant sur les pestiférés faict son
expérience et chef-d'œuvre. Lesquelz deux moururent comme les
aultres, après y avoir esté quelque moys et demy. La mort desdictz
barbiers donnoit craincte au peuple et aux aultres barbiers, desquelz barbiers deux aultres furent esleuz et envoyez en leur place,
qui furent ledit Ayoul Fossoieur, qui estoit repatrié en sa maison
depuis l'exécution de sa personne faicte en fantosme, auquel furent
quittez et remis tous les frais et despens, dommages et interestz que
la ville avoit acquis contre luy pour son absence, et Me Rollant.....

1561. demourant au Touppet de St-Ayoul, tous deux assez peu famez et expérimentez; lesquelz en eschappèrent et ne moururent de ce temps-là, joinct aussi que, tost après qu'ilz y furent posez, la maladie après la feste St-Remy cessa audit Provins. Les quatre barbiers qui furent mortz en pansant les pestiférez que avons dict ci-dessus furent taxez d'avoir prins la mort, aulcuns à s'estre eschaufez à aller et venir panser les malades de peste, du village et bourg de Songnoille, parroisse de Lysinne, où ladite maladie avoit pareillement cours, les aultres à paillarder avec des femmes pestiférées. La mort desdictz barbiers scandalisa la ville de Provins moult grandement, en laquelle n'y hantoit des villes et villages circonvoisins que ceux qui y avoient bien à faire, et disoit-on la maladie y estre plus contagieuse et commune la moytié qu'elle n'estoit pas; mesmement les passans de Paris à Troyes en Champaigne et aultres lieux se destournoient de ladite ville pour passer, parce que les gens des villages et aultres lieux disoient ladite maladie estre si grande audit Provins et l'air estre tellement infecté sur ladite ville, que les oyseaux du ciel vollant par dessus icelle tomboient tous mortz de ladite maladie, chose entièrement faulse. Or est-il vray que la mortalité commune eut lieu et cours en ceste saison et année-là audit Provins, et s'en mourut deux fois plus de non pestiférez que de pestiférez, et moururent en leurs maisons, visitez et pansez de leurs amys barbiers et médecins, et quant et quant on leur eut administré des sainctz sacremens, et leurs corps furent ensépulturez ès églises et cymetières de leurs parroisses, accompaignez de tous leurs amys; ce qu'on ne faisoit aux pestiférez, ce que ne vouloient croire les passans et estrangers.

La peste fut semblablement en plusieurs villes de France en ceste ditte année, comme aussi elle continua les années séquentes. Elle estoit à Paris, à Orléans, à Mascon, à Chaslons sur la Seine, à Lyon, à Dijon, à Troye en Champaigne, à Sens et à Bray-sur-Seine, en laquelle ville de Bray moururent plusieurs personnes riches de ladite maladie. Il ne fault oublier à dire ce qui advint au village des Ormes, lez ledit Bray-sur-Seine. Audit village des Ormes, s'estoit aultresfois

retiré ung homme parisien, nommé Le Menault, et là faict sa résidence jusques à la mort, mais n'ai sceu pour quelle occasion. Ledit
Menault avoit deux filz de luy et de sa femme, l'ung desquelz estoit
barbier et cirurgien, homme bien expert en son art et qui avoit assez
bien estudié en la grammaire, comme aussi en l'art de cirurgie.
Lequel, contre la volunté de sa mère, après le décès de son père, se
maria audit lieu ou parroisse des Ormes avec la fille d'ung homme
tavernier, nommé Bonbois ou Bonboise, maison d'assez peu de
biens, veu la qualité, bien et expérience qui estoient audit barbier,
nommé nostre maistre Loys. Lequel maistre Loys faisoit aussi grand
prouffit de son art de barbier et cirurgie audit lieu des Ormes comme
il eust peu faire en quelque bonne ville de ce pays.

   Advint en ceste année que, la peste estant audit Bray, il entreprint
d'aller médicamenter et panser, de son authorité particulière, pour
gagner argent, aulcuns riches gens dudit Bray, et nommément ung
riche homme nommé..... Chauvet et sa femme, qui moururent de laditte maladie; après la mort desquelz, il barbier entreprint de nestoier
la maison et d'en enchasser l'air pestiféré qui estoit dedans, ce qu'il
fit, et de ce faire eut des enfans et des héritiers ung grand salaire et
contentement, et fit le tout sans avoir mal. La maison nestoiée, se
retira en sa maison audit lieu des Ormes sain et saulf. Or advint-il que
ung homme du village d'Everly, parroisse de Challemaison, devint
malade et envoya querre ledit Me Loys des Ormes, et se fit saigner
par luy, sans luy dire le mal qu'il avoit, qui étoit la peste. Si tost que
la veine dudit homme fut ouverte, et que le sang commença à fla-
cher, ledit Me Loys apperceut que cest homme estoit malade de
peste, qu'il increpa rudement de ce qu'il avoit celé ceste maladie, et
ne peut aultre chose dire à son patient, sinon qu'ilz étoient mortz
tous deux par faulte d'avoir révélé laditte maladie, luy disant qu'à
l'ung ni à l'aultre n'y avoit aulcun remède que la mort, d'aultant
qu'il barbier estoit à cœur jeun, et le patient non saigné de la veine
qu'il falloit pour la maladie. Ce faict, pansa son malade et luy ordonna
ce qu'il peut pour attendre la miséricorde de Dieu, espérant qu'il

1561. patient pourroit plus tost reschapper et estre guary de laditte maladie que luy. Après qu'il eut faict et ordonné audit patient, se retira en sa maison des Ormes, où, avant qu'y entrer, appella sa femme et une petite fille qu'il avoit, pour leur faire prendre des remèdes contre la peste, telz qu'il les sçavoit, et ordonna à saditte femme qu'elle fist des parfuns et fumées en saditte maison de certaines herbes qui y estoient et aultres des champs qu'il luy enseigna, pour empescher que le mauvais air pestiféré qui estoit en luy n'infectast saditte femme, fille et sa maison, déclarant à saditte femme le danger auquel il estoit. Le tout faict selon qu'il avoit commandé, entra en laditte maison et donna courage à sa femme qu'elle ne craignist plus le mauvais air pestilencieux et qu'elle n'auroit aucun mal, mais que quant à luy n'y avoit aulcun remède qui le peust saulver. Pendant ung jour ou deux après, la pestilence le frappa si vivement qu'il mourut. Mais avant que de mourir, meit ordonnance à toutes ses affaires temporelles et spirituelles. Fault noter qu'il estoit huguenot, en sa santé, des plus fermes qui fussent en France, et y avoit plus de deux ans qu'il dogmatisoit en la religion luthérienne et calvinienne, sans plus aller à la messe, confesse ni à la table Dieu, pour le moings n'y avoit esté au jour de Pasques de ceste année, et faisoit grands troubles en laditte parroisse pour le faict de la religion, et jà à peu avoit tenu par diverses fois qu'on ne l'eust tué et massacré, pour le scandale et blasphêmes qu'il disoit de la religion catholicque, durant sa santé.

Le galant, se voyant frappé à la mort qu'il sçavoit luy estre certaine à cause de sa maladie, en cinq ou six jours qu'il vescut en icelle, taschа à réparer la faulte qu'il avoit faicte touchant la religion au temps qu'il estoit en pleine santé, et publicquement, devant tous les parroissiens, à la sortie de la grande messe du dimanche, demanda pardon à Dieu et à eux du scandale qu'il leur avoit faict en mesdisant de la religion catholicque, pour tascher à donner advancement à la religion héréticque, requérant au vicaire du lieu de se transporter en ung champ qu'il luy nomma loing des personnes, pour l'ouyr en confession et luy bailler l'absolution de ses pechez, ce qui fut faict, et par mesme

moyen requist ledit vicaire, qui estoit messire Jehan Estancelin, et les
parroissiens qu'ilz permissent qu'il feust enterré dedans le cymetière
de laditte parroisse, combien que tant de fois devant eux et publicquement il eust contemné ledit cymetière et aultres, disant la terre
n'estre plus saincte là qu'ès aultres lieux prophanes et emmy les
champs, ce qu'il n'avoit deub dire et aussi peu croire, exhortant lesditz
parroissiens estre fermes en leur religion catholicque, laquelle il confessa estre la meilleure pour estre saulvé. Et quant et quant, après que
lesditz vicaire et parroissiens luy eurent accordé saditte sépulture au
cymetière, fit faire sa fosse devant soy, dans laquelle il descendit lui-
mesme sans ayde de personne, et s'estant couché tout de son long en
icelle, y rendit son esprit à la volunté de Dieu, et y mourut; en y des-
cendant, bailla charge à sa femme de se donner garde de sa mort,
pour jetter la terre sur luy et remplir la fosse, ce qu'elle fit. Il avoit,
avant qu'entrer en icelle fosse, faict enterrer son lict, ses draps, ses
habillemens et couverture pestiférée, par sa femme en son jardin, pour
les laisser pourrir et perdre, deffendant à saditte femme de ne les réclamer, si elle ne vouloit mourir de laditte maladie; mais elle ne le
voulut faire, et, après qu'il fut mort et qu'elle eut remply sa fosse, alla
redesterrer son lict et ses hardes pour les nétoier, ainsi qu'elle disoit,
où elle print la mort de la mesme maladie, ce qu'elle n'eust faict, si
elle eust creu le conseil de son feu mary. Voilà comment l'avarice
faict hasarder les personnes à tout danger, mesme de la mort.

La prévôté de Provins, en vertu de l'ordonnance d'Orléans (art. 15), est
supprimée et annexée au bailliage. — Mᵉ Hugues de Romenelles, qui tenait la
charge de prévôt, s'oppose à cette suppression; les catholiques et le clergé le
soutiennent en haine du bailli Alleaume, qu'on regardait comme huguenot.
Cependant l'annexion est prononcée et Romenelles est nommé lieutenant du
bailli. — Suppression, à Provins, de l'office de lieutenant de robe courte. —
Grand nombre de voleurs et audace des bandes de larrons dans le bailliage de
Provins. — Larcin commis au mois de juin, par un nommé Claude Guignet et
ses compagnons, dans la maison de Claude Gilquin, paroisse de Melz-sur-Seine.
— Claude Haton, oncle de Gilquin, ayant dénoncé à Provins le recéleur des
objets volés, est obligé de porter des armes pour sa sûreté. — On ne peut s'emparer

1561. de Guignet. — Un archer du prévôt des maréchaux de Champagne et Brie, appelé La Grue, de Villenauxe, met un grand zèle à la recherche des voleurs, en arrête et en fait pendre plusieurs. — Le gibet de Provins est abattu par le vent et la foudre, à la mi-novembre. La maison du bourreau de Provins et les gibets de plusieurs autres lieux sont gâtés ou renversés dans la même nuit. — Ces accidents, pour les gens sages, offrent le pronostic de maux publics. — Corruption et vénalité des gens de justice. — Le seigneur de la Saussotte tue sa chambrière, grosse de ses œuvres, prend la fuite, est condamné à mort par le bailliage de Provins, contrefait le fou, et sa peine est réduite à une amende par le parlement de Paris.

Nous avons faict mention en nostre premier livre de frère Nicole Privé, jacobin du couvent de Provins[1], qui, par les cordeliers dudit Provins, ung jour de feste de la Magdelène, en faisant le sermon au peuple, fut publicquement reprins de prescher hérésie audit sermon; dont advint grand scandale et inimitié quasi irréconciliable entre lesditz jacobins et cordeliers, qui dura jusques à ceste présente année, que Dieu permist que ung cordelier dudit couvent de Provins se desbaucha de la vraye religion catholicque et de celle de St Françoys, pour se faire hérétique, nommé frère....... Lamberty, natif de Provins, homme d'assez bon sçavoir. Lequel toutesfois ne manifesta son hérésie et pervers dogmat dans la ville de Provins, comme avoit faict ledit jacobin Privé, ains l'alla déclarer au village de la Motte de Tilly lez Nogent-sur-Seine, auquel village de la Motte résidoit pour la pluspart du temps le seigneur d'Esternay avec sa mère, dame dudit lieu, des plus meschans hérétiques huguenotz qui fussent en France, et qui pour lors haïssoient plus l'église catholicque et romaine que gens qui fussent en France. Ledit cordelier se déclara hérétique et huguenot par les moyens et occasions qui s'ensuivent. Fault noter que de la maison de la Motte dessus ditte y avoit une fille, sœur dudit d'Esternay, qui dès ses jeunes ans avoit esté rendue religieuse au monastère des dames cordelières dudit Provins, où elle s'estoit fort bien comportée, jusques au temps que, par les livres d'hérésie, ses frères, ledit d'Esternay et ung aultre appellé mons. le Vidame, la desbauchèrent et l'imburent de la liberté

---

[1] Voyez plus haut, p. 19 et suiv.

charnelle par la religion luthérienne et calvinienne, dès cinq et six ans 1561.
avant ceste présente année, qu'elle s'abandonna à toute liberté. Depuis lequel temps de liberté, elle délaissa toute pudicité et continence
religieuse, pour faire amytié audit frère cordelier Lamberty, et dès
auparavant qu'elle sortist dudit monastère des cordelières. Pour duquel la faire sortir, sa mère et ses frères trouvèrent le moyen de luy
faire avoir ung prieuré de femmes religieuses, nommé St-Cyr au Vau
de Galie, et quant et quant d'obtenir pour elle dispense du pape de
sortir dudit couvent des cordelières et d'aller demeurer au prieuré
de St-Cyr. Laquelle estant là, vescut selon la religion calvinienne et
luthérienne, sans aucune réprehension de personne, jusques au temps
de ceste présente année, qu'elle quitta du tout et la religion romaine
catholicque et la monasticque, et se retira audit lieu de la Motte avec
sa mère et ses frères. Ce que bien sachant ledit Lamberty cordelier,
se souvenant de l'amitié monastique et fraternelle de religion qu'ilz
avoient aultresfois eue ensemble, demanda licence à son gardien à ung
certain dimanche de ceste année pour aller prescher par les villages,
partie pour se récréer et prendre l'air, partie pour aller ganguer
quelques aulmosnes, tant pour luy que pour le couvent. Ayant obtenu licence de ce faire, s'alla rendre au village de la Motte (combien
qu'il y faisoit jà assez périlleux pour gens de son estat et habit),
pour et afin de sçavoir nouvelle de sa sœur de religion laditte cordelière, qu'il espéroit de veoir. Toutesfois, estant audit village, n'alla
au chasteau pour en demander nouvelle, ains se retira en la maison
du vicaire, où il fut bien receu, et demanda licence audit vicaire
pour prescher et faire le sermon à la grande messe, ce qui voluntiers
luy fut permis.

A l'heure acoustumée, il cordelier entra en chaire et prescha le
sainct Évangile fort catholicquement, admonestant les paroissiens dudit lieu de demeurer fermes en la foy apostolique et romaine et de
ne point adhérer à l'hérésie, combien qu'ils en pussent estre requis
et admonestez par ceux qui dans leur village mesme en faisoient profession. Son sermon faict et la messe dicte, le seigneur d'Esternay,

1561. estant adverty par sa sœur ladicte cordelière qu'il cordelier estoit là, l'envoya querre pour disner avec luy en toute. sûreté, comme aussi luy manda ladicte cordelière. Aux requeste et message desquelz obtempéra et alla au chasteau, où fut bien receu et festoié à disner, à son grand contentement. Quelz propos eurent ensemblement ledit cordelier et lesditz d'Esternay, je n'en ai rien sceu; mais bien ai sceu qu'avant que partir dudit chasteau et d'avec lesditz sieur et dames, il jura et fit promesse de renoncer à la religion catholicque romaine et monasticque de St Francoys, et de vivre selon la nouvelle prétendue religion réformée; il promist davantage de se retrouver le prochain dimanche ensuivant audit lieu de la Motte, et de monter en chaire dans l'église dudit lieu pour se desdire de tout ce qu'il avoit presché au contraire de ladicte prétendue religion réformée, et de dire qu'il et tous les cordeliers, gens de religion et prebstres, estoient et avoient esté des séducteurs et abuseurs de peuple, et que la religion romaine, estoit le commencement de l'Antéchrist. Ce qu'il fit, et furent présens ad ce ledit sieur d'Esternay et toute sa maison, dans l'église dudit lieu, dans laquelle n'avoient entré il y avoit plus de trois ans. Lesquelz se tindrent moult contens dudit sermon et dudit cordelier, qu'ilz remenèrent disner au chasteau avec eux, où il fut achevé de cathéchiser en ladicte prétendue religion.

Les prebstres et parroissiens catholicques dudit village se trouvèrent moult esbays d'ouïr ce cordelier prescher tout au contraire de ce qu'il avoit faict le dimanche de devant. Et à la vérité, si leur seigneur n'eust esté présent à son sermon pour le garder, l'eussent porté dans la rivière pour le noyer, et ne se purent garder de luy dire injure dans l'église et en la présence de leur dit seigneur. Mons. le cordelier, ayant ainsi renoncé à la religion catholicque et romaine, pensoit avoir assez gangné et pensoit pour cela qu'il demeureroit audit lieu de la Motte quotidiennement près de sa sœur cordelière, pour mieux entretenir leurs vieilles amours. Mais fut esbay que au lendemain on luy bailla congé et le renvoya à sa bonne aventure, l'exhortant de persévérer à prescher la vérité de l'évangile réformé, comme il avoit

commencé. Le pauvre diable, se voyant ainsi trompé, se repentit 1561.
d'avoir obéi, et sans contraincte, à la volunté de sa dame èt desdictz
d'Esternay. De retourner à Provins aucunement, jugea bien qu'il n'y
faisoit pas sûr pour luy, et que l'on sçauroit bien en peu de temps sa
faulte, ce qui fut vray; de se représenter à la religion n'osa, de peur
d'estre trop rudement chastié, et, estant en tel désastre, quitta l'habit
gris et se retira à Genefve ou aultre lieu de sûreté pour avoir sa vie
saulve, et oncques depuis ne fut veu audit Provins. Aulcuns, à qui il
se descouvrit après sa faulte, dirent qu'il leur avoit recognu que, si ce
n'eust esté la vaine espérance qui le trompa d'estre marié ou de jouir
du plaisir de laditte cordelière, il ne se fust oncques desbauché de
la religion catholicque et romaine. Quand les jacobins de Provins
sceurent que mons. le cordelier avoit faict ceste esclandre à la religion de St Francoys, furent bien ayses, pour avoir de quoy se deffendre
contre les aultres cordeliers dudit Provins, qui avec hault courage se
vantoient d'estre plus fidelles et catholicques administrateurs du
sainct Évangile que lesditz jacobins; et au contraire moult furent dolens lesditz cordeliers de ce scandale advenu en leur religion par
ledit cordelier de leur couvent. Et du depuis, lesdictz cordeliers et
jacobins dudit Provins se réalièrent en amitié et fraternité monasticque l'ung avec l'aultre, se voyans tous estre malades d'une mesme
maladie. Ledit cordelier Lamberty n'avoit aprins ceste doctrine de
feu son oncle, nostre maistre Ayoul Lamberty, docteur de Paris des
plus fameux et sçavans de son temps.....

Convocation du concile de Trente[1]. — Noms des légats, cardinaux, archevéques,
évêques, abbés, docteurs, orateurs laïques et principalement de ceux de France
qui y assistèrent. — Charles IX envoie deux lettres au concile, la seconde pour annoncer le succès de la bataille de Dreux. — Noms des princes et rois qui y furent
présents. — Décrets sur les époques de la célébration du mariage; sur les empê-
chements apportés au mariage par les liens de parenté entre les époux; sur les
bréviaires; sur les livres d'instruction religieuse.

[1] Le concile de Trente dura depuis l'an 1545 jusqu'à l'an 1563. Après l'interruption qui avait suivi la XVIe session, une nouvelle convocation fut faite, le 29 novembre 1560, pour le jour de Pâques de l'année suivante.

1561.   Ledit sainct concile fut levé et déterminé en l'an 1563, et receu et publié à Rome, en toute l'Italie, en Espaigne, en Portugal et en toutes les terres et royaumes catholicques, excepté en France, à cause des troubles et guerres civiles qui avoient et ont eu longtemps depuis cours au royaume,

Aulcuns archevesques et évesques taschèrent à le faire observer, à faire résider les curez de leurs diocèses, et à tollir la pluralité des bénéfices incompatibles, mais n'en purent venir à bout, d'aultant que le roy n'avoit faict publier ledit concile par son royaume, et ne voulut remettre les élections en l'église, qui estoit et est le principal poinct et le plus nécessaire en l'église gallicane.

Mons. le card. de Lorraine se retrancha ung peu de la pluralité de ses bénéfices et s'en deschargea surses familiers. Il donna l'évesché de Metz en Lorraine à mons. le card. de Guise, son frère; il ne retint à soy que son archevesché de Reims, avec les abbayes de St-Remy dudit Reims et de St-Denis en France. Tout le reste fut par luy résigné.

Il régla les chanoines de son église de Reims en meilleure forme et assistance qu'ilz n'estoient et faisoient au service divin, les dota sur son revenu d'ung pain et une pinte de vin, et les exhorta de quitter les cures qu'ilz avoient par son diocèse et aultres lieux aux prebstres qui n'avoient aucun bénéfice, affin que les ungs et les autres eussent moyen de vacquer aux charges requises par leurs bénéfices.

Mons. l'archevesque de Sens, après son retour dudit concile, exhorta ses chanoines de faire le pareil; mais n'y voulurent entendre, ne luy à augmenter leur revenu. Toutesfois, partie par amitié, partie par menaces, les induisit et contraignit de faire meilleure assistance aux heures canoniales et grand messe qu'ilz ne faisoient auparavant.

Il archevesque et son official attentèrent de donner des dispenses du quatriesme degré de consanguinité et affinité à ceux qui se vouloient marier en tel degré, et disoient que le concile l'avoit permis, ce qui toutesfois se trouva faux, et, après en avoir usé quatre et cinq ans, se déportèrent et n'en voulurent plus bailler.....

1562.

L'an 1562, après Pasques, les affaires de France se portèrent
de mal en pis touchant les mœurs, la religion et la paix d'entre les
princes, lesquelz princes de plus en plus entrèrent en grande mesfiance les ungs des aultres, et principalement les princes de Bourbon
contre ceux de Lorraine, combien que les ungs et les aultres dissi-
muloient assez et cachoient leurs intentions pour les réserver à la
nécessité et quand l'occasion se présenteroit. Pour ce temps, n'y avoit
que les huguenotz qui eussent bon temps et crédit tant à la court et
suite de S. M. que par tout le royaume, combien que M. le connestable, qui n'estoit huguenot, l'empeschast le plus qu'il peust. Madame

1562. la royne mère du roy, selon le bruict commun, clochoit des deux
costez et penchoit plus du costé de l'hérésie et huguenotterie que de
l'aultre. Le roy estoit sur son unziesme an de son âge pour le plus, et
taschoit-on à le cathéchiser en la prétendue religion réformée; qui,
par la grâce de Dieu et du connestable, en fut préservé et non imbu;
et d'aultant qu'on taschoit à luy faire apprendre et aymer laditte prétendue religion et les huguenotz, d'aultant plus les haïssoit-il et n'en
vouloit veoir ni ouyr parler. Toutesfois, pour la minorité où il estoit,
n'avoit aulcun commandement qu'on voulust exécuter, s'il n'estoit au
prouffit de laditte prétendue religion, à laquelle estoient fort enclins
le roy de Navarre et la royne mère, qui luy bailloient advancement
plus qu'il ne falloit, pour complaire à mons. le prince de Condé, qui
estoit faict chef et protecteur de la cause. Lequel prince, avec les
solliciteurs de laditte cause, bastissoient ung nouveau mesnage contre
l'aucthorité du roy et sa personne, pour se saisir de S. M., le faire
prisonnier et avoir le gouvernement de luy, l'ostant du tout des
mains du roy de Navarre et de la royne mère, et ne cerchoient
plus que l'heure opportune pour se ruer sus à main armée, l'ayant
trouvé à despourveu. Et, pour y mieux parvenir, avoient gangné lesdictz gouverneurs, roy de Navarre et royne mère, qui avoient faict
si grise mine aux aultres princes que force leur avoit esté de se retirer de la court, et en eussent voluntiers chassé le connestable,
n'eust esté la crainte qu'ils avoient qu'il ne se joignist avec mons. de
Guise, contre lequel le roy de Navarre et la royne mère souffroient
poursuitte estre faicte au conseil privé, comme ayant enfrainct les
édictz du roy sur les huguenotz de Vassy, lequel de Guise s'estoit
retiré en sa maison de Joinville avec sa mère.

En mesme temps, lesdictz huguenotz et prince de Condé bastissoient et praticquoient ung aultre mesnage avec les juges et gouverneurs des villes de France, et principalement des meilleures et
fortes villes de renommée, comme Paris, Meaux, Orléans, Rouen,
Bourges, Lyon, Tours, Angers, Vendosme et aultres principales, de
toutes lesquelles leur fut assez facile l'accez, excepté celle de Paris,

de laquelle ilz ne purent chevir, pour la sagesse des hommes qui
avoient le gouvernement d'icelle, lesquelz ne voulurent obéyr pour
promesse qui leur fust faicte.

Mons. le prince de Condé et les solliciteurs de la cause, voyant
qu'ilz ne pouvoient composer de la ville de Paris et la tirer à leur dévotion, reculèrent leur entreprinse de se saisir du roy, jusques à ce que
par subtil moyen ilz eussent la maîtrise de laditte ville. Ilz pensoient y
parvenir par la force et grand nombre d'hommes qu'ilz eussent mis
et logez en icelle sans dire ni sonner mot, et, lorsque le nombre en
eust esté suffisant avec les huguenotz d'icelle, se saisir de nuit des
portes et des murailles, comme aussi des rues de chascun quartier
d'icelle ville et en avoir la maîtrise à l'improviste. Et pour ce faire,
furent envoyez hommes audit Paris bien montez et enharnachez, les
ungs après les aultres, à divers jours et par toutes portes et endroictz,
affin qu'ilz Parisiens ne s'en aperceussent sitost, qui se logèrent les
ungs ès tavernes et hostelleries, les aultres ès maisons des huguenotz
de laditte ville.

Mons. de Guise et mons. le card. de Lorraine, qui estoient l'ung
à Reims et l'aultre à Joinville, comme nous avons dict, ne dormoient
pas, et ne se tenoient oysifz en leurs maisons, ains veilloient nuict
et jour à despescher hommes de toutes partz, tant dans le royaume
que dehors, pour les envoyer sçavoir toutes nouvelles, tous desseings
et praticques secrettes qui se démenoient tant contre eux que contre
le roy et le royaume[1]. Lesquelz, estans bien certains de la prompte
rébellion future contre le roy et son estat, escrivirent à S. M. ce
qu'ilz en sçavoient et à la ville de Paris, sans l'advertissement desquelz laditte ville estoit perdue.

Les gouverneurs, le roy de Navarre et la royne mère, ayans receu
les lettres dudit sieur de Guise, commencèrent à regarder l'ung
l'aultre et à entrer en mesfiance l'ung de l'aultre. La royne mère,
contre la volunté du roy de Navarre, monstra au roy son filz les

---

[1] Voy. sur les espions des Guises la Légende du cardinal de Guise, dans les Mémoires
de Condé, t. VI, p. 44.

1562. lettres dudit sieur de Guise, comme aussi au connestable, qui tous
furent esmerveillez de telles nouvelles. Or n'estoit pour lors mons. le
prince de Condé à la court du roy, qui estoit à Fontenay ou Monceaux-lez-Meaux en Brie, lieu fort commode pour le prendre, si la
traïson n'eust esté descouverte.

Le roy et mons. le connestable, ayans veu les lettres dudit sieur
de Guise, résolurent avec le roy de Navarre et la royne mère qu'il
falloit mander ledit sieur de Guise à la court, pour l'ouyr parler. Le
roy de Navarre ne s'y vouloit accorder, qui, par tous moyens, taschoit à persuader au roy et à la compaignie qu'il n'estoit rien de
telles entreprinses, desquelles il advertiroit son frère le prince de
Condé. Toutesfois, ne fut ouy en son dire, ains tout sur l'heure fut
despeschée une poste, pour aller audit sieur de Guise et le faire
venir à la court.

Il de Guise, bien sçachant qu'on poursuivoit contre luy par justice
devant le roy pour le faict de Vassi, et aussi que le protecteur de la
cause, avec tous les huguenotz de France, lui vouloient courre sus,
s'estoit armé et assuré contre eux pour se deffendre, ayant à son commandement douze cens chevaux bien armez sans son train, qui tous
luy avoient faict foy de loyauté et de mourir avec luy si besoin en
estoit; lesquelz il mist aux champs pour l'accompagner jusques en
la maison du roy, s'il eust esté nécessaire pour la garde et deffense
de sa personne.

Ce pendant qu'on alloit faire venir à la court ledit sieur de Guise,
la royne mère ordonna des espies et aguetz de toutes parts, pour
descouvrir ce qu'elle pourroit des nouvelles entreprinses et traïsons
qui se brassoient, et quant et quant fit approcher du roy les capitaines de ses gardes, auxquelz secrettement elle donna charge de
faire approcher et armer leurs soldatz nuict et jour, et de se tenir
tous prestz de faire le service et devoir de leur charge s'il en estoit
besoing, sans en rien dire ni descouvrir au roy de Navarre, lequel,
par tous moyens telz qu'on pourroit penser, il falloit amuser, affin
qu'il n'entendist avec son frère M. le prince de Condé. Et ont esté

quelques ungs du royaume si hardis de dire et escrire en ung certain   1562.
livret qui est intitulé, *La vie de Katherine de Médicis* [1], qu'elle luy
avoit mis entre ses mains et livré la plus belle damoiselle d'honneur
qu'elle eust, pour abuser d'elle à son plaisir; ce que je ne croy, car
laditte dame estoit si sage et honeste qu'elle sçavoit d'aultres moyens
plus honestes pour amuser ledit roy de Navarre que cestuy-là, lequel
de Navarre estoit aussi aisé à manier qu'un simple homme, tant il estoit
débonnaire et courtois, ou, comme plusieurs ont dict, aysé à abuser.

   Durant ces menées, mons. le prince de Condé alla à la court pour
mettre ordre à l'entreprinse de la cause, et conféra avec messieurs
l'admiral de France, d'Andelot, colonel de l'infanterie de France, et
le cardinal de Chastillon, qui suyvoient tousjours le roy et la court,
principaux solliciteurs de laditte cause, et les plus fins et rusez qui
fussent en France. Il prince de Condé n'alla aucunement saluer le
roy, ni le roy de Navarre, son frère, comme aussi ne fit la royne
mère, ains fut assez empesché de recevoir et envoyer pacquetz, messages et postes de toutes partz, et faisoit la moytié plus d'affaires
que le roy ni ses gouverneurs. Ce voyant, la royne alla parler à luy
pour le saluer et pour luy faire entendre une partie de ce qu'elle
avoit entendu dire de la future rébellion, parlant de ce avec luy moitié
à jeu, moitié à certes. De laquelle ni de ses dictz ne fit grand conte
ledit sieur prince, qui monstra à laditte dame ung visage triste et plein
d'orgueil; toutesfois, elle monstra semblant devant luy de n'en estre
courroucée, et le plus amiablement qu'elle put se recommanda à sa
bonne grâce, en luy disant telz motz, « Mons. le prince, je vous recommande la pauvre vesve et ses petis orphelins, » parlant d'elle et de
ses enfans [2]. Qui empescha ledit sieur prince d'aller saluer le roy de

---

[1] Voy. plus haut, p. 119, la note sur
Catherine de Médicis.

[2] Lettres de Catherine de Médicis au
prince de Condé, pour le prier de prendre
en considération « l'estat de ce royaume,
la vie du roy et la sienne, et entreprendre
la deffense contre ses ennemis. » (*Mém. de*

Condé, t. III, p. 213.) — Il y a sept lettres
sur ce sujet; les Mémoires de Condé n'en
renferment que quatre. Jacques Spifame,
envoyé par le prince de Condé à la diète
de Francfort, y présenta et y fit sceller
du sceau de l'empire la copie de ces
lettres.

1562. Navarre son frère, fut une je ne sçai quelle mesfiance qu'il avoit de
luy, et manioit avec les huguenotz, admiral, ses frères et aultres l'entreprinse de la cause le plus secrettement qu'ilz pouvoient, et ne s'en
vouloient descouvrir à luy, d'aultant qu'il roy de Navarre estoit ung
avec la royne mère et le connestable, qui en tout et partout eussent
empesché à leur pouvoir ladite entreprinse. Ledit sieur prince fut, de
ce voyage, si peu à la court que ledit roy de Navarre, empesché à ses
plaisirs avec celle qu'on a dict luy avoir esté baillée pour l'amuser,
telle que dessus est dict, ne put parler à son frère ledit prince, et à
peine sceut-il bien qu'il avoit entré à la court.

L'entreprinse de se saisir de la ville de Paris par les huguenotz
s'avançoit fort, et taschoient lesdictz huguenotz de tenir le tout
prest, tant la surprinse d'icelle ville que la prinse du roy tout en
ung jour et une mesme heure, de quoy bien s'appercevoient les Parisiens; lesquelz, par le conseil que ledit sieur de Guise leur avoit
baillé n'y avoit pas longtemps, avant que s'en retourner en Lorraine,
se donnoient garde secretement jour et nuict, de peur de ladite
surprinse. Lesquelz, voyant le nombre desditz huguenotz croistre en
leur ville et se loger ès maisons des huguenotz d'icelle, après que les
tavernes et hostelleries furent pleines, envoyèrent en poste audit sieur
de Guise pour l'advertir du tout, et pour se haster d'aller à leur secours comme il leur avoit promis, et ainsi menoient leurs affaires les
Parisiens envers ledit sieur de Guise, comme faisoient les huguenotz
les leurs avec ledit sieur prince de Condé, et taschoient les deux
partys à qui préviendroit son compaignon.

La royne, voyant les affaires s'empirer, ne se put garder d'en
parler avec affection au roy de Navarre, moytié à jeu, moitié à certes,
avant que mons. de Guise fust arrivé à la court, et pria ledit roy de
Navarre de faire lever la court hors de Monceaux ou Fontenay-lez-
Meaux, et de mener le roy et elle à Paris, lieu de plus grande sûreté. Lequel roy de Navarre rapaisa ladite dame de belles paroles,
sans en vouloir rien faire; ce que voyant icelle dame, quasi comme
en plorant, dist audit roy de Navarre, comme elle avoit faict à

mons. le prince de Condé, son frère : « Je vous prie, dist-elle, gardez,
je vous prie, la couronne du roy mon filz, sa personne, la vefve et les
orphelins. » Qui causa la royne de dire telz motz au roy de Navarre
fut la multitude de gens armez qu'elle voyoit abbonder et croistre
de plus en plus à la court, et quasi tous incognus, qui tenoient une
chère et manière orgueilleuse au possible, haultains en parler et
monstrant le signe de gens qui ne demandoient que sédition et noise
pour commencer leur entreprinse, qui fut cause de renvoyer à mons.
de Guise pour le haster d'arriver à la court.

Mons. le connestable se trouvoit fort empesché de telz troubles,
pource que cela le regardoit à cause de sa charge. Il avoit assez longtemps eu du grouin et male-chère de la royne, qui estoit cause qu'il
n'alloit qu'aultant qu'elle le poulsoit; pareillement estoit empesché
de veoir ses nepveux les Chastillons, qui estoient le càrd. de Chastillon, l'admiral de France et d'Andelot, estre de la conjuration huguenoticque et de l'entreprinse séditieuse. Toutesfois, entrèrent en
conseil ledit connestable et laditte dame ensemble secrettement, sans
le sceu du roy de Navarre, où résolurent qu'il n'y avoit moyen de se
saulver, sinon par l'ayde de mons. de Guise, lequel il falloit haster
d'entrer en court.

Mons. de Guise, ayant *iterato* receu lettres de la royne[1], de
mons. le connestable et des Parisiens, fit mettre ses douze cens chevaux aux champs, à ses despens et sans qu'ilz mangeassent le bon
homme; il en envoya une partie par dessus la rivière de Marne, et
l'aultre partie par la rivière de Seine, et leur bailla jour et heure de
se trouver ès environs de la court du roy et de la ville de Meaux,
où audit jour il se debvoit trouver et arriver, ce qu'il fit aux derniers jours du mois d'apvril, et estoit fort temps qu'il y arrivast, car

---

[1] Le rôle que Cl. Haton fait jouer à la reine mère à l'égard du duc de Guise dans cette circonstance n'est conforme ni aux autres récits ni à la vraisemblance; Cathe-rine tombait malgré elle entre les mains du duc de Guise et du triumvirat. Ses lettres au prince de Condé, ses hésitations avant de se décider à ramener Charles IX à Paris, en font foi.

1562. le jour assigné que les huguenotz avoient donné pour saisir la personne du roy et la ville de Paris estoit le premier jour du mois de
may. Ledit sieur de Guise alla saluer le roy, le roy de Navarre et la
royne mère, si tost qu'il eut mis le pied à terre; il fut mieux que
le bienvenu et luy fut par les ungs et les aultres des dessus nommez
dict qu'il estoit plus que le bienvenu. Sans tenir long propos, fallut
adviser aux affaires du royaume, qui de toutes partz bastoient au plus
mal, mesmes pour le regard du roy, à la majesté duquel ledit sieur
de Guise monstra lettres des entreprinses qu'on faisoit contre sa personne et auctorité; de quoy moult fut attonné le jeune roy, qui du
tout se recommanda audit sieur de Guise, en luy disant jusques à
telz motz : « Mons. de Guise, mon amy, saulvez-moy et me servez de
père, comme vous avez faict au feu roy mon frère, et je serai moult
tenu à vous et aux vostres. » Auquel fit response ledit sieur de Guise
qu'il voluntiers exposeroit corps, vie et biens pour son service, et que
dès à présent il avoit douze cens chevaux aux champs à ses despens
pour luy faire service; desquelz, s'il plaisoit à S. M., il en feroit entrer pendant deux heures le nombre de cinq cens à sa court, prêtz à
luy faire service fidellement. De laquelle promesse et offre moult s'es-
jouit le jeune roy, qui commanda qu'on les fist approcher et loger
le plus près de soy qu'il seroit possible. Or à ceste venue Guisienne
furent toutes traïsons et entreprinses descouvertes.

Ce pendant qu'il de Guise estoit avec le roy, ses gouverneurs et
mons. le connestable en conseil, arriva une poste qui apportoit lettres
audit seigneur, de la part de mons. le mareschal de St-André et des
Parisiens, pour les haster d'aller à Paris en diligence, ou aultrement
la ville estoit perdue et sur le poinct d'estre saccagée, comme l'orgueil et le hault cacquet des huguenotz, tant de laditte ville que aultres qui estoient dedans en nombre infini, le démontroient; lesquelz
cheminoient par les rues les armes au poin, en chantant diverses
chansons, tant de psalmes que de lamentations de Hyérémie, qui
démonstroit assez le proche mal de laditte ville, si promptement n'y
estoit remédié. Lesquelles lettres furent monstrées au roy et conseil

1562.

susdit; lesquelz arrestèrent et résolurent que ledit sieur de Guise se transporteroit audit Paris pour la garde de la ville, et que le roy de Navarre et mons. le connestable garderoient le roy, et adviseroient le moyen de le saulver et le rendre en lieu de sûreté, ce que les ungs et les aultres firent avec toute difficulté; et bien advint que mons. le prince n'estoit pas à la court et qu'il estoit empesché aux affaires de la cause, qui ne se pouvoient bien encores résouldre au gré de tous huguenotz et rebelles principaux de laditte cause.

Qui tenoit les huguenotz en suspens, et qui les empeschoit de promptement exploicter leur entreprinse, estoit le partage de la peau de la beste qu'ilz ne tenoient encores, qui estoit le roy; ilz estoient en ceste difficulté qu'ilz feroient de sa personne et de messieurs ses frères, pareillement comment ilz partageroient le royaume et le cantonneroient, ainsi que le pays d'Allemagne, pour s'en faire seigneurs et roys, chascun d'eux selon leur mérite, après l'avoir distraict de la couronne et obéissance royale, et n'y eut que ce seul poinct qui les arrestast et retardast. Mons. le prince s'atendoit que, venant à chef de l'entreprinse, il seroit faict roy de France; mais ses suppôtz ne l'entendoient pas si largement qu'ilz n'en eussent leur part, et toutesfois arrestèrent en leur conseil qu'il n'estoit temps de disputer de ce poinct, mais que, sans plus dissimuler, il falloit se mettre aux champs, sous le nom et prétexte de la religion. Ceste résolution prinse, arrestèrent le jour de se saisir du roy et des villes, principalement de Paris, qui fut le premier jour de may, ainsi que nous avons dict, et par mesme moyen fut arresté et donné le mot du guet pour se mettre en besongne.

Le pénultiesme d'avril de ceste année, mons. de Guise arriva dans la ville de Paris avec bien petit train, car il avoit couru la poste tout le chemin depuis Fontenay ou Monceaux-lez-Meaux jusques près le bois de Vincenne. De l'arrivée duquel extresmement furent resjouys les Parisiens; ilz reprindrent cœur et courage en eux, sans sonner mot, et, sans en monstrer le semblant devant les huguenotz, lesquelz ne laissoient, pour son arrivée, de poursuivre leur orgueil, ne sçachant

1562. pas qu'il allast contre eux et pour le salut de laditte ville. Les gouverneurs d'icelle ville, comme le prévost des marchans, les eschevins, les présidens et conseillers d'icelle, sans sonner mot, s'allèrent rendre au logis dudit sieur pour le saluer, et n'y allèrent tous ensemble, ains les ungs après les aultres. Mons. le mareschal de St-André faisoit bonne mine par les rues de Paris et bien de l'empesché, duquel se mocquoient lesdictz huguenotz, qui estoient en cette volunté de le bien chastier. Pendant trois jours après, il alla après les aultres Parisiens pour saluer ledit sieur de Guise, et pour prendre conseil sur une si difficile affaire. La résolution de ce conseil fut telle, que, veu le grand nombre d'estrangers qui estoient dans la ville et tous armez, l'on se garderoit de faire sédition, s'ilz huguenotz n'assailloient les premiers, et que, au cas qu'ilz assaillissent les premiers, on n'espargnast homme pour se deffendre, ni aultre moyen quelconque, mesmement que l'on sonnast le toxin avec la cloche du Palais. Pour mieux se donner garde de ladite sédition, fut résolu entre eux que dès le soir on advertiroit les capitaines, cinquanteniers et dizeniers de chascun quartier et rue de laditte ville, de se tenir prestz dans leurs maisons les armes au poin, pour se deffendre, si besoin en estoit; que, à l'ayde du chevalier du guet, accompaigné du plus grand nombre de gens que faire se pourroit, sur les dix heures du soir, seroient conduictz hommes sur les murailles de la ville et aux portes, pour s'en saisir et faire le guet toute la nuict; que, incontinent après minuict, seroient posez corps de garde en plusieurs endroitz de ladicte ville, les armes au poin, pour empescher la sédition qu'ilz huguenotz et estrangers eussent peu faire, se voyans descouvers; que au lendemain, à l'heure de huict, neuf et dix heures du matin, le ban se feroit par tous les carrefours des rues dudit Paris, que tous estrangers, gens sans adveu et aultres qui n'estoient de la ville eussent promptement à partir de ladicte ville, sous peine d'estre pendus et estranglez. Ce qui fut si heureusement faict et exécuté que rien plus. A ce lendemain, les portes de la ville ne furent ouvertes qu'il ne fust sept et huict heures du matin, et

grosse garde à icelles; le ban susdict fut faict, commissaires furent 1562.
députez de laditte ville, pour aller visiter les hostelleries et tavernes,
pour sçavoir combien et quelles gens estoient logez en icelles, et de
quelle qualité et pour quelle affaire ilz estoient en laditte ville. Qui
se trouvèrent bien prins furent messieurs les huguenotz, lesquelz,
se voyans prins à la ratière, furent aussi adoulcis qu'ilz avoient esté
orgueilleux les jours de devant, et se trouvèrent avoir bon marché
qu'on les voulût bien renvoyer sans leur mal faire. La chance fut
bien retournée, car les plus marris furent les plus joyeux, et les plus
joyeux les plus marris. Les Parisiens, qui avant ce estoient extrême-
ment marris, furent les plus joyeux, et les huguenotz, qui estoient les
plus joyeux, furent à ce jour les plus marris d'avoir perdu le butin
qu'ilz espéroient, et fut chanté par les rues de Paris par les Parisiens, à la louange dudit sieur de Guise, telz cantiques: *Benedictus qui
venit in nomine Domini.* Lesdictz Parisiens avoient eu si peur, avant
la venue dudit sieur de Guise en leur ville, que plusieurs des plus
riches avoient habandonné laditte ville pour se saulver avec leurs
finances.

Messieurs les huguenotz mis hors la ville de Paris en la manière
que dessus, les ungs allèrent cercher mons. le prince de Condé,
les aultres les sieurs admiral, d'Andelot et card. de Chastillon, qui
estoient les chefz de la cause; les aultres, ayans prins conseil à eux-
mesmes, voyant le hasard qu'ilz avoient eschappé, se retirèrent en
leurs maisons, et ne voulurent suyvre davantage qu'ilz n'eussent veu
quel traict prendroit l'entreprinse.

Mons. le prince de Condé et ses suppostz Chastillons, voyans avoir
perdu la ville de Paris par la prudence de mons. de Guise, cuydèrent
perdre patience, et pensans qu'il fust encores audit Paris, allèrent le
lendemain, premier jour de may, assaillir et attenter de prendre le
roy auprès de Meaux; mais y perdirent leur temps, car ledit sieur
de Guise, qui par ses espions avoit eu advertissement de laditte entreprinse, fut au roy devant eux. Il le fit partir de là en toute diligence, et le tira dans la ville de Meaux, en attendant que les gardes

1562. de S. M. et les gens de guerre qu'il de Guise avoit amenez à la court
fussent armez et prestz à combattre pour la liberté du roy, et tant
fit ledit sieur de Guise qu'il tira le roy hors de Meaux à main armée et le saulva dans le chasteau du bois de Vincenne-lez-Paris, en
despit des rebelles huguenotz, qui ne fut sans coups frapper. L'a-
vant-garde desditz rebelles attacqua assez rudement les Suisses de
la garde de S. M., pensant que saditte Majesté fust avec eux; mais
furent trompez; car saditte Majesté, encores qu'elle fust jeune de
unze ans ou environ, couroit la poste avec ledit sieur de Guise devant
lesditz Suisses, et fut faict ung eschec par lesditz Suisses sur lesditz
huguenotz entre Lagni et le pont de Trillebardon, où il en demeura
en la place de part et d'aultre. Cependant que le roy se saulvoit depuis Meaux jusques au bois de Vincenne, le chemin estoit tout couvert de gens de guerre armez et bien montez pour son secours; au
devant desquelz accourut mons. le mareschal de St-André, que
mons. de Guise avoit laissé à Paris, et qui avec soy menoit bien mille
Parisiens, tant de pied que de cheval, tous harquebusiers bien morionnez et équippez. Le roy de Navarre, la royne mère et mons. le
connestable suyvoient le roy avec ledit sieur de Guise, qui se trouvoient fort empeschez de ce trouble, et n'avoit le roy fiance plus
grande qu'auxdictz sieurs de Guise et connestable.

Le roy, ayant gangné le chasteau de Vincenne, se trouva là en plus
grande sûreté qu'il n'avoit esté à Meaux et les environs, à cause de
la ville de Paris, qui est tout auprès [1]. Sans la prudence de mons. de
Guise, qui avoit faict garnir et saisir les portz de dessus la rivière de
Marne, avant que mons. le prince de Condé s'en advisast, sans difficulté le roy eust esté prins; car ledit sieur prince de Condé, envoyant
ses gens auxditz portz, les trouva tous occupez et bien garnis de gens
de guerre, qui empescha que son entreprinse ne pût réussir ni venir
à son effect.

Mons. le prince voyant avoir perdu les plus grands et meilleurs

---

[1] La cour se transporta de Fontaine-   à Vincennes, et le 6 avril Charles IX
bleau à Melun le 31 mars, le lendemain   s'installa au Louvre.

noyens de ses desseings, qui estoient de surprendre le roy prisonnier 1562.
et la ville de Paris pour la saccager, se retira dans la ville d'Orléans,
e grand galop, laquelle estoit à son commandement par le moyen
du bailly dudit lieu, qui estoit huguenot et de l'intelligence de la
cause[1]. Avec ledit sieur prince entrèrent grand nombre de gens de
sa suitte, lesquelz, par son commandement, se saisirent des portes de
aditte ville et s'en firent maistres. A l'instant, les maisons des habitans catholicques furent remplies de huguenotz et rebelles, qui vescurent aux despens desditz catholicques; les églises et maisons des
ecclésiasticques furent ce jour saccagées, pillées et du tout desmeu-
blées, combien qu'au lendemain de l'arrivée dudit sieur prince le ban
eust esté faict par son commandement qu'on ne pillast, saccageast ni
les églises ni les ecclésiastiques, et par cela apperceut-on bien que
les deffenses faictes de l'auctorité dudit sieur prince estoient ung
brandon et commandement à mal faire.

Ledit sieur prince ne fust plus tost arrivé audit Orléans, qu'il despescha postes pour courir de toutes partz, et advertir les habitans des villes qui avoient intelligence avec luy et la cause de se
rébeller contre le roy, de se saisir de leursdittes villes, de tenir les
catholicques, qu'ilz appelloient papaux, en si grande subjection que
nul d'entre eux n'osast lever l'œil, et de tant et si bien faire que la
force et la maistrise leur demourast. Ce qui fut dextrement exécuté.
La première où ilz commencèrent de ce pays, fut Meaux, où les
églises furent entièrement saccagées, pillées et volées, et n'y demoura
croix ni calices, meubles quelconques, ymages, chaises, menuiseries

[1] Condé entra le 2 avril dans Orléans, dont d'Andelot était déjà maître. — Le 7, il écrivit aux églises réformées de France pour leur demander des hommes et de l'argent dans l'intérêt de la délivrance du roi et de la reine mère et de l'affranchissement de la religion chrétienne. Les ministres protestants retirés à sa suite à Orléans firent la même demande. (*Mém. de Condé*, t. III, p. 221, et Bibl. imp. Fonta- nieu, vol. 301-302.) Voyez dans les Mémoires de Condé le manifeste du prince pour expliquer la prise d'armes (8 avril), un Traité d'association pour la liberté du roi et le repos du royaume (11 avril), etc. — Lettre de Spifame et de Bèze aux églises réformées, pour expliquer les motifs de la prise d'armes et exciter les fidèles à la défense de la cause. Orléans, 5 avril 1562. (Bibl. imp. Fontanieu, vol. 301-302.)

1562. ni aultre meuble, que le tout ne fust par les nouveaux religieux de la prétendue réformée religion ravy, destruict et emporté, comme aussi fut le bien des maisons des prebstres, curez, chanoines et aultres, qui ne fut sans quelques meurtres commis ès personnes des ecclésiasticques et aultres qui se trouvèrent à la fureur. Ilz nouveaux réformez ayant saccagé le tout ès églises et maisons des prebstres et de plusieurs catholicques et marguilliers des parroisses, se voyans estre trop près de la ville de Paris et de la court du roy, quittèrent la ville et s'en allèrent après mons. le prince à Orléans, bien sçachant qu'en peu de jours on les eust assiégé pour les prendre audit Meaux. Il fallut qu'ilz saccageurs huguenotz rendissent compte aux députez par ledit sieur prince du larcin et pillage des églises et ecclésiasticques dudit Meaux, sous peine d'estre déclarez larrons, voleurs et sacriléges et quant et quant punis de mort; et après avoir rendu compte auxdictz commissaires du tout ou partie, furent tenùs et réputez gens de bien et vertueux.

On receut incontinent nouvelles que les villes de Rouen[1], de Caen[2], du Mans[3], de Boisgency, de Vendosme, d'Angers, de Tours, de la Rochelle, de Chastelleraux, de Montauban, de Lyon[4], de Chaslon sur la Saône[5], de Mascon et de Bourges en Berry[6], estoient toutes rebellées contre le roy, pour tenir bon contre S. M. et ceux qu'il y envoieroit, pour ledit sieur prince de Condé et ses huguenotz réformez. Tous les habitans desdittes villes n'estoient d'accord de laditte

---

[1] La prise de Rouen par les protestants eut lieu dans la nuit du 15 au 16 avril. (Floquet, *Hist. du parlement de Normandie,* t. II, p. 380.)

[2] Les 8 et 9 mai, les protestants saccagèrent les églises de Caen.

[3] « Remonstrance envoyée au roy par les habitans du Mans, » 29 avril 1562. (*Mém. de Condé,* t. III, p. 350.) Le Mans fut pris le 3 avril.

[4] « La prinse de Lyon par les fidèles le dernier d'avril 1562. » (*Archives curieuses de l'hist. de France,* 1re série, t. IV, p. 175.) — « Discours de ce qui a esté fait ès villes de Valence et Lyon. » (*Ibid.* p. 185.)

[5] « Abrégé des choses les plus mémorables arrivées pendant les guerres civiles soubs les règnes de François II, Charles IX, Henri III et Henri IV, et particulièrement celles qui regardent Châlon, etc. » (*L'Illustre Orbandale,* de Léonard Bertaud, t. I.)

[6] Bourges tomba le 27 mai au pouvoir des protestants. (Raynal, *Hist. du Berry,* t. IV, p. 35.)

rébellion, et n'y avoit que les gouverneurs d'icelles, comme les baillifz, gens de justice et aultres, qui estoient huguenotz, qui eussent intelligence avec ledit sieur prince et laditte cause. Lesquelles villes furent remplies de garnisons huguenoticques au possible, tous logez ès maisons de riches et pauvres catholicques, qui moult oultrageusement furent tourmentez en leurs corps et biens par lesdictz huguenotz, et les prebstres, gens d'église martirisez et cruellement meurtris et tuez, ainsi qu'en ferons incontinent le discours. De la vie desquelz ilz huguenotz se disoient faire sacrifice à Dieu. Les églises et maisons des prebstres des villes susdittes et des villages à l'entour furent équippées, rompues, vollées et saccagées, comme celles de Meaux et d'Orléans. Ilz nouveaux réformez ne se contentèrent de massacrer les gens d'église et de piller ce qu'ilz trouvoient esdittes églises; mais, comme barbares et Scythes, prenoient prisonniers les riches marchans catholicques desdittes villes et villages, comme aussi les marguilliers d'icelles églises, et les lyoient de chaînes de fer et de cordes, et les jettoient ès plus villaines prisons qui fussent esdittes villes, et les gehannoient et tourturoient par tourmens aultant et plus cruels que jamais firent Turcs ni barbares à chrestiens, pour leur faire déclarer où estoient les croix, calices et richesses des églises qu'ilz ne trouvoient pas. Desquelles gehannes et tortures plusieurs en moururent. Ilz huguenotz, pires que Juifz et Turcs, forçoient par tourmens et menaces les catholicques, hommes et femmes, à renoncer la religion catholicque et romaine pour prendre la leur. Tous ceux qui vouloient renoncer la religion catholicque et romaine et prendre la luthérienne et calvinienne, de quelque qualité qu'ilz fussent, tant prebstres, moynes, religieux que laiz, estoient avec eux les bienvenus et mieux receuz, moyennant qu'ilz jurassent sur le sainct Évangile, devant leurs ministres, que jamais ne retourneroient à laditte église catholicque romaine, à la messe ni aultre service divin qui se faisoit ès églises de laditte religion catholicque, mais au contraire empescheroient par tous moyens aultres personnes d'y aller, et la feroient hayr, comme chose abominable et meschante.

1562.   Depuis qu'ilz huguenotz se furent faictz maistres des villes dessus-
dictes, n'y fut plus chanté ni messes, ni matines, n'y eut plus confession, ni baptesme, excepté le baptesme duquel ilz usoient à la nouvelle façon de Genefve, ni aultre sacrement de l'église de Jésus-Christ;
ilz contraignoient les habitans d'aller escouter leurs prédicans, et les
empeschoient de faire ni dire aultre service à Dieu que celuy qu'ilz huguenotz faisoient et chantoient avec leurs prédicans à leurs presches,
qui estoient des psalmes de David traduictz en rime françoise par
Clément Marot et Théodore de Bèze. Ilz ne souffroient aulcunement
que nul eust dict son *Pater noster,* son *Ave Maria,* ni aultre oraison
en latin. Les catholicques, hommes ni femmes, n'eussent osé porter
patenostres de quelque valeur que ce fust, eussent-elles esté de
bois, ni heures en latin, sous peine d'estre battus par eux, et leurs patenostres et heures ostées, rompues et bruslées. Brief, nul ne croy-
roit la misère qu'ilz huguenotz faisoient aux catholicques des villes
et aultres lieux où ilz avoient maistrise sur eux.

Et pour monstrer amplement la barbarie et tyrannie qui estoit
esditz huguenotz, nous réciterons icy ce que véritablement avons
sceu des faictz de leur vertu et piété. Et premièrement commencerons à la ville d'Orléans, dans laquelle fut commencée la tragédie
huguenoticque pour ceste année [1]. Fault entendre que plusieurs
gens d'église trouvèrent moyen de se saulver dans les maisons de
leurs amys, à la première fureur des jours que les églises et leurs
maisons furent saccagées. Entre lesquelz fut ung vénérable et scientifique personnage prebstre, docteur en théologie, curé de la paroisse de mons. St-Paterne, âgé d'environ soixante ans, nommé
nostre maistre [2]. . . . . . . lequel se saulva en la maison d'ung de ses
parroissiens, fort homme de bien, où il fut quelque mois à tous les

[1] Sur les violences et profanations commises à Orléans par les protestants, voyez
Lottin, *Recherches historiques sur la ville
d'Orléans,* t. I, p. 432 et suiv.

[2] Cl. de Sainctes, dans son discours du
saccagement des églises catholiques (Verdun, 1562, fol. 58), dit que le curé de
Saint-Paterne se nommait Guéset, et raconte la triste fin de cet ecclésiastique avec
moins de détails que Cl. Haton. Voy. aussi
Additions aux mémoires de Castelnau, t. II,
l. IV, p. 25.

jours chanter la messe en quelque lieu secret de laditte maison, sans
estre descouvert ni apperceu des huguenotz qui y estoient logez.
Quand il sembla audit curé que la fureur et rage huguenoticque fust
passée audit Orléans, donna charge à son hoste de secrettement se-
mondre les plus catholicques de ses parroissiens et les introduire en
sa maison aux jours des dimanches et festes, à l'heure que les huguenotz seroient à leurs presches, pour venir à la messe et au sermon
qu'il leur feroit, affin que le divin service qui leur estoit interdit en
public fust par eux faict en secret. Auquel obéit ledit hoste, qui en
invita ce qu'il put et des mieux affectionez à la religion catholicque,
lesquelz, à l'heure assignée, se trouvoient audit logis, où estoit chantée
la messe bas, et les prières faictes, comme aussi le sermon du sainct
Évangile, dont ilz estoient fort joyeux, et continuèrent environ ung
mois à ce faire avant qu'estre descouvers par les huguenotz. Ce que
finablement descouvrirent aulcuns huguenotz de laditte ville, voisins
dudit hoste du curé, qui les accusèrent au bailly du lieu, et aux
aultres huguenotz.

Ceux-ci se donnèrent garde du jour et de l'heure qu'ilz verroient
entrer les parroissiens dudit curé en ladicte maison, et ung jour, entre
les aultres, ayant apperceu plusieurs estre entrez en icelle, jugèrent
que c'estoit pour y ouyr la messe; et pour ce forcèrent le logis pour
y entrer, et entrez qu'ilz y furent tant cerchèrent qu'ilz trouvèrent
le bon curé, revestu des ornemens, qui chantoit la messe. Lequel fut
par eux prins, lié et tiré hors de ladicte maison, revestu des ornemens de l'église à chanter la messe, et ilz le menèrent par toutes les
rues en cest estat, en se mocquant de luy et de la messe. Les paroissiens qui furent prins avec luy furent par ces pieux réformez huguenotz liez deux à deux par les bras et conduictz après ledit curé par les
rues, avec toute mocquerie et ignominie et avec coups et buffes merveilleux. Ilz traînoient ledit curé en laisse, avec une corde qu'ilz luy
avoient mis au col et aux mains; puis, après l'avoir traîné par toutes
les rues de la ville en cest estat, le menèrent à une des portes de la
ville, où le tindrent toute la journée, et luy ayant mis ung morion

1562. sur la teste, le repurent d'injures et de coups de baston, l'abreuvè-
rent de leurs villains crachatz au visage, et se jouoient de luy, tout ainsi
que firent les Juifs de Nostre Seigneur Jésus-Christ. Et après l'avoir
bien battu, craché et injurié, la journée estant passée, le livrèrent
audit bailly, qui commanda qu'on le minst en prison; lequel, quelques jours après, fit son procès et le condempna à estre pendu et
estranglé dans ladicte ville à une potence. Messieurs le prince de
Condé, l'admiral et d'Andelot estoient dans Orléans à veoir ce spec-
tacle, qui n'en firent que rire en se mocquant dudit curé et de la
messe; lesquelz approuvèrent la sentence de mort dudit curé, qui
pour tout crime fut exécuté comme séditieux. Les tirans huguenotz
ne luy voulurent jamais permettre d'oster et dévestir les ornemens de
l'église, desquelz il estoit revestu quand il fut prins en chantant la
messe, et le pendirent et estranglèrent avec iceux. A le veoir exécuter y avoit plus de deux mille personnes, tant catholicques que
huguenotz, desquelz, comme l'ai entendu par ceux qui y estoient,
lesditz sieurs prince de Condé et aultres estoient présens aux fenestres d'une maison.

Le bon curé, estant monté sur l'échelle au plus hault, regarda de
toutes partz à l'entour de soy la belle compaignie qui estoit là présente, tant des huguenotz que des catholicques, et après les avoir
regardé, pria le bourreau et le seigneur admiral de France, qui estoit
là, qu'on ne le hastast poinct de mourir, et qu'on luy baillast temps de
parler et de faire ses prières, ce qui luy fut accordé. Il fut requis sur
l'échelle par ledit sieur admiral, comme plusieurs fois avoit esté en
prison, de se desdire de ce qu'il avoit presché selon la religion catholicque et romaine, et de déclarer à l'assistance qui estoit là présente
que la nouvelle prétendue religion réformée que tenoient lesdictz
huguenotz estoit la meilleure et vraye religion de Jésus-Christ et de
ses apostres, et que luy et les aultres docteurs et prebstres estoient
des séducteurs de peuple et des abuseurs de simples gens par leurs
messes, matines et aultres cérémonies, et qu'en ce faisant luy seroit
donnée grâce par mons. le prince de Condé, qui moult l'aymeroit,

comme aussi feroit toute l'église réformée, parlant des huguenotz. 1562.
Ausquelles requestes et promesses ne voulut obéir ledit curé, ains
demeura ferme en la vraye religion catholicque jusques à la mort.

Ce nonobstant qu'il ne voulust obéir auxditz sieurs ni à leur vouloir, luy fut donné temps et espace de parler et de faire ses prières,
lesquelles il commença par telz motz : « O Dieu éternel, créateur du
ciel et de la terre, qui as ordonné toutes choses selon ta volonté, et
qui par ta prescience as cogneu et sceu toutes choses avant qu'elles
ayent jamais esté faictes, et qui par Jésus-Christ, ton filz, nostre seigneur et nostre frère, nous as donné cognoissance de toy et t'es estably
et basty une église à toy plaisante, sans tache ni malice, laquelle tu
as voulu estre retirée et rachetée des mains de Satan, par l'effusion
du sang espandu et par la mort dudit Jésus-Christ, ton filz unicque;
en laquelle église tu as ordonné aulcuns estre apostres, aultres évan-
gélistes, aultres pasteurs et docteurs, pour l'entreténement d'icelle
jusques à la consummation de l'œuvre de ton ministère, qui durera
jusques à la consummation du monde; du nombre desquelz tu m'as
appellé (encores que je n'en sois digne), et as permis que je fusse ré-
servé jusques en ces jours de misère et tribulation, pour estre icy honteusement condempné à la mort, et estre mocquerie à tant de peuple
desbauché de ta religion. Ce toutesfois, je prens en gré et te remer-
cie, et cognois que mes péchez en peuvent estre cause; car, comme
homme que je suis, j'ay esté subject à mal faire et ne me puis justifier devant toy que je n'aye comme tous les aultres hommes du monde
esté tel. Ce néantmoings, une chose me console devant toy, qui est
telle, que la mocquerie, les battures, tourmens et la mort à laquelle
je suis condempné me sont et seront faictes pour la deffense et sousté-
nement de ton honneur, de ton église, espouse de Jésus-Christ, et de
sa saincte parole qui est le sainct Évangile. Je ne puis estre comparé
à Jésus-Christ, qui a esté condempné à la mort et exécuté par les
Juifz, gens infidelles, sans cause ni raison aultre que celle pour laquelle je suis condempné. Il ne fut accusé d'aulcun mal faict, sinon
qu'on dist contre luy qu'il estoit séditieux quand il enseignoit et pres-

1562. choit la vérité de l'Évangile, comme on a dict que je suis. Les benoitz apostres ont esté par les Juifz, gentilz et payens, condemnez à la mort, soubz le terme de séditieux, en plantant l'église catholicque, apostolicque et romaine que nous tenons en France et qui y a esté tenue depuis mil cinq cens ans et sera jusques à la fin du monde, quoy que ne veuillent les héréticques et ceux qui par armes les deffendent. Ce me seroit une honte et ung plus grand péché devant Dieu si, en telle nécessité que je suis, je renonçois à Jésus-Christ et à son espouse la saincte église militante, pour les beaux offres et dons que l'on me présente, qui est de me donner la vie corporelle, laquelle, si j'acceptois en la manière qu'on me requiert, me feroit perdre la vie éternelle que j'atens par la mort à laquelle je suis condempné; pour laquelle vie éternelle avoir, je vous exorte tous, mes paroissiens et catholicques de ceste ville d'Orléans, qu'en la captivité et oppression où vous estes maintenant, que vous ai presché devoir advenir sur vous et sur cette ville il y a plus de dix ans, ne défailliez en la foy de Jésus-Christ et de sa vraye église apostolicque, en laquelle vous avez esté nez, baptisez et catéchisez, vous assurant qu'en peu de temps vous serez délivrez des tourmens où vous estes, et encores en toute liberté servirez au Dieu vivant. A vous aultres, messieurs qui estes icy présens, et aultres qui sont par le royaume desbauchez de la vraye religion de Jésus-Christ et qui avez délaissé la vraye église d'iceluy pour suyvre la faulse église des héréticques, je vous donne le conseil que mons. St Pierre l'apostre donnoit aux Juifz auxquels il preschoit, en leur disant ainsi : A vous aultres, qui avez crucifié Jésus-Christ et persécuté son église, je vous admoneste de vous repentir et faire pénitence, et que ung chascun de vous se fasse baptiser, et Dieu vous pardonnera. Vous, messieurs, vous estes tous baptisez, il n'est plus nécessaire que vous le soyez; mais il vous est nécessaire de vous retirer de vostre hérésie et de rentrer en l'église de Jésus-Christ par pénitence, et, se ainsi le faictes, vous serez saulvez. Les princes et seigneurs que vous suivez et pour lesquelz vous combattez n'ont poinct de paradis pour vous saulver, ils s'y trouveront assez empeschez eux-mesmes, ni d'enfer pour vous dampner; et de ce je vous en assure par la mort que je vais recepvoir. Mais n'y a que le Dieu l'éternel qui sçaura bien juger le tout. Vostre conversion ne m'apportera nul prouffit; vostre persévérance à mal faire comme avez commencé ne me portera plus domage, car vous voyez que je perds corps, biens et vie, et que ce n'est pour mon prouffit ce que je vous ditz. »

Sur ces remonstrances, soudain s'esmut une grande sédition entre les soldatz huguenotz qui estoient présens à ouyr ledit curé; aulcuns disoient : « Voilà un homme de bien; on luy faict tort, sa religion est la meilleure; je ne veux plus estre huguenot. » Les aultres disoient que non, mais que c'estoit un caffart et séducteur de peuple, qui sçavoit mieux qu'il ne disoit. Et sur ces parolles s'esmurent de grands bruictz et quasi des combatz. Ce que voyant l'admiral, dit au bourreau qu'il expédiast, et sur ce finit ses jours le bon curé. La mort duquel porta grand proffit à plusieurs; les catholicques d'Orléans en furent faictz plus fermes et dévostz en la vraye religion; les esbranlez et non héréticques parfaictz furent confirmez, et plusieurs huguenotz parfaictz retirez. Mons. le prince de Condé fut aulcunement esmeu pour avoir veu et ouy ledit curé, et à peu tint qu'il ne se retirast, et ne se put garder de dire que véritablement c'estoit ung homme de bien et bon pasteur, d'aultant qu'il avoit mis et donné sa vie pour ses brebis, à l'exemple de Jésus-Christ.

Théodore de Bèze, prédicant, qui s'estoit retiré audit Orléans, le plus estimé des aultres prédicans de France pour son beau parler plus que pour sa science, voyant mons. le prince esmeu et esbranlé de se desbaucher de leur prétendue religion, pour avoir ouy ledit curé en ses derniers propos sur l'échelle, comme aussi tant de soldatz, fit sonner le presche et monta en chaire pour prescher et appeler ses gens qu'il voyoit se retirer de son hérésie; mais toutesfois ne sceut si bien dire qu'il ne luy en eschappast plusieurs, qui quittèrent la ville et le prince et s'allèrent les ungs rendre en leurs maisons, les aultres au service du roy et de l'église catholicque contre eux héréticques [1].

[1] Cl. de Sainctes traite Théod. de Bèze beaucoup plus sévèrement que Haton; il

1562.   Les huguenotz obstinez et qui suyvoient pour le pillage se jettèrent aux champs par les villages des environs dudit Orléans et aultres
villes qu'ilz tenoient, pour aller saccager les églises et prebstres d'i-
ceux; lesquelz prebstres, quand ilz tomboient en leurs mains, estoient
plus pirement qu'entre les mains du grand Soldan de Babilone. Car,
oultre la perte de leurs biens, estoient martirisez par cruelz tourmens jusques à la mort. Aux ungs couppoient les oreilles tout entièrement, puis les tuoient et enfilloient lesdites oreilles, dont ilz faisoient des escharpes; aux aultres leur couppoient les génitoires et
les leur faisoient manger, et mille aultres cruaultez que nostre maistre
Claude de Sainctes, docteur en théologie et chanoine régulier, celui
que nous avons dict estre ung des docteurs qui furent par le roy
envoyez au concille, a mis par escript, avec les noms des prebstres
martyrisez et ceux des villages où ilz demeuroient, en son livre intitulé : *Le saccagement des églises et prebstres par les héréticques huguenotz de nostre temps, en France* [1]. Fault entendre qu'en ceste persécution

l'accuse d'avoir amassé grand argent et fait
massacrer beaucoup de monde. Dans une
lettre à la reine de Navarre, du 13 mai
1561, Bèze désapprouve, au point de vue
matériel, les brisements d'images, quoique
de soi ce fait soit suivant la volonté de
Dieu, et déclare entièrement inexcusables
les violations de sépulture, en ajoutant
que le prince de Condé est décidé à en
faire justice. (*Mém. de Condé*, t. II, p. 359.)
Voy. « Remonstrance au roy sur les idoles
abattues et rejettées hors des temples en
quelques villes du royaume. 1562. » (*Id.*
t. III, p. 355.)

[1] Voici le titre du livre de Cl. de Sainctes
que Cl. Haton ne paraît pas avoir eu sous
les yeux au moment où il écrivait son récit : *Discours sur le saccagement des églises
catholicques par les héréticques anciens et nouveaux calvinistes, en l'an 1562*. A monseigneur l'illustrissime card. de Lorraine, par
F.-Cl. de Sainctes, théologien à Paris. A
Verdun, pour N. Bacquenois, imprimeur de
monseigneur l'évesque et comte dudit Verdun, 1562, avec permission dudit seigneur
(in-8° de xx et 86 p.). — Il y a une autre
édition : *Discours sur le saccagement des
églises, etc.* Paris, Fremy, 1563, in-8°. —
MM. Cimber et Danjou, dans leurs Archives curieuses de l'histoire de France,
t. IV, 1ʳᵉ série, p. 359, ont réimprimé le
chapitre xiv de cet ouvrage. — On trouve
dans le même recueil (t. VI, p. 299), la re-
production du récit contenu dans le *Théâtre
des cruaultez des héréticques de nostre temps.*
(Anvers, Adr. Hubert, 1588, in-4°.) L'auteur cite un grand nombre de faits : « Michel Grellet, de l'ordre de saint François,
pendu à un arbre, en présence de Coligny; frère Viroleau, lecteur dudit couvent,
occis cruellement, luy ayant premièrement couppé les parties honteuses; d'autres

de l'église, les prebstres les mieux vivans et moings vicieux qui tom- 1562.
bèrent ès mains desditz tigres huguenotz furent les plus cruellement
traictez et martirisez; car tous les prebstres vicieux qui se voulurent
rendre avec eux n'eurent aulcun mal et y furent les bienvenus, moyennant qu'ilz reniassent leur prebstrise, la religion catholicque et qu'ilz
la persécutassent.

Il de Saincte récite qu'en ung village, entre Nostre-Dame de Cléry
et Orléans, ilz barbares huguenotz prindrent ung prebstre, auquel
ilz coupèrent les parties honteuses et génitales, et luy les firent
manger; et, incontinent après, le fendirent depuis la gorge soubs le
menton jusques au petit ventre, et tout vif luy descouvrirent les
boyaux pour veoir qu'estoit devenue ceste viande.

A ung aultre luy cernèrent la couronne de dessus sa teste et luy
couppèrent les quatre doigtz sacrez des deux mains, puis le despouil-
lèrent tout nud, sans luy laisser aulcun linge devant ses parties honteuses, et le lièrent à ung arbre pour le faire manger aux mousches,
et après l'avoir longtemps laissé en cet estat, qui estoit en plain esté,
le tirèrent à la harquebuse.

En ung aultre village près ledit Cléry, les dragons roux de hugue-

prebstres, ou gens catholiques, tués par pendaison, coups de hallebardes, laissés mourir de faim, sciés et fendus avec des cordes, bruslés à petit feu (le tout à Angoulesme); une femme bruslée aux pieds et aux jambes avec des pelles de fer (à Montbrun); le lieutenant général d'Angoulesme et la femme du lieutenant criminel de cette ville, mutilés, estranglés, traisnés par les rues; un prebstre, Loys Fayard, harquebusé, après qu'on luy eust bruslé les mains dans l'huile bouillante et qu'on luy eust versé cette huile dans la bouche (à Chasseneuil, près Angoulesme); le vicaire de St-Auzanni, mutilé, enfermé dans un coffre percé et bruslé d'huile bouillante; d'autres, auxquels on arracha la langue et on brusla les pieds (en la paroisse de Rivières), auxquels on creva les yeux, qu'on pendit par les pieds, qu'on précipita du haut des murailles; un prebstre qu'on martyrisa de mille manières, en luy faisant sacrifier la messe (à Houdan, près Chartres); le tombeau de Louis XI rompu, et ceux des ancestres du roy de Navarre et du comte Jean d'Angoulesme violés; des prebstres dont on ouvroit le ventre et enrouloit les boyaux autour de bastons et qu'on enterroit vifs (en Gascogne); une femme dont on remplit la partie honteuse de poudre à canon qu'on fit sauter (à Bazas); un huguenot portant une chaîne d'oreilles de prebstres, etc. etc. »

33

1562. notz entrèrent en la maison d'un dévost et honneste homme d'église,
prebstre, jà viel, malade de fascherie du trouble advenu en l'église,
auquel ce jour-là on avoit donné le sacrement de l'onction, parce
qu'il estoit sur le poinct dé la mort. Lesquelz, entrez en laditte maison, n'eurent patience que le sainct homme fust mort; mais, au lieu
de luy crier *Jésus Maria,* avec blasphesmes exécrables luy mirent une
corde aux deux piedz et le traînèrent par les rues, battant à grands
coups sur son corps, où luy firent finer ses jours par tel martire, et
après l'avoir laissé mort par les rues, allèrent ravir et emporter tous
ses biens, disans qu'ilz estoient ses héritiers, puisqu'ilz s'estoient
trouvez à l'heure de son trespas, et ne laissèrent aulcun meuble en
sa maison.

Ung aultre qu'ilz trouvèrent qui fuyoit devant eux pour éviter la
fureur de leur rage fut par eux attainct et, attrappé et, après plusieurs injures, battures et opprobres, luy fendirent le ventre par le
nombril qu'on appelle le bouteril, et par là tirèrent environ demy
aulne et plus de ses boyaux, qu'ilz lièrent et attachèrent à ung petit
arbre, et l'ayant mis tout nud, en le foytant avec des verges, le contraignirent de tourner à l'entour dudit arbre, jusques à ce que tous
ses boyaux furent desmellez et enveloppez à l'entour dudit arbre,
puis le laissèrent là mourir, et au lieu de luy crier *Jésus Maria* à son
trespassement, avec injures atroces luy persuadoient de renoncer la
foy catholicque.

A ung aultre prebstre luy fendirent la gorge par dessoubz le menton, et par là luy arrachèrent la langue hors de la bouche et la luy
laissèrent pendre devant soy sur son estomac, et l'ayant mis en tel
estat, avec grands coups sur son corps, luy disoient, « Curé, chante la
messe, chante *per omnia,* » et en ce tourment luy firent finer ses jours.

Ung aultre curé et prebstre fut par eux prins, mocqué, battu et
lié à leur dévotion; puis, après toutes sortes de mocqueries et injures, fut par eux soufflé et enflé comme ung mouton, puis escorché
tout vif, et, n'estant mort entièrement, l'invitèrent à chanter la messe,
qu'ilz disoient avoir escourchée à l'envers.

Plusieurs aultres prebstres furent et en divers lieux, qui par lesditz nouveaux chrestiens réformez de la prétendue religion ne furent
si cruellement traictez par telz tourmens; toutesfois, la plus grande
partie en souffrit la mort. Les ungs furent liez à des arbres et par
eux tirez à la harquebuse; les aultres furent contrainctz de souffler
dedans leurs pistolles et harquebuses, lesquelz ilz deslachoient au
travers de la bouche desditz prebstres, qui leur divisoit la teste en
plusieurs pièces et mouroient. Aultres furent par eux pendus et estranglez aux fenestres de leurs maisons et aux arbres; aultres furent jettez
dans des fours chaux et bruslez, qui est une mort fort cruelle; aultres
furent par eux jettez ès eaux et rivières pour estre nayez; et pour le
faire brief, n'y eut espèce ni genre de tourment, de quelque cruauté
que ce fust, qu'ilz enragez huguenotz ne fissent aux prebstres, moynes,
religieux, et à plusieurs aultres catholicques des gens laycques.

Les prebstres qui furent par eux prins et qui tombèrent en leurs
mains ne furent tous meurtris, martirisez ni mortz; ains en eschappèrent plusieurs par rançon de leur bien; mais estoit après qu'ilz
avoient devant eux renoncé la foy catholicque et promis de n'y jamais retourner ni chanter la messe en quelque temps que ce fust,
et de ce faire les faisoient jurer par le serment de leur foy et sur le
péril de leur âme.

Ces nouveaux réformez de huguenotz de toutes partz et endroictz
du royaume faisoient courses secrettes pour tascher à surprendre
villes, chasteaux et places fortes, pour piller les églises et les habitans d'icelles, comme aussi pour y tenir fort contre les catholicques
et le roy. Entre lesquelles, tost après que la ville de Rouen eust esté
par eux saisie, trouvèrent moyen, par l'intelligence du bailly et gens
du roy de la ville du Mans au pays du Maine, de se saisir de laditte
ville; à ung jour de dimanche ou feste commandée de l'église, à
l'heure que les catholicques estoient aux grandes messes de leurs
paroisses, et comme bestes féroces et enragées, coururent ilz huguenotz auxdittes églises surprendre lesditz catholicques à despourveu,
sur lesquelz frappèrent à grands coups de harquebuses, pistolles et

33.

1562. espées, sans respecter le lieu, les personnes, les qualitez, sexes et âges. Ce premier coup de furie par eux faict, fermèrent les portes desdittes églises et s'enserrèrent dedans avec lesditz catholicques, pour premièrement prendre et lier les prebstres qui ne furent tuez à leur arrivée, comme aussi les plus riches et notables parroissiens et parroissiennes de laditte ville qu'ilz trouvèrent dedans, et comme chiens les couplèrent deux à deux pour les mener ès prisons de la ville, pour avoir meilleur moyen de piller leurs maisons et par après les prendre à rançon.

Ceux desditz huguenotz qui furent dans la grande église épiscopale firent rage sur les prebstres, car en icelle y avoit peu d'aultres gens pour lors, et de fureur ung d'entre eux courut au grand autel pour tuer le prebstre qui chantoit la messe; mais fut arresté par ung de ses compaignons, qui luy dist telles parolles : « Hé! compaignon, laisse achever la messe à ce diable de prebstre; car aussi bien est-ce la dernière qu'il chantera jamais. » Laquelle messe fut plus grande que le pauvre prebstre peust, qui, sortant de l'autel, fut par les tirans cruellement martirisé. Il y eut ung grand désastre en laditte ville ce jour-là.

Voilà ce que nous avons sceu à la vérité de la cruelle persécution première de nostre temps en France par les huguenotz et prince de Condé leur chef. De laquelle maistre Claude de Sainctes avoit faict ung petit livret, lequel, estant mis en lumière et bien imprimé, fut tout incontinent interdict par la royne mère et le roy de Navarre, à la supplication du prince de Condé, pour le deshoneur qu'il en recepvoit d'estre chef et capitaine de telz tirans qui estoient à sa suitte et qui avoient commis telles cruautez soubz le nom de son service. Et fut deffendu à tous imprimeurs de n'en plus imprimer, sous peine de la vie; et fut ledit maistre Claude de Sainctes en fuitte pour l'avoir composé et faict imprimer. Mais sa paix fut tost faicte, après qu'il fut de retour du concile. La royne fut blasmée d'avoir accordé l'interdict dudit livre, veu qu'il ne contenoit que toute vérité et que ledit sieur prince estoit aucteur, par souffrance, de telz crimes. Mais laditte

dame s'excusa sur le roy de Navarre qui l'avoit ainsi voulu, disant
pour ses raisons qu'il ne falloit scandaliser les princes de France qui
estoient du sang royal, comme estoit ledit prince de Condé son frère,
lequel, comme il disoit, avoit dueil en soy de telz faictz, qu'il n'ap-
prouvoit. Ce néantmoings, n'en fit jamais faire aucune punition; ains
estoit bien ayse du butin des calices et croix d'or et d'argent, comme
aussi des aultres meubles et biens des églises, des ecclésiasticques et
aultres qu'ilz tirans luy rendoient ou à ses commis.

Durant le temps que toutes ces cruaultez ci-dessus dictes se faisoient par les nouveaux réformez de la prétendue religion, le roy
estoit à saulveté dans le chasteau du bois de Vincenne, avec lequel
estoient ses gouverneurs, c'est assavoir la royne mère et le roy de
Navarre, accompaignez de messieurs le connestable, de Guise et le
mareschal de St-André; lesquelz se trouvèrent fort empeschez d'un
si grand désastre advenu au royaume de France par ceux qui s'estoient tousjours vantez d'estre les loyaux et fidelles subjectz du roy
et du royaume, qui estoient lesditz huguenotz, au jargon desquelz
s'estoient laissé décepvoir les gouverneurs du roy, lesdictz royne
mère et roy de Navarre, contre le conseil de tous les aultres princes
et seigneurs catholicques de France.

Pour lesquelles tirannies, cruaultez et audaces dompter, fut tenu
conseil au bois de Vincenne du moyen qu'on pourroit user contre
telz assaultz et rébellions, entreprinses par telz rebelles, conspirateurs et perturbateurs de paix et repos public; où furent mis en
avant tous les moyens pour y pouvoir parvenir. Premièrement, fut
advisé d'y essayer par amytié, pour tascher à retirer de ceste té-
méraire entreprinse mons. le prince de Condé. Et pour ce faire,
luy fut envoyé ung hérault du roy, au nom de son frère le roy de
Navarre et de la royne mère, pour le prier avec toute sûreté de
venir à la court du roy dire et faire entendre à S. M. et aux princes
les doléances qu'il avoit, pour lesquelles il s'absentoit sans en avoir
dict l'occasion; en ajoutant que, pour luy lever toute occasion de
mesfiance, S. M. luy envoyoit par le pourteur une lettre de sauf-con-

1562. duit, et que, si elle n'estoit assez ample à son gré, luy seroient envoyez gens grands seigneurs en ostage pour la sûreté de sa personne, pourveu qu'il en voulust envoyer aultant des siens et des principaux. Auquel hérault fit response ledit seigneur qu'il n'avoit aulcune chose à luy dire ni à ceux qui l'avoient envoyé, et pour ce, qu'il s'en retournast quand il voudroit. Et fut à Orléans que ledit seigneur fut trouvé par ledit hérault, lequel s'en retourna au roy luy dire sa response[1].

Le roy, encores qu'il fust jeune et petit, et son conseil, composé des seigneurs ci-dessus nommez, furent indignés de ceste response. Chascun craignoit de dire librement ce qu'il pensoit dudit prince et des moyens qu'on debvoit user contre luy, à cause du roy de Navarre. Ce que bien aperceut la royne mère, laquelle, adressant sa parole audit roy de Navarre, luy dist telz motz : « Monsieur de Vendosme, je ne sçai que veult faire le prince vostre frère, ni vous avec; vous ne dites nul moyen par lequel on puisse avoir raison de luy; je doubte que vous vous entendiez avec luy. Vous avez jà fait plusieurs entreprinses, desquelles on ne peut bonnement juger à quelle fin vous les avez faictes, et en cognoissez seul vostre intention. »

Desquelles parolles s'indigna et courrouça fort ledit sieur de Vendosme roy de Navarre, lequel, en blasphêmant Dieu, comme l'ai ouy réciter à ung personage qui se vantoit d'y avoir esté présent, dist à laditte dame qu'il n'avoit rien faict ni entreprins que ce qu'elle luy avoit commandé ni son frère avec, ainsi que l'ung et l'aultre en feroient apparoir quand il seroit temps, et qu'elle seule estoit cause des troubles de France, pour avoir mis les princes d'icelle en hayne les ungs des aultres, et nommément les princes de Bourbon contre ceux

---

[1] Sur les négociations entamées par la cour avec le prince de Condé et en général sur les événements de l'année 1562, voyez le « Journal anonyme de ce qui s'est passé en France durant l'année 1562, principalement dans Paris et à la court. » (Bibl. imp. Collect. Dupuy, vol. 944.) — Voy. aussi « les Moyens de réprimer le trouble qui est en ce royaume, envoyez à la reine mère par M. le prince de Condé. » 1562, mai 2. (Mém. de Condé, t. III, p. 384); « Deux requestes présentées au roy par le triumvirat, et réponse de la reine-mère. » 1562, mai 4 (ibid. p. 388, 392 et 393); Réponse du prince de Condé, 1562, 19 mai.(ibid. p. 395).

de Guise, desquels princes de France, tant des ungs que des aultres, en faisoit moings de cas que du moindre Italien de sa suitte. Et entrèrent lesdits roy et royne en altercat devant le roy et son conseil, qui rapaisèrent tout pour l'urgence des affaires; et proposa-on que le remède et moyen qu'il falloit faire, veu la response dudit sieur prince, estoit de luy faire la guerre pour le ramener par force, puisqu'il refusoit de se réunyr avec le roy et les princes par amytié. Et en fut la résolution faicte entre le roy de Navarre, mons. le connestable, mons. de Guise et mons. le mareschal de St-André, qui eux quatre ensemble s'accordèrent du moyen de la commencer et de la conduire. Le roy de Navarre promist de se comporter vaillamment, pour le prouffit du roy et du royaume, comme aussi pour la deffense de la religion catholicque, combien que la guerre se démenast contre son frère, lequel il promist de n'espargner, suyvant la discipline et art militaire, non plus que ung prince estranger. Et sur ceste promesse, fut faict lieutenant général du roy en laditte guerre, et il promist de ne rien entreprendre pour le faict d'icelle et de ne rien conclure, sans en advertir le roy, la royne sa mère et le conseil desdits sieurs connestable, de Guise et mareschal de St-André.

La résolution de faire la guerre au prince de Condé et ses huguenotz arrestée, fut ordonné à toutes compaignies des ordonnances du roy d'aller faire monstre la part qu'il fut ordonné à chaque compaignie, les unes à Paris, aultres à Meaux, aultres à Troyes en Champaigne, et aultres lieux. Il fut ordonné aux chefs, capitaines, guidons, lieutenans, d'aller faire le serment, devant le roy, de fidélité et loyauté à Dieu, à la religion catholicque et à la couronne de France. Et fut commandé auxditz chefz des compagnies d'ordonnances de faire faire pareil serment aux gens de leurs compaignies, en leur faisant faire monstre, sous peine de les casser des ordonnances de S. M. Et furent icelles monstres proclamées au quinziesme jour du mois de may de ceste année et furent faictes en armes.

Aux jours et lieux assignés à chascune compagnie pour faire icelles monstres, y eut beaucoup de faultes. Car plusieurs compagnies, au

1562. lieu d'aller ès villes à eux désignées pour le service du roy, s'en allèrent à Orléans, pour le service du prince de Condé et des huguenotz
contre le roy. Des aultres compagnies qui obéirent et demeurèrent au service du roy, plusieurs particuliers se cassèrent et quittèrent le roy pour aller au service du prince et de la cause; aultres
furent cassez par les chefz desdittes compagnies, pour ce qu'on
sçavoit qu'ilz faisoient profession de laditte prétendue religion et
refusoient de faire le serment de combatre contre ceux d'icelle prétendue religion. Il se trouva des personnes de toutes qualitez, de tous
âges et de tous sexes, qui se trouvèrent du party de ceste faulse
prétendue religion, tant de la maison du roy, des princes que du
royaume. Plusieurs chevaliers de l'ordre du roy, plusieurs chevaliers
de l'ordre de mons. Sᵗ-Jehan de Jérusalem, templiers, commandeurs
et chevaliers de Malthe, plusieurs prebstres, aulcuns évesques, cardinaux, abbez, prieurs, moynes, gentilshommes, bourgois de ville,
marchans, damoiselles et artisans se trouvèrent de la prétendue religion, contre l'église catholicque et contre le roy, les ungs avec port
d'armes, les aultres par contribution de deniers, qui rendit leur
cause merveilleusement forte. Tous qui estoient dextres à porter les
armes et qui avoient moyen de s'ecquipper de pied ou de cheval allèrent au service dudit prince et de laditte cause. Ceux qui ne pouvoient
aller à laditte guerre fournissoient argent et contribuoient pour l'entreténement d'icelle contre le roy et la religion catholicque; comme
faisoient en ce pays de Provins frère Pierre Pisseret, moyne, prieur
de la Fontaine aux Bois; maistre..... Deninat, trésorier de l'église
de Bray, prebstre et chanoine; Mᵉ André de Gramont, prieur de
Sᵗ-Ayoul de Provins, demourant audit lieu, lequel de Grandmont
enrolla au nom d'ung sien parent, nommé mons. de Basordan ou
Basjourdain, le plus de soldatz de ce pays qu'il put, et, leur ayant
baillé argent, les envoyoit à Orléans les ungs après les aultres, trois
à trois, quatre à quatre, cinq à cinq, et non en plus grande trouppe,
de peur d'estre descouvers et manifestez. Et le lieu où il chargea le
plus desdictz soldatz fut ès environs de la forest du Gault, comme à

la Forestière, Champguion et aultres lieux des environs de la ville de Sézanne, et en envoya le nombre de soixante à quatre-vingtz, avec argent pour les équipper et nourrir jusques audit Orléans, où là estoient receus par ledit Basordan pour faire service audit prince de Condé et à laditte cause. La damoiselle d'Yverny, dame d'Aulnoy et de Cousture, faisoit grande contribution à laditte cause, comme aussi faisoient l'abbé de St-Jacques de Provins, nommé La Chesnais, l'esleu Barengeon, ses deux frères, Me Jehan Saulsoy, médecin, sa mère, ung de ses frères, l'apoticaire, Marc Boyer, procureur, et encores quelques aultres dudit Provins, qui faisoient profession d'icelle prétendue religion.

Le roy expédia commissions de toutes partz pour lever gens de pied, chevaux d'artillerie, pionniers et castadours, pour aller à la guerre contre ledit prince et ses huguenotz; et furent les commissions de lever les gens de pied données aux capitaines cognus, qui jà avoient faict service au roy ès guerres dernières contre l'Empereur et le roy d'Espaigne. Les capitaines qui eurent charge, en ce pays de Champaigne et Brie, de lever des soldatz, furent les sieurs de Rancé-Corcelle, de Risocourt, de Herbin, de la Lune, de la Rue au Ry, dict *le Capitaine faictnéant,* et le capitaine La Grue de Villenauxe, archer des prévostz des mareschaux, duquel nous avons parlé en l'an dernier passé[1]. Pionniers furent levez, chevaux d'artillerie enharnachez pour le service du roy, et envoyez tous à Estampes, où le roy fit dresser et amasser son camp pour aller contre ledit prince, ses huguenotz et la cause.

Durant le temps que le roy donnoit ordre au faict de la guerre pour amasser son camp, mons. le prince de Condé, l'admiral, et d'Andelot n'estoient à repos, ayant à leur ayde mons. de la Rochefoucault, prince de France, mons. le prince Portien[2], seigneur de Sedan, avec le capitaine Lorge, appellé le seigneur de Mongomery, qui estoit celuy qui avoit tué le roy Henry, tous hommes signalez

[1] Page 230.
[2] Antoine de Croy, prince de Porcien,
né en 1541, mort en 1567. (Voy. *Addit. aux Mémoires de Castelnau*, t. I, p. 389.)

1562. et fort experts en faict de guerre; lesquelz tindrent conseil du moyen qu'ilz avoient de faire la guerre au roy et à la religion catholicque et romaine. Laditte religion servit de couverture audit sieur prince de Condé et aux siens pour faire la guerre au roy et au royaume, et leur eust encores servy pour s'emparer de la couronne, s'ilz fussent venus à chef de leur entreprinse. La résolution desditz sieurs fut telle, qu'il falloit que châscun d'eux emploiast les moyens qu'il avoit pour attirer gens de toutes qualitez à leur party, tousjours soubz le nom de la liberté que la prétendue religion apporteroit, et de la récompense que chascun en auroit. Aux grands seigneurs estoient promis les premiers lieux et estatz du royaume; aux gentilshommes, les faveurs et bienfaictz, estant récompensez par le bien des églises, qui leur seroit distribué chascun en son lieu, pour le posséder en vray héritage; aux ecclésiastiques, la liberté de la chair, par le mariage qui leur seroit permis, avec la charge du gouvernement de l'église réformée, pour en estre ministres, diacres et surveillans; au tiers-état, gens des villes et des villages, la liberté de franchises en toute paix, sans plus payer tailles, emprunctz, gabelles, ni aultres impositions quelconques, et sans jamais avoir guerre, après que celle-ci seroit finie, qui debvoit estre en peu de temps.

Outre ce, arrestèrent qu'ilz de laditte religion n'estoient encores assez fortz en France pour tenir bon, fust à assaillir ou à se deffendre contre le roy et les catholicques, et que pour ce leur estoit besoin de se retirer aux nations étrangères d'Angleterre et d'Allemagne, qui faisoient profession de laditte prétendue religion, affin d'estre par eux secouruz et aydez; mais demeurèrent longtemps en leur délibération à regarder le moyen comment ilz pourroient avoir la faveur desdittes nations estrangères et soubz quel prétexte ilz oseroient les requérir de leur ayder. Touteffois, à la fin conclurent qu'ilz les requerroient au nom et faveur du roy, lequel ilz diroient estre prisonnier et sa mère aussi ès mains du roy de Navarre et de mons. de Guise, qui se vouloient emparer du royaume de France et les tenoient prisonniers à ceste fin.

Le cardinal de Châtillon est envoyé par le conseil des protestants auprès de 1562.
la reine d'Angleterre, pour lui demander des secours d'hommes et d'argent. Il
expose à cette princesse que les Guises tiennent prisonnier le jeune Charles IX
et sa mère, qu'ils ont chassé les princes du sang de France et que leur dessein est de s'emparer du royaume; il signale le mécontentement de la noblesse,
qui néanmoins n'ose prendre les armes à cause des services rendus au pays par
le duc de Guise du temps de Henri II, et l'impuissance du prince de Condé et
de ses adhérents à délivrer le roi sans assistance étrangère. Élisabeth accorde au
cardinal un secours de deux à trois mille hommes et autant de millions d'argent,
dont lui et quelques seigneurs de sa suite se portent caution [1].

Monsieur d'Andelot, frère dudit cardinal de Chastillon et de l'admiral, fut délégué par le conseil du prince et de la cause, pour aller
pour eux ambassader et pourter telle harangue aux seigneurs d'Allemaigne protestans et usans de laditte prétendue religion réformée;
et s'adressa au conte palatin du Rhin, auquel, oultre la harangue
faicte par son frère à la royne d'Angleterre, il monstra lettres expé-
diées du grand sceau de la chancellerie, que leur avoit délivré le
chancelier, qui tenoit pour eux, avec la subscription du roy contre-
faicte, où estoient escritz ces motz, *Charles,* et au dessoubz le nom
d'ung des secrétaires du roy, qui donnoit argument auxditz royne
d'Angleterre et conte palatin que la requeste desditz ambassadeurs
estoit civille et véritable. Le conte palatin receut fort favorablement
ledit sieur d'Andelot, auquel il promist secours et ayde d'hommes
pour son argent et celuy de la cause. Ledit d'Andelot demoura avec
luy pour la levée d'hommes allemans, qu'on appela *Reistres;* il en leva
et enrolla jusqu'au nombre de six milles, qu'il trouva avec toute difficulté, faulte d'argent, et fut bien le temps de cinq mois avant que de
les mettre aux champs [2].

Pour les payer et pour trouver argent, fut faicte taille sur les hu-

[1] On trouve dans les Mémoires de Condé
le texte du traité conclu entre la reine d'Angleterre et le prince de Condé, en date du
10 septembre 1562 (t. III, p. 689), et de la
protestation dans laquelle Élisabeth explique les motifs qui l'ont mue à prendre

la protection de la cause de Dieu, la défense du roi et de son royaume contre les
auteurs des troubles (t. III, p. 693).

[2] Voyez dans les Mémoires de Condé,
t. III, des lettres relatives à l'envoi des
reîtres en France.

1562. guenotz de France de toutes qualitez, tant des villes que villages, nobles, prebstres, marchans, bourgeois et artisans qui faisoient profession de laditte prétendue religion. Mais ce moyen fut fort long, par quoy le conseil de la cause fut d'avis que le prince de Condé fist forger de l'or et de l'argent des calices et croix des églises qu'ilz avoient pillées et saccagées. Ce qu'il fit, et, pour ne poinct desgouster les nations estrangères du bon vouloir qu'elles avoient de le secourir au nom du roy, fit forger et marquer les espèces d'or et d'argent qu'il fit faire au coing et nom du roy de France, et les espèces qu'il fist le plus forger furent escuz et testons. Ce pendant qu'on forgeoit lesditz or et argent, il prince de Condé se saisit et se fit saisir des receptes des tailles, gabelles et impositions du roy en toutes les villes et élections qu'ilz tenoient, ensemble des deniers du domaine du roy, avec lesquelz appliqua le revenu des églises pour le payement et entreténement de la guerre contre le roy.

En attendant que le secours fust venu des estrangers en France pour les huguenotz, mons. le prince de Condé fit une protestation et déclaration sur la prinse des armes par luy et les gens de la cause.

Dans cette pièce, il cherche à justifier sa conduite; il expose que lui et ses adhérents ont entrepris la guerre pour la défense du roi et de sa mère, pour le rétablissement de l'autorité royale et du repos public, et qu'ils ont été sollicités à agir ainsi par des lettres de Catherine de Médicis.

Laquelle déclaration et protestation il fit imprimer, comme aussi les lettres de laditte dame royne, pour monstrer à un chascun sa cause estre juste et équitable[1]. Toutesfois, nul homme du royaume, tant ceux de son party que des catholicques, n'a creu à laditte déclara-

---

[1] Au sujet de ces pièces, voyez plus haut, p. 239, note 2, et 247, note 1. Voy. aussi : *Discours sur la captivité du roy.* 1562, mai. » (*Mém. de Condé*, t. III, p. 374.) — *Advertissement à la royne mère du roy, touchant les misères du royaume.* 1562, mai. (*Id. ibid.* p. 364.) — Dans les commissions données en 1562 au nom du prince de Condé, ce seigneur est désigné sous le titre de *protecteur et défenseur de la maison et couronne de France.*

tion, qu'on savoit bien estre faulse quant à l'emprisonnement du roy et de la royne et au deschassement des princes. Pour le regard des lettres de la royne mère, qu'il disoit luy avoir esté par elle envoyées, je crois bien qu'il estoit vray, car elles ont esté depuis imprimées et veues par ung millier de personnes. La cautelle et malice de la dame estoit si grande, qu'elle se délectoit de mettre les princes en division et hayne les ungs contre les aultres, affin qu'elle régnast et qu'elle demeurast gouvernante seulle de son filz et du royaume.

Cette déclaration donna hardiesse à plusieurs personnes du royaume, encores qu'elles sceussent bien le contraire de ce qu'elle contenoit; mais les lettres de la royne mère, desquelles estoit faict mention en icelle, leur bailla courage d'aller, avec le pillage des églises et ecclésiasticques que ledit prince permettoit estre faict sans aulcune répréhention, comme aussi toute aultre manière de vollerie par les chemins et villes surprinses. Les gentilshommes de ce pays qui y furent et des premiers furent les sieurs d'Esternay, de Saint-Symon, seigneur de Chantaloue, parroisse de Bauchery, de Besancourt, filz de la femme dudit St-Symon, de Umbrée, du Buat, parroisse de Bannost, d'Acou, seigneur d'Everly en partie, de Lumigny, de Mouy et aultres, desquelz je n'ai sceu le nom pour ce qu'ilz estoient gentilshommes sans renom, avec lesquelz furent plusieurs vacabonz, tant des villes que des villages, gens sans Dieu, sans loy et sans foy.

Les gens de mons. le prince de Condé ne se jettèrent aux champs du premier coup en armes pour assaillir ni combattre; mais, en attendant ses forces d'Angleterre et Allemagne, le prince envoya tout ce qu'il avoit de François en garnison dans les villes qui tenoient pour son party et qui avoient par les gens de la cause esté surprinses en faveur de luy et de la prétendue religion. Et si se travailla fort pour en faire surprendre et rebeller d'aultres de toutes partz et endroictz du royaume, pour donner plus de fascherie et empeschement au roy et aux catholicques; et pour ce faire, travailloient fort les princes et grans seigneurs de son party. M. le prince Portien couroit les pays de

1562. Champaigne et Brie avec de quatre à cinq cens chevaux, pour tascher par surprinses et intelligences à entrer dans les villes desditz pays.

Il perdit une belle occasion de la ville de Troyes, que ses gens avoient surprinse à l'improviste; ils se firent maistres de quelques portes, par l'intelligence qu'ilz avoient eue avec des huguenotz de la ville qui leur aydoient; mais ne se purent faire maistres de toute la ville, par la vaillance de mons. de Sainct-Falle[1], bally dudit lieu, qui y estoit ce jour-là; qui, au premier bruict, s'arma et fit armer les habitans, lesquelz se ruèrent sur les huguenotz, tant assaillans que ceux de la ville, à grand oultrance, et tant firent, il de Sainct-Falle et les habitans, qu'ilz regangnèrent leurs portes vertueusement, ayant taillé en pièces tout ce qui se rencontra en leur voye des huguenotz. L'évesque, qui se faisoit nommer le prince de Melphe, gangna sa rançon pour n'avoir esté trouvé en laditte ville par les catholicques, qui firent debvoir de le bien cercher en son évesché et par la ville pour le massacrer, d'aultant qu'il estoit huguenot et aydant à trahir icelle ville. Il fut tué environ 200 personnes huguenotz à laditte émeute.

Il prince Portien, estant audit pays de Champaigne et Brie au mois d'apvril de ceste présente année, sur les jours que les villes d'Orléans et aultres furent surprinses desdictz huguenotz, praticqua avec maistre Jehan Alleaume, bally de Provins, et Jehan de Ville, procureur du roy, de luy livrer laditte ville de Provins et de le mettre dedans au nom et faveur de mons. le prince de Condé et de la cause, ou du moings de luy dire le moyen d'y entrer de nuict ou de jour au desçu des habitans catholicques d'icelle, pour s'en faire maistre. Le jour, le moyen et l'heure donnés audit seigneur, ordonna ses gens pour venir à chef de l'entreprinse, qui, par le vouloir de Dieu, fut assez mal conduitte de leur part, dont bien en advint à laditte ville. Au jour assigné, dont la nuict ensuivant debvoit laditte ville estre surprinse, dès les quatre heures du soir et plus tost, arrivèrent

---

[1] Anne de Vaudrey, s' de S'-Phal. — Sur la famille de S'-Phal, voy. Ythier, *Nobiliaire de Provins*, p. 174.

1562.

audit Provins, les ungs après les aultres, par petites trouppes, bien le nombre de cinquante hommes à cheval, assez bien enharnachez et armez, qui se logèrent ès hostelleries de l'Escu de France, du Gras-Mouton et aultres, et qui, faisant bonne mine, visitèrent lesdittes hostelleries et logis pour de cinq à six cens chevaux qu'ilz disoient debvoir arriver audit Provins, cedit jour, assez tard; et dirent estre le train d'ung prince qu'ilz ne nommèrent poinct. Incontinent que les huguenotz de la ville dudit Provins veirent arriver lesditz cinquante hommes dessus dictz, s'aprochèrent des principaux qu'ilz cognoissoient, pour les carresser, et apperceut-on qu'ilz faisoient bonne mine les ungs aux aultres. Les principaux de ladite entreprinse se firent conduire par quelques ungs desdictz huguenotz de Provins au logis du bally, où ilz entrèrent pour se mieux recorder sur l'exécution de l'entreprinse; laquelle résolue entre eux, se retirèrent en leurs hostelleries. Or n'y eut-il huguenot de Provins qui ne allast faire la caresse auxditz arrivez et d'une gayeté de cœur.

De quoy premier s'apperceut Jehan le Dain, hostelier du Gras-Mouton, homme de bon esprit et bon citoien, lequel, avant qu'en parler à personne, ayant bien remarqué la manière de faire et contenance de ceux qui estoient logez en sa maison, s'en alla visiter l'Escu de France jusques ès estables, pour sçavoir combien de chevaux estoient logez là dedans, pour considérer les gestes et manière de faire des hommes qui là estoient logez et pour voir s'ilz respondoient à ceux qui estoient logez chez luy; lequel les trouva d'une mesme façon. Il appela l'hoste du logis, qui s'appelloit Jehan Naudier, homme certes de bonne mise, pour conférer ensemble sur la manière de faire et de dire de ses hommes, et après avoir bonnement remarcqué leurs faictz, dictz, allées, venues, gestes et parlemens, résolurent que c'estoit quelque menée secrette qu'on vouloit faire et entreprendre en domage de la ville, et sur l'heure allèrent cercher les procureur et eschevins de la ville, pour leur donner advertissement du tout, affin de se donner garde d'estre surprins. Lesquelz tous ensemble s'allèrent conseiller et demander l'advis de Me Philippe Durant, président

1562. du siége présidial dudit Provins, homme entier pour la républicque de laditte ville et bien expérimenté en toutes choses; lequel leur bailla conseil que, entre les sept et huict heures du soir, ilz allassent fermer toutes les portes et lever tous les pontz de laditte ville, et qu'ilz emportassent les clefz en leurs maisons, affin de remédier à la surprinse qu'on doubtoit, et quant et quant de faire armer quelques cent hommes pour faire le guet de nuict par les rues et principallement devant les hostelleries où estoient logez les gens doubteux. Ce qui fut faict fort secrettement. Après que les portes furent fermées, ilz procureurs et eschevins ordonnèrent cinquante hommes sur les murailles des portes de Jouy et de St-Jehan, par où on espéroit que debvoit arriver le train, auxquelz fut ordonné de ne sonner mot, ains de faire guet continuellement pour descouvrir ce qu'ilz verroient et ouroient.

Après que les dix heures du soir furent passées, arrivèrent à la porte de Jouy les espies dudit prince Portien, qui allèrent descouvrir en quel estat estoient toutes choses; lesquelz, quelquement espouvantez, quand ilz virent les pontz levez, les portes fermées, et le silence si grand dans la ville, coururent à leur prince, qui estoit à Mortery, luy dire ce qu'ilz avoient veu; mais il pensa le tout bien aller et que la closture desdittes portes et pontz-levis pouvoit estre occupée par leurs gens et huguenotz de la ville, veu que le silence y estoit si grand qu'ilz disoient. Et, sur ce rapport, fit cheminer ses gens et luy avec audit Provins, lesquelz, quand ilz furent à la barrière, dirent les motz du guet par trois fois assez foiblement, que noz gens de la ville ne purent entendre; et, voyans que nul leur respondoit, crièrent haultement et heurtèrent à la barrière à grands coups pour avoir nouvelle de quelqu'un de dedans. Auxquelz fut respondu par ung homme dudit Provins commis des aultres pour porter la parolle, qui en respondant demanda : « Qui va là? » Auquel fut dit par ung des gens dudit prince que c'estoit mons. le prince de Portien qui demandoit passage par la ville de Provins pour s'en aller en Bourgongne aux affaires du roy, et que pour ce, on leur ouvrast la porte tout à l'instant. —

Auquel respondit celuy de la ville qu'il ne luy estoit possible d'ouvrir laditte porte pour ceste nuict, ni demain qu'il ne fust huict heures du matin, parce que les gouverneurs de laditte ville avoient, dès le soleil couché, emporté les clefz en leurs maisons. — A laquelle response, s'exclama ledit prince en disant : « Ah diable ! noz gens sont massacrez, nostre entreprinse est descouverte. Tourne bride, tourne bride ! » Et ce dit, prindrent leur chemin par dessus les fossez de la ville et allèrent gangner la chapelle de St-Jehan hors la porte, et dévalèrent droict au Méez-la-Magdalène, pour aller passer au moulin de Hésonart. Après lesquelz, s'escrièrent les gens qui faisoient le guet de la ville sur les murailles, et à gorge desployée s'escrièrent, « Au renard, au renard ! » puis après : « A l'arme, à l'arme ! » Et fut ce cry porté d'huis en huis, de main en main par toute la ville. Les habitans sortirent alors de leurs maisons les armes au poing et une partie d'entr'eux fut par les gouverneurs envoyée sur les murailles de la ville faire le guet, l'aultre mise en corps de gardes en divers lieux des rues de laditte ville. — Auquel cry et bruict, sortit le bailly tout armé de son logis, avec une douzaine de ceux de la trahison, qui furent bien attonnez quand ilz virent toute la ville en armes avec chandelles allumées par les rues, d'huis en huis. Lesquelz furent par le guet bien resserez, comme aussi furent ceux qui estoient logez ès hostelleries, lesquelz avoient esté empeschez de sortir dès le soir qu'ilz voulurent aller aux escoutes, et pensoient bien estre à leur dernier jour. Toutesfois, par le conseil dudit président, qui toute nuict fut par les rues à gouverner l'affaire, n'eurent aulcun mal, et furent renvoyez au lendemain huict heures après leur maistre, sans aulcun domage.

Dès ceste nuict, les habitans de Provins commencèrent à faire guet et au lendemain à fermer la porte, pour se garder d'estre surprins. Ce fut Dieu qui gouverna ceste entreprinse pour les garder ; et, si ledit prince Portien et ses gens eussent attendu à se monstrer audit Provins jusques à huict heures du soir sans parler à personne, y eussent entré tout à leur ayse, sans empeschement quelconque. Car jusques

35

1562. à ce jour les portes de la ville ne fermèrent de nuict. Ledit bally fut fort blasmé des ungs et des aultres; il fut blasmé des huguenotz de ce qu'il n'avoit mis à bonne fin son entreprinse et trahison; et des habitans de la ville de leur avoir esté traître, et oncques depuis, durant le cours de ceste guerre, n'eut gouvernement des affaires de leur ville et fut d'eux réputé traître et proditeur de sa patrie, lequel, en ce qu'il put, s'en excusa envers les ungs et les aultres.

Durant le temps que le roy et les huguenotz faisoient chascun de leur costé leurs appareilz de guerre pour courre l'ung sur l'aultre, advint que le feu fut mis dans l'arsenac de la ville de Paris, sans qu'on sceust aulcunement qui l'avoit mis, sinon qu'on estima et crut-on que ç'avoient esté les huguenotz, pour brusler les pouldres à canon et sallepestres qui estoient dedans, et pour tascher par ce moyen à brusler la ville de Paris, en vengeance de ce qu'elle n'avoit esté saccagée ni prinse par lesditz huguenotz et gens du prince de Condé, par la diligence de mons. de Guise et des Parisiens, et aussi pour affoiblir le roy et le royaume d'aultant. Ce feu allumé aux pouldres dudit arsenac, qui estoient en grande quantité, mena ung bruict moult effroiable dans laditte ville et pourta ung grand domage. Plusieurs personnes furent meurtries et tuées des pierres et pièces de bois que la fureur du feu et desdittes pouldres chassa au loing, plusieurs maisons d'alentour dudit arsenac furent rompues et bruslées, comme aussi aulcunes qui en estoient assez loing.

Ce faict cousta la vie et les biens à de huict à neuf cens personnes huguenotz de laditte ville de Paris, qui s'y trouvèrent quand la sédition commença. Car les Parisiens, se voyant assaillis par le feu mis audit arcenac, s'eslevèrent contre les huguenotz de leur ville si furieusement qu'ilz ne pouvoient trouver lieu de seureté pour se saulver d'estre tuez, murtris et saccagez. Plusieurs huguenotz se réfugièrent dedans les églises, pour contrefaire les catholicques, mais en furent bien tirés hors par les crocheteurs et gens incognus qui les massacroient[1]. Heureux estoit le huguenot qui avoit

[1] Sur les cruautés commises par les catholiques envers les protestants, voy. de Thou,

ung amy prebstre ou moyne pour se saulver en sa maison ou pour 1562.
emprunter sa robbe et son froc. Les petits enfans seulz furent réservez,
moyennant qu'ilz n'eussent discrétion de sçavoir discerner du bien au
mal. La sédition dura huict jours entiers à tousjours cercher huguenotz en laditte ville, où furent commis plusieurs abus; car, soubz le
nom de huguenotz, plusieurs catholicques furent tuez, massacrez et
jettez en la rivière par leurs ennemys et ceux à qui ilz les accusoient.
Ce mot de huguenot estoit pour lors audit Paris en si grande haine
que, pour faire tuer ung homme par les rues et le massacrer, il ne
falloit que dire aux massacreurs, « Voilà ung huguenot! » tout à l'instant, sans en enquérir davantage, le pauvre homme estoit mort; et se
trouva cinq ou six bons catholicques avoir esté tuez en ceste façon[1].

Duquel abus furent advertis messieurs de la court de parlement,
lesquelz firent deffenses au palais et par les carrefours de la ville
qu'on ne tuast ni qu'on ne massacrast plus personne desditz huguenotz, mais, là où on en trouveroit, qu'on les appréhendast au
corps et qu'on les menast prisonniers pour faire leur procès et procéder contre eux par voye de justice, et qu'on n'y espargnast personne,
de quelque qualité ou condition qu'ilz fussent; ce qui fut faict, de
sorte que plusieurs desditz huguenotz qui avoient eschappé la sédition ne purent eschapper la prison[2]. Lesquelz, par sentence de justice,

1. XXX, et le Bulletin de la Société de
l'histoire du protestantisme français.

[1] « Réglement pour la garde et seureté
de Paris, par mons. de Brissac, gouverneur. 9 juin 1562. » (Bibl. imp. Fontanieu, vol. 301-302.)

[2] « Arrest de la cour, du 6° juin 1562, qui
ordonne la profession de foy de laditte cour
et de tous les officiers d'icelle, et qu'il seroit
fait procession, à laquelle laditte cour assisteroit en robbes rouges, pour l'expiation des
blasphêmes, exceds et cas exécrables commis
en l'église de S¹-Médart, par les malsentant
de nostre s¹ᵉ foy catholique. » (Imprimé; vol.
301-302 de Fontanieu.) — Arrêt du parle-

ment de Paris, qui ordonne que le lieutenant
civil et quelques officiers du Châtelet mar-
cheront par les rues de cette ville, pour y
faire arrêter les séditieux, 4 juillet 1562.
(Mém. de Condé, t. III, p. 523.) — « Arrest et
ordonnance de la court de Parlement sur
l'injonction à tous officiers royaux et autres
de faire profession de leur foy et religion
catholicque, 12 juillet 1562. » Paris, sans
date, 8 p. in-8°. — « Acte de profession publique de foi, signé des prévost des marchands,
échevins de Paris, conseillers de ville, procureur, receveur, quarteniers, sergens de
la ville, etc. 24 et 27 juillet 1562. » (Bibl.
imp. ms. de Colbert, vol. 262, p. 207.)

1562. furent exécutez, les ungs pendus et estranglez, les aultres rompus et
mis sur des roues, estans, avec le crime d'hérésie, convaincus de
murtres, volleries et saccagemens des églises et ecclésiasticques ;
entre lesquelz furent exécutez Gabaston, chevalier du guet de Paris,
pour le saccagement de l'église de S¹-Médart[1], et quasi une douzaine
de prédicans. Le pillage fut deffendu, quant et quant la sédition
durant laquelle avoit esté permis ou tolléré, et Dieu sçait que plusieurs pauvres crocheteurs et portefais furent faictz riches et plusieurs
huguenotz pauvres. Les maisons des huguenotz, tant de ceux qui
avoient esté saccagez, pillez, que aultres absens, furent toutes mar-
quées et scellées des armes ou armoiries du roy, et les biens mis en
inventaires et soubz la charge de commissaires ordonnez de par le
roy, jusques à ce que S. M. et la court de parlement en eussent ordonné. Et fut par ce moyen ladite ville de Paris si bien nettoiée de
huguenotz que les plus hardis n'eussent osé dire qu'ilz en eussent esté.
Et tous ceux qui avoient esté soubçonnez de l'estre et qui avoient pour
quelque temps délaissé et intermis le service divin des églises catholicques, n'en rhoboient quasi plus jour ni nuict, pour saulver leurs
vies et leurs biens ; et oultre ce, pour estre veus catholicques, pendirent des croix et des ymages des sainctz à leurs chappeaux, et les
dames des patenostres à leurs cinctures.

Sitost que les huguenotz sçurent la sédition faicte à Paris sur leurs

---

[1] Voici ce qu'on lit dans le Journal des
événements de 1562 indiqué plus haut :
« Le xxiᵉ d'aoust, Gabaston, capitaine du
get, fut descapité et puys bruslé à Sᵗ-Jehan
en Grèwe, pour avoir esté au pillaige de
Sᵗ-Médard et avoir favory aux huguenotz
et aultres mal fectz. Le R. et A. et W. le
vouloit fort sauver ; mais ne fut jamais
possible, car le peuple estoit tant animé
contre luy que, si l'on l'eût eslargy, l'on
creignoit que le peuple ne fît violance à
la court de parlement mesmes. Il morut
catholicque, tenant tousjours la croys en
sa main et la baisant, se confessa et vouleut
avoir absolution de la main du prebstre ;
avant qu'il fût descapité, demanda un
salve regina, de sorte que le peuple, qui
lui vouloit si grand mal, fut soubdain ré-
concilié, voyant sa fin. Toutesfoys, il y eut
un crocheteur, accompaigné de quelques
enfans mal nourris, lesquelz, quant la justice fut partie du lieu du supplice, prindrent le corps qui estoit presque tout
bruslé, et le traînèrent par la ville et puis
le pourtèrent à une vouerie achever de le
brusler. (*Revue rétrospective,* t. V.)

frères de la prétendue religion, redoublèrent leur rage sur les catholicques et principallement sur les prebstres et sur les églises, lesquelz
prebstres et églises ils saccagèrent comme devant. Ilz abatirent la
grande église de Ste-Croix d'Orléans, rez pied rez terre, et plusieurs
aultres en plusieurs aultres lieux. Et non contens de saccager lesdittes
églises et prebstres, ilz quant et quant exercèrent leur rage et cruauté
sur les entrailles et ossemens des roys et princes trespassez. Premièrement, ilz huguenotz qui estoient dans Orléans, tant ceux de la garnison que ceux de la ville, avant que d'abatre l'église Ste-Croix, des-
terrèrent le cœur, frescheure et entrailles du feu petit roy Françoys
second, qui estoient enterrez en laditte église, dans ung petit coffret
de plomb, et les jettèrent aux chiens, ayant premièrement fricassé son
cœur en une pesle sur le feu avec gresse. Et fut dict pour tout vray
qu'il se trouva desditz huguenotz qui se monstrèrent si cruelz qu'ilz
en mangèrent, combien qu'il y eust jà près de deux ans entiers qu'il
estoit mort.

Pareillement, les huguenotz de la garnison de la ville de Vendosme
rompirent les monumens et sépulchres des ayeulx et père de leur
chef le prince de Condé et du roy de Navarre; les ossemens et pouldre
desquelz ilz jettèrent au vent et par les champs, pour avoir le plomb
de leurs bières et cerceuils[1].

Ceux de la ville de Bourges en Berry[2] en firent aultant au monument d'une dame et contesse dudit lieu, qui estoit là enterrée il y avoit
de cent à six vingtz ans, ainsi qu'il apparoissoit en escript sur le tombeau d'icelle. Laquelle dame, après ledit tombeau ouvert, fut trouvée
aussi belle, vermeille, saine et entière en son corps comme le jour
qu'elle mourut, sans que ung seul de ses cheveux fust tombé ni hors
de sa teste. Ce nonobstant, lesditz enragez ne furent pour ce esmeuz
à miséricorde envers le corps de laditte dame; lequel ilz dépiécèrent
par pièces et morceaux, et les jettèrent par les rues dudit Bourges;
qui fut ung faict, avec la fricassée du cœur du roy, fort barbare et
tirannicque.

[1] Voy. de Thou, l. XXX. — [2] Voy. l'Histoire du Berry, par M. Raynal, t. IV.

De laquelle tirannie furent faschez tous chrestiens catholicques, comme aussi furent aulcuns huguenotz qui estoient audit Bourges; lesquelz eux-mesmes jugèrent, après avoir veu le corps de laditte dame si entier en son tombeau, sans estre aulcunement terni ni consummé des vers ni de vieillesse, qu'il y avoit en ce quelque chose de divinne volunté. Et en ai cognu ung qui se retira de la huguenotterie et hérésie pour l'avoir veu, qui estoit ung maistre soldat; lequel, au partir dudit Bourges le jour mesme, pour se retirer en sa maison, emporta avec soy une grande pongnée des cheveux d'icelle dame, qu'il monstra à toutes personnes qui les volurent veoir, tenir et manier, et fus ung de ceux qui les mania et visita, si tost qu'il fut de retour en sa maison. Lequel oncques depuis ne voulut estre et ne fut huguenot, pour avoir veu ce faict si barbare, commis par ses frères et compaignons réformez.

Les huguenotz, estans entrez à Vendosmes, allèrent visiter toutes les églises à leur mode et diabolicque dévotion, qui estoit pour tout piller, voller, desrober et saccager, fussent croix, calices, orphévreries d'or et d'argent qui estoient à l'entour des relicques des sainctz; qui toutes furent, par la permission de Dieu, pillées et vollées, excepté la saincte larme de Nostre Seigneur, qui est la principalle relicque qui fust dans laditte ville de Vendosme. Et est ceste une des larmes qui tomba des yeux de nostre Seigneur Jésus-Christ, quand il résuscita le Lazare, frère des mères Marthe et Magdelène de Bétanie lez Jérusalem; laquelle saincte larme les pères et ayeulx du prince de Condé, nommez messieurs de Bourbon, avoient en grande révérence et honneur, et l'avoient jadis raportée de Jérusalem par grande dévotion, pour en décorer leur ville de Vendosme, ville principalle de leur patrimoyne. Laquelle saincte larme fut saulvée par ung prebstre séculier natif de Vendosme, qui l'apporta en habit dissimulé dans la ville de Paris à saulveté; où estant, ayant entendu que madame l'abbesse du monastère des religieuses de Chelles, à quatre lieues de Paris, estoit une saincte et catholicque princesse, sœur du roy de Navarre et dudit prince de Condé, luy porta ledit joyau et saincte relicque en garde, comme digne de ce, à l'exemple de son père et ayeulx, qui toute leur vie s'estoient portez protecteurs et gardiens d'icelle. Je ne sçai si j'équivocque poinct en disant que ledit prebstre eust porté laditte saincte larme à Chelles à laditte dame, et croy que ouy, et me semble que laditte dame, ayant entendu laditte saincte larme estre à Paris, au monastère des dames cordelières de Longchamp, comme princesse du sang royal et fille de la maison de Vendosme et de Bourbon, sollicita par force de justice d'avoir la garde de ceste saincte relicque, qui luy fut adjugée par messieurs de la court de parlement ; laquelle la fit porter dans son abbaye et monastère de Chelles, où sont grand nombre de nobles dames religieuses princesses des maisons de France, où fut laditte saincte larme depuis ceste année jusques à l'an 1575 ou 16 qu'elle fut reportée audit lieu de Vendosme.

Le roy ayant, par le roy de Navarre et mons. de Guise, délivré les commissions aux capitaines pour lever et mettre gens aux champs pour son service, le tabourin commença à sonner de toutes partz pour lever soldatz et les enroller. Lesquelz furent levez assez légèrement et hastivement, mais fort lentement conduictz et menez au camp et service du roy. Ils furent quasi par tout l'esté de ceste présente année à tenir les villages les ungs après les aultres (où il n'y avoit gentishommes et seigneurs de crédit pour les saulver), pour y manger de toutes leurs dens, et pour les rançonner, tant en général qu'en particulier ; en général, c'est-à-dire tirer rançon d'ung village pour n'y loger, puis rançonner en particulier chascun son hoste du village où ils logeoient. Fault notter que les gens des villages furent plus cause que les gens d'armes les rançonnèrent que ne furent lesditz gens d'armes de les rançonner ; car, pour le commencement de ceste guerre, les gens des villages estoient si riches et plains de tous biens, si bien meublez en leurs maisons de tous meubles, si plains de vollailles et bestial, que c'estoit une noblesse ; et pensoient les moings clair-voyans en affaires que ceste guerre ne seroit rien ou bien peu, ne sçachant de quelle importance estoient et sont les guerres civilles. Et pour ce, voyans les gens de guerre rompre leurs belles tables,

1562. coffres bien forbis et reluisans, tuer grande quantité de vollailles, sans estre requis desditz gens de guerre de leur bailler argent, leur en offroient voluntiers affin qu'ilz se passassent à moings de despence, et, pour estre plus paisibles avec eux et pour les appaiser, leur donnoient demy-teston, aultres dix soulz et les plus haultz ung teston, selon le nombre de soldatz qui estoient logez en la maison; et où ilz se trouvoient plusieurs logez en une mesme maison et chez un mesme hoste, si est-ce que pour tous n'estoit la rançon que d'un teston. Le soldat qui pouvoit estre logé seul en ung logis avoit plus de proufit seul à demy-teston ou cinq soulz que luy donnoit son hoste que n'avoient plusieurs en ung logis. Les gens des villages exhortèrent si bien lesditz gens de guerre à leur bailler rançon par le moyen susdict, qu'en peu de temps après lesditz de guerre volurent chascun leur teston, et d'un vindrent à deux, de deux à trois et de trois à escu pour homme, avant que les troubles cessassent, et si rompirent tables, bancs et torteaux, couches, coffres et escabeaux.

(*Il y a ici une lacune dans le manuscrit.*)

Coutures-lez-Bray[1], qui avait refusé de recevoir les compagnies royales, fut fort maltraité.

Les filles et jeunes femmes eurent fort à faire à deffendre leur pudicité. Les hommes en fuitte, le bien fut mis au pillage et tout autre acte de villenie fut par iceux soldatz exercé, l'espace de trois ou quatre jours qu'ilz demeurèrent audit lieu. S'il y eust eu bonne justice en France, l'insolence faicte audit lieu estoit plus que suffisante pour faire mettre à bon droit ledit Risocourt sur la roue et ses soldatz au gibet. Mons. de la Barge, gentilhomme demourant à Molin-d'Ocle, parroisse des Ormes, ayant compassion de l'affliction des habitans dudit Costure, ses voysins, pria ledit Risocourt de desloger, comme aussi fit Gond Fortin, archer et garde de la porte du roy, appellé l'*Enfant de Goix,* demourant à Flamboin, pour l'honneur

---

[1] Commune des Ormes, département de Seine-et-Marne.

desquelz il deslogea, et n'eut honte de dire que, sans eux, il n'en eust party de huict jours. Voilà comment il Risocourt et les aultres capitaines de sa faction se travailloient et diligentoient d'aller au camp pour le service du roy. Les rebelles huguenotz pilloient et ravageoient le royaume d'un costé et eux de l'aultre. Ceux dudit Costure fûrent si bien estrillez à ceste fois qu'ilz n'eurent plus volunté de tenir bon contre aultres troupes de gens de pied, ains les laissèrent entrer pour y vivre à discrétion, comme ès aultres lieux.

Les habitans du bourg de Thénisi[1] n'eurent pas meilleur marché d'une aultre compagnie de gens de pied qui les assaillit; je n'ai retenu le nom de leur chef. Ilz entrèrent dedans Thénisi non si facilement que Risocourt à Cousture, car les habitans se deffendirent longtemps contre eux avant que de se rendre, jusques à en tuer six ou sept et à en blesser plus d'une vintaine. Qui pareillement leur fut cher vendu; car ilz gens de guerre, estans entrez audit Thénisi, tuèrent plus de douze personnes des habitans qui tombèrent en leurs mains, et si pillèrent tout ce qu'ilz trouvèrent de quoy ilz purent faire leur prouffit. Par ainsi ces trois bourgs fermez voisins à une lieue l'ung de l'aultre, c'est assavoir ledit Thénisi, Costures et Vimpelles, n'eurent occasion de se mocquer long temps l'ung de l'aultre; car en moings de vingt jours ilz fûrent chastiez et battus de mesmes verges, qui moult les apauvrirent en faict de meubles; car à tous ne leur demoura que ce qu'ilz avoient vestu au jour de leur fuitte et surprise.

Les habitans de Meel-sur-Seine, qui, dès l'an mil cinq cens quarante-huict et neuf, avoient obtenu lettres du roy pour se fermer de fossez qu'ilz firent faire dès lors, eurent quelque oppinion en eux de se fortifier en ceste présente année; et pour ce faire, firent curer leurs fossez et les remparer, en espérance de tenir bon contre les gens d'armes qui journellement logeoient en leurs maisons. Et pour se rendre plus fortz contre iceux gens d'armes, acheptèrent des grais et des pierres pour faire la maçonnerie de leurs portes, et de faict en

---

[1] Département de Seine-et-Marne, arrondissement de Provins, canton de Donnemarie.

1562. firent une du costé et au bout devers Ermés et Goix, qui est assez
petitement faicte, avec assez de coustance. Lesquelz, ayáns entendu le
maulvais traictement que les gens de guerre avoient faict aux bourgs
susditz, qui estoient plus fortz de gens et de closture que eux, perdirent courage et n'en firent davantage.

Avec les grès et pierres restés sans emploi, M. de la Vallée[1], seigneur de Melz
à cause de sa femme Anne de Brinon, veuve de M. de Luze, se fait construire
un château. L'ancien château avait été ruiné au temps des guerres contre les
Anglais.

Il nous fault retourner à parler des affaires du roy et de la guerre
qu'il luy convint faire contre les huguenotz condéiens. Fault noter
que le roy et ses gouverneurs furent contrainctz de dresser trois camps
dans le royaume, pour résister à la rage cruelle desditz huguenotz
condéiens, tout en ung mesme moys. Le premier fut à Estampes, qui
fut environ de trente mille hommes de faict, pour le mener de la partie
d'Orléans; duquel fut gouverneur le roy de Navarre, encores qu'il
eust son frère, mons. de Condé, chef et protecteur desditz huguenotz.
Ledit sieur roy de Navarre mena avec soy mons. de Guise, qu'il ordonna son lieutenant à la conduitte dudit camp. Messieurs le connestable de France et le mareschal de St-André furent audit camp,
avec lesditz sieurs roy de Navarre et de Guise, pour conseillers, comme
gens fort expérimentez en faict de guerre.

Le deuxiesme camp fut assemblé ès environs de Pontoise, qu'on
mena devant Rouen, duquel fut gouverneur et lieutenant pour le roy
mons. d'Aumalle, frère dudit sieur de Guise, qui tint laditte ville
assiégée depuis le moys de julliet jusques au mois de décembre,
ayant avec soy de dix à douze mille hommes.

Le troisiesme et dernier camp fut assemblé ès environs de Lyon,
duquel mons. de Nemours fut gouverneur et lieutenant pour le roy.
Lequel assiégea et reprint les villes de Chaslons et Mascon-sur-la-

---

[1] Sur Gabriel de la Vallée, voy. à la bibliothèque de Provins le Nobiliaire de M. Ythier,
p. 63.

Saône, mais ne put que faire à celle de Lyon, faulte de secours, 1562. combien que son camp fust, ainsi que l'on disoit, de quinze à dix-huict mille hommes. Ledit sieur de Nemours, avec mons. de Maugeron, son lieutenant, gouverneur de Daulphiné, firent assez d'exploict sur les huguenotz condéiens de ce pays-là, et les contraignirent de quitter plusieurs places, villes et chasteaux, et les affoiblirent fort par rencontres et escarmouches rudes et cruelles, où plusieurs desditz huguenotz furent tuez. Ilz de Nemours et Maugeron auroient regangné la ville de Lyon, sans ung traître de la ville qui les empeschea. Il y eut ung grand eschec donné en laditte ville; toutesfois, lesditz sieurs furent contrainctz de se retirer, ayant perdu beaucoup de leurs gens. Ledit sieur de Nemours trouva moyen de regangner le baron des Adroictz, grand seigneur huguenot, qui pour les huguenotz tenoit les champs et le pays en subjection contre le roy et son auctorité, et le réduisit au service du roy avec plusieurs seigneurs et soldatz de ses trouppes : dont le prince de Condé et ses huguenotz furent moult dolens, car c'estoit ung des plus vaillans guerriers de leurs trouppes, l'ung des plus meschans contre l'église catholique, et qui fit moult de mal au pays de Daulphiné.

Le roy de Navarre, avec les seigneurs de sa suitte, ayant assemblé son camp à Estampes, le fit cheminer vers Orléans, et pensoit-on qu'il alloit mettre le siége devant la ville pour la reprendre, dans laquelle estoient mons. le prince de Condé son frère, l'admiral de France et aultres grans seigneurs de leur cause; mais passa oultre, et alla à Boisgency, à Cléry, de là à Tours et à Vendosme; desquelles villes il chassa les huguenotz qui les tenoient, et les reminst en l'obéissance du roy sans grande difficulté. Et croy que nulle desdittes villes ne tint bon et n'endura le canon contre ledit seigneur et son camp, ains les abandonnèrent et s'allèrent rendre, les aulcuns à Orleans, les aultres à Bourges en Berry, aultres à Potiers, les aultres à la Charité, Sancerre, Vézelay et Auxerre, que lesditz huguenotz tenoient. Dans lesquelles villes de Tours, Vendosme et aultres réduittes au roy furent mises grosses garnisons et capitaines pour le roy.

36.

1562.   De Tours et Vendosme, ledit sieur roy de Navarre envoya sommer la ville de Bourges en Berry de se remettre en l'obéissance
du roy, ce qu'elle refusa faire; par quoy y fit mener l'artillerie et
conduire le camp au moys de septembre, et la fit assiéger, battre et
canoner avec toute hostilité de guerre. Laquelle ville ne se voulut
rendre du premier coup; ains tint bon et endura le canon et plusieurs assaulx bien l'espace d'ung moys et plus avant que de se
rendre. Et fut nouvelle qu'ilz ne se voulurent rendre qu'à la royne
mère du roy, laquelle les print à mercy, contre la volunté du roy de
Navarre et aultres seigneurs du camp, leurs bagues saulves[1].

On commença fort à murmurer par toute la France de laditte
dame, et jugea-on qu'elle s'entendoit avec mons. le prince de Condé,
et disoit-on qu'elle faisoit le faict et le deffaict. Et est une chose
toute certaine, comme il a depuis esté avéré, qu'elle s'entendoit avec
ledit sieur prince de Condé, auquel elle escrivoit souvent les desseings du conseil du roy son filz et de la guerre qu'il faisoit contre
luy, et ne se contentoit laditte dame de luy escrire, mais souvent et
à la desrobée se transportoit dans Orléans et aultres lieux entre eux
assignez, pour parler ensemble; dont plusieurs personnes du royaume
jugèrent mal au déshoneur de sa pudicité, tant d'ung party que de
l'aultre.

La reprinse de la ville de Bourges estonna fort les huguenotz qui
tenoient les villes de Potiers et de la Charité sur Loyre. Car, sçachans qu'on vouloit les assiéger, quittèrent icelles villes et se retirèrent, les ungs à Orléans, les aultres ès villes de Sancerre, Auxerre
et Vézelay, ayans pillé et ravy tout ce qu'ils purent avant que d'en
partir. Il fut bruict par le pays qu'ilz huguenotz avoient mis le feu
dans la Charité; mais ne fut vray.

Le roy de Navarre tint conseil, après la reprinse de Bourges, pour

---

[1] V. l'acte de la capitulation de Bourges (31 août 1562), dans les Mémoires de Condé, t. III, p. 634. — On trouve dans le Journal de Jean Glaumeau le récit de la reprise de Bourges par les catholiques. (Voyez mon analyse de ce Journal, dans les Mémoires de la Société des Antiquaires de France, t. XXII.)

délibérer devant quelle ville on mèneroit le camp du roy. Car pour lors 1562.
ne sçavoit-on où prendre les huguenotz, sinon dans les villes, parce qu'ilz
ne tenoient encores les champs en trouppes ni forme de camp. Ledit
sieur roy de Navarre estoit d'avis d'aller assiéger la ville d'Orléans ; mais
le conseil ne s'y put accorder pour deux raisons : la première, à cause
de la pestilence qui estoit dans icelle, de laquelle mourut la femme
dudit sieur prince de Condé, de la maison de Roye, qui s'estoit retirée léans. L'aultre raison estoit à cause du prince de Condé, lequel
on eust esté content de retirer au parti du roy, à cause dudit roy de
Navarre son frère, sans coups frapper ; ce qu'on espéroit qui fust
advenu après qu'on eust eu réduict et reprins les aultres villes du
royaume. Et pour ce fut résolu audit conseil qu'on laisseroit laditte
ville d'Orléans ; mais que, passant par auprès, on iroit assiéger et
mettre le camp devant la ville de Roüen en Normandie[1], affin de
secourir mons. d'Aumalle, qui la tenoit assiégée il y avoit plus de
quatre moys, sans y avoir faict aultre chose que d'avoir prins le
mont Ste-Katerine, qui est une assez forte place sur une haulte montaigne, à ung quart de lieue dudit Roüen, de laquelle il contraignit
les huguenotz de desplacer tost après qu'il fut arrivé[2]. Mais du
depuis ne sceut aultre mal faire auxditz huguenotz de Roüen que de
les tenir en subjection ou à l'abboy, en attendant que le camp du
roy de Navarre l'iroit secourir. Depuis que ledit sieur d'Aumalle fut
campé audit mont de Ste-Katerine, ne l'osa abandonner, de peur
de le perdre, car ce eust esté ung grand désavantage pour le roy,
et qui eust beaucoup cousté à reprendre ; parquoy, ceux qui sçavoient de quelle importance estoit ce mont louèrent assez ledit sieur

[1] Les protestants commirent à Rouen
de grandes dévastations. Voy. « Arrest du
parlement de Rouen séant à Louviers
contre les rebelles séditieux qui ont pris
et porté les armes contre le roy, violé les
temples, saccagé et bruslé les monastères,
religions, lieux de dévotion, maisons des
catholiques, pillé, robbé et emporté les

biens y estans. 1562, août 26. » (*Mém. de
Condé*, t. III, p. 613.)

[2] Arrêt du parlement de Paris, qui ordonne qu'il sera fait des prières publiques
pour rendre grâce à Dieu de la prise du
fort Ste-Catherine, à Rouen. 1562, 7 octobre. (*Mém. de Condé*, t. IV, p. 41.)

1562. d'Aumalle de l'avoir prins et gardé jusques à la venue du camp du
roy.

Dudit mont Ste-Katherine on descouvre et veoit-on par toutes
les rues dudit Rouen. Les huguenotz irritèrent moult de fois ledit
sieur d'Aumalle pour le faire partir dudit mont, fust pour les aller
assaillir dans la ville ou pour les tirer au combat hors d'icelle; et
pour mieux et injurieusement le provocquer, ilz huguenotz de la
ville vestoient sur leurs corps les chappes des églises qui servoient
aux services des trespassez, et en se pourmenant par les rues, au veu
des gens du camp dudit sieur d'Aumalle, chantoient *Requiem æternam*
et disoient que c'estoit le service dudit sieur qu'ilz faisoient. Et firent
ce par deux jours; mais au troisiesme fallut faire le leur. Car le canonier du camp dudit sieur, après avoir veu telles mocqueries, bracqua
quelques pièces de faulconneaux si dextrement, au lieu où ilz avoient
coustume d'aller faire le service, qu'estans revenus au troisiesme jour,
tira au milieu d'eux et les minst en pièces, et oncques depuis en
cest endroict n'allèrent chanter *Requiem* pour ledit sieur d'Aumalle.

Qui sollicita pareillement que le camp du roy soubz la conduitte
du roy de Navarre fust mené à Rouen, fut mons. le card. de Bourbon, archevesque dudit lieu; duquel assez rudement avoit par les
huguenotz de laditte ville et gens de leur garnison esté chassé, encores qu'il fust prince du sang royal de France et frère de leur chef
le prince de Condé. Lequel, pour rentrer en sa maison et ville ar-
chiépiscopalle, fut, avec le conseil de messieurs de Guise, le connestable et mareschal de St-André, d'avis d'aller audit Rouen mener
le camp, premier que d'aller à Orléans, et de ce faire en sollicita le
roy de Navarre son frère, qui, comme au conseil, luy voulut bien
obéir. Pourquoy fut le camp mis aux champs de Bourges pour aller
à petites journées audit Rouen, où il arriva quelques peu de jours
auparavant la feste de Toussainctz.

Une aultre raison avoient messieurs du conseil pour persuader au
roy de Navarre d'aller audit Rouen pour réduire la ville et le pays
en l'obéissance du roy, qui estoit telle : qu'il falloit par nécessité y

aller, affin de joindre les forces du roy, qui estoient séparées, toutes 1562.
en ung, et ainsi se rendre plus fortz contre l'ennemy, qui attendoit
des forces d'Allemaigne, pour se joindre avec eux et se mettre aux
champs, en forme de camp, joinct aussi que le camp du roy de
Bourges s'affoiblissoit fort à cause des garnisons qu'il avoit convenu
laisser et mettre ès villes qu'on avoit reprinses et réduittes.

A l'instant que le roy de Navarre et son camp furent arrivez à
Rouen, il fit sommer la ville de par le roy de se rendre à luy, pour
veoir s'ilz lui porteroient quelque respect plus qu'à mons. d'Aumalle.
Auquel firent response qu'ilz ne se rendroient non plus à luy qu'à
aultres, ains qu'ilz tenoient la ville pour le roy, en attendant sa majorité et sa liberté. Laquelle response print ledit seigneur pour refus,
et pour ce la ville fut par luy assiégée, batue et canonnée par toute fureur de guerre, sans y rien espargner. Si laditte ville fut vertueusement
assaillie, aussi fut-elle opiniâtrément deffendue par les huguenotz
de dedans, sans y espargner ni respecter aulcune personne que ce
fust. Car ilz n'y espargnèrent ledit roy de Navarre, non plus que ung
simple soldat, lequel roy de Navarre fut par l'ung d'entre eux tué
d'ung coup de fauconneau en visitant les tranchées, en la présence
de mons. de Villegangnon, natif de Provins, chevalier de Malthe, qui
fut blessé dudit coup en une jambe qu'il eut rompue, de laquelle il
demoura boiteux le reste de sa vie. Ilz huguenotz, sçachans avoir tué
le roy de Navarre, entrèrent en une liesse et joye indicible; car par
sa mort ilz pensoient avoir tout gangné, et à haulte voix crioient
victoire de l'Évangille sur la messe, et quasi firent feu de joye dans
leur ville de ce coup; mais ne leur en fut donné le loisir. Car les
seigneurs connestable, de Guise, d'Aumalle et mareschal de St-André
poursuivirent l'affaire si vivement, contre l'espérance desditz huguenotz, qu'ilz furent contrainctz de laisser toute joye pour entendre aux
affaires que leur donnoient lesditz sieurs. Lesquelz si furieusement
firent battre laditte ville, que les murailles d'icelle furent par grandes
bresches jettées par terre, et incontinent tout chauldement les assaux
donnez si gaillardement que les pauvres huguenotz ne sçavoient où

1562. ilz en estoient. Lesquelz, avec grande perte de leurs gens, furent malgré eux prins d'assault, tuez, meurtris et passez la plupart au tranchant de l'espée[1]. Et fut par les gens du roy renversée la chanson des huguenotz, et chanté victoire de la messe sur l'Évangile huguenot. Le capitaine Lorge, appellé le seigneur de Mongomery, qui estoit celuy qui avoit tué le feu roy Henry, estoit gouverneur dans ladicte ville pour les huguenotz et le prince de Condé. Lequel, voyant la ville perdue, se saulva sur la mer en une barque qu'il avoit faict appareiller pour luy et pour les principaux chefz de la rébellion Tout ce qui fut trouvé en armes par les rues et sur les murailles fut passé par le fil de l'espée. La ville fut mise au pillage par les soldatz du camp, qui se firent gentis compaignons. Dieu sçait que ceux qui estoient mal habillez pour leur yver ne s'en allèrent sans robbe neufve. Les huguenotz de la ville furent en tout maltraictez et les catholicques supportez; car ilz avoient beaucoup souffert les premiers, depuis le moys dernier que les huguenotz les avoient surprins, jusques à ce jour. Les principaux huguenotz gouverneurs de ladicte ville, tant justiciers que aultres, qui furent trouvez en icelle, comme aussi les prédicans, furent emprisonnez et par sentence de justice condempnez, pendus et estranglez, et les prédicans bruslez et leurs biens confisquez au roy. Les églises des catholicques furent ouvertes, le service divin, la saincte messe et les sacremens remis en usage, qui avoient esté fermez et intermis en ladicte ville plus de six moys y avoit, les ecclésiasticques rentrèrent en leurs biens, églises et maisons, pour y vivre en sûreté, à la garde desquelz et de la ville fut laissée grosse garnison de par le roy avec capitaines loyaux et de fidélité.

Après que le camp du roy fut entré dedans Rouen et que la fureur fut appaisée, fut tenu conseil par les princes et officiers de la couronne qui là estoient avec le roy et la royne sa mère, ensemble

---

[1] La ville de Rouen fut prise le 26 octobre. (Floquet, *Histoire du parlement de Normandie*, t. II, p. 435.) — Récit fait dans le parlement de Paris de la prise de Rouen. 1562, 27 octobre. (*Mém. de Condé*, t. IV, p. 50.) Voyez sur le siége de Rouen les Mémoires de Vieilleville (collect. Michaud, 1ᵉ série, t. IX, p. 332).

plusieurs prélatz de France qui n'estoient au concille, de ce qui 1562.
estoit à faire pour le plus expédient des affaires du roy et du royaume,
tant pour le gouvernement de sa personne et du royaume que pour
la conduitte des guerres, au lieu du feu roy de Navarre. Auquel
conseil fut résolu que le gouvernement de la personne du roy et
du royaume demeureroit seul à la royne mère, laquelle prendroit
pour coadjuteurs et conseilleurs messieurs le connestable et de
Guise, sans le conseil desquelz elle ne feroit aulcune chose d'importance qui pust domager l'auctorité du roy et porter domage au
royaume. Laquelle charge elle accepta plus que voluntiers, et y avoit
plus d'un an qu'elle aspiroit à ce but, estant, comme plusieurs ont
dict, bien ayse de la mort dudit roy de Navarre. Pour le regard de
la conduicte des guerres, mons. de Guise, contre sa volunté, fut
faict lieutenant général du roy par tout le royaume; ce que ledit
seigneur ne put refuser, pour le trouble qui estoit et pour l'assemblée
de la gendarmerie, qui estoit là réunie et preste à se départir faulte
de chef.

Ces deux poinctz arrestez, en plorant le roy de Navarre, mons. de
Guise donna ordre à la gendarmerie du camp et envoya ung hérault
sommer la ville de Dieppe, qui est sur la mer à dix lieues de Rouen,
de se rendre au roy. Les chefz firent response que non, ne croyant
que la ville de Rouen fust reprinse et rendue au roy, combien que
aulcuns huguenotz dudit Rouen se fussent saulvez audit Dieppe, qui
les assuroient que si estoit. Parquoy ledit sieur de Guise fit cheminer
le camp droict audit Dieppe; mais ne chemina jusques là, car les
chefz huguenotz qui tenoient laditte ville pour le prince de Condé
et la cause, sans dire mot aux habitans, quittèrent la place et se
saulvèrent par la mer au Havre de Grâce ou aultre lieu. Ce que
voyant, les habitans délibérèrent en eux de se rendre, avant qu'estre
assiégez, à la miséricorde dudit sieur de Guise, auquel ilz envoyèrent
es clefz de leur ville, encores qu'il et le camp fussent à six lieues
loing d'eux. Lequel seigneur, ayant entendu par leurs députez leurs
excuses, les print à mercy, moyennant certaine composition que je

37

1562. n'ai pas sceu à la vérité. Ledit seigneur envoya des capitaines et des compaignies en garnison dans laditte ville, qui y furent receus des habitans et eurent le gouvernement et maistrise en icelle pour le roy.

Il fut mis en délibération d'aller assiéger le Havre de Grâce, qui est ung port de mer où les navires de France et aultres lieux s'abordent pour prendre terre ou pour voguer en mer, quand les marchans veulent voyager sur la marine. Lequel lieu du Havre de Grâce estoit détenu et occupé par les Anglois que la royne d'Angleterre avoit envoyé au secours des huguenotz de France et à leur requeste. Et sur ceste délibération furent portées nouvelles au roy et audit sieur de Guise que mons. le prince de Condé dressoit son camp et avoit receu le secours des Allemans reistres que le comte Palatin du Rhin luy avoit envoyé à l'instance et poursuitte du sieur d'Andelot, qui les estoit allé mendier. Parquoy fut l'entreprinse du Havre de Grâce délaissée à une aultre fois, et fit-on tourner visage au camp du roy pour tirer à Paris, et s'opposer audit prince de Condé, qui l'alloit assiéger.

Avant que passer oultre, fault dire ung petit mot du roy de Navarre tué devant Rouen[1]. Premièrement, nous avons dict ci-dessus que les huguenotz pensoient avoir tout gangné, pour l'avoir tué, pour ce qu'il estoit lieutenant et gouverneur général du roy et du royaume; et avoient ceste oppinion que la guerre cesseroit par sa mort, comme estant le roy et le royaume sans gouverneur. Au gouvernement desquelz ilz tendoient de substituer le chef de leur cause et rébellion, le prince de Condé, comme estant le plus proche et habille prince du sang à ceste charge et non aultre. Aussi, ilz semèrent libelles et remonstrances à tous les estatz de France, tendans à ces fins de poser bas les armes de part et d'aultre pour en-

---

[1] Relation de la mort du roi de Navarre. 1562, 17 octobre. (*Archiv. curieuses de l'hist. de France*, t. IV, 1re série, p. 67, et *Mém. de Condé*, t. IV, p. 116.) Voyez aussi, dans les Mémoires de Condé, des lettres adressées à la reine de Navarre sur la mort de son mari, et les Additions aux Mémoires de Castelnau, t. I, l. III, p. 887.

tendre au gouvernement de saditte majesté et du royaume. Mais en
vain travaillèrent, parce que leur nouveau desseing fut descouvert,
qui estoit de couroner roy de France ledit sieur prince de Condé,
de chasser le roy et messieurs ses frères de l'héritage de la couronne
françoise, et de les rendre à néant, fust par la mort ou aultrement. Les
grans seigneurs de la ligue condéienne et cause huguenoticque s'atendoient d'estre haults eslevez, non ès offices royaux, mais au partage
du royaume qu'ilz espéroient faire entre eux en le cantonnant par
provinces, desquelles ilz prétendoient d'estre seigneurs souverains,
sans recognoistre roy ni aultre personne par dessus eux, en la manière des Suisses d'Allemaigne, lesquelz sont roys chascun d'eux sur
leurs subjectz. Iceux huguenotz, voyans que leur desseing fut descouvert, et que nul estat du royaume fit response à leurs libelles, oultre le
faict de la religion par eux dès le commencement mis en avant, advancèrent du-depuis ce poinct, pour excuse de leur port d'armes, qu'ilz
combatoient pour la liberté du roy et de mons. le prince de Condé,
son gouverneur et lieutenant général au lieu du feu roy de Navarre
son frère; et se voyans déboutez par tous estatz de telles couvertures,
et la guerre leur estre faicte plus vivement que devant, commencèrent les premiers à regretter la mort dudit roy de Navarre et à
estre marris de ce qu'il avoit par eux esté tué.

La royne mère, comme en fut le bruict commung, n'eut aucun
regret de sa mort; car par icelle, comme nous avons jà dict, demoura
seulle régente du roy son filz et du royaume, chose que de tout son
cœur elle désiroit, car elle avoit ledit roy de Navarre en desdaing,
pour ce qu'il l'empeschoit de moult d'angaritions et surcharges qu'elle
taschoit dès son vivant à mettre sur le royaume, à la foule du
peuple.

La royne de Navarre, sa femme, n'en démena grand couroux,
d'aultant qu'il menoit la guerre aux huguenotz, desquelz elle estoit
des premières et plus opiniastres, et pour ce aussi qu'il s'estoit réduict à la religion catholicque, dès le collocque de Poissy faict entre
les prélatz et les ministres prédicans.

Le commung peuple de France le plaignit aussi peu, à cause de
son inconstance en matière de religion, et pour ce qu'à sa venue au
gouvernement du roy et du royaume il avoit donné toute liberté aux
huguenotz et faict venir les prédicans en France, sans le mandement
et auctorité duquel ilz n'eussent eu telle liberté, et les catholicques
n'eussent esté ainsi oppressez. Et fault confesser qu'il est cause de la
liberté huguenoticque et de la ruine de l'église catholicque de France
et de tous les maux qui s'en sont ensuivis et s'en ensuivront à jamais,
car, s'il eust gouverné le roy et le royaume en la religion catholicque
et interdict la huguenoticque, comme avoient fait les prédécesseurs
roys, lesditz huguenotz ne se fussent jamais eslevez par armes, et
n'eussent faict la guerre qu'on en eust eu la raison en peu de temps,
sans la ruyne du royaume.

   ● Or est-il vray le commung proverbe vulgaire qui dict qu'on ne
peut estre de tous aymé ni de tous hay. Lequel proverbe se trouva
vray de la personne dudit roy de Navarre; lequel, combien qu'il ne
fût plainct ni regretté des personnes que nous avons dict ci-dessus,
si est-ce que de tous ne fut sans regret. Premièrement, par les princes
de France fut moult regretté; et combien que en matière de religion
il eust cloché des deux costez, si est-ce qu'encores penchoit-il plus du
costé de la catholicque et romaine qu'il ne faisoit du costé de la huguenoticque et héréticque; et n'eust esté sa femme, la royne de Navarre, jamais ne se fust incliné à la huguenoticque. A laquelle (sa
femme) il complaisoit, à cause que la majesté royalle du royaume
de Navarre venoit d'elle, qui estoit yssue de la maison d'Albret, et
non de luy, qui estoit yssu des Bourbons et maison de Vendosme.
Laquelle royne sa femme, dès sa jeunesse, avoit esté catéchisée et
instruicte par sa mère, sœur du feu roy François premier du nom,
en la religion luthérienne et calvinienne, en laquelle elles ont continué toute leur vie.

   Les soldatz et gens de guerre de France le plorèrent et moult re-
grettèrent sa mort, et dirent tous qu'ilz avoient perdu leur père et
bienfaicteur; car sur toutes choses il aymoit tous bons guerriers,

fussent-ilz de pied ou de cheval, et en toutes guerres où il s'estoit jamais trouvé, avoit esté fort soigneux d'entretenir les soldatz qu'il veoit faire le debvoir au faict de la guerre, lesquelz il encourageoit de faire de bien en mieux pour le service du roy et de leur patrie, comme fort bien le monstra aux guerres de Picardie. Quand ilz soldatz n'avoient plus d'argent, fust au camp ou pour s'en retourner en leurs maisons, sa bourse estoit tousjours ouverte pour eux, et ne les contentoit d'un karolus ni d'un soulz, mais leur aulmosnoit testons et escuz, selon le mérite qu'il cognoissoit en eux. Il estoit fort soigneux des blessez, lesquelz il faisoit médicamenter à ses despens par ses cirurgiens et médecins, et les recommandoit comme sa personne, ne se rendant paresseux de les aller visiter et consoler en sa propre personne.

Il estoit semblablement fort pitoiable des laboureurs et gens des villages où estoient les guerres; et par tout son pouvoir empeschoit qu'ilz ne fussent molestez oultre la nécessité. Il deffendoit tousjours qu'on endomageast les bleds, vignes et aultres biens de la terre qui estoient aux champs et ne vouloit permettre qu'on en print, sinon en cas de grande nécessité. Il aymoit le peuple et empeschoit les levées de deniers, tailles, subsides et angaritions au plus qu'il pouvoit; et avoit ceste volonté, s'il eust vescu longtemps en son gouvernement du roy et du royaume, de diminuer les tailles et gabelles, si tost que les guerres de présent eussent esté cessées; mais Dieu, qui a voulu pugnir et chastier le peuple de France et luy faire sentir les verges de son couroux, ne l'a permis; lequel nous prierons luy faire mercy : il est mort pour son service et pour le service du roy et du royaume.

Durant le temps que le roy et son camp furent à Rouen et les environs, novelles leur furent portées que les reistres que le sieur d'Andelot, frère de l'admiral, avoit mendié en Allemaigne, par la permission du comte palatin du Rhin, estoient enrollez jusques au nombre de six milles hommes, et prestz à partir de leur pays pour venir en France au secours des huguenotz et du prince de Condé,

1562. qui, soubz ung faulx baillé à entendre, leur furent accordez par ledit comte palatin et aultres seigneurs d'Allemaigne.

Ce mot de *reistres* n'avoit oncques, du vivant des plus anciens, esté en usage en France, et n'en avoit-on jamais parlé qu'à présent, encores que de tout temps les roys de France se fussent servis en toutes guerres des Allemans, Suisses et lansquenetz, qui sont contenus soubz ce mot et nom de Germanie ou d'Allemaigne. J'ai faict tout debvoir d'enquérir à plusieurs personnes qui s'estimoient sçavoir toutes choses, que signifioit ce mot de *reistres;* mais n'ai sceu trouver homme qui m'en aye faict sage comme j'eusse bien volu.

Le roy et la royne sa mère, par le conseil de mons. le connestable et du seigneur de Guise, après avoir deument esté advertis de la levée et partement desditz reistres de leur pays pour entrer en France au secours des huguenotz condéiens, despeschèrent mons. d'Aumalle avec ample commission de lever tous gens de guerre qu'il trouveroit par les champs des pays de Champaigne, Brie et Bourgongne, tant de pied que de cheval, et de faire sonner le tabourin, pour en lever de nouveaux pour le secours du roy, si ceux qu'il trouveroit ne suffisoient, et de tous faire ung camp gros et suffisant pour combatre lesditz reistres et les empescher de joindre le prince de Condé ni ses huguenotz; duquel il fut faict lieutenant général pour sa majesté. Ledit seigneur d'Aumalle, dès la Sainct-Remy, se transporta en son gouvernement de Bourgogne avec sa commission, pour s'enquérir et estre faict certain de la venue desditz reistres et du passage qu'ilz prenoient, et du tout ayant eu certaines novelles, fit sonner le tabourin à noveaux capitaines, auxquelz il bailla commission pour lever des soldatz, pour commencer à faire son camp et amas. Toutes les compagnies qu'il trouva par les champs des pays susditz furent par luy arrestées à son secours, et parce qu'il ne trouva gens par les champs que des gens de pied, manda à mons. de Guise, son frère, que du camp du roy envoyast certaines compagnies de cheval, ce qui fut faict; et tant travailla qu'il assembla jusques à de huict à neuf milles personnes en son camp pour aller au devant desditz reistres. Ceste levée

nouvelle de gens de guerre porta ung gros domage auxditz pays de 1562.
Brie et Champaigne, car ilz tindrent les villages plus de cinq sepmaines
avant que d'estre assemblez, et toujours reistres entroient ès pays et
gangnoient la France.

Le camp dudit sieur d'Aumalle, assemblé au delà de Chaslons en
Champaigne, fut par luy conduict jusques en Lorraine, en intention
de chocquer là lesditz reistres et de les combatre, pour les empescher
de passer plus avant; mais advint que, quand il fut prest de ce faire, la
royne mère luy envoya lettres signées de sa main, cachetées du cachet
du roy, qu'il ne les combatist là, ains qu'il les laissast entrer plus avant
sans leur rien faire; et depuis ce jour, ledit sieur d'Aumalle, de deux
en deux jours, recepvoit mandement de laditte dame que nullement il
n'ataquast lesditz reistres. Les soldats du camp dudit seigneur ne demandoient qu'à frapper dessus les lif-lof de reistres, et combien que
ledit seigneur ne les licenciast de se ruer sus, si est-ce que, voyant leur
commodité, ne les laissoient à repos, et ne eussent osé lesditz reistres
s'escarter de leur camp que bien viste ne fussent reserrez, et en assom-
moit-on tous les jours quelqu'un. De quoy fut laditte dame advertie,
laquelle derechef manda audit sieur qu'il continst ses soldatz de se
plus ruer sur lesditz reistres. Lesquelz, se voyans en saulvegarde, s'a-
cheminèrent par au-dessus de Langres, et de là par auprès de Dijon
pour passer aisément la rivière de Saône à Chanceaux, où elle prend
sa source. De Chanceaux prindrent le chemin par au-dessus d'Auxerre
pour faire le passage de la rivière d'Yonne, et d'Auxerre s'allèrent
joindre avec mons. le prince de Condé auprès d'Orléans, à la conduitte
du seigneur d'Andelot, qui estoit tousjours avec eux, qui sçavoit tous
les portz et passages des rivières.

Mons. d'Aumalle avec son camp les costoya tousjours, une rivière
entre deux, depuis la Lorraine jusques à St-Florentin ou les environs.
Lequel, les voyant estre à toute seureté près de leurs forces, bailla
congé aux gens de son camp de se rafreschir par les villages, en allant
à petites journées trouver le camp du roy la part qu'il seroit, qui
pour lors estoit encores en Normandie. Auquel camp de Normandie

1562. s'alla pareillement rendre ledit seigneur d'Aumalle, dire où il avoit
conduict lesditz reistres par le mandement de la royne. Depuis ceste
heure-là, les princes et seigneurs du party du roy apperceurent la
grande faulte qu'ilz avoient faict d'avoir donné le gouvernement du
roy et du royaume à ceste femme, qui ne taschoit qu'à brouiller
les cartes de part et d'aultre, affin qu'ayant mis les princes et seigneurs en dissention les ungs contre les aultres, et par la mesfiance qu'ilz prenderoient les ungs des aultres, elle seulle demeurast gouvernante de son filz et du royaume. Il eust beaucoup mieux
valu, pour le prouffit de la France et principallement des pays
de Champaigne, Brie et Bourgongne, que ledit sieur d'Aumalle ni
aultres fussent allé au devant desditz reistres ; car ce fut la ruyne des
villages où ilz logèrent. Après que ledit seigneur eut licentié son camp
de s'aller rafreschir, plusieurs bons soldatz, ayans veu les menées que
dessus, se cassèrent et ne volurent plus suyvre, ains se retirèrent en
leurs maisons, jugeant bien que le meilleur n'en vauldroit rien.

Le roy et ses gouverneurs, sçachant à la vérité la levée des reistres,
et voyans par chascun jour novelles surprises des villes de France, envoyèrent mandement en toutes celles qui tenoient encores bon pour
S. M. à ce que les habitans eussent à se bien garder nuict et jour, de
peur d'estre surprins. Et pour se tenir en plus grande sureté, on leur
bailla commission d'eslire ung gentilhomme d'honneur et de crédit non
huguenot, pour estre capitaine desdittes villes où il y avoit bailliage et
des aultres qui seroient du ressort dudit bailliage ; lequel auroit puissance de louer et entretenir quelques compagnies de gens d'armes, pour
courre sus à ceux qui attenteroient de prendre les villes, ou qui tien-
droient les champs par les villages desditz bailliages sans commission de
saditte majesté. Ce mandement, venu à Provins, fut leu en l'auditoire à
jour de plaiz, et heure fut prinse pour assembler le corps de la ville,
et procéder à l'élection d'un gentilhomme pour estre capitaine. Au jour
et heure déterminés, s'assemblèrent dans l'hostel de la ville dudit lieu
les gens de justice, avec les procureur et eschevins d'icelle et avec
quelques habitans ; lesquelz esleurent mons. de Rochefort, seigneur de

Montmirail en Brie pour leur capitaine [1]; car il estoit homme de grand 1562.
crédit et riche de grands biens. Il fut esleu en son absence. Je ne sçai
si j'équivocque poinct, en disant qu'ilz de Provins eslurent ledit seigneur de Rochefort pour leur capitaine, ou si le roy et ses gouverneurs l'avoient poinct faict capitaine de Provins sans l'élection des habitans. Or, par qui et comment cela fut faict, si est-ce pour tout certain
que ledit de Rochefort fut faict capitaine dudit Provins, du bailliage
et ressort d'iceluy. Lesditz de Provins, suyvant le mandement du roy
ou de leur auctorité privée, taxèrent leur ville, bailliage et ressort
d'iceluy à sept mille livres tourn. d'estat par chascun moys de l'an
audit Rochefort, pour subvenir aux fraiz de sa charge. Lesquelles
7,000 livres furent témérairement imposées sur toutes personnes
de toutes qualitez, exempts et non exempts (les gentilshommes qui
estoient à la guerre pour le service du roy exemptez seullement),
par M⁽ᵉˢ⁾ Jehan Alleaume, bailly dudit lieu, Denis Legrand, advocat
du roy, Jehan de Ville, procureur du roy, Jehan Robinot, Nicolas
Philippe, etc. procureur et eschevins dudit Provins, sans demander
l'advis et consentement des aultres villes et villages dudit bailliage et
ressort, mesmement sans appeler les gens d'église dudit Provins, qui
furent par eux taxez et cottez à la taille qu'ilz en firent.

M. de Rochefort fait son entrée à Provins, comme capitaine de la ville, avec
plus de cinquante cavaliers; il est reçu en grande pompe. Le bailli, les gens du
roi, l'échevinage et les bourgeois notables vont le recevoir au village de Voulton;
deux cents arquebusiers sont mis sur pied; on tire le canon, etc. — La levée de
la taille destinée au traitement de M. de Rochefort change bientôt cette joie en
mécontentement; les gens d'église de Provins se rendent tous ensemble oppo-
sants à cette mesure, et font citer le bailli et les gens du roi à la cour des aides,
comme ayant levé des deniers sans commission royale et sans le consentement
des intéressés. — Le bailli, craignant de perdre le procès et peut-être la vie, pro-
met aux ecclésiastiques de leur rendre l'argent payé par eux et de ne plus leur
en demander; sur ces bases, un arrangement se conclut et le procès est mis au
néant. — Les habitants de Provins payent le premier mois de la taille; quant aux

---

[1] Jacques, comte de Rochefort, baron
de Montmirail, mort sans enfants en 1570.
Il était fils de Charles de Silly, sʳ de la
Rocheguyon, Rochefort, etc.

1562. gens des villages, on leur fait payer deux mois, et le capitaine La Grue est envoyé
avec sa compagnie pour contraindre les récalcitrants.

Mons. le prince de Condé, ayant receu ses reistres, fit sortir d'Orléans et des aultres villes qui tenoient encores pour sa cause les
huguenotz qui estoient pour porter les armes contre le roy, tant de
pied que de cheval, et dressa son camp, qui se trouva monter en tout
au nombre de vingt-cinq milles personnes; duquel estoient chefz et
gouverneurs les sieurs admiral de France, d'Andelot son frère, La
Rochefoucault et de Mouy, qui, après le seigneur de Guise, estoient
estimez les meilleurs guerriers de France, avec le capitaine Lorge,
dit Mongomery, qui s'estoit saulvé à la prinse de Rouen, ainsi que
l'avons dict. Ledit sieur de Condé fit sortir quant et quant soy plusieurs simples personnes d'Orléans, qui luy servoient de castadours,
pour conduire quelques pièces d'artillerie qu'il avoit prins dans laditte
ville. Son camp fut composé de environ dix milles piétons soldatz,
et le reste de cavaliers, fort en ordre et bien montez; la pluspart
Françoys naturelz et des ordonnances du roy et gentilzhommes du
pays, tous aguerris et qui cheminoient de courage. Ce camp dressé,
ledit sieur prince, qui en estoit seul gouverneur, le fit cheminer
d'Orléans à Pluviers, petite ville mal fermée et peu forte, dans laquelle
il sçavoit y avoir deux ou trois compagnies de gens de pied pour le
roy; laquelle il alla assiéger et sommer de se rendre à luy. Ce que
ne volurent faire du premier coup les habitans et capitaines d'icelle;
au refus desquelz furent desbandez les canons et artillerie dudit
sieur prince, qui, en peu de temps, firent bresche et abatirent les
murailles, qui n'estoient que de menue pierre maçonnée de terre. Les
habitans de la ville et les capitaines qui estoient dedans pour le roy,
voyant les murailles de leur ville abbatues, résolurent de se rendre
audit sieur prince, leurs vies et bagues saulves, pour le regard desditz
capitaines et soldatz, et, pour le regard des habitans, leurs vies et biens
saulfz, sans estre pillez ni rançonnez d'aultre chose que de vivres
qu'ilz promettoient fournir pour la nouriture et vie des gens de guerre
dudit sieur prince. A laquelle composition les receut ledit sieur

prince, sans leur tenir promesse[1]; car, après qu'il et son camp furent logez dans laditte ville, irrité de ce qu'on luy avoit à sa première requeste refusé l'entrée, et qu'ilz de la ville avoient en se deffendant tué plusieurs de ses gens, fit prendre prisonniers tous les capitaines, tant de gens de guerre du roy que de la ville, lesquelz il fit pendre et estrangler au lendemain de son entrée en laditte ville, en la présence de leurs soldatz et des habitans d'icelle. Au premier jour que ledit seigneur fut entré dans Pluviers, il fit séparer les soldatz du roy qu'il trouva dedans d'avec les gens de la ville, lesquelz il fit enserrer prisonniers dans des granges, où il les fit guarder toute la nuict; parmi lesquelz s'estoient saulvez les prebstres de la ville et des villages qui s'estoient retirez léans, et au lendemain les alla tous visiter. Il tira les prebstres d'avec les soldatz, et les sépara à part pour les mener au gibet avec les capitaines, qui furent avec eux pendus, et donna la vie saulve aux soldatz, à ceste condition qu'ilz se retireroient chascun en leurs maisons et que de leur vie ne porteroient les armes en lieu du monde contre luy ni la cause pour laquelle il combattoit, et de ce leur fit faire le serment, ce qu'ilz firent pour saulver leur vie; et, après leur serment faict, les fit desvaliser d'armes et des meilleures hardes qu'ilz eussent avec leur argent, et les envoya en cueilleurs de pommes hors de la ville, sans leur faire donner ung morceau de pain, encores qu'ilz n'eussent mangé il y avoit près de trente-six heures.

Lesditz soldatz s'esmerveillèrent moult de ce qu'il choisit luy-mesme les prebstres qui estoient parmy eux esdittes granges, habillez comme eux et non en prebstres, et si toutesfois n'en laissa ung seul et les tira tous, sans qu'ilz apperceussent que aulcune personne les luy monstrast. Toutesfois, ilz eurent ceste oppinion que quelque huguenot secret de laditte ville les luy avoit enseignez et donnez à en-

---

[1] Pithiviers ou Pluviers, dans la forêt d'Orléans, se rendit le 11 novembre. D'Aubigné, *Hist. univ.* l. III, p. 163, dit que la garnison eut la vie sauve, « horsmis quelques prestres et deux capitaines, qui avoient manqué de foy au prince. » De Thou avance que les prêtres qui furent trouvés dans la ville furent inhumainement massacrés, qu'on pendit deux capitaines, qu'on désarma et dépouilla les soldats. (*Hist. univ.* liv. XXXIII.)

1562. tendre par leurs habitz desquelz ilz estoient vestus. Tous ne furent pendus; car il en échappa quelques ungs à rançon, par le moyen de quelques gentilzhommes huguenotz qui estoient en la trouppe du camp, qui les saulvèrent. Les habitans de la ville furent fort mal traitez, pillez et rançonnez des gens dudit prince, et mangez jusques à tout, et ne leur demeura de meubles que ce que les gens de son camp ne volurent charger. Et furent faictes ces choses entre la feste de Toussainctz et celle de la St-Martin d'hiver; car le dimanche d'après la St-Martin, qui estoit le quatriesme jour du moys de novembre, rapassèrent par Provins plus de 400 desditz soldatz, tous ung baston de vigne en leur main pour toutes armes, esquippez en la façon que dessus, qui s'en retournoient en leur pays de Champaigne ès environs de Reims, Chaslons et Ste-Menehoue, où ilz avoient esté levez au son du tabourin, par le mandement de mons. d'Aumalle, pour aller au devant des reistres, ainsi qu'avons dict ci-dessus, et depuis mis en garnison en laditte ville de Pluviers par ledit sieur d'Aumalle, pour amuser ledit prince, en attendant l'exploict de Rouen et de la Normandie. Les pauvres soldatz demandoient l'aumosne d'huis à huis par la ville et par les villages, et, parce qu'ilz estoient en grande trouppe, prenoient le pain des maisons des villages esquelles on leur refusoit de leur en donner pour Dieu, l'emportoient par force, et aultre mal ne faisoient, faulte de meilleur moyen.

Après que ledit seigneur de Condé eut fait piller et manger la petite ville de Pluviers, il fit marcher son camp à Estampes, ville assez grosse, mais mal peuplée et peu forte; dans laquelle il entra sans aucune résistence et y trouva les portes ouvertes et sans aulcune garde. De laquelle ville estoient deslogez la compagnie de mons. le mareschal de Saint-André, avec quelques compagnies de gens de pied, que mons. de Guise y avoit mis en garnison de par le roy pour la garde de laditte. Lesquelz, ayans eu novelle du maulvais traictement que ledit sieur de Condé avoit faict à ceux de Pluviers, escampèrent avant sa venue et s'allèrent saulver en la ville de Paris. Les ecclésiasticques et riches bourgeois dudit lieu n'atendirent sa venue, ains, avec les

finances des églises et de leurs maisons, s'allèrent mettre en saulve 1562.
garde audit Paris, distant dudit Estampes de quinze petites lieues
pour le plus. Ledit prince et son camp s'arrestèrent audit Estampes
quelques dix ou douze jours, pour la piller et pour donner ordre aux
affaires de son entreprinse. Durant lequel temps il fit saccager la
petite ville de la Ferté-Alex[1], et brusler les portes, affin qu'à luy et
à ses gens leur fust libre d'entrer et sortir à toutes heures, et
pour y recevoir les vivres qu'il faisoit avaller par la rivière qui passe
par icelle, qui vient de Pluviers et au-dessus. Il fit saccager et piller
l'église et le prieuré dudit lieu, où il trouva encores à butiner, mais
non le meilleur. Le seigneur de Mouy fut logé en icelle avec les gens
de sa conduitte, durant le temps qu'ilz séjournèrent auxditz lieux
d'Estampes et la Ferté-Alex. Ils pensoient jà estre roys du royaume,
parce qu'ilz ne trouvoient personne qui leur résistât, car le roy et son
camp estoient encores en Normandie. Ilz tentèrent de trouver passages sur la rivière de Seine et de passer en la Brie, affin de se saisir
des rivières de Seine et de Marne, pour empescher les vivres qui se
menoient par icelles rivières à Paris, et affamer cette ville. Le prince
fit explorer le pont de Chamois ou Samois[2], qui est sur laditte rivière
de Seine, entre les villes de Montereau-Fault-Yonne et Melun, qui est
l'ung des plus beaux pontz de pierre qui soit sur laditte rivière; mais
en vain travailla. Car mons. de Guise y avoit mis de si bonne garde
et fidelles capitaines que les explorateurs ne s'en retournèrent tous
luy dire les nouvelles, et si avoit donné commission ledit seigneur aux
capitaines qu'il avoit envoyé en garnison audit Samois, qui est au
bout dudit pont, du costé de Gastinois, et à cestuy qui estoit dans
Héricy[3], qui est au bout dudit pont, du costé de la Brie, que, au cas
qu'ilz fussent forcez de lever ledit passage, ilz, en se retirant, fissent
rompre ledit pont au millieu de la rivière, au lieu le plus dangereux

[1] La Ferté-Aleps, département de Seine-
et-Oise, arrondissement d'Étampes.
[2] Le village de Samois, département de
Seine-et-Marne, arrondissement et canton

de Fontainebleau, est situé sur la rive
gauche de la Seine.
[3] Seine-et-Marne, arrondissement de
Fontainebleau, canton du Châtelet.

1562. et périssable. Ce qu'ilz firent, après avoir entendu que ledit prince y vouloit faire cheminer son camp pour passer, et se retirèrent tous dans Héricy, au bout dudit pont qui est du costé de la Brie, pour attendre là ledit sieur prince, qui, ayant eu nouvelle de la rupture dudit pont, ne s'en approcha. Ledit sieur de Guise envoya mandement aux villes et bailliages qui sont depuis la ville de Nogent-sur-Seine jusques à Rouen de garder et faire garder les pontz et passages qui sont sur laditte rivière, pour empescher lesditz huguenotz d'y passer et aussi de enfoncer et effunder en l'eau tous les bacz, bateaux et nacelles qui estoient sur laditte rivière, ce qui fut faict.

Ledit sieur prince fut en délibération d'aller passer à Montereau-Fault-Yonne; mais fut adverty qu'il y avoit une garnison pour le roy, comme aussi y avoit dans les villes de Melun et de Corbeil. Parquoy résolut avec son conseil qu'il estoit pour eux plus expédient d'aller tenter la fortune au passage de Corbeil qu'à celuy de nulle aultre des villes dessus dictes, affin de ne perdre temps et de n'esloigner de trop loing la commodité qu'ilz prétendoient de trouver quelque passage au dessoubz de Paris, pour passer la rivière de Seine, et fuyr au Havre de Grâce, où le camp du roy n'avoit esté, ou bien de ne s'enserrer entre deux rivières, de peur qu'estans pressez par nécessité de bataille ou rencontre ilz ne pussent regangner leur tesnière, qui estoit la ville d'Orléans. Avant que de se présenter devant la ville de Corbeil, mons. le prince de Condé employa tous ses moyens de faveur et amytié pour gangner mons. de Pavans, qui estoit en laditte ville lieutenant pour le roy, et tascher qu'il luy livrast et rendist icelle ville[1], ce que ne voulut faire ledit de Pavans, pour promesses ni offres qui luy furent faictes fort avantageuses et opulentes. Quoy voyant ledit sieur prince, forcené de despit, fit mener son camp devant laditte ville, qu'il assiégea et batit de son artillerie; mais trouva aultres murailles et forteresses qu'il n'avoit faict à Pluviers. Il fut fort bien receu dudit sieur de Pavans à coups d'artillerie, qui des tours de

---

[1] Charles de Coutes, sr de Pavans, chevalier de l'ordre, lieutenant de la compagnie du duc de Lorraine.

la ville et des églises fit escarmoucher les gens dudit prince, en telle 1562. sorte qu'ilz furent contrainctz de se loger dans les maisons des faux-bourgs pour se saulver des canonades catholicques, et n'en eussent osé sortir hors de jour, de peur d'estre tuez. Ledit de Condé demanda à parlementer audit de Pavans, pour veoir s'il le respecteroit et obéiroit mieux à sa personne qu'aux messagers qu'il luy avoit envoyé pour avoir ledit passage, promettant ne faire aulcun desplaisir à la ville, aux habitans d'icelle, ni aux gens de guerre qui y estoient, lesquelz fort il pria d'accepter son parti et de quitter celuy du roy et du prince guisien. Desquelles requestes fut refusé par ledit de Pavans, qui, pour sa récompense, fut dudit sieur prince fort menacé, pour veoir si, par lesdittes menaces, il obéiroit poinct mieux que par amytié; mais travailla en vain, et eut pour response ledit sieur prince qu'il, avant que d'avoir la ville de Corbeil, fauldroit qu'il eust la vie de luy de Pavans et de plus de cinq cens nobles gentilzhommes guerriers, tous féaux et loyaux serviteurs du roy, et conséquement de tous les habitans de la ville, qui estoient en icelle bien résoluz de s'employer pour le service du roy et de la religion catholicque jusques à la dernière goutte de leur sang. De laquelle response fut fort mal content ledit sieur prince, qui, en se retirant, dit audict de Pavans que tost ou tard il en auroit sa raison. Ledict sieur prince, pour son honneur, n'osa encores ce jour-là, ni huict après, lever le siége de devant ladite ville; mais au contraire fit rassembler et camper son camp devant les murailles, qu'il fit canoner assez rudement, selon le peu de moyens qu'il avoit, et donna la charge de la conduitte de l'affaire à ung capitaine de sa troupe des plus signalez et renommez qu'il eust, le sieur de Briquemaux lez-Chastillon-sur-Loin, homme aussi meschant que redoubté. Lequel, en faisant trop du bon mesnager en ceste affaire, fut par ung canonier de la ville tué d'ung coup de fauconneau et mis en plusieurs pièces. De la mort duquel fut fort marry ledit sieur prince, comme aussi fut l'admiral de France, qui estoit avec luy. Ledit sieur prince, après avoir perdu son capitaine et bien deux ou trois cens hommes de son camp, honteusement leva le siége de devant Corbeil,

1562. et l'alla camper près les fauxbourgs St-Marceau de Paris, où il fut à
séjourner l'espace de trois sepmaines toutes entières, en intention
d'assiéger laditte ville de Paris, qu'il pensoit prendre d'assault ou par
surprinse, à cause des intelligences qu'il avoit avec les huguenotz de
laditte ville, qui par tous moyens travailloient à le mettre dedans, si
les gouverneurs d'icelle ne s'en fussent donnez de garde.

L'audace dudit sieur prince espouvanta aulcunement les Parisiens,
quand ilz le virent campé devant leur ville. Lesquelz, pour remédier
aux inconvéniens, en attendant le roy, mons. de Guise et le camp,
mirent grosse garnison de gens de guerre qu'ilz avoient levez dans les
maisons des huguenotz de leur ville, pour les tenir de court et quasi
comme prisonniers, et les empescher de sortir desdittes maisons
et de ne parler les ungs aux autres. Ilz Parisiens firent sortir de leur
ville toutes gens incognus et sans aveu, et fallut que tous ceux qui
ne voulurent partir de laditte ville se fissent advouer et donner gens
qui respondissent d'eux; et firent ce pour obvier aux traïsons et
au feu qu'ilz craignoient estre mis en leur ville par telles gens.
Mons. le prince de Condé fit lascher plusieurs vollées de canon devant et par dessus la ville; aussi fit faire plusieurs courses à ses
gens de cheval jusques aux portes d'icelle, pour tascher à tirer lesditz
Parisiens au combat hors de leur ville, en intention d'exploiter la
traïson qu'il avoit dedans; mais oncques ne voulurent lesditz Parisiens sortir hors leurs barières; ilz aguettoient lesditz coureurs si
proprement et si à poinct que, à chascune course qu'ilz faisoient, y
demouroient toujours en la place mortz ou bien blessez, hommes ou
chevaux, des coups d'arquebuses et canons qu'ilz laschoient sur eux.
Parquoy furent lesditz assaillans contrainctz de se tenir aux escartz et
de ne plus approcher la ville de si près. Durant le siége, les garnisons pour le roy qui estoient dans Corbeil, Montlehéry et Dordan
faisoient toujours quelques courses sur les huguenotz du camp qu'ilz
trouvoient aux escartz, et en escarmouchèrent assez bonnement, faisant quasi plus d'exploict sur iceux la nuit que le jour, pour ce que
les nuitz estoient en leurs plus grandes longueurs et les jours aux plus

petis de l'année, qui estoit au commencement du moys de décembre; 1562. et pour ce furent contrainctz iceux huguenotz de se camper tous ensemble, sans plus oser s'écarter les ungs des aultres.

Le roy et mons. de Guise, ayans receu nouvelles de l'assiégement des villes de Corbeil et de Paris par lesdictz huguenotz, laissèrent, comme nous avons dict, le voyage du Havre de Grâce, pour aller au secours desdittes villes et pour faire teste à l'ennemy huguenot; et pour ce faire, ledit sieur de Guise fit acheminer le camp du roy à Paris, qui ne fut sans grande incomodité, pour la difficulté du temps d'hiver et des petis jours, qui n'estoit temps propre pour le charroy de l'artillerie. Toutesfois, pour l'urgence de l'affaire qui pressoit, tout le camp print courage de se retirer vers les bons vins françoys, estans tous hodez et lassez de boire le cydre de Normandie; et tant fut faict, qu'environ le vingtiesme jour du mois de décembre, le roy, la royne sa mère et mons. de Guise arrivèrent dans la ville de Paris, au grand reconfort et contentement des habitans d'icelle, le camp de S. M. estant ès environs dudit Paris, entre le port de Neully, le pont St-Clou, Poissi et Mante sur Seine, pour s'approcher de l'ennemy et l'empescher de ses desseings.

Dès au lendemain que le roy fut arrivé à Paris, la royne sa mère en partit pour aller veoir le prince de Condé en assez petit train. Si elle en demanda congé au roy, je croy que non; si elle en print l'advis de messieurs le connestable, de Guise et mareschal de St-André, encores moings. Mais, de son auctorité particulière, voulut faire ce voyage, soubz la couverture d'aller parlementer de paix et de retirer ledit sieur prince de ceste rébellion. Avec lequel elle demoura en son parlement l'espace de cinq heures, seulle avec luy dans sa tente, sans estre veuz de personne. De ce qu'ilz firent, dirent et traictèrent ensemble, nul n'en ouit oncques parler[1]. Sur les quatre heures du soir,

---

[1] Sur les conférences de Catherine de Médicis avec le prince de Condé, voy. de Thou, *Histoire universelle*, liv. XXX. Voy. aussi « Lettre de la reine mère au parle-ment de Paris, par laquelle elle annonce un accord fait la veille avec ceux qui portoient les armes contre le roi. 1562, juin 25. » (*Mém. de Condé*, t. III, p. 567.)

1562. laditte dame se retira dans Paris, aux fauxbourgs duquel l'attendoient cinq ou six cens hommes armez, tant de pied que de cheval,
avec ses gardes, qui montoient à pareil nombre, qu'elle n'avoit voulu
passer plus avant avec elle.

Ce voyage et parlement donnèrent moult de soubçon à toutes personnes, tant princes, seigneurs que Parisiens, et fut laditte dame
taxée de déshoneur par le commung peuple et autres personnes de
réputation, pour ledit voyage et aultres qu'elle avoit faict audit prince
jusques dans la ville d'Orléans et les environs, depuis ceste guerre
commencée et la mort de sa femme, avant qu'aller à Rouen. Et avoit-
on d'elle ceste oppinion qu'elle estoit amoureuse d'un fol amour
dudit sieur prince (ce que je ne croy). Il s'est mesme trouvé des
hommes, tant d'ung party que de l'aultre, lesquelz n'ont eu honte
de dire et assurer qu'il estoit yssu lignée bastarde de eux deux; et,
au retour de ceste visite audit prince, fut crié par les fenestres d'une
maison dudit Paris par quelqu'un mal vueillant de ladite dame telz
motz qui s'ensuivent, c'est assavoir : « Que regardez-vous ceste putain, qui vient de se faire fourbir................... à son
puttier et ruffien de prince de Condé! » Auxquelles paroles haulsa
la teste laditte dame droict aux fenestres de la maison d'où elle
pensoit venir la voix de telles paroles, pour remarquer la maison
et les personnes; ce que bonnement elle ne pùt faire, pour estre
jà la nuict serrée et pour la multitude du peuple qui estoit par les
rues et fenestres des maisons, et, sans dire aulcune chose, passa
oultre pour s'en aller en son logis. Il fut grand bruict, durant ces
troubles et depuis, que laditte dame se vouloit marier avec ledit
prince, chose à quoy oncques ne pensa, comme j'estime, car elle
estoit trop honeste pour ne pas garder son honneur royal, comme
il en est apparu. Toutesfois, sans mal juger d'elle, moult de gens
nobles et sages l'eussent mieux réputée qu'ilz n'ont faict, si elle
n'eust si souvent escript et fréquenté, tant en public qu'en secret,
ledit seigneur prince durant les troubles de ceste guerre, et a-on eu
ceste oppinion d'elle qu'elle entretenoit les princes de France en que-

relles et soubçon, ou, pour mieux dire, en mesfiance les ungs des aultres.

Or, dès la nuict ensuivant que laditte dame eut parlé audit prince, il leva son camp de devant Paris, et s'en reculla bien de six à sept grandes lieues, tirant droict à Dreux pour s'aller rendre en Normandie et gangner le Havre de Grâce, où il espéroit de recevoir une trouppe d'Anglois qui descendoit là pour son secours, et que la royne d'Angleterre luy envoyoit, à la diligence du cardinal de Chastillon qui les estoit allé mendier. Chascun des huguenotz, au descamper, mint le feu en sa loge, ce que bien apperceurent les gens du roy et de la garde de Paris, qui faisoient le guet sur les murailles. Qui fut occasion de redoubler la maulvaise oppinion qu'on avoit contre la royne, et creut-on pour tout vray qu'elle luy bailla conseil de descamper ceste nuict, pour ce qu'elle savoit bien mons. de Guise se préparer pour les combattre pendant deux jours pour tout délay.

Au lendemain de la nuict de son partement de devant Paris, mons. de Guise envoya haster le camp, auquel il fit passer la rivière de Seine, par les pontz et passages dessus dictz, ce jour mesme, pour aller faire teste audit prince et son camp, pour ne le laisser esloigner de la campaigne qu'il tenoit, et pour l'empescher de passer laditte rivière de Seine et d'aller en Normandie; ce de quoy ne se doubtoit ledit sieur prince, qui, s'estant arresté aux parolles de la royne, n'avoit envoyé ses espies pour descouvrir véritablement la routte que tenoit le camp du roy. Lequel incontinent eut en teste ledit prince, qui n'eut moyen que de cercher lieu advantageux pour se serrer et attendre le combat, qu'il apperçut bien qu'on luy vouloit donner et qu'il ne pouvoit éviter, sinon avec le danger de perdre tous ses gens, combien que le camp du roy estoit en assez maulvais ordre pour combattre, estant tout harrassé et fatigué du travail de la guerre qu'il pourtoit il y avoit plus de sept mois. Lequel camp du roy, estant encouragé et persuadé par ledit sieur de Guise, s'apresta au combat, et s'approchèrent les deux armées si près l'une de l'aultre

1562. qu'il ne leur estoit possible de fuyr devant son ennemy, sinon avec
danger de tout perdre.

Mons. le prince, se voyant serré de si près qu'il ne pouvoit fuir,
ordonna son camp de tout ordre requis pour combatre, et monstra
signe de vouloir assaillir celuy du roy, qu'il espéroit vaincre, tant
pour avoir de sa part les meilleurs et plus hardis guerriers de France
que pour l'intelligence qu'il avoit avec aulcuns chefz et capitaines
du camp du roy. Les meilleurs et plus hardis guerriers de France
qui estoient de sa part estoient MM. de la Rochefoucault, l'admiral
de France, d'Andelot, les deux plus expertz en guerre qui fussent
possible en chrestienté avec mons. de Guise; Telligni, gendre dudit admiral[1]; Mouy, gendre de feu mons. de Luze, seigneur du
Plaissie aux Brébans, aultrement le Plaissie aux Tournelles lez Provins[2]; Genlis[3]; le vidasme de Chartres, Columbières, Movans et le
capitaine Lorge, appellé le conte de Mongomery, tous suyvis d'ung
nombre de gentilshommes de France fort expertz au faict des armes.
L'avant-garde fut donnée à conduire audit sieur admiral, la bataille
audit sieur d'Andelot, en laquelle estoient les reistres qu'il avoit amené
d'Allemaigne, et l'arrière-garde fut conduitte par ledit sieur prince
de Condé. Les ministres et prédicans desditz seigneurs estoient
armez et bien montez avec leurs maistres en laditte guerre; lesquelz
à cheval faisoient la presche chascun d'eux en son quartier, en chantant leurs psalmes de Marot en vulgaire françoys ou bien les psalmes
de David, comme ilz disoient, traduitz en françoys; et chantoient
avec une si haulte voix, que le camp du roy les entendoit bien. Ilz
exhortoient ung chascun de combattre vertueusement pour l'honneur
de Dieu et de sa saincte religion réformée, pour laquelle ilz disoient
avoir les armes au poing et aussi pour l'advancement de l'honneur de

---

[1] Louis, sieur de Téligny, de Lierville, de Chatelier, de Montreuil-Bonin, gen- tilhomme ordinaire de la chambre du roi, lieutenant de la compagnie de l'amiral, épousa, en mai 1571, Louise de Coligny qui, devenue veuve en 1572, fut mariée en secondes noces à Guillaume de Nassau, prince d'Orange.

[2] Charles-Louis de Vaudray, sieur de Mouy.

[3] Jean d'Hangest, sieur de Genlis.

mons. le prince, protecteur du roy, du royaume et de laditte reli- 1562.
gion réformée, et par leurs doulces et enmiélées parolles, taschoient
à encourager leurs gens de guerre, leur promettant paradis dès ceste
heure-là.

. Mons. de Guise, qui les poursuivoit, ne voulut passer ceste bonne
occasion de les combatre qui se présentoit; lequel voiant ses ennemys et du roy d'ung si hault courage, encores qu'ilz semblassent estre
plus fortz que luy et leur camp en meilleur équipage que le sien,
dressa ses gens au combat. Il print la charge de mener l'avant-garde
pour résister aux ruses de l'admiral, qu'il sçavoit mener celle du
prince. Il donna la charge de la bataille au sieur mareschal de St-André, pour résister au sieur d'Andelot, qui conduisoit celle du prince;
il laissa à mons. le connestable la conduitte de l'arrière-garde, pour
tenir bon à mons. le prince de Condé, s'il l'attacquoit.

Les deux camps mis en ordre pour combatre, fallut tirer l'ung
l'aultre au combat. L'artillerie commença à desbander des deux costez
les ungs sur les aultres[1]. Dès le matin, mons. de Guise avoit faict
chanter la messe dans le camp, à laquelle chascun assista, et à la fin
de laquelle fut baillée l'absolution en général à toute l'armée catholicque, par le prebstre qui chanta laditte messe. Quelques salutz et
anthiennes furent chantées par les soldatz et gens de guerre catholicques, en l'honneur de Dieu et de la vierge Marie, en se recommandant corps et âme soubz leur protection et saulvegarde, et se
mint chascun au meilleur estat qu'il put. Les catholicques n'eurent

---

[1] « Discours de la bataille de Dreux dicté par feu Mr François de Lorraine, duc de Guyse. » (Archives curieuses de l'hist. de France, t. V, p. 97.) — « Brief discours de ce qui est advenu en la bataille donnée près de la ville de Dreux, le samedy 19e de ce mois de décembre 1562. » (Cette pièce paraît être de Coligny. — Mém. de Condé, t. IV, p. 178.) — Lettres contenant des relations de la bataille de Dreux. (Ibid.

p. 183 et suiv.) — D'Aubigné, Hist. univ. t. I, l. III, ch. xiv, p. 166. — Addit. aux Mém. de Castelnau, t. II, l. IV, p. 71; — Mémoires de Lanoue (collect. Michaud, 1re série, t. IX, p. 605. — Mémoires de Vieilleville (Ibid. p. 321); — De Thou, Hist. univ. l. XXXIV. — L'année catho-lique, à Dreux, était commandée, non par le duc de Guise, mais par le conné-table.

1562. plus tost faict leur oraison, qu'incontinent les charges se commencèrent les ungs sur les aultres.

L'ordre de la bataille fut tout au contraire qu'on ne pensoit; car
l'advant-garde du prince, que menoit l'admiral, alla attacquer l'arrière-
garde du camp du roy, que menoit mons. le connestable, oncle dudit
admiral. Lequel connestable ni ses trouppes ne voulurent oncques
mordre; mais au contraire, sa compagnie la première tourna le dos
avec quelques aultres, et à bride avallée picquèrent à Paris, où ilz
chevauchèrent sans regarder derrier eux, tant ilz eurent peur. Ceux
qui tindrent bon de ladite arrière-garde du costé du roy furent pour
la pluspart taillez en pièces et prins prisonniers. Le premier desquelz
fut ledit sieur connestable. Les huguenotz saisirent l'artillerie du roy
et furent maistres quelques heures; et à la vérité, à ceste première
charge, ilz avoient tout gangné par la trahison dudit connestable et
de mons. d'Estrée, maistre de l'artillerie, de laquelle artillerie il
ne ses canoniers ne firent aulcun emploi, et fut dict que la plus
grande partie des pièces qui furent laschées n'estoient chargées que
de foin. Ce pendant que l'eschec se donnoit avec le connestable, certaines compagnies tenoient messieurs de Guise en son avant-garde et
le mareschal de St-André en sa bataille à l'abboy, faisant mine de les
attacquer. Et ne s'apperceut ledit sieur de Guise de la fortune trom-
peuse de ceste bataille, jusques ad ce qu'il ouit chanter victoire! Victoire de l'Évangille sur la messe! et qu'il vit quasi tout son camp en
désordre et s'enfuir. Car à la vérité, ainsi que l'ai ouy réciter à gens
des deux partis qui se trouvèrent à ceste bataille, ce premier assault
fut fort rude. Il de Guise, voyant ce désordre, taschea à joindre le
mareschal de St-André, et avec une prudence incroiable et quasi
impossible, rallia ce qui luy estoit demeuré de reste de son camp
d'une bonne manière. Lequel reste, encouragé par ce prince guisien,
print cœur en soy, et, toute crainte de mort mise bas, se ruèrent de
courage sur le camp huguenot d'une telle fureur qu'il huguenot,
après avoir bien soustenu, fut contrainct de prendre la fuitte pour
se saulver la part qu'il pouvoit. Mons. le prince de Condé fut prins

prisonnier par ledit sieur de Guise et l'admiral fort blessé; le sieur 1562.
d'Andelot se saulva à la fuitte, ayant perdu quasi tous les gens de sa
bataille et une bonne partie de ses reistres. Le roy avoit en son
camp des reistres d'Allemaigne aussi bien que les huguenotz; lesquelz s'estrillèrent bien les ungs les aultres. Les Suisses du roy
firent úng terrible carnage desditz huguenotz, quand ilz les eurent
vaincuz, comme aussi firent les paysans du pays qui estoient aux
escartz.

La bataille fut si cruelle que, par le rapport de ceux qui eurent
charge de visiter et enterrer les mortz, en fut trouvé de compte faict,
tant d'ung costé que d'aultre, le nombre de douze mille et plus.
Vingt-deux enseignes du prince de Condé furent trouvez sur le
champ, lesquelles furent recueillies par les gens du roy et envoyées
par mons. de Guise à S. M., qui les fist poser dans la grande
église de Nostre-Dame de Paris. La perte de gens fut plus grande du
costé du prince de Condé, pour le regard de mortz, qu'elle ne fut
du costé du roy. De ce costé, y eut beaucoup de gentilshommes
prins prisonniers, comme aussi de blessez. Mons. le mareschal de
St-André, après avoir moult courageusement combatu et faict grand
exploict, fut à la fin contrainct de se rendre prisonnier, auquel fut
faict ung traître et malheureux party; car, tout aussi tost qu'il fut
cognu, fut misérablement massacré et tué par ceux qui le prindrent prisonnier et auxquelz il s'estoit rendu[1]. De quoy furent fort
blasmez tous les huguenotz, qui jamais n'ont honestement sceu excuser ce faict. C'estoit, après messieurs de Guise, l'admiral et d'Andelot, l'ung des meilleurs guerriers de France, et qui tout son temps
avoit honorablement servy le roy comme aussi fidellement. Il fut fort
regretté du roy, de mons. de Guise et de tous bons capitaines, qui
avoient expérimenté ses vertus. Messieurs de la ville de Paris le

[1] Sur le maréchal de Saint-André, sur
les causes et les circonstances de sa mort,
voy. de Thou, liv. XXXIV; Brantôme,
Vies des hommes illustres; Le Laboureur,
Additions aux Mémoires de Castelnau, t. II,
p. 81; et Vieilleville, *Mémoires,* dans la
collection Michaud, t. IX, p. 322.

1562. pleurèrent fort. Entre les gens de remarque blessez, des gentishommes de ce pays de Brie, y fut fort navré en l'espaule d'un coup de pistolle mons. de Beauvais, seigneur de Nangis, Gurcy et Amilly, lequel quant et quant fut prins prisonnier et mené dans Orléans[1]. Après avoir payé grosse rançon, il fut renvoyé en sa maison, où il mourut après avoir traisné quelque demy-an, et ne put-on jamais trouver le moyen de le guarir de ce coup, d'aultant que la balle de laquelle il avoit esté attainct, comme rapportèrent les cirurgiens et médecins, estoit empoisonnée. Tous ceux qui furent prins prisonniers du costé du roy furent menez par les huguenotz dans la ville d'Orléans, et ceux du costé du prince furent menez à Paris, excepté la personne de mons. le prince de Condé, qui fut par le commandement du roy envoyé dans la tour de Loches. Ceste bataille fut donnée le jour de la feste mons. St-Thomas l'apostre, trois jours avant Noël, qui sont les plus petis jours de l'année, dont bien en print aux huguenotz qui en reschappèrent, veu le courage que les catholicques avoient à les combàtre. Heureux fut le huguenot qui put faire une croix sur ses habillemens pour se saulver ce jour-là et lendemain, combien qu'audit lendemain les gens du roy n'en purent plus trouver par les champs, parce qu'ilz s'estoient saulvez la nuict, chascun à sa commodité. Les huguenotz de cheval, toute la nuict galopèrent pour gangner la ville d'Orléans, où ilz s'allèrent rendre en sûreté.

Mons. de Guise et le reste de son camp se logèrent ce jour-là où ilz purent pour prendre leur repas; la pluspart desquelz n'avoient encores beu ne mangé. Ledit sieur de Guise, avant que de manger, fit sa prière pour rendre grâce à Dieu de la victoire que sa miséricorde luy avoit donnée; lequel aussi quant et quant envoya une poste au roy, qui estoit à Paris, pour luy annoncer ceste glorieuse victoire contre l'ennemy, qui estoit plus tost venue d'en hault que de la force des hommes; et arriva ce messager audit Paris entre unze heures et minuict, qui fut moult joyeusement receu, après

[1] Voy. plus haut, p. 34.

qu'on l'eut ouy parler. Car les fuyars de la compagnie de mons. le 1562.
connestable, qui, au commencement de l'attacque de laditte bataille,
avoient, sans vouloir frapper, tourné le dos et s'estoient enfui à Paris,
avoient pourté nouvelles en laditte ville et au roy que la journée
estoit perdue pour S. M., et que le prince avoit tout gangné. Le roy,
ayant receu les nouvelles de la victoire gagnée par mons. de Guise
son lieutenant, et comment mons. le prince estoit prins prisonnier, en
fit sonner au lendemain la trompette par les carrefours de la ville de
Paris, affin que chascun eust à en louer et remercier Dieu. Et luy-
mesme, avec la royne sa mère, allèrent remercier Dieu dans la
grande église de ceste victoire et firent chanter l'hymne et canticque
de joye qui est *Te Deum laudamus,* qui fut chanté avec une singulière mélodie et une grande alégresse de cœur. En chascune église
de laditte ville de Paris fut chanté ledit *Te Deum,* et pour monstrer
la singulière joye que chascun rendoit et debvoit rendre à Dieu,
furent quant et quant sonnées toutes les cloches des églises dudit
Paris quasi par tout ce jour.

Mons. de Guise traicta fort honorablement mons. le prince de
Condé durant le temps qu'il fut entre ses mains, et luy donna ses
serviteurs pour le servir fort révéremment, comme il appartenoit
son excellence, en attendant que le roy l'eust chargé pour l'envoyer
à Loches. On fit courir le bruict par la France que ledit seigneur de
Guise demanda audit sieur prince la question qui s'ensuit : « Hé déa!
mon cousin, vous ne faictes poinct bonne chère; je vous prie de
me dire quelle chère et traictement vous m'eussiez faict, si je fusse
tombé prisonnier entre voz mains, comme vous estes entre les
miennes. » A laquelle question ne voulut faire response ledit sieur
prince; et alors ledit sieur de Guise luy dist : « Mon cousin, je vous
prie de vous resjouyr et faire bonne chère, tant que vous serez entre
mes mains, esquelles n'aurez aulcun mal, et vous promectz que, si
ce n'estoit le debvoir que je doibs au roy pour luy rendre compte
de ma charge, je vous délivrerois présentement pour aller en vostre
liberté, et vous baillerois compagnie d'assurance pour vous y con-

40

1562. duire; mais vous sçavez qu'il faut que j'obéisse au roy, ainsi que je suis tenu. » Et depuis n'eurent aultre parolle ensemble[1].

L'admiral et d'Andelot son frère, qui avoient esté blessez à ladicte bataille, se retirèrent à Orléans avec le connestable leur oncle, qui estoit leur prisonnier, qu'ilz menèrent quant et eux, réallièrent le reste de leurs gens qui leur restoient de ladicte bataille, et les enserrèrent avec eux audit Orléans. Ledit sieur admiral se pourta chef et lieutenant pour les huguenotz, en l'absence de mons. le prince de Condé; il envoya postes et courriers de toutes partz du royaume aux villes qui tenoient encores pour eux, et leur fit entendre que, combien que mons. le prince fust prisonnier, il ne falloit perdre courage pour cela, d'aultant que mons. le connestable estoit prisonnier entre leurs mains, comme aussi estoient plusieurs aultres seigneurs du camp du roy, qui seroit l'occasion que le faict de la cause et de la religion de leur costé ne se pourroit mal porter. Et pour ces causes, les pria de tenir bon et de ne se rendre au roy, ains d'avoir bon courage et fiance au Seigneur, qui les délivreroit avec les moyens que la cause, ou en général ou en particulier, pourroit trouver et inventer contre le prince guisien, leur capital ennemy, des mains duquel il espéroit qu'ilz seroient délivrez en peu de jours. Ce néantmoings, ilz huguenotz de France ne furent pour ce guères assurez, ignorans encores le moyen d'invention duquel ledit sieur admiral leur parloit. Les huguenotz sérieux, qui estoient épars en leurs maisons, tant ès villes rebelles que aultres, furent fort esbranlez pour se réunir avec les catholicques, combien que peu desditz huguenotz sérieux qui n'alloient à la guerre fussent dans les villes de leur habitation, mais en avoient escampé de peur d'estre saccagez; et où il en demeura de telz, retournèrent à la messe avec les catholicques, faisant bonne mine, disant qu'ilz n'en estoient pas. Et de telz s'en trouva ung à Provins, nommé maistre Anthoine

[1] « Lettres du roi, par lesquelles il charge le maréchal de Dampville de la garde du prince de Condé. 1562, 21 décembre. » (*Mém. de Condé*, t. IV, p. 181.) Voy. aussi une lettre de la reine mère, du 3 janvier 1563. (*Ibid.* p. 190.)

Barengeon, médecin, homme doux et paisible, mais huguenot des 1562. premiers; lequel, une partie par les prières de sa femme, qui estoit fille de Chauvet, de la ville de Bray, bonne catholicque, l'aultre pour ce qu'il n'eust osé aller par les champs, tant il estoit timide, demeura en sa maison, contrefaisant le catholicque à son possible. Ses deux frères, l'esleu et l'enquesteur, avoient absenté la ville de Provins, qui sembloient quelque peu plus hardis que luy pour se trouver en toutes compagnies, mais non guères. Durant l'absence desquelz mourut ledit médecin, qui, par fintise ou de bon cœur (ainsi que Dieu le sçait), receut les sacremens de l'église catholicque et fut enterré au cymetière de St-Ayoul avec les catholicques.

Ledit médecin, avant que mourir par l'esté de ceste année, fut au dangier d'estre massacré par les enfans de Provins, à cause de sa huguenotterie; car il et ses frères furent la cause de mettre hérésie et huguenotterie en la ville de Provins, ainsi que l'avons jà dict en quelques endroictz de nostre premier livre et de cestuy-cy; qui estoit la cause qu'on luy en vouloit, et n'eust osé ledit médecin aller seul par les rues de la ville, fust à la messe ou à ses autres affaires, sans compagnie de maistres hommes et de deffense, pour le saulver de l'injure et danger desditz enfans; et falloit, par chascun dimanche, que ses amys et voisins l'accompagnassent pour le mener et ramener à la messe et vespre, ou aultrement l'eussent jetté au trou Bilotte, qui est ung conduict soubz le pavé de la rue et coing de Changi, par lequel passe l'eaue du ruisseau de la Pinte.

Après que la bataille fut donnée et les mortz enterrez, mons. de Guise fit reposer son camp l'espace de trois sepmaines, pour le rafreschir et se racommoder, par les villages depuis le lieu de la bataille jusques devant la ville d'Orléans. Il bailla congé à plusieurs compagnies de pied et de cheval, il en fit aller d'aultres en leur place, de sorte que le plat pays, à trente lieues dudit Orléans, fut fort mangé et grevé des gens de guerre qui alloient et venoient audit camp. Toutesfois, villes et villages prenoient courage en leur perte, pour la resjouissance que les catholicques avoient de la victoire que Dieu

40.

1562. avoit donnée au roy et à l'armée catholicque. Laquelle victoire, si elle eust esté favorable aux huguenotz et que les catholicques l'eussent perdue, c'estoit faict en France de l'église catholicque, apostolicque et romaine; car moult de gens de toutes qualitez n'atendoient que l'yssue de ceste guerre pour se déclarer du costé que la fortune donneroit. Plusieurs huguenotz se réduisirent après icelle à l'église catholicque, qui oncques depuis n'en partirent; aultres vacillans en leur religion, qui encores ne s'estoient déclarez, demeurèrent en icelle catholicque, et du tout furent refroidis de la huguenoticque; aultres firent bonne mine et contrefirent les catholicques, allant à la messe pour saulver leur vie et bien, attendant l'yssue du remède promis par l'admiral contre le prince guisien, et contribuant secrètement à l'entrétenement de leur guerre.

Dans plusieurs villes, les curés célèbrent des services solennels pour les soldats catholiques tués à la bataille de Dreux.

La cour de parlement décide que, à la requête du procureur général, il serait obtenu des évêques de France des lettres de sentence d'excommunication portant que, dans toutes les paroisses, ceux qui connaîtraient des huguenots seraient tenus de les dénoncer dans l'espace de neuf jours à leurs curés, sous peine, le terme passé, d'être déclarés excommuniés.

Ceste sentence fut impétrée et décrétée par mons. l'official de Sens, suyvant le mandement du roy à luy adressé, lequel official envoya icelle sentence en chascun doyenné de son diocèse, pour la faire publier et fulminer en chascune ville et village où on se doubtoit qu'il y avoit des huguenotz. Et à celle fin que ladite sentence fût publiée et fulminée partout, fut envoyé mandement du roy aux juges des villes qu'on sçavoit n'estre huguenotz, pour en poursuivre l'exécution et recepvoir des mains desditz curez et vicaires les déclarations qui leur auroient esté faictes par les révélans, et pour ce que Mes Jehan Alleaume, bally de Provins, et Jehan de Ville, procureur du roy en icelle ville, estoient suspectz et tenus pour huguenotz, le roy ou son procureur général ne leur voulut adresser son mandement, ains

l'adressa à Me Hugues de Romenelles, lieutenant dudit bally et con-   1562.
seiller au siége présidial dudit Provins, bon catholicque; lequel s'ac-
quitta d'icelle charge envers les curez et receut d'eux les révélations
qui en furent faictes audit Provins.

A la publication et fulmination de ceste sentence d'excommuniment se trouvèrent fort troublez maintes personnes, tant hommes
que femmes, de laditte ville de Provins, lesquelz estoient faschez de
se laisser excommunier, comme aussi d'acuser ceux qu'ilz cognoissoient estre telz que le texte de laditte sentence portoit, les aulcuns pour la proximité de linage et parenté. Ce néantmoings, aulcuns
furent scrupuleux jusques à ce qu'ilz accusèrent père et mère, enfans, parens, amys, bally, procureur du roy et aultres qu'ilz cognurent estre coulpables, aymant mieux perdre l'amitié de telz que
d'estre excommuniez et perdre la gloire de Dieu pour les amys et
faveurs de ce monde, et révélèrent devant les curez et tesmoings ceux
qu'ilz cognoissoient estre telz que l'excommuniment portoit. Lesquelles
révélations furent levées et mises ès mains dudit lieutenant Romenelles, pour les envoyer à Paris, audit procureur général du roy[1].

Les huguenotz publicqz et secretz de Provins, qui n'avoient encores prins la fuitte, escampèrent de leurs maisons et pays pour la
pluspart; aultres retournèrent avec les catholicques. Parmi ceux qui
escampèrent dudit Provins, l'esleu Barengeon, l'enquesteur, son frère,
s'allèrent rendre dans la ville de Montbelliar, à une petite journée
de Basle en Suisse; Me Jehan Saulsoy, médecin, s'en alla ès Allemagnes; Jehan Couvent, apoticaire, qui estoit attainct de maladie

---

[1] On trouve à la bibliothèque de Provins, dans les *Miscellanea* manuscrits de
M. Ythier, p. 261 et 262, les listes des personnes soupçonnées d'être de la religion
prétendue réformée, pour n'avoir pas satisfait à leur devoir pascal, listes qui furent
fournies par les curés de Sainte-Croix, de
Saint-Ayoul et de Saint-Quiriace, les 22
et 23 août 1562. M. le docteur Michelin
possède les originaux de ces pièces. — Voy.
aussi des arrêts rendus par le parlement,
pour ordonner aux membres de l'Université (1562, 9 juillet), aux officiers royaux
(13 juillet), aux juges des seigneurs justiciers (14 octobre), de faire profession de
foi catholique. (*Mémoires de Condé*, t. III,
p. 535 et 542, et t. IV, p. 42.)

1562. podagre, s'enfuit à Genefve; il estoit filz du vieil Jehan Couvent, bon catholicque; Marc Boyer, procureur, se retira ès maisons d'Esternay; Mᵉ Richard Privé, advocat, à la Croix en Brie, pour attendre quelle seroit l'yssue de tel affaire. Le bally et le procureur du roy, comme aussi Léon Godard, procureur, n'absentèrent poinct la ville, combien qu'ilz sceussent qu'on les avoit accusé; mais, contrefaisant les bons catholicques, estoient aultant à la messe et divin office que les prebstres.

Catherine Chemin, chambrière d'André de Gramond, qui était prieur de Saint-Ayoul et doyen de la chrétienté de Provins, sans avoir même reçu les ordres mineurs, disparaît subitement du prieuré; elle avait manifesté l'intention d'accuser d'hérésie son maître, qui se trouvait alors à Paris. — La justice fait des recherches; on ne trouve rien, ni corps, ni sang. — Un serviteur, qu'on croyait être le fils bâtard du prieur, est accusé du meurtre de la chambrière, mis en prison, puis relâché, faute de preuves. — André de Gramond fait donner de l'argent à la famille de la défunte, pour la désintéresser; et, afin de dissiper les soupçons d'hérésie qui s'élevaient sur son compte, il prend les ordres de prêtrise, puis il se retire à Sens et est nommé chanoine.

Après la prinse de mons. le prince de Condé, l'admiral se pourta protecteur et lieutenant général pour les huguenotz[1], lequel estoit l'homme tenu le plus fin et cauteleux en guerre et aultres affaires qui fust en France, homme de grand conseil et d'invention merveilleuse. Lequel, avec les huguenotz restez de la bataille, s'estoit retiré dans la ville d'Orléans, pour se sauver et fortiffier en icelle contre le roy et sa puissance. Et n'y avoit plus en ce pays que laditte ville d'Orléans qui fust occupée par les dictz huguenotz. Par quoy furent requis de la rendre au roy, ce qu'ilz refusèrent faire; et fut contrainct le roy d'y envoyer mons. de Guise et son camp, pour tascher à la reprendre et dompter ledit admiral et aultres huguenotz qui estoient dedans. Le camp y arriva environ la my-janvier de ceste

---

[1] « Arrêt du parlement de Paris, portant condamnation de mort contre le seigneur de Chastillon, admiral de France, et autres seigneurs rebelles au roy, contumaces. 16 nov. 1562. » (*Mém. de Condé*, t. IV, p. 114.)

année, et se campa au lieu le plus avantageux qu'il peut, pour enserrer 1562.
la ville et la tenir en subjection. Mons. de Guise, avant que faire les
approches pour dresser l'artillerie devant les murailles, la fit sommer
de se rendre au roy avant qu'estre batue et canonée, ce qu'ilz ne
voulurent faire. Partant, furent dressées les tranchées et l'artillerie posée et furieusement tirée devant les murailles, jusques à y faire de
grandes bresches. Les huguenotz de dedans se deffendoient aussi
courageusement que furieusement estoient assaillis, pour ce qu'ilz
voyoient que là estoit leur consummation, si le remède qu'ilz praticquoient en peu de jours ne sortoit son effect, duquel nous parlerons
avec grand regret tout incontinent. Or, ainsi que j'entens, la rivière
de Loyre, du costé devers Paris, est entre le fauxbourg et la ville,
et passe laditte rivière tout joingnant les murailles. Et convint audit
sieur de Guise de battre icelle ville par-dessus laditte rivière, qui
est assez large et profonde, mesmement en la saison d'hiver, comme
c'estoit. L'admiral avoit rempli les fauxbourgs de gens de guerre
huguenotz et principallement celuy qui estoit sur laditte rivière;
lesquelz faisoient leur corps de garde et forteresse dans ung molin
qui est sur laditte rivière qu'on appelle *portereau*. Duquel portereau
et molin arrestoient l'eaue et la laschoient quand ils vouloient, et
portoient ce portereau et molin grande incommodité au camp dudit
sieur de Guise. Lequel de Guise les fit assaillir et battre d'une si dextre
manière qu'il s'en fit maistre et y fit donner assaux si rudes que les huguenotz furent contrainctz de les quitter, où quasi furent tous tuez
au tranchant des armes, et noyez à la miséricorde des poissons [1].

La prinse de ces molin et portereau fut ung grand avantage audit
sieur de Guise et camp du roy et ung grand désavantage aux huguenotz de la ville, lesquelz commencèrent à entrer en désespoir de leur
salut et de leur vie, si le remède praticqué par l'admiral ne sortoit son

---

[1] « Lettres du duc de Guise au maréchal de Montmorency et à M. de Gonnor, par lesquelles il leur mande la prise du Por-tereau d'Orléans. 1562 (1563), 7 février. » (*Mém. de Condé*, t. IV, p. 224 et 225.) — Sur le siége d'Orléans, voy. *Additions aux Mémoires de Castelnau*, t. II, p. 180.

1562. effect en briefz jours, pour lequel faire exécuter il admiral se travailloit grandement.

Depuis que mons. de Guise fut maistre dudit portereau, il bailla
cours ou retenue aux eaux, selon sa commodité, et plus à son ayse
s'approcha des murailles de la ville, qu'il fit abatre à grans coups de
canon, en divers endroitz par où il prétendoit de faire donner assaux
à la ville, et il fit faire des pontz de bateaux liez les ungs aux aultres, bons et bien arrangez pour en toute sûreté aller à la bresche.
L'admiral, voyant les bresches si larges et spacieuses qu'il ne pouvoit
faire réparer, et les pontz de bois des bateaux prestz à mettre sur la
rivière pour l'assaillir, envoya ung messager à la royne mère du roy,
qui estoit au camp, pour la prier de saulver et prendre à mercy la
ville, avec composition honeste et advantageuse pour eux, mons. le
prince et leur prétendue religion, et les empescher de tomber ès
mains de ce Guisard (car ainsi parloient-ils de mons. de Guise), en
faveur du debvoir qu'ilz avoient faict et faisoient pour la maintenue
de sa grandeur. Quelle fut la response de la royne, personne n'en
sceut rien, car, soubz le manteau de parlementer et de faire réponse audit admiral elle-même pour le faire rendre et la ville au
roy, icelle dame entra dans Orléans.

Depuis que les bresches furent faites larges et spacieuses, ledit sieur
de Guise différa de donner l'assault à la ville pour deux causes, dont
mal luy advint, ainsi que dirons tout maintenant : partie pour le regard de la royne, qui, comme elle disoit, praticquoit à faire rendre
laditte ville sans coups frapper; l'aultre partie estoit en attendant
plusieurs compagnies de gens de pied et de cheval qui tenoient les
champs et n'avoient encores esté au camp, affin de les emploier à
la prinse de laditte ville, si les assiégeans eussent esté repoulsez.

L'admiral, se voyant au danger d'estre à la miséricorde des armes
ou du roy, diligenta fort à faire mettre en exécution le remède qu'il
espéroit estre la délivrance de luy et des huguenotz de France contre
son Guisard. Le remède qu'il avoit estoit le massacre dudit sieur
de Guise qu'il avoit practicqué avec plusieurs hommes de leur religion,

bien sçachant que, s'il pouvoit advenir à ce faict, leur cause se pour-
teroit bien. Et avec tant de gens travailla qu'à la fin en trouva ung
qui marchanda à luy de tuer, massacrer et assassiner ledit sieur de
Guise, ce que plusieurs de son party avoient refusé de faire, encores qu'ilz fussent de la prétendue religion.

Le marché faict d'assassiner ledit sieur de Guise avec l'admiral
et le prédicant Th. de Bèze, furent délivrés argent et cheval à l'assassineur, lequel fut mis hors de la ville d'Orléans par ledit admiral et
envoyé au camp du roy pour explorer le moyen de faire le coup
le plus vifvement et habillement que faire se pourroit, l'affaire luy
estant fort recomandée pour le salut de son âme, pour le los de son
nom, qui, par ce murtre, seroit rendu immortel, pour le salut et
prouffit de la religion réformée, et pour la délivrance de mons. le
prince de Condé et de tous les seigneurs et fidelles frères de laditte
religion, qui estoient en si grand danger.

Le marchant, estant arrivé au camp du roy, se présenta audit sieur
de Guise, et luy offrit et au roy son service. Il fut le bien venu dudit
seigneur, celuy-ci l'ayant recognu avoir aultresfois esté son page, aux
enseignes que ledit marchant luy avoit dict; et tousjours depuis il
suyvit ledit sieur de Guise partout où il alloit, en le considérant en
ses faictz et dictz, qu'il trouvoit estre si sages et prudens que le courage de luy mal faire se passa en luy. Aussy, estant repentant de son
entreprinse, sans luy mal faire pour ceste fois, trouva moyen de
rentrer dans la ville d'Orléans, pour faire comme fit Judas après
avoir vendu Jésus-Christ. Il vint parler audit admiral et luy rendre
l'argent et cheval qu'il avoit prins de luy, en s'excusant de ce faire, par
les meilleurs moyens qu'il pouvoit, et en disant qu'il estoit impossible
de faire mal audit seigneur de Guise, tant à cause de sa bonté que
de la bonne garde qui estoit nuict et jour avec luy. Laquelle excuse
ne contenta pas l'admiral, lequel envoya appeller en son logis le prédicant Bèze, pour prescher et mieux persuader le compaignon de retourner faire l'exécution de leur volunté. Lesquelz, voyans la difficulté
qu'il faisoit d'y retourner, le taxèrent de couardise, et luy dirent qu'il

1562. y avoit cent gentishommes par les champs, lesquelz avoient juré de ne jamais dormir à leur ayse qu'ilz n'eussent tué ledit Guisard, et si n'en demandoient pas ung denier, ains estoient mus seullement d'un franc courage et du zèle qu'ilz portoient à l'honneur de Dieu et salut de tant de nobles gens, comme aussi à la religion réformée, et que celuy qui en viendroit à fin le premier seroit à jamais le mieux venu devant Dieu et les hommes. Et tant persuadèrent lesditz admiral et Bèze audit malheureux, qu'il promist de retourner et d'exploicter le faict, quelque péril qu'il en pust advenir. Et, pour le mieux encourager de retourner, le prédicant Théodore de Bèze, en riant, dist à l'admiral telz motz : « Monsieur, je voy bien que ce bon seigneur a bonne volunté d'exécuter son entreprinse, mais il vouldroit encores quelque cent d'escuz. » Auquel respondit l'admiral : « Ne tient-il qu'à des escuz ? A-t-il peur d'en avoir disette avec nous ? Tenez, voilà encore cent escuz. » Lesquelz cent escuz furent prins par ledit assassineur, avec mil escuz qu'on luy avoit promis, desquelz jà en avoit reçu cinq cens. Le pauvre misérable, ainsi séduit par escuz et promesses, retourna au camp et se représenta au logis et suitte dudit sieur de Guise, l'accompagnant en tous lieux, en cerchant l'opportunité de faire son coup.

Ce coup fut faict sur la fin du moys de febvrier au soir, ledit seigneur s'en retournant en sa tente ou logis, venant de visiter les tranchées, l'artillerie et son camp, et estant désarmé de son corps de cuyrace, ce qui n'avoit esté depuis le siége dudit Orléans. Ce que bien voyant le murtrier qui le suyvoit, par derrier le dos luy deslâcha entre les deux espaulles sa pistolle pleine de bouletz d'acier et de plomb, duquel coup tomba à terre ledit seigneur [1]. Ce coup faict,

---

[1] Le crime eut lieu le 18 février 1563. Guise mourut le 24. Voy. « Relation de la blessure et de la mort du duc de Guise. » (*Mém. de Condé*, t. IV, p. 240.) — « Lettre de l'évesque de Riez au roy, contenant les actions et discours de M. de Guyse, depuis sa blessure jusques à son trespas. » (*Ibid.* p. 243.) — « Récit de la mort du duc de Guise. » (Bibl. imp. collect. Dupuy, vol. 333.) — « Le sainct et pitoyable discours comme ce bon prince Françoys de Lorraine, duc de Guyse, se disposa à recevoir le S' Sacrement de l'autel, etc. » (*Mém. de Condé*, t. IV, p. 268.) — Voy. aussi un écrit

le murtrier picqua son cheval et se saulva de la trouppe qui estoit   1562.
avec ledit seigneur et absenta le camp, tant il estoit bien monté du
cheval que ledit admiral luy avoit donné pour se saulver, et si avoit
la nuict, qui estoit encores longue, pour courir et faire beaucoup
de chemin. Mais Dieu, qui ne put permettre que tel coup demourast sans punition, troubla tellement l'esprit d'iceluy murtrier, que,
combien qu'il courust toute la nuict avec son bon cheval, et qu'il
pensoit avoir faict beaucoup de chemin, le matin se trouva à une
petite lieue du camp du roy, si lassé et son cheval aussi qu'ilz n'eussent [sceu aller plus loin].

  Il y a ici une lacune dans le manuscrit.

Arrestation de l'assassin. C'était un gentilhomme de l'Angoumois, nommé
Jehan Poltrot. — Éloge du duc de Guise. — Procès de Poltrot. Interrogé sur le
meurtre qu'il avait commis, il accuse l'amiral Coligny et Théodore de Bèze de
l'y avoir excité et de lui avoir donné et promis de l'argent pour l'exécuter [1]. Il
est condamné à être tenaillé et écartelé [2].

  Cependant qu'on faisoit le procès dudit Poltrot, on embausmoit et
ensevelissoit-on ledit sieur de Guise. Le corps duquel fut mis en ung
cerceuil ou coffre de plomb, avec ung de bois par-dessus, qui fut
posé sur ung char ou branquart de harnois à quatre roues, estelé
de quatre gros chevaux, bardez de fin drap noir, et enharnachez de
mesme hongris et colliers noirs. Il fut donné en garde à ung capitaine du camp, avec les maistres d'hostel de sa maison, accompaignez de cinq cens pistolliers et harquebusiers à cheval et de quelques
compagnies de harquebusiers à pied, pour conduire ledit seigneur à

---

très-violent au sujet de l'assassinat du duc
de Guise, sorte de réquisitoire et de cri de
vengeance contre les promoteurs du meurtre, dans le vol. 844 de Dupuy, fol. 94, à la
Bibl. imp. et diverses lettres dans le vol. 541.
  [1] On a imprimé en 1562 (1563), «Interrogatoire de Poltrot,» avec une lettre
de l'amiral à la reine. — Voy. aussi « Ré-

ponse à l'interrogatoire, etc. par mons. de
Chastillon, admiral de France, et autres
nommés audit interrogatoire. A Orléans,
1562.» (*Mém. de Condé*, t. IV, p. 285.)
  [2] «Arrêt du parlement de Paris, portant
condamnation de mort contre Jehan Poltrot. 18 mars 1562 (1563).» (*Mém. de
Condé*, t. IV, p. 309.)

1562. Paris avec ledit Poltrot, qui fut chargé sur les harnois, lyé et garoté, assis sur le corps ou bière d'iceluy deffunct.

Les Parisiens, estans advertis de l'arrivée du corps dudit sieur de Guise[1], luy allèrent au-devant jusques assez près du village du Bourg-la-Royne, pour luy faire honneur, tout mort qu'il fust, et pour le conduire dans l'église Notre-Dame de Paris, toutes les églises et ecclésiasticques de laditte ville estans revestus de sourplis et aultres ornemens, chascun de l'ordre qu'il estoit, messieurs de la justice dudit Paris présens, comme aussi estoient messieurs les prévost, eschevins, gouverneurs et bourgeois en grand nombre. Le roy pareillement, accompagné de ses gardes, alla au devant du corps dudit seigneur jusques à la porte Saint-Marceau, par laquelle il entra dans la ville, et le receut à grand regret et doléance de sa mort. C'estoit une chose fort pitoiable de veoir le roy, les seigneurs, gardes et officiers de sa suitte, avec les habitans de la ville, tant hommes que femmes, tous plorer avec grandes larmes et souspirs ledit sieur de Guise; et en le plorant si fondement, chascun jettoit son œil au murtrier Jehan Poltrot, qui estoit lié et garoté sur le corps dudit seigneur, auquel Poltrot ne se purent garder plusieurs femmes et jeunes gens de luy jeter de la boue des rues au visage, avec grandes injures.

Après que le corps fut posé dans l'église Notre-Dame, fut son service commencé à faire fort solempnellement, et furent seullement chantées les vigilles ce jour-là à toutes les heures du reste du jour et de la nuict, par les ecclésiasticques de tous ordres et religions qui sont audit Paris, les ungs après les aultres, Jehan Poltrot tousjours présent et assis ou couché sur le corps, à la veue de chascun, auquel on bailloit à boire et à manger à ses heures, quand il en avoit nécessité. Au lendemain matin, fut le service parachevé, auquel assista le roy et, je croy, toute la ville de Paris en grande dévotion. L'oraison et

---

[1] « L'ordre des cérémonies et pompes funèbres tenues en la ville de Paris, pour la réception du corps de très vertueux et très magnanime prince François de Lorraine, etc. » (*Archiv. curieuses de l'hist. de France,* t. V, p. 207.)

sermon funèbre sur la mort dudit seigneur fut faicte par ung docteur
fort sçavant et éloquent, qui moult doctement sceut déclamer les
vertus dudit seigneur, ensemble la perte et domage que auroient
Dieu, son église, les catholicques, le roy et le royaume en la mort
d'iceluy. Il exorta ung chascun estat de la France avoir recours au
Dieu omnipotent, pour luy recommander la cause de son honneur,
son espouse la saincte église, la religion apostolicque et romaine, le
roy et le royaume, pour lors destitués de secours et ayde d'hommes,
à luy Dieu et au roy fidelles, comme estoit ce seigneur trespassé;
lequel ayant mesprisé sa femme, ses enfans, ses biens, son repos,
son ayse, pour l'honneur de Dieu et de son roy, avoit exposé son
corps, sa vie et son sang au danger qui l'avoit amené où on le voyoit;
le sang duquel, sans aucun doubte, est soubz l'autel de l'aignau
sans macule, qui est Jésus-Christ, en paradis devant Dieu, criant
vengeance, laquelle en sera faicte sur ceux qui sont cause de sa mort
et qui ont induict ce pauvre malheureux qui estoit présent à faire
le coup. Pour consoler le peuple de Paris, qui estoit comme en ung
désespoir de la maintenue de la vraye religion, et qui estoit en ce
doubte, comme aussi estoient tout le reste des catholicques de France,
que la religion catholicque et romaine seroit par les huguenotz héréticques abatue en France, faulte d'homme prudent et sage qui
espousast la cause d'icelle, en attendant la majorité et grandeur du
roy, qui n'avoit encores douze ans, auquel on avoit grande espérance,
ledit prescheur dist qu'il y avoit encores en France moult de milles
personnes qui n'avoient encores poinct esté inclinées ni faict le petit
genou devant l'idolle Baal, et que Dieu en susciteroit quelqu'une pour
prendre la place du deffunct, et pour espouser la cause de Dieu, de
sa saincte religion, du roy et du royaume. Dist davantage que, au cas
que nul homme de ce monde ne voulust espouser la cause de Dieu et
du royaume, luy Dieu la prendroit et empescheroit les méchans héréticques, murtriers et assassineurs de prospérer, assurant le peuple
que, où ayde humain deffault en quelque chose que ce soit, l'ayde
divin en est la force; exortant ledit peuple de recourir du tout audit

1562. ayde divin, qui sera et est plus fort que la force de tout le monde;
car, quand toutes les forces humaines du monde, qui est bien grand,
seroient assemblées ensemble, ne seroient rien, si Dieu, qui est
l'ayde divin, n'y mestoit la main; prouvant le tout par belles exemples
et figures de l'Escriture saincte et par les histoires prophanes du temps
passé. — C'est une chose toute certaine, que, du vivant dudit sieur
de Guise, durant ces troubles, moult de catholicques avoient quasi
du tout leur espérance en luy et sa prudenze plus qu'en Dieu, et ne
faisoit-on si grand debvoir de recommander la cause à Dieu qu'on
a faict depuis sa mort; et a-on apperçu depuis sa mort que le dire
dudit prédicateur s'est trouvé véritable, et que Dieu ayant tiré à soy
ledit sieur trespassé, il a pris la cause de sa divinité, de son espouse
l'église, du roy et du royaume en sa protection.

Poltrot est tenaillé avec des tenailles ardentes, et ensuite tiré à quatre chevaux
en place de Grève. L'exécution terminée, le corps du duc de Guise est emmené
à Joinville, en Lorraine, où sa mère vivait encore. Le clergé et le peuple de
Paris l'accompagnent jusqu'à la porte Saint-Antoine.

Le corps passe à Provins, dont François de Guise était seigneur du chef de sa
femme, à laquelle Henri II en avait fait présent. Les capitaines de la ville, les
compagnies d'arquebusiers, les gens de justice et le clergé vont à sa rencontre.

« Les ecclésiastiques et commung peuple estoient si dolens et avoient le cœur
si mary, qu'avec toute difficulté pouvoient-ils chanter les prières et oraisons des
trespassez qu'ilz faisoient à son intention, à la pluspart desquelz tomboient les
larmes grosses comme pois. »

Le cercueil, mené par quatre chevaux, entre par la porte Saint-Jean, est déposé sous le portail des Cordeliers et gardé par deux cents arquebusiers de la
ville; les prières, les vigilles, les messes, et le sermon, qui fut prononcé par un
jacobin, se succèdent jusqu'à dix heures du lendemain matin; à ce moment, le
cortége se remet en route dans le même ordre que la veille, et quitte Provins par
la porte de Changis.

Au partir de Provins, fut ledit deffunct conduict au giste à Nogent-
sur-Seine, où pareillement arriva le corps de mons. le grand prieur
de France, son frère, qui estoit mort dans son chasteau de l'Aulnay-

lez-Sens, ayant esté empoisonné, ainsi qu'en fut le commung bruict, 1562.
par la practicque des huguenotz de France, pour la craincte qu'ilz
avoient qu'il ne succédast à la place et authorité de lieutenant du
roy, pour leur mener la guerre au lieu dudit deffunct de Guise, son
frère[1]. Et pour ce, travaillèrent à les faire mourir tous deux ensemble.

Douleur de la duchesse douairière de Guise, à l'arrivée de ses deux enfants
morts. — Le cardinal de Lorraine reçoit au concile de Trente la nouvelle de la
mort de ses frères, moins d'un mois après avoir reçu les lettres qui lui annon-
çaient la bataille de Dreux. — Des pourparlers pour la paix s'engagent pendant
la maladie du duc de Guise. Le roi repousse les conditions présentées par les
protestants, comme trop rigoureuses. — Nouvelles conférences. — Le prince de
Condé, mis en liberté sous caution, ainsi que le connétable, montre, pour rendre
raison de sa conduite, les lettres par lesquelles la reine mère et le roi l'excitaient
à la guerre et le priaient de les délivrer de l'oppression du duc de Guise. —
Traité conclu à Amboise entre la cour et les protestants, le 12 mars 1562 (1563
nouv. style). D'après cet acte et l'édit auquel il sert de base (19 mars), l'exercice
de la religion réformée est permis aux gentilshommes dans leurs maisons avec
leurs familles, et aux hauts barons avec leurs vassaux, et restreint, pour les
bourgeois des villes, à une seule ville par bailliage ou sénéchaussée; les arrêts
rendus pour fait de religion sont abolis; le prince de Condé et ceux qui l'ont
suivi sont déclarés bons et fidèles sujets du roi; la mémoire des offenses commises par les deux partis l'un envers l'autre est éteinte, etc. [2]

Ceste paix faicte, fut par la royne mère envoyée à messieurs de la
court de parlement de Paris, pour l'homologuer, l'enregistrer et la
faire publier au Palais et par la ville. Ce que refusèrent faire lesditz
sieurs du parlement, d'aultant qu'elle estoit faicte du tout au désavantage de l'honneur de Dieu, de la religion catholicque et de l'authorité

[1] François de Lorraine, grand prieur
et général des galères de France, né le
18 avril 1534, mourut le 6 mars 1563.

[2] Édit de pacification, qui permet le
libre exercice de la religion réformée. 1562
(1563), mars 19. (Isambert, *Rec. des anciennes lois franç.* t. XIV, p. 135.) Voy. des
actes de confirmation et d'interprétation

de cet édit (16 août, 14 décembre 1563,
4 août 1564), dans le même recueil, et
dans Fontanon, t. IV, p. 279; les articles
convenus à Amboise le 12 mars, dans les
Mémoires de Condé, t. IV, p. 305, et diverses pièces relatives à la même pacification, dans les Mémoires de Condé, t. IV,
p. 333, 356, 498 et 504.

1562. du jeune roy et repos public de son royaume. Ce que sçachant la royne mère, furibonde qu'elle fut, courut la poste depuis Orléans jusques à Paris, pour intimider lesditz sieurs de parlement, avec menaces de leur faire perdre la vie, au cas qu'ilz n'acceptassent, publiassent et enregistrassent icelle paix. A laquelle ilz voulurent faire toutes honestes remonstrances sur chascun article, et luy monstrer le mal qui adviendroit au roy et à la France par icelle paix; mais elle jamais ne les voulut escouter, et plustost redoubla ses menaces. Enfin, par grande importunité, obéirent lesditz sieurs, à leur grand regret et comme par force; ilz adjoustèrent à laditte paix, que, en parlant de la religion réformée, seroient mis par escript ces motz, *De la religion prétendue réformée,* et dirent davantage que icelle paix n'estoit accordée que par intérim, en attendant la majorité du roy, qui en feroit alors à sa volonté, et avec réserve pour S. M. de casser, interpréter et modifier les articles d'icelle, sans y appeller aultres que les gens de son conseil, à laquelle cassation, interprétation et modification seroient tenus d'obéir lesditz de la religion prétendue.

La royne mère reporta au prince de Condé ces conditions de messieurs de la court dudit parlement, qui en rien n'y voulut accorder; parquoy retourna laditte dame auxditz sieurs, leur commander qu'ilz publiassent laditte paix ès termes qu'elle estoit, sans y rien adjouster ni diminuer. Lesquelz luy firent response qu'ilz ne pouvoient et n'en feroient aultre chose, pour l'honneur qu'ilz debvoient à Dieu et au roy, et qu'au pardessus elle fist de leur vie, corps et biens ce qu'elle vouldroit. Laditte dame, voyant n'en pouvoir mieux chevir, s'en retourna et commanda que lesditz sieurs la fissent donc publier en ces termes qu'ilz avoient mis et corrigés, ce qu'ilz firent avec grand regret.

Les trompettes, crieurs et chevaux qui en firent le cry et la publication par la ville de Paris furent au danger d'estre tuez par la commune, qui s'esleva contre eux, auxquelz fut jetté de la boue des rues au visage, et fallut qu'ilz eussent patience. Le procureur général du roy de Paris s'opposa à l'enthérinement, publication et criée de laditte paix pour le roy, qui estoit mineur et en bas âge, en ce que

laditte paix luy pouvoit préjudicier, et demanda acte de son opposi- 1562.
tion. Toutesfois, le tout, par la volunté de la royne, ne laissa de
s'en aller son grand chemin.

Depuis ceste paix faicte et publiée à Paris et par les aultres villes
du royaume, il fut moult mal dict et rapporté de la royne mère et de
mons. le prince de Condé, et courut ung grand bruict par la France
qu'ilz se vouloient marier eux ensemble, et cognut-on à veue d'œil
que laditte dame avoit faict le faict et le desfaict de toute la guerre
qu'on avoit menée, et fit-on plusieurs escriptz et placartz contre son
honneur par la France. ·

Durant le traictement de la paix susditte, M. le prince de Condé fut
accusé, comme aussi fut l'admiral, de la mort de M. de Guise, et fut
requis de respondre à laditte accusation, ce que voluntiers dist vouloir
faire. Il se purgea de laditte mort, qu'il dist estre advenue à son grand
regret, et, pour preuve qu'il n'en estoit cause, déclara avoir escript
trois paires de lettres à la femme dudit sieur de Guise, à ces fins que
laditte dame taschast à le retirer de son entreprinse et de la poursuitte
qu'il faisoit contre luy et ceux de la religion, craignant qu'il n'advint
ce qui en est advenu, ce que confessa laditte dame estre vray. Davantage se rapporta à la déposition du murtrier qui l'avoit tué et qu'on
avoit exécuté en son absence· et durant sa prison; et, passant oultre,
déclara qu'il s'en rapportoit au premier qui en vouldroit parler, de
quelque religion qu'il fust, habandonnant sa vie, son honneur et biens
à la miséricorde du roy et de justice, où il se trouveroit aulcun digne
de foy qui l'en pust accuser. Par ces déclarations et submissions, fut
absoult ledit sieur prince de la mort dudit de Guise; et en demeura
la charge sur le seigneur admiral, qui print temps pour s'en purger,
qui luy fut octroyé, et s'en excusa par après, ainsi que le pourrons
déclarer en l'an prochainement venant.

Sous prétexte de couvrir les frais de la guerre religieuse, Charles IX rend un
édit[1] prescrivant la vente, au profit du trésor, des seigneuries et censives des

---

[1] Édit qui permet au clergé d'engager   mille écus de revenu. 1563, mai. (*Mém.*
le temporel de ses bénéfices jusqu'à cent   *de la chambre des comptes*; 3 c, fol. 286

1562. églises de France. Les gentilshommes des provinces achètent à bas prix les biens
ecclésiastiques; en réalité, la reine mère recueille seule les fruits de cette opération financière, soi-disant destinée à soutenir la guerre contre les protestants.
— Les chanoines de Saint-Quiriace de Provins font racheter leurs seigneuries
de Bonsac, de Saint-Martin-Channetron et de Boisdon. Le chapitre, malgré l'opposition d'un chanoine nommé Nic. Roussel, qui soutient que le roi n'a pas le
droit de disposer du temporel des églises sans l'autorisation du pape, se procure
de l'argent en faisant briser le chef de saint Quiriace. Cet acte est vivement
blâmé dans le pays. — Détails sur le chanoine Roussel, homme riche, paillard,
gourmand et fort libre dans ses propos.

Ung jour, estant en une assemblée de plusieurs personnes, ayant
beu du vin jusques à en estre surprins plus qu'à sobriété n'apartenoit,
commença à détracter de la mère royne, qu'il appella mère ruyne
du roy, du royaume et de toute piété et religion; et, passant oultre,
dist grandes parolles au déshoneur de sa pudicité, et l'appella pail-
larde, putain et ribaude et des plus qui fussent en son pays de bo-
grinerie d'Italie, ni en France, et non content de s'attacquer à son
honneur, y voulut comprendre la personne du roy, qu'il par plusieurs
fois injuria de telz motz en disant : « Ce petit filz de putain, ce bastard-
là, ce sera ung petit messère bogrinot d'Italie, qui ne vauldra rien
ne que sa mère, et qui perdra le royaume de France. »

Un avocat, appelé Pierre Leblanc, ayant entendu ces paroles, les dénonce aux
gens de justice. Le chanoine ne se tire d'affaire qu'en donnant de l'argent, d'abord
au bailli et au procureur du roi de Provins, ensuite à certains courtisans qui
font disparaître les pièces du procès. — Détails sur Pierre Leblanc.
Le roi établit pour six ans une nouvelle gabelle sur l'entrée des vins et de la
vendange dans les villes et bourgs du royaume; le taux en est fixé à 5 livres pour
chaque muid de vin, et à 6 sous 8 deniers pour chaque queue. La ferme de cette
gabelle est mise à prix et adjugée, à Provins, à un tailleur, moyennant la somme

aux Archives imp.) Une déclaration du
mois de janvier 1563 (1564) permit au
clergé de racheter dans un an les biens
aliénés en vertu de l'édit de mai. Voyez
dans les Mémoires de Condé, t. V, p. 6,
des remontrances des nobles et des gens
du tiers état à ce sujet. Au mois de mars,
le clergé racheta la portion aliénée de ses
biens, moyennant 3,230,000 livres. (Journal de Bruslart, p. 141.)

de six cents livres. Les habitants de Villenauxe s'opposent à l'exécution de l'édit, 1562.
en soutenant que la vigne et le vin sont leur unique bien et leur seul moyen de
vivre.

Pour le temps de ceste présente année, les vignes jettèrent des
grappes et raisins aultant habondamment qu'elles avoient faict il y
avoit plus de six ans pour une année, et estoient lesdittes grappes et
raisins aux moys d'apvril, de may et de juing fort belles et longues et
quasi tout atirées, ayant plus d'ung pied de roy de longueur au moys
de juing, quand elles furent près à florir, et espéroit-on de recueillir
tant de vin en ceste année, qu'il eust convenu enfoncer les cuves,
bagnoires et tonneaux; mais Dieu, qui gouverne toute la terre, ne
permist pas qu'il fust faict ne qu'il advint. Car, dès le commencement
du moys de juing, que l'on entroit en l'esté, la saison se porta au plus
mal, par pluies froides et continuelles, qui fut cause de faire deschoir
tous les biens de la terre. Et se pourta l'esté plus mal la moytié que
n'avoit faict le printemps, lequel printemps, dès son commencement,
s'estoit adonné à challeur, qui avoit ainsi bien faict croistre et ad-
vancer les biens de la terre; lesquelz du depuis, tant les grains que
vins ou vignes, allèrent de mal en pis, et empirèrent tant, que l'on
ne fit recueil d'iceux biens à la moytié de ce qu'on pensoit et que la
terre avoit monstré apparence, lorsque les vignes entrèrent en fleur.
Les pluies continuelles qu'il faisoit par chascun jour estoient plus
froides que glace, et advint que, le jour de la feste de mons. St Jehan-
Baptiste, qui est au 24e jour de juing, il plut et neigea tout ensemble pluie et neige si froides que les mieux vestus ne pouvoient
durer de froict par les rues et hors des maisons; et fut constrainct
tout ce jour de faire feu pour se chauffer ès maisons qui ne voulut
endurer beaucoup de froict. Cela fut cause de faire couler les vignes,
qu'il ne demeura pas une tierce partie. Les bleds pareillement en
ceste année coulèrent, pour lesdittes pluies froides qu'il fit au temps
de la fleur. Toutesfois, il fut des grains assez compétamment, mais
furent germez aux champs et gastez au temps des moissons; de
sorte qu'ilz ne rendirent à farine comme par beau temps. Les saisons

42.

1562. de l'année se trouvèrent toutes changées en ceste présente. Le beau temps du printemps se trouva estre en yver, au printemps l'esté, en esté l'automne et en automne l'yver. Toutesfois, quasi toute l'année, les eaues furent grandes et dérivées; elles furent plus grandes l'esté que l'yver, et recueillit-on sur la prairie de la rivière de Seine du foin assez, quand on put le saulver et fanner. Et advint le tout en punition de Dieu, pour l'orgueil et péchez, qui de longtemps régnoient en France, et ne se voulurent amender les mondains du royaume, tant des villes que des villages, pour prédications et remonstrances que leur faisoient les prédicateurs et curez, et se vouloit chascun estat excuser sur ung aultre. Le commung peuple, comme aussi plusieurs aultres qui présumoient d'eux-mesmes, rejectèrent les maux causés par le renversement des saisons de l'année et par le meschant recueil que l'on fit de vins et d'aultres biens, sur ceste nouvelle gabelle d'entrée de vins et vendanges ès villes, et bailla-on plusieurs malédictions au roy et à la royne sa mère et à leur conseil, qui avoient mis en avant ceste nouvelle imposition.

L'éternel Dieu omnipotent, voulant démonstrer à la France l'yre de son courroux, oultre les guerres qu'avons dict ci-dessus, le renversement des saisons de l'année, la diminution des biens de la terre, qui fut ung présage de cherté, permist régner encores ung aultre fléau, qui fut la mortalité qui advint quasi en toutes les villes de France, par maladie pestilencieuse et contagieuse; qui fut cause de les despeupler et de grandement diminuer le nombre des habitans desdittes villes, et nommément en celle de Paris, où laditte maladie eut cours plus d'un an entier, et rapporta-on qu'en laditte ville de Paris y en morut plus de vingt-cinq milles.

Les villes où laditte maladie contagieuse eut cours furent : Paris, Pontoise, Gisors, Rouen, Beauvais, Meaux, Compiengne, la Ferté-soubz-Jouarre, Chasteau-Thierry, Soissons, Reims et Chaslons en Champaigne, Troyes, Chastillon-sur-Seine, Langres, Dijon, Tournu, Chaslons-sur-la-Saône, Beaune, Mascon, Lyon, la Charité, Bourges en Berry, Gien, Auxerre, Sens, Bray-sur-Seine, Melun, Corbeil,

Estampes, Orléans, Tours, Vendosme, Potiers, la Rochelle, Molins en Bourbonnois, Sancerre, Vezelay et Montargis, et ainsi quasi
toutes les aultres villes de France. Provins fust pour ceste année
exempté de ceste maladie contagieuse, mais en avoit esté ung peu
agité l'an dernier passé, ainsi que nous l'avons dict, et estoit une chose
fort dangereuse que d'aller par les champs, et avoit-on milles peines
de trouver logis par les villages et les villes mesmes dans lesquelles
avoit cours ceste maladie, qui dura jusques après la St-Remy de ceste
année.

Le poëte Pierre Ronsard adresse à la reine mère une élégie sur les misères de
la France, avec une remontrance en prose[1].

Non-seulement la France fut agitée en ceste année de guerres,
diminution des biens de la terre et de peste, mais aussi fut remplie
et fort tormentée des voleurs, larrons et sacriléges, qui de nuict et
de jour tenoient les champs et forçoient les églises et maisons, pour
voller et piller les biens d'icelles pour vivre et s'entretenir, et le tout
soubz le nom et couverture des huguenotz et de la guerre qui avoit
cours en France.

Or advint-il que, dès le commencement de ceste présente année,
que les huguenotz se rebellèrent contre le roy et se saisirent des
villes de France, les voleurs et meschans garnemens des villes et des
villages, pour la pluspart gentishommes, ou, pour mieux dire, gens-
pille-hommes, et leurs serviteurs, s'adonnèrent à piller et desrober
toutes partz où ilz pensoient faire prouffit et butin, fust ès maisons
des riches gens ou dans les églises de villages, et le plus n'y alloient

---

[1] La remontrance à la reine mère, dont Cl. Haton donne le texte, est une lettre d'envoi qui paraît se rapporter à la pièce intitulée, « Discours des misères de ce temps. A la Royne, » et « Continuation du discours des misères de ce temps » (Ronsard, Œuvres, 1571, in-18, chez G. Buon, p. 4 et 13), où l'on trouve la prière à Th.

de Bèze de ne pas prêcher en France :

..... Une évangille armée,
Un Christ empistollé tout noircy de fumée,
Portant un morion en teste et, dans la main,
Un large coutelas rouge de sang humain.

Un morceau autographe de Ronsard, sur l'Envie, est conservé dans les manuscrits de Dupuy, à la Bibl. imp. vol. 558-559.

1562. que de nuict, affin de n'estre veuz et cognus et de ne poinct tomber, ou en déshoneur, ou ès mains de justice. Desquelz voleurs estoient : ung de l'Eschelle, nommé le sieur de Craves, filz de l'Albanois dudit lieu, Sinado de Besancourt, filz de la femme du sieur S¹-Symon de Chantalous, paroisse de Bauchery; Prinsaut, gascon ou provençal, jadis serviteur dudit S¹-Symon, demeurant à Bauchery; Chasteaubon, gentilhomme de la suitte du sieur d'Esternay; ung aultre nommé d'Averly; et ung aultre qui demouroit au chasteau de Flaiz, nommé le sieur du Mez, tous jeunes gentilastres, et pour la pluspart non mariez; lesquelz eurent la renommée d'avoir pillé et vollé les croix et calices, ensemble les meilleurs ornemens de l'église de l'Eschelle-lez-Provins, de l'église S¹-Fregel-lez-Chalaustre-la-Grande et de plusieurs aultres lieux.

A l'exemple des gentilshommes ou pour leur service, plusieurs roturiers se font voleurs, enlèvent dans les églises les croix, calices et autres objets précieux, s'introduisent dans les maisons des particuliers et les dévalisent. — Un reliquaire appelé le Chef de saint Georges, les calices et la croix d'argent de l'église de Villiers-Saint-Georges sont dérobés la nuit dans le château de ce bourg, où les habitants les avaient enfermés pour plus de sûreté. Un laboureur qui tenait le château à ferme, et qui l'habitait, est accusé de complicité dans le crime et mis en prison à Provins. Le seigneur de Besancourt est soupçonné d'être l'auteur du vol. Au bout d'environ quinze jours, le Chef de saint Georges est retrouvé dans un étang voisin de Villiers; les habitants transportent le reliquaire dans l'église de Saint-Ayoul de Provins, après avoir mis à part les ossements sacrés qu'il renfermait et les avoir confiés à la garde de leur curé. Le fermier est élargi, faute de preuves.

Jusques à ceste année et au temps des sacriléges, le sieur de Besancourt ne s'estoit entièrement retranché de l'église catholicque et ne s'estoit déclaré huguenot ennemy d'icelle et des ecclésiasticques, et commença en ceste ditte année à délaisser la messe et les sacremens d'icelle église, et, pour son commencement à la huguenotterie, persécuta les gens d'église et vicaires de Bauchery, qui estoient messires Jehan du Ru et Pierre Paillard, auquel Paillard couppa ung

jarret d'ung coup d'espée qu'il luy donna en desrobant par force et
violence les grains qui estoient dans la grange desditz vicaires et en
plain jour; lesquelz furent contrainctz d'habandonnèr leurs biens et
maisons, l'église et les paroissiens, pour se saulver à Provins, où
mourut ledit Paillard du coup d'espée, environ trois moys après, et
n'en fut aultre chose. Ledit du Ru fut remandé par le seigneur de
St-Symon, beau-père dudit Besancourt, pour chanter la messe aux paroissiens, combien qu'il fust huguenot, je dis ledit St-Symon; lequel
s'empara du revenu du curé et pareillement des dixmes dudit Bauchery, appartenant audit curé et aux chanoines des églises de Notre-
Dame du Val et de St-Quiriace de Provins.

Dans la paroisse de Bauchery, y avoit ung vieil prebstre, nommé
Me Jehan Angenost, demourant au Plaissié de la Tour, homme riche
de huict muidz de blé de rente pour le moings, grand ennemy des
huguenotz héréticques, lequel eschappa des mains desditz Besancourt
et ses compaignons, desquelz jà par plusieurs fois avoit esté battu,
pour ce qu'il preschoit et parloit contre eux et leur prétendue religion. Et se saulva en une nuict à Provins, ayant esté adverty que
pendant vingt-quatre heures il devoit de nuict estre par eux prins,
pillé, vollé et saccagé de corps et de biens. Lesquelz huguenotz, au
lendemain de son partement, estans advertis de sa retraicte, furent
fort faschez et ne se put Prinsault garder de dire telz motz : « O cas
de Dieu! le prebstre nous est eschappé; quelq'un a révélé nostre
secret; nostre butin est perdu. » Car ilz espéroient de trouver beaucoup de finance en sa maison.

Les prebstres de la paroisse St-Fregel-lez-Chalaustre-la-Grande
furent par ledit Besancourt et ses compaignons si tourmentez en
leurs corps et biens, que les plus riches furent contrainctz de partir
les premiers pour se saulver, et leurs biens furent prins par iceux
huguenotz comme pillage. Non seullement les prebstres dudit St-Fregel, mais aussi tous aultres, de quelque lieu qu'ilz fussent, n'estoient assurez quand ilz se rencontroient devant eux, fussent-ilz cordeliers, moynes, jacobins ou prebstres séculiers, et en eschappoit

1562. bien peu de leurs mains sans avoir maints coups de baston. Les cordeliers ni les jacobins n'osèrent plus aller prescher par les villages où ilz savoient lesditz Besancourt et ses compagnons se trouver; et furent contrainctz, comme aussi les aultres prebstres, de se faire tondre, porter longue barbe, ne plus faire leur couronne et se desguiser de leurs habitz.

Ilz huguenotz n'en vouloient seullement aux prebstres et ecclésiasticques, mais aussi à tous riches gens, les maisons desquelz estoient assaillies de nuict, pillées et vollées, et estoit une merveille des volleries qu'ilz faisoient jour et nuict sur les chemins aux passans, et de nuict ès maisons, sans que de tout cela justice ni les justiciers en fissent aulcune poursuitte, quelque plaincte qui leur en fust faicte, comme s'ilz eussent esté participans au butin.

Ilz allèrent assaillir au village de Coefrans, le jour de la Toussainctz au soir, la maison de Symon l'Escouflier, laboureur demourant audit lieu, pour la piller et saccager, d'aultant qu'il estoit tenu et estimé le plus riche laboureur de l'élection de Provins; mais travaillèrent en vain. Car ledit Escouflier s'estoit muni en sa maison de bastons, grès et pierres pour se deffendre contre eux, se doubtant bien quelque jour d'avoir l'assault de ces nouveaux chrestiens réformez; lesquelz furent bien receuz à coup de grès et pierres audit logis, dans lequel ne sceurent entrer, pour le bon guet et deffence qui y fut faict par ledit Escouflier et ses gens et non par aultres. Les frères réformez se trouvèrent à l'assault de ceste maison en nombre d'une douzaine et plus, tous à cheval, bien montez et armez, avec courage d'entrer dedans de bon gré ou de force, sans guères tarder. Car ilz pensoient qu'avec leurs pistolles ilz romproient les serrures en deslaschant contre, ou bien qu'ilz eschelleroient laditte maison, qui estoit assez loing des aultres et de secours, mais ne considéroient qu'elle estoit forte et fermée de bonnes murailles. Estans arrivez à la porte, frappèrent assez doulcement pour appeller les gens de la maison, pour les faire sortir affin de leur ouvrir laditte porte pour parler à eux, et avoir moyen d'y entrer; ce que ne voulurent faire

ledit Escouflier et ses gens, qui ne leur respondirent aulcun mot.
Quoy voyant, iceux frères en vollerie montèrent les aulcuns par dessus les murailles pour ouvrir laditte porte, laquelle ouverte, environ-
nèrent le corps de logis, qui n'avoit qu'un seul huys qui estoit faict
de grosses membrures et bien espesses; pour lequel ouvrir, ce leur
sembloit, tirèrent coups de pistolles dans la serrure et à l'endroict
des verrous, pour les rompre, comme ilz pensoient. Mais se trouvèrent trompez; car ledit huys estoit fermé par dedans avec trois grosses
barres qui estoient enclavées dedans les murailles et traversoient ledit
huys, lequel estoit encores renforci de gros coffres, que ceux de la
maison avoient mis devant l'huys. Ledit Escouflier, bien garni par dedans, fit monter tous ses gens en hault et luy aussi pour se saulver et
tous ses meubles, comme linge, habitz et estain, espérant y tenir
bon, si d'avanture l'huys eust esté rompu et que les voleurs eussent
entré dedans, car il eust fallu qu'ilz eussent monté après par la mon-
tée, qui leur eust esté chose hasardeuse. Il Escouflier et ses gens,
estans montez, advisèrent de deffendre que l'huys ne fust rompu et, à
coups de harquebuses et de pierre assaillirent les frères voleurs, qui
se trouvèrent assez empeschez à se deffendre; sur l'ung desquelz fut
jetté et laissé tomber ung gros grès, de la pesanteur d'une quaque
de vin, qui ne luy reigla que les espaulles, mais tombant sur le train
de derrière du cheval où il estoit monté, les accabla tous deux par
terre. Duquel coup furent bien espouvantez messieurs les nouveaux
chrestiens voleurs, qui, de peur d'estre cognus, tirèrent l'homme
et le cheval hors de la court pour eux saulver, et habandonnèrent la
maison. Le cheval alla mourir à demie lieue de là enmi les champs,
et l'homme n'eut que ung peu le dos et les espaulles meurtris et
escorchés, d'aultant que ledit grès ne l'avoit faict que reigler. Plusieurs d'entre eux receurent plusieurs coups de pierre, desquelz ilz
portèrent les marques assez long temps; mais ne se vantoient où
elles leur avoient esté données. Ledit Escouflier, se voyant délivré de
cest assault, si tost qu'ilz furent partis des environs de sa maison,
ouvrit son huys pour aller fermer sa porte qu'ilz avoient ouverte, et,

1562. ce faict, chargea ses deux harnois de linge, coffres, habits et meilleures hardes, et chassa droict à Provins, où il se rendit au poinct du
jour à l'ouverture de la porte, et entra dedans la ville pour cercher
maison à louer,où il pût descharger ses harnois et aller demeurer.
Il trouva l'hostel de l'Ange en la rue de Culoison, où il se logea, et
ayant deschargé le jour des Mortz, lendemain de la Toussainctz, retourna querre le reste de ses meubles, et ne cessa poinct qu'il n'eust
vuydé sadite maison de Coefrans, en laquelle oncques depuis ne
demoura.

Puisque nous sommes tombez à parler des volleurs huguenotz
dessus nommez, nous poursuivrons à parler dudit sieur de Besancourt et des vols qu'il avoit renommée de faire, tant en particulier
sur les chemins, qu'en général quand il estoit avec ses compagnons.
Il Besancourt, pour ceste année et assez d'aultres depuis, faisoit quasi
tousjours sa demeurance au village de la Sausotte-lez-Nogent, où il
avoit une maison et quelque peu de bien, avec celuy du curé dudit
lieu dont il s'estoit emparé, comme des terres et prez appartenant à
la cure dudit lieu. Advint ung jour de ceste année que deux hommes,
bouchers de leur estat, de la ville de Nogent-sur-Seine, se transportèrent pour leurs affaires au village de la Saussotte, où trouvèrent
ledit Besancourt, accompagné de son assommeur de gens qu'il appelloit son serviteur, homme gros et puissant, Allemand de nation,
qu'il menoit tousjours avec luy. Lesquelz, je ne sçai pour quelle raison, se ruèrent sur ces deux bouchers, qu'ilz oppressèrent fort de
coupz de poing et du fust de leurs pistolles, et, non contens de ce,
leur ostèrent leur argent qu'ilz avoient sur eux et les renvoyèrent en
meschant équipage et avec grosses menaces. Lesquelz, estans de retour en leurs maisons audit Nogent, se plaignirent à justice et à tout
le monde dudit Nogent de cest oultrage; duquel furent esmuz les
habitans dudit lieu contre ledit de Besancourt, qu'ilz menacèrent de
punir par justice ou aultrement. Desquelles menaces fut adverty iceluy Besancourt, qui renforça sa rage et malveillance contre lesditz
de Nogent, qu'il guettoit et espioit en tous lieux par les chemins,

pour les battre et oultrager, ce qu'il fit, duquel oultrage aulcuns 1562.
moururent. Et non content de les espier par les chemins, les alloit,
avec son Allemand, tous deux montez à cheval, cercher et injurier
jusques aux portes dudit Nogent, et y alla par plusieurs fois tirer
des coups de pistolles jusques au pié de leur porte, pour les despiter, mais n'y arrestoit long temps depuis le coup donné. Une fois
entre les aultres, n'ayant trouvé personne dudit Nogent en sa voye
pour le battre, passa sa rage sur l'image de la belle dame la vierge
Marie, à laquelle il lascha ung coup de pistolle au visage, duquel luy
emportèrent deux esclatz les bouletz qui estoient en sadite pistolle,
sans luy faire aultre mal. Ceux de Nogent, qui avoient esté advertis
de sa venue, ne se voulurent présenter devant luy pour le tuer publiquement; mais l'ung d'entre eux l'alla espier en une maison près
laditte ymage, de laquelle maison, par entre deux thuilles, luy tira
ung coup de harquebuse qui peu le blessa par le ventre, en glissant,
et n'entra poinct dedans le corps; qui moult espouventa ledit Besancourt, lequel print la fuitte à bride avallée, pour se saulver le long
de la chaussée droict au port dudit Nogent; en fuyant, il apperceut quatre hommes dudit Nogent en une nacelle, qui nageoient
avec toute force pour luy coupper le chemin sur laditte chaussée,
et le prendre vif ou mort; qui fut cause de luy faire doubler le pas
et prendre la poste pour se saulver, ce qu'il fit. Quoy voyant, lesditz
de Nogent se ruèrent sur son Allemand, qu'ilz attrappèrent, n'ayant
couru si fort que son maître, lequel ilz mirent en blanc, et, après
l'avoir battu de coups de baston et tué sa jument d'Espaigne, le renvoyèrent audit Besancourt sans luy faire aultre mal, ayant jugé en
eux que ledit Allemand ne faisoit que ce que luy faisoit faire son
maistre. Ceste poursuitte et le coup de harquebuse refroidirent ung
peu l'audace dudit Besancourt, qui oncques depuis n'alla assaillir ni
provocquer lesditz de Nogent à leurs portes.

Estans venus à ce propos à parler des habitans de Nogent-sur-Seine,
ne fault laisser en silence ung cas qui advint en ceste année audit
lieu, qui fut tel : Advint en ung jour et moys de l'esté de ceste année,

43.

1562. environ sur l'heure de vespres, que ung train de grande dame que
je ne puis nommer, pour n'avoir promptement escript ces présentes
mémoires, passa de Provins à Nogent, estant en nombre de quinze
à vingt personnes, tant de pied que de cheval. Lesquelz, passans par
devant l'ymage de la belle dame, ne firent aulcun honneur ni révérence à la vierge Marie que représente ceste. ymage, ains passèrent
oultre, aulcuns sans dire mot, les aultres, avec mocqueries, se gaudis-
sant de ladite ymage et du peuple dudit Nogent, qui estoient, alloient
et venoient en dévotion devant icelle pour prier Dieu et saluer la vierge
Marie qui est au ciel, représentée par ceste ymage. Lesquelz, partie par
zelle de l'honneur de Dieu, de la vierge Notre-Dame et de la vraye
religion catholicque, aussi partie par collère de la mocquerie que
leur faisoient ces nouveaux chrestiens huguenotz, furent esmeuz et
leur rendirent injure pour injure, mocquerie pour mocquerie, et tant
fut faict que les ungs et les aultres s'ataquèrent à belles injures, et des
injures en vinrent aux coups et armes. Une partie du train de la dame
estoit jà passé dans la ville, qui ne virent rien de l'atacque, et n'y en
avoit qu'environ la moytié avec laditte dame, qui estoit en sa litière.
Celle-ci, au lieu de imposer silence à ses gens, les provocquoit à
prendre les armes pour battre et oultrager ceux dudit Nogent; lesquelz de Nogent, esmus à la garde de leur porte du bruict et plaincte
de ceux de leur ville qui querelloient avec les gens de laditte litière,
ayans tous mis la main aux armes et entendu la cause pourquoy, se
ruèrent sur ledit train, qui fut en grande peine de se saulver, ayans
tous habandonné leur dame et sa litière. Laditte dame, voyant ceste
sédition, se jetta hors de sa litière, ce pendant qu'on chassoit ses
gens pour les tuer et jetter en la rivière, et se saulva dans la ville,
ce que n'apperceurent les gens de la porte, lesquelz pensans qu'elle
fust encores dedans, jettèrent laditte littière et tout ce qui estoit
dedans au milieu de la rivière de Seine. Toutesfois advint qu'il n'y
avoit en icelle aulcune créature qu'un petit chien et plusieurs hardes
de laditte dame, ensemble sa bourse, dans laquelle, comme elle
disoit, y avoit de quatre à cinq cens escuz d'or. Laditte dame n'eust

aultre moyen ni ses gens que de s'enfuir en la maison du bally de 1562.
laditte ville, qu'ilz cognoissoient, et qui estoit tenu pour huguenot
comme eux; lequel les saulva de ceste sédition, et n'y eut aulcune
personne de tué, et furent mis hors de la ville au lendemain, avec
si bonne garde et à telle heure que ladite sédition ne fut recom-
mencée[1]. Mais fut par ledit bally informé, à la requeste de ladite
dame, contre ceux de ladite ville qui avoient esté à ladite sédition,
et fut trouvé que ung barbier dudit lieu, nommé Laurent Gravier,
estoit le principal auteur de tout ce mal. Lequel, sçachant qu'on in-
formoit contre luy, se serra et absenta la ville pour ung temps; mais
à la fin fut prins prisonnier et son procès faict jusques à estre pendu
et estranglé. Et pour ce faire, fut mandé le bourreau de Provins,
qui eut la peine de s'en retourner sans rien faire; car ledit Gravier,
ayant esté averty de sa sentence par ses amys, en plain jour se jetta
du hault de la couverture des prisons à bas, après s'estre recommandé à Dieu, à la vierge Marie, pour la deffence de l'honneur de
laquelle ceste sédition estoit advenue, et à M. saint Laurent, son patron
et parrain, aymant mieux se mettre à leur miséricorde et volunté,
au danger de se tuer ou de se saulver, que d'estre pendu honteusement à ung gibet. Il tomba de plus de 35 piedz de hault sur le carreau, sans se beaucoup blesser ni demeurer en la place, ains se saulva
jusques à la nuict en la maison de ses amys, de laquelle il partit et
de la ville en une nacelle, et se saulva par la rivière. Il eut depuis
grâce de ce faict par le roy et retourna en sa maison audit Nogent.

Une prébende de l'église de Notre-Dame-du-Val de Provins étant devenue vacante par la mort du titulaire, Me Claude Moissant et Charles Olivier, précepteurs
des grandes écoles, la font amortir, en vertu de l'ordonnance d'Orléans, pour le
revenu en être consacré à l'école de la ville.

En ceste année, des ambassadeurs du Grand Turc, infidelle en-

---

[1] De Thou (*Hist. universelle*, l. XXIX) raconte une anecdote à peu près semblable arrivée à la princesse de Condé, en tra- versant Lisy-sur-Ourcq (Seine-et-Marne), le jour de Pâques 1562.

1562. nemy de Jésus-Christ et de tous les chrestiens de la chrestienté, vindrent de leur pays en France pour parler au roy, lesquelz passèrent
par ce pays icy en allant à S. M., qui estoit pour lors à Paris[1]. —
Ilz Turcz prindrent terre à Venise, en Italie, et d'Italie passèrent les
montagnes pour se rendre à Lyon; de Lyon prindrent leur chemin
pour aller audit Paris par Dijon, Troyes en Champaigne et Provins,
où ilz arrivèrent sur les dix heures du matin, ayans party de la ville
de Nogent-sur-Seine où ilz avoient couché. Ilz estoient environ quinze
chevaux turcz et non plus, les hommes habillez de divers habitz et
diverses couleurs; et estoient de deux qualitez pour le moings, les
ungs, gentilshommes ou princes séculiers et laiz, et les aultres ministres et prélatz de leur faulse religion et loy macométicque. Les
séculiers estoient habillez de courtes robbes et chappeaux d'aultre
façon que les ministres et prélatz, entre lesquelz séculiers y en avoit
ung qui avoit son chappeau de la haulteur d'ung pied et demy de
roy plus hault que tous les aultres, duquel chappeau sortoit une
pomme d'or, grosse comme ung petit œuf de poulle, qui luy couvroit le front, avec une platène, la queue de laquelle remonstoit par
dedans ledit chappeau, où elle estoit attachée. Et estoit cestuy-là
réputé et le mieux respecté par les gens de sa suitte. Les prélatz estoient habillez de longues robbes, l'ung desquelz avoit une longue
robbe rouge à cheval, et chaperon de mesme sur ses espaules, avec
ung chappeau à gros bours entrelassez de diverses couleurs, beaucoup
plus gros que la coeffe dudit chappeau. L'aultre estoit habillé de
blanc, de la mesme manière que cestuy qui estoit habillé de rouge.
Ilz avoient tous espées à leurs cynctures et pongnards sur les reins,
aux pommeaux d'or.

Ilz furent arrestez à la porte de Changy bien ung quart d'heure
par l'auteur de ce présent livre, qui estoit de la garde de la ville pour
ce jour avec sa dizaine, de laquelle il avoit charge, comme aussi de

---

[1] Pour les relations de la France avec
la Turquie pendant les règnes de Henri II
et de Charles IX, voy. *Négociations de la*
France dans le Levant, publiées par E. Charrière (Paris, 1850, in-4°, tome II).

quatres aultres, car il estoit cinquentenier, soubz le capitaine Jehan 1562.
Roy, capitaine de laditte porte et quartier de Changy, pour les
mieux contempler en leur parler, habitz, gestes et manières de faire,
en interrogeant leur truchement, qui parloit bon françoys; lequel,
respondant aux questions dudit cinquentenier, dist qu'ilz s'estoient
embarquez sur la mer en Constantinoble, ville principalle de toute
la Grèce, et que de là avoient prins terre à Venise en Italie, et prins
le chemin par terre tel que nous avons dict ci-dessus. Il monstra les
saufconduictz et passeportz de leur seigneur le Grand Turc, pour
faire foy qu'ilz estoient envoyez de luy; mais nul que ledit truchement ne put lire ni entendre ledit passeport, qui, en vulgaire françois, disoit que le grand seigneur, monarcque et empereur de toute
la terre, prioit tous roys, ducz, tous barons, seigneurs, capitaines,
communaultez, villes, portz et passages, de n'empescher, troubler ni
retarder ceste présente compagnie, ses bachats et ambassadeurs qu'il
envoyoit au roy des Françoys en son royaume de France, pour entretenir l'alliance qu'il avoit avec Sa Majesté, et pour traicter avec luy
une nouvelle alliance, si faire se pouvoit. Requis par ledit cinquantenier de monstrer le passeport du roy de France, et la permission
qu'ils avoient de Sa Majesté ou de ses gouverneurs des provinces de
passer par la France, respondit que nul capitaine ni aultres à l'entrée
des portz, passages ni villes, ne les avoit requis de montrer ledit
passeport ou permission, lequel touteffois estoit dans ung de leurs
coffres que portoient deux chevaux en croppe, et que descharger à
laditte porte pour le monstrer leur eust esté une grande peine. Quoy
ouy par ledit cinquentenier, leur ouvrit la barrière de la porte et les
fit entrer en la ville et conduire en l'hostellerie de l'Escu de France,
où ilz arrestèrent pour disner, les ayant bien veu, ouy et contemplé
à son gré et contentement. Il y eut grande presse à les aller voir,
contempler et ouyr parler, audit Escu, où fut veu qu'ilz ne burent
vin ni mangèrent lard ni chair de pourceau, mais encores refusèrent
à manger la chair roustie, lardée de lard. Car boire vin, manger
chair de pourceau ni d'aultres bestes qui ont le pied fendu et ongle

1562. divisé, si elle ne rumine et rebroye sa viande, leur est interdit et
deffendu par leur loy de Mahomet. Ilz avoient prins ung homme de
cheval à Nogent pour les guider et conduire jusques à Provins. Au
partir de Provins en prindrent ung aultre pour les conduire jusques
à Nangis, et ainsi de traicte en traicte. Il fut grandes nouvelles par
la France qu'ilz ambassadeurs estoient envoyez au roy pour traicter
et bastir le mariage de Sa Majesté avec la fille dudit Grand Turc.
Mais le truchement n'en parla aulcunement. Ilz furent à la court du
roy à Paris quelques six sepmaines avant que partir pour s'en retourner. Ilz repassèrent par Provins et reprindrent pour s'en retourner le
mesme chemin qu'ilz avoient tenu à venir. Ilz retournèrent bien joyeux
et contens du jeune roy, qui les avoit fort humainement receuz et
faict traicter, et qui leur fit de grans dons.

Le pape envoie en France des ambassadeurs et y entretient des gens d'armes
pour secourir le roi contre les huguenots. — Le roi d'Espagne fournit à l'armée
royale six mille Espagnols et deux mille Flamands.

Il est probable qu'il y a ici une lacune dans le manuscrit.

1563.

MARCHE DES TROUPES APRÈS LA CONCLUSION DE LA PAIX. — ATTAQUE D'UN CHÂTEAU PAR LES REÎTRES. — EXCÈS COMMIS PAR CES ÉTRANGERS. — TERREUR DES PAYSANS. — PUBLICATION DE L'ÉDIT DE PAIX. — LES PROTESTANTS RENTRENT DANS LEURS MAISONS. — ASSASSINAT D'UN MINISTRE PRÈS DE NOGENT. — DIFFICULTÉS POUR L'ÉRECTION D'UN PRÊCHE À PROVINS. — CHARLES IX SE DÉCLARE MAJEUR. — MARIAGE DU PRINCE DE CONDÉ. — LE RÉGIMENT DE M. DE CHARRY INSTALLÉ À PROVINS ET AUX ENVIRONS. — MEURTRE DE CHARRY. — ASSASSINATS, EXÉCUTIONS ET MORT DE DIVERSES PERSONNES À PROVINS. — SACRILÉGE COMMIS À LA SAINTE-CHAPELLE DE PARIS. — GUERRE CIVILE AUX PAYS-BAS. — VOYAGE DE CHARLES IX DANS SON ROYAUME. — IL EST HARANGUÉ À TROYES PAR J. ALLEAUME, BAILLI DE PROVINS. — M. DE MONTMORENCY, GOUVERNEUR DE PARIS. — NOUVELLES TENTATIVES DES RÉFORMÉS POUR ÉRIGER UN PRÊCHE À PROVINS.

L'an mil cinq cens soixante et trois, au jour de Pasques, le camp du roy estoit encores assemblé ès environs de la ville d'Orléans, avec lequel s'estoient meslez les huguenotz qui estoient dans Orléans, et n'estoit plus que ung des deux armées. M. le prince de Condé, l'admiral de France, d'Andelot, La Rochefoucault et tous les rebelles estoient avec M. le connestable, les seigneurs d'Aumalle et marquis d'Elbœuf, les ungs parmy les aultres, realliez ensemble soubz le nom et service du roy, combien qu'il sembloit qu'il y eust tousjours quelque mesfiance entre lesditz admiral, d'Andelot et leurs favoris, et les sieurs d'Aumalle et marquis d'Elbœuf, à cause de la mort de deffunct M. de Guise.

Il estoit dict par la paix faicte audit Orléans, que les chefz des deux armées donneroient congé et renvoyeroient leurs estrangers avant que de se désarmer des gens de guerre françoys, chascun de son party; et pour ce faire, le roy commença le premier à renvoyer tous les estrangers qui estoient venus en France à son secours et en son camp. Il bailla congé aux Italiens et aux Hispagnolz et Bourguignons que le

1563. pape et le roy d'Espagne luy avoient envoyez, et ne demeura plus
que les François en son camp; car il bailla quant et quant congé aux
Suisses, qui passèrent par au-dessus de Sens, pour aller gangner la
ville de Dijon et s'en retourner en leur pays.

Les reistres et Allemans de S. M. et ceux des huguenotz et prince
de Condé se meslèrent ensemble les ungs avec les aultres, pour s'en
retourner en leur pays, sans aulcune mesfiance les ungs des aultres,
et ne firent plus que une trouppe et ung camp, qui se trouva monster
au nombre de dix à douze milles; lesquelz prindrent leur chemin
d'Orléans à Pluviers et Estampes, pour aller passer la rivière de Seine
au pont de Samoys, qui est entre les villes de Monstereau et Melun,
et arrivèrent ès environs dudit pont la grande semaine de Pasques,
où ilz séjournèrent cinq jours pour le moings, en attendant que ledit
pont fust réparé pour le passer; et y passèrent, je croy, le jour de
Pasques, premier jour de ceste présente année. Ilz furent ung jour
entier à passer ledit pont, pour le nombre des harnois qu'ilz menoient
avec eux. Si les habitans de Corbeil, Melun ou Montereau leur eussent
voulu livrer le passage par leur ville, ilz eussent faict grand plaisir au
pays de Gastinois; car ilz n'y eussent séjourné si longtemps; mais les
habitans d'icelles villes ne leur voulurent livrer le passage, pour la
crainte qu'ilz avoient d'estre pillez par iceux reistres, lesquelz à la
vérité ne laissoient, par les villages par où ilz passoient, que ce qu'ilz
ne pouvoient emporter.

Les gens des villages fuyoient et vuydoient leurs maisons pour la
frayeur qu'on avoit d'eux, partie pour le larcin qu'ilz faisoient, l'aultre
partie pour ce qu'on ne les entendoit parler. Il fut novelle qu'ilz
reistres, après estre passez audit pont de Samoys, se vouloient diviser
en deux bandes, pour mieux vivre, desquelles l'une costoyeroit la
rivière de Seine du costé de la Brie, et l'aultre bande traverseroit la
Brie pour aller gangner la rivière de Marne, affin de mieux trouver
vivres pour eux et leurs chevaux; ce qu'ilz ne firent, ains traversèrent
tous ledit pays de Brie par au-dessus de Nangis, et allèrent costoyer
le pays de laditte rivière de Marne, jusques ès environs de la ville de

Vertu, où là traversèrent le pays de Champagne, pour aller gangner 1563.
la rivière d'Aulbe, et s'allèrent camper à plusieurs journées de Montirande ou Montirandain[1], où ilz séjournèrent l'espace de six sepmaines
toutes entières, sans hober, sinon pour aller à la picorée aux villages
de cinq et six lieues à l'entour et plus.

Qui fut cause qu'ilz reistres en partie allèrent gangner la rivière de
Marne par au-dessus de Nangis, et qu'ilz ne s'approchèrent poinct plus
près de Provins, furent les gentishommes de Beauvais, de Quincy et la
Court-Rouge, qui avoient esté au camp du roy et s'estoient trouvez à la
bataille de Dreux, et principallement ledit de Beauvais, qui y fut fort
blessé et non guary; avec lesquelz sollicitèrent les sieurs du Plaissié
au Chat, de Crenay, de Corcelles, de Vimpelles, de Lours, de Savins,
de la Barge et l'Enfant de Goix, archer et garde de la porte du chasteau
et corps du roy, nommé le grand Gond Fortin, de Flamboin, paroisse
dudit Goix, lequel estoit en grand crédit avec toutes gens, à cause de
son estat. Tous lesquelz dessus nommez se travaillèrent si fort envers
les commissaires commis à la conduitte desditz reistres, que ce pays
en fut exempt. Mons. de Beauvais, ce disoit-on, ne se tenoit fort assuré,
si lesditz reistres fussent logez à Nangis et les environs, à cause de
sa rançon qu'il n'avoit payée à ceux qui l'avoient prins prisonnier,
pour ce que, par le traicté de paix faict en ceste guerre, il avoit esté
dict que ceux qui estoient prisonniers de part et d'aultre, et qui
n'avoient payé leur rançon, en seroient quittes sans rien payer. Il
estoit bruict que ceux qui l'avoient prins prisonnier estoient reistres,
lesquelz n'estoient contens de tel article de paix, et avoient mandé
audit sieur de Beauvais que, s'il ne leur envoyoit argent pour sa rançon, ilz, avec toute leur trouppe, iroient loger en sa maison, audit
Nangis. Si ce bruict estoit véritable, je ne m'en informai aulcunement,
mais bien ai sceu à la vérité que aulcuns des plus grands seigneurs
d'iceux reistres, au passage du pont de Samois, allèrent veoir ledit
seigneur de Beauvais en sa maison de Nangis, accompagnez de vingt
chevaux, qui furent les bien receuz par ledit seigneur, et mieux fes-

[1] Montier-en-Der (Haute-Marne), arrondissement de Vassy.

1563. toiez l'espace de deux jours, avant que de s'en retourner à la trouppe. Trois ou quatre desditz reistres demeurèrent au chasteau et village de Nangis pour les garder des aultres reistres, si d'avanture il s'en fust escarté jusque là, et pour les renvoyer sans y rien gaster.

L'aultre partie qui fit aller iceux reistres gangner la rivière de Marne estoit, comme l'on disoit, pour aller guerroier et ruyner mons. de Pavans, qui faisoit sa demeurance audit lieu de Pavans ou aultre, ès environs de la Ferté-soubz-Jouarre [1], et pour se venger du passage qu'il avoit refusé à mons. le prince de Condé et son camp par la ville de Corbeil, ainsi que l'avons dict en l'an dernier passé. Lesquelz reistres ne faillirent à se présenter devant le chasteau et maison dudit sieur de Pavans, lequel les attendoit de pied quoy et avoit faict bonne provision pour les y recevoir à coups de canon. Il avoit mis en son chasteau toutes gens de son village et de ceux d'alentour qui s'y voulurent retirer et leurs biens aussi, pour les mettre à sauveté contre lesditz reistres, qu'il ne craignoit nullement, pour estre ledit chasteau fort, et pour l'ayde des jeunes hommes et compagnons soldatz qui s'estoient retirez dedans, qu'il encouragea de tenir bon avec luy, promettant honneur et prouffit leur en advenir au domage d'iceux reistres.

Les soldatz et jeunes païsans, encouragez par ledit seigneur, promirent d'obéir à luy et de s'employer à la deffense de sa maison, d'eux et de leurs biens qui estoient dedans; auxquelz il deffendit de ne tirer nul coup de harquebuse ni aultre canon, qu'aultant qu'il leur en bailleroit le commandement, ordonnant, lorsqu'ilz de luy auroient commandement de tirer, que chascun fist son debvoir, et qu'ilz ne tirassent à faulte ni à coups perdus, s'il estoit possible.

Iceux reistres, estans assez près dudit chasteau qui leur avoit esté recommandé par le sieur d'Andelot et donné à cognoistre par leurs truchemens, environ ung cent d'entre eux coururent devant pour

[1] Il y a plusieurs hameaux du nom de Pavan ou Pavant dans le département de Seine-et-Marne; il est à croire qu'il s'agit ici de celui qui est situé dans la commune de Nesle-la-Gilberde, arrondissement de Coulommiers, canton de Rosoy, quoique ce point soit assez éloigné de la Ferté-sous-Jouarre. (Voyez plus haut, p. 302.)

tascher à le surprendre à l'improviste, mais ilz trouvèrent la porte fermée et le pont levé. Lesquelz, en leur jargon d'allemand, crièrent qu'on
leur ouvrast la porte, et faisoient mines d'y vouloir entrer de bon gré
ou de force, auxquelz ne se hasta de respondre ledit seigneur qui
estoit dedans. Après lesditz reistres, arrivèrent à l'instant quelques
deux ou trois cens aultres de leurs compagnons, tous à cheval. A la
venue desquelz s'espouventèrent les paysans du dedans, qui eussent
bien volu estre hors de là, cuydans jà estre prins. En ung instant, fut
ledit chasteau environné de plus de mille chevaux et hommes.

Ce pendant qu'ilz reistres arrivoient audit chasteau, ledit sieur de
Pavans plaçoit ses soldatz au lieu où il les falloit pour deffendre.
Lesquelz placez, alla luy-mesme bracquer quelques fauxconneaux et
petite artillerie qu'il avoit; et, voyant iceux reistres en lieu estroict
assez près de sa porte, minst le feu auxditz fauxconneaux, qui deslas-
chèrent au travers d'iceux reistres, à leur grand domage; car bien ung
cent d'entre eux furent tuez ou blessez en la place. Les fauxconneaux
laschez, tous les harquebusiers qui estoient sur les murailles et dedans
les tours dudit chasteau tirèrent sur lesditz reistres, qui s'enfuirent
arrière le plus viste qu'ilz purent, culbutant les ungs les aultres, à
qui se saulveroit le plus tost dans leur camp, pour leur en dire
des novelles.

Les chefs desditz reistres, ayant entendu ces premières novelles,
ne crurent de léger, combien qu'ilz en vissent plusieurs de bien blessez; ains en renvoyèrent une grande trouppe, pour recognoistre la
place, et veoir s'il y avoit manière de l'avoir. Ceux qui furent à ceste
fois envoyez pour recognoistre ladite place ne furent si folz que les
premiers; ilz ne s'approchèrent de la première porte de la basse court
à parlementer aux gens dudit sieur de Pavans, comme avoient faict
les premiers, ains couroient la poste ès environs des fossez dudit lieu
pour contempler la forteresse, auxquelz estoient laschez si dextrement
coups de canons, harquebuses à crocq et aultres que tousjours en la
place demouroient hommes ou chevaux. Qui fut cause de haulser le
cœur et courage des paysans qui estoient enserrez dedans; lesquelz

1563. furent si bien agueris que rien plus. Ceux qui s'en retournèrent à la trouppe firent rapport que ce chasteau et ceux qui estoient dedans estoient plus que suffisans de tuer tous les Allemans des Allemagnes avant qu'on pût leur mal faire, sans assiéger et sans amener canon et artillerie pour les prendre. Quoy ouy par leurs chefz, ordonnèrent de passer oultre, sans s'y plus arrester; ils se destournèrent dudit chasteau, pour passer leur chemin plus loing que la portée d'une harquebuse à croc, de peur d'estre blessez.

Ledit sieur de Pavans, les voyant passer oultre, deffendit à ses gens de ne tirer ni crier après eux aulcunement que ce fust, ains qu'on les laissast passer, jusques à ce qu'il commandast de sortir après eux, disant que les ruses de guerre sont de faire quelquesfois mines et semblant de lever le pied pour passer oultre, mais que le plus souvent on est esbay qu'on retourne tout court sur son ennemy, qu'on trouve le plus souvent à despourveu. Ce néantmoings, ledit seigneur voyoit bien, à les veoir cheminer et leur bagage, qu'ilz ne passoient oultre pour revenir. Touteffois, pour en estre plus assuré, minst hors de son chasteau demye douzaine d'hommes pour les descouvrir et suyvre de loing, pour en savoir meilleures novelles. Lesquelz les poursuivirent plus d'une lieue loing, et les voyant aller leur train au village où estoit marcquée leur estappe et giste, retournèrent au chasteau à leur seigneur, luy dire ce qu'ilz avoient veu. Or estoit leur giste et estappe, pour ce jour, à quasi trois lieues loing et au delà dudit Pavans; qui bailla argument au seigneur qu'ilz ne retourneroient le dos de si loing pour le plus assaillir. Toutesfois, se tint et ses gens tousjours couvers, jusques à ce qu'ilz eurent cheminé encores deux jours, ayant tousjours des hommes de ses subjectz aux écoutes de loing en loing, pour en rapporter des novelles.

Après que ledit sieur de Pavans sceut lesditz reistres aller leur chemin, se donna garde des coureurs, voleurs et larrons qui s'escartent des trouppes ou qui les suyvent, pour piller ce qu'ilz trouvent aux escars; et tant vueilla, qu'il en descouvrit deux ou trois trouppes qui emmenoient les chevaux, harnois et biens des laboureurs par où ilz

avoient passé; sur lesquelz il se rua avec ses paysans d'un si hault cou- 1563.
rage, que ceux qui pensèrent résister furent tuez en la place et prins
prisonniers avec leur butin, qui furent menez audit chasteau. Et ne
fut le butin de moings que de cent à six vingtz chevaux, la pluspart
des laboureurs de la Brie, avec l'aultre butin.

Ledit sieur de Pavans, sçachant iceux reistres estre jà passez et
esloignez de quatre journéés loing de sa maison, bailla congé à ses
soldatz et paysans pour se retirer en leurs maisons, tous bien resjouis
d'avoir saulvé leur vie et biens. Et si fit ledit seigneur assavoir, par
billetz qui furent portez par tous les villages par lesquelz avoient passé
iceux reistres, depuis le pont de Samoys jusques à son chasteau,
lesquelz furent proclamez aux prosnes des parroisses, que tous qui
avoient perdu chevaux, harnois, charrettes et biens à la passée d'iceux
reistres, allassent avec loyauté et tesmoignage recognoistre en son
chasteau ce qui seroit à eux, et qu'il leur en feroit la délivrance, ce
qu'il fit. Quasi quatre-vingtz chevaux furent recognus par les maistres
qui les avoient perdus, qui leur furent rendus, en payant la despence
qu'ilz avoient faict depuis la recousse. Le reste demeura audit seigneur,
comme chose à luy justement acquise de bonne guerre.

Ceux de Provins, estans advertis du passage d'iceux reistres au
pont de Samoys, envoyèrent dès le jour du grand vendredy, gens à
Héricy, village d'apparence et de renommée, qui est au bout du pont,
du costé de la Brie, pour sçavoir quel jour ilz passeroient et quel
chemin ilz prendroient au partir dudit Héricy; lesquelz firent rapport
qu'ilz avoient entendu par le commung bruict que les commissaires
tenoient propos de les faire passer par la ville ou les environs de
Provins, et qu'ilz ne passeroient avant le jour de Pasques, pour le
plus tost. Or, y a-il distance de Provins audit pont de Samoys et Héricy,
de dix à douze lieues. Parquoy lesditz de Provins prindrent courage
pour se disposer pour la feste de Pasques à aller à la table Dieu et
solenniser la feste avant la venue d'iceux reistres. Ilz avoient tousjours
gens aux champs, allans et venans, pour leur porter novelles. Ce
pendant que leurs gens alloient et venoient, dès le samedy, vueille

1563. de Pasques, au soir, et dès le jour de Pasques, au matin, à l'ouverture des portes de la ville, arrivèrent gens des villages et parroisses de Nangis, de la Croix-en-Brie, de Chasteau-Bleauc, de Vanvillé, de Landoy, de la Chapelle, de Vielz-Champagne, de Coutevroux, de Jouy-le-Chastel, de Bannost, de Basoches, de Boisdon, de Sainct-Yllier et aultres villages voisins, tous se serrer audit Provins, avec leurs chevaux, harnois, meubles et tout bestial. Et y arriva ledit jour de Pasques si grand nombre de gens et de bestes, qu'il ne fut possible de les loger à couvert tous, ains en demeura ung nombre incroiable parmi les rues, qui en estoient de toutes partz si pleines, qu'on ne pouvoit cheminer à son ayse par icelles.

Ce qui plus attonna les habitans dudit Provins fut les gens de Nangis et parroisses de Vielz-Champagne et St-Yllier, lesquelz disoient estre envoyez de leurs seigneurs de Beauvais et de Quincy[1], qui ne pouvoient trouver façon avec les commissaires d'empescher la brigade que le vulgaire appelle l'*Avisée*, de passer par Provins ou les environs; et pour ceste cause leur avoient baillé cest advis de vuyder leurs maisons et serrer leur bestial. Au jour de Pasques au soir, les messagers de Provins rapportèrent que pour certain ilz avoient veu distribuer les quartiers du passage desditz reistres, et que leur rendez-vous estoit à Provins pour le mardy ou mécredy des festes de Pasques pour le plus tard; toutesfois, que les gentishommes du balliage et aultres voysins poursuivoient encores pour les renvoyer par ung aultre lieu; mais que ce n'estoit encore chose assurée. A ces nouvelles fut le guet des murailles de la ville renforcy, et quelques corps de garde posez par la ville parmy les gens et bestes des villages, qui se tenoient mieux assurez que ceux de la ville, et se pourta le tout bien.

Au lendemain matin, qui estoit le lundy de Pasques, les portes de la ville ne furent ouvertes qu'il ne fust huict heures du matin, à l'entrée desquelles par dehors y avoit ung nombre infini de harnois,

---

[1] Sur les seigneurs de Quincy, voyez à la bibliothèque de la ville de Provins le   Nobiliaire du bailliage de Provins, par M. Ythier, p. 169.

charrettes, biens et bestial des villages devers Rozay et Amillis, qui estoient arrivez toute la nuict pour se saulver. Le ban fut faict par les carrefours dudit Provins que nul habitant de la ville, sous peine de 100 liv. t. d'amende et de prison, n'eust à sortir hors d'icelle pour ce jour, ains que chascun d'iceux, à l'heure de dix heures du matin, eust à se trouver avec ses armes devant l'huys de son dizainier, pour estre conduit sur les murailles de la ville, chascun en son quartier. Et oultre ce, fut signifié aux gardes des portes de n'en laisser sortir ung seul habitant hors la ville, sous peine de pareille amende. On ne laissoit pour cela de mettre en ladite ville les gens et bestes des villages qui venoient pour se saulver.

Le service divin fut fait ès parroisses et églises tout d'ung suivant sans intermission; auquel assistèrent tous les habitans, chascun en son église, et s'atendoit-on que lesditz reistres prendroient leur chemin en ladite ville et vouldroient loger dedans, en hayne de feu mons. de Guyse, auquel elle appartenoit, et pour ce s'estoient les habitans délibérez et résoluz de ne les laisser entrer, quelque mandement qu'ils eussent d'y entrer, ainz de tenir bon contre eux jusques à la dernière goutte de leur sang.

Et pour sçavoir de l'équipage et des armes de chascun habitant de ladite ville, la monstre générale fut publiée à ce jour à l'heure de mydi, pour veoir quel moyen on avoit de tenir bon, si d'avanture on estoit assailly par lesditz reistres; mais ne fut possible de faire ladite monstre générale, toute la ville assemblée ensemble, pour l'empeschement des gens et bestes des villages, qui empeschoient toutes les rues. Et pour ce, fut advisé que ladite monstre se feroit à quatre fois, chascun quartier et capitaine de ses gens à part, et pour éviter que les gens d'ung quartier ne pussent prester leurs armes et équipage à ceux d'ung aultre quartier, furent tous habitans conduictz sur les murailles, chascun par son disenier avec ses armes, où demeurèrent jusques à ce que leurs capitaines les allassent lever au son du tabourin et l'enseigne desployée. Ladite monstre fut commencée au quartier et porte de St-Jehan, et servoit de capitaine général

45

1563. pour toute la ville Mᵉ Philippe Durant, président du siége présidial, homme sage et de belle apparence, et qui, par le conseil des gouverneurs, avoit seul commandement sur les aultres capitaines des quatre quartiers et portes de laditte ville. Les habitans dudit quartier de Sᵗ-Jehan furent levez au son du tabourin sur les murailles, avec l'enseigne desployée, et mis aux champs hors la porte en ceste grande place qui est près de la chapelle de Sᵗ-Jehan, et mis en ran pour estre veuz, considérez, nombrez et quant et quant encouragez pour tenir bon contre les reistres, s'ilz se présentoient pour assaillir. Ce que chascun promist faire, et obéir à son capitaine, cinquantenier et dizenier, pour le service de la ville, et ce faict, leur fut commandé de retourner chascune dizaine et dizaïnier sur les murailles en leur quartier et y demeurer jusques à ce que le capitaine leur eust baillé congé de s'en aller et non devant, sous peine d'amende. De là en fut faict aultant aux trois aultres portes et quartiers, et ne furent icelles monstres faictes qu'il ne fust quasi trois heures après midy; à laquelle heure fut baillé congé à chascun pour s'en retourner en sa maison, excepté aux gardes des portes qui estoient de garde ce jour-là, lesquelz demeurèrent ausdittes portes jusques au soir, qu'on receut nouvelles certaines qu'ilz reistres estoient en chemin pour s'en aller par au dessus de Coulumiers gangner la rivière de Marne, et que leurs estappes y estoient dressées. Toutesfois, on ne laissa de renforcer le guet sur les murailles et par les rues. Au lendemain, qui fut le mardy de Pasques, ne furent les habitans ni gens d'église en procession à Voulton, comme est la coustume, de peur d'estre surprins, tant par les champs que la ville. Et dès ce jour, sur le vespre, commencèrent les gens de Nangis, de Rampillon, de Vanvillé et de ces quartiers-là à s'en retourner tout bellement gens et bestes. Ceux des quartiers de Rozay et de Coulumiers attendirent jusques au mécredy à partir.

La crainte inspirée par les reîtres cause la mort de Mᵉ Eméric, cordelier du couvent de Provins, et de frère Gilles Cuyssot, trésorier de Voulton.

Les reistres estans passez et hors du pays de Brie, allèrent se loger

par le travers de la Champaigne, dans la ville et bourg de Montirande, où ils séjournèrent six sepmaines et plus; de quoy chascun
de ce pays s'émerveilloit grandement. Le bruit estoit qu'ilz ne voulurent passer oultre, sans recepvoir l'argent qui leur estoit deub et
promis, et que le roy n'en avoit pour les payer. D'aultre part, on
disoit que Sa Majesté les arrestoit là, pour s'en servir s'il en avoit à
faire, et les envoyer au Hâvre de Grâce contre les Anglois, qui ne s'en
vouloient départir. Finablement, argent leur fut porté pour les renvoyer en leur pays. Jamais en France nation n'avoit esté plus craincte
ni redoubtée que furent lesditz reistres; lesquelz toutesfois ne faisoient aucun mal aux simples gens des villages où ils logeoient,
mais prenoient et ravissoient tous leurs biens qu'ilz trouvoient et les
chargeoient en leurs harnois et les enmenoient avec eux. Ils portoient
en iceux leurs harnois vans à vaner grain, fléaux à batre ès granges,
seaux ou seilles à porter et puiser eau, cordes et chaînes pour en
puiser; ils avoient sur aulcuns harnois de petis fours à cuyre le pain,
pour s'en servir en nécessité, et molins artificiellement faictz pour
moudre du grain. Ils estoient fort songneux de charger du bled et de
l'avène en leurs ditz harnois et d'enmener le bestial gros et menu
devant eux. Où ilz se logoient, ne faisoient que cercher et foullier en
terre ès logis, jardins, courts, fumiers, pour trouver butin, et tout
ce qu'ils trouvoient de caché et non caché estoit à eux, et n'y
avoit personne qui y pust donner ordre ou qui voulust. Ils assailloient
aussitost les logis, maisons et chasteaux des gentishommes par où ilz
passoient, qu'ilz voyoient n'estre fortz et de deffences, et si tuoient
ou prenoient prisonniers les gentishommes d'iceux qui tomboient en
leurs mains, qui estoit la cause que les gentishommes mal fermez
vuydoient leurs maisons et se saulvoient ès villes. Les aultres qui
estoient fortz et bien fermez faisoient levée de soldatz pour mettre
en leurs maisons et chasteaux, pour se deffendre d'eux s'ilz en estoient
assaillis. Les pays des environs dudit Montirande, à dix lieues à la
ronde, eurent fort à souffrir durant le séjournement desditz reistres
audit lieu; car ils s'escartoient pour aller voler et picorer tout ce

1563. qu'ils trouvoient. Toutesfois, après que les paysans en eurent beaucoup enduré, se bandèrent et se ruèrent sur lesditz picoreurs, quand
ils alloient à petites trouppes, et leur couppoient la gorge, et à ce
faire aydoient les gentishommes aux paysans et les paysans aux gentishommes. Qui fut occasion de faire reserrer et tenir quoy iceux reistres, lesquelz, après avoir receu leur argent, s'en allèrent en leurs
pays.

A l'occasion du passage des reîtres, et sous le couvert de ces étrangers, certains
gentilshommes huguenots des environs de Provins recommencent leurs pillages.
Les gens du seigneur d'Esternay dévalisent, pendant la nuit de Pâques, la maison
d'un laboureur, nommé Jehan Rousselot, à Villecendrier. — Les Anglais refusent
de rendre au roi le Havre-de-Grâce, que les protestants leur avaient livré. Les
armées protestante et catholique s'unissent, sous la conduite du connétable, pour
reprendre cette place, et cette union contribue à grossir le nombre des hérétiques
Les Anglais capitulent le 28 juillet 1563 [1].

Incontinent après que les estrangers, tant reistres que aultres, se
furent éloignez, et que le camp fut party au Havre de Grâce, l'édict de
paix fut envoyé par toutes les villes des bailliages de France, pour le
publier, affin de faire poser les armes bas à toutes villes, chasteaux,
forteresses et compagnies tenans les champs, lever toutes desfiances
que les Françoys avoient les ungs sur les aultres, et les faire rentrer
chascun en leurs maisons avec toute sûreté. Cestuy édict de paix fut
fort fascheux à entendre publier et à praticquer aux catholicques
des villes et villages paisibles où il y avoit bien peu de huguenotz.
Mais il fut fort consolatif aux catholicques des villes qui estoient
oppressez des huguenotz, comme aussi des villages des environs où
la religion catholicque estoit intermise, la messe et divin office non
célébrés, les sainctz sacremens non administrez, comme ès villes de
Lyon et Orléans et les environs, et en plusieurs aultres villes du

[1] « Discours au vray de la réduction du Havre de Grâce en l'obéissance du roy, auquel sont contenus les articles accordez entre ledit seigneur et les Anglois. » (Ar-chives curieuses de l'hist. de France, t. V, p. 229.) Voy. aussi Addit. aux Mémoires de Castelnau, t. II, p. 291.

Poitou et Languedoc où les huguenotz estoient maistres et en plus grand nombre. D'aultant que laditte paix estoit du tout à l'advantage desditz huguenotz, ils travailloient fort à la faire garder et publier. Ceste paix advantageuse les fit entrer en ung si grand orgueil qu'on ne sauroit dire plus, et quant et quant en une audace incroiable. Combien qu'il fust dict par icelle que chascun du royaume, tant de l'une que de l'autre religion, eussent à vivre en paix les ungs avec les aultres, sans se provocquer ni injurier, ne fut possible; car ilz huguenotz, en tous lieux, en toutes compagnies et assemblées, provocquoient les catholicques à faire sédition, en détractant d'eux, de la religion catholicque et des cérémonies de l'église romaine.

Si les catholiques leur répondaient un peu trop rudement et les appelaient hérétiques, huguenots, ils les battaient ou les accusaient devant les juges qui, dans presque toutes les villes, et sauf les parlements de Paris, Rouen, Toulouse, Dijon, Bretagne, appartenaient à la religion réformée et se montraient d'une extrême partialité. —Les protestants font nommer des commissaires pour mander aux parlements autres que celui de Paris de faire enregistrer l'édit de paix et de le publier.

Pour porter la ditte paix à MM. les présidens et conseillers du parlement de Thoulouse et pour la faire publier en icelle ville, le sieur Rapin, maistre d'hostel du prince de Condé, avec commission du roy bien ample, fut par iceluy prince envoyé audit Thoulouse. Lequel, estant arrivé en la ville, à peine print-il le loisir de se déboter pour aller audit parlement pour présenter sa commission, ensemble l'édict d'icelle paix; et pour ce qu'il estoit maistre d'hostel dudit sieur prince, avec grand orgueil et audace présenta sadittte commission et édict, duquel sur le champ demandoit l'enthérinement et publication quant et quant, sous peine de faire déclarer lesditz sieurs dudit parlement séditieux et rebelles au roy, et comme telz les punir par sentence de mort, suyvant qu'il disoit en avoir le pouvoir et mandement[1]. Lequel, après avoir esté patiemment ouy en sa harangue

[1] C'est en 1568, à l'occasion de la paix de Longjumeau, et non en 1563, qu'eut lieu l'affaire de Rapin. (Voy. d'Aldeguier, *Hist. de la ville de Toulouse*, t. III, p. 459.)

1563. si orgueilleuse, par lesditz sieurs luy fut ordonné de mettre au greffe et sa commission et l'édit de paix quant et quant, affin d'estré par eux veu pour en délibérer entre eux, pour lui en respondre au lendemain. Ce qu'il refusa à faire, disant qu'il n'en estoit besoing, et qu'il leur debvoit suffire d'en ouyr la lecture pour faire ladite publication; auquel fust respondu qu'il estoit besoing qu'il minst ses besongnes au greffe, et principallement ladite paix, pour l'enregistrer, avant qu'en faire la publication audit parlement ni par la ville. Ce que finablement il fit, puis se retira en son logis. MM. dudit parlement, après avoir veu l'audace de ce commissaire, sa commission et l'édict de ceste paix, considérant les menaces de cest audatieux commissaire, je ne sçai pas pour quelles causes, procédèrent contre luy par procès criminel, et fut par eux condempné à estre décapité, et eut la teste couppée par le bourreau audit lieu de Thoulouse. Ilz sieurs dudit parlement firent une homologation et modification sur l'édit de liberté huguenoticque que ledit Rapin leur avoit porté, qu'ils firent publier devant luy par les carrefours de la ville, avant que de le faire exécuter. Desquelles homologation et modification s'ensuit la teneur :

« Charles, par la grâce de Dieu, etc. Veu par la court de parlement de Thoulouse l'édit de paix faict à Orléans sur les troubles qui sont au royaume de France mis sus par aulcuns séditieux de ce royaume, lesquelz, au désavantage du roy et de la couronne, ont troublé l'Estat soubz la minorité du roy jeune enfant, estant le royaume soubz gouverneurs, comme aussi Sa Majesté, et pour prendre occasion de ce faire, ont mis en avant et ont pris pour couverture le manteau de religion; ce que estant veu par nous, avons ordonné et ordonnons que, en la ville de Thoulouse ni aultres du ressort du parlement d'icelle, ne se fera publicquement ni secrettement aulcun exercice de la nouvelle prétendue religion, en quelque sorte que ce soit, sous peine de la hart. — Item, que tous ceux qui vouldront faire profession de ladite prétendue religion réformée ayent à se retirer hors de ladite ville et ressort dudit parlement. Commandement à tous manans et habi-

tans dudit parlement et ressort de vivre catholicquement, suyvant 1563.
l'ancienne religion catholicque et romaine, sous peine d'estre pugnis
de mort, et ce par provision, en attendant la majorité du roy, pour
en ordonner selon qu'il trouvera à faire par son conseil. »

Et après ceste publication faicte au lieu où on vouloit exécuter
ledit sieur Rappin, on leut son dicton, contenant les causes de l'exécution de sa personne.

Ce peu de huguenotz qui estoit audit Thoulouse, voyant exécuter
et mettre à mort ledit Rappin, et publier l'édit de paix en aultres
termes qu'il ne pourtoit, furent fort esbays et commencèrent à trembler, parce que ladite court de parlement avoit tousjours résisté à
ladite prétendue religion et faict exécuter ceux qui en faisoient profession, nonobstant édict à ce contraire faict en faveur d'iceux huguenotz; lesquelz envoyèrent nouvelles au prince de Condé de son maistre
d'hostel Rappin, comment par sentence du parlement il avoit esté
exécuté par mort, et le refus que ledit parlement avoit faict de
publier et faire publier la paix d'Orléans, et que au contraire en
avoit faict un aultre du tout au désavantage de leurditte prétendue
religion réformée. Desquelles nouvelles furent moult irritez ledit
sieur prince de Condé, l'admiral et tous les huguenotz, qui n'en eurent
aultre chose. Si tous les parlemens de France eussent faict ainsi que
celuy de Thoulouse, lesditz huguenotz n'eussent pas esté si orgueilleux qu'ilz furent.

L'édict de paix publié partout, incontinent après la feste de Pasques, les huguenotz qui avoient absenté les villes et leurs maisons
retournèrent en icelles, comme aussi firent les gentishommes et aultres de ladite prétendue religion qui avoient suyvi les armes et la
guerre, excepté ceux qui allèrent à la guerre du Havre de Grâce
contre les Anglois. Les huguenotz de Provins qui s'estoient absentez retournèrent en leurs maisons, telz qu'estoient les deux Barengeons, l'esleu et l'enquesteur, Jehan Saulsoy, médecin, Jehan
Couvant, apoticaire, et encore quelques aultres qui s'estoient absentez pour saulver leur vie, lesquelz, le mardy de Pasques, pour se

1563. repatrier et reconfirmer en leur prétendue religion, firent leur cène qu'ilz appellent sacrement, non dans la ville ni fauxbourgs de Provins, mais en la maison seignorialle de Chantalous, parroisse de Bauchery, en laquelle demouroit mons. de St-Symon, seigneur dudit lieu à cause de sa femme, gentilhomme huguenot et de ceux qui avoient porté les armes.

Il y a ici une lacune dans le manuscrit.

Un ministre protestant est assassiné entre Nogent et le château du sieur d'Esternay. Celui-ci le fait enterrer et fait annoncer à son de trompe, aux environs, qu'il donnera cent écus à la personne qui dénoncera le meurtrier. Un jeune homme de Nogent, dans l'espérance d'obtenir les cent écus, déclare qu'il connaît l'assassin, mais refuse de le nommer; on le retient alors lui-même en prison, comme étant l'auteur du crime; on lui fait son procès et on le condamne à mort. Il est pendu à La Motte, avec deux autres individus qui avaient tué le barbier du sieur d'Esternay.

Les huguenotz de Provins, après avoir levé argent sur eux, firent dresser une requeste pour présenter au roy, affin d'obtenir lettres de S. M. pour ériger ung presche audit Provins, suyvant l'édict de la paix d'Orléans; par laquelle requeste ilz exposèrent qu'en icelle ville il y avoit ung grand nombre de fidelles, tous faisans profession de la novelle religion, lesquelz requéroient S. M. de leur permettre ériger ung presche audit lieu, pour faire l'exercice de leur religion, et de leur en bailler lettres, avec commission adressante à Me Philippe Durand, président au siége présidial dudit lieu, pour les installer et leur donner place où seurement et commodément ilz peussent faire ledit exercice. Laquelle requeste fut plus que facillement enthérinée par la mère-royne et le prince de Condé, qui n'entendoient à aultres affaires qu'à planter par le royaume en toutes villes laditte prétendue religion, sans faire longtemps séjourner à leur faire la court ceux qui sollicitoient telles affaires, car les chefz principaux qui debvoient ce empescher estoient les premiers à en expédier lettres et en telle forme qu'on les demandoit, comme tel estoit le chancelier de l'Hos-

pital, qui estoit l'ung des plus grands huguenotz et héréticques de
France, comme aussi estoient quelques secrétaires du roy, combien
qu'ilz chancelier et secrétaires ne se fussent déclarez rebelles contre
le roy. Lesdittes lettres obtenues, les présentèrent à mons. le président de Provins, Mᶜ Ph. Durant, par je ne sçai quelle manière,
comme en le despitant, pour ce qu'il avoit en hayne et horreur les
huguenotz et leur prétendue religion, ainsi que eux-mesmes bien en
sçavoient; et pour ce, de propos délibéré requirent lesdittes lettres
luy estre adressées, comme s'ilz eussent voulu dire : « En despit qu'il
en aye, si fauldra-il qu'il nous installe en nostre presche, quelque
hayne qu'il nous porte et à nostre religion. »

Ledit président, après avoir en son particulier veu et leu leurs dittes
lettres, en les leur rendant, les remist au premier jour plaidoiable
d'après, pour en plain jugement adviser au moyen de les enthériner ou
débouter, sans leur en rien dire aultre chose. — Au lundy ensuyvant,
premier jour de plaictz, se présentèrent le prédicant et partie de ses
noveaux paroissiens, lesquels, par Marc Boyer, procureur au siége
présidial, et Mᵉ Richard Privé, advocat, présentèrent leur requeste
tendant aux fins d'estre receuz et installez, suyvant le mandement du
roy, duquel ilz demandèrent l'enthérinement; cela ne fut sans grand
tumulte du peuple de Provins, qui s'estoient en grand nombre trouvés
là pour ouyr la lecture desdittes lettres, sans y estre mandez, mais
d'eux-mesmes s'y estoient présentez; d'aultant qu'ils huguenotz s'estoient vantez de l'enthérinement d'icelles, voulussent ou non ledit
président et tout le reste des habitans de ladite ville. — Il président,
après avoir ouy ceste requeste, ordonna audit Boyer de faire lecture
de leurs lettres et de parler hault, affin qu'elles fussent de tous entendues. Durant laquelle lecture fut faict bon silence, qui ne dura
qu'aultant que ladite lecture, et à peu tint que grosse sédition ne
s'eslevast là contre ledit prédicant et ses noveaux réformez; ce qui
fust advenu, n'eust esté ledit président, qui imposa silence à chascun,
et qui empeschea ladite sédition; lequel à l'instant, en respondant à
leur requeste, à pur et à plain les débouta desdittes lettres, comme

obtenues sur ung faux donné à entendre au roy ou à ses gouverneurs, ainsi que la teneur d'icelles en faisoit foy, laquelle portoit que
audit Provins y avoit plus de la moitié des habitans faisans profession
d'icelle prétendue religion, lesquelz demandoient l'exercice d'icelle
leur estre octroyé dans laditte ville, suyvant l'édit de la paix d'Orléans ;
et, pour monstrer que icelles lettres estoient données sur ung faux entendu, ordonna qu'ilz huguenots de laditte ville comparoîtroient à
une heure après midi audit lieu de l'auditoire, qui se tenoit encores ès
logis de la salle du Roy, attenant à la chapelle de M. St-Blaise, et qu'ilz
donneroient leurs noms et surnoms, ensemble la signature de leurs
mains, pour veoir combien ilz estoient qui demandoient ce presche.
Et pour mieux faire apparoir au roy du faux donné à entendre qu'ilz
avoient faict à S. M. par leur requeste, ordonna que les quatre capitaines de la ville assembleroient leurs dizainiers et les dizainiers les
gens de leur dizaine, pour comparoir audit lieu de l'auditoire avec
le greffier, et déclarer s'ilz entendoient avoir ledit presche ou non.
A laquelle assignation comparut tout le peuple de laditte ville, qui
déclarèrent qu'ilz n'avoient entendu, comme ilz n'entendoient, avoir
présenté requeste au roy pour avoir ledit presche, et que, tant s'en falloit qu'ilz en demandassent ung, ilz supplioient humblement S. M. de
ne leur en poinct donner ni envoyer. Lesditz huguenotz estoient en
si petit nombre qu'ilz n'osèrent oncques comparoir pour donner la
signature de leurs mains pour avoir ledit presche, et de tout ce fut
faict ung procès-verbal que ledit président envoya au roy et à la royne
sa mère, et furent lesditz huguenots pour ceste année déboutez de
leurs lettres et presche public ; parquoy fallut qu'ilz retournassent à
l'exercice de leur prétendue religion où ils avoient accoustumé d'aller,
qui ne fut sans grande mocquerie d'eux et grand honneur dudit président. Il se trouva en Provins plus de quatre mille personnes qui
empeschèrent que lesditz huguenotz n'eussent presche en la ville et
fauxbourgs ; les huguenotz n'estoient en tout que quarante personnes.

L'amiral Coligny, accusé d'être l'auteur du meurtre du duc François de Guise,

se purge devant le roi de cette accusation [1]. Henri de Guise, fils de François, 1563.
quitte la cour et se retire à Joinville.

Il fut permis audit sieur admiral de faire imprimer sa justification
et de la faire exposer en vente par la ville de Paris et le royaume de
France, ce qu'il fit, mais à son déshonneur; car toutes personnes
qui virent et lurent laditte justification jugèrent ledit sieur estre
coulpable de laditte mort, parceque les responses qu'il faisoit aux
accusations et déposition dudit Poltrot n'estoient si pertinentes qu'estoient icelles accusations, et plusieurs poinctz rapportez les ungs aux
aultres de laditte justification rendoient coulpable ledit admiral plus
que suffisamment pour estre géhenné et mis à la torture.

Charles IX, étant entré dans sa quatorzième année, se déclare majeur dans un
lit de justice tenu au parlement de Rouen (17 août 1563) [2]. — Les protestants sont
en faveur à la cour, où leurs chefs dominent. — On craint que le roi ne devienne
hérétique, bien qu'il continue à fréquenter l'église catholique et à remplir ses
devoirs religieux. — La veuve du maréchal de Saint-André fait don au prince
de Condé de son château de Valery-lès-Sens. Le prince de Condé, qui avait
promis à cette dame de l'épouser, prend pour femme la marquise de Roytelin,
dame de Blandy-lès-Melun. — Le roi se décide à visiter son royaume, pour
voir ses sujets et se faire connaître d'eux.

Durant le parlement de ce voyage, fallut adviser en quelle sorte
et avec quelles compagnies on le feroit, savoir si le roy l'entreprendroit avec son train ordinaire, tant des officiers de sa maison que des
archers de sa garde, ou bien si on lèveroit aultres compagnies de
pied et de cheval pour l'accompagner et lui faire escorte par les

[1] « Arrêt du conseil du roy, par lequel
il évoque à sa personne le procès meu
entre les maisons de Guise et de Chastillon, à l'occasion du meurtre du duc de
Guise, et en suspend le jugement pendant
trois ans. 1563, juin 5. » (*Mém. de Condé*,
t. IV, p. 495.) Voy. des pièces relatives à
cette affaire dans les Mémoires de Condé,

t. IV, p. 339 et 651; et t. V, p. 17. — Voy.
aussi *Preuves de la maison de Coligny*, par
du Bouchet, p. 535.

[2] Lit de justice tenu au parlement de
Rouen. (Isambert, *Rec. des anc. lois franç.*
t. XIV, p. 147.) — Voy. aussi Floquet,
Histoire du parlement de Normandie, t. II,
p. 550 et suiv.

1563. champs, de peur que mal ne luy fust faict, fust pour le prendre prisonnier ou aultrement, attendu les difficultez qui avoient esté en France en l'an dernier passé, par les guerres civilles faictes soubz le nom de la religion; à cause desquelles guerres avoit convenu aux gouverneurs de sa personne et du royaume de renforcer ses gardes extraordinairement. Il fut résolu que S. M. entreprendroit son voyage avec son train ordinaire, celuy de sa mère, de mons. le duc d'Anjou son frère, de mons. le connestable et les archers de leur garde, pour éviter à l'oppression et foulle du pauvre peuple, et que les aultres princes et seigneurs qui le vouldroient suyvre ne méneroient de train avec eux que l'ordinaire de leur maison et leurs officiers servans.

Avant que ceste résolution fut faicte, on faisoit tenir les champs à certaines compagnies de gens de pied, montant au nombre de quinze enseignes réduittes en ung régiment, qui estoit conduict et gouverné par un capitaine nommé le seigneur de Charry[1], homme honorable, bon catholicque et loyal serviteur du roy, qu'il avoit servy ès guerres de l'an passé et en celle de l'an présent contre les Anglois à la reprinse du Havre de Grâce, duquel seigneur et régiment le roy se pensoit accompagner à faire et entreprendre ce voyage. Et d'aultant que ledit voyage se retardoit pour les affaires qui survenoient d'un jour à l'aultre à la court, et aussi pour la difficulté de l'hyver qui commençoit, fut baillé commission audit sieur de Charry de mettre son régiment en garnison dans les villes, pour soulager les villages et affin qu'ilz ne fussent ruynez par iceux gens de guerre, qui les oppressoient plus qu'ilz n'eussent osé faire les villes, et luy fut commandé de ne les mettre à plus de vingt lieues loing de S. M. Durant le temps que saditte majesté fut à Paris, ledit régiment, après avoir tenu les villages des environs dudit Paris et avant la commission délivrée de loger aux villes, entrèrent en garnison ès villes de Corbeil et Mèlun, où ilz furent jusques à la my-octobre; et de là allèrent en garnison à Mon-

---

[1] Laurent de Charry, né au château de Charry, près Montcuq en Quercy, gentilhomme ordinaire de la chambre du roy, sénéchal d'Armagnac et premier mestre de camp des gardes françaises. De Thou l'appelle à tort Jacques Prévost de Charry.

tereau, Bray et Nogent sur Seine, où ilz furent huit ou dix jours. Desdittes villes de Bray et Nogent, en attendant qu'ilz eussent commission d'entrer à Provins, allèrent loger à Chalaustre-la-Grand et Villenauxe-la-Grand; auquel Villenauxe n'entrèrent du premier coup, parquoy tindrent les villages depuis ledit Bray, jusques audit Villenauxe, trois ou quatre jours à vivre à discrétion et à se faire traiter en la manière des friquerelles tout et plus que le saoul. Ledit sieur de Charry, sçachant que les habitans dudit Villenauxe ne vouloient faire ouverture de leur ville et y recevoir ses gens, alla luy-mesme en personne parler à eux et leur commanda de faire ouverture de leurs portes et d'y laisser entrer son régiment, ou, en faulte de ce faire, les assiégeroit, dont mal leur prendroit. Ils de Villenauxe luy firent response qu'ils n'estoient délibérez de luy ouvrir ni à ses gens, et encores moings de les y laisser loger, et ilz commencèrent à se mutiner, comme aussi fit ledit sieur de Charry, auquel et à ses gens fut tiré ung coup de harquebuse qui n'offensa personne. Qui fut cause de faire retirer ledit de Charry fort courroucé; lequel envoya au roy pour avoir commission spécialle de se loger et ses gens audit Villenauxe. En laquelle attendant, dès au lendemain fit approcher tous ses gens d'armes à l'entour des fossez dudit Villenauxe, pour tascher à le surprendre. Dont furent quelquement esmuz lesditz de Villenauxe, lesquelz avoient peur que pis ne leur advint que de les laisser entrer, veu que les villes de Bray et Nogent leurs voisins les avoient receuz en leur ville, desquelles ilz deslogèrent; et après avoir tenu conseil ensemble, résolurent qu'il estoit plus expédient pour eux de leur ouvrir les portes que de se laisser assaillir. Ilz ne craignoient aulcunement ledit régiment et n'avoient peur qu'il y entrast par force, mais craignoient d'estre rebelles au roy, comme les en menaçoit ledit de Charry, qui, avec serment faict devant eux, leur promettoit d'y loger et ses gens, fust de bon gré ou de force, ce qu'il fit. Je ne sçai si ce fut par assault ou de bon gré, mais bien sçai que les hommes d'aparence et de biens dudit Villenauxe absentèrent leurs maisons et la ville, et n'y retournèrent qu'ilz ne fussent deslogez.

1563. Aulcuns hommes d'entre eux qui ne partirent à heure pour s'enfuir furent par ledit de Charry et ses gens prins prisonniers et traictez assez rudement, et disoit ledit seigneur qu'il les méneroit au roy pour en faire la justice, comme de gens rebelles à S. M. Ilz de Villenauxe avoient envoyé gens d'entre eux au roy, qui estoit à Fontaine-Bleaue, pour prier S. M. de les exempter dudit régiment et qu'il ne logeast dans leur ville; mais n'eurent si tost leur expédition, parquoy logèrent ledit régiment depuis le jour ou vueille de la Toussainctz jusques au jour de la St-Martin d'hiver, à luy faire grosse chère et oultrageuse despense, pour lequel faire desloger, comme l'ouys dire auxditz de Villenauxe, payèrent audit Charry la somme de 5oo escuz d'or au soleil.

De Villenauxe, alla loger ledit régiment en la ville de Provins, où arrivèrent les soldatz et capitaines le jour de la feste de mons. saint Martin, qui est au mois de novembre, jour de foire en ladite ville, et s'y logèrent tous par bulletins et quartiers, qui leur furent délivrez par leurs fouriers; et y furent tous depuis ledit jour de St-Martin jusques au jour de St-André, auquel jour en deslogea la moytié, qui fut renvoyée ès villes de Bray et Nogent, où ilz logèrent comme devant; l'aultre moitié demeura audit Provins, jusques après la Conception N.-D., qu'on leur fit faire monstre et revue enmi les champs hors la porte de St-Jehan, à laquelle monstre furent cassées les compagnies dudit régiment, excepté soixante hommes de chascune, qui furent retenus comme les capitaines, lieutenans, enseignes, caporaux, entepsales [anspessades], sergens de bandes et les principaux soldats les mieux aguerris. Tout le reste fut cassé et renvoyé chascun en leur maison. Aultant en fut-il faict audict Bray et Nogent. Ceux qui furent retenus dudit régiment deslogèrent desdittes villes le jour mesme de leur monstre, et s'allèrent loger par les villages en montant à Pons et Méry sur Seine, où ilz allèrent en garnison, en attendant le partement du roy pour entreprendre son voyage.

Estans les gens de guerre dudit régiment logez ès villes de Bray, Nogent, Villenauxe et Provins, vescurent aux despens des hostes où

ils estoient logez, et y firent grosse despense. Ceux où il n'y en avoit
poinct de logez aydoient à les nourrir aux aultres où ils estoient
logez, et y faisoient aultant de despense et oultrage qu'ilz eussent
faict aux villages, excepté qu'ilz n'osoient rançonner leurs hostes ni
les battre si légèrement qu'ilz faisoient ausditz villages. Les gouverneurs de Provins, comme les procureur et échevins, obtindrent commission dudit de Charry, pour contraindre les villages de l'élection
de Provins à fournir munitions de pain, vin et chairs pour la nourriture
des soldatz, et se distribuoit ladite munition auxditz soldatz par les
capitaines de chascune compagnie ou leurs commis, et donnoit-on à
chascun soldat une quarte de vin, ung pain de seize onzes et une pièce
de chair de vache ou quelques fois de breby qui ne suffisoit pour la
nourriture de leurs gougeatz. Il falloit que l'hoste fournist le membre
de mouton ou de veau, le chappon ou voulaille, les allouettes et les
saulcisses, avec le feu, la chandelle, le vinaigre, verjus et toutes aultres
nécessitez, les vendredy et samedy, le poisson, haren, morue, œufz,
formages, beurre et aultres vituailles. Les capitaines, chefz et officiers
desdittes compagnies prenoient de ladite munition par où ilz en
vouloient, et ne coustoient tant à leurs hostes où ilz estoient logez
que faisoient les soldatz.

Ès premiers jours que ledit régiment fut logé audit Provins, les
soldatz sortoient dudit Provins deux à deux, quatre à quatre, six à
six et alloient fourrager les maisons des villages d'une lieue à l'entour
et plus, tuoient vollailles, comme poulles, chappons, oyes et canes,
prenoient brebis et moutons par les champs et les portoient à la ville
vendre pour avoir argent, fust de leur hoste ou aultres. De quoy
furent faictes plainctes à leur gouverneur ledit sieur de Charry, lequel
fit faire le ban par la ville que nul soldat d'entre eulx n'eust, sous
peine d'estre pendu et estranglé, à sortir de la ville sans le congé
chascun de son capitaine, et à aller fourrager les villages et maisons
qui estoient hors la ville. Ce ban ainsi faict, se tindrent à la ville lesditz soldatz et n'osèrent plus aller à la picorée, dont bien advint aux
habitans desditz villages.

1563. Des soldats rencontrés dans la campagne avec des femmes de mauvaise vie et des objets volés sont pendus par la sentence de M. de Charry. Cette exécution intimide et maintient le reste du régiment.

Il nous fault icy faire ung discours d'un habitant de Provins et des soldatz qui furent logez en sa maison, qui fut tel qu'il s'ensuit. Audit Provins, rue de Culoison, y avoit ung homme nommé Pierre Pillette, n'y avoit longtemps demourant audit lieu, venu du pays du Maine par le moyen d'ung prebstre, chanoine de l'église N. D. du Val, frère de la femme dudit Pillette, vulgairement appellé *le Dragon*. En la maison duquel furent logez par buletin deux soldatz non bien aguerris, et qui n'y avoit guères qu'ilz praticquoient les armes, et à les ouyr parler n'avoient oncques esté à la guerre que au siége du Havre de Grâce, d'où ilz venoient. Ledit Pillette-Dragon, se voyant avoir affaire à ces novices, s'arraisonna avec eux et leur fit entendre que tout son temps il avoit praticqué les armes et faict bon service au roy, tant dans le royaume que dehors, non seullement par terre, mais aussi par mer; et pour mieux persuader à ses noveaux soldatz qu'il avoit bien veu du pays, leur demanda où estoit le dernier buisson de là le Havre de Grâce, d'où ilz venoient. Lesquels luy firent response qu'ilz n'en sçavoient rien, ce que luy-mesme ne faisoit, car oncques n'avoit passé les mers qui joignent les murailles dudit Havre de Grâce. Voyant qu'ilz soldatz ne luy pouvoient faire response, leur dist telles parolles : « Ha! mes amys, vous n'avez encores veu beaucoup de pays et n'avez tant praticqué les armes que moy. C'est une chose mal séante que gens d'un estat mangent l'ung l'aultre; je vouldrois bien vous prier en faveur des armes et amytié de soldatz que vous prinsiez ung aultre logis que le mien, et à la pareille; car j'ai volunté encore de faire service au roy à la première occasion qui se présentera, où à vous et aux vostres pourrai vous faire plaisir. » Ce que firent iceux soldatz, qui allèrent chercher aultre logis.

Attenant de la maison dudit Pillette y avoit ung pauvre homme, nommé Estienne Gasteblé, fossoieur et sonneur de l'église de St-Ayoul, qui n'avoit aucun moyen de vivre que de ce qu'il gangnoit au jour le

jour; toutesfois grand yvrongne qui n'avoit soucy du lendemain, dans
la maison duquel estoient logez deux maistres soldatz et une garce
putain qui les suyvoit; lesquelz, voyans ledit Pillette n'avoir plus de
soldatz en son logis, s'y allèrent mettre sans bulletin, partie pour
estre mieux traitez, partie pour estre hors de la fumée que leur faisoit la femme dudit Gasteblé des planches qu'ilz retiroient de terre
quand ilz faisoient les fosses des trespassez, qui estoient toutes moytes
et qui sentoient les corps mortz, ayant assez maulvaise odeur, car
il n'y avoit aultre bois pour leur faire feu en la maison. Il Pillette,
voyant que les soldatz de son voisin s'estoient mis en sa maison,
taschea à les endormir comme il avoit faict les premiers; mais les
trouva maistres de leur mestier. Voyant que pour amytié ne vouloient
quitter sondit logis, se courrouça à eux et les fit sortir par menaces,
disant qu'il ne les recevroit, puisqu'ilz n'estoient logez en sa maison
par étiquet ou bulletin, et en leur présence partit de son logis pour
s'en aller plaindre audit sieur de Charry. Quoy voyant, lesditz soldatz
se retirèrent chez leur hoste Gasteblé, jusques à ce qu'ils eurent
trouvé leur fourrier, auquel formèrent leur plainte, disant qu'ilz
estoient logez en la maison du plus pauvre homme de la ville, où il
n'y avoit pain, vin, boys, ni aultres victuailles, et que, attenant dudit
logis, y avoit ung riche paillard, qui naguères avoit esté héritier d'un
chanoine le plus riche de la ville, et n'avoit personne de logé en sa
maison, et pour ces causes le prièrent qu'il leur baillast bulletin pour
s'y loger : ce que leur accorda ledit fourrier. Ilz, ayant bulletin, retournèrent veoir leur dragon de Pillette, et luy donnèrent ledit bulletin, et quant et quant le chassèrent aux vivres; lequel ne s'en hasta
guères fort, et, ne se pouvant exempter qu'ilz ne demourassent en
sa maison, les traita non si opulantement qu'ilz vouloient.

Advint ung jour, entre aultres, qu'ilz soldatz baillèrent charge audit
dragon d'achepter quelques chapons et une douzaine d'allouettes pour
leur soupper, à peine d'estre battu et de tout rompre en sa maison. Ce
qu'il leur promist faire, s'il en voyoit et qu'on luy en voulust donner
pour son argent. Où il savoit qu'il y en avoit à vendre, n'y alloit, affin

47

1563. qu'il eust excuse de dire qu'il n'en avoit veu, et par ce moyen poulser la journée à l'espaulle, comme on dist, pour les en faire passer, ce que lesditz soldatz ne vouloient faire. Lesquelz quasi à coups de baston le renvoyèrent et luy enseignèrent où il en trouveroit, et qu'on en vendoit, encores qu'il le sceust aussi bien que eux. Estant contrainct de retourner, s'advisa d'une ruse assez gaillarde et fort gentille pour un lordault. Au lieu d'aller où on vendoit lesdits chappons et allouettes, alla trouver le procureur et l'échevin de la paroisse de St-Ayoul, qui estoient assemblez par la rue l'ung avec l'aultre, qui estoient Nicolas Robinot du Moustier et Nicolas Philippe, auxquelz il fit une grande révérence à la manière des Manceaux, et leur demanda s'ilz sçavoient où estoit la munition des chappons et allouettes et celuy ou ceux qui avoient la charge de les distribuer, affin d'en aller querre pour ses gens d'armes, qui le contraignoient d'en trouver, à peine d'estre bien battu. Ces deux hommes, qui pensoient qu'il se mocquast d'eux, luy respondirent que mons. de Charry estoit le distributeur de telles munitions, et qu'il se retirast à luy pour en avoir et habillement, car, comme ilz avoient entendu, n'y en avoit plus guères à distribuer. Ceste response ouye, les remercia honestement, et au partir d'eux s'en alla au logis dudit sieur de Charry, qu'il trouva en son chemin au sortir de la rue aux Aulx. Auquel fit la révérence, et, après l'avoir salué, luy fit sa harangue en telle sorte : « Monseigneur, en ma maison sont logez deux de vos soldatz, auxquelz je fais bonne chère de mes biens, selon le petit moyen que Dieu m'a donné, qui n'est grand, parce que je suis ung pauvre homme. Jusques à cy je leur ay donné chair de bœuf, de mouton et de veau, avec de bon vin à leurs repas, et de ce ne se trouvent contens. Ilz m'ont chassé de ma maison et m'ont commandé de n'y retourner, si je ne leur porte ung chappon et une douzaine d'allouettes, quoy que ce couste, ou aultrement me battront à leur plaisir. Monseigneur, j'ai regardé en plusieurs lieux par la ville si j'en trouverois, ce que je n'ai faict. Partant je suis contrainct de me retirer vers vous, pour vous supplier de m'en ayder pour l'argent, affin que je ne sois battu, et ce qui est chez moy rompu; et pour ce, monseigneur, je vous prie pour l'honneur de Dieu de m'en départir, si vous en avez; voylà l'argent pour les payer. » Ledit sieur de Charry, en escoutant fort patiemment le bon homme, et le considérant assez mal habillé avec ses sabotz chaussez, luy demanda qui estoient ces soldatz et soubs quel capitaine ilz estoient. Qui luy fit response que, ainsi qu'il avoit entendu, estoient de la compagnie de mons. de Strocy. Ce dict, ledit sieur de Charry appella ung de ses hommes et luy commanda d'aller avec le bonhomme en son logis dire à ses soldatz qu'il alloit à la chasse pour leur aller querre des allouettes, et qu'il leur dist qu'ilz se gouvernassent avec leur hoste en telle sorte qu'il n'en ouyst plus de plaincte, à peine d'estre accommodez comme leurs compagnons qui avoient esté pendus. Ledit Pillette, ouyant ce commandement, dist audit seigneur qu'il n'estoit besoin de travailler son homme pour cela, mais que, s'il luy plaisoit de faire escrire ung petit mot auxdits soldatz, ce seroit assez. À laquelle requeste obéit ledit seigneur; lequel fit escrire à son secrétaire telz motz qui s'ensuivent, c'est assavoir, « Soldatz, j'ai ouy la plainte de vostre hoste; je vais à la chasse pour vous prendre des allouettes, » et au dessoubz signé *Charry*. Le bonhomme, fort importun envers tel seigneur, commença à frimper les espaules quand il tint ce mandement, et dist à haulte voix : « Je suis en grand soulcy que je ferai; car, puisque je n'emporte poinct d'allouettes, je serai battu, si je porte ce papier icy. » À la plaincte duquel fut esmeu ledit seigneur, qui fut en oppinion d'envoyer prendre prisonniers lesditz soldatz pour les faire pendre. Ce que voyant ledit Pillette, luy dist : « Monseigneur, pardonnez-leur et à moy aussi; il suffiroit que envoyassiez avec moy vostre lacquetz, si c'estoit vostre plaisir, pour leur porter ceste vostre bulette. » Ce que luy accorda ledit seigneur, lequel y envoya ung de ses hommes pour le deffendre et menacer lesditz soldatz.

Quand le bonhomme fut près de son logis, il pria le soldat que ledit sieur de Charry luy avoit donné de n'entrer audit logis que premièrement il ne sceut si ses soldatz y estoient, affin qu'il veist et ouyst ce qu'ilz luy diroient, et à ces fins entra dedans, et le soldat

1563. demoura en la rue. A l'arrivée duquel hoste, lesditz soldatz luy demandèrent : « As-tu trouvé des allouettes? dis, bogre. » Lequel leur fit response en son vulgaire de Manceau : « En bonne fay, non; et si ai esté au logis de mons. de Charry, pour sçavoir où on en bailloit de munition. » — « Tu y as esté, bogre? » respondirent-ilz. — « En bonne fay, sé mon, dist le bonhomme; et parce qu'il n'en avoit plus à donner, il m'a baillé ceste petite bulette pour vous donner, qui est le fil pour les prendre. » Il appelloit le mandement par escript qu'il apportoit dudit sieur de Charry, la bulette et le fil pour prendre les allouettes. Ils soldatz, voyant le mandement et signature dudit sieur de Charry, furent fort faschez, et de despit l'ung d'eux l'empongna au collet, faisant mine de le vouloir battre. Qui fut cause que le bonhomme s'approchea près de son huys et cria le murtre, appellant à son ayde le soldat qui estoit venu avec luy pour le saulver; et à haulte voix crioit après luy, en luy disant : « Hé! mon compagnon, entrez, je vous prie; ces cocquins me battront. » Au cry duquel entra ledit soldat, qui moult les tança et leur dist le mandement de son seigneur, et le danger où ilz se mettoient de se faire pendre et estrangler, et leur commanda de ne molester aulcunement leur hoste, ains qu'ilz eussent à vivre de la vie de luy et de sa femme, à peine de s'en trouver mal. Lesditz soldatz, en s'excusant, accusèrent ledit Pillette, leur hoste, d'estre ung villain, qui ne leur donnoit rien que boire ni que manger qui vallust rien, et que de luy ne sçavoient avoir aulcune raison. A la plaincte desquelz, soustint ledit hoste que, soubz correction du soldat, il n'estoit vray ce qu'ilz disoient; qui, pour vérifier du contraire, envoya querre par sa femme une pinte du meilleur vin qui fust en une taverne de ses voisins, nommé Pierre l'Ogre, pour luy en faire taster. Qui fut par ledit soldat trouvé fort bon; lequel dist ausditz soldatz qu'ilz avoient tort de se plaindre de leur hoste touchant le vin, et que M. de Charry son maistre n'en beuvoit pas de meilleur; et sur ce, print congé d'eux. Or estoit-il vray que ledit Pillette ne leur bailloit à boire de ce vin ni de pareil, ains de bien moindre, combien qu'il soustint devant ledit soldat et eux qu'il ne leur en avoit point

baillé de moindre. Lesquelz se voyant ainsi vaincus par le commandement dudit sieur de Charry, luy dirent qu'il les traitast ainsi qu'il
vouldroit, et qu'il estoit ung meschant poltron ; jugèrent toutesfois en
eux-mesmes que le lordault avoit plus d'esprit qu'ilz ne pensoient.

Depuis ce commandement à eux faict, le bonhomme les traita ainsi
qu'il voulut, et pour avoir sa vengeance et se mocquer d'eux, alloit à
achepter à la boucherie des morailles et morceaux de chair de teste
de vaches, qu'il appelloit des alloyaux de bœuf d'auprès des cornes,
pour leur faire manger cuitz avec des choux qu'il envoyoit desrober
ès jardins par leurs gougeatz, et de telles viandes traita sesditz soldatz
le reste du temps qu'ilz furent en sa maison. Et pour se mieux gaudir
d'eux, quand il les oyoit parler de chappons et allouettes, leur disoit
qu'il n'en pouvoit trouver, combien qu'il eust le fil à les prendre. Il
appelloit le fil à prendre les allouettes, le billet que luy avoit donné
mons. de Charry.

Et pour combler la risée, ne voulut permettre que la putain de
femme qui estoit auxditz soldatz beust du vin le reste du temps qu'ilz
furent en son logis, et la voulut faire vivre de la vie de sa femme,
qui n'en beuvoit poinct. Il y avoit audit Provins maints mesnagers
de toutes qualitez, qui s'estimoient aussi sages que ledit Pillette, lesquelz touteffois n'eurent la hardiesse de faire une telle bravade à
leurs soldatz ; et si n'avoient meilleur moyen de les traiter que luy.
Cest homme estoit, à le veoir, comme imbécille, mais fin et cault
plus que Normant, car il estoit Manceau de nation, qui vault aultant
que Normant et demy ; et avec son imbécilité cauteleuse, avoit les
mines, gestes et parolles de mesme, suyvant le jargon et vulgaire
de son pays ; et le tout assemblé ensemble provocquoit les personnes
à rire et à tenir conte de luy.

Pour faire desloger hors de Provins ledit Charri et ses compagnies,
les gouverneurs de la ville s'allèrent plaindre à la dame dudit lieu, qui
estoit la femme de feu mons. de Guise, pour prier le roy d'envoyer
mandement audit sieur de Charri pour les faire desloger ; ce qu'elle
fit, après les avoir bien tancez et leur avoir demandé de quoy leur

1563. servoient leurs murailles et pourquoy ilz les avoient laissé entrer, et très-bien se mocqua d'eux. Ilz de Provins se pensèrent excuser devant elle sur la commission qu'ilz gens de guerre avoient d'entrer ès villes et d'y loger ; mais laditte dame leur fit response qu'il estoit bien plus facile de leur refuser l'entrée que de les desloger quand ilz estoient entrez. Icelle dame tant se travailla, qu'elle obtint du roy mandement de les faire desloger au temps que nous avons dit qu'ilz deslogèrent, après avoir faict monstre. Et oncques depuis ne furent si hastifz lesditz de Provins de mettre en leur ville gens de guerre.

Meurtre d'un chanoine de Notre-Dame-du-Val de Provins par un autre chanoine. — M. de Charry est assassiné à Paris le 31 décembre 1563, au moment où il passait sur le pont Saint-Michel. Les meurtriers prennent la fuite et sont exécutés en effigie. Le crime est attribué, soit au frère d'un des soldats que Charry avait fait pendre à Provins, soit aux protestants[1]. — M. de Strozzi, parent de la reine mère, obtient le régiment de Charry[2]. Les ambassadeurs du sultan reviennent à la cour de France par le même chemin qu'ils avaient suivi l'année précédente. Ils étaient envoyés pour faire confirmer les traités d'alliance existants entre la France et la Turquie. Ils venaient aussi, disait-on, conférer sur le mariage de Charles IX avec la fille du Grand Seigneur, dont ils apportaient le portrait. Le roi refuse cette union, malgré l'offre qu'on faisait du baptême préalable de la fiancée, sous prétexte que ce baptême ne serait pas reçu par dévotion à la religion chrétienne, mais en vue seulement du mariage. Il renvoie ensuite les ambassadeurs, comblés de présents. — Le capitaine La Grue, de Villenauxe, et son fils sont poursuivis en justice par un gentilhomme dont ils avaient, pendant la guerre civile, pillé et dévalisé le château, entre Melun et Corbeil. Le fils est pendu ; le père se cache, est exécuté en effigie et fait accord avec sa partie adverse, par l'intermédiaire du prince Portien. — Mort, au mois de janvier, de frère Lambert Girard, moine du Moutier-la-Celle, curé et trésorier de Saint-Ayoul de Provins. Il a pour successeurs Guill. Maret, Gilles More, puis Denis

[1] Montluc, dans ses Commentaires (collect. Michaud, 1re série, t. VII, p. 96 et suiv.), fait un grand éloge du capitaine Charry. (Voy. sur sa mort Brantôme, *Des Colonels de l'infanterie françoise*, t. IV, p. 279 ; le Journal de Bruslart (*Mém. de Condé*, t. I, p. 140) ; d'Aubigné, *Hist. univ.* t. I, l. IV, p. 202.) On trouve diverses lettres de Charry écrites au duc de Guise, dans la collection Béthune, vol. 287, 288, 8660.

[2] Philippe Strozzi, colonel des gardes françaises, naquit à Venise en 1521, et mourut en 1582.

Camus.—Frère Jean Barrier, cordelier, obtient la prébende vacante par la mort 1563. de Denis Froment, chanoine de Notre-Dame-du-Val, et est le premier chanoine théologal de Provins.

Estans venu à propos de parler dudit Barrier, nous fault icy réciter ung sacrilége horrible, commis dans la ville de Paris par ung huguenot, qui fut tel : — Un prebstre, chantant la messe dans la Ste Chapelle du palais de Paris [1], dans laquelle y avoit nombre de gens en suffisance pour ouyr laditte messe, s'y trouva ung homme, entre les aultres, qui estoit huguenot; lequel toutesfois, en contrefaisant le bon catholicque, se minst à genoux durant icelle, et tenoit mesmes cérémonies que les aultres catholicques. Il s'estoit approché de l'autel où ledit prebstre célébroit, et il y demeura constant, depuis le commencement de laditte messe jusques à l'élévation de la saincte hostie; laquelle estant eslevée par le prebstre pour la monstrer au peuple pour l'adorer, se leva le misérable huguenot sur ses deux pieds, et, au lieu de l'adorer comme les aultres catholicques, de ses mains polluées l'arracha des mains du prebstre par derrière, la jetta à terre, et monta du pied dessus, en détestation de la religion catholicque et du sacrifice mémorial de la passion de J. C. qui est faict en la messe. Duquel faict si barbare furent moult estonnez et le prebstre et le peuple. Le peuple se rua d'un franc courage sur ce sacrilége huguenot, et, après luy avoir baillé plusieurs coups de poing, le livra à messieurs de la justice du parlement de Paris, lesquelz firent son procès, et le condempnèrent à avoir la main couppée, de laquelle il avoit faict ce sacrilége, bruslée avec son corps tout vif; ce qui fut faict au karesme de ceste présente année. Pour lequel prescher et retirer de son erreur, fut appellé ledit nostre maistre F. Jehan Barrier, qui preschoit le karesme en l'église de M. St-Bartholomy, auprès dudit Palais. Lequel trouva le pauvre misérable estre athée ou athéiste, c'est-à-dire sans nulle croyance d'un Dieu, qui est une erreur la plus pernicieuse qui fut oncques et qui sçauroit estre à jamais. Il Barrier, par son

---

[1] D'Aubigné (*Hist. univ.* t. I, l. IV, c. III, p. 202) parle de ce fait comme étant arrivé dans l'église de Sainte-Geneviève.

1563. éloquence et saincte doctrine, le réduisit aulcunement à la cognoissance d'ung seul Dieu en trois personnes, et luy enseigna l'espérance
du salut de son âme par J. C., filz de Dieu. Ce que bien ayant entendu ce pauvre misérable, crut à la saincte parolle de Dieu, et cria
pardon à Dieu de ce forfaict et aultres péchez par luy commis, en
sorte que ledit Barrier récita et dict qu'il falloit avoir quelque espérance du salut du pauvre desvoyé, exortant ung chascun de prier Dieu
pour luy, ce que l'on fit.

Le protestantisme pénètre dans les Pays-Bas. Troubles religieux. Soulèvement
des *gueux*. Le duc d'Albe, envoyé par Philippe II, combat énergiquement la rébellion. — Un jeune prêtre de Chalautre-la-Grande, surpris avec la femme d'un
vigneron qu'il fréquentait, est fouetté de verges par le mari et ses parents, qu'il
traduit en justice et fait condamner.

Au moys de febvrier de ceste année, après la Chandeleur, le roy
partit de Paris pour entreprendre le voyage de la visitation de son
royaume, et passa par Fontaine-Bleaue, et de là, par auprès de Sens.
Il s'alla arrester dans la ville de Troyes en Champaigne, où il séjourna
quelque huict jours et plus, et estoit le commencement du moys de
mars quand il partit. Il avoit envoyé ung mandement par les villes où
y a bailliage, que les baillifz, procureurs et avocatz de S. M., qu'on
appelle procureurs et advocatz du roy, ensemble les nobles gentishommes desditz bailliages de Champaigne et Brie, eussent à se trouver,
à certain jour nommé, dans laditte ville de Troyes, pour entendre sa
volunté, et ce que par luy leur seroit déclaré touchant le reiglement
de la justice, et pour faire observer les édictz de pacification, selon
la paix d'Orléans, et suyvant iceux faire vivre tout chascun en paix,
en attendant son retour. Aux nobles ordonna de garder la foy et loyauté
qu'ilz luy debvoient et luy appartenoit selon le tiltre de leur noblesse
et privilége d'icelle; ordonnant auxditz de la justice et nobles que si,
durant le temps de son absence et voyage, survenoit quelque question, différend ou affaire, ilz se retirassent à mons. d'Aumalle, garde
du gouvernement de la province de Champaigne et Brie pour mons.
de Guise, son nepveu, qui estoit encores jeune, ou au seigneur de

Barbesieux, son lieutenant audit gouvernement, ausquelz il commanda 1563.
d'obéir comme à S. M.

A ceste assemblée royalle, harangua et pourta la parolle pour la
justice du bailliage de Provins, devant sadite majesté et son conseil,
revestu de sa longue robbe, Me Jehan Alleaume, bailly de Provins, qui
fut bien escouté en ce qu'il dist. Lequel ayant dict, se retira de
l'assemblée pour changer d'habit; et, ayant mis bas la longue robbe
et le bonnet carré, print la cappe à l'espagnolle sur ses espaules et
l'espée à la cincture, avec le bonnet de velours sur la teste, et en tel
habit se représenta devant l'assemblée, pour pourter la parolle et
haranguer pour les nobles de sondit bailliage. Il fut aussi bien ouy
que devant, et eut la grâce de si bien dire, qu'il contenta le roy, les
princes et toute l'assemblée, et fut fort remarqué du roy et tenu pour
homme pertinent et de bon esprit. Il seul emporta l'honneur de tous
ceux des bailliages qui haranguèrent pour leurs provinces devant
S. M., et fut dict, en la louange d'iceluy bailly, que fort dextrement
il avoit joué deux personnages en ung mesme jour et ung mesme jeu,
et fort honorablement s'en estoit acquitté.

Le roy, ayant tenu cest estat audit Troyes, en alla faire aultant à
Langres; de Langres se retira par Dijon pour s'en aller à Lyon, cos-
toyant le plus qu'il pouvoit les frontières de son royaume par où il
passoit, et en chascune ville principalle de chascun gouvernement
faisoit pareille convocation des estatz de justice et de noblesse, comme
il avoit faict audit Troyes, se faisant veoir à tous, et se rendant favorable pour faire vivre les habitans des provinces de son royaume,
suyvant les édictz de la paix d'Orléans, où il en estoit besoing, ainsi
que nous le dirons ès prochaines années qui viennent. Messieurs les
princes de Condé, de Montpensier, d'Aumalle, de Guise et aultres de
France, avec la royne mère, le connestable, mons. d'Anjou, frère du
roy, les sieurs admiral, d'Andelot et aultres, tant catholicques que
huguenotz, l'accompagnèrent jusques à Lyon, où il se rendit environ
la feste de Pasques, et où plusieurs le laissèrent pour s'en retourner en
leurs gouvernemens, provinces et maisons. La royne mère, mons. le

1563. duc d'Anjou et mons. le connestable suyvirent toujours S. M. en son voyage et ne l'abandonnèrent aulcunement.

S. M., avant que partir de Paris, ordonna gouverneur de laditte ville, prévosté et viconté d'icelle, comme aussi de l'Isle de France, mons. le mareschal de Monmorancy, filz aisné de mons. le connestable, homme assez fascheux et mal au goust des habitans dudit Paris, lesquelz ne luy voulurent obéir qu'à regret, à cause de son orgueil et arrogance, de quoy il estoit plain, et encores pour ce qu'il sembloit plus pencher du party des huguenotz que des catholicques. Lesquelz catholicques tenoit en telle subjection qu'ilz n'eussent osé dire ne faire chose qui eust desplu au moindre huguenot crocheteur qui eust esté dans icelle ville ni dans le royaume. Il faisoit toute faveur auxditz huguenotz, et leur permettoit toute liberté, sans aulcune pugnition ni répréhention quelconque. Il permettoit, contre l'édict de la paix d'Orléans et contre le gré de MM. de la court de parlement et les Parisiens, que les huguenotz s'assemblassent avec leurs prédicans dans laditte ville, pour y faire presches et exercice public de leur religion prétendue, les faisant garder par ses gens, de peur qu'on ne se ruast sur eux.

Les huguenotz de Provins et du bailliage, tant nobles que artisans, avoient par le bailly de laditte ville faict demander au roy estant audit Troyes l'establissement d'ung presche, pour faire l'exercice public de leur prétendue religion dans laditte ville de Provins, suyvant l'accord de la paix d'Orléans. Qui leur fut encores une fois accordé par S. M., et mandé au président d'icelle ville de leur donner lieu commode et de les installer audit presche, ensemble de les garder et faire garder durant le temps qu'ilz y seroient, de peur que les catholicques ne les allassent saccager. Desquelles lettres et mandement les débouta encores une fois ledit président, et les renvoya, et par ce moyen se passa ceste année sans y avoir presche audit Provins. Et fault croire que si ledit bailly eust esté aussi bien affectionné à l'église catholicque que ledit président, oncques presche ni huguenot n'eust esté audit Provins à sûreté; mais, comme il appert par ce discours, chascun se ploie à ce qu'il ayme.

1564.

CHARLES IX EN DAUPHINÉ. — ÉDIT DE ROUSSILLON ET AUTRES ORDONNANCES. — LUTTE
ENTRE LES GENS DU CARDINAL DE LORRAINE ET LES SOLDATS DU MARÉCHAL DE MONT-
MORENCY. — CONFÉRENCE DES PROTESTANTS À LA FERTÉ. — ÉTABLISSEMENT D'UN
PRÊCHE À PROVINS, HORS DES MURAILLES. — INSTALLATION DU MINISTRE JEAN DE
SPINA. HISTOIRE DU PRÊCHE DE PROVINS. — GRAND HIVER; FROIDS EXCESSIFS. — LE
ROI ORDONNE QUE L'ANNÉE COMMENCE DÉSORMAIS AU 1ᵉʳ JANVIER.

L'an mil cinq cens soixante et quatre, à la feste de Pasques, le roy
estant en son voyage de Lyon[1], passa en Daulphiné pour visiter le
pays et les villes d'iceluy, plusieurs desquelles n'avoient encores mis
les armes bas, pour la desfiance que les catholicques et huguenotz
avoient les ungs des aultres; une partie desquelles estoient occupées
encores par lesditz huguenotz, qui ne les avoient rendues au roy ni à
ses gouverneurs, combien que par la paix d'Orléans ilz estoient tenus
de ce faire. Esquelles toutesfois entra le roy, qui y fit séjour pour
escouter les plainctes tant des ungs que des aultres, et y mint la paix,
remestant ung chascun en ses biens, maisons, honneurs, dignitez et
offices, donnant les catholicques en garde aux huguenotz et les huguenotz aux catholicques, faisant jouir les ungs et les aultres du bénéfice
de la paix d'Orléans. Ès villes que tenoient et occupoient les huguenotz audit pays, les catholicques estoient en fuitte et absens de leurs
maisons pour la pluspart; les aultres, qui n'avoient voulu fuir et
absenter leurs biens, estoient en une grande oppression desditz huguenotz, qui les contraignoient d'aller aux presches, estant entièrement privez de l'exercice de la religion catholicque, n'ayans aucun

---

[1] Recueil et discours du voyage du roy
Charles IX, par Abel Jouan. Paris, 1566,
in-8°. Ce discours a été reproduit dans les
Pièces fugitives pour servir à l'Histoire de
France, du marquis d'Aubais, t. I, 1ʳᵉ part.
— Voy. aussi Addit. aux Mém. de Castel-
nau, t. II, p. 333 et 368.

1564. prebstre pour chanter la messe, administrer les sacremens et leur fidellement prescher la saincte parolle de Dieu. Ausquelz S. M. fit droict seullement de les remettre en liberté et leur bailler l'exercice de leur religion catholicque, faisant rentrer les prebstres en leurs églises, biens et maisons, pour y demeurer en toute sûreté; comme aussi il permist ausditz huguenotz l'exercice de leur prétendue religion estre publicquement fait en toute assurance, et tant travailla qu'il appaisa les ungs et les aultres.

L'allée du roy esditz pays de Daulphiné, de Languedoc, Provence et aultres pays servit beaucoup aux catholicques et intimida moult les huguenotz héréticques; aux catholicques, pour les maintenir en la foy et religion apostolicque et romaine, le voyant catholicque aller par chascun jour à la messe, comme aussi mons. son frère, la royne leur mère, mons. le connestable et aultres seigneurs de sa suite, lesquelz ils pensoient tous estre huguenotz; aux huguenotz, du moings à plusieurs, leur servit l'allée de S. M. pour les retirer de leur erreur, ou les faire vivre en simulation de religion. Car l'ayans veu encores catholicque et aller à la messe si dévostement qu'il y alloit, quittèrent l'hérésie et furent catholicques, ou du moings firent semblant de l'estre. La religion que tient le prince, soit bonne ou maulvaise, induist les subjectz à la prendre.

Le roi va à Avignon; il y voit le pape Pie IV, et tous deux confèrent ensemble pendant plusieurs jours [1].

Ordonnance de Charles IX, pour le règlement de la justice et de la police du royaume, donnée à Paris au mois de janvier 1563 (1564). Déclaration ampliative de cet édit, datée de Roussillon, le 9 août 1564 [2]. Acte d'enregistrement du parlement de Paris, 19 décembre 1564.

Édit du roi défendant de porter par les champs harquebuses, pistolets et autres « bastons à feu [3]. »

---

[1] Le pape n'était pas à Avignon. Les conférences eurent lieu entre la reine mère et un agent de Pie IV, le Florentin Louis Antinori. (Davila, *Guerre civili di Francia,* t. III, p. 144-145.)

[2] Isambert, *Rec. des anc. lois franç.* t. XIV, p. 166 et 173. Le texte entier des actes de janvier et d'août 1564 et de l'enregistrement est reproduit par Cl. Haton.

[3] L'auteur ne donne qu'une courte ana-

Depuis lors les gentilshommes allant à cheval se servirent de petites arba-
lètes d'acier, sauf quelques grands seigneurs et leurs gens, par permission spéciale du roi.

Plus particulièrement qu'aux aultres princes fut donnée à mons. le
card. de Lorraine, tant à luy que aux gens de sa garde, permission de
porter harquebuses, pour ce que luy seul avoit plus d'ennemys, qui le
guettoient et espioient par tout, que les aultres princes et seigneurs.
Car tous les huguenotz de France luy en vouloient et le tenoient
pour le plus grand ennemy qu'ilz eussent et qui fust le plus contraire à l'advancement de leur prétendue religion. Par quoy luy fut
contraincte, après son retour du grand concille de Trente, duquel il
estoit revenu n'y avoit guères, d'avoir, oultre son train ordinaire,
des hommes pour la garde de son corps, lesquelz il payoit et entretenoit à ses despens; il obtint pour eux, comme pour les gens de
son train, permission du roy de porter lesdittes harquebuses nuict et
jour et en tout temps, après la promesse par luy faicte de n'assaillir
ni faire assaillir personne que ce fust du royaume, ains seullement
pour se deffendre, s'il, par cas fortuit, estoit assailly de quelques ungs
ses ennemys.

Advint en certain jour de ceste année que je ne puis précisément
cotter, que ledit seigneur cardinal, accompagné de mons. de Guise,
son nepveu, partit de la ville et abbaye St-Denis en France, qui luy
appartenoit, pour aller à Paris, avec tout leur train, qui pouvoit
monter au nombre de deux à trois cens chevaux, tous enharque-
busez et empistollez, suivant la permission du roy. De l'allée desquelz fut adverty mons. le mareschal de Monmorency, gouverneur
de la ville de Paris et Isle de France; lequel, pour donner embusche
ausditz sieurs cardinal et de Guise, fit armer plus de cinq cens
hommes, tant des siens que des huguenotz de Paris, les ungs à pied,
les aultres à cheval, qu'il fit mettre en embuscade par les carrefours

lyse de cette pièce. C'est sans doute l'édit
de confirmation de l'ordonnance de pacification du 19 mars 1562, avec défense du
port d'armes, qui fut rendu le 16 août 1563.
(Isambert, Rec. des anc. lois franç. t. XIV,
p. 142.)

1564. des rues Sᵗ-Denis, Petit-Pont, Pont-au-Change, et porte de Paris, près
le Chastelet, par où il savoit lesditz sieurs et leur train devoir passer,
les ayans bien instruictz de ce qu'il vouloit faire sur les personnes
desdits sieurs.

Estans donc ces gens mis en armes au veu des Parisiens, qui igno-
roient que vouloit signifier ceste entreprinse, furent posez en certain
nombre par chascun coing de rue, avec instruction de ce qu'ils
avoient à faire au signal qui leur seroit donné, qui fut au premier
coup de harquebuze qu'ils entendroient deslascher et non devant.

L'entreprinse estoit de se saisir mortz ou vifz des personnes desditz cardinal et de Guise; et pour ce faire plus aysément, fut dict qu'on
laisseroit passer oultre tous les gens de leur train qui cheminoient
devant eux, auxquelz rien ne seroit faict ne dict que premièrement
ne fussent arrestez lesditz sieurs leurs maîtres, pour éviter au plus
grand meurtre qui se fust peu commettre de part et d'aultre. Et pour
ce, passèrent la plus grand partie des gens des gardes et trains d'iceux
seigneurs, sans qu'il leur fust dict ne faict, avec leurs harquebuses et
pistolles; mais attendirent à se ruer sur lesditz sieurs cardinal et de
Guise que la plus part de leur train fust passé, et ne s'y fussent si
tost ruez, n'eust esté ung des hommes dudit train, qui, passant par la
rue, ayant considéré l'embuscade qui estoit à chascun carrefour,
jugea en soy que telle entreprinse estoit dressée contre ses seigneurs
et leur suitte; pour lesquelz advertir reboursant chemin et courant
à bride avalée au devant d'eux, leur donna advertissement de se
saulver.

Ledit sieur Monmorency et gens de sa faction, voyant courir cest
homme droict à ses seigneurs, jugèrent bien que c'estoit pour les
advertir de se donner de garde, et, afin de mettre leur entreprinse à
exécution, coururent avec lui droict ausdits sieurs, où fut deslasché
le coup de harquebuse qui servoit de signal pour faire la charge de
main en main; qui fut aussi tost faicte que laschée. L'esmeute fut
grande par les rues; plusieurs y furent tuez et blessez de part et
d'aultre. Ledit cardinal se saulva sans estre blessé; mais n'ai sçu

comment mons. de Guise son nepveu, âgé d'environ quinze ans, à 1564.
l'ayde d'ung de ses gentishommes fut saulvé dans la maison d'ung
marchand, lequel, en y entrant, fut blessé d'ung coup d'espée dans la
cuysse. Ceste entreprise esmut les citoiens de Paris à sédition; mais
soudain fut empeschée par ledit gouverneur et ses gens, qui estoient
armez, joinct aussi que, pour empescher iceux Parisiens à esmouvoir
davantage, fut faict le ban par les carrefours que nul ne hobast de sa
maison, sous peine de la hart. Pour lesquelz empescher de sortir, et
pour saccager les premiers qui seroient trouvez par les rues les armes
au poing, ledit gouverneur envoya ses gens tous armez par chascun
quartier de laditte ville; il commanda en même temps aux lieutenans civil et criminel et au chevalier du guet de monter à cheval avec
leurs gens, et d'aller par la ville pour emprisonner ceux qu'ilz trouveroient en armes; au moyen de quoy fut incontinent cessée la sédition[1].

Ledit gouverneur, pour couvrir son entreprinse et la faire entendre
à chascun, déclara qu'il n'avoit couru sur lesditz cardinal et de Guise
à aultre intention que pour les désarmer de leurs harquebuses et
pistolles qu'ilz portoient et leurs gens contre l'édict du roy, et non
pour leur mal faire, et qu'en ce il n'avoit faict que le deub de sa
charge, suyvant le mandement du roy à luy et aux aultres gouverneurs des provinces faict, ignorant que S. M. eust baillé ausditz
sieurs permission d'en porter, de laquelle permission le debvoient
advertir avant qu'entrer audit Paris.

[1] De Thou, *Hist. univ.* l. XXXVII; Brantôme, *Vies des hommes illustres*, t. II, p. 426;
Le Laboureur, *Additions aux Mém. de Castelnau*, t. I, l. VI, p. 192; *Papiers d'état
du cardinal de Granvelle*, t. VIII, p. 600;
Lettre de M. le maréchal de Montmorency
à M. le duc de Montpensier, prince du
sang, au sujet de sa querelle avec le cardinal de Lorraine. 1564 (1565), 15 janvier; Réponse du duc de Montpensier
(*Archives cur. de l'hist. de France*, t. VI,

p. 253 et 259); D'Aubigné, *Hist. univ.*
t. I, l. IV, c. iv, p. 205; Légende du cardinal de Lorraine (*Mém. de Condé*, t. VI,
p. 92 et suiv.). L'auteur de cette pièce dit :
« Le cardinal et son neveu le duc de Guise
eurent plus de peur que de mal, et, met-
tant vistement pied à terre, se sauvèrent
en une maison prochaine, où l'on dit que
le cardinal estoit si résolu, que ses chausses
luy servirent de bassin et son pourpoint de
selle percée. »

1564.   Ceste algarade couva d'aultres maux secretz, qui sortirent leur
effect, mais assez lentement et longtemps depuis.....

Il y a ici une lacune dans le manuscrit.

Assemblée synodale des protestants à la Ferté-sous-Jouarre [1].

Estans à leur assemblée audit lieu de la Ferté, travaillèrent une
sepmaine entière à disputer de leur religion, pour tascher à accorder
leurs oppinions, et, à dire la vérité, advancèrent beaucoup leur prétendue religion par ceste conférence qu'ilz firent ensemble. Mais
toutesfois ne la menèrent à fin résolue; car plusieurs d'iceux demourèrent pertinaces en leur oppinion, qui les empeschea de conclure,
et ne se voulurent plusieurs rapporter à la détermination dudit Cai-
vin, se jugeans eux-mesmes aussi suffisans que luy. Après long altercat
et dispute les ungs contre les aultres, laissèrent l'entreprinse en suspens et la renvoyèrent à une aultre assemblée qu'ilz prétendoient de
faire en temps opportun, et ne résolurent aultre chose, sinon que
chascun de eux, le plus doulcement qu'il seroit possible, entretien-
droit ses disciples et auditeurs des fondemens de leur prétendue religion, en attendant que le Seigneur les eust tous inspiré de ce qu'ilz
debvoient croire, et que c'estoit assez que, tant les ungs que les
aultres, pussent empescher ceux qui les suyvoient de retourner à
la papauté et à l'église des papaux, ainsi appeloient-ilz les catholicques et l'église romaine.

Et pour à celle fin qu'il pleust à Dieu de les bien inspirer tous et
de faire descendre son St-Esprit sur chascun de eux au jour de la
Penthecoste, auquel ilz firent leur cène, ordonnèrent qu'ilz jeusne-
roient toute la sepmaine entière et vacqueroient à prières et oraisons
à ces fins. A laquelle ordonnance s'accordèrent tous, et à telle fin
despeschèrent postes et messages par toutes les villes de France où
y avoit nombre de huguenotz en public ou secret, tant ès villes où

---

[1] Ces conférences eurent lieu du 27
avril au dernier mai 1564. (Voy. *Papiers*
d'état *du cardinal de Granvelle,* publiés
par M. Weiss, t. VII.)

y avoit presches publics qu'en celles où il n'y en avoit poinct, pour 1564.
leur dénoncer ce statut et ordonnance, leur commandant estroictement de le garder, sous peine d'encourir la malédiction du Dieu
vivant, et que tous à ce jour de Penthecoste eussent à se préparer
pour faire la cène du Seigneur; ce qu'ilz firent tous, tant d'ung costé
que d'aultre. La Penthecoste passée, l'assemblée de la Ferté se sépara, et emportèrent le St-Esprit avant eux, tout ainsi qu'ilz l'avoient
apporté quand ilz s'assemblèrent.

Discussion sur l'inconséquence de cette ordonnance du jeûne avec les doctrines
protestantes qui blâmaient les jeûnes établis par l'église catholique.

Estans ès propos des huguenotz, nous poursuivrons à en parler,
et dirons comment ceux de Provins et du bailliage obtindrent lettres
toutes nouvelles du roy et de mons. d'Aumalle, garde du gouvernement de Champaigne et Brie pour mons. de Guise, son nepveu, par
lesquelles ledit sieur d'Aumalle manda au bailly de Provins d'installer
ung prédicant et ung presche audit Provins, suyvant la volunté et
mandement du roy, sans plus user d'excuses ni de renvoy envers lesditz huguenotz, puisque tel estoit le plaisir du roy, et qu'il, avec
les gouverneurs de la ville, advisast à s'y comporter si modestement
qu'en l'establissement d'iceluy n'y eust aulcune sédition. Ces lettres
furent apportées par les seigneurs de St-Symon, sieur de Chantaloue, et Besancourt, filz de la femme dudit St-Symon; lesquelles ils
firent enthériner par le bailly de Provins, qui ne demandoit aultre
chose que de leur complaire et aux aultres huguenotz de la ville et
des environs.

Le bailly ayant receu lesdittes lettres, les communicqua à Me Jehan
de Ville, procureur du roy de Provins, pour les accorder ou empescher, lequel ne demandoit aultre chose que de veoir les huguenotz
en toute liberté; ausquelles il s'accorda pour le roy et en requist
l'enthérinement, qui fut faict sur la fin du moys de juillet ou commencement du moys d'aoust de ceste année. Ilz huguenotz de Provins et du bailliage avoient obtenu par leurs lettres que ledit presche

1564. seroit mis et érigé dans l'enclos des murailles de Provins, attendu
qu'il n'y avoit fauxbourgs en la ville; mais en furent empeschez par
les gouverneurs et habitans, lesquelz s'y opposèrent formellement,
disans que la paix d'Orléans ne le permettoit. Et pour ce, tant les
habitans que lesditz huguenotz, retournèrent audit sieur d'Aumalle,
pour luy faire entendre leurs raisons; lesquelles ouyes, ordonna que
ledit presche seroit érigé et mis hors l'enclos des murailles de laditte
ville, au lieu de Montès, que luy nommèrent lesditz huguenotz, à la
charge que les habitans, fermiers et propriétaires du lieu où ilz éri-
geroient ledit presche audit lieu de Montès, en seroient d'accord et
que ce seroit de leur plain gré et non aultrement.

   Ilz huguenotz avec le bailly de Provins, estans audit Montès à ung
jour de dimanche, suyvis d'une infinité de peuple, tant des villages
que de la ville, une partie d'iceux huguenotz, l'aultre non, s'adressèrent en la maison et métairie dudit Montès, pour en icelle, fust
en la grange ou maison, asseoir et planter ceste nouvelle église huguenoticque. Mais le fermier, qui se trouva là, s'opposa et empeschea qu'ilz huguenotz et prédicans ne fussent érigez ni posez en
l'enclos et pourpris de sa maison, et, à l'ayde des habitans, procureur et eschevins de Provins, il fut receu en son opposition, veu la
teneur de leurs lettres qui disoient qu'ilz ne prendroient aulcun
lieu pour se mettre, que du gré et consentement des détenteurs et
propriétaires. Quoy voyant, lesditz huguenotz ne sçavoient qu'ilz debvoient faire. Contre lesquelz fut informé par les gouverneurs de la
ville du port des armes qu'ilz portoient, qui estoient deffendues, et
des menaces qu'ils faisoient à l'hoste qui les empeschoit par son opposition. Et à peu tint qu'il n'y eust des coups donnez en la place, des
huguenotz et catholicques les ungs sur les aultres. Pour ausquelz
empescher se travailla fort ledit bailly, qui bailla les ungs aux aultres
en garde et assurement. Les huguenotz, voyans qu'ilz n'eussent
gangné leur cause à vouloir forcer le bonhomme ni les catholicques,
se retirèrent hors de la maison et pourpris d'icelle, et s'allèrent camper
en ung plain champ appartenant à l'esleu Barengeon, principal hu-

guenot de Provins, qui estoit là présent; dans lequel champ, de son consentement, fut planté le presche et instalé le prédicant desditz huguenotz. Les huguenotz de Provins estoient soustenus et assistez des gentishommes d'Esternay, de Saint-Symon, de Besancourt, de Umbrée, du Buat, de la Gravelle, de la damoiselle d'Yverny, de leurs serviteurs et suitte, avec les huguenotz des villes de Bray-sur-Seine et de Montereau-fault-Yonne; car pour tout le bailliage et ressourt de Provins n'y debvoit avoir et n'y avoit que ce presche public pour tous. Et se trouvèrent le nombre de plus de deux cens huguenotz pour ceste première fois dans la ville de Provins, pour la conduitte dudit bailly et prédicant, qu'ilz allèrent avec un orgueil incroiable prendre en leurs logis, pour les mener audit lieu de Montès.

Les ecclésiasticques de la ville de Provins s'estoient portez pour opposans à l'enthérinement desdittes lettres du roy et à l'érection ou establissement dudit presche et prédicant, et requirent coppie d'icelles lettres leur estre donnée pour se pourvoir. Ce qui leur fut octroyé, quant à la coppie des lettres, mais furent déboutez de leur opposition et n'y furent oncques receuz.

Ores estoit-il dict par icelles lettres qu'ilz prédicantz et de la prétendue religion n'eussent à innover ni attenter aulcune chose contre l'église catholicque, ni en rien détracter à leurs presches des sept sacremens d'icelle, ains seullement de prescher leur évangille, chanter leurs chansons et administrer entre eux ce qu'ilz disoient estre sacrement, sans aultre chose faire ni innover qui fust au préjudice de ladite religion catholicque. Mais de tout cela n'en fist rien le prédicant nommé de Spina[1], qui fit le presche soubz ung noyer, assis dans une chaise, ayant devant soy une petite table couverte d'ung tappy qu'ilz huguenotz avoient portez avec eux et une bible ouverte sur ladite table. Qui, au lieu de prescher son évangille, s'arresta à

---

[1] Jean de Spina ou de l'Épine, né à Daon, en Anjou, d'abord moine augustin, devenu protestant en 1555, assista au colloque de Poissy, prit part à la conférence de 1566, et fut longtemps ministre à Angers. Il a laissé plusieurs ouvrages de morale et de controverse. (Voy. son article dans Bayle.)

1564. invectiver par injures contre les catholicques et contre l'église catholicque romaine et les sacremens d'icelle, et principallement contre le sacrement de l'autel, qui est le *Corpus Domini,* et à en dire choses qui ne sont honestes de réciter, de peur d'offenser les consciences des simples gens qui pourront lire ce présent livre. Aux injures duquel se départirent la moytié des catholicques qui estoient allez là par curiosité pour veoir le tout et escouter le presche, et s'en retournèrent fort irritez d'avoir ouy tant de blasphêmes contre l'honneur de Dieu, son église et ses sacremens. L'aultre partie des catholicques eut patience d'escouter et veoir le tout jusques à la fin. Auxquelz les huguenotz demandèrent qui leur en sembloit, et si c'estoit pas bien dict et faict ce qu'ilz avoient faict et dict; il leur fut respondu que non, et que, s'ilz n'avoient aultre chose à faire et dire à leur presche que ce que leur prédicant avoit faict et dict, leur nombre n'avoit garde de s'accroître à Provins; et leur ayans récité et dict plusieurs poinctz qu'avoit déduit leur prédicant, jugèrent eux-mesmes les huguenotz que leur prédicant avoit mal faict de commencer par invectiver à tel jour et telle assemblée, et luy en firent reproche bien grand devant plusieurs catholicques.

Ilz catholicques, estans de retour dudit presche, récitèrent le sermon du prédicant et les injures qu'il avoit dictes de Dieu, de l'église catholicque et des sacremens d'icelle. Au récit desquelz fut faicte information à la diligence des ecclésiasticques contre le prédicant de Spina, qu'avoit amené la damoiselle d'Yverny, dame d'Aulnoy en Brie, lez les Marestz, et de Costure, paroisse des Ormes, lez Bray-sur-Seine. Ce que bien sçut ledit prédicant, qui oncques depuis ne comparut publicquement audit Provins, et ne retourna plus faire le presche audit Montès, combien toutesfois que laditte information ne eut aulcun effect, pour ce que les gens de justice estoient du tout pour iceux huguenotz et contraires aux catholicques.

Ilz de justice de Provins qui allèrent installer lesditz prédicant et huguenotz n'osèrent s'arrester audit presche, combien qu'ilz en furent instamment requis par les gentishommes huguenotz qui y

estoient, ains se retirèrent après avoir faict leur procès-verbal, duquel
ilz huguenotz demandèrent lettres, et s'excusèrent sur la maulvaise
oppinion que les catholicques de Provins auroient de eulx s'ilz y demeuroient, et sur la malveillance que jà leur portoient pour les estre
allé installer.

Au dimanche ensuyvant, quelque peu de catholicques dudit Provins retournèrent audit presche, pour veoir si ledit de Spina, prédicant, le feroit. Mais en trouvèrent ung aultre en sa place qui fut
plus modeste que luy. Toutesfois, ne prindrent plus de goust à l'escouter qu'ilz avoient faict ledit de Spina, et oncques depuis n'y allèrent les catholicques dudit Provins ou bien peu ; car oncques ne s'accrut le nombre desditz huguenotz audit Provins, partie pour les bons
prédicateurs qui les preschoient et les empeschoient d'y aller, partie
aussi pour le désordre que lesditz huguenotz tenoient à aller audit
presche, qui estoit tousjours entre unze heures et midy, estans tousjours saoulz et guédez au possible, chargez de bouteilles et flascons
pour eux boire, et de viande pour eux manger. De dire de quel
orgueil et arrogance ilz cheminoient par les rues, quand ilz alloient
audit presche, n'est possible, et de quelle audace ilz injurioient les
catholicques qu'ilz trouvoient à la rencontre venans de la messe ou
allans au sermon, pour les provocquer à leur dire quelque chose de
mal à leur gré, et pour avoir occasion de les battre ou pour faire sédition dans la ville; ce que lesdictz catholicques enduroient assez im-
paciemment, sans leur mal faire toutesfois, de peur de tomber ès
mains de justice, qui du tout leur estoit contraire et à eux favorable.
Ilz huguenotz n'estoient aulcunement pugnis des tortz et injures qu'ilz
faisoient aux catholicques, feust en leur corps, bien ou honneur;
mais au contraire lesditz catholicques estoient par les juges rigoureusement chastiez et pugnis, quand ilz avoient faict la moindre chose
auxditz huguenotz, fust seullement de les appeler héréticques ou
huguenotz.

Incontinent après que ledit presche fut installé audit Montès, je
ne sçai pour quelles raisons, le roy fit ung édict, qui fut publié par

1564. la France, par lequel S. M. vouloit et entendoit que les huguenotz
qui vouldroient de là en avant faire profession de leur prétendue religion se transportassent, tant ceux des villages que ceux des villes,
gentishommes ou roturiers, au greffe du bailliage chascun de son
destroict, et illec donnassent au greffier leurs nom et surnom, avec
la protestation qu'ilz faisoient de ladicte prétendue religion, ensemble
ceux qui sçavoient signer, le seing manuel de leurs mains, pour estre
le tout inscript en un registre faict par les greffiers. Cet édict intimida
beaucoup de huguenotz, lesquelz, ignorans à quelle fin il estoit faict,
se retirèrent des presches publics et plus n'y voulurent aller, et encore moings au greffe baillier leur nom, surnom et seing manuel par
escript; mais depuis demeurèrent en leurs maisons, vivans en liberté
de conscience, sans plus aller à messe et à presche, et de ceste manière vescurent à Provins Me Jehan de Ville, procureur du roy, et
Girard Janvier, bourgeois.

Au commencement de l'establissement dudit presche audit Montez, les gentishommes susditz, avec les huguenotz des villes de Bray et
Montereau, par chascun dimanche assistoient audit lieu pour ouyr leur
prédicant, comme aussi faisoient les huguenotz des villages; lesquelz
à la fin se lassèrent d'aller si loing, et pour ce discontinuèrent d'y aller
par chascun dimanche, ains n'y assistèrent plus que une fois ou deux
pour le plus par chascun moys, lorsqu'ilz faisoient quelque baptesme,
mariage ou la cène, et peu à peu se desgoûtèrent tous, sans plus faire
grand conte d'y aller. Je ne sçai si l'incommodité du lieu les lassa
point; car, par tout le reste de ceste année n'eurent aultre lieu à se
mettre que le champ susdit vuyde et vague, lequel ilz trouvoient par
chascun dimanche tout foullé et plain de fiente des pourceaux du
chasteau de Provins, que le porcher y menoit mérienner et dormir de
midy par chascun jour, en dérision et mocquerie de eux et de leur
prétendue religion.

Ceste présente année, touchant les biens de la terre, fut assez fertile
de grains, foins, poix, febves et vins, combien que l'esté, comme
aussi avoit esté le printemps, fust assez pluvieux et trop plus qu'il

n'estoit nécessaire pour faire la moisson; laquelle fut fort malaisée, 1564.
pour les pluyes trop fréquentes qu'il faisoit par chascun jour. Et ne
put-on faire si bonne diligence en Brie n'en Champagne qu'il n'y eust
beaucoup de grains germez aux champs, qui fut cause que plusieurs
personnes mangèrent de pauvre pain toute l'année. L'automne fut
quelque peu plus commode que les deux aultres saisons devant dittes,
qui donna meilleur accroissement aux vins et vendanges, qui furent
assez copieux pour l'année, mais non si bons que l'année de devant;
toutesfois se trouvèrent meilleurs beaucoup qu'on ne pensoit.

Un prêtre de Grisy ou de Villenauxe-la-Petite est assassiné la nuit dans sa
maison, ainsi que sa chambrière.

L'hiver, en son commencement, à le commencer sur la fin de l'au-
tonne et moys de novembre, fut fort doux et gracieux, jusques au
vingtiesme jour du moys de décembre, vigille de M. saint Thomas
l'apostre, sans faire froict ni aultre que aulcunes gelées blanches
aulcuns matins; mais se passa la plus part en pluyes non trop froides
pour la saison, et estimoit-on que l'hiver se passeroit en ceste sorte
sans grosses gelées. De laquelle estime furent trompez les hommes
qui avoient eu ce jugement, car la vigille de la feste dudit saint
Thomas commença une froydure assez grande, accompagnée dès le
matin d'une pluye froide, qui sur le mydi se convertit en neige,
qui tomba d'en hault le reste de la journée en une si grande habondance que la terre, qui estoit fort mouillée, s'en trouva couverte au
lendemain matin, jour dudit St-Thomas, la haulteur d'ung pied de
roy et plus[1]. Avec laquelle neige survint ung vent de bise ou hault
galerne, qui desseicha la terre si soudain que rien plus, par une forte
gelée, qui commença dès la nuict d'entre la vigille et jour St-Thomas,

---

[1] L'hiver de 1564 est resté célèbre. On
lit dans les Mémoires de Pierre de l'Estoille
(collect. Michaud, 2ᵉ série, t. I, p. 17) :

L'an mil cinq cens soixante-quatre,
La véille de la Sainct-Thomas,

Le grand hyver nous vint combattre,
Tuant les vieux noiers à tas;
Cent ans qu'on ne veid tel cas.
Il dura trois mois sans lascher,
Un mois outre Sainct-Mathias,
Qui fit beaucoup de gens fascher.

1564. et continua sans cesser jusques au dernier jour de décembre inclusivement. Ceste gelée fut si forte que, dès le jour St-Thomas au soir,
la glace estoit si espesse ès rivières qu'elle soustenoit ung homme
sans rompre ni se casser soubz luy, combien que ce dit jour
St-Thomas, comme aussi le lendemain, il ne cessa de neiger nuict et
jour, sans que laditte neige corrompist la gelée. La neige par après
fut si espesse par les champs, qu'ès lieux les plus planeux y en
avoit jusques au lien des chaulses au-dessoubz du genoil d'ung homme
de moyenne grandeur. Depuis ceste neige tombée que le temps s'es-
claircist, la gelée redoubla avec ung vent d'amont froict au possible, et si rude que les mieux vestus avoient moult à souffrir, quand
ilz estoient hors des maisons. Il n'y avoit maison en ville ne village
où l'eau ne gelast à glace, en tous lieux qu'on la pust mettre hors
le feu et les charbons enfflambez; et dirai jusque-là sans mentir
qu'en plusieurs maisons bonnes et bien closes l'eaue et le vin geloient
devant le feu gros et bien moyennement entretenu de bois, et vis
en plusieurs maisons et en la mienne mesme une fois le pot de fer
au feu bouillir devant et la glace à la queue du couvescle ou cou-
verceau qui le couvroit, qui s'estoit prinse de l'eaue qu'engendre la
fumée d'ung pot qui boust devant le feu. Toutes les nuictz et matins,
quand toutes personnes se levoient de leur lict, la glace estoit prinse
sur le drap de dessus, de l'eau qu'engendroit le vent et alaine des
personnes qui estoient couchez dans le lict. Il n'y avoit cave, tant
feust-elle bien estoupée, si elle n'estoit voultée et creuse de dix et douze
marches en bas, où le vin ne gelast dans les tonneaux, si l'on ne faisoit du feu de charbon ou aultre matière pour l'empescher. Desquelles
caves, tant voultées et creuses fussent-elles, falloit boucher les fenestres, bées, lucarnes et aultres ouvertures par où elles prennent
jour, pour empescher le vin de geler. Le vin gela si fort en plusieurs
céliers bons et bien estouppez, que, pour en tirer des tonneaux, falut
percer avec une broche de fer tout rouge. Ceux qui entreprindrent
de cherier du vin en harnois par les champs durant lesdittes gelées
ne perdirent leur vin, combien que les tonneaux se rompissent; car

le vin n'eust sceu couler à cause de la gelée. Il advint que ung tavernier de Provins, durant icelle gelée, alla chercher du vin à Chalaustre-
la-Grand, pour mener en sa maison ; lequel estant auprès du Meez
de Sordun, apperceut le tonneau qui estoit dans la charrette entièrement rompu de cercles et par les fons, au danger, ce luy sembloit, de
perdre tout le vin d'iceluy ; n'y pouvant mieux faire, trouva moyen
de mettre ledit tonneau tout rompu qu'il estoit et le vin tout glacé
qui estoit dedans en ung grand sac qu'il ou son charretier avoient
porté pour eux affubler, et le lièrent en laditte charrette pour le
saulver, et sans en perdre une goutte, gangnèrent la ville et sa maison. A la descharge duquel se trouva plus de cent personnes à le
veoir et admirer telle chose. Les nuictz des..... vingt-trois et vingt-
quatriesme jours de décembre, comme aussi la nuict de Noël, la
gelée fut si forte et le geuvre si grand sur les bois de la terre, le soleil
fut si cler de jour pour la fondre, qui retendrissoit le bois, que les
noyers et les bois des vignes furent entièrement gelés et gastés; ce
qui n'avoit esté veu en France depuis l'an 1480, en laquelle année
avoient esté gelez vignes et vins, comme l'ai ouy dire à quelques anciens, qui disoient estre nez de cest an-là.

La plus grande froidure qui feust en ceste gelée-là fut le jour
de la feste des Innocens, auquel jour les mainz, les piedz, les aureilles et le membre viril de plusieurs hommes gelèrent, qui cheminoient par les champs, et fut celuy heureux qui n'eut que faire
d'aller par les champs ce jour-là. Ceux qui eurent les membres
susditz gelez endurèrent une grande douleur avant qu'estre guaris.
Les aureilles leur enflèrent, les mains et piedz leur crevèrent, puis
pelèrent; et leur fut le mal si grand qu'ilz furent plus de six sepmaines ou deux moys sans guarir. Chose difficile à croire, qui toutesfois est véritable, qui est que, en divers endroicts par les champs,
on trouva durant ces gelées plusieurs hommes mortz, qui n'estoient
mortz d'aultre mal que de froict, et en fut trouvé ung entre Donnemarie et Thénisy en Montois. Les crestes des cocqs et poulles furent
gelez et tombèrent de dessus leurs testes, quelques jours après, plu-

1564. sieurs desquelz furent trouvez mortz dessoubz leur juc. Les agnaux se
mouroient en naissant, et peu en reschappa ceste année pour la durée dudict yver, ainsi qu'il sera dict cy-après, comme aussy les couchons des truyes qui couchonnoient. Et, pour le faire court, il fit si
froict sur la fin du mois de décembre, unze jours durant, que l'air
du temps retinsseloit de froict sur la neige, tout ainsi qu'il faict sur
la terre en esté, durant les plus grandes chaleurs qu'on vit jamais
faire.

Le roi ordonne que désormais l'année commencera non à Pâques, comme
auparavant, mais au premier jour de janvier[1]. L'édit de Roussillon est daté
selon cette méthode.

[1] C'est l'objet de l'article 39 de l'ordonnance additionnelle à celle d'Orléans
du mois de janvier 1563 (1564). (Isambert, t. XIV, p. 169.)

1565.

L'an mil cinq cens soixante et cinq, à commencer l'année au premier jour de janvier, suyvant l'édict du roy, les gelées, desquelles nous venons de parler en la fin de l'an dernier, commencèrent à cedit premier jour de janvier à se destandre et les neiges à fondre sans pluye pour le commencement de la journée, qui estoit commodément chaulde pour la saison, et sembloit le bois ni le feu n'estre plus nécessaire pour se chaulfer. Environ l'heure de midi commença ung peu à pleuvoir une pluye doulce, médiocrement chaulde, qui ne fut point violente, qui fut cause d'accélérer la neige de fondre, qui estoit si habondante et espesse sur la terre que avec difficulté le vouldroit-on croire. Et dura le temps ainsi doulx et au dégel jusques au cinquième jour dudit moys de janvier; auquel jour il commença à regeler aussi fort que devant, estant la terre toute couverte d'eaue qui n'avoit sceu entrer en terre, d'autant qu'elle n'estoit desgelée entièrement. Et dura ceste seconde gelée trois semaines toutes entières, qui fut jusques au vingt-huitiesme jour dudit moys. Durant lesquelles trois sepmaines, furent les gelées et le froict aussi fortz que les premiers dont nous avons parlé au moys de décembre dernier. Et survint aultant de neige ou plus que devant, avec ung froict vent d'amont fort aspre et cuysant, qui chassoit la neige ès fossez et valées des montagnes, en si grande habondance qu'en certains lieux en avoit plus de six pieds de hault. Les bledz furent gelez en la Brie de ceste seconde gelée tout entièrement sur les sillons, à cause que le vent ayant chassé la neige de dessus, fut la racine d'iceux recuitte en telle sorte que peu en reschappa. Audit vingt-huitiesme jour de janvier,

1565. recommença à desgeler pour la seconde fois jusques à la moitié des neiges fondues et terre desgelée, qui dura jusques au dernier jour dudit mois, auquel jour recommença la gelée et à neiger tout en la sorte qu'ès deux fois précédentes; lesquelles gelée et neiges durèrent jusques au vingt-cinquiesme jour du moys de febvrier ensuivant, faisant pareilles froidures et vent d'amont froict, tout ainsi que devant, excepté la froidure du jour des Innocens seullement. Et Dieu sçait combien les pauvres gens des villes et villages qui n'avoient poinct de bois endurèrent de la morfonture; la pluspart demourèrent dedans les litz, sans se lever que pour manger une fois en vingt-quatre heures. Les pauvres gens de la ville de Paris et aultres qui avoient meilleur moyen furent contraintz de brusler leur menuiserie de laquelle ilz avoient le moings à faire, comme tonneaux, vieilles couches, meschantz coffres et aultre hardage. Ceux qui n'avoient faict provision de toutes choses devant l'hiver, et principallement de bois, l'acheptèrent des regrattiers à grande cherté; car il ne fut possible de charier par eaue durant icelles gelées, à cause que par chascun jour les rivières se glaçoient et butinoient d'une cruelle façon, qui porta grand dommage aux pontz et arches qui sont sur lesdittes rivières.

La fonte des neiges cause une inondation dans la vallée de Provins. L'eau, entrée par les canaux et par les créneaux des murailles, envahit la ville, pénètre dans les maisons et les églises jusqu'à 3, 4 ou 5 pieds de hauteur, renverse plusieurs habitations, enlève les meubles, dépave les rues, déterre les morts, etc. — A Paris, les glaçons et les grandes eaux endommagent le pont au Change et font écrouler plusieurs maisons[1].

Incontinent après le desgel, qui fut au commencement du moys de mars, les laboureurs s'apperceurent bien que leurs bledz estoient gelez, et si n'en pouvoient rien résoudre à la vérité, sinon les plus expertz, lesquelz furent en ceste oppinion de les relabourer pour y

---

[1] L'auteur donne ici, sur les froids des années 1564-1565, quatorze vers de sa façon, qui n'ont pas paru dignes d'être reproduits.

semer des orges. Mais n'osèrent, à cause du murmure du simple 1565.
peuple; joinct aussi qu'il sembloit que çà et là ung brin de bled qui
estoit reschappé tasseroit et multiplieroit, qui pourroit bien valoir
aultant que meschante orge, parce que toutes les terres de la Brie ne
sont propres à en porter. La vallée de Seine, depuis Paris jusques à
Troie en Champaigne, tant d'ung costé que d'autre de la rivière, à
plus de une lieue, se porta bien et ne furent les grains guères en-
dommagez desdittes gelées, et n'y eut que la Brie qui en portast le
plus de domage.

Les vignerons se trouvèrent en grande difficulté de quelle manière ilz tailleroient leurs vignes, et s'araisonnans les ungs aux aultres
en la saison d'y besongner, demandoient que chascun d'eux en dist
son advis. Aulcuns expérimentez furent d'advis qu'on les couppast
par le pied contre terre à la renverse, pour mieux les faire jetter; les
aultres ne furent de cest advis, mais disoient qu'on les taillast à la
manière acoustumée, de peur d'offenser Dieu; car, les taillant aultrement, eust semblé se mesfier de la providence de Dieu; et sur ces
difficultez d'oppinions, chascun vigneron tailla ses vignes à sa fan-
tasie. Plusieurs les couppèrent à renvers par le pied; les aultres les
taillèrent à la manière accoustumée, espérant qu'elles jetteroient par
le contre-bourgeon, qui pourroit jetter des raisins et du vin. Mais
furent trompez, car elles ne jettèrent que par les colletz, et apperceut-
on que ceux qui avoient couppé leurs vignes par le pied n'avoient du
tout maulvaise cause, et jettèrent leurs dittes vignes mieux et de plus
beau bois que celles qui ne le furent, mais portèrent moings de raisins pour ceste année, combien que les ungs ni les aultres n'en jettèrent guère.

La saison du printemps fut assez belle et commode pour faire le
labourage et besongne des champs, et fut des mars, orges et avènes à
planté, et firent faulte les laboureurs de la Brie qu'ilz ne relabourèrent partie de leurs bledz les plus gelez, car ilz y eussent eu plus
de prouffit qu'ilz ne eurent. Les terres se trouvèrent en meschant
garet toute l'année, et principallement celles qui estoient en pente,

1565. car, par les trois desgels qu'il fit en l'hiver, ainsi que l'avons déduict, l'eaue qui n'entra dans la terre, pour ce qu'elle n'estoit desgelée, enmena toute l'humeur et la meilleure terre de dessus dans les eaues et vallées, et n'y demeura quasi que la meschante terre blanche ou tuffier. Et si furent, par lesdittes neige, gelée et long yver, les terres si morfondues et escurées, que les laboureurs ne les pouvoient remettre en garet. Les noyers sembloient estre mortz par tout le moys d'apvril et la moytié du moys de may, car ilz ne jettoient poinct par leurs bourgeons naturelz; ains à la fin ceux qui reschappèrent jettèrent nouveaux bourgeons par le vieil bois et non par celuy de l'année dernière; et ne recueillit-on point de noys en ceste présente année. Les poiriers et pommiers qui n'estoient des plus hastifz portèrent quelque peu de fleurs et de fruictz, mais non guères; les tendres et hastifs furent gelez comme les noyers. Il fut en plusieurs lieux des prunes et des cerises passablement, mais non partout. L'hiver ne fut si impétueux de froides gelées ni neiges en Gascongne, Provence et Languedoc qu'il fut en ce pays; leurs grains, vignes ni arbres ne furent gastez comme en ce pays.....

Ici il y a une lacune dans le manuscrit.

1566.

ORDONNANCES ROYALES. — SURVEILLANCE EXERCÉE PAR LES CATHOLIQUES ENVERS LES PROTESTANTS DE PROVINS, AU SUJET DE L'USAGE DE LA VIANDE EN CARÊME. — LE PRINCE DE CONDÉ SE REND EN PICARDIE. — PARTICULARITÉS DU VOYAGE DE CHARLES IX. — ÉDIT SUR LE PORT D'ARMES. — LES PROTESTANTS DE PROVINS SONT INSULTÉS EN ALLANT AU PRÊCHE. — L'EXERCICE DES CHARGES PUBLIQUES EST INTERDIT AUX PROTESTANTS. — MÉCONTENTEMENT ET PLAINTES DES RÉFORMÉS. — PERSÉCUTIONS EXERCÉES À L'ÉGARD DES PRÊTRES PAR LES SEIGNEURS PROTESTANTS DES ENVIRONS DE PROVINS. — M. DE BESANCOURT. — M. D'ESTERNAY; LA MÈRE DE CE SEIGNEUR EST ENTERRÉE PAR UN MINISTRE DANS UNE ÉGLISE CATHOLIQUE; VOLS ET PILLAGES COMMIS PAR SES SERVITEURS. — CHERTÉ DU BLÉ ET DU VIN. — EXTRÊME DISETTE À PROVINS. — TAXE FORCÉE. — RECHERCHE DES USURIERS. — EXÉCUTION DE SPIFAME, ÉVÊQUE DE NEVERS. — CONFÉRENCE ENTRE DES CATHOLIQUES ET DES PROTESTANTS. — MORT DU PRINCE DE PORCIEN. — MEURTRES, RAPTS, VOLS ET EXÉCUTIONS. — RECHERCHE DES PRÊTRES HÉRÉTIQUES OU NON RÉSIDENTS ORDONNÉE PAR L'ARCHEVÊQUE DE SENS. — GUERRE DES CHRÉTIENS CONTRE LES TURCS. — SUPERSTITIONS. — INCENDIES.

Le commencement de l'année manque dans le manuscrit.

Ordonnance sur la justice, donnée à Moulins au mois de février 1566. (Il n'en reste que les derniers articles[1].)

Déclaration et interprétation des ordonnances d'Orléans et de Moulins, faites d'après les remontrances du parlement de Paris. 10 juillet 1566[2].

Seconde déclaration sur l'ordonnance de Moulins, motivée par de nouvelles remontrances du parlement. 11 décembre 1566[3].

Édit du roi portant défense de manger de la viande en carême, les vendredis et autres jours défendus par l'église romaine[4].

Des protestants de Provins, assemblés dans la maison de l'un d'eux, un cer-

[1] Isambert, *Rec. des anc. lois françaises,* t. XIV, p. 189.
[2] *Id. ibid.* p. 213.
[3] Néron, *Édits et ordonnances des rois de France* (1720, 2 vol.), t. I, p. 495.
[4] Lettres patentes qui défendent d'exposer en vente de la viande pendant le carême, et d'en manger, sinon en cas de maladie. 1565, 3 février. (V. Delamarre, *Traité de la police,* liv. II, tit. IX, c. 1.)

1566. tain jour de carême, sont dénoncés par leurs voisins comme faisant rôtir, pour le souper, un agneau et des chapons. Le bailli et le procureur du roi se transportent dans la maison, puis se retirent sans avoir instrumenté, au grand mécontentement des catholiques.

Le prince de Condé, après avoir assisté au conseil du roi, à Moulins, se rend à sa maison de Valery, et de là, en passant par Provins, dans son gouvernement de Picardie, pour faire cesser les séditions qui s'y étaient élevées entre les catholiques et les protestants.

Au mois d'apvril, première sepmaine devant l'octave de la feste de Pasques, le roy arriva en la ville de Sens, où il ne s'arresta que une nuict; de Sens, pour aller coucher en la ville de Bray-sur-Seine, il print son chemin par Sargines, où il disna au logis du curé dudit lieu nommé maistre..... Deninat, chanoine du depuis de l'église de Sens, lequel présenta à sa majesté du vin de sa maison et creu dudit Sargines, qui par laditte majesté fut trouvé fort bon, et n'en fut poinct beu d'aultre à son disner et celuy de son train que de celuy dudit curé. Le roy se cognoissoit fort bien en vin et savoit bien juger quand il estoit bon, et si de soy en beuvoit fort peu ou poinct, pour l'imperfection qu'il cognoissoit en sa personne. Il estoit fort colère et cruel en icelle à frapper, battre ou tuer à cœur jeun, et encores davantage après son repas, quand il avoit beu du vin; pour de laquelle cruaulté se garder, ne vouloit user de vin pour son boire, ains se faisoit composer ung breuvage d'eaue sucrée au lieu de vin. Touteffois gousta à son disner du vin dudit curé de Sargines, qu'il et ses gens trouvèrent fort bon. Après son disner et avant que monter à cheval, se proumena ès environs le logis dudit curé, et, cheminant en sa court, ouyt crier des petis couchons en une seu à porcz, dont luy print volunté de les veoir, et pour ce faire feit ouvrir la seu, et en icelle trouva lesditz couchons qui allaictoient la truye leur mère, où sa majesté print grant plaisir à les veoir, et, comme toute jeunesse, tant des personnes que des animaux, est délectable à l'homme plus que les adultes, sa majesté print ung desditz couchons en ses mains pour le manier. Au cry duquel couchon, se leva la truye qui, en sa fureur, sortit hors de son toict et seu qu'elle trouva ouverte, et se

jetta au roy qui manioit son couchon, lequel se trouva si empesché à 1566.
se deffendre de ladite truye qu'il n'eût aultre loysir que de jeter par
terre le couchon et de tirer l'espée d'ung des pages qui le suyvoient
pour en frapper au travers du corps d'icelle truye, qu'il tua estant
en sa colère, ce qu'il n'eust faict sans estre blessé d'elle, s'il eust
esté seul; mais, estant secouru, fut délivré de la fureur d'icelle truye,
sans avoir mal. Il commanda au partir qu'on la payast au curé avec
toute la despence qu'il avoit faicte en sa maison[1]. Dudit Sargines, il
print son chemin au village de Noyen-sur-Seine, pour aller visiter le
chasteau dudit lieu, apartenant à mons. de Carnavalet, ung de ses
escuyers de chevaux, et visiter l'escurie de ses chevaux qu'on nourrissoit audit lieu. Il n'aresta poinct audit Noyen; mais, ayant tout sou-
dainement regardé le lieu et ses chevaux, alla descendre en la ville de
Bray, où son repos s'apprestoit pour la nuict. Au lendemain, sur les
neuf heures, s'en partit après avoir ouy la messe, et, sans manger,
monta en son coche et s'en alla disner au bourg de Mons en Montois, lez Donnemarie, où il séjourna jusques au lendemain matin sur
les dix heures. Il estoit accompagné de la royne sa mère, de mons.
le duc d'Anjou son frère, de mons. le connestable, qui l'avoient
suyvy continuellement en son voyage. Et n'estoit pour lors sa suitte
guères plus grosse que celle de mons. le prince de Condé, qui avoit
passé par ledit Bray pour aller en Piccardie, n'y avoit qu'environ six
sepmaines. Les sieurs admiral et d'Andelot estoient avec S. M. audit Bray et Mons en Montois, comme aussi estoit le cardinal de Chastillon, leur frère.

---

[1] Ce combat de Charles IX contre une
truie rappelle celui que son aïeul François Ier
livra au château d'Amboise contre un san-
glier furieux. (Voy. le récit de cette aventure
par Nicole Sala, que M. J. Quicherat a publié dans la Biblioth. de l'École des chartes,
t. II, p. 282.) — Charles IX, à la chasse,
éventrait de ses propres mains les animaux
blessés; il coupait le cou aux ânes qui se
trouvaient sur son passage, tuait des pourceaux et faisait étrangler par ses lévriers
les vaches et les mulets. On trouve dans
ses comptes de dépenses (*Archives curieuses
de l'histoire de France*, t. VIII, p. 355 et
suiv.) diverses indemnités données à des
propriétaires pour des faits de ce genre.
Voy. aussi *Hist. de Charles IX*, par Papire
Masson. (*Ibid.* p. 342.)

1566.   Or advint-il que S. M. et son frère mons. le duc d'Anjou trouvèrent au logis de leur hoste, qui estoit le canonnier de Mons, canonnier
de saditte majesté, ung catéchisme huguenot et des psalmes de Marot
et de Bèze, faictz à la huguenote. Pendant une partie de l'après-disnée,
passèrent leur temps à prescher et chanter lesditz psalmes, et preschoient et chantoient l'ung après l'aultre, le roy et son frère, à qui
mieux d'eux contreferoit le huguenot et prédicant, en faisant les
mines et gestes d'iceux prédicans et huguenotz, en la présence de
leur mère et desditz sieurs admiral, d'Andelot et cardinal de Chastillon. Après que le roy eut faict du prédicant, monsieur le duc son
frère lui osta des mains ledict cathéchisme et livre des psalmes, et luy
dist : « Mon frère, vous ne vous cognoissez à estre prédicant, vous ne
faictes pas bien la mine ne l'ipocrite ; laissez-moy faire et faictes le
huguenot vostre fois, et je vous ferai bien mieux la mine que vous ne
faictes. Je le fais mieux que vous. » — « Et moy que vous, » disoit le roy.
Auquel respondit monsieur le duc : « Vous ne levez pas bien vos yeux
au ciel pour veoir le Christ. » — « Et vous, mon frère, vous ne vous y
cognoissez, disoit le roy ; vous ne joignez pas bien les aureilles et ne
tournez pas bien vostre teste, car, pour estre bon prédicant, il fault
mieux joindre les aureilles que les mains, tout ainsi que faict ung asne
qu'on veult charger de quelque gros faiz. » — « Ha ! mon frère, c'est
vostre honneur. Il me semble que je m'aquitte de ceste charge mieux
que vous ; et pour nous en rendre certains, à qui vous en rapportez-
vous ? Aux prédicans ou à leurs auditeurs ? » Et, en disant ce, jettèrent
leur regard sur leur mère et sur les sieurs admiral et d'Andelot, qui
estoient huguenotz. « Remanda, dist le duc, pardevant monsieur l'admiral ! Il sçait bien que c'est, il nous en dira bien quelque chose,
comme aussi plusieurs aultres de sa compagnie. Je vous en fais remanda
pardevant (usant de ces propres termes). » — « Hé déa ! mon frère, dist
le roy à monsieur le duc, vous les avez eu moult tôt trouvez ; n'estes-
vous poinct des leurs ? » — « Non, respondit monsieur le duc, mais je
sçai bien ce qu'ilz sçavent et la bonne mine qu'ilz font. Il vous fault venir
à mon escolle. » Et sur telles parolles, joyeusement et de grand courage

deschirèrent lesditz livres de cathéchisme et psalmes, et jettèrent les 1566.
feuilletz au visage l'ung de l'autre, en disant : « Vous ne vous cognoissez
à faire du huguenot et prédicant, je les sçai mieux faire que vous. » —
« Et moy que vous, » dist le roy; et courant l'ung après l'aultre, jettant
tousjours les feuilletz au dos l'ung de l'aultre, le roy apperceut le
sieur d'Andelot, frère de l'admiral, qui estoit parmy les gentilzhommes qui les regardoient, et dist à mons. le duc : « Mon frère, de-
mandez à mons. d'Andelot que voylà si je sçai pas mieux faire le prédicant et huguenot que vous? » Et furent ces faicts et dictz l'esbat-
tement de ces deux princes, au lieu de Mons en Montois, une partie
de la journée, au mal-contentement des sieurs admiral, d'Andelot et
des aultres huguenotz qui estoient présens à les veir et escouter.

De Mons le roy s'en alla au giste à Nangis, où il passa une journée,
et de Nangis, se retira à Fontenay et à Monceaux en Brie lez Meaux,
et de là se retira à St-Maur lez Paris, avant qu'entrer en laditte ville
de Paris, donnant ordre aux affaires de France, et faisant entretenir
ses édictz, et principallement l'édict de pacification d'entre les
catholicques et huguenotz héréticques. Et nonobstant que S. M. feust
dévotte et catholicque, si est-ce qu'il sembloit mieux favoriser les
huguenotz que les catholicques; qui fut cause que le peuple catholicque détractoit de luy, ne sçachant son intention, ni à quelle fin
il tendoit. Il se travailloit fort à réconcilier les princes de Bourbon
avec ceux de Guise, comme aussi tous seigneurs qui estoient en
discort pour avoir tenu divers partys.

Charles IX renouvelle la publication de ses édits sur le port des armes à
feu[1]. Il rend une ordonnance pour défendre le port des dagues et poignards. —
Les gens des villages et du plat pays jouissent cette année d'un certain repos;
cependant, dans les lieux où il y avait des protestants, ceux-ci, par leur arrogance, leurs injures et leurs blasphèmes, font naître des disputes et des séditions.

Advint en ceste année, quinze jours après Pasques, au jour du

[1] Déclaration pour la pacification du royaume, réitérant la défense du port d'armes à feu, sous peine de confiscation de corps et de biens, et de jurer le nom de Dieu. Moulins, 12 février 1566. (Fontanon, t. I, p. 654.)

1566. dimanche de *Misericordia*, auquel de toute ancienneté se faict en la
ville de Provins procession générale par les catholicques, en l'église
de N. D. du Chasteau, une petite sédition entre les huguenotz de la
ville et les enfans des catholicques d'icelle ville allant à laditte procession. Et advint ce par l'audace desditz huguenotz héréticques; lesquelz, pour despiter les catholicques et les attirer à sédition, partirent contre leur coustume dès huict heures du matin, pour aller
tous ensemble à leur presche à Morant, et avec leur audace, tous
l'espée à la cincture, passèrent orgueilleusement parmy les catholicques, en chantant leurs chansons maroticques qu'ilz appeloient
leurs psalmes, en se mocquant de l'assemblée desditz catholicques et
de leur procession; chose qui moult despleut à tous lesditz catholicques, qui estoient bien en nombre de mil à quinze cens hommes,
et lesditz huguenotz n'estoient pas plus de cinquante, en hommes et
femmes. Les catholicques furent empeschez de se ruer sur lesditz
huguenotz les ungs par les aultres; car les plus paisibles empeschoient
les plus fervens de se jetter sur lesditz huguenotz; et pour ce passèrent iceux huguenotz à travers de la turbe sans trouver empeschement, sinon au rang des enfans, qui cheminoient devant les
prebstres à laditte procession. Lesquelz enfans, n'estans sages comme
les hommes, ne purent porter en patience l'arrogance et injures
d'iceux huguenotz, contre lesquelz se bandèrent à leur rendre injure pour injure, criant les ungs après les aultres. Dont advint qu'ilz
huguenotz insolens frappèrent aulcuns desditz enfans catholicques,
qui fut la cause de la sédition. Car tous lesditz enfans, voyant ce, se
ruèrent à coups de pierre et de boue après lesditz huguenotz, ausquelz donnèrent la chasse, et leur eussent faict beaucoup de mal,
sans les hommes catholicques, qui les retirèrent. Iceux huguenotz,
indignez d'avoir esté battus, mocquez et chassez par les enfans,
ayans grand regret que ce n'estoient les pères d'iceux, informèrent
contre lesditz enfans qu'ilz cognurent, et vouloient que les pères respondissent pour eux et qu'ilz fussent condempnez à souffrir corporellement les peines portées par les édictz, et à ce tendoit de les

condempner le bailly de Provins, fauteur desditz huguenotz, avec le procureur du roy de laditte ville, en faulte de les représenter. De la sentence duquel se portèrent appelant lesditz pères; lesquelz feirent destourner leurs enfans, et les envoyèrent demeurer à Paris, où ilz furent jusques à la reprinse des troubles. De ceux qui s'y trouvèrent empeschez fut Jehan Roy, marchant, bourgeois dudit Provins, bon catholicque, pour ses trois enfans qui se trouvèrent à la meslée des plus avant; mais à la fin n'y eut que les huguenotz de mocquez, car ledit Jehan Roy appella du tout, tant pour luy que pour ses enfans et aultrés, à la court de parlement de Paris, où demeura le tout pendu à la perche.

Au conseil du roy y avoit division, parce que ledit conseil estoit composé d'hommes de diverses religions. Chascun prince et seigneur y deffendoit le party de la religion qu'il tenoit, en excusant la faulte qui estoit provenue par ceux de sa religion, en demandant l'absolution pour iceux et en taschant de faire condemner les aultres comme séditieux; et se trouvoit le roy bien empesché pour veoir à qui des deux partis il feroit plaisir. Quand il favorisoit le party des princes catholicques, de ce moult estoient indignez les princes héréticques contre les catholicques; et souvent lesditz princes et seigneurs de France, en desdignance les ungs des aultres, s'absentoient de la court du roy et de son conseil et se retiroient en leurs maisons pour ung temps, jusques à ce qu'ilz fussent sollicitez du roy ou aultres pour retourner à sa court et en son conseil. Et tout aussitost que les ungs estoient arrivez à laditte court, les aultres de party et religion contraire s'en alloient et se retiroient pour faire place aux noveaux arrivez; et sembla quasi par toute cette année icy et partie de l'aultre que les princes de la court du roy jouassent au boute-hors.

Les protestants étaient soutenus au conseil du roi, en l'absence du prince de Condé et des Châtillons, par la reine mère et le connétable, bien que celui-ci ne fût pas hérétique.

Ils se plaignent au conseil d'être tenus éloignés par les catholiques des assem-

1566. blées délibérantes et privés de toute espèce de charges municipales; ils demandent au roi de faire cesser cet état de choses. Charles IX rend un édit portant que les hérétiques ne pourront remplir les fonctions publiques des villes, mais qu'ils auront entrée aux assemblées électorales et droit d'y voter.

• Mécontentement des chefs protestants. Ils quittent la cour : le prince de Condé se retire à Valery-lès-Sens, Coligny à Châtillon-sur-Loing, d'Andelot à Tanlay, près Saint-Florentin, où il faisait bâtir en se servant des matériaux du couvent de ce lieu, qu'il avait détruit.

L'amiral, *le plus subtil et cauteleux de tous*, reste en grande faveur auprès de Charles IX, qui, sachant que lui seul empêchait le prince de Condé de quitter le protestantisme, tâchait de le gagner[1]. — Coligny se sert de son influence sur le roi pour lui persuader que les levées extraordinaires faites par le roi d'Espagne, sous prétexte de soumettre les Flamands révoltés, avaient pour but final de porter la guerre en France par la Picardie, et qu'il fallait opérer des levées semblables et mettre de fortes garnisons sur les frontières de Picardie et de Bourgogne. Il voulait ainsi, ou amener une guerre entre les rois de France et d'Espagne, ou se faire nommer commandant des levées. Suivant son conseil, Charles IX lève des troupes et place des garnisons dans les villes frontières; mais il donne le commandement de l'armée au maréchal Strozzi, contrairement aux espérances de l'amiral, qui se retire à Châtillon. — L'ambassadeur d'Espagne se plaint des levées du roi de France, qui en rejette la faute sur les rapports faits par Coligny.

Coligny et le prince de Condé sollicitent le secours des étrangers. Le comte palatin du Rhin s'engage à leur fournir des troupes, moyennant argent.

Les protestants, assurés de l'aide des Allemands, *relèvent les cornes*, provoquent les catholiques, les excitent aux séditions, s'emparent des biens des ecclésiastiques et chassent les curés de leurs bénéfices, en disant : « qu'avant qu'il fust un an passé on verroit bien aultre chose, et que heureux seroit celuy en France qui auroit esté huguenot des premiers. » — M. de Saint-Simon chasse M. de Maisoncelles, curé de Bauchery, met à sa place, pour chanter la messe, *un méchant prêtre huguenot*, et prend les revenus de la cure; M. de Primsault usurpe les terres de l'église de Bauchery. — Le curé et les prêtres de Saint-Fergel-lez-Nogent sont battus et mis hors de leurs maisons par M. de Besancourt, qui s'empare de leurs revenus et héritages. — M. de Mailleton saisit le revenu de la cure de Jouy-le-Chatel, et installe de force dans ce bourg un prêtre de son choix. — Le seigneur d'Esternay-lès-Sezanne persécute les prêtres de ce village et de celui de la Motte, fait faire

[1] « Arrêt d'innocence de M. l'admiral de Chastillon. 1566, 29 janvier. » (Dubouchet, *Preuves de l'histoire de la maison de Coligny*, p. 542.)

le prêche dans les églises catholiques et tenir école de religion réformée dans les presbytères, en forçant les enfants à assister aux leçons. Le curé d'Esternay se fait rendre les revenus de son église. — Mme de la Motte, qui, à plus de soixante et dix ans, avait embrassé la réforme à la sollicitation de son fils, de sa belle-fille et des prédicants qui les entouraient, reste attachée de cœur au catholicisme. Elle fait relâcher un cordelier que les serviteurs de son fils avaient battu et enfermé. Sollicitée par M. de Bazerne, son gendre, de rentrer dans la foi catholique, elle en est détournée par Mme d'Esternay et les prédicants. Elle meurt à plus de quatre-vingts ans, sans qu'on ait voulu accéder à sa demande d'être assistée par un prêtre. Son fils la fait enterrer dans l'église de la Motte, dans une chapelle que son mari Louis Raguier et elle avaient élevée.

Fault noter que, la portant audit tombeau, une difficulté fut mise en avant par aulcuns des huguenotz qui l'accompagnoient, sans en parler audit sieur d'Esternay, disant s'ilz debvoient entrer dans le temple des papistes, dans lequel ilz entendoient qu'elle debvoit estre enterrée, veu qu'ilz de leur religion réformée avoient en horreur les temples des papistes, qu'ilz appeloient la *Babillonne* et *ydolâtrie*, et qu'ilz avoient faict le serment, en faisant profession de leur réformée religion, de n'y jamais entrer pour quelque occasion que ce fust, aultre que pour les ruyner et entièrement démolir; que, pour ces causes, s'ilz entroient audit temple sans le ruyner et démolir, ce seroit faire contre leur serment et conscience, et que de le démolir ou y gaster quelque chose pour lors, seroit faire contre les édictz du roy, et aussi fascher le sieur d'Esternay, qui ne les avoit mandez à ces fins. Durant ceste dispute familière les ungs aux aultres, arrivèrent à la porte de l'église dudit lieu de la Motte, où tous s'arrestèrent pour mettre ce doubte en délibération. Ce que voyant, ledit sieur d'Esternay n'attendit que la question fust par nul d'eux mise en avant, ains, pour y mettre fin, luy-mesme dist à toute l'assemblée ce qui s'ensuit :

« MM. je sçai qu'en nostre religion nous avons en hayne et horreur les temples des papistes, comme chose maulvaise et pernicieuse, et que, pour ces causes, vous faictes ou pourrez faire difficulté d'entrer en celuy-cy, chose de quoy ne vous requiers. Mais, d'aultant que ma mère en son vivant a tousjours eu ceste volunté d'y estre inhumée et

1566. enterrée, je ne la puis frustrer de son voloir. Dire que je n'entre pas
pour le présent après elle, pour veoir où et comment on l'ensépultu-
rera, me semble estre chose trop inhumaine, et ne me puis garder d'y
entrer, pour n'en perdre la mémoire toute ma vie. Partant, vous me
pardonnerez et ne me tiendrez pour soullié et immonde si je y entre. »
Et en disant ces parolles, entra en l'église, comme aussi fit le prédicant qui l'inhumoit; lequel, après que le corps fut posé près du
tombeau, et avant que le descendre dedans la fosse, frappa par trois
fois du pied contre le cercueil ou bière où il estoit, en disant
telz motz : « Dors, Charlotte, dors, jusques à ce que le Seigneur te
réveille! » Et dist telles parolles par trois fois, puis le feit dévaller
en la fosse. Laditte dame s'appelloit Charlotte de Tinteville. Après
qu'elle fut enterrée et son corps couvert, ilz prédicant et d'Esternay
sortirent hors de l'église, soubz le portail et dans le cymetière de
laquelle estoient attendans les huguenotz leur retour. Le prédicant
là feit le sermon ou presche funèbre à la louange de la deffuncte, et
tous chantèrent quelques chansons de Marot qu'ilz appellent leurs
psalmes. Les plus sérieux huguenotz furent scandalisez de ce que
leur prédicant et ministre, sans avoir conféré à la compagnie, avoit
entré dans le temple des papistes, et l'estimèrent soullié et contaminé
pour y avoir entré, et non ledit sieur d'Esternay, pour l'occasion
qu'il en avoit et pour la permission qu'il en avoit demandée.

La dame de la Motte, avant sa conversion, était bienfaisante, charitable,
secourable aux malades et aux pauvres; elle savait guérir de la morsure des
chiens enragés. — L'année de sa mort, le fils de M. d'Esternay étant tombé gra-
vement malade, le père sollicite en sa faveur les prières des prêtres catholiques;
cependant, l'enfant ayant guéri, il ne peut se décider à abandonner la religion
réformée. — Une de ses filles prend goût aux temples et aux cérémonies catholiques, et va à l'église malgré sa mère. — M. d'Esternay, en vertu d'un arrêt du
parlement, entre en jouissance des pâtures communes de la Motte. — Il s'était
montré dur pour ses sujets depuis qu'il s'était fait hérétique; ses serviteurs, peu
payés, deviennent, à son exemple et à la faveur des troubles, voleurs d'églises et
de maisons privées. Unis à quelques jeunes gens de la Motte et à un prêtre,
vicaire de Fontenay-lès-Nogent, ils commettent dans les villages environnants

nombre de larcins et de meurtres; plusieurs d'entre eux, et notamment le prêtre, 1566. sont arrêtés et roués ou pendus.

A cause du grand yver de l'an dernier passé, auquel au pays de Brie furent gelez les blez fromens, ainsi que l'avons dict en ladicte année, fut la charté de grain et vin fort grande, depuis le moys de janvier jusques au moys de julliet, que l'on feit les moissons partout. Le boisseau de blé froment, mesure de Provins, depuis ledit 1er jour de janvier jusques au moys d'apvril, se vendoit la somme de 12 à 15 s., et depuis ledit moys d'apvril monta par chacune sepmaine de plus en plus jusques à la moisson, à la somme de 25 s. t. d'argent comptant, et à créance ce que les créanciers usuriers vouloient, jusques à 30 s. t. et plus. Il fut fort cher à Paris et en toute la Brie, Ysle de France, pays de Vallois, Soissonnois et Picardie, où on recueille les fromens. Il ne fut si cher en Champaigne, Bourgongne et Lorraine, où on faict en habondance des seigles, mestaux et orges.

Les gens de justice et gouverneurs de Provins font le recensement des grains possédés par les particuliers, et établissent pour chacun des possesseurs une réserve qui, jusqu'à la moisson, devra être vendue aux habitants de la ville au maximum de 20 s. le boisseau; aux étrangers, on vend le blé ce qu'on peut. Quelques personnes, s'étant défait de tout ou partie de leur réserve, sont condamnées par justice à racheter l'équivalent de ce qui manquait.

Il est ordonné à l'abbé de Saint-Jacques et au prieur de Saint-Ayoul de faire cuire une certaine quantité de pain pour être distribuée aux indigents. M. de Naselle, abbé de Saint-Jacques par permutation avec Guillaume de la Chesnais, n'avait point attendu cet ordre pour faire des distributions de ce genre; de Pâques à la moisson, il donne chaque jour du pain à plus de trois cents pauvres, leur fournit de l'ouvrage et mérite le respect et l'affection des gens du pays. Au contraire, M. de la Chesnais, qui était abbé d'Hermières, près Paris, et conseiller au parlement, et qui fut pendant vingt ans abbé de Saint-Jacques, n'avait fait aucun bien. Il répandit dans l'abbaye d'Hermières les doctrines de la réforme, et chercha, mais vainement, à les faire adopter à Saint-Jacques. — M. André de Gramont, chanoine de Sens et prieur de Saint-Ayoul, se soustrait, autant qu'il peut, à l'obligation de l'aumône. — M. Jacques de la Noue, gentilhomme, prieur de Saint-Sauveur-lès-Bray, fait, pendant la disette, d'importantes distributions

1566. de pain. — Les fermiers des abbayes de Preuilly et de Jouy, le prieuré de la Fontaine-aux-Bois et la cure de Meel-sur-Seine sont obligés, par justice, à cuire en pain certaine quantité de grain pour donner aux pauvres.

Les plus riches gens des pays de Brie, Picardie et aultres ne mangèrent aultre pain que d'avène, tant que les leurs durèrent, et l'espargnèrent fort à leurs chevaux pour la manger eux-mesmes; mais, après qu'elles furent semées en ceste année, ne leur en demeura guères, parquoy fallut qu'ilz se pourveussent. Ilz passèrent en Champaigne pour achepter des seigles, orges et avènes pour faire du pain, en attendant leur moisson.

Laquelle moisson venue, partout revint le grain de toutes espèces à bon marché et prix honeste. Le froment revint à 7 s. et 6 den. le boisseau, mesure de Provins, et les aultres menus grains au prix le prix. Il eust valu moings de 18 den. sur boisseau qu'il ne feit, si les marchans des villes n'eussent bouté la charté après laditte moisson; mais, à cause du grand hazard qu'ilz avoient veu durant laditte charté sur le grain, l'acheptoient à l'envie les ungs des aultres pour remplir leurs greniers, estimans qu'en peu de temps après reviendroit une aussi grande charté ou plus, ce que Dieu ne permist pas.

Toute cette année, jusques aux vendanges, le vin fut fort cher, à cause de la gelée dudit grand yver, qui avoit gelé les vignes, et fut vendue la queue de vin du creu, ne challoit d'où, ès villes de Provins et Nogent, au mois d'aoust et de septembre, avant la vendange de ceste année, la somme de 80 liv. t., et fut tel jour qu'esdittes villes nul ne pouvoit trouver vin à achepter à la pinte ès tavernes pour l'argent, et avec toute difficulté en pouvoit-on trouver à tel jour esdittes villes et en plusieurs villages pour dire les messes ès églises. Lequel vin, après les vendanges, revint à 4 liv. t. la queue du creu des environs et à deux lieues dudit Provins et Nogent, cestuy de Villenauxe à 6 et 7 liv. t. la queue. Les vins de ceste année ne furent si bons ne si fameux qu'on estimoit qu'ilz seroient après la vendange, veu que les raisins eurent bon temps à meurir et furent bien noirs aux vignes, et si advint la vendange en bonne saison et chaulde, qui fut partout commancée à la my septembre et devant. Toutesfois se trouva que 1566. les vins, après qu'ilz furent entonnez ès vaisseaux, furent mortifiez et platz, comme s'ilz eussent esté demy d'eaue. Et estima-on que cela provenoit de deux causes : la première .du boys que les vignes avoient jetté après la gelée par entre deux terres, qui n'estoit encores enchauché, et estoit gros et creux, plain de mousse et non ferme, comme il estoit avant ledit grand yver. L'aultre cause fut, comme plusieurs estimoient, ung gros et impétueux vent, qui se leva sur la terre la vueille et jour de la feste N. D. de septembre, si gros et impétueux qu'on n'en avoit poinct veu jamais, qui moult endomagea les raisins des vignes, et les esgréna à plus de la moytié sur la terre, où tous les meilleurs grains et les plus majeurs tombèrent, où ilz demeurèrent trois jours avant qu'on les peust aller recueillir, à cause de la feste N. D. et le dimanche qui estoit au lendemain, et ne les peut-on recueillir si habillement qu'il n'y en eust beaucoup de crevez et gastez.

Les fruictz, pommes et poires, qui estoient encores sur les arbres furent abbatus par terre dudit vent et plusieurs arbres arrachez, dont advint ung grand domage, car les fruictz en tombant s'offensèrent, et ne furent de durée ni de garde, ains se pourrirent incontinent, et en furent mieux nourris les porceaux que les chrestiens.

Plusieurs commissaires sont chargés par le roi de faire dans les provinces la recherche des usuriers[1]. Michel Alexandre, de Villenauxe-la-Grande, reçoit une mission de ce genre pour la Champagne. Il fait emprisonner et condamner divers usuriers à Provins, Villenauxe, Meaux, Château-Thierry, Épernay, Châlons, Reims, Troyes, Pont, Nogent, Bray, Montereau, Melun; il s'enrichit en rançonnant les personnes contre lesquelles des plaintes étaient portées. En définitive, on ne rend point aux victimes l'argent saisi; il est absorbé par les frais de justice.

Le roy en ceste année ne se contenta de faire recercher et punir

---

[1] « Mandement pour la recherche et poursuite des usuriers. Paris, 20 janvier 1567. » (Fontanon, t. I, p. 677.)

1566. les usuriers, mais aussi feit punir et recercher les trésoriers de ses
finances, ausquelz il feit rendre conte à la rigueur de l'administration de ses deniers, où ilz trésoriers se trouvèrent bien empeschez,
et principallement ceux de Paris, contre lesquelz fut informé et
procédé à l'emprisonnement de leurs personnes bien estroictement.
Aucuns desquels furent pendus et estranglez comme larrons des
deniers du roy, qu'ilz avoient appliqués à eux, pour leur prouffit,
en acheptant seignories, rentes et aultres biens, et ayans basty de
beaux chasteaux et maisons aussi puissantes que celles des roys et des
princes. Qui fut en partie cause de ce regallement furent les plainctes
portées au roy qu'ilz trésoriers luy avoient faict conte d'avoir payé
plusieurs compagnies de gens de guerre, tant de pied que de cheval,
qui montoit à grands deniers, ce qu'ilz n'avoient faict, ains avoient
applicqué lesdittes payes à leur prouffit. Une aultre cause fut le rapport qu'on feit à la royne mère de la magnificence de la maison d'ung
dudit Paris, filz d'un cordonnier dudit lieu, et luy mesme cordonnier de son premier estat, qui avoit achepté l'estat de trésorier n'y
avoit pas dix ans, et toutesfois se trouvoit si riche en meubles de
toutes sortes, feust d'orfévrerie d'or et d'argent que aultres, qu'ilz
furent estimez aultant que ceux de laditte dame royne. Laquelle,
pour en sçavoir la vérité, alla visiter la maison d'iceluy, soubz l'excuse
d'aller veoir sa femme en sa gésinne qui estoit acouchée, de quoy
le pauvre fol s'estimoit estre moult heureux. La royne trouva la
couche, le lict, le ciel, lés custodes, les couvertures, habillemens de
la gisante et aultres choses que les grandes dames ont pour parement
en tel estat, aussi riches et sumptueuses que laditte royne en avoit
oncques eues. La chose qui plus fut remarquée en laditte maison
fut la chaise percée qui servoit à la gisante pour faire les nécessitez
et offices de nature, laquelle estoit couverte d'ung fin velours car-
moisy, attaché fort richement à cloux d'argent, la plus grande partie
desquels serorez de fin or, ce que jamais n'avoit eu laditte dame
royne. Cestuy trésorier et trois aultres pour le moings furent pendus et estranglez par leur col dans la ville de Paris au gibet de

Monsfaucon dudit lieu; et ne fut le bien dudit cordonnier suffisant 1566. pour payer le roy des deniers desquelz se trouva redevable, encores que son bien feust trouvé en tout monter à plus de trois millions de livres. Les aultres trésoriers, qui ne furent emprisonnez comme ceux ci-dessus dictz, s'absentèrent de peur d'estre mis en prison et se saulvèrent la part qu'ilz purent pour éviter la fureur du roy et de son conseil; comme feit ung appellé M. de Mauclerc ou Beauclerc, seigneur de Flomigny, parroisse de Bouray, lez la Ferté-Alex et St-Crepais, lequel cependant recercha ses acquitz et le moyen de les avoir, pour mieux dresser son compte à loysir. Y ayant faict au mieux qu'il put, il se représenta à Paris, où fut mis prisonnier dans la Conciergerie par l'espace de plus de deux ans; de quoy pour ung temps il estimoit avoir faict grande follie, d'aultant qu'il ne povoit trouver le moyen de rendre son compte. Pour des prisons eschaper, son honneur et vie saulfz, fallut qu'il baillast en pur don à mons. le mareschal de Cossé une maison qu'il avoit dans Paris, estimée de la valeur de plus de 30 mil. liv. t., pour tirer de luy quittances des deniers qu'il avoit mis en ses mains pour payer sa gendarmerie par l'ordonnance et mandat du roy. Et tant feit par ses debvoirs avec son bien, qu'il eschappa desdittes prisons, sa vie et honneur saulfz. Et luy ai ouy dire que, si la royne mère luy eust volu donner acquit des deniers qu'elle avoit levé et faict lever en sa recepte, le roy luy eust deub plus de 3 mil. liv. de bons deniers. Estant hors et absoubz des prisons et son compte rendu, vendit son estat de trésorier et plus ne le volut exercer, parce que, comme il disoit, estoit ung estat trop hasardeux et dangereux, à cause des envies et maulvaise foy des princes. Ce trésorier fut fort plainct de toutes personnes qui le cognoissoient, tant il estoit estimé homme de bien et d'honneur.

Jacques Spifame est pendu à Genève, comme ayant voulu livrer la ville au duc de Savoie[1].

---

[1] Il eut la tête tranchée le 23 mars 1566. (Voy. plus haut, p. 84.)

1566.   La Grue de Villenauxe, condamné à mort pour meurtre, obtient un adoucisse-
ment de peine par l'intercession du prince Porcien, dont il s'était fait serviteur.
—Mort du prince Porcien[1], au grand regret des protestants, « car c'estoit des
plus opiniastres et pertinax hérétiques qui feust en la France et des plus barbares contre l'église catholicque, et des plus séditieux. » Son beau-père, le comte
de Nevers, bon catholique, s'efforce de le convertir et organise dans ce but une
conférence entre les deux docteurs catholiques Vigor et Benedicti, et deux ministres protestants, Th. de Bèze et de Spina, en présence de notaires[2]. Le prince
est retenu dans la religion réformée par l'amiral et d'Andelot. Sa femme se convertit.

On eut oppinion que, si ledit prince Portien ne feust mort incontinent après icelle dispute, à la fin il se feust réduict comme sa
femme ; car il estima beaucoup les docteurs qui disputèrent en sa
présence contre les prédicans susditz. Estant au lict de la mort, ses
médecins le pansèrent au mieux qui leur estoit possible, et donnoient bonne espérance à sa femme de sa maladie, lui disant qu'il
n'en auroit que le mal. Ce néantmoings, laditte dame sa femme, le
voyant empirer en sa maladie, appella aultres médecins de la ville
de Paris, des plus fameux qui y feussent, pour le visiter, tous huguenotz, car peu se fioient ès catholicques. Tous lesquelz disoient à laditte dame que la maladie de sondit mary n'estoit à la mort, et de
ce l'en assuroient. Finablement, le voyant à l'extrémité, ce luy sembloit, appella ung médecin catholicque pour le visiter, le jour mesme

[1] Le 5 mai 1567. Il était alors âgé de
vingt-six ans. D'Aubigné (*Hist. univ.* t. I,
l. IV, c. vi, p. 208) dit qu'il mourut *estouffé
de poison*. Il ne laissa point de postérité de
sa femme Catherine de Clèves, comtesse
d'Eu.

[2] Bayle, à l'article ROSIER (Hugues-
Sureau du), a donné de grands détails
sur la conférence qui eut lieu au mois de
juillet 1566, d'abord chez le duc de Montpensier, puis chez le duc de Nevers ; le duc
de Montpensier avait espéré que cette dispute ramènerait sa fille, la duchesse de

Bouillon, à la communion catholique.
Après une première rencontre entre Vigor
et Ruzé, docteurs catholiques, Barbaste
et de Spina, ministres protestants, la conférence fut reprise entre Vigor et de
Sainctes d'une part, de Spina et Rosier de
l'autre. (Voy. *Actes de la conférence tenue
à Paris ès mois de juillet et aoust 1566 entre
deux docteurs de Sorbonne et deux ministres.*
Anvers, 1566, in-8°. —Claude de Sainctes
a aussi donné une relation de la conférence de 1566.

que aultres huguenotz l'avoient visité et pansé; auquel demanda, comme elle avoit fait aux aultres, qu'il luy sembloit de son mary et de sa maladie. Lequel luy fit response qu'il estoit fort malade, sans luy en dire davantage. Auquel laditte dame réplicqua et dist : « Hé déa, monsieur, je vous prie, ne me célez poinct ce qu'il vous en semble, et vous me ferez grand plaisir. » A laquelle respondit : « Madame, mons. le prince vostre mary se meurt, et vous en faictes donner garde, car il ne vivra pas mais longtemps. » Et ce dict, s'en alla d'avec elle. De laquelle response fut moult indignée laditte dame contre ledit médecin, et fut d'elle moult scandalisé devant ses gens, disant qu'il n'estoit que une beste en son art, veu que tous les aultres luy avoient dict du contraire, et qu'il luy disoit cela pour ce qu'il n'estoit de leur religion réformée, et se repentoit de l'avoir appellé, pour ce qu'il estoit papaut; et en disant ces choses, sondit mary entra ès angoisses de la mort, qui luy firent fort trouble, et telles qu'il le fallut lier pour le tenir. Il juroit, blasphémoit et renioit Dieu fort désespérément, vouloit qu'on l'armast de toutes pièces pour aller faire la guerre et tuer les papaux, qui estoient les catholicques, et tuer leur *Jehan le Blanc,* qui estoit le corps de Jésus-Christ au sacrement de l'autel, et en tel estat finit ses jours. Laditte dame, le voyant mort, eut grand regret de ce qu'elle avoit détracté et mal dict du médecin catholicque, lequel moult depuis elle estima, le jugeant plus sçavant et expert que tous les aultres médecins huguenotz qui avoient veu et pansé son mary.

La femme de Lombart, maître des eaux et forêts du bailliage de Bray-sur-Seine, tue son mari et est pendue à Vimpelles, par arrêt du parlement. — Fratricide commis à Provins; le meurtrier est renvoyé absous. — Messire Alexis Boulogne, vicaire du village de la Motte, est assassiné à Soucy-lès-Sens; deux hommes et deux femmes, coupables de ce meurtre, sont pendus. — Meurtre d'un jeune meunier, commis aux Ormes; le prévôt de Coutures, sollicité par des gentilshommes et gagné par les présents de l'assassin, le fait absoudre. — Jean de Vauhardy, grénetier du sel à Provins, fait rapt d'une jeune couturière de cette ville; condamné et pendu en effigie, ainsi que ses deux complices, il s'ac-

1566. corde par argent avec la victime. Puis, corrigé de ses mauvaises passions, il se
marie et rentre dans une voie honnête.

Nicolas de Pellevé, archevêque de Sens, s'efforce de contraindre les ecclésiastiques à résider dans leurs bénéfices; il fait rechercher et citer devant l'official les
prêtres soupçonnés d'hérésie, qui, pour la plupart, s'abstiennent de compa-
raître. Nic. L'Oignon, soi-disant curé de Bauchery, commis par le sieur de Saint-
Simon, se présente et est renvoyé absous. Nic. Guyot, soi-disant curé de Sancy,
fait défaut aux citations de l'official.

Entre autres fut prins et arresté prisonnier ung prebstre, soy disant curé de Cortenay, commis et installé en icelle cure par le baron
dudit lieu, huguenot et voleur insigne des plus meschans qui fussent
en France[1]; et fut mis ès prisons dudit archevesque, où il fût resté
longtemps assez mal traicté, n'eussent esté les huguenotz de Sens
qui l'entretinrent de vivres et sollicitèrent pour le saulver et faire
sortir. De l'emprisonnement duquel fut adverty ledit baron de Cortenay, qui ne digna escrire ne prier ledit archevesque pour luy, ains
seullement manda à l'official assez vigoureusement qu'il en diligence
luy renvoyast son prebstre, s'il et aultres ne s'en vouloient mal trouver. Ce prebstre, veu et interrogé, avec la preuve qui estoit contre luy,
fut par l'archevesque jugé huguenot héréticque, administrant toutesfois les sacremens aux catholicques, et pour ceste cause volut qu'il
feust procédé contre luy jusques à sentence, suyvant les saincts canons. L'official déclara audit sieur archevesque ce que luy avoit mandé
le baron de Cortenay, protecteur dudit prebstre; pareillement les
huguenotz de la ville de Sens, voyans l'affection dudit archevesque,
le prièrent de le délivrer, lui remonstrant l'édit de pacification et de
liberté de conscience faict par le roy et les princes. Auquel ne voulut
obéyr ledit archevesque. Quoy voyant, lesditz huguenotz advisèrent
une ruse assez gentille, de laquelle ilz usèrent pour ravoir ledit
prebstre des mains et prisons dudit archevesque, qui fut telle qu'il

[1] Sur les Courtenay, seigneurs de Bron-
tin (Yonne) au XVIᵉ siècle, et sur le calviniste François de Courtenay, voyez un
article de M. Leclère dans l'Annuaire de
l'Yonne, 1842, 3ᵉ partie, p. 122.

s'ensuit : Advint que, durant l'emprisonnement dudit prebstre et le 1566.
refus de l'archevesque de le rendre, le lieutenant de son official,
nommé Me Estienne Haton, licencié ès loix et advocat au siége présidial dudit Sens, avec quelques promoteurs et procureurs de l'offi-
cialité, allèrent en commission à Montargis, distant dudit Sens de
dix lieues ou environ; ce que bien surent les huguenotz dudit Sens,
lesquelz en donnèrent advertissement au baron de Cortenay. Celui-
ci les espia à leur retour, se saisit de leurs personnes sur les chemins, et les mena prisonniers en son chasteau de Cortenay; duquel
ilz ne sortirent que l'archevesque n'eust rendu et délivré le prebstre
huguenot qui estoit en ses prisons, contre sa volonté; et n'eust esté
les humbles et importunes prières que les parens et amys desditz
prisonniers feirent audit archevesque, n'eussent esté si tost délivrez.
Car il vouloit envoyer au roy pour avoir mandement adressant audit
Cortenay de les rendre; mais luy fut faict entendre que ledit Cortenay n'y obéiroit, parce que c'estoit ung capitaine de voleurs, qui en
avoit bien trois cens à son commandement, qui luy faisoient tribut
par chascun moys des voleries qu'ilz faisoient sur toutes personnes,
et signamment sur ceux de la ville de Sens.

Synode tenu à Sens par l'archevêque, le mardi avant la Pentecôte. M. de Pellevé recommande aux curés du diocèse assemblés dans son palais le payement
du setier annuel de blé et de l'argent qu'ils lui doivent, et leur fait acheter une
sauvegarde imprimée, donnée en faveur des prêtres contre les gens de guerre
par M. de Cipierre, gouverneur d'Orléans, et par M. d'Aumale, gouverneur de
Champagne pour le duc de Guise. — Le prieur de Saint-Ayoul, André de Gramont, accuse d'hérésie Guill. Maret, chantre de son prieuré, devant l'official de
Sens; Maret, mis en prison, avoue les faits qu'on lui reproche, en invoquant le
bénéfice des édits de pacification et de liberté de conscience: il est renvoyé
absous et le prieur est condamné aux dépens, dommages et intérêts. Gramont,
irrité de cette sentence, donne, au sortir de la messe, un soufflet à Me Étienne
Haton, lieutenant de l'official, qui le fait condamner à Sens et en appel.
Maximilien d'Autriche est élu empereur à la place de son père Ferdinand Ier [1].

[1] Maximilien II, fils de Ferdinand Ier, élu roi des Romains le 24 novembre 1562,
succéda comme empereur à son père, qui mourut le 25 juillet 1564.

53

1566.   Le sultan Soliman II lui déclare la guerre. Le pape Pie V célèbre un grand jubilé
pour demander à Dieu la victoire des chrétiens; le roi d'Espagne prend part à
la guerre contre Soliman; Charles IX refuse de se déclarer ouvertement. Le jeune
duc de Guise se joint, avec des troupes, à l'armée de l'empereur. Siége de
Malte. Un fils de mons. de Quincy, seigneur de Saint-Ylier et la Court-Rouge,
chevalier de Malte, est pris et tué par les Turcs.

Dans les villages de Champagne et de Brie, et notamment des bailliages de
Sens, Melun, Montereau, Bray, Nogent, Pont, Troyes, Sezanne, Châlons,
Reims, Épernay, Château-Thierry, Meaux et Provins, la croyance se répand
parmi les paysans que, pour honorer la Vierge, ils doivent s'abstenir de travailler
aux champs le samedi depuis l'heure de midi, et que ce repos du samedi a été
formellement ordonné par la Vierge dans diverses révélations et apparitions.
Une jeune fille de Charly-sur-Marne, près d'Épernay, se vante d'avoir reçu ces
confidences, et donne des signes miraculeux de sa mission. Le cardinal de Lorraine la fait arrêter et interroger; elle est brûlée vive comme vaudoise et sor-
cière. Claude Haton s'informe des gens âgés s'il est vrai que le repos du samedi
ait été anciennement observé. Les prêtres et curés de la Brie tombent dans cette
impiété ou la laissent propager. Cl. Haton, alors vicaire des Ormes, et le vicaire
de Donnemarie sont les seuls qui s'efforcent d'en détourner le peuple par leurs
exhortations.

Incendie de plusieurs maisons au village de Meel-sur-Seine. — A l'époque de
la Saint-Martin d'hiver, le feu consume à Provins, près de Notre-Dame-du-Châ-
teau, le four banal, une grange et des maisons. Le bailli de la ville, Jean Alleaume, « se travailla fort à mettre les gens par ordre en besongne, pour saulver
que le feu n'en gastast davantage. » — Mort (dans l'hiver) de la femme de M. de
Montberon, demeurant à Tourvoye, paroisse de Sourdun; de sa sœur, cordelière
à Provins, et de Mᵐᵉ de Tachy, leur belle-sœur. Les dames de Montberon et de
Tachy donnaient aux malades des remèdes et des soins.

1567.

L'an mil cinq cens soixante et sept, à commencer au premier jour
de janvier, suyvant l'édict du roy, sembloit que toutes affaires entre
le roy et les princes de France allassent de bien en mieux, et que la
paix faicte avec les rebelles huguenotz borbonistes et condéiens devant Orléans, en l'an 1563, et depuis confirmée par le roy en sa majorité, fust affermie de telle sorte que jamais guerre ne troubles ne
se pourroient eslever en France pour le faict de la religion; parce
que le roy en tout et partout vouloit que son édict feust observé, et
aussy souvent que de trois en trois moys le faisoit réitérer et publier
par les villes de France. Il faisoit plus grand acueil et caresse aux chefz
rebelles qu'aux aultres princes et seigneurs catholicques qui estoient
de son party.

1567. Néanmoins, les chefs protestants conspirent en secret contre le roi. Le cardinal de Lorraine, qui entretenait des espions dans leurs maisons, découvre leurs
projets et en avertit Charles IX.

Environ la feste de Pasques de ceste présente année, S. M. manda
aux seigneurs prince de Condé et ses suppostz, signamment à l'admiral, qui s'estoient retirez en leurs maisons de Valery[1] et Chastillon-
sur-Loing, qu'ilz allassent à sa court; ce qu'ilz différèrent de faire
pour la première fois, en s'excusans qu'ilz estoient empeschez à leurs
particulières affaires. Sur le refus desquelz, entra S. M. en soubçon
et creut plus fermement au card. de Lorraine qu'il n'avoit faict auparavant. Touteffois, par importunité feit tant qu'après deux ou trois
aultres mandemens qu'il renvoya ausditz sieurs les feit aller à sa
court, où ilz furent par luy et la royne sa mère receuz si favorablement
et courtoisement que rien plus; et après plusieurs parolles tenues
ensemble, S. M. s'advança de leur dire qu'il estoit en soubçon sur eux
qu'ilz ne voulussent faire quelque remuement de mesnages, par
attentatz nouveaux contre le repos du royaume et la religion, à cause
du refus qu'ilz avoient faict de aller à sa court à son premier et second mandement; leur remonstrant que ce seroit mal faict à eux,
veu qu'il ne leur en avoit donné aucune occasion. Auquel respondirent lesditz sieurs que S. M. jugeoit mal de eux, et que le refus
qu'ilz en avoient faict n'estoit que pour les empeschemens particuliers de leurs affaires qu'ilz avoient, et que de relever la guerre n'y
avoient oncques pensé et n'y vouloient, et qu'ilz ne désiroient aultre
chose que le repos et vivre en paix en leurs maisons, soubz le bénéfice de ses édictz. Et tant sçurent bien dire lesditz sieurs devant luy,
que S. M. osta tout soubçon de guerre et de mesfiance qu'il avoit
peu avoir d'eux, et sur leurs excuses susdittes, délibéra de se mettre
aux champs pour achever la visitation de son royaume et d'aller ès
pays de Bretaigne, Normandie, Piccardie et Lorraine, où il n'avoit
encores esté. Et fut mis ce voyage en avant par toute sa court et la

---

[1] Sur les conférences de Valery et de Châtillon avant la prise d'armes de 1567, voy. les Mémoires de Lanoue, ch. XII, et d'Aubigné, t. I, l. IV, c. VII, p. 309.

ville de Paris, et en fut semé le bruict assez longtemps. Il fut mesmement mis en délibération en son conseil, où il fut résolu de l'entreprendre. Les rebelles susdictz, qui s'estoient si bien excusez devant
S. M., entendans qu'il vouloit entreprendre ce voyage, s'en resjouyrent
et pensèrent qu'ilz facillement exécuteroient leur entreprinse sur luy,
avant que ledit voyage feust par luy faict; et pour n'y faillir, donnèrent ordre à leur entreprinse, en advertissant les huguenotz du
royaume de se tenir prestz d'armes et chevaux, pour se mettre aux
champs, si tost qu'ilz en seroient requis et qu'on sçauroit le lieu
avantageux pour eux où seroit S. M., et si bien faire que le tout se
démenast avec grand secret.

Ores, ne sceurent-ilz si bien faire que le card. de Lorraine n'en
fust adverty; lequel secrettement empeschea le roy d'entreprendre
ce voyage, s'il ne vouloit estre prins par les rebelles huguenotz; et
pour le desmouvoir, luy donna plusieurs raisons de vérisimilitude
qu'il n'en eschapperoit jamais qu'il ne feust prins par ceulx mesmes
qui luy avoient dict qu'ilz ne vouloient poinct de guerre. Ce voyage
fut retardé et remis à une aultre fois, dont furent faschez lesditz rebelles, qui cognurent que l'on se doubtoit d'eulx et que leur entreprinse estoit descouverte. Et pour tascher que ce voyage feust remis
en avant et entreprins, retournèrent à la court bien équippez, pour
accompagner S. M., comme ilz disoient, à laquelle firent bonne mine,
comme aussi feit le roy à eux, lequel s'excusa de ce voyage sur l'indisposition de sa personne.

Le roy, après avoir faict, sur le rapport dudit cardinal, explorer
de toutes partz de son royaume, tant près que loing, si on descouvri-
roit rien des entreprinses huguenoticques et condéiennes, à la fin
luy fut rapporté que véritablement par plusieurs endroictz du royaume
se tenoient certains propos qui sortoient de la bouche des huguenotz,
qui déclaroient assez quelques entreprinses nouvelles se praticquer et
estre faictes; desquelles en estoit remise l'exécution en certain temps,
comme d'un demy-an ou environ, d'aultant que les plus avantageux
huguenotz et qui estoient les moings secretz avoient descouvert à

1567. leurs amys que, avant qu'il feust demy-an, on verroit en France ung terrible brouillis. Lesquelles parolles rapportées au roy furent mises en conseil secret par S. M., pour adviser le moyen de prévaloir leur entreprinse ou bien de se garder d'icelle. Il y fut résolu que S. M. temporiseroit et ne commenceroit le premier à lever les armes contre eux, ni à rompre la paix faicte avec eux; mais que, pour se garder de tomber en leurs mains, il estoit expédient de faire une levée de Suisses de renfort et de les faire venir à la court de S. M. pour la garde de son corps, et pour éviter aux entreprinses et factions huguenoticques. Et sur ceste résolution, furent levez en diligence quatre milles Suisses[1], deux milles desquelz furent amenez par celuy qui les alla lever, et livrés au roy, qui estoit ès environs de Meaux, au moys de may de ceste présente année. Les deux aultres milles furent tenus prestz en leur pays, pour s'en ayder à la première nécessité.

Les princes et seigneurs rebelles, sçachans les deux milles estre arrivez à la court du roy, furent passionez en leur esprit de leur entreprinse qui estoit descouverte, comme ilz en eurent le jugement par l'arrivée desditz Suisses. Lesquelz toutesfois, dissimulans en leurs affaires, trouvèrent moyen de couvrir leur passion sous ung doubte et mesfiance qu'ilz disoient avoir du roy, lequel, comme il leur apparoissoit, quelque bonne mine qu'il leur feist, avoit volunté de leur courre sus; et dès lors formèrent des plaintes à S. M., disans que, contre sa foy jurée, il faisoit levée d'hommes pour leur courre sus, comme en portoient tesmoignage l'arrivée des Suisses susdictz, la restriction qu'il avoit mise à plusieurs articles de l'édict de la pais faicte avec eux à Orléans, contrairement à la liberté de la religion, l'impugnité qui estoit faicte des papistes, qui en divers lieux et villes du royaume avoient couru sus et massacré plusieurs fidelles de leur religion réformée, la deffense du port des armes, que S. M. leur avoit interditte et deffendue, comme aussi le peu de conte que S. M.

---

[1] D'Aubigné dit six mille Suisses, qui s'avancèrent à grandes journées pour rejoindre la cour.

faisoit de leurs personnes, les ayans postposez à personnes indignes 1567. et de moindre qualité que eux.

Charles IX répond, en se défendant de toute intention hostile à l'égard des protestants, et en proposant d'assembler son conseil pour décider sur leurs réclamations. Le prince de Condé, qui était à son château de Valery, fait dire au roi qu'il s'en rapporte à ses assurances, et que la réunion du conseil pour juger les plaintes des protestants est inutile. Il est plusieurs fois sur le point de se convertir au catholicisme; l'amiral l'en détourne et lui persuade que la couronne de France lui appartient de droit. Coligny [1] fait à Charles IX une réponse analogue à celle du prince de Condé, et dit qu'il veut être, comme par le passé, humble et fidèle serviteur de la couronne.

Le roy, après avoir ouy la response des seigneurs susditz, avec les raisons que luy donna de leurs personnes la royne sa mère, leva toute desfiance qu'il avoit eü contre eux et fut tout prest de commencer son voyage et de renvoyer les Suisses, comme à ce faire l'exortoit ladite dame sa mère, laquelle, comme il sembloit, tenoit le party d'iceux prince et admiral. Mais mons. le connestable, qui de sa part avoit descouvert l'intention dudit admiral son nepveu, avec le card. de Lorraine et le conseil, le retindrent et empeschèrent qu'il n'entreprint ledit voyage et qu'il ne renvoyàst lesditz Suisses, ausquelz il obéit. Toutesfois, ainsi que jeunes gens de l'âge qu'il estoit ne peuvent voir les affaires de loing, ni en considérer l'yssue qui en pourra advenir, ne pensa plus à ses ennemys ; mais, adjoustant foy à leur dissimulation, s'arresta ès environs de la ville de Meaux, une partie du temps à Fontenay, l'aultre partie à Monceaux, une aultre partie à St-Maur-lez-Paris, à se bailler du bon temps à son plaisir, croyant fermement, comme aussi sa mère luy persuadoit, qu'il n'avoit en son royaume nulz hommes serviteurs qui luy fussent plus lôyaux ni mieux affectionnez que lesditz seigneurs prince et admiral et leurs confédérez ; desquelz, depuis leur response ci-dessus escripte, ne print aucun doubte ni sa mère aussi, et oncques n'en volurent ouyr mal parler.

---

[1] D'après d'Aubigné, Coligny « vouloit endurer toutes extrémités et se confier en l'innocence. » Ce fut d'Andelot qui détermina l'assemblée au parti de la guerre.

1567. Il feit réitérer les édictz tant de la pacification faicte à Orléans au
prouffit des huguenotz que ceux de ne porter harquebuses, pistolles
et dagues, voulant et commandant que, tant les ungs que les aultres,
fussent observez sur les peines indittes en iceux, et que chascun eust
à y obéyr; et furent assoupies toutes novelles factions et entreprinses
de part et d'aultre jusques à ung aultre temps.

Les seigneurs rebelles, après avoir endormy le roy à leur pipée,
et sçachant par la royne mère que S. M. n'avoit sur eux aulcun soup-
çon de mesfiance, donnèrent advancement à leur entreprinse, pour à
laquelle ne faillir amassèrent ung conseil où furent appellez tous les
principaux chefz, seigneurs et capitaines de leur faction et prétendue
religion, au chasteau dudit admiral à Chastillon-sur-Loing, soubz
prétexte et couleur d'un banquet que leur faisoit ledit admiral, auquel se trouvèrent ledit sieur prince de Condé, La Rochefoucault, le
card. de Chastillon, d'Andelot, Bricquemaux, Telligny, gendre dudit
admiral, Mongomery, dict le capitaine Lorge, Mouy et aultres seigneurs de marque du royaume. Nombre de ministres et prédicans
se trouvèrent audit conseil, qui fut assemblé au moys de juilliet, le
12ᵉ jour, et dura toute la sepmaine entière, c'est-à-dire huit jours
avant qu'ilz en fissent la conclusion, qui fut telle : que toutz les huguenotz de France seroient appellez, chascun d'eux en le ressort des
bailliages et séneschaussées où ilz estoient, par les diacres et surveillans de leur prétendue religion, pour se trouver en certain jour de
dimanche à leurs presches, y faire la cène et entendre la résolution du conseil; qu'ilz fourniroient argent, chascun d'eux selon le
moyen qu'il avoit et auquel il seroit taxé, pour fournir aux fraiz qu'il
convenoit faire pour le payement des reistres, estrangers et Allemans
que le comte palatin du Rhin avoit levé pour eux; qu'on feroit en-
rollemens d'hommes françoys de laditte religion et aultres que l'on
pourroit praticquer, lequel enrollement se feroit de tous jeunes
hommes et compagnons de laditte religion qui pourroient porter
armes; que les princes et seigneurs de la cause les prioient et requéroient de ce faire pour l'honneur de Dieu et l'advancement de la cause,

et de les assister en personne, affin dé mettre leurs religion et consciences en plène liberté contre la tirannie du roy et de ses papistes;
que ceux qui, ayant délaissé femme, enfans, père, mère, maisons,
biens, pays et toutes commoditez corporelles, pour suyvre les princes
et chefz de laditte cause, seroient les mieux récompensez et plus chers
tenuz desditz princes et seigneurs; que leur récompense seroit en
premier lieu le salut de leurs âmes et le bien et patrimoigne des papistes, et signamment celuy de la vermine de prebstres, chanoines,
moynes, monastères et abbayes, qui leur seroit donné en propre pour
eux et les leurs, à chascun d'eux selon son mérite; mais qu'à ce jour
de cène ne falloit appeller ni admettre que ceux qu'on sçavoit estre
vrayment affectionnez à laditte religion, et qui estoient capables de
tenir ceste entreprinse secrette, pour ne la révéler aux papistes, affin
de ne poinct fallir à l'entreprinse, qui en brief temps, sitost que les
biens de la terre seroient serrez, seroit mise en avant; et pour ce, que
chascun presche, qu'ilz appelloient église, se tinst prest pour fournir
les hommes de leur enrollement bien armez au jour qu'on leur sauroit à dire, pour se rendre la part et soubz les capitaines qui leur
seroient dictz.

Ces nouvelles receues de toutes partz du royaume de France par
les prédicans de chascun presche, fut le jour assigné aux frères huguenotz pour se disposer à faire laditte cène et ouyr les lettres de
mandement à eux envoyées. Ceux du bailliage et ressort de Provins
s'assemblèrent le premier dimanche d'aoust pour ouyr la lecture du
mandement rebelle, et ne furent appellez à ceste assemblée que les
plus capables pour ouyr la lecture des motz secretz; mais, quant aux
clauses et mandement de lever argent pour fournir aux fraiz de la
cause, furent publiez devant tous. Chascun fut exorté à contribuer
pour ce à quoy il seroit taxé, et fut chascun requis de dire librement
s'il entendoit pas que taille se feist sur eux, selon le moyen qu'ilz
avoient. Ceux qui ne volurent accorder furent chassez et excommuniez
de leur assemblée, et ne fut le secret du mandement déclaré devant
eux, et si fut deffendu aux aultres qui accordèrent de le leur révéler.

1567.   Pareillement firent, dès ce jour-là et depuis, le plus hastivement
qu'ilz purent, enrollement d'hommes des plus expertz de leur assemblée, lesquelz firent le serment devant leur prédicant de se mettre
aux champs au premier mandement qui leur en seroit faict. Ceux qui
s'enrollèrent furent les seigneurs de Besancourt, de St-Symon, de
Patras, de Lansoue, de Prinsault, du Buat de Umbrée et encores
aultres, tous gentilzhommes que je ne cognus; avec lesquelz s'enrollèrent de Provins : Thibault Trumeau, dict *le Sauvage,* Nicolas de
Ville, advocat et garde des sceaux audit Provins, Nicolas Doury, barbier, Léon Godard, procureur, N. Rayer, escarcelier, N. Gabo, paulmier, N. Royer, barbier, N....... sellier, demourant devant l'Escu de
France, et quelque douzaine d'aultres que je ne cogneus que de veue
et qualité; avec lesquelz s'enrollèrent un certain nombre de gens des
villes de Monstereau et Bray-sur-Seine, lesquelz estoient du ressort
du bailliage de Provins et qui alloient à la presche à Morant, lez la
ville de Provins.

   Fault notter que, durant la sepmaine que les rebelles susditz tindrent
leur conseil iscarioticque et diabolicque, le vent fut sur la terre le plus
impétueux que oncques fut veu ; et commença dès le lundy 13ᵉ jour
dudit moys de juilliet, et dura jusques au samedy ensuivant sans s'appaiser que la nuict. Dont advint ung grand dommage sur les grains
qui estoient aux champs ès pays de Brie, auquel pays on pensoit
commencer à les moissonner ce propre jour que lesditz vens commencèrent; et oncques de la mémoire des plus vielz hommes
n'avoient esté les bledz, fromens et aultres grains plus beaux, fortz
et espès sans bruyne, qu'ilz estoient ceste année-là; et en fut la perte
si grande que sans mentir il n'en demoura à proufit, où ilz estoient
les plus fortz et espès, que la tierce partie ou la moytié pour le plus.
C'estoit grande pitié de veoir le grain tant beau et jaulne ainsi res-
pandu sur la terre. Les pauvres gens, comme aussi plusieurs laboureurs, taschèrent à en recueillir le plus qu'ilz purent; mais n'en eussent
sceu ramasser quantité qui valust la peine qu'ilz y prindrent; car les
gluys estoient fortz et espès et n'en povoient recueillir qu'ès royes

où ilz le faisoient tomber avec des paneaux ou petis balais. Il n'estoit
possible de soyer ni faulcher, tant le vent estoit impétueux et la
sécheresse grande. Les bledz que aucuns avoient soyé dès le vendredy
et samedy de devant lesditz vens, et qui estoient encores en javelles
le lundy et les aultres jours de la sepmaine, furent emportez des
vens, et n'en saulva-on la moytié.

Le pays de Champaigne et vallée de Seine ne perdirent beaucoup
ausditz vens; car, lorsqu'ilz commencèrent, leur moisson estoit quasi
toute serrée. Les avènes de la Brie, qui estoient mûres, furent aussi
bien esgrénées du vent que les bledz, mais non avec si grande perte.
Oncques ne tomba goutte d'eau durant laditte sepmaine ni à plus de
quinze jours après. Plusieurs laboureurs ne volurent souffrir que le
bestial entrast en leurs champs après lesditz vens et qu'ilz eurent
serré ce qui leur resta desditz vens, et relabourèrent leurs champs,
dans lesquelz après la pluye levèrent les bledz si druz et espès que,
au bout de six sepmaines, il sembloit des praries; aultres laissèrent
aller le bestial en leurs champs une et deux sepmaines avant que
les relabourer, et ce néantmoins y leva encores le bled fort dru
et espès; aultres n'en volurent relabourer poinct ou bien peu, pour
veoir seullement l'expérience qui en adviendroit. Mais, à la moisson
de l'an d'après, on veit bien que ceux qui avoient relabouré leurs
terres des bledz éventez n'avoient guères plus gangné que ceux qui
ne les avoient relabourez et qui avoient faict des avènes en la saison
de mars. Ce qui resta de grain dans les gerbes feit huict, neuf et
dix boisseaux le cent pour le plus, qui sans la fortune, veu la gre-
naison qui y estoit, et comme l'expérimentèrent ceux qui en avoient
serré le samedy de devant, eust faict vingt-deux, trois et quatre boisseaux le cent. Pour ceste fortune, le blé froment fut au pris qu'il
estoit avant la moisson et ne rabaissa nullement; toutesfois, eut son
cours à 8, 9 et 10 s. le boisseau par toute l'année, la mesure de
Provins. Voilà le commancement du malheur qui advint à la France,
pour la punition du peuple, durant le pernicieux conseil des malins
rebelles et perturbateurs du repos public; et fut ledit vent si impé-

1567. tueux le présage des trahisons qu'ilz malins et meschans machinoient
et complotoient au dommage de la France leur patrie, de la vraye
religion, et contre leur roy, souverain seigneur du pays.

Les protestants font prier le comte palatin du Rhin de tenir prêts pour la
Saint-Michel les secours qu'il leur avait promis l'année précédente, afin de les
aider à accomplir leur entreprise et à se saisir de la personne du roi. Le cardinal de Lorraine découvre ces ménées et en instruit le roi, la reine mère et le
connétable, qui refusent d'y croire. Catherine reproche au cardinal de « n'estre
que ung coureur de meschantes nouvelles, soutenant qu'il n'estoit rien de ce
qu'il disoit, et que mons. le prince n'estoit de si lasche courage, comme aussi
l'admiral, de vouloir relever la guerre contre le roy, veu les responses qu'ilz
avoient faictes aux lettres de S. M. » Charles IX se montre plus défiant que sa
mère, qui, du reste, ignorait, dit-on, la résolution prise dans le conseil des
protestants.

Lesquelz, ce pendant que le roy et les gens de sa court, comme
aussi tous les catholicques de France, se bailloient du plaisir, à cause
du bon temps qui estoit revenu, ce sembloit, ne dormoient pas,
ains sollicitoient à leur entreprinse et poursuitte de leur cause ; pour
de laquelle résouldre et prendre le mot du guet, se rassemblèrent
au chasteau de Vallery-lez-Sens tous les chefz de la conjuration, avec
certaines trouppes, jusques au nombre de quelque 1,500 chevaux
bien armez et équipez de toutes armes, suyvis de quelque mille
hommes de gens de pied. Lesquelz, avant que de se rager, envoyèrent advertir les huguenotz enrollés des presches de Troye en Champaigne, de Sézanne, de Provins, de Sens et de Montargis, pour estre
prestz et se mettre aux champs au lendemain de la feste M. saint Michel, au dernier jour du moys de septembre.

L'assemblée qui fut faicte à Vallery commença à s'assembler dès le
10 et 12e jour dudit moys de septembre, le roy estant auprès de
Meaux. Après que audit Vallery furent arrivez quelque 300 hommes
de cheval, en attendant les aultres, firent certaines courses ès environs de la ville de Sens, et après estre plus grand nombre, s'approchèrent par deux ou trois divers jours jusques auprès des portes de

la ville, en intention de se saisir de laditte ville. Mais, pour la craincte 1567.
qu'ilz eurent d'estre repoulsez et de faillir à l'entreprinse, se retirèrent et n'entrèrent plus avant. Ce que bien apperceurent plusieurs
citoyens de la ville, qui en donnèrent advertissement aux gouverneurs d'icelle. A l'instant de la retraicte desditz huguenotz d'auprès
des portes d'icelle ville, on apperceut les huguenotz habitans de laditte ville sortir et s'en aller après les aultres, aucuns à pied, aultres
montez à cheval, tous bien armez de harquebuses et pistolles et en
bonne couche. Qui donna lieu aux habitans de doubler le soubçon
qu'ilz avoient, jugeant en eux que telles menées tendoient à quelque
maulvaise fin, et entrèrent en grande craincte plus que devant,
parce qu'ilz estoient desditz huguenotz fort menacez, pour la sédition
et massacre qui avoit esté faicte en leur ville des huguenotz d'icelle et
aultres en l'an 1562. Estans en telles crainctes, ordonnèrent à l'assemblée de ville qu'ilz firent à ces fins, que jour et nuict y auroit gens
aux portes, sur les murailles de leur ville et parmy les champs aux
escoutes et pour faire le guet, sans sonner mot, affin de se donner
de garde d'estre surprins, et sans armes, d'aultant que le roy les
avoit faict poser bas à toutes les villes de son royaume; et sur ceste
délibération, envoyèrent hommes de jour se tenir soubz les portes et
sur les pontz, pour prendre garde à toutes personnes qui entreroient
et sortiroient de leur ditte ville, et pour fermer icelles portes, si d'a-
vanture se présentoient nombre d'hommes pour y vouloir entrer. Ilz
envoyèrent pareillement aultres hommes sages et bien entendus par
les chemins et jusques dedans le village de Vallery, pour descouvrir
quel nombre d'hommes s'amassoient là et que pouvoit signifier tel
amas. Desquelz ayans eu response, tindrent assemblée de ville, pour
délibérer ce qu'ilz debvoient faire sur cette nouvelle occurence, et,
après avoir entendu les oppinions de plusieurs des plus apparens, ne
sçavoient qu'ilz debvoient faire : de prendre les armes en main pour
la garde de leur ville, ou de la laisser au hazard qu'elle estoit, de
peur d'encourir l'indignation du roy, qui avoit deffendu le port des
armes. Toutesfois résolurent qu'ilz ne prendroient les armes avant

1567. que d'avoir donné advertissement au roy des menées qui se faisoient à Vallery et ès environs de leur ville; et, pour ce faire, despeschèrent deux hommes d'authorité de leur ville pour aller au roy, qui le furent trouver à Fontenay-lez-Meaux. A la majesté duquel présentèrent leur harengue et requeste de leur ville, lesquelles veues et ouyes par sadite majesté, renvoya lesditz messagers, ausquelz et aux habitans de ladite ville deffendit de prendre les armes, ne voulant croyre ce qui lui fut dict de l'assemblée dudit Vallery.

Les députés, ayans receu telles responses du roy, s'en retournèrent en leur ville porter les nouvelles de leur légation, qui estoient de ne prendre les armes aucunement, sous peine d'estre taxez du crime de lèze majesté royalle. Et fut assemblée toute la ville pour ouyr ceste response, qui moult troubla les habitans d'icelle, qui voyoient le hazard d'estre surprins et saccagez d'une heure à l'aultre, pour les courses si fréquentes que les rebelles faisoient aux portes de leur ville, lesquelles ilz n'ouvroient qu'à moytié, pour éviter la surprinse diurnalle, lesquelles aussi ilz fermoient de grand jour et ne les ouvroient que longtemps après le soleil levé. A ouyr ceste response royalle se trouva ung advocat de ladite ville, fort fameux en son estat, mais huguenot, ou bien l'avoit esté des premiers et au temps de la sédition susdite de l'an 1562, nommé Me Jehan Haton. Lequel, après avoir ouy les oppinions de ceux qui parlèrent devant luy, dist que, au refus du roy, il leur estoit libre de prendre les armes pour se deffendre et garder d'estre surprins et saccagez, eux, leurs femmes, enfans et biens, comme à la vérité ilz estoient au danger de l'estre avant quatre jours passez, et que véritablement le savoit comme celuy qui avoit esté requis d'y ayder; que c'estoit une chose toute certaine que l'assemblée qui se faisoit à Vallery estoit pour surprendre les villes, portz et passages, affin de faire la guerre au roy et aux catholicques; et pour ces causes, qu'ilz de la ville ne fissent difficulté de prendre les armes tout sur l'heure, et que nul mal leur en viendroit, ains, après la vérité cognue par le roy, leur en sauroit gré, comme aussi de l'advertissement qu'ilz luy en avoient donné. Et d'aul-

tant qu'il sçavoit bien que luy qui parloit estoit en soubçon à toute 1567.
la ville de Sens, pour avoir esté taxé d'estre huguenot, que cela
pourroit empescher foy estre adjoustée à son dire; toutesfois, pour
monstrer qu'il ne vouloit estre proditeur de sa patrie, offroit donner
argent à hommes choisis par les habitans pour la garde de la ville,
qui représenteroient sa personne, pour faire le debvoir d'empescher
la surprinse d'icelle leur ville, desquelz il respondroit pour eux devant
le roy, au cas que S. M. leur en demandast chose quelconque. Et
pour tollir le maulvais soubçon qu'on pouvoit avoir de luy, demandoit de ne se trouver au guet ni de nuict ni de jour, et qu'on le laissast paisible en sa maison, et que l'on se contentast du payement qu'il
feroit aux hommes que les gouverneurs commettroient en sa place,
protestant devant Dieu et l'assemblée qu'il vouloit vivre et mourir
pour la garde et deffence de la ville, comme aussi de la vraye religion
catholicque et romaine, de laquelle quelques fois, par folle oppinion, s'estoit retiré à son grand regret.

Les habitans et gouverneurs, après avoir ouy cest homme, qui
les assura du trouble qui se commençoit, et qui disoit avoir refusé
à estre proditeur de leur ville, moult l'estimèrent, et à sa parolle
prindrent les armes au poing, pour se garder d'estre surprins de leurs
ennemys et du royaume, et envoyèrent grand nombre d'hommes
aux portes principalles, ayans faict fermer les aultres, dont bien
leur advint, car, deux jours avant la St-Michel, s'approchèrent de laditte ville plus de mille chevaux bien armez, pour tascher à la surprendre; mais, estans près de laditte ville, et ayans entendu par
leurs espions le debvoir et force qui estoit ausdittes portes, se retirèrent avec grand regret d'avoir failly ceste belle commodité. Quelque cent chevaux, plus furieux et orgueilleux que les aultres, entrèrent jusques sur les pons d'Yonne, pour veoir s'ilz sçauroient
forcer les gardes de laditte porte, laquelle trouvans fermée, tournèrent bride, et avec grande collère se récompensèrent à injurier les
gardes d'icelle, comme aussi les habitans de la ville. Lesquelz habitans, ayans veu ceste entreprinse huguenoticque, furent assurez de la

1567. prinse de leurs armes, et moult estimèrent celuy qui leur avoit donné le conseil de les prendre. Toute ceste menée se faisoit en attendant le jour et lendemain de la feste St-Michel, et pour attendre que les gens de pied des plus assurez fussent approchez par petites bandes ès environs des villes de Meaux, de la Ferté-soubz-Jouarre, de Rozay en Brie et des villages d'alentour de la court du roy, où on les avoit faict acheminer quatre à quatre, trois à trois et deux à deux, affin qu'on ne s'apperceust de leur allée, que l'entreprinse ne feust descouverte, et que la trouppe, qui en une nuict avec armes se debvoit trouver là, pût se jetter sur le roy, pour le prendre prisonnier vif ou mort au lendemain de la St-Michel, lorsqu'il ne se doubteroit de rien et qu'il s'amuseroit à faire la feste avec ses chevaliers de l'ordre qu'il auroit faictz audit jour St-Michel.

Toutes affaires huguenoticques estans en voye d'aller leur train, se partit la grosse trouppe du village de Vallery, pour entreprendre ce qui avoit esté par eux résolu; ilz prindrent le chemin à Montereau-Faúlt-Yonne[1], et, pour faciliter leur entrée en icelle sans que les habitans s'en doubtassent, envoyèrent devant eux plusieurs hommes à cheval, deux à deux, quatre à quatre, pour se loger ès tavernes et hostelleries, sans dire aucun mot. Les huguenotz de la ville sçavoient la venue de tous, lesquelz, faisans bonne mine, se pourmenoient par la ville, non tous ensemble, mais en diverses bandes, pour adresser les logis à ceux qui entroient, et commencèrent à y entrer dès l'heure de vespres. Le chasteau dudit Monstereau, qui est une forte place, entre les deux rivières d'Yonne et de Seine, estoit à leur commandement, car il fut saisy des premiers. Dans lequel entrèrent quelque trente chevaux à trois ou quatre fois, sans que les habitans y prinsent garde. Environ les cinq heures du soir, qui est l'heure du soleil couché et quelque peu devant, les habitans de la ville s'apperceurent du grand nombre de gens qui estoient entrez dedans icelle

---

[1] Il y a ici une interversion dans l'ordre des événements; de Valery, les protestants marchèrent sur Meaux, pour surprendre Charles IX; la prise de Montereau n'eut lieu qu'après la tentative de surprise que Cl. Haton raconte plus loin.

et d'aultres qui y entroient à la file, lesquelz faisoient carresse à ceux qui estoient jà entrez, et qui les armes au poing se pourmenoient par les rues; ilz commencèrent alors à prendre maulvais soubçon, et s'approchans les plus apparens les ungs des aultres, disputoient que pouvoit signifier l'entrée de tant de gens. Touïesfois n'en pouvoient deviser à leur ayse ni à leur secret, d'aultant que les séditieux rebelles qui estoient jà par les rues s'approchoient d'eux pour sçavoir et entendre ce qu'ils disoient les ungs aux aultres. Ce néantmoings, ilz de Montereau s'approchèrent de la porte de leur ville par laquelle entroit ce train, pour la cuyder fermer, mais y furent à tard, parce que les séditieux et rebelles la tenoient jà à leur commandement, et n'en purent estre les maistres lesditz de Montereau. Incontinent après le soleil couché, arrivèrent quatre ou cinq coches, dans l'ung desquelz estoit mons. le prince de Condé, et dans les aultres les harquebuses et pistolles que l'on portoit à couvert, pour armer ceux qu'on avoit envoyés devant ès villes et villages des environs la court du roy.

Après l'arrivée de M. le prince, qui s'alla loger dedans le chasteau, ne fut plus dissimulé par lesditz séditieux, lesquelz se firent maistres de la ville et chascun de leur logis. Ils commencèrent à crier par les rues à haulte voix : « L'évangille, l'évangille! » Ilz commencèrent à faire le guet sur les murailles, à tenir les habitans en subjection, et à se loger par quartiers ès maisons bourgoises et autres de la ville, chascun d'iceux prenant jà ce qu'il trouvoit à son plaisir. Les gens d'église, ainsi qu'ilz purent, par les poternes se jettèrent en la rivière et dans les fossez de la ville pour se saulver, comme aussi firent les plus riches marchands d'icelle ville. Entre lesquelz se saulva Nicolas Lebel, lequel, sans arrester toute la nuit, chemina jusques à Monceaux-lez-Meaux, advertir le roy de la surprinse dudit Montereau, et luy en porta ceste nouvelle à son lever le lendemain de la Saint-Michel au matin; ce que sa majesté et celle de sa mère et mons. le connestable ne voulurent croire, ains fort le menacèrent de luy faire bailler le fouet, comme porteur de faulce nouvelle, disans les ungs aux aultres que, veu la response naguères faicte au roy par les sieurs prince de

1567. Condé et admiral, qu'il n'estoit vray ce que leur disoit ledit Lebel,
et que lesditz sieurs n'estoient d'un si lasche courage qu'ilz voulussent rien attenter contre les édictz et le repos public. Et fut le pauvre
citoyen fort mal receu, et auquel on avoit volunté de faire une meschante récompense, n'eust esté ung aultre messager de Rozay en Brie,
qui sur l'heure apporta pareille nouvelle de la prinse dudit Rozay
par les séditieux huguenotz susditz, comme aussi d'ung aultre costé
arriva messager qui certiffia lesditz séditieux estre en armes jusques
au nombre de mille chevaux, pour aller assaillir leursdittes majestez.
Alors fut ledit Lebel de Monstereau bien receu et mieux voulu par
icelles majestez.

Ces nouvelles furent mises en conseil, pour sçavoir si le roy debvoit tenir bon ou s'enfuir. La mère royne, comme aussi le connestable, estoient d'avis que sa majesté ne hobast et qu'il les attendist.
Mais mons. de Nemours fut d'ung aultre advis et persuada au roy
de se saulver à Paris et non à Meaux[1], comme il pensoit, parce que,
comme il avoit entendu, ilz séditieux se vouloient prévaloir de laditte
ville de Meaux, la moytié des citoyens de laquelle estoient tous huguenotz, ès maisons desquelz s'en pouvoit estre caché grande multitude, lesquelz tascheroient à le livrer aux séditieux ennemys, ce qui
estoit et se trouva vray. Et sur ce conseil, monta le roy à cheval tout
sur l'heure et se meint à la fuitte à l'escorte de ses Suisses, qui pouvoient estre de deux à trois milles pour le plus, soustenus de quelques gens de cheval du train du roy et du connestable, accompagnez
du vicomte de Paumy et du capitaine La Rivière-Puistaillé, lesquelz
ne furent pas loing qu'ilz ne trouvassent les trouppes ennemyes sur
leurs talons et aux ailes, qui commencèrent à frapper sus, dont furent
contrainctz lesditz Suisses de tourner visage auxdits séditieux ennemys
et de se ranger contre eux en bataille pour les arrester, ce pendant
que le roy se saulvoit. Lequel, avec ses petites trouppes, eust eu fort
à faire davantage, si le pont de Trilbardon, qui est sur la rivière de

---

[1] Charles IX, au bruit du danger, s'é-   savoir si la cour resterait dans cette ville
tait retiré à Meaux. La question était de   ou se rendrait en toute hâte à Paris.

Marne, entre Meaux et Lagni, n'eust esté rompu par lesditz vicomte 1567.
de Paumy et capitaine La Rivière. Tant travailla le roy qu'il se rendit à Paris, bien lassé, sur les quatre heures après midi, n'ayant pas
encores desjusné, à l'ayde de mons. le duc d'Aumalle, de mons. le
mareschal de Vielleville et de quelques aultres, qui de Paris luy furent
au devant avec environ deux cens chevaux [1]. Les séditieux, ayans fally
à leur entreprinse de prendre le roy, allèrent cercher mons. le cardinal de Lorraine, qui estoit à Meaux, pour le massacrer; mais luy,
sçachant toutes leurs entreprinses, print la fuitte comme le roy, non
droict à Paris, mais droict à son archevesché de Reims, et, estant
poursuivy de fort près, à l'aide et vitesse d'ung genet d'Espagne sur
lequel estoit monté, se saulva dans la ville de Chasteau-Thierry,
dont bien luy print. Ilz séditieux conjurez, ayans fally à sa personne,
se récompensèrent sur son bagage, qui, avec sa vaisselle d'or et d'argent, fut par eux prins et enmené, qui luy fut une perte grande.

Ce faict, les condéiens séditieux s'allèrent saisir de la ville de
Lagny sur Marne, qu'ilz trouvèrent ouverte et à leur commandement
par les gens qu'ilz avoient dès la nuict envoyé dedans pour s'en prévaloir, comme ilz avoient faict de celles de Montereau et Rozay, et
par ce moyen furent maistres des trois rivières principalles nourrices
de la ville de Paris, ayant les passages libres pour aller et venir devant Paris à leur commandement. Les habitans de la ville de Meaux
se mirent en armes contre les huguenotz séditieux du grand marché,
qui faict moytié de leur ville, séparez l'ung de l'aultre par la rivière
de Marne, qui passe entre les deux, et firent si vaillamment qu'ilz
ne furent surprins ni saccagez.

Si tost qu'ilz séditieux condéiens eurent fally à prendre le roy, et
se voyans diffamez de ceste si audacieuse entreprinse, envoyèrent les
chefz de leur conjuration en poste de toutes partz surprendre villes
et chasteaux par la France, tant près que loing; Lanoë de Bretaigne
courut surprendre Orléans, le prince de Condé St-Denis en France,
l'admiral la ville de Poissi, et plusieurs aultres en Poitou, Anjou et

_____
[1] Voy. *Addit. aux mém. de Castelnau*, t. I, p. 202, et t. II, p. 495.

55.

1567. Daulphiné, Guyenne et Languedoc, comme aussi La Rochelle, La Charité-sur-Loyre, Sanxerre, Vézelay et aultres. Dans laquelle ville de Sᵗ-Denis firent leur retraicte lesditz conjurez condéiens, et là assemblèrent leurs forces françoises, qu'ils firent haster de toutes partz, pour assaillir la ville de Paris et le roy qui estoit dedans.

Ilz rebelles, après avoir saisi la ville de Montereau, ainsi que dessus est dict, laissèrent garnison dedans pour la garder et piller; et fut capitaine commis à cest effet Thibault Trumeau, surnommé *le Sauvage*, huguenot de la ville de Provins. Lequel, pour se bien acquitter de ceste charge, saccagea dès le lendemain de leur arrivée les églises de laditte ville et des fauxbourgs. Après les avoir pillées, les huguenotz ruynèrent tout ce qui estoit en icelles, tant ymages, autelz, chaises, menuyserie que les verrières, et en l'église de la ville plantèrent leur presche et prédicant. Ce fait, saccagèrent et vollèrent les maisons des chanoines et aultres prebstres, et par après les ruynèrent et abattirent rez-pied rez-terre jusques aux fondemens. Les ecclésiasticques s'estoient saulvez à la fuitte la première nuict de l'arrivée d'iceux huguenotz dans Montereau la part qu'ilz purent, pour cercher lieu de sûreté; mais ung bon viellart prebstre, réputé homme de bien, ou qu'il ne peust s'enfuir comme les aultres, ou qu'en fuyant il feust ratrappé par lesditz huguenotz, fut par eux cruellement mis à mort, sans avoir respect à son viel âge ni à sa bonne réputation, et n'en eussent moins faict aux aultres s'ilz les eussent sceu prendre, les biens desquelz furent entièrement perdus.

A la surprinse et saisie dudit Montereau, le jour de Sᵗ-Michel au soir, n'y estoit pas le sieur d'Andelot, colonel de l'infanterie françoyse, frère de l'admiral; car au lendemain, jour de samedy, il se présenta devant la porte de Bray pour entrer en la ville, accompagné pour tout d'environ trente chevaux. L'entrée de laquelle luy fut refusée par les gardes de laditte porte, qui avoient commencé le matin à faire guet, ayant dès la nuict de devant receu nouvelles de la surprinse dudit Montereau. Il d'Andelot, faisant bonne mine, disoit ignorer la prinse de Montereau, et ne demandoit que passage par laditte ville de

Bray, pour ceste fois. Aucuns pensèrent qu'il s'en fust saisy, à l'ayde 1567.
des huguenotz de la ville, qui n'estoient encores partis pour s'en aller
après les aultres. Se voyant refusé, passa à gué la rivière de Seine
au village de Jaulne, lez ledit Bray, et passant en la Brie, print son
chemin par les Ormes et de là à St-Loup, pour aller à Rozay après les
aultres, pensant trouver le roy prins prisonnier, vif ou mort. Il et ses
gens burent du vin au village des Ormes, sans descendre de dessus
leurs chevaux, qu'ilz demandèrent à ung tavernier, et, après avoir
beu, s'en allèrent sans le payer. L'auteur de ce livre passa par assez
près d'eux avec sa longue robbe, auquel toutesfois ne firent ne dirent
aucun excès en parolles ni aultrement. Il estoit l'heure de vespres, sur
les trois heures après midy. Il d'Andelot venoit de sa maison de Tanlay[1], qui est ès environs de St-Florentin.

Ce fut chose merveilleuse qu'ilz huguenotz, après avoir saisy la
ville de Montereau, n'envoyèrent partie de leurs gens pour se saisir
de celle de Provins, qui en rien ne sçavoit et ne se doubtoit de leurs
entreprinses, dans laquelle ilz eussent esté nuict et jour jusques au
samedy lendemain trois heures après midy, aussi facillement qu'en
leurs maisons, et dans laquelle aussi les attendoient les huguenotz de
laditte ville, pour faciliter et ayder l'entreprinse, s'ilz y fussent allez.
Lesquelz huguenotz, ayans ouy le bruict de la surprinse dudit Montereau, et que les habitans dudit Provins estoient en conseil pour
se saisir de leur ville, encores que le roy ne leur eust mandé de ce
faire, partirent par diverses portes les ungs après les aultres sans
sonner mot, ayant laissé leurs femmes et enfans pour aller au rendez-vous et à la meslée. Les noms de ceux qui partirent ce jour-là
furent : Nicolas et Claude Barengeon; Eustache d'Aulnay, conseiller

---

[1] M. Chaillou des Barres a donné, dans
l'Annuaire de l'Yonne, 1841, 3e partie,
p. 115, une notice étendue sur le château
de Tanlay, situé à deux lieues de Tonnerre.
Il le décrit tel qu'il fut arrangé par d'Andelot et par le cardinal de Châtillon, et
raconte les événements dont il fut le théâtre
au xvie siècle. «On montre encore, dit-il,
sur les collines au N. E. en avant du château, la vigne où se cachèrent, la pioche
à la main, l'amiral et d'Andelot déguisés
en paysans, lorsque, à la fin de 1568,
Tavannes fut chargé de s'emparer d'eux et
du prince de Condé.

1567. au présidial; Nic. de Ville; Richard Privé; Léon Godard, M. Boyer, Garnon, procureurs; les deux Gangnotz, drapiers; Macé, sergent; Gabo, paulmier; ...... sellier; Rayer, faiseur de gibbecières; Jehan Leblanc et deux fils de P. Leblanc; Nic. Doury; Royer, barbier; Domanchin; Pèze; Cl. Gannay, menuysier; deux frères Saulsoy; Maistrat; Adenet et quelque douzaine d'aultres, lesquelz, excepté lesditz Barengeons et Saulsoy le médecin, allèrent à Rozay, où estoit le rendez-vous.

Le sieur d'Esternay, avec vingt chevaux bien enharnachez et armez, se pensoit aller mettre dans la ville de Provins le samedy au matin, sur les dix heures, estimant qu'elle fust saisie par les rebelles, et en telle espérance chemina depuis sa maison de la Motte jusques sur le pavé des Bordes et entrée des vignes, où, là, trouva gens tant de la ville que des villages; qui, à cause du marché, entroient et sortoient librement en icelle; lesquels luy dirent qu'il n'y avoit personne qui les empeschast, et qu'en icelle n'y avoit autre bruict, sinon qu'on commençoit à parler de quelque broullis faict en la ville de Montereau. Ce qu'il ne vouloit croire, et à tant descendit avec ses gens jusques auprès de la porte, qu'ilz virent libre sans aucun empeschement, et ayant derechef entendu par aultres personnes qu'il n'y avoit aucune nouvelle audit Provins, n'y voulut entrer, mais tourna bride avec furie, et de grand despit qu'il eut s'arrachea une pongnée de sa barbe en disant, « Nos gens ont icy laissé eschapper une belle occasion qu'ilz ne retrouveront pas à leur ayse; » et, en disant ce, tournèrent droict à Chambenoist pour aller passer par le moulin des Forges et prendre le chemin à Rozay après les aultres. Véritablement, si lesdits rebelles eussent envoyé audit Provins pour s'en saisir, comme ilz en avoient le moyen au partir de Montereau, ils eussent fait un terrible butin des trésors des églises, tant des croix, calices d'or et d'argent que des reliquaires et meubles, comme aussi des biens des prebstres, qui estoient en grand nombre.

Les sieurs de St-Symon, de Besancourt, seigneurs de Chanteloue et Bauchery, de Patras, sr de Gymbrois, de Primsaut, de Lansoue,

de Villiers-St-Georges, du Buat, paroisse de Bannost, de Sapincourt, 1567.
parroisse de Boisdon, il faut entendre le père et les sieurs de Umbrée,
ne demeurèrent en leurs maisons, ains en diligence et bon équipage
allèrent à la meslée de leurs frères huguenotz et rebelles, telz qu'ilz
estoient. Toutesfois ne fut nouvelle qu'ilz attentassent contre la ville
de Provins, combien qu'ilz en fussent proches voisins, ni qu'ilz désirassent aucun trouble y advenir, comme faisoit ledit d'Esternay.

Les rebelles se fortifient à Saint-Denis; ils saccagent et pillent les églises de
cette ville, et celles de Poissy, de Pontoise et des villages environnants. De
tous les points de la France, les protestants capables de porter les armes, gentilshommes ou roturiers, arrivent à Saint-Denis, où se trouvent bientôt plus de
douze mille hommes, tant de pied que de cheval.

Les huguenotz de Lorraine et de Champaigne descendirent en
grande diligence de leurs pays (j'appelle Champaigne les pays de
Barrois, de Partois et Chaslon, pourceque ces pays sont entre la
Lorraine et la Champaigne), et passèrent, depuis qu'ils furent aux
champs, à si grandes journées que oncques en ce pays ne fut nouvelle
d'eux qu'ilz n'entrassent dedans le bourg de Chalaustré-la-Grande,
qu'ilz surprindrent sans que ceux de Chalaustre sceussent aucunement nouvelles de leur venue. Les premiers qui y entrèrent se saisirent des portes pour empescher lesditz de Chalaustre de s'en saisir,
affin que leurs gens y entrassent facilement et sans empeschement;
lesquelz furent aussi tost arrivez que l'on pourroit penser. Une partie
des premiers qui y entrèrent coururent de vitesse dedans l'église et
ès maisons des prebstres pour les saccager et voler, et entièrement
pillèrent tous les meubles de laditte église, tant bons que moindres.
Ilz rompirent toutes les ymages d'icelle, ensemble les fons à baptiser,
comme aussy le St cyboire, et le St sacrement de l'autel qui estoit
dedans fut par eux jetté à terre et foullé de leurs piedz.
Ilz prindrent prisonniers le curé, qui estoit ung moyne venu du
pays de Locoys, et ung prebstre dudit lieu, nommé messire Nicole
Houlier, natif du village de St-Martin-de-Chasnetron, ausquelz ilz

1567. firent moult d'insolence, et signamment audit curé. Les biens et
meubles desquelz furent par lesditz huguenotz entièrement prins et
ravis, et ne leur demeura que ce qu'ilz ne purent emporter, comme
les cendres du feu. Ledit curé fut par eux lié par les mains et mené
par les rues en sa pure chemise, sans aultres habillemens, comme
on mène ung chien en laisse, et, pour le mieux déshonorer, ce leur
sembloit, luy troussèrent le devant de sa chemise avec une espingle,
ayant du tout descouvert ses parties génitalles et honteuses, en le
battant de souffletz et coups de poing à oultrance, quand il ne cheminoit pas assez ou qu'il cheminoit trop fort à leur gré. Après l'avoir
bien pourmené, battu et injurié par les rues dudit Chalaustre, le
remenèrent en sa maison, et, sans le faire vestir d'autres habillemens,
le lyèrent à son banc ou aultre lieu, où il fut jusques à partie de
la nuict, qu'ilz s'estant tous enyvrez et endormis comme pourceaux,
par je ne sçai quel moyen se deslia, print la fuitte à Nogent-sur-Seine,
où il se saulva en la maison de quelques amys, qui le rhabillèrent de
leurs habillemens.

Le prebstre Houllier ne fut si honteusement ne si rudement gouverné quant à son corps, mais perdit tous ses meubles; et, pour
eschapper de leurs mains, à la diligence de son père, demourant audit
St-Martin-de-Chasnetron, qui employa les seigneurs de St-Symon et
de Besancourt, huguenotz, paya dix escus de rançon. Audit Chalaustre, y avoit ung homme nommé Me Pierre..... qui estoit huguenot, lequél s'employa pour la délivrance dudit Houlier, et pour faire
tout desplaisir audit curé.

Ce curé estoit fort mal voulu quasi de tous ses parroissiens et de
eux fort peu plainct. Il estoit plus expert à manier pistolles et harquebuses qu'il n'estoit à faire son estat de curé. Pour son insuffisance,
luy fut donné pour coadjuteur et vicaire messire Nicole Cuyssot,
prebstre natif de la parroisse dudit Chalaustre, homme expert et bien
versé en son estat. Il fut tout son temps vicaire dudit Chalaustre. Il
retira en sa maison ledit curé et le teinst quelque temps à pension,
dont scandale en advint; car ledit curé ayant tout honneur et son

âme en mespris, engrossit une jeune fille ou femme, niepce dudit 1567. Cuyssot, qui le servoit. De quoy moult fut dolent ledit Cuyssot et tous ses amys, lesquelz appréhendèrent ledit curé en justice, et luy firent sentir son enfant, et n'eust esté ledit Cuyssot, qui, en ce qu'il peut, empescha le murtre, ses aultres parens eussent tué ledit curé. Il demeura encores quelques années audit Chalaustre; mais, n'y pouvant vivre en paix et seureté, se retira, et oncques depuis n'y fut veu.

Les huguenotz susditz, ayant couché une nuict audit Chalaustre, en partirent sur les dix heures et entrèrent par les bois St-Martin dedans la grand' route de la forest de Sordun, et cheminant le long d'icelle, s'allèrent rendre au village de Goix[1], environ une heure après midy. Et furent les gens dudit village surprins, comme avoient esté ceux de Chalaustre, combien que N. Pille, prévost dudit Chalaustre, les eust faict advertir de l'allée desditz huguenotz en leur bourg, ce qu'ilz ne voulurent croire, jusques ad ce qu'ilz veissent entrer les fourriers et avant-coureurs parmi les rues; lesquelz, à la façon de chiens enragez, couroient çà et là pour cercher les gens d'église, pour les saccager et leurs maisons et église et pour les ruyner. Les gens d'église, par le moyen de l'advertissement dudit Pille, prévost de Chalaustre, se donnèrent garde de tomber en leurs mains; mais ne purent saulver leurs biens, et qui plus avoit chez soy de meubles et provisions perdit le plus. Messire Nicolle Chancenetz, surnommé Nicolle Robin, y perdit plus de 150 escus en meubles, comme linge, estain, bois, fagotz, blé, grain et vin, et ne demeura en son logis que les parois. L'église fut du tout saccagée, pillée et démolie par le dedans, les ornemens emportez, les livres déchirez, les ymages et verrières toutes rompues et brisées. Ung prebstre dudit village, nommé messire Jehan d'Argent, cuyda tomber en leurs mains, arrivans les avant-coureurs plus tost qu'il ne croyoit. Lequel, estant par les rues quand ils arrivèrent, n'ayant sa robbe avec soy, changea sa jacquette noire au saguereau, rochet ou borace de treslis du vacher, ses soulliers à ses

---

[1] Gouaix, Seine-et-Marne, arrondissement de Provins, canton de Bray-sur-Seine.

1567. sabotz, en prenant des mains dudit vacher son baston et cournet, et en cet estat contrefaisant le vacher, chassoit les vaches devant soy, faisant aussi bonne mine que cestuy qui ne cessa jamais de garder les vaches; et par ce moyen se saulva ès usages et praries dudit Goix.

Ilz huguenotz ne couchèrent pareillement que une nuict audit Goix, et au desloger allèrent passer la rivière de Voulsie au pont Benoist, au-dessoubz du bas de Sepveille, et, en passant par St-Loup, allèrent loger à la Croix-en-Brie. Ils pouvoient estre en nombre environ 1500. Tous les huguenotz guerriers et enrollez de Provins se trouvèrent là avec eux audit Goix. Quelques avant-coureurs desditz huguenotz allèrent piller et saccager l'église dudit St-Loup[1], mais peu y gangnèrent; car lesditz de St-Loup, ayant esté advertis qu'ilz huguenotz estoient audit Goix, cachèrent la châsse, ossemens, relicques et ornemens de M. saint Loup et de laditte église, et n'y trouvèrent les barbares voleurs que les ymages, qu'ilz rompirent en plusieurs pièces, excepté celle dudit saint Loup, à laquelle ilz ne touchèrent, de craincte qu'ilz eurent que Dieu ne permist qu'ilz fussent possédez visiblement du malin esprit et de tomber en mal caducque, en la sorte que sont ceux que le simple peuple dict estre malades de M. saint Loup. Et dist l'un d'iceux à son compagnon, parlant de l'ymage dudit saint Loup : « Ne veux-tu pas rompre ce grand ydolle? Le laisserons-nous derrière? » A quoy respondit l'autre : « Romps-le, si tu veux; quant à moy, je n'y veux toucher; car celuy qui est par luy représenté ne s'atache à la robbe ni au pourpoint, mais au corps. » Ces paroles dittes, n'y touchèrent, comme aussi ne firent nulz de la trouppe qui passa, encores que la pluspart entrassent dedans l'église, pour veoir s'il y avoit rien de quoy ilz pussent faire leur prouffit ou bailler contentement à la rage de leur meschant vouloir. Cest ymage demoura en son entier et en sa place jusques après la St-Martin d'hiver et au retour de la grande trouppe desditz

---

[1] Malgré les incendies et les dévastations qu'elle a souffertes, l'église de Saint-Loup-de-Naud, remarquable par son ordonnance, par la beauté de ses sculptures et par son ancienneté, est encore un monument des plus précieux. (Voyez notre Notice, dans la Bibliothèque de l'École des Chartes, t. II, p. 244.)

huguenotz revenant de St-Denys en ce pays icy, au retour desquelz eut la teste rompue seullement et avec grande difficulté.

Depuis Goix jusques à Lagni, plusieurs prebstres tombèrent ès mains sacriléges de ces infidelles chrestiens reniez et huguenotz, qui furent d'iceux fort mal traitez et tous rançonnez. Deux dudit bourg de la Croix-en-Brie furent surprins et enmenez, comme aussi fut maistre Jehan Morin, curé litigant de Amillis, où ilz logèrent au partir dudit bourg de la Croix; pour des mains desquelz eschapper, après avoir esté par eux outrageusement fouetté de verges et estri-vières, fut délivré à la prière et aux larmes de ses père et mère, qui tant de fois se jettèrent à genoux devant les bourreaux pour lui saulver la vie, moyennant quarante escuz qu'ilz donnèrent, et furent tous ses meubles perdus, qui montoient à la somme de plus de deux cens escuz, ainsi que depuis le me confessa. Voilà la piété de l'église réfor-mée, voilà la saincteté de vie des nouveaux réformez de l'église et évangille de Calvin!

Ilz huguenotz, tant les ungs que les aultres, n'en voulloient seul-lement aux prebstres, ains à toutes riches gens des villes et villages qu'ilz trouvoient par les champs et qui tomboient en leurs mains, comme en ont bien sceu porter tesmoinage deux riches marchans de Donnemarie en Montois, l'ung appellé Bordon ou Bourdault, et l'aultre Coulemier. Lesquelz, en ung mesme temps et au mois d'octobre de ceste présente année, furent prins par les brigans huguenotz de la garnison de Monstereau et y menez prisonniers, enfermez fort estroic-tément et encores plus barbarement, principallement ledit Bourdon ou Bourdault, lequel fut par eux mis en une fosse en ladite prison, dans laquelle y avoit de l'eau jusques à my-jambes. Il demeura dans cette fosse l'espace de quatre jours, tout droict sur ses deux piedz, n'ayant aucun moyen de se coucher ni asseoir, à cause de ladite eaue, et n'y avoit pour couverture au dessus de luy que ung trélis de fer faict à claire voye. Pour duquel lieu le tirer et le mettre à pied sec et quelque peu au large, cousta à sa femme vingt escuz, et pour sa pleine délivrance de ladite prison et sortir hors des mains de ces

1567. nouveaux religieux réformez, paya cinq cens escuz, ainsi que l'ay ouy révéler à laditte femme, laquelle ne pouvoit réciter la cruaulté tirannicque qu'ilz avoient faict à son mary sans plourer fondement; de quoy elle estoit plus marie que des cinq cens vint escuz qu'il leur avoit cousté pour le ravoir. Ledit Coulemier ne fut si barbarement et mahométicquement traité en son corps, mais en sa bourse paya pareille rançon que ledit Bourdault.

Les marchans de Montereau furent tous taxez à certaine somme d'argent, avant qu'ilz eussent liberté de sortir de la ville pour aller à leurs affaires, et furent chascun d'iceux prisonniers en leurs maisons, jusques à ce qu'ilz eussent payez les taxes auxquelles ilz furent cottez, les ungs plus, les aultres moins. Et pour le regard de Nicolas Lebel, celuy qui alla advertir le roy, n'y eut aultre taxe sur luy que de perdre tous ses meubles, qui furent, par lesditz chrestiens reniez, pillez, vendus et mangez. Lequel eust esté par eux plus cruellement martirisé, s'il eust esté en leurs mains, que oncques fut sainct de paradis après Jésus-Christ.

Aultant en faisoient les frères réformez huguenotz des garnisons de Rosay en Brie, de Lagni sur Marne, de St-Denys en France, de Pontoise, de Poissy et aultres lieux, aux riches marchans et laboureurs des villes et villages sur lesquelz ilz pouvoient mettre la main, et estoient lesditz riches gens en aussi grand hazard d'estre mal traictez par lesditz huguenotz qu'estoient les prebstres.

Depuis la St-Michel jusques après la my-décembre de ceste année, ne furent les prebstres ni les riches gens des villes et villages en sûreté de leur vie ni de leurs biens, et signamment les ecclésiasticques ès environs de Montereau et aultres villes saisies des séditieux huguenotz à plus de dix lieues loing, ni par les chemins non plus que dans leurs maisons; lesquelz, pour saulver leur vie, furent contrainctz de se habiller aultrement que leur estat ne debvoit, de peur d'estre cognus et prins prisonniers. Il n'y eut église de village, à cinq et six lieues de Montereau, où les nouveaux réformez ne jettassent leurs mains sacriléges pour la saccager et voller. Des chappes, chasubles,

tunicques et aultres ornemens de valeur, qui estoient de velours, satin 1567.
ou taffetas, les judas en faisoient faire des haults de chaulses, des
pourpoinctz et des mandilles; des nappes et aultre linge, en faisoient
des chemises et mouchoirs; les aultres ornemens qui n'estoient de
valeur, les deschiroient, brusloient et mettoient en plusieurs pièces;
des croix et calices d'or et d'argent, falloit qu'ilz en tinssent compte
aux commissaires, sous peine d'estre déclarez larrons au dommage
de la cause. Mais toutesfois, les fins qui s'escartoient plus loing ne
tinrent compte desdites croix et calices d'or et d'argent, mais par
après les sceurent bien mettre en billon, pour les vendre au poids à
l'once et au marc. Qui eurent fort à souffrir durant ces troubles,
après les prebstres, furent les marguilliers des paroisses, ausquelz
s'adressoient les voleurs huguenotz pour se faire livrer lesditz calices,
croix et meubles des églises; et à ce faire les contraignoient par tourmens et martire, et mesmement par les menaces de mettre le feu en
leurs maisons, pour les brusler et leurs biens.

Quelques jours avant la feste de Toussainctz, partirent quelque
huict huguenotz sacriléges et meurtriers dudit Montereau, lesquelz,
environ les dix à unze heures de nuict, se rendirent au village de
Charlemaison, à deux lieues de Provins, et s'adressèrent au marguillier
de l'église de ce lieu, auquel tant firent de mal et menaces, qu'il fut
contrainct de leur enseigner les clefs de laditte église, et les calices,
croix et couppes d'icelle, qu'ilz sacriléges ravirent et emportèrent; et
non contens de ce, ni de l'outrage qu'ilz firent audit marguillier,
chargèrent quant et quant un viel prebstre de la parroisse, qui servoit de prebstre soubz le curé-prieur, et l'enmenèrent jusques auprès
du moulin de Chetinot, assez près du Moulin-d'Ocle, et l'interrogè-
rent si les cognoissoit poinct. Qui, pour tascher à eschapper de leurs
mains, leur dist que ouy, et qu'ilz estoient telz et telz de Provins;
lesquelz, indignez de cette response, frappèrent sur luy à grands
coups, et le laissèrent comme mort en la place. Il vescut depuis quelque quinze jours pour le plus, et mourut audit Provins en la maison
d'ung barbier, qui le pansoit. Il s'apelloit messire Jehan Peslos, âgé de

1567. 70 ou 12 ans, homme fort secourable à ung chascun de ce qu'il pouvoit faire, et bien voulu des parroissiens. Ce pillage fut estimé plus de cent escuz. Garnon de Provins eut la renommée de l'avoir tué, accompagné de Nicolas de Ville, Thibault Trumeau, Nicolas Doury, barbier, et quelques autres.

Les protestants assemblés à Saint-Denis font des courses jusqu'aux portes de Paris, empêchent les vivres d'entrer par terre et par eau dans cette ville, et brûlent plusieurs moulins à vent élevés aux environs des faubourgs Saint-Denis et Saint-Honoré et de la porte Saint-Martin.

Ilz se pensèrent prévaloir et saisir du pont St-Clou, à deux lieues au-dessoubz de Paris, qui est sur la rivière de Seine, pour passer à Dreux et en la Normandie; mais en furent empeschez par la garnison des gens de guerre et des habitans dudit St-Clou. Duquel pont et passage estant frustrez, se saisirent d'ung chasteau ou forte maison qui est assez près, non par force, mais par violence de leur foy, ainsi qu'il s'ensuit. Le fermier qui se tenoit audit chasteau ou maison forte, craignant d'estre prins d'assault par lesditz huguenotz, et de perdre sa vie et son bien, se présenta à mons. le prince de Condé, qui luy donna une saulve-garde, avec une douzaine de soldatz de sa faction pour garder ledit chasteau, jurant audit bon homme qu'ilz ne luy feroient nul tort, ains que c'estoit pour empescher que aultres n'y entrassent pour le piller. Ces soldatz, entrez avec la saulvegarde condeyenne audit chasteau, ostèrent les clefz audit fermier, le tindrent prisonnier et ses gens, donnant ouverture à tous huguenotz, qui léans se mirent en garnison, mangèrent et pillèrent tous les meubles et tindrent les chemins et rivière, depuis ledit St-Clou jusques à Paris, en plus grande subjection que s'ilz eussent esté dedans ledit bourg et passage de St-Clou. Ilz huguenotz, ayans par les villes et passages de Poissi et St-Germain-en-Laye passé la rivière de Seine, allèrent attenter de se saisir de plusieurs chasteaux et bourgades du costé de la Beauce, comme de Dourdan, d'Anet et aultres lieux; plusieurs desquelz furent par eux occupez et garnisons mises dedans.

Ilz, contre la volunté du roy et des Parisiens, se saisirent du pont 1567. de Charenton, qui est à deux lieues de Paris en tirant à Troye en Champagne, en chassèrent la garnison que le roy avoit mise dedans, et s'en firent maistres, pour empescher les vivres qui descendoient par les rivières d'Estampes et de la Ferté-Alex; et ne fut plus possible aux catholicques d'aller de Troyes et de Provins audit Paris à pied, cheval ni charroy par ledit pont de Charenton, qui est le passage commung et le plus droict, ains convint aller passer à Melun et Corbeil.

Pour lesquelz faire desplacer et quiter ledit pont de Charenton, fallut que le roy et les Parisiens dressassent ung petit camp avec grosse artillerie pour les aller battre; ce que bien sçachans lesditz huguenotz, n'atendirent qu'on les forçast de le quitter, ains d'eux-mesmes l'habandonnèrent, après avoir rompu et démoly les grosses tours de pierre qui estoient sur les pontz de la rivière de Marne, bruslé les moulins et jetté les pontz et arches par terre en laditte rivière, qui fut ung dommage fort grand.

Charles IX s'efforce d'éviter la guerre. Des négociations sont entamées en son nom avec les chefs protestants. Le chancelier de l'Hôpital, avec MM. de Morvilliers, de Vieilleville, etc. se rend deux fois, dans les premiers jours d'octobre, auprès du prince de Condé, pour arrêter les bases d'un accommodement. Les conditions des rebelles, qui demandaient la liberté de conscience, sans distinction de lieux ni de personnes; l'égale admission des réformés et des catholicques aux emplois; la réduction des impôts; la convocation des états-généraux, ayant paru exorbitantes, le roi fait sommer les chefs protestants de venir le trouver sans armes et lui rendre obéissance, ou de déclarer s'ils entendent approuver la rébellion. Les chefs mentionnés dans la sommation, en date du 7 octobre 1567, sont : le prince de Condé, le cardinal de Chastillon, l'amiral de Coligny, d'Andelot, la Rochefoucault, Génlis, Clermont d'Amboise, de Saux, de Boucart, de Boucavanes, de Piquigny, de Lysi, de Mouy, de Saint-Phale, d'Esternay, comte de Mongomery et vidame de Chartres. Les protestants, alors, bornent leurs prétentions à ce qui concerne la religion et la sûreté des personnes; mais les négociations reprises avec le connétable de Montmorency restent sans résultat, et Charles IX se prépare à la guerre, en rassemblant des soldats et en ordonnant aux villes de son obéissance de s'armer pour leur défense

1567.   Après que les villes d'obéyssance eurent prins les armes pour se
garder de la surprinse des huguenotz, esleurent ou leur furent bail-
lez gentilshommes catholicques et fidelles au roy, pour estre capitaines et gouverneurs d'icelles pour S. M. Les habitans ne laissèrent
d'eslire hommes d'entre eux pour estre capitaines des quartiers et
portes, qui avoient commandement pour les contraindre de faire le
guét: Toutesfois, lesditz capitaines ne pouvoient rien entreprendre
sans le sceu et volunté du capitaine général, lieutenant pour le roy,
qui y avoit esté ordonné par S. M.

Les habitans de Provins esleurent M. de Lours, gentilhomme catholicque demourant à deux petites lieues, lequel accepta la charge
et se transporta audit Provins pour y faire le service du roy et des
habitans, ayant prins pour son lieutenant M. de la Barge, de Molin-
d'Ocle, parroisse des Ormes, homme bien catholicque et religieux.
Il de Lours assembla une compagnie de trois cens hommes, composée de chefz et de soldatz telz qu'il les put trouver, partie de gens
d'église, partie d'artisans de ville et de villages. Ilz furent nourris et
payez aux despens de la ville, et logez par bulletins ès maisons des
habitans. Il feit remparer les lieux les plus foibles qu'il luy sembloit
estre sur les murailles, et distribua sa compagnie pour faire le service ès quatre portes principalles, et aller avec les habitans au guet
nuict et jour. Lesditz soldatz estoient si mal aguerris et équippez, que
les habitans n'en faisoient conte.

Mons. de Barbesieux, lieutenant de mons. de Guise au gouvernement de Champagne et Brie, demoura à Troye pour la garde de la
ville. — Mons. de Villegangnon, Me Nicole Durant, natif de Provins,
chevalier de Malthe, fut gouverneur de la ville de Sens et capitaine
pour le roy. — Mons. de Villers aux Corneilles fut gouverneur et capitaine de la ville de Sézanne, de laquelle il estoit bailly. — Mons. de
Gombault fut capitaine et lieutenant pour le roy dans la ville de Bray
sur Seine, où il fut taxé de s'estre porté mal à la nécessité. — Il n'y
eut dans la ville de Nogent capitaines aultres que ceux de la ville, et
n'y eut personne qui y commandast pour le roy, dont mal leur advint.

Nous avons dict que la compagnie de mons. de Lours estoit composée de prebstres, comme aussi de gens d'aultre estat. Ce advint
pour le ban que le roy feit faire en ce pays icy et par son royaume,
que tous gens d'église, de quelque religion et monastère qu'ilz fussent, qui vouldroient aller à la guerre et porter les armes contre
les huguenotz pour la deffense de la religion catholicque romaine,
pour son service et du royaume, qu'ilz y fussent admis, ne voulant
pour cela qu'ilz encourussent le vice d'irrégularité, ne que rien leur
en fust reproché, et que de ce faire en avoit obtenu la licence du
St Père le pape de Rome. Qui fut la cause que plusieurs prebstres,
moynes et religieux de différens monastères, tant rentez que mendians, quittèrent le brevière et l'habit, s'enrollèrent soubz des capitaines, et s'en allèrent à la guerre. Il n'y alla que les plus jeunes et
les plus éventez, moins dévostz et aymans leur religion, comme aussi
des prebstres séculiers.

Avec M. de Lours, capitaine et lieutenant général pour le roy à
Provins, estoient encore quatre capitaines, citoyens dudit Provins,
esleuz et choisis par les habitans : Nicolas Thomassin, marchant,
pour la porte et quartier de St-Jehan; Nic. de Villers, aussi marchant,
pour la porte et quartier de Jouy; Me Jehan Retel, advocat, pour la
porte et quartier de Changy; et Me Claude Thibault, conseiller du
roy au siége présidial, pour la porte et quartier de Culoyson, hommes
bien estimez pour vraiz citoyens loyaux et fidelles, comme aussi catholicques et bien affectionnez au roy et à leur ville et patrie, combien
toutesfois que plusieurs eussent doubte et oppinion contraire dudit
Retel. Pour duquel entretenir le mauvais soubçon, advint ung scandalle tel qu'il s'ensuit. Ung jour que les nouvelles de l'augmentation des
troubles s'avançoient en ce pays de Brie, et que les infidelles huguenotz
levoient le siége de devant St-Denis, les citoyens de Provins et leur
capitaine général se donnèrent garde de leurs affaires, et par plusieurs
heures de la nuict firent ronde sur les murailles, pour veoir quel debvoir faisoient les sentinelles et corps de garde des portes et murailles,
et signamment ceux du quartier dudit capitaine Retel, d'aultant qu'ès

1567. années passées, comme aussi en ceste présente, il avoit esté veu
plus huguenot que catholicque. Estans ceux qui faisoient la ronde au-
dessoubz de la porte de Changy, s'avisèrent de toucher à la serrure,
pour sçavoir si elle estoit fermée à clef; lesquelz trouvèrent que non.
Laditte porte ouverte, passèrent au pont-levis, que pareillement trouvèrent n'estre fermé à la clef, dont advint grand murmure. Le guet
fut renforcé soubz laditte porte, pour la garde d'icelle, comme aussi
du pont-levis, avec commandement aux sentinelles posées sur les murailles de faire bon guet, affin de descouvrir ce qui pouvoit advenir
de maulvais. Toutesfois cette nuict n'advint aucune embusche. Au
lendemain matin, reproches furent faictz audit capitaine de ceste
faulte, lequel, superbe qu'il estoit, voulut maintenir les avoir luy-
mesme fermez à clefz, et ne voulut croire qu'ilz fussent ouvertz, jusques à ce qu'il veit de quoy. Qui, pour la deffense de son honneur,
en soustenant les avoir fermez, accusa le corps de garde qu'il avoit
posé sur laditte porte de les avoir ouverts, ou bien de n'avoir faict
bon guet pour descouvrir ceux de la ville qui les avoient ouvertz.
Toutesfois, cela se passa, d'aultant que, tant de par luy que de par
sa femme, il estoit des plus apparens de la ville. Il fut tenu propos
de le déposer de sa charge sur l'heure; mais fut résolu qu'il continueroit, de peur qu'estant déposé, plus facilement, en vengence du
déshonneur qu'il en eust receu, il n'eust praticqué avec les ennemys
pour les mettre dedans la ville.

Qui causa l'entretien de la maulvaise oppinion conceue dudit Retel
fut la prinse de trois jeunes garçons du village de la Motte de Tilly,
lez Nogent-sur-Seine, qui, retournans en leurs maisons du camp
huguenot de St-Denis, où les avoit mené le sieur d'Esternay, furent
arrestez et prins prisonniers par les gardes de la porte de St-Jehan,
l'ung desquelz estoit filz à un honeste homme dudit village de la
Motte, nommé Quinet Grand-Pierre, non huguenot, et estoit appellé en commung vulgaire Mion. Lesquelz, estant trouvez surprins
en leur langage, et saisis de quelque petit meuble de gens de village,
furent conduictz ès prisons du roy, comme espions et explorateurs

de trahison, pour faire tort à la ville de Provins. Cela advint le jour ou lendemain que laditte porte fut trouvée ouverte ou non fermée à clef; et toutesfois, selon ce que je cognus du faict, ledit Retel ne sçavoit rien de l'arrivée desditz garçons, ni eux de luy. En les arrestant prisonniers, fut enquis s'ilz cognoissoient personne en la ville de Provins; respondirent que non, excepté ledit Mion, qui dist seullement y cognoistre ung prebstre nommé Mᵉ Claude Haton, duquel il estoit parent. Ores, n'estoit ledit Haton audit Provins, qui occasiona de les mettre en prison bien estroictement et séparément l'ung d'avec l'aultre. Contre lesquelz le seigneur de Lours, capitaine général, commença à procéder criminellement, et après les avoir interrogez et trouvez fermes en leurs parolles, se résolut de leur bailler la gehanne, pour leur faire recognoistre l'estat des huguenotz, de leur camp et de leurs desseings. Le jour qu'on les vouloit gehanner, arriva audit Provins ledit Haton, duquel ilz s'estoient réclamé, et qui, après en avoir entendu nouvelles, se transporta en la prison pour les veoir et parler à eux. Auquel ilz discoururent entièrement la vérité de leur faict et la cause de leur retour du camp huguenot, et après avoir le tout entendu, le déféra audit sieur de Lours et au sieur de la Barge, son lieutenant, desquelz il estoit bien cognu et familier serviteur. Ceuxci, ayant ouy le tout et faict foy au rapport dudit Haton, qui se porta fort pour eux, ne les firent gehanner ni davantage détenir, ains les renvoyèrent la part que bon leur sembla. Ledit Haton estoit natif du village de Meel sur Seine, à deux lieues de Provins, comme aussi estoit la mère dudit Myon, sa cousinne germaine.

Sur les menées et entremises ci-dessus dittes, les gouverneurs de la ville de Provins, qui estoient les procureur, eschevins et capitaines des quartiers susditz, s'assemblèrent au logis dudit sieur de Lours, qui estoit logé en la rue aux Aulx, ès maisons qui furent à feu Nicolle Janvier, advocat du roy à Provins, pour adviser à tout ce qui estoit utile et nécessaire pour la garde de la ville. Et en ceste assemblée fut proposé comment l'on se devoit comporter envers aucuns citoyens que l'on savoit estre huguenotz secretz et qui estoient lors en laditte ville.

1567. Tels estoient : M⁽ᵉ⁾ Jehan Alleaume, bally; M⁽ᵉ⁾ Jehan de Ville, procureur du roy, les deux principaux pilliers de la ville, et encores quelques aultres qui calloient la voille, en attendant l'yssue de ceste guerre, pour se déclarer d'ung party ou de l'aultre. Girard Janvier, le plus riche bourgeois de laditte ville, n'estoit en moindre suspicion que lesditz bally et procureur du roy, lequel, si tost qu'il sceust la surprinse de la ville de Montereau et le renouvellement des troubles, alla chascun jour à la messe en sa parroisse de S⁽ᵗ⁾-Pierre ou aux Jacobins, à laquelle il n'avoit esté, pour bon jour qu'il feust, il y avoit plus de quatre ans. Contre lesquelz la ville avoit doubte de mesfiance, et qu'ilz ne s'entendissent avec l'ennemy, pour, avec trahison, par surprinse le mettre dedans la ville. Ce doubte mis en conseil, fut à la fin résolu que lesditz capitaines iroient visiter les maisons des suspectz, pour veoir les armes qui estoient dedans et combien de famille il y avoit en chascune; le tout mettre par rolle et inventaire, et les désarmer, en emportant icelles armes hors de leurs maisons, affin qu'ilz n'en pussent ayder à personne. Et pour prendre meilleure occasion de ce faire, fut conclud que l'on visiteroit toutes les maisons de la ville, tant catholicques que huguenottes.

Cette résolution prinse, fut appellé à ceste assemblée ledit bally de Provins, pour l'ouyr parler et avoir sur ce son advis. Auquel ledit sieur de Lours fort dextrement feit entendre le soubçon et la maulvaise oppinion que le vulge commung de Provins avoit de luy et de quelques aultres touchant le faict de la religion, et que pour ce la ville de Provins n'estoit exempte de suspicion de quelques intelligences de eux avec les ennemys; pour à quoy obvier estoit faicte ceste assemblée, à laquelle on l'avoit voulu appeller, pour le prier d'estre fidelle au roy, à sa ville et à la patrie, ce qu'on croioit bien qu'il estoit et vouloit estre, et quant et quant d'assister aux affaires publicques de laditte ville, comme le principal chef d'icelle, en luy promettant que de lors en avant nulle assemblée ne se feroit qu'il n'y fust le premier appellé pour en donner son advis. Il bally, après avoir paciemment escouté ledit capitaine général, respondit que véritablement il savoit

bien qu'il estoit suspect à toute la ville de Provins touchant le faict
de la religion catholicque, à cause que, en vertu des mandemens du
roy à luy adressez, il avoit installé les prédicans ès villes de Sézanne
et de Provins et érigé leurs presches ès lieux où ils estoient exer-
cez, et que aussi il avoit fréquenté et faict faveur aux gentilshommes
et aultres huguenotz de Provins et des environs; mais que toutesfois, malgré cela et l'intermise qu'il avoit faict de ne fréquenter fort
souvent les catholicques ès églises pour ouyr le service divin, il n'estoit aultre que catholicque et n'avoit esté; que avec les ennemys n'a-
voit aucune convenance et ne vouloit avoir au domage de sa ville,
pour la deffense de laquelle contre l'ennemy huguenot vouloit exposer corps, vie et biens, comme l'expérience en feroit preuve, s'il
advenoit qu'ilz fussent par luy assaillis; déclarant le nombre des
armes qui estoient en sa maison, lesquelles il abandonna pour le
service de la ville, permettant aux capitaines, procureur et eschevins
de se transporter en sa maison pour la visiter, et mesme de les transporter hors d'icelle, en cas qu'ilz ne levassent la mesfiance qu'ilz pouvoient prendre de luy. Toutes ces raisons dictes, fut ledit bally tenu
pour fidelle serviteur du roy et bon citoyen, admis à toutes affaires
publicques et le premier avec ledit seigneur de Lours au gouvernement de la républicque de la ville.

Le procureur du roy de Ville ne fut appellé à ceste assemblée,
pour ce qu'il estoit en plus maulvaise réputation que ledit bally, à
cause de son déportement de la religion catholicque, et de l'absence
de son filz, qui estoit avec les huguenotz assemblez à St-Denis. Les
capitaines entrèrent en sa maison, qu'ilz visitèrent avec ses armes, et
les mirent par inventaire. De quoy se trouva fort scandalisé, usant de
menaces assez suffisantes pour le massacrer s'il eust eu à faire à gens
mutins. Pour passer sa colère, sortit ce mesme jour hors de Provins
de sa bonne volunté, sans aucun commandement; mais ne luy fut
permis d'y rentrer à son retour quand il se présenta à la porte, l'entrée de laquelle luy fut refusée par les gardes, selon le commandement qui leur en estoit faict, et fallut qu'il s'en retournast la part

1567. qu'il voulut. Il ne fut faict aucun tort aux biens de sa maison de Provins, pour l'honneur que chascun portoit à sa femme, qui estoit des
plus catholicqués et fidelles qui fussent dans la ville. Ung certain jour
après, sçachant que ses parens et meilleurs amys estoient de garde à
la porte St-Jehan, se présenta pour entrer en la ville et en sa maison,
ce qu'ilz luy permirent, contre la volunté du capitaine. Il n'eut si tost
gangné sa maison, que la turbe pruvinoise commençoit à se mutiner
pour son retour; ce qui fut déféré au capitaine Thomassin, lequel,
pour obvier à sédition, luy alla faire commandement de sortir hors
de la ville, s'il n'aymoit mieux estre saccagé et sa maison pillée et
entièrement ruynée, ce qu'il refusoit de faire, s'il n'eust veu jà le
peuple s'assembler devant sa maison. Il s'en retourna à grand regret
et avec grandes menaces, qui pensèrent engendrer une sédition, si la
prudence dudit capitaine Thomassin n'y eust empesché. Du depuis,
il n'atenta de rentrer jusques après les camps passez par ce pays, et
fut suspens de son office de procureur du roy, suyvant l'édict de
S. M. Pour y rentrer, devant les troubles passez, obtint lettres de
sadite majesté, sur une je ne sçai quelle attestation qu'il feit par tesmoings apostez, gens de toutes qualitez, pardevant deux notaires,
aussi atiltrez à sa dévotion, lesquelz attestèrent ne l'avoir jamais
cognu aultre que catholicque, l'ayant veu avec les catholicques ès
églises tant de Provins que Paris et aultres lieux, durant la messe
et le divin service; et tel en déposa qui ne l'avoit veu à la messe ni
en église quelconque il y avoit plus de dix ans. Et, par ce moyen,
rentra en son estat de procureur du roy, avec lettres qu'il feit enthériner à ung jour de plaictz du bally et siége présidial.

Le roy, par un édict faict depuis la réprinse des armes de ces
présens troubles, avoit suspendus tous officiers huguenotz de son
royaume, et déclaré tous actes par eux faictz de nulle valeur, depuis
ladite reprinse des armes, et leurs offices et estatz donnez en garde
à aultres catholicques. L'estat de garde des sceaux que tenoit Nicolas
de Ville, filz du procureur du roy, fut donné en garde à Me Noël
Branchu, advocat audit Provins.

Il fault icy réciter une alarme que les gens du guet de Provins 1567.
donnèrent une nuict aux citadins de leur ville, pour n'avoir bien
remerqué et recognu toutes choses qui estoient aux environs. Or fut-il
que une dizaine d'hommes, estans posez sur la tournelle de l'Arche
Fendue, qui est la fin du quartier de la porte de Changy, le dixenier,
qui estoit Estienne Barrier, gendre de Adrian Leblanc, voulant faire
debvoir de bon soldat, posa sentinelles sur les murailles, lesquelles
souvent il visitoit et les rafreschissoit pour les empescher de dormir. A certaine heure de la nuict, faisant cest office, jetta son regard
droict au prieuré de Chambenoist, qui est au dessoubs le village de
St-Michel de Pongnis; il apperceut une lanterne ou fallot allumé ès
environs dudit Chambenoist, ou bien une lumière allumée dedans
le moulin à tan ou à foullon, la lueur de laquelle luy feit représenter
à ses yeulx tous les arbres de saux ou aultres qui estoient depuis les
murailles dudit Provins jusques ausditz moulins et quasi aultant par
delà; lesquels arbres et saux il jugea estre des hommes, et de frayeur
qu'il eut, sans avoir bien remercqué, commença à crier : A l'arme!
à l'arme! et quant envoya dans la ville (sans prendre advis de ses
soldatz) aux capitaines, pour faire sonner l'alarme au son du tambour.
Le capitaine Retel, ayant receu ceste nouvelle de la part dudit Barrier, estimant qu'il Barrier feust plus expert et mieux asseuré en tel
cas qu'il n'estoit, alla au tambour et feit sonner l'alarme par les rues,
au son duquel furent incontinent sur pied les habitans. Le seigneur
de Lours, capitaine général, ne fut plus tost adverty de ce faict qu'il
ouyt l'alarme sonner par les rues, et se trouva aussi estonné que les
habitans, pensant jà estre prins. Cependant, la lanterne ou lumière
que l'on avoit apperceu, ainsi que dessus est dict, s'estoit absconcée, et
n'en voyoit-on plus la clarté; parmy les ténèbres de la nuict, estoient
apperceuz les saux et arbres que l'on avoit jugé estre des hommes.
Les premiers qui abordèrent à l'Arche-Fendue reconnurent les saux
de la prairie là où le dixenier Barrier disoit estre les ennemys, et
fut donné congé à chascun de s'en retourner en sa maison.

Plaisanteries des dames de Provins à propos de cette affaire.

1567.   Il nous fault retourner à Paris et à Sᵗ-Denis en France, où s'amassoient les deux armées, lesquelles furent quasi aussi tost aprestées
l'une que l'aultre, combien qu'il fault confesser toutesfois que les rebelles huguenotz condéyens furent plus tost en armes pour ravager
le pays parisien que le roy n'eust amassé des forces pour leur résister, lesquelles entrèrent avec toute difficulté dedans la ville de Paris,
pour le passage des chemins qui leur estoient empeschez. Lesditz
rebelles eurent le loysir de cinq à six sepmaines de tout ravager,
piller, ravir et voller ès environs de Paris et de tenir la ville en subjection telle qu'ilz cuydèrent l'affamer avant qu'on osast entreprendre
de les combattre. Ilz estoient si audacieux, que les gens et bestial
qu'ilz ravissoient ès environs dudit Paris, pour les mener en leur
camp, ilz les passoient pardevant les portes et murailles dudit Paris
à la portée d'une harquebuse à crocq, pour despiter les gardes pari-
siennes.

Le roy, après s'estre submis à tous debvoirs plus que à un roy
n'appartient envers son vassal, pour pacifier ce tumulte et rebelle
entreprinse huguenoticque, volut adviser à faire par armes ce qu'il
n'avoit sceu faire par amytié. Lequel, pour se délivrer et le monde
parisien de ceste vermine et Locuste plus que saulvage, après avoir
amassé le nombre de dix-huict mille hommes, tant de pied que de
cheval, composez tant de ses gens d'ordonnance que de peuple parisien, volut donner le combat et ordonna M. le connestable Anne de
Montmorency son lieutenant général, pour conduire son armée catholicque, qui estoit campée ès fauxbourgs Sᵗ-Denis et quelque peu
avant, au lieu dit la Chapelle, qui est une petite église sur le chemin,
distante dudit fauxbourg ung quart de lieue. Elle avoit en teste et
à sa veue l'armée huguenoticque, qui estoit campée hors de la ville
Sᵗ-Denis, au lieu où maintenant on tient la foyre du Lendit, qui
povoit estre de douze mille hommes et plus.

De descrire icy les escarmouches qui se donnoient par chascun
jour les ungs sur les aultres, comme aussi celles qui attacquoient la
bataille, je ne puis, pour ce que je n'y estois pas; mais bien ai sceu

que l'armée huguenotte estoit campée à l'advantage, ayant la rivière 1567.
de Seine à dos, la ville de St-Denis à costé, et le village de Auber-
villiers en teste. Toutesfois, n'avoient intention de combattre pour
ce jour-là (10 novembre), si la honte ne les y eust converty, car
estoient desmembrez les ungs d'avec les aultres; le sieur d'Andelot
estoit allé à Poissi, pour composer avec les habitans, qui avec luy
avoit mené grand nombre de gens de pied et de cheval, qui estoient
quasi toute la fleur de leur camp, pour faciliter le passage aux troupes
huguenottes de Languedoc, de Provence et de Poitou, qui leur
venoient en secours. Ce que bien sceut M. le connestable, qui ne
voulut laisser perdre ceste occasion[1]; lequel toutesfois fut quelquement blasmé, de ceux possible qui ne cognoissent rien en faict
de guerre, d'avoir combatu ce jour-là, sans avoir eu la patience d'attendre les forces du roy entières, qui luy estoient proches de toutes
partz et prestes d'arriver au camp catholicque, et entre aultres 1,200
chevaliers bien armez et montez et 2,000 hommes de pied, tous
Flamens, Bourguignons et Espagnolz, que le duc d'Albe, lieutenant
pour le roy d'Espaigne ès pays de Flandre, envoyoit à nostre roy,
par le commandement du sien, soubz la conduitte du comte d'Aren-
berg, lesquelz n'estoient qu'à une journée loing du camp catholicque
de France.

Ceste bataille de St-Denis fut assez rudement attacquée de part et
d'aultre, qui fût cause de donner une trop grande craincte à plusieurs
fuyartz catholicques, lesquelz, ayant tout honneur en mespris, quittèrent leur lieutenant général et les princes pour rebourser chemin
droict à Paris, à l'espreuve de leurs chevaux. En ceste bataille finist
ses jours M. le connestable de France Anne de Mommorency, ayant
receu ung coup de coutelas au visage et une pistolade dedans les
reins, que luy donna ung huguenot escossois, nommé Stuart, qui

---

[1] Sur la bataille de Saint-Denis, voyez
d'Aubigné, *Histoire universelle*, l. IV, t. I,
p. 214; — de Thou, *Hist. univ.* l. XLII;
— Castelnau, *Mémoires*, l. IV, c. v-vii, et
Addit. aux Mémoires, t. II, l. VI, p. 498;
— *Journal de Brulart*, p. 170-184; —
Mém. de Lanoue (collect. Michaud, t. IX,
1re série, p. 614), etc.

1567. autresfois avoit esté archer de la garde du feu roy Henry IIme. Il ne
mourut pas en la place, mais fut remporté dans la ville de Paris, où
il mourut en moings de deux jours après[1].

La mort dudit connestable fut plaincte de peu de gens du party
des catholicques, à cause de la huguenotterie de l'admiral, du card.
de Chastillon et d'Andelot, ses nepveux, qui estoient, après le prince
de Condé, chefz des rebelles huguenotz françoys et des plus meschans; et avoient plusieurs personnes ceste oppinion dudit connestable qu'il les eust bien retirez de ceste rébellion s'il eust voulu,
attendu que tous avoient esté avancez en leurs estatz par le feu roy
Henry, par son moyen. Il fut plainct aucunement par quelques gens
de guerre et aucuns gentilshommes, pour le crédit qu'ilz perdoient
par sa mort.

Plusieurs personnes aveuglez et non cler-voyans en toutes affaires
parlèrent de sa mort à son déshonneur, disans qu'il ne fut tué à laditte bataille par ledit Stuart, ains par ung guerrier de la part du roy
et des catholicques que l'on ne voulut nommer, et luy fut donné le
coup d'aultant qu'on le veit qu'il s'enfermoit dedans le bataillon du
prince de Condé et de l'admiral son nepveu, pour se rendre prisonnier entre leurs mains, comme telle avoit jà esté sa coustume en
deux batailles, à la bataille de St-Laurent contre l'empereur Charles
le Quint, en l'an 1557, et à la bataille de Dreux contre les mesmes
rebelles huguenotz, en l'an 1562. Aultres l'ont voulu excuser et dire
qu'il fut véritablement tué par ledit Stuard[2], faulte de se faire à cog-

---

[1] Le connétable Anne de Montmorency
mourut deux jours après la bataille de
Saint-Denis, le 12 novembre 1567. Il était
âgé de près de soixante et quinze ans. (Voy.
sa vie dans Brantôme.)

[2] Voici ce que j'ai pu recueillir sur ce
personnage. Parmi les historiens qui l'ont
mentionné, les uns l'appellent Jacques, les
autres Robert; ce dernier nom paraît le véritable, c'est celui qu'attribuent à Stuart

François II, dans une lettre au connétable de Montmorency du 25 février 1559
(1560), et de Thou, dans son Histoire universelle. Vieilleville et d'Aubigné ne lui
donnent pas de prénom; mais d'Aubigné
le dit *parent de la royne d'Escosse.* Robert
Stuart, selon plusieurs récits, fit partie de
la garde des archers écossais sous Henri II
et ses successeurs. Il avait embrassé le protestantisme, et Minard, président au par-

noistre et de parler, ce qui ne luy fut possible de faire, pour la grande
collère où il estoit, et de despit qu'il avoit de se veoir ainsi abandonné
et le camp du roy par les fuyartz, mesmement par ceux de sa compagnie, et que luy, combattant à main de son espée, donna deux ou
trois coups du pommeau d'icelle sur la bouche dudit Stuard, dont
luy rompit quatre dens en la bouche, de quoy collère, ledit Stuard
luy desbanda sa pistolle au travers des reins, dont il mourut.

Ceste bataille fut en tel bransle que longtemps on estimoit les
catholicques l'avoir perdue, et de faict les huguenotz se sont tousjours
vantez de l'avoir gangnée, à cause de la mort dudit connestable, qui
y fut tué. Toutesfois, furent à la fin contrainctz de quitter le champ
et de se retirer à la vitesse pour se saulver, et si demeura en laditte
bataille beaucoup plus des leurs mortz et prisonniers que des catholicques du party du roy, mais non gens de marque et de renom,
comme furent ceux desditz catholicques. Le nombre des mortz,
tant d'une part que d'aultre, fut estimé à deux mille personnes pour

lement de Paris, ayant été assassiné pendant le procès d'Anne du Bourg, on l'accusa
de ce meurtre. Il passait pour se servir de
balles empoisonnées qu'on appelait de son
nom *Stuardes*, témoin ce quatrain adressé
au cardinal de Lorraine :

> Garde-toi, cardinal,
> Que tu ne sois traité
> A la Minarde,
> D'une Stuarde.

Impliqué dans la conspiration d'Amboise,
il parvint à s'échapper, combattit dans les
armées protestantes et fut blessé au siége
de Corbeil, en 1562. A la bataille de Saint-
Denis, où il commandait un corps d'Écossais, il prit le connétable, qui, en cherchant à s'échapper, lui cassa trois dents
avec son épée. Suivant les uns, ce fut
Stuart qui donna le coup de la mort à
Anne de Montmorency; d'Aubigné dit que
ce fut un autre Écossais. Le même écrivain

fait mourir Stuart à la bataille de Jarnac,
de la main d'un capitaine du connétable.
Brantôme donne des détails circonstanciés
sur la mort de Stuart à la suite de la bataille de Jarnac. Claude Haton le présente
comme ayant été pendu en 1569. Robert
Stuart paraît avoir fait partie d'une bran-
che de la maison royale d'Écosse, dont
les membres, descendants de Jacques II,
furent, au XVIe siècle, seigneurs de Li-
sines, de Savins et de Jutigny, en Brie.
(Ythier, *Nobiliaire du bailliage de Provins*,
p. 94.) Voyez d'Aubigné, *Hist. univ.* t. I,
p. 90, 92, 96, 215, 216, 280; — *Mém. de
Condé* et *Archives curieuses de l'histoire de
France*, t. IV, p. 32 ; — de Thou, *Histoire
universelle*, liv. XXXIII et liv. XLII; — La
Popelinière, fol. 144 v°; — Vieilleville,
Mém. l. IX, c. 36 et 37; — *Addit. aux Mém.
de Castelnau*, t. I, l. I, p. 363, et t. II,
p. 683; — Piguerre, *Hist. de Fr.* p. 550, etc.

1567. le plus. De la part des catholicques, furent tuez, pour les gens de
renom : M. le connestable Anne de Mommorancy; Claude de Batar-
nay, sieur d'Anton, guidon de la compagnie dudit connestable[1]; le
comte de Chaune, Hyéronyme de Turin; le capitaine Loup, seigneur
de. . . en Beauce, gendre de feu M. de Tachy[2], et bien 40 aultres,
que capitaines que chefz de compagnies, avec plus de 300 hommes
signalez, tant de pied que de cheval, sans ceux qui n'eurent poinct
de nom. Du costé des rebelles, furent tuez et blessez : le vidasme d'A-
miens, le sieur de Picquigny[3], les sieurs de Saux[4], de la Suze[5],
de St-André, de Garennes, et plus de 50 aultres qui n'eurent nom,
tous gens à cheval, et plus de 1500 de leurs gens de pied. Le prince
de Condé y cuyda demeurer; toutesfois se saulva à la vitesse de son
cheval, qui tomba mort dessoubz luy, estant destourné de l'escadron
en faisant sa retraicte.

Les catholicques demeurèrent victorieux sur le champ de la bataille jusques à minuict, cerchans les ennemys aux escartz, faisans
enmener les blessez à Paris et fouillier les mortz, pour en emporter
avec eux les despouilles.

En ceste nuict arriva, avec ses trouppes, d'Andelot, qui avoit esté
mandé de Poissy, où il estoit allé pour se trouver à ceste journée;
n'estant venu à temps, au lendemain il courut avec le reste de leur
camp la campagne depuis St-Denis jusques aux portes de Paris,
pour penser attirer le camp catholicque au combat, lequel n'en voulut manger, pour deux raisons : la première, faulte de gouverneur et
lieutenant général pour le roy en la place du connestable; l'aultre,
de peur que, estans retournés au combat, les huguenotz secretz de la

---

[1] Claude de Bastarnay, seigneur d'Anton, comte du Bouchage, fils de François
de Bastarnay et d'Isabelle de Savoie, neveu du connétable.

[2] Loup du Trichet, chevalier, seigneur
de Vimetz, marié à Jacqueline du Roux,
fille d'Odart du Roux, seigneur de Tachy,
mort vers 1566, et de Jeanne de Languedoc.

[3] Charles d'Ailly de Picquigny, vidame
d'Amiens.

[4] François d'Agoult, de Montauban et
de Montlaur, comte de Sault; Saint-André
était son frère.

[5] Nicolas de Champagne, comte de la
Suze.

ville de Paris et une milliace de meschans garnemens qui sont en laditte ville ordinairement ne feissent quelque remeuement de mesnage
par pillerie ou aultrement, pour favoriser l'audace desditz rebelles.

Un capitaine catholique, nommé Guerry, se met avec une vingtaine d'arquebusiers en embuscade dans un moulin à vent qui n'avait pas été brûlé, et de là
tue plus de cinquante hommes de la troupe de d'Andelot[1].

Au lendemain de la Sᵗ-Martin d'hyver (12 novembre), descam-
pèrent de Sᵗ-Dénis le prince de Condé et sa quirielle de huguenotz;
ayant ramassé tout le reste de son camp qui luy estoit resté de la
bataille susditte, tout à loysir se retira par la ville et passage de Lagni sur Marne, pour retourner en la Brie, ce qui luy estoit facile
à son souhait, car personne n'estoit en armes en ces quartiers pour
l'empescher, le camp du roy s'estant retiré dedans Paris et ès fauxbourgs. Les Parisiens, comme aussi le roy et les villes et villages des
environs dudit Paris, furent bien ayses de se veoir descharger de ceste
armée condéienne, et pour le partement d'icelle feirent les Parisiens
alégresse. Lesquelz, estans de ce délivrez, receurent vivres de tous
costez, excepté des rivières de Seine et d'Yonne, qui demeurèrent
encores empeschées depuis Montereau en amont. On estima une
faulte au roy et aux princes et seigneurs de son camp de n'avoir poursuyvi les rebelles au passage de Lagni, et de ne leur avoir couppé
chemin par Charenton ou par Corbeil, pour les attacquer entre ledit
Lagni et Rosay en Brie, où là sans difficulté eussent esté rompus;
car ilz estoient en grand désordre et bien refroidis pour la perte qu'ilz
avoient receue en la bataille susditte; plusieurs quittèrent l'armée, et
se retirèrent en leurs maisons à la couverte, sans plus dire qu'ilz y
eussent esté ni eussent volonté d'y retourner.

La mort du connétable de Montmorency fut la principale cause pour laquelle
les protestants ne furent point poursuivis. Les chefs firent, entre Lagny et Rosay,
la revue de leurs forces, et, se trouvant très-affaiblis, tant par la perte des gens

---

[1] De Thou a raconté ce fait d'armes, *Histoire universelle*, l. XLII.

1567. morts en la bataille que par les désertions [1], ils tinrent conseil pour aviser au parti qu'il convenait de prendre. Les uns étaient d'avis qu'on se soumît aux conditions de la cour; d'autres pensaient qu'il fallait attendre les secours qui arrivaient de la France et de l'étranger, et continuer la guerre jusqu'à ce qu'on eût obtenu une paix avantageuse. Ce dernier parti fut adopté, et l'on décida qu'on se mettrait immédiatement en route pour aller au-devant des reîtres promis par le comte palatin du Rhin, et qu'on retournerait à Montereau pour s'unir avant tout aux renforts de Guienne et de Poitou.

Et de ce pas prindrent la route de Montereau, en passant par Nangis, où se logea M. le prince de Condé dans le chasteau de madame de Beauvais [2], dame d'honneur et fort catholicque, le mary de laquelle avoit esté mort pour les coups par luy receuz en la bataille de Dreux, aux premiers troubles de l'an 1562. Ceste dame, sçachant le camp du prince rebelle s'acheminer par Nangis, luy offrit libérallement sa maison pour son logis, en le priant qu'il luy pleust de ne faire aucun domage, ni souffrir estre faict au temple et église, ni aussi aux prebstres dudit Nangis, ses subjectz, ce que ledit sieur prince luy accorda. Les gens d'église dudit Nangis et de plusieurs villages d'alentour estoient enfermez dedans le chasteau, tous en habit dissimulé, auxquelz elle donna une chambre, de laquelle ilz ne sortirent jusques après le deslogement dudit prince et de son camp dudit Nangis, et dans laquelle elle les feit nourrir le plus secrettement qu'elle put.

Audit Nangis ou auprès, attenant de la Belle-Hostellerie, y a ung aultre chasteau appartenant à ung aultre seigneur que laditte dame, que vulgairement on appelle le chasteau d'En Bas, lequel fut ferme et osa

[1]. Voy. sur l'état des armées royale et protestante après la bataille de Saint-Denis : « Procès-verbal fait suivant les ordres du roy par le lieut. du Pont-de-l'Arche des gentilshommes du ressort qui ont quitté l'armée du roi après la bataille de St-Denis, et de ceux qui ont suivi le prince de Condé. 1568, 5 janvier. » (Bibl. imp. collect. Harlay, n° 320, fol. 24 r°.) — « Procès-verbal du bailli de Rouen au Ponteaudemer, contenant les noms des gentilshommes qui se sont retirés en leurs maisons du camp du roy après la bataille de St-Denis, 1568, 9 janvier. » (Id. ibid. fol. 37 r°.)

[2] Jeanne d'Aguerre, femme de Nicolas de Brichanteau, seigneur de Nangis, fille de Jean, baron de Vienne, et de Jacqueline de Lenoncourt.

tenir bon contre le camp du prince de Condé. Devant lequel fut brac-
quée et tirée l'artillerie que menoit ledit prince, et soustinrent plusieurs coups ledit chasteau et ceux qui estoient dedans par l'espace de
deux jours, au bout desquelz receut nouvelles ledit prince du seigneur
à qui il appartenoit, mais ne sçai quelles; qui fut cause de le faire quitter à son artillerie et de lever le siége de devant, auquel toutesfois laditte artillerie ni le camp susdit n'eussent sceu faire mal pour lors.

A l'instant que les infidelles huguenotz furent arrivez dedans le
bourg de Nangis, les plus esvantez, contre les deffenses du prince, qui
avoit faict faire le ban qu'on ne gastast rien à l'église, coururent en
icelle pour la saccager, à la façon des aultres par où ilz avoient passé,
et pour laisser les marcques de leur enragée conscience; et entrez
qu'ilz y furent, après avoir brisé les serrures des portes, commencèrent à tout rompre et démolir. De quoy fut advertie laditte dame
de Beauvais, laquelle se représenta audit prince, pour luy en former
plainte, le priant de luy tenir promesse, touchant la conservation
de son temple et église dudit Nangis, luy remonstrant que, contre
les deffenses et le ban faict par luy, les gens de sa suitte estoient dedans pour le démolir, et le priant de rechef que ledit temple ou
église luy feust saulvé. A la requeste de laquelle, envoya ledit prince
son maistre d'hostel pour les faire cesser, et fut le ban réitéré par
tout le camp, que nul, sous peine d'estre pendu ou estranglé, eust à
se transporter audit temple ou église, pour y faire aucun domage,
et oncques depuis nul attenta d'y rien gaster.

Audit Nangis, la ville de Provins fut mise en délibération au conseil
du prince, pour veoir si son camp se debvoit acheminer devant icelle
pour la prendre, ou si on envoyeroit quelques messagers pour induire
les habitans à composition pour en tirer argent, affin de subvenir aux
fraiz de leur guerre, et si on passeroit oultre sans leur faire aultre
mal. Ceste cause débatue, fut advisé que, si laditte ville tenoit bon
contre eux et qu'elle ne se voulust promptement rendre, cela leur
pourroit porter domage et empescher le secours qui leur venoit de
Guienne et de Poitou; pour lequel joindre et le mettre en sûreté,

1567. estoit le meilleur de passer au delà de Montereau en Gastinois, pour
luy faire escorte et empescher les gens du roy de ne se jetter sur
lui. Car pour le regard de la ville de Provins, respondit le prince :
« Je sçai bien comment ilz en doibvent passer. » Il fut depuis nouvelle
que le seigneur de St-Symon, seigneur de Chantalos et Bauchery,
pria le prince pour le salut de la ville de Provins, sans qu'il eust
charge de ce faire par les habitans d'icelle, en luy faisant remonstrance que, si le camp s'acheminoit devant leur ville pour la prendre ,
en quelque sorte que ce feust, que à jamais lesditz de Provins le
hayroient, estimans qu'il en auroit esté cause, d'aultant qu'il estoit
leur voysin; remonstra audit prince que les habitans de laditte ville
s'estoient modestement comportez envers eux et aultres de la nouvelle religion, sans leur avoir jamais couru sus ni faict aucune sédition contre eux, et que pour ces raisons il luy pleust les laisser là
et passer oultre. S'il fut vray ou non que ledit de St-Symon feist là
quelque faveur à la ville de Provins, je n'en ai sceu que par le commung ouy-dire; et au cas qu'il feust vray qu'il eust prié pour eux en
la forme que dessus, n'estoit, comme je croys, que pour tascher à
avoir commission dudit prince pour y faire un rançonnement de
deniers, de laquelle commission il eust eu charge pour se faire mieux
vouloir desditz de Provins, et pour se vanter de les avoir exempté
du siége huguenot, affin d'obliger à luy lesdits de Provins à jamais.

Ilz de Provins estoient en esmoy, sçachans les nouvelles de la revenue du camp huguenot si près de leur ville, dedans laquelle n'y avoit
aultres pour la deffendre que les citadins et la compagnie de leur
capitaine général, le sieur de Lours, qui estoit en assez meschant
équipage, gens non aguerris ni dextres aux armes. Ce néantmoings,
tenoient lesditz citadins contenance de gens assurez, et d'hommes
qui n'avoient volunté d'ouvrir leurs portes ausditz huguenotz, mais
au contraire de tenir bon contre eux. Ce que je pense qu'ilz eussent
faict pour lors, n'estant encores attonez de craincte, comme ilz furent
depuis. Ilz travaillèrent fort à la réparation des lieux plus foibles de
leur ville; ilz dressèrent ung boulevert de terre, attenant du cyme-

tière de St-Nicolas, à l'endroict de la butte des harquebusiers, soustenu de bois et fascines qu'ilz élevèrent plus hault que la muraille,
qui cousta assez, et si n'eust de rien servy que de donner signal aux
ennemis d'entrer par là, comme estant le lieu le plus foible de la
ville; sur lequel nul, tant hardy ou fol eust-il esté, ne se feust osé
tenir droict ni assis, qu'il n'eust esté à la miséricorde des harquebusiers ennemys. Le bally de Prouvins, qui feit faire cet ouvrage, se
ventoit de s'y tenir et de le deffendre contre tout le camp huguenot,
et ne faisoit cas ledit bally que dudit boulleverd, combien que plusieurs simples personnes le jugeassent estre plus pernicieux qu'avantageux à laditte ville. Ce boulleverd, tant recommandé par ledit bally,
feit croistre à plusieurs habitans le doubte qu'ilz avoient sur luy
d'estre traître à la ville et d'avoir intelligence avec les ennemys, pour
les mettre en icelle par cet endroict, duquel seul vouloit entreprendre
la deffense. Le seigneur de Lours estoit si bien d'accord avec luy,
que luy-mesme sollicitoit l'achèvement dudit boulleverd, combien
que son lieutenant, le sieur de la Barge, feust avec plusieurs habitans d'oppinion contraire.

Lesditz de Provins emplirent leurs fossez plains d'eaue, comme
aussi la prarie depuis la porte des Bordes jusques à la tour Fanelon,
qui est oultre l'Arche Dortain; pour laquelle retenir en grandeur et
hauteur suffisante, firent en quelques endroictz des bastardeaux pour
l'arrester, desquelz le plus large et éminent estoit tout joignant le
pont de la porte de Culoyson, par dessus lequel ung homme povoit
cheminer à son ayse jusques à la muraille de la ville, pour le coupper
et baisser l'eaue, ou dresser eschelle contre la muraille pour y monter. Et cousta plus ce bastardeau à faire que n'eust cousté ung vanage
et glacys sous le pont et les arches, tel qu'il y a à la porte de Changy,
et qui eust esté plus seur et de meilleure deffense.

M. le prince, après avoir résolu de son voyage, sans s'arrester ni
envoyer sommer Prouvins, passa avec son camp la rivière de Seine à
Montereau, et de là la rivière d'Yonne à Pont-Renard et aultres endroictz du costé de Bray-sur-Seine, Courlons et Sens, et le logea en

1567. tous les villages qui sont en ceste campagne-là, depuis laditte rivière,
en tirant droict à Trainel. Une partie dudit camp demeura oultre
laditte rivière du costé de Gastinois, pour faire escorte aux secours qui
leur venoient du Poitou, qui estoient prestz à se joindre, et qui prindrent leur passage à Pons-sur-Yonne, comme nous dirons tantost.

Le camp dudit sieur prince estant passé laditte rivière d'Yonne, une
partie d'iceluy s'alla loger dedans le bourg de Courlons[1], qui n'estoit
fermé que de fossez, estant ledit Courlons tout joygnant laditte rivière
de Yonne. Dans lequel n'entrèrent lesditz huguenotz du premier coup,
d'aultant que lesditz de Courlons leur avoient fermé leurs portes et
levé les pontz, qui fut grande follie à eux. Ce que voyans lesditz huguenotz, sommèrent les habitans dudit bourg d'ouvrir leurs portes
et d'avaler leurs pontz et de se rendre audit seigneur prince de Condé,
ce qu'ilz habitans refusèrent faire. Lesquelz en armes se laissèrent
assiéger et battre quelque peu de temps, aymant mieux se laisser
prendre par force et assault que de se rendre; ilz se mirent en deffense, tirèrent sur le camp huguenot, tuèrent quelque capitaine ou
enseigne, avec quelque quatre ou cinq soldatz avant qu'estre prinz,
et tinrent bon environ ung jour entier; qui fut cause que ceux qui
les avoient assiégez envoyèrent appeler du secours en leur camp, pour
prendre ce pauvre bourg. Pour lequel avoir, se présentèrent devant
plus de 2,000 huguenotz des gens de pied, et quasi 1,000 de cheval, équippez et arrangez comme s'ilz eussent eu volunté de combatre
une forte ville de frontière. Les assiégez, se voyans assaillir si furieusement par les assiégeans, pensèrent parlementer pour se rendre à
composition honeste; mais n'y furent receuz, ains y volurent entrer
lesdis assiégeans huguenotz par force et assault. Quoy voyans les habitans assiégez, qui n'avoient secours de personne, advisèrent à se
saulver au mieux qu'ilz purent, mais sur le tard, au prouffit de plusieurs, joinct aussi qu'il leur estoit impossible d'eschapper tous la
rage huguenoticque, pour estre par lesditz huguenotz enfermez et

---

[1] Département de l'Yonne, arrondissement de Sens, canton de Sergines.

entourez de toutes partz. Quand ilz commencèrent à prendre la fuitte 1567.
pour se penser saulver, les assaillans huguenotz avoient jà gangné le
hault de leurs fossez; lesquelz, entrans à la fille, tuèrent et massacrèrent tout ce qui se trouva en leur voye, fussent gens ou bestes de tous
sexes et âges, et commirent lesditz huguenotz toute espèce et genre
de meschanceté audit bourg, après qu'ilz y furent entrez, comme
s'ilz eussent esté Scythes et barbares, excepté le feu, qui ne fut par
eux mis que dans l'église. Ilz massacrèrent hommes, femmes et enfans
à leur entrée, ilz viollèrent filles et femmes, ilz ravirent et pillèrent
tous les meubles des maisons, ils prindrent à rançon les plus riches,
qu'ilz lyèrent estroictement, et les gouvernèrent misérablement. Et
fault croyre qu'il n'est possible de faire plus de mal à personne que
ces nouveaux chrestiens réformez en firent audit Courlons; de la prinse
duquel firent aultant de cas et de bruict que s'ilz eussent prins la plus
forte ville de France.

Les gens d'église dudit Courlons se saulvèrent en la tour de leur
église, pour éviter la rage et cruaulté de ces barbares qui se disoient
enfans de l'Évangille de J.-C. et de son église réformée, pensans par
cela avoir meilleur marché de leur vie, après que la fureur d'iceux
réformez seroit passée. Les huguenotz assiégèrent lesditz ecclésiasticques dans laditte tour à force canonades de leurs harquebuses;
mais en rien n'offensèrent lesditz ecclésiasticques, lesquelz demeurèrent en laditte tour deux jours avant que de se rendre à la miséricorde de leurs ennemys, et encores ne s'y fussent rendus, si lesditz
infidelles ne les eussent receuz à composition, qui estoit d'avoir la
vie saulve, ce qu'ilz avoient juré de faire. Mais perjures et desloyaux
qu'ilz sont, estans poulsez d'impatience ou cruaulté, massacrèrent au
pied de la tour lesditz ecclésiasticques, si tost qu'ilz furent descenduz.
Quoy voyant, l'ung d'iceulx ecclésiasticques, qui estoit le dernier à
dévaller de laditte tour, remonsta vistement au sommet d'icelle pour
regangner son fort, aymant mieux mourir là de faim ou aultrement
que de se rendre à ces infidelles parjures. Toutefois, à la fin, misérablement se rendit à eux, se fians aux promesses qu'ilz luy faisoient de luy

59.

1567. pardonner sa vie, si, en se précipitant du hault de laditte tour en bas, il povoit eschapper sans se tuer luy-mesme; ce qu'il feit, selon le rapport commung du vulgaire, qui fut ung grand mal faict à luy, s'il est vray; car il debvoit mieux eslire de se mettre à leur miséricorde, comme avoient faict ses compagnons, en finissant ses jours par le martire qu'ilz luy eussent peu donner, que de s'estre soy-mesme précipité d'ung lieu si hault qu'est laditte tour. Aulcuns ont dict mieux de luy, rapportans qu'il fut forcé par les tirans de se jetter du hault de laditte tour en bas, pour tascher à se saulver de leurs mains qu'ilz estoient prestz de mettre sur luy, ou bien pour éviter la mort du feu dans lequel luy eust fallu finir ses jours, que les poursuivans avoient allumé dedans laditte tour pour le brusler. Il ne se tua tout mort en se précipitant, mais se desmolut tous les os des membres et du corps, et n'eust esté possible qu'il eust peu reschapper de ceste cheutte. Ce néantmoins, messieurs les conjurez de huguenotz, contre leur foy jurée et promesse à luy faicte de ne luy faire aucun mal s'il en povoit eschapper, le massacrèrent en la place, et là fina ses jours. Ce prebstre avoit nom messire Jehan Egreville, homme fort alègre et dispos de son corps; il estoit estimé ung des meilleurs joueurs de paulme qui fust en Champagne et Brie. Il avoit esté mandé, n'y avoit pas 18 mois, à Valery, lez ledit Courlons, pour jouer à la paulme avec ou contre le prince de Condé et aultres grands seigneurs, où il fut l'espace de quatre jours à jouer avec la compagnie, et fust en cest art ou jeu assez estimé dudit prince, et renvoyé sain et saulve, pour ce que c'estoit au temps de paix. Je ne sçai s'il oublia en sa dernière nécessité à se réclamer dudit sieur prince, ou si en s'en réclamant il ne fut escouté par les murtriers qui le tuèrent estant sous la conduitte d'icelluy prince, lequel n'estoit présent audit Courlons, et estoit demeuré dedans Montereau pour donner ordre aux affaires de son camp.

Cependant que les huguenotz susditz à la barbare traictoient les habitans et prebstres de Courlons, Genlis, gentilhomme françoys, et le régiment de Courboson, allèrent, avec l'arrière-garde du camp,

sommer la ville de Bray-sur-Seine[1] de se rendre au prince de Condé ; 1567.
ce que refusèrent faire les habitans et le capitaine Combault, qui
estoit dedans laditte ville capitaine et lieutenant pour le roy, avec
sa compagnie de gens ramassez telz quelz, qui ne pouvoient estre en
bons soldatz ung cent, tout le reste bisongnes et gens non expertz aux
armes. Au refus desquelz, fut mené le canon devant la ville, qui fut
assiégée auprès de la porte de Jaulne, du costé devers Sens, la main
droicte en sortant de la ville par ladite porte ; et tirèrent iceux
huguenotz dudit canon contre les murailles de ladite ville au lieu
le plus fort qui y fust. Qui fut cause de leur faire remuer ledit canon,
pour le planter d'aultre costé de ladite porte de Jaulne, auprès de
la rivière, lieu le plus foible qui feust audit Bray, que leur enseignèrent quelques huguenotz de ladite ville, qui estoient en leur
camp avec eux ; et là tant tirèrent de ladite artillerie, qu'à la fin
firent bresche aux murailles suffisante pour donner l'assault. Quasi
tout le camp huguenot se présenta devant Bray, au refus de se rendre
sans endurer le canon. Le canonier qui bracquoit et tiroit de ladite
artillerie estoit un moyne du prieuré de Saint-Ayoul de Provins,
nommé frère Guillaume Maret, duquel tant de fois avons parlé ès
années précédentes de nostre premier livre et de ce présent, habillé
d'une mandille de drap verd. Mandille est un habillement faict en
manière d'une tunicque d'église, qui a les manches non cousues, mais
vagues sur les bras, pour lesquelles reserrer sur le poing se ferme
avec boutons ou esgueillèttes, laquelle, ceincte au corps, se met en
manière d'une juppe.

Au jour mesme de l'assiégement de la ville de Bray, entra dedans
icelle le capitaine Valentin Poulet, natif de Sézane et marié en la
ville de Provins, avec sa compagnie de 300 soldatz par luy ramassez
à la haste, une bonne partie composée de vaillans hommes entendus
au faict de la guerre, l'aultre partie de novices et apprentis. Lesquelz
toutesfois, à la conduitte dudit capitaine, s'emploièrent assez vaillamment pour la deffense de la ville, et ne l'eussent les huguenotz

[1] Voyez d'Aubigné, *Histoire universelle*, t. I, l. IV, p. 219, et de Thou, l. XLII.

1567. emportée si hastivement qu'ilz firent, si le capitaine Combost et ses
soldatz eussent eu aussi bon cœur que ledit capitaine Valentin et sa
compagnie. Entre les soldatz qui estoient soubz ledit Valentin, deux
furent singulièrement remerqués pour vaillans hommes : l'ung estoit
ung jeune cordelier du couvent de Provins, que je ne nommerai et
pour cause, lequel, ès deux assaulx que donnèrent les huguenotz à
la bresche des murailles de la ville qu'avoit faict leur canon, se porta
si vaillamment que rien plus; et pour montrer sa dextérité, depuis
que lesditz huguenotz se furent retirez de laditte bresche, à la vue
d'iceux descendit par laditte bresche au fons des fossez désarmer
ung porte-enseigne huguenot qui avoit esté terrassé par terre fort
blessé, pour l'achever de tuer et luy oster sa bource bien serrée, son
corcelet et morion, sans que nul des ennemys l'en peust empescher;
et avec lesdittes bource et armes remonsta à laditte bresche dedans
la ville, sans que lesditz ennemis le pussent aucunement offenser.
L'autre bien remerqué fut ung soldat, nommé Caillat, natif d'Esternay ou des environs, qui peu auparavant avoit esté serviteur du seigneur dudit lieu, lequel, par sa dextérité de bien tirer de la harquebuse, terrassa plus de 60 huguenotz, que mortz que blessez, des
coups de harquebuse qu'il tira au travers d'eux par le clocher de l'é-
glise dudit Bray, durant le siége et les approches d'iceluy.

Après que la bresche fut faicte ès murailles assez ample pour aller
à l'assault, se présentèrent les huguenotz fort furieusement, lesquelz
par deux fois en furent repoulsez fort bragardement par ledit capitaine
Valentin et ses soldatz, qui s'y montrèrent vaillans, au grand domage
desditz huguenotz et peu de perte des soldatz de dedans. Ce que
voyans ledit Genlis et ses rebelles assaillans, crièrent à haulte voix
après le capitaine Combost, en luy disant telz motz : « Combost,
Combost! ce n'est pas ce que tu nous as promis et à M. le prince; tu
t'en repentiras, si tu ne livres la ville comme tu en as faict la promesse. On te retrouvera bien. » Ceste clameur huguenotte espouventa
aucunement les habitans dudit Bray, lesquelz, adjoustant foy à laditte
clameur, creurent pour certain, comme aussi firent lesditz capitaine

1567.

Valentin et ses soldatz, que ledit Combost, lieutenant général pour le roy en laditte ville, avoit intelligence avec le prince de Condé et sa cohorte huguenoticque, leur ayant promis l'entrée en laditte ville, et ont tousjours eu ceste oppinion lesditz habitans[1].

Durant ce siége et que on battoit la ville, qui fut quelque peu de jours avant la feste mons. St André, ledit capitaine Combost et les habitans de la ville envoyèrent hommes au roy, qui estoit à Paris, pour advertir S. M. de l'assiégement de leur ville, et luy demander secours. Le roy tout incontinent despescha quelques compagnies pour y envoyer, lesquelles, ne s'estans diligentées, n'entrèrent audit Bray. Par mesme requeste, envoyèrent lesditz habitans et capitaine prier M. de Lours, lieutenant pour le roy à Provins, et les habitans d'avoir pitié d'eux et de leur envoyer secours d'hommes et de pouldrés à canon pour la deffense de leur ville. Ceux de Provins délibérèrent en conseil sur ceste requeste ; aucuns furent d'advis de ne leur envoyer secours ni de pouldres ni d'hommes, disans pour leurs raisons qu'il n'estoit besoin de se desfournir pour leur ayder, veu le danger si éminent qui les menaçoit. Aultres furent d'avis de les secourir d'hommes et de pouldres, veu qu'ilz estoient leurs voysins, et davantage pour empescher la prinse de laditte ville, qui servoit audit Provins d'une clef pour retenir les ennemys en bride de ne passer en la Brie, et que, estans empeschez à ce passage, la ville de Provins demeureroit en plus grande sûreté qu'elle ne feroit si laditte de Bray estoit prinse. Et à la fin fut résolu qu'on leur donneroit secours d'hommes et de pouldres, et sur le champ furent délivrez aux messagers 12 livres de pouldre à canon, qu'ilz emportèrent avec eux jusques auprès dudit Bray, où elle leur fut enlevée par les huguenotz, qui avoient passé la rivière de Seine à gué pour garder et empescher le secours de n'entrer audit Bray qui leur feust allé de ce costé. Cent harquebusiers de la compagnie de M. de Lours furent despeschez soubz la conduitte de M. de la Barge, son lieutenant, pour mener

---

[1] D'après d'Aubigné et de Thou, le capitaine Combault fit au contraire une très-honorable défense, qui luy gagna la faveur royale et des emplois importants.

1567. la nuict audit Bray; mais n'y entrèrent, parce que, estans aux Ormes, eurent nouvelles que la ville estoit rendue aux ennemys.

Elle fut rendue à composition, qui fut telle : que les capitaines et soldatz auroient la vie saulve seullement, et feroient serment de ne jamais porter les armes contre M. le prince de Condé ni la religion réformée; que la ville ne seroit pillée, ni les habitans d'icelle en leurs corps maltraictés; que les prebstres et ecclésiasticques estans en icelle ne seroient massacrez, mis à mort, ni en leurs corps et biens aulcunement molestez, à la charge toutesfois qu'ilz payeroient la somme de 2,000 livres tournois de rançon, de laquelle respondroient les marchans de laditte ville, et l'advanceroient au cas que lesditz ecclésiasticques ne la pussent payer conptant; que la ville recevroit garnison de gens de laditte religion, qu'ilz nourriroient à leurs despens. Lesquelz articles furent en tout exécutés et plus.

La porte ouverte aux ennemys, entrèrent en si grande foulle que les maisons ne les eussent sceu tenir; chascun pilla ce qu'il trouva de mal serré. Chascun habitant fut par ces soldatz rançonné, pour n'estre rudement traicté ni entièrement pillé. Les prebstres furent tous emprisonnez et assez maltraictez. Les capitaines, signanment le capitaine Poullet, furent, contre la promesse huguenoticque, dévalisés; les soldatz mis hors de la ville, sans armes, avec lesquelz se saulva ung seul prebstre, doyen rural de Trainel, habillé en soldat, lequel s'enrolla du depuis soubz la charge dudit capitaine Valentin, qui redressa une compagnie de 300 hommes pour le service du roy, encores que le huguenot l'eust fait jurer comme par force de ne jamais aller à la guerre contre luy ni sa prétendue religion.

Il capitaine Poullet acquist ung grand los à la deffense dudit Bray, et fut par les habitans tenu et réputé homme vaillant et digne de la charge de capitaine, et eurent grand regret lesditz habitans que ledit Poullet n'avoit la garde de leur ville comme avoit le capitaine Combost, estans bien assurez que les huguenotz ne l'eussent eue par assault ni par composition, comme ilz eurent par la trayson, ce disoient-ilz, que leur fist ledit Combost. C'est une chose toute assurée que, si ledit

Combost eust tenu bon encores vingt-quatre heures, les huguenotz 1567. n'eussent poinct entré audit Bray; car le secours estoit aux champs de toutes partz pour les secourir et à six lieues près, sans le secours de Provins, qui s'estoit acheminé pour y entrer la nuit du jour que les huguenotz y entrèrent. Lesditz de Bray eurent ceste oppinion et crurent fermement que ledit Combost leur fut traître et qu'il avoit livré leur ville à l'ennemy; car luy ni ses soldatz ne voulurent oncques deffendre la bresche, ni ayder à la réparer, et si empeschoit lesditz habitans et le capitaine Valentin Poullet et ses soldatz de la réparer; ce qu'elle fut toutesfois, mais en vain, car, quand il veit qu'elle estoit de deffense et plus forte que devant, composa avec l'ennemy.

Les gens d'église emprisonnez furent contrainctz de fournir la rançon promise ausditz huguenotz, et, parce qu'ilz n'avoient argent comptant, s'obligèrent à Jehan de Bureau, à N. Bugnon et encores à quelques aultres, qui fournirent laditte rançon; pour leur rendre après qu'ilz seroient mis en liberté et que les troubles eussent esté cessez; ce que toutesfois refusèrent de faire pour le tout, après que les huguenotz se furent retirez, et n'en voulurent payer que leur cotte part. Pour estre relevez de l'obligation qu'ilz avoient passée estans prisonniers, s'adressèrent au roy, qui les en releva et donna commission d'imposer sur eux et les habitans une taille montant à laditte somme, pour rembourser lesditz marchans qui avoient avancé laditte rançon, dans laquelle furent compris les gens d'église des villages qui s'estoient retirez audit Bray avant le siége, et qui furent mis prisonniers avec les aultres. Le thésaurier de l'église dudit Bray, qui estoit chanoine et prebstre, nommé Deninat, ne fut emprisonné avec les aultres, parce qu'il estoit huguenot.

Les huguenotz blessez et malades du camp condéyen furent mis en laditte ville de Bray et en fust l'Hostel-Dieu tout remply; ilz estoient en nombre de plus de 60 à 80, qui y furent jusques au descampement de laditte ville et pays d'alentour. Plusieurs d'iceux y demeurèrent mortz des coups qu'ilz avoient receu au siége et assaux, et plus d'un cent avoient esté tuez à la bresche. Si les tenans eussent

1567. tenu bon et soustenu encores ung assault, comme ilz avoient le moyen de faire, le camp huguenot se feust levé de luy-mesme, parce qu'ilz n'avoient plus de pouldre ni bouletz pour les endomager davantage. Laditte ville de Bray fut rendue au huguenot le 28e jour du moys de novembre de ceste présente année.

Il ne fault laisser en oubly la mort du procureur d'Averly, parroisse de Challemaison, pour le seigneur d'Acco, seigneur en partie dudit lieu, lequel estoit diacre de l'église huguenotte de Provins; qui, voyant le camp huguenot devant la ville de Bray, monta sur sa jument et se transporta sur le bord de la rivière de Seine, vis-à-vis dudit camp, la rivière entre deux, pour veoir l'exploict d'iceluy sur laditte ville. Il ne fut plus tost arrivé, que incontinent quelques harquebusiers huguenotz le saluèrent à beaux coups de harquebuses, pensans que ce fust quelque catholicque qui se fust là présenté pour les explorer et recognoistre; et, ne leur povant faire entendre qu'il estoit de leurs frères, se retira ung peu arrière pour se saulver des coups. Incontinent qu'il se fut refermé et tenu coy, coururent à luy quatre chevaux huguenotz pour le faire desplacer, ayans passé la rivière à gué, qui lors estoit guéable en moult d'endroictz, et aussi basse que l'on pourroit dire pour la saison, qui porta ung grand domage au pays de Brie et villes et villages qui sont situez sur laditte rivière. Ce que bien appercevant, ledit diacre huguenot print la fuitte au trot de sadite jument, jugeant en soy que les hommes et chevaux qui le poursuivoient fussent catholicques, pour luy coupper la gorge, et ne voulant tourner visage vers eux pour se faire cognoistre; ceux-ci pensèrent qu'il fust catholicque, et en s'aprochant de luy, luy laschèrent de leurs pistolles au travers du corps et de sa jument pour l'arrester. Il tomba par terre, où ilz s'entrecognurent estre frères huguenotz, compères et amys, et estoient ses poursuivans qui le tuèrent huguenotz, habitans de la ville de Bray, l'ung desquelz estoit hostellier de l'hostellerie de l'Escu de France, compère dudit diacre et son grand amy. Dieu sçait les regretz que firent ces frères réformez d'avoir tué le diacre de leur église satanicque, lesquelz, descendus de dessus leurs

chevaux, le montèrent sur ung, sa jument demourant en la place, et 1567.
le menèrent en son logis, audit Averly, où il mourut au lendemain,
et fut, contre son intention, enterré par les susditz murtriers dedans
la chapelle dudit Averly. Cest homme avoit estudié honestement aux
lettres latines et théologales, et estoit cordelier renié et apostat venu
du pays de Poitou; lequel toutesfois ne se maria, comme feirent
plusieurs aultres prebstres et moynes.

   Le jour mesme que la ville de Bray fut rendue au seigneur de
Genlis et qu'il s'acomodoit en icelle, le sieur de d'Andelot alla sommer
la ville de Nogent-sur-Seine, avec son avant-garde, afin de faciliter
aux troupes huguenotes le chemin pour repasser laditte rivière à
leur ayse et à leur besoin. Il n'y avoit audit Nogent aultres que les
habitans et une compagnie de gens de cheval italiens qui y avoient
entré le jour mesme qu'elle fut sommée, gens assez mal en poinct.
Le capitaine ou guidon desditz gens de cheval, du consentement des
habitans, print le gouvernement de la ville, avec les capitaines,
procureur et eschevins d'icelle, lesquelz refusèrent de se rendre
audit d'Andelot. Lequel, à leur refus, fit arriver partie du camp huguenot devant laditte ville, avec l'artillerie qui avoit battu la ville
de Bray, et se logea ès fauxbourgs de la Chapelle de la Trinité et de
Beschereau, vers le petit St-Laurent, qui sont deux grans fauxbourgs
oultre la rivière, du costé de la Champagne. Les habitans de Nogent
monstroient semblant de vouloir tenir bon contre ledit d'Andelot et
le camp huguenot, et ne s'atendoit d'Andelot de la prendre si à son
ayse qu'il Genlis avoit prins Bray, si ce n'estoit par la traïson qu'il
espéroit que feroit le bailly Angenost et quelques aultres huguenotz
de laditte ville qui estoient encores en icelle; mais bientost le cœur
leur faillit, sans se expérimenter ni attendre le salut d'ung seul coup
de canon devant leurs murailles. Car, dès le jour de la feste St-André
ou le dimanche ensuyvant, qui estoit le premier ou second jour du
moys de décembre, escampèrent le soir de leur ville par la porte du
fauxbourg de la Belle-Dame, qui est du costé de la Brie, et s'enfuirent
pour la pluspart dans la ville de Provins, où ilz arrivèrent à l'ouver-

1567. ture des portes, ayant cheminé toute la nuict. Les gens de cheval qui estoient audit Nogent, et leur capitaine ou guydon, qui avoit prins la ville en charge, deslogèrent les premiers, qui fut cause de faire desloger quant et quant les habitans, lesquelz prindrent ung si grand effroy en eux qu'ilz pensoient ne se pouvoir saulver à heure, et se trouvèrent à la porte à si grande foulle que les plus fortz culbutoient cul sur teste les plus foibles, pour passer les premiers et au moins de bruict qu'ilz pouvoient, et y fut le désordre si grand que plusieurs furent renversez et culbutez en la rivière dessoubz le pont, qui furent nayez; et si n'emportoient les fuyards nogentins rien que leurs corps pour se saulver plus habilement.

Les sentinelles et corps de garde qui estoient depuis la poterne des bateaux à sel jusques au chasteau de la ville, en prenant le tour de la ville depuis laditte poterne, en allant par la porte de Beschereau et en gangnant la porte de Troye et delà la rivière au droict dudit chasteau, ne seurent aucunement nouvelle de la fuitte de leurs gens qu'il ne feust neuf heures du matin, le lundy 2ᵉ ou 3ᵉ jour de décembre, comme aussi ne s'en aperceurent ceux qui estoient au guet dedans la tour de leur église, lesquelz s'esmerveilloient beaucoup de ce qu'on ne les alloit lever et rafraischir d'aultres en leur place, veu le hault jour qui esclarissoit. Quoy voyant, lesditz guet et sentinelles habandonnèrent les murailles pour aller en leurs maisons à sçavoir les nouvelles de la ville, qu'ilz trouvèrent vuyde d'hommes et de plusieurs femmes, et, après en avoir entendu la fuitte, ilz quittèrent la ville pour s'en aller après les aultres. C'est une chose toute véritable qu'il ne demoura audit Nogent ce jour-là qu'environ vingt hommes pour le plus, et quelque peu davantage de femmes. Les serviteurs et servantes de plusieurs maisons, comme aussi les enfans, demeurèrent en icelles et attendirent l'arrivée des huguenotz, qui y entrèrent après dix heures du matin, que la porte leur fut ouverte, sans demander, par le bally, et le peu d'hommes qui estoient restez avec luy, ce que n'espéroient lesditz huguenotz, lesquelz estoient aux escoutes une partie et l'aultre au conseil. Qui,

n'oyant aulcun bruict par la ville, pensoient que les habitans entre-
prinssent sur eux quelque grand cas, et pour ce se donnoient de
garde au possible, de peur d'être surprins de quelque escarmouche.
Les maisons de la ville furent pillées, les églises saccagées et bruslées, et Dieu sçait la chère que firent ces loyaux subjectz réformez
du roy, qui, avant leur prinse des armes, s'estoient vantez par leurs
requestes présentées à S. M. qu'ilz ne demandoient que le bien public
et le soulagement du peuple.

    Les hommes de Nogent qui ne s'en estoient fuys eurent quelque
peu meilleur marché que ceux qui s'en estoient partis, mais non de
guères, et fut telle heure qu'ilz eussent bien voulu estre hors de
leurs maisons et de la ville, pour la rudesse que leur firent lesditz
huguenotz qui se nommoient loyaux subjectz du roy.

    Ceste fuitte nogentinne desprisa fort les habitans de laditte ville,
lesquelz, avant qu'estre sommez et assiégez, se disoient plus fortz de
cœur, courage et murailles que toutes aultres villes du pays, et sembloit, à les ouyr blasphémer Dieu de toutes partz, qu'ilz désirassent
lesditz huguenotz devant leur ville, pour là les exterminer et leur faire
perdre leurs vies et entreprinses, tant ilz de Nogent estoient arrogans
et se faisoient maulvais. Mais fut sur eux expérimenté le proverbe commung, qui dict que la guerre est doulce à ceux qui ne sont expertz en
icelle, parce que, sans coups donner ne recevoir, tournèrent le dos et se
saulvèrent à la vitesse de leurs piedz. Je croys que Dieu permist cela
advenir en ceste manière, pour abaisser quelque peu leur audace, et
en pugnition de leurs blasphêmes du nom de Dieu, péché criminel
et détestable duquel estoient plus usitez les hommes dudit Nogent
que nulz des aultres pays, et sembloit qu'ils fissent vertu en parlant
et devisant aux personnes de proférer la mort, la chair, le sang, le
ventre et la teste de Nostre-Seigneur, sans laisser en arrière sa vertu,
et à tous propos avoient telz blasphêmes à la bouche. La ville pillée
et les églises saccagées et bruslées, se retira d'Andelot avec son avant-
garde devant la ville de Sens, où estoient le prince de Condé et l'admiral, qui entreprenoient sur la ville, pour la forcer et la prendre à

1567. leur dévotion, et laissa une compagnie ou deux audit Nogent pour garder ce passage. Il d'Andelot envoya une aultre compagnie en la ville de Pons-sur-Seine en garnison, qui furent receuz par les habitans sans aucune difficulté. Laditte ville de Pons ne fut pillée comme celle de Nogent, mais payèrent rançon au prince de Condé, pour fournir aux fraiz de son armée. On ne sçauroit remettre pour vingt mille livres tournois les églises de Nogent en l'estat qu'elles estoient au jour que ces nouveaux réformez y mirent le feu, en bastiment, meubles, ymages, pinctures et ornemens, en ce comprins les verrières. C'estoient les plus belles églises, principallement celle de M. St-Laurent, qui est la parochialle, et celle de la Trinité, qui fussent en France.

Durant le temps que Genlis et d'Andelot entreprenoient sur les villes de Bray et Nogent-sur-Seine, le prince de Condé et l'admiral entreprenoient sur la ville de Sens et l'assiégèrent; mais, avant que de l'assiéger, pour se faciliter tous les chemins et passages, prindrent par assault la ville de Pons-sur-Yonne, après avoir fait bresche aux murailles d'icelle avec deux canons que les huguenotz de Guienne, de Poitou, Lymosin, Xaintonge et Pays-Bas avoient prins dedans Orléans, estans conduictz par les chefz qui les avoient levez, qui estoient Sainct-Cyre, escuier, de Puigreffier en Poictou, Soubize, Languillier, Landereau, Puviault, St-Martin, La Couldre, Pardillan, Pilles, et Compegnac, moyne renié[1]. Tous ces capitaines huguenotz et rebelles s'allèrent joindre audit prince de Condé devant la ville de Sens, après avoir saccagé et tué quasi tous les soldatz de trois compagnies catholicques que M. de Guise avoit là envoyé en garnison pour garder le passage soubz la conduitte des capitaines St-Martin et St-Loup, avec aussi plusieurs habitans de laditte ville. Plusieurs soldatz et habitans s'estoient retirez dedans l'église dudit lieu, pour éviter la fureur de ces barbares chrestiens; mais Compegnac ne leur voulut pardonner, non plus qu'à ceux qui furent attainctz sur les pontz de la rivière

---

[1] D'après d'Aubigné, de Thou, etc. la ville de Pont résista *assez opiniastrement*; elle fut forcée, et tout ce qu'on trouva fut passé au fil de l'épée.

et dans les basteaux, lesquelz tous furent harquebusez ; aultres se retirèrent dedans le chasteau, lesquelz, après la rage passée, furent
receuz à composition et eurent la vie saulve, en payant rançon. Les
capitaines St-Martin et St-Loup furent penduz par le commandement
de l'admiral, et ne les voulurent les huguenotz prendre à rançon,
d'aultant qu'ilz avoient tenu bon contre eux. Ilz furent estimez braves
capitaines et qui avoient faict le debvoir à soustenir les assaultz que
les capitaines huguenotz Compegnac et Pilles leur avoient livrez. Les
soldatz qui partirent à bonne heure dudit Pons s'allèrent saulver en
la ville de Sens, dedans laquelle estoit M. de Guise.

M. de Guise, qui, avec compagnies de gens de cheval et de pied,
s'estoit mis dedans la ville de Sens, n'ayant le moyen de passer oultre
pour joindre le camp du roy qui s'amassoit à St-Maturin-de-l'Archant, ayant entendu la prinse de Pons-sur-Yonne, avec cent chevaux
se retira dedans la ville de Troye, je ne sçai si c'estoit de craincte
ou par aultre occasion, laissant le gouvernement de la ville de Sens
à M. de Villegangnon, chevalier de Malthe, nommé Me Nicollas Durant, natif de Provins, homme sage et fort expérimenté au faict de
la guerre. Les habitans de la ville de Sens commencèrent à s'attonner,
quand ilz virent la retraicte dudit sieur de Guise et de tant d'hommes
avec luy, bien sçachans que le huguenot s'efforceroit de les prendre,
en vengeance du saccagement qu'ilz avoient faict aux prédicant et huguenotz de leur ville et aultres aux premiers troubles de l'an 1561
et 1562 ; toutesfois, se résolurent à l'assurance dudit sieur de Villegangnon, auquel ilz promirent tous d'obéir[1].

Ledit sieur de Villegangnon, après avoir ouy le trompette du camp
huguenot, qui le somma de rendre la ville à M. le prince de Condé,
mint ordre à toutes choses nécessaires qui estoient pour le salut de la
ville ; il feit mettre le feu ès maisons et églises des fauxbourgs S^t-Di-
dier, St-Anthoine et de N.-D., qui estoient lés plus proches des portes
et murailles de la ville, affin que l'ennemy ne s'en aydast, ensemble

---

[1] Sur l'état de la ville de Sens et des localités environnantes en ce moment, voyez à
l'Appendice des lettres de Villegagnon.

1567. fit tomber les murailles desdittes maisons qui estoient joygnant les fossez, pour ne servir d'escouté à l'ennemy. Les églises de St-Didier, de N.-D., de l'abbaye de St-Jehan et du prieuré de St-Saulveur furent bruslées, d'aultant qu'elles estoient trop près des fossez de la ville.

Le feu n'estoit estinct desdittes maisons et églises, que le camp des ennemys huguenotz arriva devant la ville; pour lesquelz bienvigner et festoyer, leur feit faire la feste ledit sieur de Villegangnon à son d'instrumens de haultz boys, par une bonne bande de ménestrez qu'il avoit faict monter au sommet des tours de l'église de M. St-Estienne. Lesquelz haultz boys et menestrez, après avoir joué de leurs instrumens et faict la feste au camp huguenot, leur fit sonner ung aultre son par l'instrument de l'artillerie qui avoit esté apposée sur lesdittes tours, qui sonnoit une basse-contre toute différente à celle des haultz boys, au son de laquelle faisoit tousjours le petit ou le canart quelque huguenot dudit camp. Toutes les forces huguenottes furent mises devant la ville pour l'assaillir, mais en vain; ilz n'avoient artillerie ni munitions en suffisance pour la battre, et pour ce taschèrent à miner la muraille entre la porte St-Anthoine et celle d'Yonne. De quoy s'apperceut à l'instant ledit sieur de Villegangnon, qui soudain feit esvanter leur ditte mine et la feit tomber sur ceux qui la faisoient, où 60 d'entre eux demeurèrent mortz et estropiatz, sans que nulle pierre de la muraille tombast.

Ledit sieur de Villegangnon, voyant les huguenotz campez ès fauxbourgs susdictz, laissa la porte N.-D. ouverte, qui est du costé de Troye en Champagne, et le pont-levis abaissé, pour donner entrée ausditz huguenotz dedans la ville, sans que aulcune personne des habitans ni soldat de la garnison se présentast à laditte porte pour les empescher. Quoy voyant, lesditz huguenotz firent entrer de vitesse quelque centaine de leurs gens dedans laditte porte et pont levis, pour s'en penser saisir et prévaloir; ilz pensoient passer plus oultre dedans la ville, ne se doubtant de l'appareil que leur avoit appresté le sieur de Villegangnon, qui estoit de sept ou huict pièces de canon posées au millieu de la rue non loing de laditte porte, toutes chargées à plomb, dans lesquelles luy-mesme mist le feu, sans que le huguenot s'en apperceust que n'ouist le son de ladicte artillerie. Elle desbanda le long et au travers d'eux, de plusieurs desquels volèrent les testes et membres au loing, sans se sçavoir jamais rassembler en ce monde; aultres demeurèrent en la place, les ungs mortz et aultres demy-mortz. Après le son de laquelle artillerie, sortirent sur le reste des huguenotz qui estoient à ladicte porte près de cinq cens soldatz, tant des habitans que de la garnison, qui estoient en embuscade dans les maisons, rues et ruelles joygnans ladicte porte; lesquelz de fureur se ruèrent sur lesditz huguenotz jà fort espouventez de ladicte artillerie, et les rechassèrent jusques à leur camp, où attacquèrent une alarme assez brusquement au domage des huguenotz conjurez, lesquelz ne se hastèrent de retourner à ladicte porte. Ledit de Villegangnon feit plusieurs sorties en armes dessus lesditz conjurez, et leur bailla de rudes charges, sans perte de beaucoup de ses gens et comme poinct, qui donnèrent tant de perte à l'ennemy huguenot, qu'il fut contrainct de lever le siége avec sa honte et de quitter ladicte ville en son repos; il se retira ès villages qui sont entre ledit Sens et les villes de Bray et Nogent, où il séjourna jusques au 13, 14 ou 15ᵉ jour du moys de décembre, en attendant la résolution du conseil du roy et des députez de leur cause, qui estoient assemblez à Fontainebleau, pour veoir s'ilz s'accorderoient de la paix que l'on poursuivoit de faire, où nous les laisserons là, ce pendant que nous retournerons à Provins.

Les habitans de Provins, sçachans que les villes de Bray et Nogent-sur-Seine estoient huguenottes, commencèrent à trembler, estimans qu'en peu de jours ilz tomberoient au mesme danger qu'estoient lesdittes villes, ce qu'ilz eussent faict, si le huguenot se feust acheminé devant leur ville, après la prinse desdittes de Bray et Nogent; car ilz de Provins avoient perdu plus de la moytié de leur courage, quelque bonne mine qu'ilz fissent, après avoir sceu les maulvais traitemens que ledit huguenot avoit faict ès villes de Pons-sur-Yonne et les dessusdittes.

Les gens d'église dudit Provins pensèrent s'enfuir hors de la ville,

1567.

1567. pour éviter la rage et cruaulté huguenoticque que le huguenot leur
eust faict s'il eust esté en laditte ville. Mais les habitans ne voulurent
permettre qu'ilz sortissent et les contraignirent de demeurer en leurs
maisons, chose mal faicte auxditz habitans; car ils sçavoient bien que
la vie d'iceux prebstres n'estoit qu'à la miséricorde des huguenotz et
que de leurs mains peu en eschappoient. Ilz de Provins s'excusoient
sur le grand nombre desditz prebstres qui estoit en leur ville, qui
montoit bien au nombre de 200, tant en séculiers que réguliers des
religions, chanoinies et parroisses. Plusieurs toutesfois évadèrent clandestinement, se saulvèrent comme à la desrobée et s'absentèrent, lais-
sans leur bien et maisons à la miséricorde des habitans et des gens
de guerre qui survindrent peu après en la ville. Ceux qui s'enfuirent
hors de la ville furent Mᵉ Nicole Rayer, doyen de Sᵗ-Quiriace, François
de Biencourt, thésaurier de laditte église; Michel Mavereau, prévost d'icelle; Anthoine Nannot et Jehan Chappot, chanoines de laditte
église; Nicolle Froment, doyen de l'église N.-D.-du-Val; Nic. de Chan-
teraine, chantre d'icelle église; Ayout Du Pas et P. Saderon, chanoines
d'icelle; Cl. Prévost, oncle dudit Saderon; frère Jehan Barrier, cordelier, docteur en théologie, curé de Sᵗᵉ-Croix; Cl. Haton, chapelain à N.-D.-du-Val, et encores quelque douzaine d'aultres pour le
plus, lesquelz se retirèrent, les ungs à Troye, aultres à Paris, aultres
à Rozay et les aultres la part qu'ilz purent pour se saulver.

Ce qui empeschoit les habitans de Provins de laisser sortir les
prebstres de leur ville estoit le prouffit qu'ilz en espéroient avoir en
les livrant au huguenot à rançon qu'ilz eussent payée pour toute la
ville, ainsi qu'avoient faict ceux de Bray; et fut le bruict commung
que le rolle desditz prebstres de Provins fut faict par noms et surnoms
pour le donner au prince de Condé, ensemble les qualitez d'iceux,
avec cottes pour voir à combien eussent monté les rançons qu'on eust
peu prendre sur eux. Et furent taxez le bally Alleaume, l'advocat du
roy Legrand et les procureur et eschevins de laditte ville, avec
quelques habitans du conseil, d'avoir faict ce rolle et les cottes sur les
prebstres et de les avoir empeschez de sortir.

Lesditz habitans, ne se fians à la rançon que le huguenot eust peu   1567.
prendre sur les ecclésiasticques de leur ville, et sçachant qu'ilz
n'eussent esté quittes pour cela, sollicitèrent par tous moyens à eux
possibles de recouvrer gens de guerre pour mettre en garnison en
leur ville, pour la deffense d'icelle; et dès la St-André receurent une
compagnie de gens de pied montant à 300 hommes, du régiment du
seigneur de Foissy, qui estoient assez bien en armes, laquelle pensoit
entrer dedans Nogent, pour la garde de leur ville, quand les habitans
la quittèrent au huguenot. Cette compagnie entrée audit Provins,
haulsa ung peu le courage aux habitans, qui furent bien ayses de les
recevoir pour leur secours, en attendant mieux. Car ilz habitans,
comme aussi le seigneur de Lours, leur capitaine et gouverneur pour
le roy, avoient envoyé hommes au roy, pour l'advertir de l'estat de
la ville et de l'ennemy qui les vouloit assiéger, et prier S. M. d'y
envoyer secours en suffisance pour la luy garder et deffendre, ou, en
faulte de ce faire, que les habitans n'estans suffisans de la deffendre,
seroient contraintz de la rendre au huguenot.

Le messager premier qui fut au roy ne fut si tost expédié, par
quoy y furent renvoyez deux et trois aultres messagers, qui luy portoient pareilles nouvelles que le premier. Toutesfois le troisième,
nommé Me Anthoine Yver, greffier de l'élection dudit Provins, pour
diligenter S. M. qui estoit à Paris, de le despescher de secours, luy
feit entendre que le huguenot avoit sommé la ville et que jà son
camp commençoit à s'en approcher. Quoy entendant saditte majesté,
l'envoya en son camp, qui s'assembloit ès environs de St-Mathurin de
l'Archant, avec lettres adressantes à M. le duc d'Anjou, son lieutenant
général et frère, pour envoyer promptement secours audit Provins,
pour empescher le huguenot de s'en saisir.

Mondit seigneur duc, oultre le mandement du roy son frère,
voulut ouyr parler ledit Yver, messager de Provins, et par luy entendre l'estat de la ville de Provins; ce qu'ayant entendu, promptement despeschea M. de la Rivière Puistaillé[1] avec son régiment de six

---

[1] M. de la Rivière fut tué en 1570. (Voy. de Thou, *Hist. univ.* liv. XLVII.)

1567. compagnies complettes, et sur l'heure le fit partir de Graiz en Gastinois lez St-Mathurin et Fontainebleau, où il estoit, pour se jetter
par tous moyens à luy possibles en ladite ville de Provins, et la garder
au roy, de laquelle fut faict gouverneur et lieutenant de S. M. pour
y commander à chascun et ordonner de toutes choses qui serviroient
à la deffense d'icelle. Ce mandement receu par ledit sieur de la
Rivière, et après avoir ouy parler ledit messager de Provins, Yver,
tout sur l'heure despeschea deux compagnies de son régiment, qu'il
donna audit Yver à guyder, pour les faire rendre audit Provins, avec
promesse de partir au lendemain avec le reste de son régiment pour
y aller. Ledit Yver sollicita si bien les deux capitaines et leurs compagnies qui luy furent délivrez, que jour et nuict les fit marcher avec
diligence, et en vingt-quatre heures leur fit faire 12 ou 14 lieues, et,
pour les destourner de tout danger, les conduisit par au dessus de
Nangis, et les tourna par Cucharmoy et Mortery, pour les rendre à la
porte de Culoyson, lieu éloigné de l'ennemy huguenot, qui estoit
à Bray, Nogent, Sens et les environs. Le 4e jour de décembre au
matin, à l'ouverture de la porte, entrèrent lesdittes deux compagnies,
avec leurs capitaines, qui estoient les sieurs de la Chambre et Goars,
accompagnez dudit Yver; lesquelz avec grande alégresse et réjouissance furent réceuz et bien logez, tous harquebusiers aguerris et bien
en ordre.

Au lendemain, 5e jour dudit moys, entre une heure et deux heures
après midy, arriva audit Provins, par la porte St-Jehan, ledit seigneur de la Rivière, avec encores six enseignes de gens de pied, sous
la charge des capitaines La Parière et aultres desquelz ai oublié
les noms, tous harquebusiers, la plupart encorcelez et morionnez à
plaisir, lesquelz furent receuz et carressez de mesme façon que les
premiers.

Dieu sçait comment le courage haulsa aux habitans de Provins à
l'arrivée de ce secours, lequel toutesfois fut nourri et entretenu aux
despens des habitans, estans tous logez par bulletin ès maisons desditz
habitans; lesquelz les traitèrent chascun selon le moyen qu'il avoit;

et n'y avoit si pauvre en laditte ville qui ne s'efforsast de leur faire 1567.
bon traictement, aymant mieux perdre son bien avec eux en paix,
que de le veoir ravir au traître huguenot barbare. Lors audit Provins se trouvèrent en garnison dix compagnies de gens de pied, en
icelles comprins celle du seigneur de Lours et celle du régiment
du seigneur de Foissy, qui jà y estoient, lesquelles de Lours et de
Foissy ne sembloient que gougeatz parmy ceux dudit sieur de la
Rivière.

A l'arrivée dudit sieur de la Rivière, fut deschargé le seigneur de
Lours, qui, avant sa venue, avoit la ville en garde de par le roy;
duquel toutesfois s'accompagna ledit de la Rivière et luy porta honneur en toutes choses comme à ung serviteur du roy.

Il de la Rivière, dès au lendemain de son arrivée, visita la ville de
Provins de toutes partz et considéra les lieux les plus foibles, qu'il
feit réparer à son possible. Il feit mettre par terre le boullevert que
le bally avoit faict dresser, attenant du cymetière de St-Nicolas, comme
chose inutile à la ville et de conduitte aux ennemys; au lieu dudit
boullevert, depuis la maison des malades de peste jusque à la porte
du Buat, il feit par dedans la ville faire des fossez et rempartz pour
couvrir des harquebusiers en grand nombre, pour empescher l'ennemy, s'il eust attenté de forcer la ville par cest endroict. Il ordonna
les quartiers aux capitaines et à leurs compagnies par la ville et
dessus les murailles, pour la nécessité de la garde. Les habitans ne
cessèrent de jour et de nuict d'aller au guet et aux portes par dizaines,
soubz la charge des capitaines de la ville, avec les soldatz de la garnison, pour se donner garde des ungs et des aultres. Il feit ruyner et
abatre les maisons et chapelle de St-Syloë, qui estoient au fauxbourg
de la porte de Culoison, et commanda aux soldatz et habitans du
quartier de laditte porte de travailler à la ruyne d'icelle tous ensemble, et les mettre rez pied rez terre. Il feit travailler les habitans
du quartier de Changy au curement des fossez de leur ville qui sont
entre les portes de Changy et des Bordes. Il receut le capitaine Valentin
Poulet, qui avoit esté dévalisé à Bray par le huguenot, comme nous

1567.   avons dict, et luy permist de redresser une compagnie de 300 hommes,
tant des soldatz qui l'avoient acompagné audit Bray que aultres, et
l'estima beaucoup, pour le rapport qui luy fut faict du debvoir qu'il
avoit faict sur le huguenot, à la deffense de la brèche de la ville
de Bray.

Les maisons et biens meubles des huguenotz de Provins furent par
ledit de la Rivière habandonnez aux soldatz qui estoient audit Provins
au pillage. Lesquelles, malgré le bally dudit Provins, furent environ-
nées et saccagées par lesditz soldatz, qui firent leur prouffit de ce
qu'ilz trouvèrent en icelles. Les maisons qui estoient en propre héritage auxditz huguenotz furent quasi toutes mises par terre et le bois
bruslé à faire la garde de nuict. Celles qu'ilz tenoient à louage furent
saulvées par les propriétaires à qui elles appartenoient, non du tout
sans domage. Les gens de la compagnie de Foissy, qui estoit entrée
à Provins quelque six jours avant la venue des compagnies dudit
sieur de la Rivière, s'estoient mis en debvoir de piller et ruyner
lesdittes maisons, et s'estoient adressez à celle de Léon Godart,
procureur en balliage et prévosté de Provins, lequel estoit au camp
rebelle et huguenot; mais injurieusement en furent empéschez par
le bally dudit Provins, assisté du seigneur de la Barge, lieutenant
du seigneur de Lours et de quelques soldatz de sa compagnie, où y
pensa advenir sédition. Les soldatz dudit Foissy se mutinèrent contre
ledit bally, qui, l'espée au poin, en ayant empongné ung par le collet
pour luy faire trembler le menton, fut aussitost enfoncé d'ung coup
d'estoc par ung aultre soldat, et n'eust esté le corcelet qui estoit sur
son dos, couvert de ses habitz, n'eust jamais faict trembler soldat.
Ceste sédition fut appaisée par ledit de la Barge, qui partie soustenoit
lesditz soldatz, partie ledit bally. Lequel bally fut fort desprisé d'avoir
faict cest acte, et luy fut reproché par ledit de la Rivière, qui en fut
adverty depuis qu'il fut logé en laditte ville. La menuiserie desditz
huguenotz fut vendue au pilory par les commis des capitaines de la
garnison, et l'argent de la vente applicqué à leur prouffit. M. de la Rivière, après avoir tansé le bally, luy dist que, s'il appercevoit tant feust

peu de faulseté en luy contre le service du roy et de la ville, sans doubter il le feroit pendre et estrangler, affin qu'il se donnast bien garde de malverser, s'il vouloit, quelque bally qu'il feust et huguenot quant et quant. Ledit bally, en s'excusant, dist qu'il n'estoit huguenot et qu'il vouloit vivre et mourir pour le service du roy et de la ville. Auquel réplicqua ledit de la Rivière que le roy et luy sçavoient bien quel il estoit, l'advertissant bien de n'empescher ses soldatz sur les entreprinses qu'ilz feroient sur les huguenotz, comme il avoit faict sur ceux de Foissy, s'il ne vouloit par eux estre taillé en pièces, et que ce seroit beaucoup à luy de se saulver et sa maison sans estre saccagé par lesditz soldatz; ce qu'il luy promist n'estre faict, moyennant qu'il se portast bon serviteur du roy et protecteur de sa ville. Ce que jura faire ledit bally, sur le péril de sa vie, comme il en vouloit faire bonne preuve par expérience, si l'ennemy se présentoit, promettant de vivre et mourir au pied dudit sieur de la Rivière, pour le service du roy et de la ville. De laquelle promesse se contenta ledit de la Rivière, qui depuis luy monstra tout visage d'amitié et de bonne courtoisie.

Le capitaine Valentin Poullet, ayant refaict sa compagnie par le commandement dudit s^r de la Rivière, luy fut donné logis dedans le cloistre de N.-D.-du-Val, en la maison d'ung chanoine dudit lieu, nommé Me Jehan Gervais, homme riche et avare, ce que bien sçavoit ledit capitaine; lequel, partie par maulvais vouloir qu'il luy portoit, partie pour luy estre recommandé par quelques gens de Provins qui ne l'aymoient, luy feit de grandes rudesses et despense telle que ledit Gervais, n'en pouvant plus souffrir, se retira porter ses plainctes au seigneur de Lours, en le priant d'y donner ordre, ce qu'il feit, et fut ledit capitaine fort blasmé de l'avoir traicté si rudement, veu qu'il estoit de cognoissance. Il Valentin commist audit cloistre, en la maison d'ung chanoine nommé Me Jehan Chappot, une grande cruaulté sur deux soldatz de sa compagnie, qui estoient logez en la maison d'une femme vefve, boulangère, demeurant en la rue du Minage, parente de la femme dudit capitaine Poullet, qui estoit des Guérins; laquelle ne voyoit manger son pain ausditz soldatz de bon courage, comme aussi

1567. ne faisoit à touté aultre personne, et, pour se destrapper desditz soldatz, ellé les accusa de l'avoir voulu prendre à force, et de ce forma plaincte audit Poullet. Qu'il feust vray ou non, ne s'en voulut informer davantage; mais, ayant attendu son opportunité, les manda au logis dudit Chappot, et, sans les vouloir escouter en leurs excuses, les fist lier à ung pillier qui servoit de potence dessoubz la poultre de la maison, et de sa propre main les tua d'une dague qui les perça au travers de l'estomac, et les feist enterrer derrier l'église N.-D.-du-Val, où ilz furent trouvez après le partement du camp.

Cependant que le camp huguenot séjournoit entre les villes de Sens, Nogent et Bray, qui fut l'espace de 18 et 20 jours, les députez de leur part pour traicter de la paix avec le roy estoient à Fontainebleau avec la royne mère et aultres seigneurs catholicques; lesquelz ne se pouvans accorder, et s'estans départys les ungs des aultres avec grand mescontentement, les conjurez huguenotz, estans comme au désespoir, redoublèrent leur rage et cruauté barbaresque sur les catholicques, principallement les ecclésiastiques et les églises, esquelles églises commencèrent à mettre le feu pour les brusler, ce que encores n'avoient faict en ce pays ni par la France. Ilz mesdirent fort oultrageusement de la royne mère et contre l'honneur de sa chasteté, l'appellant putain et ribaude et telle la maintenant en toutes compagnies et assemblées. Ilz mettoient en avant que les armes qu'ilz portoient et qu'ilz avoient prinses pour la guerre qu'ilz démenoient estoit par son commandement ou permission secrette, disans que à ce faire les avoit incitez, affin de troubler l'estat des princes et du royaume et pour que, par le divorce de ces princes, elle pust maintenir sa grandeur et demeurer au gouvernement de toutes affaires par la France; et fut laditte dame taxée par les plus clervoyans en affaires, tant d'un party que de l'aultre, d'estre véritablement la paix et la guerre des troubles présens et passez de la France.

Au partir de Sens, ilz bruslèrent l'église de madame Ste-Columbelez-Sens, l'église et chasteau de Nolon, lieu très-fort appartenant à l'archevesque de Sens; lequel de leur puissance ilz n'eussent sceu prendre, si le capitaine qui estoit dedans ne l'eust habandonné à 1567. leur arrivée. Les églises des villages de Courlon, de Montigny-le-Guesdier, de Villenauxe-la-Petite, de Parcy, de Noyen, de Pally, de St-Martin, lez le chasteau de l'Aulnoy, de Vertily et de plusieurs aultres villages des environs furent bruslées du feu qu'ilz y mirent. Les églises de Villers-sur-Seine, de Corceroy, de la Motte et celles de Nogent-sur-Seine furent mises en cendre, comme aussi furent celles de Luytaine, de Paroy, de Charlemaison, des Ormes, de Sordun, de l'Eschelle, de Villegruys, de Louen et de Voulton. Les aultres églises des villages de Goix, d'Ermez, de Meel, de Mériot, de Chalaustre-la-Grand, de Chalaustre-la-Petite, de St-Michel de Poignis, de Ste-Columbe et aultres des environs de Provins ne furent bruslées, mais toutes saccagées, comme furent celles de Bray, de Mouy et de St-Saulveur, lez ledit Bray, ausquelles fut le bruslement pardonné. Ilz ne pardonnèrent à nulle maison presbitéralle, tant publicque que particulière par les villages, moyennant qu'ilz sceussent icelles maisons appartenir aux prebstres, si ce n'estoit pour quelque faveur, rançon ou grande prière de gens qui fussent huguenotz ou de leurs amys.

Environ le 10e ou 12e jour du moys de décembre, le camp huguenot passa la rivière de Seine pour se retirer en la Brie, combien que dès le 8e jour dudit moys les parroisses de St-Saulveur, de Mouy, des Ormes, d'Averly et de Goix furent remplies de ceste vermine huguenoticque, pour garder le passage de Bray, servant de avant-garde au prince de Condé, qui estoit logé en laditte ville à son retour de Sens. Les huguenotz qui se logèrent à Goix surprinrent ung prebstre nommé messire Jehan d'Argent, âgé de soixante et dix ans, en la maison d'ung mareschal nommé d'Alicart, dans laquelle s'estoit retiré ledit prebstre, habillé de gris en bon homme de village, et n'eust esté cognu desditz huguenotz, si ung petit enfant âgé de six ans ne l'eust accusé; lequel enfant, sans sçavoir mal faire, en la présence d'iceux huguenotz, dist audit prebstre : « Messire Jehan, serrez-vous, que je me chauffe. » Ausquelles parolles changea de couleur le bonhomme, qui fut par les huguenotz empongné, lié et conduict par

1567. les rues dudit Goix, pour estre opprobre et mocquerie à toute la trouppe, et, après l'avoir honteusement pourmené, mocqué, battu et injurié, le remenèrent au logis dudit mareschal et le pendirent et estranglèrent aux barreaux des fenestres de la maison, sans permettre que personne aucune le rachetast, ni qu'on se mist en peine de le saulver. Ce pauvre homme avoit jà fally une fois, au moys d'octobre de devant, d'estre prins des aultres huguenotz qui logèrent audit Goix, s'estant saulvé de leurs mains en habit et contenance du vacher de la ville et à mener les vaches aux champs, ainsi que l'avons dict en son lieu.

M. le prince de Condé, qui conduisoit la bataille de son camp, au desloger de Bray s'alla loger en la paroisse de Sordun, ayant laissé une compagnie de ses gens audit Bray pour garder le passage, comme aussi dedans Monstereau, où il avoit laissé le capitaine et sieur de Renty, pour empescher le passage des catholicques, qui s'apprestoient pour les suyvre. En attendant qu'il prince et son camp attenteroient sur la ville de Provins, sa personne se logea au chasteau du sieur de Monberon, ledit Monberon absent d'iceluy, de peur d'estre prins à rançon. Son artillerie et infenterie de gens de pied se campèrent au petit hameau de Villecendrier, tant dedans les maisons que dehors, où firent ung grand domage à Jehan Rousselot, fermier du Petit-Chastel près la Chapelle-St-Éloy, fort riche laboureur, la grange duquel fut vuydée, tant pour la nourriture des chevaux que pour faire des logis aux soldatz qui estoient campez à la haye et contre les arbres. Jehan Saillvageon n'en eut meilleur marché, comme aussi les aultres habitans dudit hameau, et qui plus avoit de bien, plus en perdit. L'arrière-garde, conduitte par d'Andelot, passa par Nogent-sur-Seine, et se logea ès parroisses de St-Fregel, la Chapelle, St-Nicolas, Chalaustre-la-Grand, Mériot et Meel; les églises desquelles ne furent entièrement bruslées, mais furent les croix, callices d'or et d'argent, ensemble les chappes et aultres meubles du tout pillez, non par les huguenotz de laditte arrière-garde, mais par les voleurs huguenotz de leur suitte, qui, comme avant-coureurs, les premiers

jours du moys de décembre, ravirent avec violence les biens meubles
de ces églises; et n'en eschappa en tout ce pays pruvinois que celles
de Ste-Columbe, St-Michel de Pongnis, St-Bris et Roully, d'aultant
qu'elles estoient trop près dudit Provins. Lesditz voleurs huguenotz
avant-coureurs furent ès unes et aultres églises et parroisses susdites;
mais n'y trouvèrent que desrobber, parce que les habitans avoient
caché les ymages et meubles d'icelles, partie à Provins, partie en
aultre lieu. Les marguilliers de Ste-Columbe demourans à Sepveilles
furent fort tourmentez par lesditz voleurs, pour leur livrer les croix
et callices d'or et d'argent de leur église, et, pour mieux les contraindre à ce faire, allumèrent le feu en leurs maisons pour les brusler et leurs meubles, s'ilz ne leur livroient lesditz calices; pour duquel
feu se saulver, fallut qu'ilz leur baillassent argent de leur bourse et
qu'ilz promissent de les aller demander à Provins, où ilz les avoient
mis en garde. M. de la Rivière, estant de ce adverty, envoya une compagnie de harquebusièrs audit village, pour recognoistre ces sacriléges de chrestiens noveaux réformez, mais ne les trouvèrent plus,
d'aultant qu'ilz furent advertiz de l'allée de ces harquebusiers, et par
ce moyen furent lesditz croix et calices de Ste-Columbe saulvez.

Le feu fut mis en la grange de la ferme et mestairie des Granges
N.-D.-du-Val en allant à Gymbrois, par aulcuns huguenotz, pour se
venger en partie du fermier dudit lieu, nommé Nicolas Gannay, boucher, demourant à Provins en la Vieil-Rue, et l'aultre partie en hayne
des prebstres et chanoines de N.-D., ausquelz elle appartenoit. Et
furent les huguenotz de la maison et suitte de St-Symon de Chantaloue suspectz d'y avoir mis le feu, comme ilz firent dedans l'église et
prieuré de Voulton, les clocher et cloches de laquelle église furent
bruslés et fondus. Il y avoit de fort beaux logis au prieuré, qui furent
par le feu consumez.

Le prieuré de la Fontaine-aux-Bois, en la paroisse de Meel-sur-
Seine, fut saulvé du feu et des ruynes huguenoticques, moyennant
cent escuz que paya Nicolas Lenoble, bourgeois marchant de Chasteau-Thierry, qui le tenoit à ferme du prieur, frère Pierre Pisseret,

1567. frère de sa femme, à ung capitaine huguenot de leur pays, nommé
le capitaine Fleury, qui, pour garder ledit prieuré d'estre bruslé et
pillé, s'alla loger dedans avec deux des frères dudit Pisseret, prieur,
l'ung nommé Ysaï Pisseret, bally de la Ferté-soubz-Jouarre, et l'aultre
Nicolas Pisseret, marchant, demourant audit lieu, huguenotz des
plus fermes, mais non voleurs, pour le regard dudit bally, lequel estoit
beaucoup plus scrupuleux que ledit Nicolas, son frère. Le prieur dudit prieuré, Pierre Pisseret, leur frère, estoit de religion contraire à
Calvin et Luther, mais avec une oppinion et manière de vivre en matière de la religion aultre que celles des catholicques, homme fort
sçavant, et qui avoit bien estudié en toutes lettres hébraïcques, cal-
déennes, grecques et latines, mais pour tout cela n'en faisoit ni valloit mieux. En l'église de Mériot, n'y eut de bruslé que le clocher et
les cloches gastées, ensemble la maison presbitéralle, qui fut entièrement bruslée. L'église de Meel ni le presbitaire n'endurèrent le feu,
à la prière des voysins habitans d'icelle, qui, de peur de voir le feu
s'allumer en leurs maisons qui en sont proches, prièrent tant les boutefeux d'églises qu'ilz se desportèrent. Les parroissiens d'Ermez, quelques peu de jours avant l'arrivée desditz boutefeux, abbatirent eux-
mesmes leurs cloches et clocher, et par ce moyen ne fut leur église
bruslée.

Le camp huguenot, estant campé à Villecendrier et villages des
environs dudit Provins pour y attenter quelque chose, fust pour l'assiéger, battre ou rançonner, ledit sieur de la Rivière ne se tenoit à
repos, tant pour la garde de la ville que pour faire courses et entreprinses sur l'ennemy, auquel il bailla plusieurs allarmes, jusques
dedans leurs sentinelles, aucunes desquelles eurent la gorge couppée de nuict. Mais, voulant passer oultre jusques à leurs corps de
garde, fut incontinent le camp huguenot en armes, qui fut cause de
donner la retraicte audit de la Rivière, lequel, avec deux cens harquebusiers à pied et cent chevaux, passa jusques à la Fontaine-aux-
Bois, estant guidé par gens de Provins qui sçavoient les passages,
pour faire entreprinse sur les huguenotz qui y estoient. Ne pouvant

achever son entreprinse, il se retira à Provins malgré l'ennemy, 1567.
sans perdre aucun de ses gens, et ramena avec soy six huguenotz
prisonniers, desquelz il tira, moytié par force moitié par amytié, ce
qu'ilz sçavoient de l'entreprinse que le prince de Condé vouloit faire
sur la ville de Provins, qu'il prétendoit d'assiéger et battre à 24 h.
de là, et, pour mieux faciliter son assiégement, avoit résolu de passer
la rivière de Voulsie, au Grand Estan lez ledit Provins, et de s'aller
emparer du monastère des dames cordelières qui sont oultre la porte
de Culoyson, lez les murailles de la ville.

Pour lequel empescher, ledit sieur de la Rivière envoya nombre
de harquebusiers, tant de la garnison que des habitans, chargés de
deffendre le lieu; puis, après avoir meurement pensé à son affaire,
pour saulver lesditz soldatz et habitans, leur commanda d'y mettre
le feu, la nuict que ledit prince y debvoit aller pour se camper, ce
qu'ilz firent, comme aussi ès maisons et chapelle de l'Hospitail, et la
Folie tout joygnant le petit hameau de Fontaine-Riant[1]. Il feit pareillement mettre le feu au moulin de St-Ayoul, tout joygnant les
murailles du Pont-qui-Pleut, dedans lequel il avoit ordonné une compagnie de harquebusiers. Le feu fut pareillement mis ès maisons qui
estoient auprès et tout joygnant la chapelle de N.-D.-des-Champs,
laditte chapelle réservée, et fict faire tout ce désastre pour incom-
moder l'ennemy huguenot qui vouloit envahir la ville.

Le prince de Condé, voyant le feu esdictz lieux, demeura à Villecendrier et n'attenta davantage sur Provins, pour les nouvelles
qu'il reçut que le camp catholicque se mettoit à chemin pour le
combattre audit Provins, s'il se feust arresté davantage. Mais au lieu
d'attenter audit Provins davantage, à cause des nouvelles que dessus,
descampa de Villecendrier et des environs de Provins, pour s'en aller
à Villenauxe-la-Grand, où il logea, ayant trouvé les portes ouvertes

[1] Sur la destruction de l'abbaye des Cordelières, par l'ordre de la Rivière, voy. à la bibliothèque de Provins, l'Histoire manuscrite de ce monastère, par Jeanne d'Allonville (fol. 29), et le Journal de Cl. Joubert, dans le recueil manuscrit de M. Rivot (*Histoire civile de Provins*, t. VI, p. 316-317).

1567. sans aucune résistance. Les habitans duquel Villenauxe furent par luy et ses commis rançonnez d'une notable somme de deniers, leurs églises saccagées et bruslées, et les habitans pillez, oultre la promesse que leur en avoient faict les sieurs de Mongenost et de Patras, commis par ledit prince pour composer de la rançon. Il ne séjourna audit Villenauxe que une ou deux nuictz pour le plus, et au partir ledit prince s'alla loger à Sézanne, où ne trouva résistance, non plus qu'il avoit fait à Villenauxe, d'aultant que les commissaires par lui envoyez devant avoient composé de la rançon, qu'ilz de Sézanne payèrent de somme fort notable, à la charge que nul dudit camp logeroit en leur ville aultre que ledit seigneur prince et les officiers de sa maison, ce que avoient juré estre faict lesditz commissaires huguenotz; lesquelz ne tinrent leurs promesses, ni le prince aussi, ains y logea quasi tout son camp, qui y fit assez grand dégast par le feu que les soldatz mirent ès églises, les rançons particulières qu'ilz firent chascun sur leurs hostes et autres grandes insolences telles que pire n'en eussent faict s'ilz y eussent entré par assault, excepté le feu, qui ne fut mis en la ville. Desquelles insolences et inhumanitez fut fort courroucé M. le baron de Plancy, voisin desditz de Sézanne, gentilhomme huguenot, qui avoit aydé aux habitans à faire la composition de leur rançon avec les commissaires condeyens; lequel s'en alla plaindre audit prince pour lesditz habitans, et n'ayant eu response de luy au proffit desditz habitans, quitta le prince et sa cohorte huguenoticque avec leur party, et s'alla rassoir en sa maison audit Plancy, et oncques depuis ne voulut suivre le camp huguenot, vu les desloyautez, cruaultez et inhumanitez qui s'y commettoient par ces nouveaux chrestiens réformez de l'évangile de Calvin.

De Sézane, le camp huguenot tira à Esparnay pour passer la rivière de Marne, où ils séjournèrent trois jours avant qu'estre tous passez et leur artillerie, parce qu'il fallut refaire les pontz de dessus la rivière pour les passer. Ilz pillèrent et rançonnèrent ladite ville d'Esparnay, comme ilz avoient faict celles de Villenauxe et de Sézane.

Qui estoit la cause de les faire fuyr par ce chemin-là estoit la réso- 1567.
lution qu'ilz avoient prinse dès Nangis d'aller en armes jusques sur
les frontières d'Allemagne, pour avoir nouvelles des reystres Alle-
mens qu'ilz attendoient à leur secours, que leur avoit promis donner
le comte palatin du Rhin, l'ung des électeurs de l'empire des Romains,
où nous les laisserons aller, et reprendrons plusieurs cas par eux
commis en ce pays qu'avons laissé à dire, en attendant les nouvelles
du roy et de son camp catholicque.

A la suite desditz huguenotz y avoit moult de Vaudois et sorciers,
ou bien grande partie d'entre eux estoient de ce mestier, comme
l'expérience le démonstra eux estant en ces pays pruvinois, parce
qu'en plusieurs maisons, avec leur sort et magie, trouvèrent les biens
qu'on avoit caché et serré en divers endroictz, tant dedans terre esdittes
maisons, establès, jardins, cavès, qu'ès fumiers de la court d'icelles
maisons, chose incroiable à ceux qui n'en ont rien veu[1]. Il estoit
advenu à plusieurs personnes de cacher leur or et leur argent ès
murailles, en terre et jusques dessoubz les carreaux du foyer, âtre du
feu et contrecœur de la cheminée, qui furent par lesditz Vaudois
huguenotz trouvez, prins et emportés. Aultres avoient cousu leur or
entre les deux semelles de leurs soulliers, qu'ilz avoient chaussez et
marcheoient dessus, ce que bien sceurent iceux Vaudois, qui contraignirent les personnes de deschausser lesditz soulliers, et, en leur
présence, les ayant descousus, prirent l'or qui y estoit caché, et rendirent les souliers au bonhomme. Aultres avoient caché leur finance
ès liens et drapeaux de petits enfans de la mamelle ; on vit lesditz Vaudois eux-mesmes desvelopper lesditz enfans, prendre ladite finance
où elle estoit et rendre les petis enfans à leurs mères, et ainsi en tous
lieux où lesditz Vaudois estoient logez. Ès maisons où n'y avoit que
les meubles cachez et poinct d'argent, prenoient leurs hostes et hos-
tesses par la main et les menoient sur le lieu de la cachette et leur
demandoient rançon d'argent, affin de ne rien prendre desditz meubles

---

[1] Sur le sens du mot Vaudois au moyen   des chartes, t. VIII, p. 81, mon Mémoire
âge, voyez dans la Bibliothèque de l'École   intitulé : *les Vaudois au XVe siècle.*

1567. qu'ils disoient pour certain y estre cachez, et falloit composer à eux, ou en, faulte de ce faire, retiroient de la cachette ce qui y estoit serré et le desrobboient; et par telz moyens ruynèrent plusieurs maisons des villages et des villes où ilz logèrent, et faisoient grand vertu de cela pour en authoriser leur prétendue religion, n'ayans honte de fouiller les filles et femmes en leurs parties les plus secrettes et honteuses qu'elles eussent et en quelque estat qu'elles fussent, pour y prendre l'argent qu'elles y pensoient saulver.

Ilz enmenèrent prisonniers avec eux plusieurs prebstres de ce pays sénonois et pruvinois, quand ilz partirent de ce pays pour s'en aller au-devant de leurs reistres, comme aussi plusieurs riches marchans et laboureurs des villages et gentilshommes qui tombèrent en leurs mains, et n'estoit sagesse à homme riche, de quelque qualité qu'il feust, de les attendre, ni de se trouver avec eux. Entre les prebstres qui furent prins prisonniers par lesditz huguenotz, fut l'auteur de ce livre, qui fut prins dans la forest de Sordun et mené prisonnier à la Fontaine-au-Bois par le capitaine Fleury, que nous avons dict naguères y avoir esté mis pour la garde dudit prieuré; des mains duquel fut délivré sain et saulve, sans payer rançon, à la faveur du prieur dudit prieuré et de ses frères, le bally de la Ferté-soubz-Jouarre et Nicolas Pisseret, gendre du feu conseiller Truffé, présidial de Provins, à telle condition que ledit auteur leur prisonnier ne rentreroit audit Provins, ni ne donneroit advertissement à aucun catholicque par parolle ni escript de l'estat desditz huguenotz qui estoient audit lieu de la Fontaine; mais que, estant toujours leur prisonnier, seroit délivré sur sa foy, pour aller en toute liberté et seureté se rendre à Nesle, lez Chasteau-Thiery, y pourter nouvelles de eux et de leur camp, et y demeurer jusques après leur partement dudit Provins et les environs, duquel partement luy fut faict assavoir, pour se retirer, en liberté et sans rien payer, la part que bon luy sembla.

Le curé de Sargine fut par eux enmené jusques à N.-D. de l'Espine, pour desquelz eschapper paya cent escuz de rançon que ses parens portèrent après luy; c'est le curé en la maison duquel avoit logé le

roy audit Sargine, revenant de son voyage de visiter son royaume.
— Ung aultre viel prebstre du bourg de Montigny-Lencourt, lez
l'abbaye de Prusly, fut par lesditz huguenotz enmené jusques vers
Chaslons, où là luy fut donné liberté, et s'en retourna en sa maison.
— Ung aultre prebstre de la paroisse de l'Eschelle-lez-Provins,
duquel n'ai mémoire de son nom, fut par eux enmené jusques à
Villenauxe, lyé à la queue d'ung cheval; lequel n'ayant moyen de
payer rançon ou faulte d'estre sollicité, fut par les tirans huguenotz
mis en ung four chault, où mourut à grand martire, bien constamment, sans vouloir renoncer à la vraye religion. — Messire George
Besançon, de la paroisse de Villiers-St-George, balliage de Provins,
fut prins et par eux mené prisonnier jusques au passage d'Esparnay
sur la rivière de Marne, et, après avoir payé sa rançon, fut par eux
mis en liberté, ayant avec eux mangé chair les vendredis et samedis,
et faict le serment que de sa vie ne chanteroit et n'assisteroit à messe
aucune, ains vivroit héréticquement toute sa vie, comme il avoit faict
avec eux; ce que toutesfois ne feit, quant il fut de retour en sa
maison dudit Villiers. Il me semble que ledit prebstre Besançon ne
feit bien de vivre comme eux en mangeant chair au temps indict, et
feit encore pis quand il renonça sa foy et religion catholicque; mais
au contraire, à l'exemple des saints apostres et martirs de J.-C., devoit constamment devant telz infidelles et tirans confesser sa foy, sa
religion, et protester d'y vivre et mourir, ainsi que firent plusieurs
vénérables prebstres, lesquelz aymèrent mieux endurer martire que
d'eschapper par de coupables sermens. — En la paroisse de Beauchery y avoit ung aultre prebstre, nommé messire..... Loignon,
meschant à faict en matière de la religion, qui s'estoit retiré à Bray
et y estoit quand les huguenotz y entrèrent; il fut pareillement enmené par eux, et, après l'avoir cogneu plus meschant que eux-mesmes,
sans rien payer le délivrèrent, et fut quitte pour servir de guide
au prince de Condé, et lui monstrer les passages de la rivière de
Marne pour se passer et son camp, joinct aussi que le seigneur de
St-Symon pria pour sa délivrance. — Avec le camp des huguenotz,

63

1567. au partir de Bray, s'en alla de sa pleine volunté M^e.... Deninat, prebstre, chanoine et trésorier de l'église de Bray, huguenot il y avoit plus de six ans; mais n'alla loing sans estre payé du salaire qu'il méritoit; car il fut tué au passage de la rivière de Marne par ung aultre huguenot de la ville de Bray, nommé La Noë, lequel, l'ayant veu mort, envoya ung messager à Me Claude Lefebvre, prévost de Bray, pour obtenir au nom de ses enfans les bénéfices dudit trésorier, ce qu'il feit.

Les huguenotz ne furent plus tost descampez de Villecendrier et les environs de Provins, que M. le mareschal de Brissac[1], gouverneur de l'avant-garde du camp du roy, soubs la conduitte de M. le duc d'Anjou, frère du roy, reprint la ville de Montereau-fault-Yonne, et contraignit de s'en partir et de la quitter au roy M. de Ranty ou aultre, qui y avoit esté laissé par le prince de Condé pour la tenir, affin d'amuser le camp du roy, ce pendant qu'ilz huguenotz passeroient la rivière de Marne et gangneroient pays pour courir au devant de leurs reistres.

Deux opinions divisent le conseil royal. Plusieurs membres sont envoyés à Fontainebleau avec la reine mère pour traiter de la paix; les autres, restés à Paris, veulent qu'on poursuive par les armes la réduction des rebelles. — Après de grandes difficultés pour donner un chef à l'armée, le duc d'Anjou, frère du roi, âgé de quinze ans, est nommé lieutenant général pour tout le royaume[2]. — L'armée royale, assemblée entre Étampes et Saint-Mathurin-de-l'Archant, part le 13 ou le 14 à la poursuite de l'ennemi. M. de Brissac entre sans coup férir à Montereau, que les huguenots avaient abandonné.

Ilz huguenots, au partir dudit Montereau, pour arrester le camp du roy et bailler de l'affaire à M. le duc, rompirent les arches et ponts de dessus les rivières d'Yonne et Seine, et pour ce fut contraincte audit sieur duc de séjourner en Gastinois deux ou trois jours

[1] Artus de Cossé, fait maréchal de France en 1567; ou son neveu, Timoléon de Cossé, comte de Brissac.

[2] Lettres patentes par lesquelles le roi Charles IX institue son frère, le duc d'Anjou, son lieutenant général, représentant sa personne pour tout son royaume. 1567, 12 nov. (Bibl. imp. coll. Dupuy, v. 86, p. 178.)

davantage, en attendant que l'on eust faict des pontz de boys sur les arches rompues pour passer son artillerie et gens de guerre. La chevalerie passa partie à Pons-sur-Yonne, les aultres à Melun, pour se jetter en la Brie et s'accommoder entre Monstereau et Provins.

Ce pendant que les ponts de Monstereau se réparoient et que les gens du camp du roy passoient en la Brie, les huguenotz descampoient des environs de Provins ; sur la queue desquelz se jettèrent les gens d'armes de M. de la Rivière, qui estoient en garnison à Provins, mais ne firent aucun échec, d'aultant que l'ennemy huguenot ne voulut faire teste, ains ne taschoit qu'à gangner pays. On feit butin sur leur bagage, mais non grand ; quelques traînars furent tuez sur les chemins, mais n'estoient gens de marque. Environ le 16 ou 17 de décembre, qui estoit ung dimanche, arriva dedans Provins, environ les 8 à 9 heures du soir, M. le maréchal de Brissac, avec les gens de cheval de son avant-garde, qui se logèrent sans bulletin ès maisons des habitans, chascun d'eux comme il peult ; il y séjourna en attendant la venue du camp qui passoit audit Monstereau, et partit le lundy à midy, pour aller à la poursuitte de l'ennemy, qui arrivoit à Esparnay sus la rivière de Marne, distant dudit Provins de 15 ou 16 lieues. Il mareschal, avec son avant-garde, ordonna le rendez-vous au village de Villers-St-George, où ils arrivèrent tout au soir, pour avoir les cartiers de leurs logis. Les maisons et chasteaux des huguenotz ne furent à repos ; car chascun homme de guerre du camp royal demandoit à s'y loger plus tost qu'ès maisons des laboureurs. Les maisons seignorialles de Houssoy, de Daoust, de Chantaloue, d'Aulnoy, de Gymbrois et aultres huguenottes des environs de Provins, nourrirent la plus grande partie du camp royal ; les meubles desquelles furent pillez, tant par les gens du camp que par ceux de la garnison de Provins, et ne trouvèrent à ces jours les huguenotz pruvinois que bien peu de cousins au camp royal qui pussent saulver leurs maisons d'estre pillées et mangées. La maison de Chantaloue, appartenant au sieur de St-Symon, huguenot, fut saulvée, mais assez tard, par ung gentilhomme nommé M. de Cossé ou Causé, homme

1567. fort catholicque, gendre de laditte maison, lequel toutesfois, estant contrainct de marcher avec l'avant-garde catholicque, quitta laditte maison à la miséricorde du reste des gens de guerre du camp royal.

Les soldatz de la garnison de Provins furent réservez pour l'arrière-garde du camp catholicque; lesquelz firent ung grand butin sur les meubles et biens des huguenotz, tant dans la ville que dans les villages, quelques gentilshommes qu'ilz fussent, et amenèrent les meubles dedans Provins, qu'ilz vendirent à bon marché en criée, parmy les rues et carrefours. Tous les hommes qu'ilz trouvèrent dedans lesditz chasteaux, qui leur faisoient résistance et qui estoient huguenotz, passèrent par le fil de l'espée, et entre aultres ung, qui se faisoit nommer le seigneur de Pains, et ung aultre nommé Adenet, natif de Provins, qui s'estoient enfermez dedans le chasteau d'Aulnoy, appartenant à la damoiselle d'Yverni, dame dudit Aulnoy. L'aureille de l'ung d'eux fut couppée après sa mort par ung prebstre, soldat de la compagnie du seigneur de Lours, nommé Me Léon Coulliard, chapelain de la chapelle Sainct-Loys, fondée en l'église Nostre-Dame-du-Val, homme aussi couard que mal adroict aux armes, pour la pendre à son chappeau, et en faire la monstrance à ses amis prebstres de Provins, et nommément à Me Jehan Houiller, chanoine de laditte église, qui se gaudissoit tousjours de luy, en luy reprochant qu'il estoit quelque chault gendarme, et qu'il n'eust osé assaillir une mouche de panier ou une guépière de mouches qu'on appelle des guespes; ce prebstre soldat, qui estoit aussi bon enfant qu'il s'en pouvoit trouver, ayant présenté audit Houllier ceste aureille huguenotte, fut mocqué plus que devant, et tant fut faict et dict avec luy, qu'à la fin confessa qu'il n'avoit touché audit huguenot, mais que, pour faire du vaillant, avoit achepté laditte aureille des aultres soldatz ses compaignons qui l'avoient tué.

Lesditz soldatz ravagèrent la maison de Houssoy-lez-Provins, apartenant à la damoiselle de la Gravelle, fille ou femme de Me Loys Le Roy, en son vivant procureur du roy à Provins, que tenoient à ferme deux huguenots de Provins, nommez Thibault Trumeau et Estienne

Maistrat, apoticaire, tous deux à la suitte du camp condéyen et 1567.
huguenot; dans laquelle maison de Houssoy furent trouvées la femme
dudit Maistrat, belle et jeune, la femme de Nicolas de Ville, filz du
procureur du roy Jehan de Ville, laquelle portoit l'estat de damoiselle, la vefve Me Jehan Saulsoy l'aisné, jà vieille, la femme de Me . . . . .
Royer, barbier, demourant sur le Pont-au-Poisson, la femme de
Léon Goddart, aussi jeune femme, la Chardinette, baille des femmes
huguenottes du presche de Provins, la femme de . . . . . Le Blanc,
surnommé la Teste de Veau, celle de son frère, ensemble quelques
aultres desquelles je n'ai sceu les noms, toutes lesdittes huguenottes
habillées en pauvres femmes de village, pour tascher à saulver leurs
vie et honneur. Nulle ne fut tuée, mais toutes gangnèrent leur vie et
rançon à la peine et ouvrage de leurs corps, et Dieu sçait comment les
charitables huguenotz furent faictz coupaux sçachans pour une partie
d'entre eux, et entre aultres Nic. de Ville et . . . . . Le Blanc, surnommé la Teste de Veau, lequel, avec sa femme, fille de feu Bénard
Baulier, dict Grasset, furent amenez par lesditz soldatz dedans Provins, et mis à rançon à quelque somme de deniers, qu'ilz payèrent ou
leurs amys pour eux, pour estre délivrez et avoir la vie saulve.

Or advint-il que ledit Le Blanc et sa femme tombèrent en diverses
mains soldades; les soldatz qui tenoient la femme ne tenoient son
mary ledit Le Blanc, ains d'aultres, et pour ce temps ne leur fut permis de se veoir ni parler ensemble. La femme, avant qu'estre délivrée
des mains desditz soldatz et mise en liberté, après en avoir usé et jouy
à leur plaisir, la menèrent pieds, jambes et teste nues par les rues,
n'ayant pour tous habitz vestu que sa chemise et ung gippon qu'on
appelle une camisolle de drap rouge tout sanglé, et estoit le 18e jour
du moys de décembre, et passant par devant l'église de M. St-Ayoul
de Provins, fut la charitable huguenotte conduitte par eux en laditte
église, qui estoit entre les 8 à 9 heures du matin. A l'entrée de
l'église, la contraignirent de prendre de l'eau béniste, pour s'en
asperger le visage, et ce faict, la conduisirent devant le grand autel
d'icelle église, sur lequel ung prebstre chantoit la messe et estoit

1567. près de l'élévation du corps de N.-Seigneur au St-Sacrement, et là,
l'ayant faict mettre à deux genoux, luy baillèrent à tenir entre ses
mains la torche ardente qui estoit allumée pour servir à l'élévation,
et tous à genoux à l'entour d'elle luy firent dire l'oraison faicte en
l'honneur de Dieu et dudit sacrement, qui se commence, *Ave, salus
mundi, Verbum Patris,* etc. ensemble l'oraison qui se commence, *In
manus tuas, Domine, commendo spiritum meum,* et tout au long, et ce
dict, luy firent dire à haulte et intelligible voix, après la messe finie,
la tablette, c'est assavoir le *Pater noster, Ave Maria, sancta Maria,
Credo in Deum, Benedicite, Agimus tibi gratias,* etc. et, à la fin de ce,
crier mercy à Dieu, à la Vierge et à tous les saincts du Paradis,
de la grande offense qu'elle avoit faict à sa majesté d'avoir délaissé la
vraye religion catholicque pour adhérer à la faulse huguenoticque,
et ce faict et dict, luy ostèrent la torche ardente des mains, qu'ilz
laissèrent à l'église, et la ramenèrent en leur logis ou aultre lieu. Au
partir de devant l'autel de laditte église, la honteuse huguenotte, en
soupirant, haultement dict : « Hé Dieu, le meschant mary que j'ai! »
voulant par ce donner à entendre que son mary l'avoit séduitte et
convertie à prendre la faulse religion huguenoticque. Tout sur l'heure
passa son mary, conduict par aultres soldatz, qui le tenoient prisonnier, ung morion sur sa teste, sans aucunes armes, affin que mieux
feust cognu. Lesquelz le conduisoient hors la ville pour le délivrer
suyvant leurs promesses, et, pour bailler contentement au peuple de
la ville, disoient qu'ilz l'alloient faire pendre à ung arbre hors la ville,
ce qu'ilz ne firent; mais, l'ayant mis assez loing à son contentement,
luy baillèrent liberté pour se retirer la part que bon luy sembla. Sa
femme demeura à la ville ès maisons de ses parens, après que lesditz
soldatz en eurent faict le service et les monstres selon leur volunté.

Les aultres huguenottes ci-dessus dittes ne rentrèrent à Provins
que jusques après la passée du camp, et que ceux qui les avoient
prinses prisonnières eussent esté satisfaictz de leurs plaisirs et rançons, et ne furent honteuses non plus que putains et ribaudes qui
reviennent de la suitte d'ung camp et des trouppes. Celuy des hugue-

notz coupaux qui fut le plus mocqué fut Estienne Maistrat, d'aultant 1567.
qu'il, avant ceste guerre, avait conceu une jalousie sur sa femme
et le prédicant dudit Provins, pour les avoir surprins ensemble s'en-
tretenans embrassez et faisans l'amour l'ung à l'aultre par charité
en lieu secret et suspect, dont il portoit hayne audit prédicant; et
luy demandoit-on desquelz il se tenoit le plus injurié, d'avoir esté
coupaudé par les gens de guerre catholicques ou par son père spirituel le prédicant hérétlcque. Toutes ces choses furent faictes en trois
jours que le camp du roy se reposa à Provins et les environs, ce pendant que l'ennemy huguenot passoit la rivière de Marne tout à son
loysir. Et est une chose toute certaine, que, si ledit camp du roy eust
voulu cheminer, il eust prins lesditz huguenotz au passage de laditte
rivière; mais les gouverneurs que la royne mère avoit donné à M. le
duc son filz, l'un desquelz estoit des principaux M. de Carnavalet,
seigneur de Noyen-sur-Seine, avoient grande intelligence avec ledit
sieur prince de Condé et les chefz de sa cohorte, et ne se passoit
jour ne nuict qu'ilz eussent nouvelles les ungs des aultres, et estoient
les intelligences si grandes et bien dressées, que les jours que lesditz
huguenotz cheminoient pour gangner pays, le camp du roy se reposoit, et les jours qu'il cheminoit, le camp huguenot se rafraîchissoit
et se reposoit.

Retournons maintenant au camp du roy. M. le maréchal de Brissac,
après estre party de Provins, au lendemain y arriva M. le duc d'Anjou,
accompagné de cent gentilshommes de la maison du roy et de plus
de quatre aultres mille hommes de cheval des ordonnances de S. M.,
ensemble du nombre de deux mille aultres hommes de cheval, partie
Espagnols, Bourguignons, Flamans et Hanoyers que le roy d'Espagne
avoit envoyé au roy; lesquelz tous logèrent dedans la ville de Provins
par cartiers et fourriers. L'excellence de M. le duc fut logée dans
l'abbaye de S¹-Jacques du chasteau de Provins, où il séjourna deux
jours pour faire rafraischir son camp, suyvant le conseil que venons de
dire. Quelques compagnies de la garnison de Provins qui estoient du
régiment de M. de la Rivière deslogèrent à l'arrivée dudit seigneur,

1567. et allèrent joindre l'avant-garde de M. de Brissac, pour faire place aux
gens de guerre susditz, qui estoient de la suitte dudit seigneur duc.

Le camp de l'artillerie, gens de pied et Suisses passèrent entre
Mortery et St-Yllier, et s'allèrent camper à Voulton, St-Martin-des-
Champs, Gymbrois, Bouart, Boolot et Rupéreux. Les compagnies de
cheval des ordonnances du roy passèrent pour la pluspart par Bray,
et s'allèrent loger ès parroisses de Goix, Ermés, Sepveilles, Chalaustre-la-Petite, Sordun, Méel, Mériot, l'Eschelle et St-Martin-de-
Chasnetron; et contenoit ledit camp en la bataille et arrière-garde,
sans y comprendre l'avant-garde, quatre lieues de large et six de
long, et, à le comprendre pour le tout, il contenoit bien dix lieues de
long et six de large, chascun estant logé par les villages. Ledit camp
royal estoit de plus de cinquante mil personnes combatans bien en
ordre.

Pour nourrir ce camp, fut cuyt du pain à Provins par les boulangers par ordonnance du maistre du camp, et fut le blé prins ès greniers des marchans et habitans de Provins, aultant qu'il en fut nécessité, et ne fornit-on aultres munitions, parce que les gens de guerre
vivoient chascun des biens de leur hoste qu'ilz trouvoient ès maisons,
tant en chair, pain que vin, et de peu servit aux gens des villages le
pain de la munition susditte; car, où les gens de guerre trouvèrent
pain et farine ès maisons de leurs hostes, n'acheptèrent aucunement
du pain de laditte munition, et où plus il servit, fut au camp des
Suisses, qui estoient campez à Voulton avec l'artillerie, tant ès maisons et jardins que dans les champs.

Les boulangers de Provins réclament contre la gabelle d'une maille qu'ils
payaient sur le pain vendu en détail dans leurs ouvroirs; le duc d'Anjou abolit
cet impôt.

Au camp de l'artillerie, où estoient les Suisses et infanterie françoise, y eut peu de révérence portée aux églises et lieux sainctz par
les gens de guerre qui y estoient, parce que aulcuns logèrent leurs
chevaux dedans les églises et en firent des estables, sans y respecter

le lieu ni les sacremens, et signamment le précieux corps de J.-C. qui 1567.
y estoit gisant au sacrement de l'autel. Ès églises où les huguenotz
n'avoient esté ravager et mis le feu, n'y firent aultre mal les gens du
camp royal que d'y loger leurs chevaux et eux aussi, et de porter
litière de foin et de feurre pour eux y accommoder. Duquel contem-
nement prindrent argument maintes gens de bien que l'yssue de ceste
guerre, ne prendroit guères bon succès au prouffit de la religion
catholicque.

Le pays des environs de Provins et du bailliage qui porta le plus
de domage et de perte à la passée des deux camps, tant du camp
huguenot que du catholicque royal, fut le bas pays de la vallée de
Seine, depuis Montereau jusques à Méry, par lequel pays bas passèrent la foulle desditz deux camps, sans que, pour ce, on y menast
aucune munition que assez peu de pain. Ce néantmoings, y demeura
quasi tout le gros bestial à corne, mais poinct ou peu de brebis, et
fut ledit pays ung moys entier à nourrir les gens de guerre, tant de
l'ung que de l'aultre camp, et moings y arresta le camp catholicque
que n'avoit faict celuy du huguenot. Le camp catholicque print tout
le chemin de celuy du huguenot, affin de le talonner de près, qui
fut l'occasion d'apauvrir les villages par où ilz passèrent. Lesditz deux
camps ne montèrent poinct plus hault en la Brie que St-Yllier, Cor-
tacon, Augerre, Sancy et Monceaux, encores n'y eut que le camp
royal qui logeast ausditz villages, car le huguenot ne monta si hault,
d'aultant qu'il n'estoit si gros que celuy du roy.

M. le duc d'Anjou, après s'estre reposé deux jours entiers et trois
nuictz audit Provins et tout son camp aultant, chascun en son logis,
partit pour faire la poursuitte des ennemys de Dieu et du roy, et ne
demeura plus audit Provins que les compagnies des sieurs de Lours,
Valentin Poullet, et N..... l'ung des capitaines du régiment du
sieur de Foissy. Deux de ces compagnies, c'est assavoir celles de
Valentin et du régiment de Foissy, furent, par l'ordonnance dudit
sieur duc, envoyées ès villes de Bray, Nogent et Pons-sur-Seine,
pour y tenir garnison, et partirent pour y aller environ la feste de

64

1567. M. St-Thomas l'apostre, qui est au moys de décembre, trois jours
avant la feste de Noël[1]. Ce fut grande resjouissance ausdittes villes de
Bray, Nogent et Pons, dedans lesquelles demeurèrent icelles compagnies l'espace de deux moys ou environ en garnison aux despens des
habitans, qui furent assez mal traictez par iceux capitaines et gens de
guerre et principallement ceux dudit Nogent.

M. de Lours rompit sa compagnie, et bailla congé à ses soldatz
pour se retirer la part que bon leur sembleroit, et print congé de
la ville de Provins, estans deschargé du gouvernement d'icelle, et se
retira en sa maison de Lours. Qui fut le tout ung grand soulagement
aux habitans dudit Provins, lesquelz par trois moys entiers et con-
tinuelz avoient entretenu à leurs gages et despens ledit sieur de
Lours et sa compagnie de trois cens hommes, sans les garnisons
qu'ilz demandèrent au roy de renfort, qui y furent l'espace d'ung
moys.

Par l'ordonnance de M. le duc d'Anjou, garnisons furent posées et
mises ès chasteaux des huguenotz et maisons fortes d'iceux qui
estoient par tout le pays de Champaigne et Brie, pour les garder,
empescher que les huguenotz à qui ilz appartenoient ni aultres ne s'y
allassent loger, et prendre les biens d'iceux pour s'en ayder. Et furent
les capitaines et soldatz qui y tindrent garnison nourris aux despens
du revenu desditz chasteaux et maisons huguenottes, le revenu desquelz fut saisy de par le roy et mis soubz commissaires. Les chasteaux
et maisons de ce pays pruvinois et des environs où y eut garnison de
par le roy, furent Gimbroys, appartenant au s^r de Patras; Aulnoy, à
la damoiselle d'Yverny; Courbetain, à l'esleu Barengeon de Provins;
Houssoy, à la damoiselle de la Gravelle; Chantaloé, au sieur de
St-Symon; la Fontaine-au-Bois, à frère Pierre Pisseret; la Motte-de-
Tilly-lez-Nogent, au sieur d'Esternay; la Villeneufve-aux-Riches-

---

[1] On possède des lettres du roi et du
duc d'Anjou, par lesquelles ils mandent
aux habitants de Méry qu'ils obéissent au
sieur de Foissy, et nourrissent la garnison
qu'il mettra dans les villes. 1568, 20 juin.
(Bibl. imp. collect. Saint-Germain-Harlay,
n° 320, fol. 260 r°.)

Hommes, Bouy-aux-Poreaux, et Crancost, audit d'Esternay, sans 1567. laisser arrière le chasteau d'Esternay; les meubles desquelz, avant qu'estre inventoriez et mis soubz commissaires, suivant l'édit du roy sur ce faict à Paris, à la fin de ce présent moys de décembre, furent à la miséricorde desditz capitaines et soldatz qui y furent mis en garnison.

Un soi-disant gentilhomme, nommé le sieur de Foissy, avait, à l'occasion de la guerre civile, obtenu commission de lever un régiment de dix ou douze compagnies de gens de pied pour le service du roi. Il ne parvint pas à former un régiment entier avant que les protestants quittassent la Brie, et la seule de ses compagnies qui pût servir fut celle qui entra en garnison à Provins. Chargé plus tard de la garde des villes de Bray, Nogent, Pont et Méry et des châteaux environnants, M. de Foissy se hâta de mettre garnison dans les châteaux de M. d'Esternay, et de les faire dévaliser. M. d'Esternay et lui nourrissaient l'un contre l'autre depuis plusieurs années une haine violente, à raison d'un lièvre poursuivi et pris par le premier sur les terres du second. Au parlement, où le procès fût porté, M. de Foissy fit voir que son adversaire était petit-fils d'un cuisinier enrichi du roi Louis XII, qui avait marié son fils à une fille de la noble maison d'Estouteville; M. d'Esternay prouva que M. de Foissy était issu d'un pauvre clerc au parlement devenu procureur. En 1567, les protestants campés à Nogent ayant mis le feu au château de Bernière, maison de M. de Foissy, celui-ci attribua le fait aux instigations de M. d'Esternay et n'en fut que plus animé contre lui.

M. de Foissy mit aussi des garnisaires au prieuré de la Fontaine-aux-Bois, appartenant à Pierre Pisseret. Par son ordre, les meubles de cette maison, les grains, vins, cuves, lits, tables, couches, portes, fenêtres, serrures, furent pillés et emportés à Nogent. Les livres, images et ornements d'église furent donnés à l'église de Nogent, que les protestants avaient dépouillée.

Le duc d'Anjou joint au delà de Châlons-sur-Marne, au lieu de N.-D.-de-l'Épine, l'armée protestante, qui s'échappe pendant la nuit, pour aller au-devant des reîtres envoyés par le comte palatin du Rhin.

Le roi, averti de la levée des reîtres, envoie M. de Lansac[1] au comte palatin

---

[1] Louis de Saint-Gelais, seigneur de Lansac. (Voyez, sur son arrestation, de Thou, *Histoire universelle*, l. XLII.) On trouve à la Bibliothèque impériale, dans la collection Saint-Germain-Harlay et dans la collection des Lettres originales (Suppl. franç. 2722 et 2722), de nombreuses lettres de Lansac.

1567. du Rhin, pour le détourner de secourir les protestants de France, en l'assurant que la guerre qui se fait n'a pas pour cause la religion, mais la rébellion des réformés contre l'autorité royale. Néanmoins le comte, d'après les informations qu'il prend, se décide à accorder au·prince de Condé le secours de ses reîtres. Les protestants font prisonnier M. de Lansac, à son retour en France.

Mort, au mois de mars, de Mᵉ Nicole Macé, doyen de la chrétienté de Provins, chanoine de N.-D.-du-Val et curé de Landoy. — Mᵉ Jehan Leclerc, maître des enfants de chœur de l'église de Sens, lui succède dans sa prébende de N.-D.-du-Val et dans le doyenné. — Mort, au mois de mars, de Mᵉ Jérôme Possot[1], prieur des jacobins de Provins et provincial de l'ordre, natif de Provins, homme savant, prédicateur habile et ennemi déclaré des hérétiques.

Le printemps de ceste année fut fort sec et hasleur, avec ung vent de bize qui desséchea la terre, en telle sorte que les mars, chamvres et aultres biens de la terre demeuroient, faulte de pluye. Aussi, toutes les églises et parroisses de la France faisoient processions et prières publiques, afin d'avoir la grâce de Dieu et de la pluye pour arroser les biens de la terre.

Pour lesquelles avoir, les églises de Sᵗ-Ayoul, de Sᵗᵉ-Croix, les cordeliers et jacobins de Provins tous ensemble furent en procession en la ville de Nogent, en l'honneur de Dieu, de la vierge Marie et de M. Sᵗ Laurent, le 28ᵉ jour d'apvril, en laquelle fut porté le chef de M. Sᵗ Ayoul et plusieurs sainctz reliquaires. Dieu exhaussa les prières du peuple et eut regard à leur dévotion, envoyant de la pluye sur la terre incontinent après, qui moult augmenta les biens de la terre, tant les grains que les vignes, dont s'en ensuivit une grande monstrance, si sa majesté eust permis que les habitans de la terre en eussent eu tout le prouffit. Les grains, après ceste pluye, s'augmentèrent de telle sorte que de la mémoire des hommes n'avoient esté

---

[1] Voici l'épitaphe consacrée à Jérôme Possot, dans le sanctuaire des Jacobins (Rivot, *Hist. ecclésiastique*, t. IV, p. 800, à la bibliothèque de Provins) :

« Cy gist scientifique personne frère Hiérosme Possot, théologien de l'Université de Paris, religieux profès et prieur de céans, provincial de France au gouvernement de son ordre, qui décéda le 4ᵉ mars 1567. Priez Dieu pour son âme. »

Hunc madidis tumulum, lector, visurus ocellis,
Siste, rogo, ac hominum fata caduca geme,
Qoi, veluti flores, sole exoriente, virescunt,
Mox flacescentes, morte fluente, ruunt.
Sic immatura Possotus morte peremptus
Nunc jacet, excellens qui rosa floruerat.

plus fortz, espais ni mieux grenez. Mais, parce que les habitans de la 1567.
terre de France, pour leurs péchez, se rendirent ingratz de ses biens,
la majesté divine permist que l'homme n'en eût que la veue et non
l'entière jouissance, ainsi que nous dirons en son lieu.

Audit moys d'apvril, fut éclipse de soleil, environ le 18 ou 20ᵉ jour
en plain midi, qui dura près de deux heures, le temps fort beau et
serein. Le soleil donna sa clarté si palle que rien plus, et sembloit
laditte clarté passer par l'ombre des ténèbres, qui fut ung présage du
malheur proche qui advint à la France par les troubles des guerres
civilles qui advindrent telles que les avons récitées ci-dessus en ceste
présente année.

Assassinat, le jour de la Pentecôte, à Provins, d'un nommé Bondis, potier
d'étain, par son gendre. — Un foulon est tué dans une rixe par Nicolas Privé,
chirurgien, qui se tire d'affaire en satisfaisant la femme du défunt. — Un gentilhomme et ses alliés tuent, près de Melun, messire Guyot, curé de Sancy par
usurpation; habile à contrefaire les bulles pontificales, ce qui lui avait valu le
titre de *pape de Brie,* soutenu par plusieurs seigneurs dont il s'était fait le spa-
dassin, toujours armé, même en disant la messe, il était la terreur du pays, et
les gens de justice n'avaient pu s'en rendre maîtres. — Au mois de juin, Nicolas
de Pellevé, archevêque de Sens, faisant la visite de son diocèse, se rend à Bray
et y séjourne deux jours; ses officiers sont accusés de vendre les sacrements. Il
va ensuite à Provins (l'avant-veille de la Fête-Dieu), et loge au cloître Notre-Dame
dans la maison de Mᵉ Léon Garnier. Il confirme mille à douze cents personnes;
Mᵉ d'Ivollé, jacobin d'Auxerre, qu'il avait amené avec lui, prêche pendant huit
jours sur la confirmation. Le jour de la Fête-Dieu, on fait à Provins une seule
procession générale, à laquelle officie l'archevêque. — M. de Pellevé bénit le
lendemain deux chapelles de Saint-Ayoul, nouvellement faites. — Le prieur de
la Fontaine-au-Bois, frère Pierre Pisseret, se rend auprès de l'archevêque, qui
l'avait mandé, et qui le fait emprisonner comme hérétique. Après plusieurs jours
de détention, il parvient à sortir par le crédit de ses frères, et à se faire recevoir
en procès ordinaire à la cour de parlement, où il obtient, conformément aux
derniers édits du roi, un arrêt favorable. Le frère Pisseret avait éloigné de son
prieuré les moines envoyés d'Essone; il professait une hérésie particulière, qui
n'était absolument ni la calviniste, ni la luthérienne, et à laquelle il gagna ses
frères et plusieurs moines d'Essone; étant malade, il refusa d'entendre les prêtres
catholiques et les prédicants protestants.

1567.   L'esté de ceste présente année fut fort beau et sec, mais accompagné de grans et impétueux vens, qui portèrent un grand domage
aux biens de la terre par tout le moys de julliet, et signamment au
commencement de la moisson du pays de Brie; qui furent cause de
perdre les bledz et aultres grains qui estoient sur la terre, ensemble
les fruictz qui estoient sur les arbres.

Les raisins des vignes n'eurent aucun mal desditz vens, à cause
qu'ilz n'estoient qu'en petit verjus, et y en avoit fort habondamment
qui allèrent à bonne maturité, en augmentant de bien en mieux, dont
advint une grande habondance de vin en la vendange et de bons
vins meilleurs que ceux de l'an précédent; et fault croyre que, si
les bledz et aultres grains n'eussent esté perdus des vens, l'on eust
aultant recueilly de tous biens en ceste ditte présente année que
oncques on avoit faict il y avoit plus de vingt ans.

Oultre le présage du malheur de la France présagé par l'éclipse du
soleil au moys d'apvril dernier et les grans et incroiables vens du
moys de julliet, Dieu démonstra encores ung aultre signe en la créature du soleil, en ce mesme moys de julliet, en la manière qui
s'ensuit. Fault noter que, la veille de la Magdelène, dès le matin, le
soleil se leva bel et cler, et démonstra sa clarté sur la terre selon sa
coustume en temps serein, jusques à l'heure de midy; à laquelle
heure devint palle et blanc à merveilles, et se démonstra aysé à contempler des yeulx, qui est contre sa nature, et le pouvoit-on bien
regarder les yeulx ouvers sans s'offenser la veue, et apparoissoit plus
large la moytié que de coustume, le temps toutesfois bien serein et
peu umbrageux; et de tant plus qu'il approchoit de son coucher,
d'aultant plus il se démonstroit large et de palle coulleur. Il demoura
en telle sorte jusques au lendemain l'heure de midy, à laquelle il
retourna à sa clarté ordinaire, et ne pouvoient les humains dire aultre
chose de ce signe, sinon que c'estoit un présage de quelque grand
futur malheur qui debvoit advenir sur la terre en brief temps, et
sembloit à veoir que ce grand corps céleste feust malade en soy et de
soy mal sain.

Le sultan des Turcs, Soliman, fait la guerre aux chrétiens en Hongrie; il assiége sans succès la ville de Vienne, devant laquelle il meurt. Son armée s'empare de plusieurs places chrétiennes. — Au mois d'octobre....... Pinot, grand maire de Donnemarie, gendre du procureur du roi Jehan de Ville, s'étant arrêté au village de Vineuf-lez-Courlons, avec les soldats de la compagnie qu'il levait par commission du roi, est assailli pendant la nuit par une troupe de la garnison protestante de Montereau; les assaillants, commandés par un guidon de Donnemarie, nommé Neveu, dont il avait tué le père, le massacrent, ainsi que plusieurs de ses gens. Le grand-père de ..... Pinot, tanneur, avait pris à ferme la seigneurie de Donnemarie, appartenant aux chanoines de Tours, et avait amassé de grands biens; son père, puissant par ses richesses, se qualifiait de roi de la Brie; lui-même tranchait du gentilhomme; mais le meurtre de Nicolas Neveu, son cousin, qui lui avait enlevé la ferme des revenus du chapitre de Tours, le plongea dans de grands embarras. — Après sa mort, sa femme se livre à son frère et a de lui un enfant.

Les deux paillards incestueux confessèrent avoir esté incitez à commettre ceste paillardise par la lecture des livres de la Bible traduitte en françoys par les huguenotz, et par la liberté de la prétendue religion huguenoticque, de laquelle tous deux faisoient profession.

Le feu ayant été mis au monastère des cordelières de Provins par l'ordre de M. de la Rivière, les religieuses se retirent dans les maisons de leurs parents, à Provins ou ailleurs.

Aucunes d'elles ne retournèrent oncques audit monastère, ains se déclarèrent huguenottes, pour avoir excuse de n'y retourner et pour avoir occasion de se marier et de paillarder à leur ayse. Celles qui ne se desbauchèrent de la religion catholicque et qui ne pouvoient où se retirer demeurèrent audit Provins, et, après avoir vagué par les maisons de leurs amys, tant bourgeois que chanoines, moynes, cordeliers et jacobins, l'espace de quinze jours et plus, furent accommodées ès logis de la Salle du roy, et leur fut donnée la chapelle de M. St Blaise, pour y faire leur service, où elles demeurèrent l'espace de trois moys ou environ, avant que de retourner en leur monastère.

1567.   Quatre chanoines de Saint-Quiriace meurent en l'espace de douze jours, soit
par peur des protestants, soit par suite de coups reçus des soldats de l'armée
catholique.

Depuis l'arrivée et après le départ de l'armée royale, les parents et amis
catholiques des huguenots de Provins portèrent dans les églises les enfants qui
avaient été baptisés par les prédicants hérétiques, et les firent rebaptiser suivant
les rites de la religion romaine. Dans ces actes, les cérémonies ordinaires furent
accomplies avec soin, sauf qu'on ajouta des formules restrictives pour le cas où
un baptême valable aurait eu déjà lieu. Il y eut des parrains et des marraines,
et de nouveaux noms furent donnés aux enfants, quand ceux qu'ils avaient reçus
étaient des noms de païens, de musulmans, de chiens, etc. [1]

---

[1] Un sonnet, dont on trouve la copie
dans le volume 810 de la collection Dupuy, à la bibliothèque impériale, contient
une peinture assez énergique de l'état de
la France à ces malheureuses époques :

Veux-tu savoir quel est l'état de notre France?
Un jeune roi mené par un peuple mal duit,
Mené d'un Espagnol, d'un moine, d'un faus bruict,
Mené par une femme extraite de Florence;
Un conseil bigarré, qui cache ce qu'il pense;
L'artisan capitaine; un camp sans chef conduit;
Un païs du papiste et huguenot détruit;

L'estranger, qui pour nous à nostre mort s'avance;
L'ennemi, qui fuiant se va moquant de nous;
Le grand en notre camp contre le grand jaloux;
Mille nouveaux estas; mill' empruns sans trafiq;
La justice sous piés; le marchant fait les lois;
Paris, ville frontière. O malheur toutefois,
Qui demande la paix est ennemi publiq!

La traduction de cette pièce, en trente
vers latins, qui figure à la suite, est in-
diquée comme un ouvrage de Denis Lam-
bin.